Herzmanovsky-Orlando

GESAMTWERK

FRITZ VON HERZMANOVSKY-ORLANDO

Das Gesamtwerk in einem Band

Langen Müller

Herausgegeben und bearbeitet von Friedrich Torberg

Umschlaggestaltung: Günther Bernhardt,
unter Verwendung eines Entwurfs von Rudolf Rhomberg
Gesamtherstellung: Wiener Verlag, Wien
Printed in Austria 1975
ISBN 3-7844-1589-X

INHALT

DER GAULSCHRECK IM ROSENNETZ

Mit Illustrationen des Verfassers

UNTER HOFZWERGEN

Es war ein wunderlicher Zug, der sich durch den lind rieselnden Schnee vom Kärntnertortheater her bewegte. Voran schritt, von seiner baumlangen, dürren Gattin sorgsam an der Hand geführt, der kaiserliche Hofzwerg i. R. Zephesis Zumpi, hinter ihm seine zwei ältlichen Töchter, von der Natur mit nur kümmerlichen Reizen bedachte Mädchen, und mit ihnen als Kavalier ein lang aufgeschossener Herr in steifer, würdevoller Haltung, der Hofsekretär Jaromir Edler von Eynhuf. Der pensionierte Hofzwerg kämpfte schnaubend gegen den spannenhohen Schnee und war sichtlich übler Laune, zumal er seiner ungleich großen Füße wegen etwas schwer ging. Die Gattin lugte affenartig schnell mit den tiefliegenden Äuglein sorgsam nach Hunden aus, mit denen sie des Gemahles wegen in bitterer, nicht enden wollender Fehde lebte. Wie häufig war es doch vorgekommen, daß der quieszierte, würdige Beamte, von einem solchen Untier gebeutelt, jeder Würde bar, schmutzbekrustet, gackernd vor Wut, von mitleidigen Passanten zu Hause abgegeben wurde.

»Die Höllteufel hat sich wieder einmal selbst übertroffen«, brach Hofsekretär von Eynhuf die Stille. »Wie s' die Spenadelarie exekutiert hat — das hat schon nicht seinesgleichen —, und schön ist sie, wie s' so mit dem feschen Spazierstock — wo die rosa Straußfeder oben war — daherkommt, in die grünen Trikots, mit den goldenen Fangschnüren drauf — ich sag' nicht wo — die verführerische Teufelin die ...«

»No pfui, pfui«, fiel ihm Crispine, des Hofzwergs ältere Tochter, ins Wort, »ekelhaft war s', direkt indezent hab' ich s' empfunden, während hingegen der Czwaczek mit dem schmelzenden Jubel in der Stimme mir direkt ans Herz gegriffen hat! Der große Künstler der! Das ist, wie wenn ein Engel mit schwarzem Vollbart singet! ...«

»Geh weg mit dem faden Czwaczek, ja«, unterbrach sie Kiliane, die Jüngere, mit bissig näselnder Schnupfenstimme, »was ist das alles gegen 'n Jalowikar, den s' mit Recht den ›Fürst der Grazien‹ nennen, so ein feuriger Tänzer, was der ist.«

»Sehr mit Unrecht«, fuhr Eynhuf dazwischen, »a) hat er zur Führung dieses Beinamens, soviel mir bekannt ist, keine behördliche Bewilligung, und b) hat der Mensch Plattfüße wie die Tschinellen. Das müssen selbst Sie mir zugeben, wie der den Apfeltanz im großen Ballett: ›Vertummnus und Pomonas silberne Hochzeit oder die Rache des verzauberten Obstkorbes‹ verpatzt hat, war einfach abscheulich — so ein schwerfälliger Mensch darf eben nicht, als Apfel verkleidet, einen Pas de deux mit einer genäschigen Brummfliege tanzen. Wenn sein Bruder nicht k. k. Obersthoflöschhornputzer wäre, nie würde er, das sage ich Ihnen, beim Kammerballett mitwirken dürfen. Tut mir leid, wenn ich vielleicht ein Ideal zertrümmere ...«

Kiliane schwieg und seufzte mit nasalem Katarrhanklang laut auf.

Das Kunstgespräch hatte sein Ende, und die kleine, von Schnee wie überzuckerte Karawane war beim Zumpischen Wohnhause in der Walfischgasse angekommen. Beim Abschied, der kurz war — der mürrische Zwerg drängte ins Bett —, schnitt Mama Hofzwerg mit dünnem, keifendem Organ, zu Eynhuf gewendet, die Unterhaltung mit folgenden Worten ab: »Wir danken Ihnen sehr für die freundliche Begleitung. Heute war es wirklich schön, und am Sonntag wird uns der Herr Hofsekretär von Eynhuf, wenn er nach der Jause zu uns kommt, die Spenadelarie auf der Flöte blasen.«

»Aber wo denken Sie hin, Frau Hofzwerg«, wehrte Eynhuf bescheiden ab, »ich habe ja noch die ›Derwischtänze‹ — prächtige Suiten von Johann Nepomuk Hummel — zu üben —, und die Spenadelarie, die bringe ich nie zustande — bei die Pizzikatos und Stakkatos werde ich fürchterlich stolpern, die sind kaum zu blasen, wo ich noch dazu mit den Halbtönen Schwierigkeiten habe, was natürlich nur am Instrument liegt. Es ist zwar eine echte Amati; aber in den Flöten war er Dilettant! Hätt' er nie angreifen sollen. Hat ihm aber keine Ruh' gelassen! Die liebe Eitelkeit! Nur ein Glück, daß er sich nicht auch noch auf die Trommeln geworfen hat . . . das hätt' ausgegeben!«

»*Sie* das bissel Spenadelarie nicht zusammenbringen!« fuhr ihn Frau Zumpi an, die unter der verschneiten, bänderreichen Kapotthaube aussah wie aus altem Käse gebosselt. »Da bin ich doch neugierig!« Und streng funkelten den Sekretär die kleinen Affenäuglein und der demantene Nasentropfen an. »No, das möchte ich sehn, ob Sie s' bis Sonntag können, ein Mann, der was sogar bei der Fußwaschung hat mitpfeifen dürfen. Wie oft Sie das Hochamt bei St. Stephan mit Ihrem Flötenklang verzieren helfen, davon rede ich ja gar nicht . . .«

»Gute Nacht, hab Bauchweh«, murrte der alte Herr, der winzig zusammengeduckt im Schnee stand und mit seinem Stocke wütend die Schelle zu erreichen trachtete. Das hohe, finstere Tor tat sich auf, man blickte in einen von der Laterne des Hausmeisters schwach rötlich beflackerten Hallenflur des alten Barockpalastes, in dem des müden Hofzwergs Familie, die man wohl nur als Abfallprodukt der gnädigen Schöpfung bezeichnen konnte, lautlos verschwand.

»Wie eine Nußknackerquadrille«, dachte selbst Eynhuf, der ihnen gedankenvoll nachblickte. »Nein, pfui«, korrigierte er sich selbst im nächsten Augenblick, »es sind würdige, angesehene Leute und mir gut gesinnt. Hm! Aber ob ich mich für die Ältere entscheiden soll? Gewiß, eine Ehre, in die Familie hineinzuheiraten, gewiß, ganz gewiß; finde überhaupt das Gefrozzel meiner Herren Kollegen nicht am Platze. Na, mich kränken sie nicht, wenn's auch immer hinter mir heißt: ›Hofzwergs künftiger Schwiegersohn.‹ Am alten Beamtenstatus hätte man nie rütteln dürfen, das sage ich, und bloß den Wühlereien der verfluchten Freimaurer ist es zu danken, daß die Hofzwerge unmöglich wurden. Ja, der Sonnenfels! Waren alle treue Stützen von Thron und Altar, und jeder umstürzlerischen Strömung abhold. Manch römischer Kaiser« — hier verbeugte er sich in Gedanken — »lieh den wackeren kleinen Leuten gerne sein hohes Ohr. Das müssen prächtige Herren gewesen sein! Wie oft habe ich meinen Großvater selig davon reden gehört! Ganze Reihen glanzvoller Namen!« Er zählte für sich an den Fingern her: »Da waren einmal: die Einöhrl, die Wimhölzl, die Zirps, der Tschwertschkarsch — den was August der Starke gelegentlich einer Serenade im Finstern zertreten hat —, der Hirnwimmerl, die Brüder Zirm, der Domhopf, der Kipfeltanz, der Krschiwoprd, der Schuschniak — vom unvergeßlichen Krschisch gar nicht zu reden. Er soll der Erfinder der böhmischen Sprache gewesen sein, hör' ich! Für einen schwermütigen Prinzen aus dem Hause Habsburg soll er sie ersonnen haben! Der ist davon gesund geworden, und seither soll bei Hof eine gewisse Vorliebe ... aber pst!« Scheu sah er sich um. »Ja weiter: der Grienpimpel aus London, der Kniakal, der Wanzenböck — der was den Prinzen Eugen gestürzt hat! —, dann der Gobbi! Soll königliches Blut in den Adern gehabt haben, munkeln, hör' ich, die Leute. War auch sovoyischer Leibzwerg! No, dann der Clemens Ritter von Cicerambuli — ein ehrfurchtgebietender Greis — hat mich selbst als Kind oft auf den Knien gewiegt! Bei uns zu Hause haben lauter Hofzwerge verkehrt. Die haben's alle auf ihre alten Tage zu vergoldeten Equipascherln gebracht, manche mit vier Ziegenböcken — der Wanzenböck ist sogar nie anders als sechsspännig gefahren — bunte Bandeln auf die Hörner —, und die höchsten Damen sind hinten nachgelaufen und haben sich um die Ziegenbemmerln gerauft, um sie im Wäscheschrank als Glücksamuletterln zu verstreuen. So weit hat es natürlich der gute Zumpi nicht gebracht, aber ich achte ihn hoch wegen seiner strengen Moral, der hat seine Töchter wohl behütet, so daß ich sicher sein kann, eine Jungfrau in die Ehe zu bekommen. Und schließlich« — Eynhuf schlenderte, behaglich in seinen Radmantel gehüllt, seiner Wohnung zu — »ist der Mann vermöglich, ohne Zweifel. Da hat er einmal die schöne Pension, 117 Gulden 27 Kreuzer, dazu 19 Gulden 54 Kreuzer Quartiergeld, wenn ich nicht irre, was seinem Majorsrang — war Hofzwerg erster Klasse — entspräche. Dann sein Geburtshaus in Krummnußbaum, soviel ich weiß schuldenfrei, und überdies muß er ja auch noch ganz nett daneben verdienen mit den Leiden Christi und den sieben Schmerzen Mariä, die er, aus Holz, Moos und dergleichen gebastelt, in die Kirchweihflaschen macht, und

die Apostelfiguren, welche er aus wirklich vom Ölberg herstammenden Straßenkot herausdruckt. No, und vom Herzog von Sachsen-Teschen, dem hohen Herrn mit dem feinen Kunstsinn, bekommt er manch hübschen Zwanziger zugesteckt, wenn er ihm beim Zurechtschneiden der Kupferstiche hilft, vom guten Tokaier gar nicht zu reden. Ja, am Ende würde er gar noch im Ruhestande« — er klopfte abergläubisch auf seinen Schuhabsatz — »unbeschrien! wirklicher geheimer Oberzwerg. Da hätte er noch das Extrabene, daß seine Frau, beziehungsweise die älteste Tochter, als landesfürstliches Privileg statt der bekannten Auskocherin, der Schmauswaberl, die allerhöchsten Überreste von der Hoftafel zum freihändigen Verkauf bekäme (wäre wohl eine schöne Zubuße zur Mitgift!). Freilich, in besseren Zeiten hätte der alte Herr sogar den ›Exzellenz‹ bekommen — aber so . . .« Mißbilligend das Haupt schüttelnd, ging Eynhuf weiter.

»Und dann, richtig, ist noch ein kinderloser Bruder da, der was in Krummnußbaum die väterliche Ohrlöffelschmiede betreibt! Verdient ein unmenschliches Geld — hat schon Ohrlöfferln geliefert für den lieben Heiligen Vater und den Großmogul gar, weit hinten in Calicut, da, wo vor vier Jahren die Gesandtschaft nicht hingefunden hat und unverrichteter Dinge wiedergekommen ist (war eine zuwidere Geschichte!). Ist aber gar stolz und streng, der reiche Herr Gewerke, spricht kaum mit einem! Freilich, mit großen Herren ist nicht gut Kirschen essen. Dem gehört auch der ›Silberne Floh‹ in Stadt Steyr, das große Einkehrgasthaus. Hm! Dann wäre noch die Tante in Krems da — gleichfalls jungfräulichen Standes, wie ihr Bruder, mit dem Kropf und der seidenen Hauben. Wann die nur nicht eine Dummheit macht, mit der Ziehtochter, der Barbara Wispel! Gefällt mir gar nicht, das rothaarige Ding mit den verkehrt eingesetzten, falsch blickenden Augen! Ganze Kisten Dukaten hat, höre ich, die Frau in ihrem Spukhaus! Sieht man schon an den riesigen Reitern aus Lebzelten, die was sie den Nichten bringt, wann s' die ›Ordinari‹[1] erwischt, um nach Wien zu fahren.«

Unter diesen angenehmen Betrachtungen war der verzuckerte Sekretär zu seiner Wohnung im »Kleinen Querulantenhaus« gekommen, das still und friedlich in der silbernen Winternacht dalag. Sperrte auf. Seine Tritte knirschten leicht auf dem feinen Reibsand, mit dem die Kehlheimer Platten des Flures bestreut waren. Eine schmale Treppe mit schwarzeiserner Greifstange führte hinauf. Schwacher, aber eiskalter Modergeruch entströmte einem kleinen Luftloch, dessen Zweck nicht recht ersichtlich war, und erfüllte den Spiralgang der Stiege. Eynhuf schüttelte den Mantel ab, sperrte die Türe auf und schlüpfte in seine Wohnung,

[1] Damalige Donaupostschiffe.

deren Fenster ins Sodomitergassel gingen, so genannt nach der Bruderschaft »Zur fortdauernden Beweinung der Greuel Sodoms«. Schlug Feuer, blies den Zunder an, bekam endlich Licht, setzte sich behaglich an den Schreibtisch und blickte etwas geistlos in die Kerzenflamme.

Allgemein galt er als schöner Mann. Glich er doch frappant den gewissen Männerbüsten, die sich in den Auslagefenstern von Vorstadtfriseuren in feierlich dummer Würde, bisweilen von leiser, nebelhafter Musik umquiekt, langsam im Kreise drehten, leicht vergilbten Wachsteint im Gesicht, die schwarzlackierten Augen, wie die verendeter Rehböcke, blind vom Staub. Von unnachahmlich schäbiger Eleganz ist ihre Kleidung. Laubfarbiger Frack, die Krawatte, stets von himmelblauer Seide, verschossen, mit einer Fischschuppenperle. Der weiche, dünne Bart dokumentiert eine vertrauenerweckende, sanft eingedämmte Männlichkeit. Doch atmet die ganze Erscheinung eine gewisse — man könnte beinahe sagen Bockbeinigkeit, ja, ist imstande, den Eindruck von fast puritanerhafter Strenge zu erwecken. Schärfer blickenden Beobachtern kann selbst ein Hauch, allerdings bloß ein Hauch!, von leichtem Teufeltum nicht entgehen, der über diesen Figuren brütet. Unwillkürlich drängt sich die Idee auf, daß diese Herren geistige, vielleicht besser gesagt: mystische Großneffen der antiken Panhermen seien, daß sich in ihnen ein letzter Funke verschollenen Flurgöttertums in unsere Zeit hinübergerettet habe, vor pfäffischer Verfolgungswut untergekrochen bei den Friseuren, diesen letzten, freilich unbewußten Dienern faunischer Wollust, diesen kundigen Templern Priaps, diesen heimlichen Narzissusknechten, denen das okkulte Bindeglied zur korybantischen, zimbeldurchrauschten Zeit glücklich vermodert ist! Aber was soll man sich da als bloßer Amateur den Kopf zerbrechen! Selbst der dem Heiligen Stuhle angegliederte Satanialrat Dr. infern. Damianus Saperdibixi hat das Rätsel noch nicht lösen können, das Rätsel der Panheit. So möge uns denn genügen, zu konstatieren: sogar der ungezogenste Bube würde sich nie trauen, an diesen Idolen der Männerwürde einen Schabernack zu verüben, und bloß vom Lande zugewehte Fliegen sitzen zuweilen als störendes Beiwerk auf der stets würdevoll langen, leicht gekrümmten Nase des Bildwerkes.

Eynhuf wohnte gern im »Kleinen Querulantenhaus«. Schon über der Haustüre war eine Statuette des Patrons der Ämter angebracht, des heiligen Ärarius, Blutzeugen und Märtyrers, der unter Diokletian einen qualvollen Tod durch Ersticken in glühendem Streusand gefunden hatte. Wie Weihrauchwolken ein Münster, erfüllte die Hallen dieses Gebäudes der Hauch fiskalischer Würde, der Titel und kleinen Ordensabzeichen, vermischt mit den Todesseufzern zwischen Aktenblättern verhungerter Papierläuse. Lauter höhere Beamte hausten dort. Da war einmal der Hofrat Unklar von Dobblworth, der Kammerkalligraph Futzler, der Rechnungsrat Kreibenzahl, die Sekretäre Zweifelschütz und Müchtelmann, endlich die Hauptleute der Trabantenleibgarde Stojesbal von Standschlaf und Quapil Edler von Sumpfritt. — Aber den Stolz der Korona, das uneingestandene Oberhaupt aller, war ohne Zweifel die Jungfer Ursula Schosulan, mehrfach jubilierte ehemalige Kammerfrau der unvergeßlichen Kaiserin Maria Theresia. Nur einmal hatte ein Musikus dort gewohnt... wenige Tage nur. Dann litt es den unsteten Mann nicht länger. Mit Nasenrümpfen gedachte Eynhuf des Auszuges. Ein sechseckiger, tulpenförmig geschweifter Spucknapf aus Kirschholz, mit messingenen Löwenköpfen verziert, war der ganze Hausrat jenes Künstlers gewesen. Den trug er selbst, noch dazu in der Zerstreutheit auf den Kopf gestülpt. Finster blickend ging er taktschlagend von dannen. Beethoven hatte sein Name gelautet, der hatte nicht hingehört. Jetzt war man wieder unter sich. — Doch halt! Noch eine Partei paßte nicht hin: die Bubenzopfmädeln! Der Vater war Ahnenprobenexaminatorstellvertreter II. Klasse im k. Hofhengstendepot gewesen. Ein unvermuteter Hufschlag, der ihn bei einem Nachmittagsschläfchen im Sorgenstuhle seines Amtszimmers erreichte, raffte den pflichteifrigen, verdienstvollen und zu den schönsten Hoffnungen berechtigten Mann in der Blüte seiner Jahre vorzeitig dahin und machte eine wackere Frau zur kummerbeladenen Witwe, die nebst 18 Blatt gerahmter Kupferstiche: »Die berühmtesten Beschälhengste des k. Gestütes zu Lipizza«, wackeren Arbeiten eines gewissen Blasius Hampfelmayer, bloß eine karge Pension und zwei unversorgte Töchter ihr eigen nannte. Aber was für Töchter! Eynhufs Stirne umwölkte sich unwillkürlich, wenn er an diese Bälger dachte. Halbwüchsige Mädchen mit frechen Stumpfnasen, großen Mäulern und wissenden Augen. Immer waren sie schmutzig, immer sah man die bloßen Kniekehlen über den kleinbürgerlich kurzen, rot-weiß gestreiften Strümpfen, und den ganzen Tag trieben sie sich auf der Gasse herum oder steckten bei der Schmauswaberl, der alten Kammertafeldeckerswitwe, bei der die leckeren Reste der Hoftafel billig feilgeboten wurden. Dort spuckten sie — unter dem Vorwande, der halbblinden Alten beim Kochen zu helfen — gern in die brodelnden Töpfe und ritten, vor Vergnügen kreischend, auf dem Nudelwalker Steckenpferd. Kurz Untat über Untat. Lieber gar nicht davon sprechen. Bekümmert ging Eynhuf zu Bett, um sich durch gesunden Schlummer für die Berufspflichten des kommenden Tages zu stärken.

EIN MILCHZAHN FÜR DEN MONARCHEN

Nie betrat Eynhuf sein Amt anders als mit einem Gefühl aus freudigem Stolz und gebührender Ehrfurcht gemischt. Im Amtszimmer des Hofrates Sauerpfister, seines gestrengen Vorgesetzten, hing ein schönes Gemälde mit vielen tausend Figürchen: »Die Wallfahrt des gesamten erbländischen Hochadels nach Maria-Taferl an der Donau«, das er täglich abstauben mußte, da Sauerpfister diese heikle Aufgabe dem Amtsdiener nicht anvertraute. Sorgsam entfernte er jede frisch dazugekommene Fliegenspur, besonders wenn dieselbe Ordenssterne oder dergleichen ungültig zu machen schien, und zwar mit Semmelschmolle, die er nach Gebrauch seinem zweiten Vorgesetzten, Sekretär Wanzenhengst, einem passionierten Zeisigzüchter, für dessen Mehlwurmhäferl überreichte. Das Gemälde sah er nie ohne tiefen Respekt, ja selbst mit leichtem Schauer an. War ihm doch bekannt, daß kein Nachkomme von denen, die damals bei dem Freudenzug fehlten, je eine Ministerstelle in Österreich bekleiden konnte. So stand zu lesen im »Clavis absconditarum rerum, seu liber de bicepitis Austriae acquilae confuso quasi, sed tamen directissimo, volatu, voluntate Domini, Dominorum Septemcollis Urbis Dominique directo«, das ist: »Der Schlüssel zu den Rätseln der verborgenen Dinge oder das Buch über den scheinbar wirren, dem österreichischen Doppeladler jedoch vom König der Könige, auch Herrn der siebenhügeligen Stadt vorgeschriebenen Flug.« Ungeheuer selten war das Buch — angeblich in Hauzenpichl gedruckt —, aber jedes Kind wußte, daß in Hauzenpichl niemand drucken konnte. Übrigens hätte Eynhuf selber nie es zu lesen gewagt, da solcherlei Schriften strenge verboten waren.

Im »Hortolus voluptatis dementiae praecocis« dagegen, dem »Vergnüglichen Trottelgärtlein«, zu blättern, war ihm geradezu ein Hochgenuß. Belehrung hinwiederum sowie nützliche Aufmunterung schöpfte er reichlich aus dem jetzt schon hübsch teuer gewordenen Drucke »Reiseerlebnisse eines Handgängers oder Curieuse Beschreibung einer von Wien bis Passau, sowohl zur persönlichen Zerstreuung als auch zur Erweiterung seiner Bildung, jedoch nicht ohne Mühe, durchaus auf den Händen zurückgelegten sommerlichen Erholungsreise, benebst historischen und botanischen Adnotationen sowie volkstümlichen Musikeinlagen, mit den bloßen Füßen auf dem Waldhorn zu blasen von Peregrinus Klebel von Pratzentanz, Landesfürstlich befugtem, auch geprüften und beeideten bürgerl. Handgänger«, einem bekannten Sonderling, der übrigens das Vorbild war, das unsern unsterblichen Schubert zu seinem »Wanderer« begeisterte, was nur sehr wenige wissen dürften.

Aber all dies war Eynhufs größte Freude nicht. Nur mit Wonneschauer konnte er an sein Privatlätitzerl, selbstredend reinster, jungfräulichster Natur, denken, an seine Milchzahnsammlung, die größte und vollständigste in den gesamten Erblanden, wie ihm alle Kenner versicherten. Was gab es auch Keuscheres als diese Perlenzähne der Unschuld, dieses Schmuckkästchen der Demut? Schien es ihm doch immer, als ob in rosa Wolken blaubebänderte Lämmer unter Leitung eines ernstblickenden Oberlammes ein sanftes Konzert auf kristallenen Triangeln schlügen, sooft er das Kästchen öffnete. Und nicht etwa aus schmutzigem Geiz oder spinnefingriger Habgier gab er sich so unsägliche Mühe. Nein! Für seinen Kaiser! Ihm war die Frucht der Sammeltätigkeit so vieler Jahre zugedacht. Ihm sollten eines Tages die Zähnchen, appetitlich zum Tableau arrangiert, entgegenlachen, zur Jubiläumszahl seiner Thronbesteigung anmutig zusammengestellt.

Zum minuziös symmetrischen Aufbau der erhabenen Zahl fehlte gerade ein Milchzahn, ein Umstand, der Eynhuf viel Kopfzerbrechen machte.

Ein weniger pflichttreuer, oberflächlicher Mensch hätte einen x-beliebigen Milchzahn genommen, aus weiß Gott was für einem mißgeborenen Munde, und das Tableau dem nächstbesten Papparbeiter zur Fertigstellung übergeben. Wie ganz anders dachte da unser Hofsekretär! Es mußte, das stand bei ihm fest, der schönste sein, sozusagen der Fürst aller Milchzähne, ein Zahn der größten lebenden, allgemein anerkannten Schönheit. Das war doch klar. Aber, wer war das nur? Oft und oft hatte er angestrengt nachgedacht und sich sogar beim Nasenbohren erwischt — nichts fiel ihm ein. Da plötzlich — wie ein Wunder — stand es sonnenklar vor seinem geistigen Auge. Gestern abend im Theater: die Höllteufel! »No, da hat man's! Die Höllteufel! Jetzt war's gelöst, was mich beunruhigt und mir selbst die Erledigung des seit vielen Tagen so sehnlich erwarteten Verdauungsaktes versagt hat!« Freudig tanzte er auf seinen schwarzen Storchbeinen um den grünen Diplomatenschreibtisch herum, nicht achtend, daß er dabei den in Tragbuttenform gehaltenen, mächtigen Papierkorb umschmiß. Zu allem Unglück öffnete sich die Tür, Hofrat Sauerpfister trat ein und musterte das tolle Treiben seines Untergebenen mit ernstem Blick. »Verzeihung«, murmelte der, »ich gab nur meiner Freude submissest darüber Ausdruck, daß S. M. der König von Portugal die Schafblattern glücklich überstanden hat, wie ich dem Amtsblatte soeben entnehme.« Diese loyale Kundgebung befriedigte den gestrengen Amtsvorstand sichtlich und ließ ihn ganz vergessen, warum er gekommen war. Gemessenen Schrittes ging er in sein Sanctissimum zurück, um zum dritten Male zu frühstücken. Die Diurnisten Kuscher und Schluckentritt ließen, als er durch das Vorzimmer schritt, emsig die Gänsekiele übers Papier rascheln, hatten sie doch, da das Amt fast ressortlos war, alle vorhandenen Akte nochmals in grüner Tinte mit schwarz-gelben Anfangsbuchstaben zu kopieren.

Berauscht von der Eingebung, die ihm wie aus heiterem Himmel gekommen, saß Eynhuf still an seinem Schreibtisch und spielte ununterbrochen mit dem Falzbein bis Schlag drei Uhr, zu welcher Stunde der pflichttreue Beamte das Bureau zu verlassen pflegte, um sich in sein gewohntes Speisehaus »Zur Flucht nach Ägypten« zu begeben.

Dort war ein feinsinniger Kreis von Gleichgesinnten versammelt, die, nachdem sie das gemeinsame, schwere, jedoch ehrende Joch der Amtspflichten an den Nagel gehängt hatten, sich in maßvoll gehaltenen Gesprächen, ganz auf dem Boden des »Wiener Diarium« fußend, unterhielten. Um diese Stunde war auch Vater Zumpi ständiger Gast des Lokals. Er liebte es, sein Seidel schwarzen Kaffee zu schlürfen, und spielte sein regelmäßiges Tarock mit noch zwei anderen Hofzwergen, den letzten Überlebenden des einst so geachteten Standes, und dem gleichfalls pensionierten Hofriesen Simson Baumrucker, einem gebürtigen Tiroler, der seinerzeit wegen seines Rosenkranzes aus Sechspfünder Kanonenkugeln nicht mit Unrecht gefürchtet und geachtet war. Doch heute war der Mann harmlos, stocktaub und zitterte so arg, daß alles laue Bier im Lokal — der sogenannte Fensterschwitz — appetitlich schäumte. Das machte ihn in weiten Kreisen beliebt und sicherte ihm die Wertschätzung von seiten des Wirtes. Der Riese schlug dröhnend mit den Karten auf den Tisch, die Zwerge quakten und krächzten, doch Eynhuf ließ sich nicht stören, schlürfte seine Suppe und blätterte mit einem Zahnstocher in einem sogenannten Fingernagelkalender hin und her, einem winzigen Büchlein, in dem er so gerne las. Waren doch alle Geburtstage der höchsten Herrschaften drin verzeichnet, Hof-Normatage und alles, was sonst ein loyaler Mensch wissen muß.

Der Lärm am Zwergentisch wurde immer ärger; sie hatten zu spielen aufgehört. Verständnislos glotzte der taube Hofriese seine Partner an und schleifte verlegen mit seinen klobigen Händen, die mit krapfengroßen Hühneraugen reich besetzt waren, am Boden hin und her.

Achtungsvoll grüßend setzte sich Eynhuf an den Spieltisch und konnte allmählich dem erregten Gespräch entnehmen, daß es eine hitzige Debatte ob der Anmaßung der neuen Hofbediensteten gegeben hatte. Soviel stand fest: Zumpi hatte einen Todfeind. »Was glauben S', was ist heute geschehen?« wandte er sich an Eynhuf. »Wir haben eine Neujahrskollekte für den Waisenfonds der Hofspaßmacher und Hofkünstler eröffnet, und da hab ich mich an einen gewissen Beethoven, einen Mann, der zur Zunft der Hofpfeifer gehört, gewendet. Der grobe Ding der — stocktaub ist er — hat mich zuerst gar nicht gesehen, dann hat er mir mit der Fliegenklappe gedroht, und heut auf der Straße hat er mich sogar mit 'n Stock schlagen wollen. Ein unfriedlicher Mann das, der nie a Köchin hat, muß sich selber kochen, hat jeden Tag an Mordsbahöll am Aschenmarkt, wann er einkauft! Alle drei Tag' zieht er aus, nächstens kommt er wieder ins Querulantenhaus.«

»Oho, da werd' ich bitten!« verwahrte sich Eynhuf. »Mit so unmusikalischen Menschen wie der kann ich, als gottlob geschmackvoller Musiker, nicht unter einem Dache leben. Übrigens hat er die Noten für den Futzler, hör ich, schlecht kopiert, und der Herr Hofrat Unklar hat ihm die Violinstunden für seinen Sohn längst entzogen. Aber warten Sie! Der Beethoven ißt jetzt schon öfter bei der Schmauswaberl um 7 Kreuzer zu Mittag, brütet dumpf vor sich hin und hat unlängst mit einem Indianknochen die ganze Zeit Takt geschlagen. Hat gar nicht bemerkt, wie die Bubenzopfmädeln dürren Hundemist in seinen am Boden stehenden Zylinder gegeben und ihm mit Kreide eine grobe Unanständigkeit auf den Rücken gemalt haben. Hab' da ausnahmsweise ein Auge zugedrückt . . .«

»Recht hab'n S' g'habt«, murrte der Zwerg, »aber die Rabenviecher sollt' man dem Schinder geben.«

»So, haben Sie vielleicht auch üble Erfahrungen gemacht, Herr von Zumpi?« erkundigte sich teilnehmend der Sekretär. Doch Zumpi erhob sich, sah Eynhuf mißtrauisch an, griff murmelnd nach seinem struppigen Zylinder und entfernte sich.

Beklommen fragte sich Eynhuf, ob er durch diese taktlose Frage sich die Gunst des Zwerges verscherzt habe... Daß da etwas nicht stimmte, schien ihm außer Zweifel. Zahlte und ging — war er doch um vier Uhr zur Jause bei der alten Schosulan eingeladen, eine große Ehre, die er nicht versäumen durfte.

DIE WITWE SCHOSULAN

Durch den enormen Einfluß, den die würdige Ursula Schosulan auf Se. Eminenz den Bischof in partibus infidelium, Chrysostomus Schoisgruber, ausübte, hatte sie das Wohl und Wehe der Hofbeamten in ihren knotigen, feuchtkalten Händen, die so oft die langverewigte Kaiserin Maria Theresia bedient hatten. Mit Vergnügen pflegte die alte Dame, wenn sie gerade keinen mürrischen Tag hatte (die goldene Ader plagte sie grausam), von der guten, langentschwundenen Zeit zu erzählen: daß die hohe Frau zum Frühstück stets einen Vierteleimer Schokoladi und einen ganzen frisch bachenen vierpfündigen Striezel zu genehmigen pflegte; ein halbes Dutzend Backhendeln und Käse beendeten in der Regel dieses erste Frühstück, mit dem die Grundlage zur Zehnuhrjausen gelegt war. Die hohe Frau hatte auch, wie die Schosulan mit historischem Behagen zu erzählen wußte, einen Lieblingsleibstuhl, der mehrere feierliche Gavotten, verliebte Schäferweisen auf der Drehleier und ein mächtiges Musikstück, »Die Erstürmung von Pampeluna«, zu spielen verstand — alles ein Geschenk ihres später von den Freimaurern ermordeten hohen Schwiegersohnes, des höchstseligen Königs Ludwig XVI. von Frankreich und Navarra. Jedesmal kamen der alten Frau die Tränen in die erlöschenden Augen, wenn sie der grausen Historie gedachte. Dann schnupfte sie düster und fuhr fort:
»Besonderscht liebte die hohe verew. Frau das mächtige Musikstück, das von Tschinellen ernst und würdig begleitet war. Einmal, im Hochsommer, war's, das Jahr weiß ich nimmer — is

schon lang her —, sprach die Kaiserin zu meiner: ›Schosulan‹, sprach Hochdieselbe, ›höre Sie‹, hat die hoche Dame zu mir gesagt, ›höre Sie, wie traurig, daß heunt die Tschinellen tun. Meiner Seel, heunt is was geschehen, das gräßlich für Unser hoches Ohr zu hören sein wird.‹ Und richtig, drei Wochen später, an einem Freitag war es, kommt um die nämliche Stund' neben einem schaumbedeckten Roß — der Reiter war schon hinter Regensburg heruntergefallen — ein Laufer mit rot-weißen Straußfedern atemlos in die Burg gerennt und meldet, daß die Freimaurer und Freunde der Unzucht die Baschkill — oder wie daß sie sich schreiben tut — gestürmet hab'n. Was dann alles war, mag nimmer dran denken.«

Niemals traute sich jemand, die alte Frau, die schon alles ein bißchen durcheinandermengte, auf den groben historischen Schnitzer in ihrer Lieblingserzählung aufmerksam zu machen.

Eynhuf eilte geschwind zum berühmtesten Zuckerbäcker Wiens, Friedrich Knecht, in die Wohllebengasse, denn mit leeren Händen durfte er unter keinen Umständen kommen. Atemlos stürmte er ins Arbeitskontor des würdigen Herrn, der nie anders als in einem weißen Schäferkostüm zu arbeiten und in den Pausen auf einer kleinen Schalmei Mozartsche Weisen voll anmutiger Neckerei zu dudeln pflegte.

Niemand sah dem heiteren Greis mit dem warmsonnigen Lebensabend seine hochdramatisch bewegte Vergangenheit an.

Einer reichbegabten, tragantenen Osterlammerzeugerfamilie entsprossen und frühzeitig durch Gelübde zum Zuckerbäcker bestimmt, wollte er, verblendet durch den Siegeszug, den der sattsam bekannte Bärendreck oder Bärenzucker über die kulinarische Welt nahm, einen neuen Stern am Kanditenhimmel aufgehen lassen, den sogenannten Hühnerdreck, womit er dem idyllischen Charakter seiner Zeit Rechnung zu tragen gedachte, im Gegensatz zum romantisch angehauchten Konkurrenzprodukte, das ihm so recht als der Konfekt Shakespeares erschien. Das Publikum benahm sich ablehnend. Auch die Änderung des Namens in »Hühnerzucker« machte die Sache nicht besser. Knecht wurde trübsinnig und begann zu grübeln, haderte mit Gott und der Welt und ward schließlich sogar seinem Glauben abtrünnig.

Um ihn auf andere Gedanken zu bringen, drängte ihn seine

besorgte Familie, auf Reisen zu gehen. Dies tat er und begab sich nach Andalusien, um endlich einmal Licht in die sehr verwickelte Geschichte des spanischen Windes zu bringen. Dort wurde unglücklicherweise sein Glaubenswechsel entdeckt und er als geheimer Protestant zum Feuertode verurteilt.

Sein Glück war, daß das außergewöhnlich strenge Borkenkäferjahr 1767 einen solchen Holzmangel zur Folge hatte, daß man den Inquisiten zum Strafvollzug in seine Heimat abschob, deren

traumhaft schöne Wälder schon längst den Neid der spanischen Inquisition erregt hatten.
In dem bedeutend milder gesinnten Wien rettete er sich dadurch, daß er ein wahres Wunderwerk aus Zucker und Marzipan schuf. »Der Türk' vor Neuhäusl« hieß es. Selbst das Mündungsfeuer der schweren Artillerie war aus gesponnenem Zucker, rot und golden angestaubt. Bei Hof war man entzückt. Tag und Nacht mußten vier krummbeinige Heiducken mit vergoldeten Säbeln auf Fagotten und Dulzianen die dazu passenden Weisen blasen. Leider fraß nach wenigen Tagen in der Zerstreutheit eine hohe Dame, die in interessanten Umständen war, ehe es noch die diensthabende Palastdame, Baronin Kempff von Ankreth, verhindern konnte, das Kunstwerk mit Putz und Stengel auf und erkrankte nicht unbedenklich.
Zahllose Ohnmachten gab es bei Hof. Es wurde Stroh gestreut, aus Mitgefühl auch vor Häusern streng loyal gesinnter, aber sonst ganz gesunder Leute. Die Militärmusik spielte bloß noch auf schwarzumflorten Blasinstrumenten, die Hofärzte schüttelten den Kopf und sprachen von melancholischen Vapeurs, wohl auf üble Saturneinflüsse zurückzuführen.
Das weinende Volk ward durch Bulletins und Ausrufer beruhigt und zahllose Bittgänge angeordnet, die kreuz und quer die Straßen durchwimmerten. Überraschend schnell stellte sich wieder reger Appetit ein, und Knecht ward Hoflieferant.
Der Meister modellierte gerade an einem kleinen Schweizerhause mit Spiegelglasfenstern, buntrockigen Sennerinnen auf giftgrüner Matte und scheckigen Kühen, alles aus Tragant, sah von der Arbeit auf und grüßte Eynhuf mit den Worten: »Ich empfehle mich Ihnen, mit was kann ich dienen?«
»Bitte, ein achtel Pfund Bärendreck — natürlich ungarischen, wie immer, und ein viertel Pfund große, gestreifte Zuckerln.«
»So, so, Besuchsmischung«, meinte Knecht, brüllte mit Donnerstimme in den Warenraum: »Marie!«, dann blies er einige Takte aus der »Entführung aus dem Serail«, worauf eine ältliche, etwas kropfige Ladnerin erschien und das Gewünschte dröhnend auf die Messingwaage warf.
»Macht 11 Kreuzer Münz«, meinte der Konditor.
Eynhuf bezahlte und eilte mit wehenden Frackschößen davon,

erreichte knapp vor vier Uhr das »Kleine Querulantenhaus« und stürmte atemlos die Treppe hinauf. Keuchend pochte er an die Wohnungstüre der Schosulan und stand im nächsten Augenblick in der Küche, in der es köstlich nach Kaffee duftete. Diente noch dieselbe wie in allen honetten Bürgerswohnungen gleichzeitig als Vorzimmer.

»Beeilen S' Ihnen«, sagte Mali, die Köchin, »sie sein alle schon da! Sein wieder einmal der letzte und staubige Schuh haben S' auch, o weh — aber nur schnell hinein.«

Eynhuf trat in das geräumige, dabei niedrige Zimmer mit den weißen Spitzenvorhängen an den Fenstern. Auf tadellos gescheuerter Diele lag ein kleiner, bunter Gobelinteppich mit Papageien, die an Obst pickten. In der Mitte, am runden Tisch, waren die Kaffeegäste versammelt. Bei seinem Eintritt verstummte das Gespräch und machte einem Flüstern und Tuscheln Platz, dem weniger befangene Hörer etwa Folgendes hätten entnehmen können: »... und reine Nägel — Kasimirhosen hat er an — einen pariserblauen Frack — ein schöner Mann — das geistvolle Aug' — viel zu schön für die Hofzwergische — die eine hat an Kropf — die andere a ausg'franstes Nasenloch — bucklig san s' beide!« So wisperten die Schlangen am Jausentisch.

Majestätisch thronte die Schosulan in einem vergoldeten Lehnstuhl. Die drei »Zischischen« waren anwesend, Mutter Zisch und die beiden Töchter, Annerl und Poldi. Dann die zwei Fräuleins von Kibisser, verblühte, kümmerliche Geschöpfe, die sich mühselig durch Anfertigung pergamentener Heiligenbilder mit kunstreicher, spitzenartiger Ausschneidearbeit ernährten. Ferner die Witwe des Paramentenstickers Schandhaase, das reiche Fräulein von Ludersdorf mit dem bisweilen irren Blick derer, die gebranntes Wasser lieben, die protzige, ordinär aussehende Hofmetzgerswitwe Beischl, das ältliche Fräulein von Fackelstein mit dem gräßlichen Feuermal und einem Fleckchen Mausfell an der Wange. Jeden Augenblick sprang sie auf und betrachtete durch eine Lorgnette mit viereckigen Gläsern irgend etwas im Zimmer. Auch ein noch jüngerer Mann war da. Er war schlecht rasiert und sah ein wenig wie eine aus blechernen Ofenröhren zusammengestellte Juxfigur aus. An diesem befremdenden Anblick seiner traurig-scherzhaften Erscheinung war ein überaus enger schwarzer

Anzug schuld, der an und für sich den Beruf seines Trägers nicht übel unterstrich. War es doch der Redakteur des Mitternachtsblattes, der bis zu Eynhufs Eintritt das männliche Element im Jausenkreise zu repräsentieren hatte.
Die würdige Gastgeberin blickte gierig auf das Zuckerlpaket, das Eynhuf in der Hand hielt, und dankte ihm mit speichelnden Lippen. Schnell schob sie eine Handvoll Bärenzucker in das ungeheure, emsig wackelnde Maul und machte Eynhuf mit dem ihm noch fremden Journalisten bekannt.
Eynhuf, der vielbegehrte Kavalier, wurde zwischen das Zisch-Annerl, ein knallrotes, schielendes, noch sehr junges Ding, und die welterfahrene Demoiselle Ludersdorf geschoben. Die flüsterte ihm zu, der Herr Redakteur habe gerade von so furchtbar beklagenswerten Unsittlichkeiten gesprochen, die er im Ratzenstadl — einem von jeher nicht im besten Geruch stehenden Stadtteil — aufgedeckt hätte, so daß die ganze Kaffeegesellschaft entsetzt aufgestöhnt habe. Mit besorgter Trauermiene brockte der Hofsekretär ein Kipfel in seinen Kaffee und stocherte mit leisem »Je! je!« in der quellenden Masse. Dann wurde geraume Zeit nichts mehr gesprochen. Die üppige Jause ließ sobald niemand mehr zu Worte kommen. Nur ein leises Schlürfen hörte man und ein Klicken der zarten, milchweißen Tassen, die goldene Harlekinszenen in reichster Anmut schmückten. Es waren prunkvolle Stücke aus Meißen, deren sich die Gäste bedienten, während die Hausfrau aus ihrer eigenen Mundtasse, einem sehr altertümlichen Porzellan, trank, das ihr, wie sie erklärte, der selige Bottengruber eigenhändig bemalt habe. Mächtige Gugelhupfe gab's und Berge von Krapfen, Buchteln und Kletzenbrot, so daß das Schmatzen und Schnalzen kein Ende nahm. Bloß Fräulein von Fackelstein sprang immer kauend umher, nahm den Trinkenden die Tassen vom Mund, um die Malerei zu studieren, und betrachtete die großen Pergamentminiaturen an den Wänden, wo Dutzende von kleinen kaiserlichen Prinzen, auf Ziegenböcken reitend, dargestellt waren.
»Brave Arbeiten von Meytens«, meinte die Schosulan, »und wie s' glänzen, was? Soll auch die Farben mit Mohrenschweiß angerieben haben, sagt man, das fleißige Manderl. Hat drei Jahr' daran herumgepinserlt. Hat mit an Löfferl geschnupft — Satanel-

lasco Damasceno und Sospiri di Donna Anna gemischt, ein bisserl gepulverte Pomeranzenläus' war'n auch dabei, war a gute Mischung! Dös hat Ihnen gerochen! Wie a Bauerngartl im Frühling hat man's da in der Nas'n g'habt! Kriegt man a nimmer! Oh, die Zeiten, die Zeiten!«

Am meisten aber interessierte sich das Fräulein mit dem Mausfellchen für eine Plastik aus Perlmutter und Korallen, das bienenstockartige Innere eines barocken Irrenhauses darstellend. »Hat ein gewisser Xaver Messerschmied gemacht, ein Preßburger. Hat Hofbildhauer werden wollen. Ihrer Majestät hat 's aber nicht gefallen. Da hat die hohe Frau es mir zu Weihnachten verehrt. Was der Messerschmied war, hat dann bloß Nußbeugeln backen dürfen in der Hofkuchl, ist dann bald aus Gram gestorben. War schad' um ihn, war'n delikat!«

Bald erhob sich Eynhuf, küßte der gnädigen »Frau Tant« die Hand und dankte für die gute, reichliche Jause. Noch etwas kauend, bat er schmeichelnd: »Darf ich heut wieder beim Leibstuhl die ›Papiergoldblumengavotte‹ studieren? Die is so scheen.«

»Ja, gehn S' nur«, sagte gnädig die Alte, der es stets sichtlich schmeichelte, wenn in ihren Augen talentierte Musiker sich lobend über die ehrwürdige musikalische Sitzgelegenheit, dieses wahre Schatzkästlein Apollos, äußerten. »Ja«, sagte sie, »da ist ein neuer Hoforganist — glaub', Peter Hofer heißt er —, dem tät's auch nicht schaden, wenn er ein bisserl beim Leibstuhl lernet! Hab's ihm freundlich anboten ... Sie, den frechen Burschen hätten S' hören sollen! Kann gar nicht wiederholen, was er gesagt hat. Aber ich war gleich fertig mit dem rabiaten, undankbaren Menschen. Dem Bubenzopf selig hat er's genauso g'macht, wie er ihm die schöne Stell' als Bombardonbläser in der k. Hengstendepotkapelle hat zuschanzen wollen. Jetzt hat er's davon! Also hab' ich dem Paulus Bitterbier die fette Pfründe verschafft als Gesanglehrer im Taubstummeninstitut. Gewiß a angenehme Sinekur'! Hat 400 Gulden, und bleibt ihm daneben viel freie Zeit.«

Kaum war Eynhuf verschwunden, stand Annerl Zisch auf, schielte verlegen und hatte den Finger im Munde. Leise sagte sie: »Mutter, ich möcht' was.« — »Was denn?« — »Bitt' scheen, Mutter, darf ich hinausgehen, biß'l Blumen pflick'n?« Niemand bemerkte das zierliche Intermezzo des wohlerzogenen Kindes.

Nach einigen Minuten bat auch Poldi, die den ganzen Nachmittag wortlos in die Luft oder ängstlich auf den unheimlichen Zeitungsmann gestarrt hatte: »Mutt'r, ich auch.«
Als beide draußen waren, wandte sich Mama Zisch an die alte Schosulan und sang das Loblied der Kinder: »Ich hab' eben die Mädchen fein erzogen. Nie, daß sie eine Sache beim richtigen Namen nennen würden! Oh, das gibt's bei mir nicht! Also, was die Annerl ist: hochbegabt! So was von musikalisch! Spielt die schwersten Etüden von Poprdatsch geläufig wie Butter herunter! No, und Tanzen lassen wir sie beim Crachefin lernen, und später kommt auch Reiten daran beim Hopjan, und ihr Ideal wäre: zum Ballett! Natürlich wenn's ein solides gäbe! Warum, frag' ich, kann nicht auch einmal ein wirklich anständiges Beamtentöchterballett gebildet werden, in langen Kleidern und mit Barchenthosen bis zu die Knöchel. Geschlossen, selbstverständlich!« fügte sie mit überaus ernster Betonung hinzu. »Und was die Poldi ist, also die ist mehr ernst, der ganze Vater. Ja, mein! Wie gesagt, mehr kompletativisch.«
Annerl, die wieder erschienen war, bat schmeichelnd: »Mutt'rl, darf ich ein bisserl zum Leibstuhl zuhören?«
Es drangen aber auch zu verlockende Klänge aus dem Nebenzimmer. Eynhuf hatte zuerst ein wenig auf der Flöte präludiert, dann am Stuhl gebastelt, der anfangs bloß widerwillig knurrte und verworrene Töne von sich gab. Doch dann drangen voll und dabei wieder zart die entzückenden Klänge des Liedes:

»C'est trop facheux d'estre tousjours seulette,
mon Jehannot, t'attend ta petite filette«,

durch die Türe. Di dum, di dum, machte melancholisch die Drehleier dazu. Doch wenn die gläsernen Zimbeln und Triangeln erklangen, nickte der Reichsadler an der Spitze der Lehne und schlug majestätisch mit den Flügeln, was er auch konnte.
Die Schosulan, die es um die überreichen Jausenreste bangte, schlug vor: »Gehn mer alle hinein und mach'n mir a bisserl Musik!« Folgsam versammelten sich die lieben Gäste im Nebenzimmer, des kommenden Ohrenschmauses gewärtig. Frau Zisch begab sich ans Spinett und öffnete eine Notenrolle, die sie in ihrem winzigen, rotgefütterten Persianermuff getragen hatte. »Jubelhymne anläßlich der glücklichen 18ten Entbindung Ihrer

Hoheit der Durchlauchtigsten Frau Fürstin Clementine Aurora von Luhatschowitch, gesetzt für 2 Clavecins von *François Poprdač, très humble serviteur«* konnte man unschwer am Titelblatte lesen. Den Herrn vom Mitternachtsblatt forderte Ursula huldvoll auf, die Baßgeige ihres seligen Gatten zu benützen. Doch er, dem lichten Reiche Apolls abhold, lehnte steif ab.

Bald hatte man das Vergnügen, die Damen in züchtigen Tänzen sich bewegen zu sehen. Die Kibissers drehten sich in steifen, lang verschollenen Gavotten und knicksten hölzern voreinander. Selbst

Tante Schosulan nickte den Takt mit der mächtigen Haube; bloß Frau Beischl saß bleich auf ihrem Stuhle, seufzte sichtlich schwer: »Mein Herz, mein Herz!« und meinte den Magen, um plötzlich scheu zu verschwinden. Jäh unterbrach Mali, die hochrot vor Entrüstung unerwartet ins Zimmer stürzte, die vergnügten Tänzer. Draußen am Gang schlügen die Menscher, die Bubenzopfmädeln, zum Takte der Musik Rad, wie sie durch das Guckloch beobachtet habe. Herr Hofrat von Unklar stünde die ganze Zeit vor Empörung bewegungslos am Treppenabsatz und blicke unverwandt, vor Entsetzen starr, auf dieses schamlose Schauspiel. Nicht genug an dem, wäre der Frau Beischl ein furchtbares Malheur passiert, da die Zisch-Poldi sich natürlich schamhaft eingeriegelt habe und absolut nicht aufzuwecken sei. Die Tanzmusik verstummte, alles empfahl sich verstört. Mama Zisch ging einen Schlosser auf eigene Kosten holen, und man hörte noch die Schosulan streng zum Dienstmädchen sagen: »Nie mehr hereinlassen ... In Zukunft wird für sie das blaue Nachtgeschirr vom Seligen in die Speis gestellt.«
Im Schluff der schmalen Stiege suchte Annerl Zisch die Ludersdorf, die den Hofsekretär schmachtend ansah, durch ein molliges Manöver zu verdrängen. Mit dem einen Auge wußte sie dabei den Sekretär mit zart verstohlener, schelmischer Zärtlichkeit anzublicken, mit dem andern dagegen die Ludersdorf verachtend und feindselig. »Merkwürdig«, dachte sich Eynhuf, »was für einen Zauber ich doch auf die Weiber ausübe. Selbst das scheue Tauberl da flattert mir auf den schützenden Finger! Vielleicht mecht's ein Nesterl drauf bauen! So sein halt alle Evastöchter.«
Als er dann sein gemütliches Stübchen betrat, gingen ihm mancherlei Beobachtungen durch den Kopf: »Also die Zischischen spitzen auf dich! Hab bis jetzt das Kind, die Annerl, gar nicht beachtet. Verflucht hibsch is sie geworden, bis auf das bisserl Schielen — was anderes wie die Hofzwergische ... hibsch rosig und mollig ... die Zwergische dagegen gelb im Gesicht und hager ... und an Gang hat sie wie a kranke Kuh, sagt immer der Archivdirektor i. R., der Großkopf. Ja, die Zischischen! Vermögen haben s' wohl wenig, die Mutter war zwar Hofamme, da is sie also aus angesehener Familie, und er, als pensionierter Kassier der Obersthofjagdkasse, hat auch nicht viel. Das bisserl

Nebenverdienst, das er sich durch das Abstauben der dem Maria Theresienorden angegliederten kaiserlichen Militärkäfersammlung macht, ist auch blutwenig. (Muß iebrigens einmal mit dem Kommandanten der Sammlung über ihn sprechen, mit dem Major Krachovina von Bombensprung.) Na, und was sie ist, die tut gar nichts den ganzen Tag, als mit denen Kindern spazierengehn. Du mein! Dabei ist die Kleine fast zu hibsch für eine Tochter aus guter Familie ... Allerdings hat mich der gute Großkopf väterlich gewarnt; die Ehe mit einer Zwergtochter kann leicht ein bisserl zurückgebliebene Kinder nach sich ziehn —, aber dafür haben selbe einen Hofbeamten und treuen Staatsdiener als Großvater ... das entschädigt für so manches.«
In diesem Zwiespalt griff er zum Schächtelchen mit den Milchzähnen (sein kleines Palladium), das ihm schon über manche trübe, sorgengraue Stunde hinweggeholfen hatte. Immer wieder malte er sich aus, was für eine Freude sein gütiger Landesfürst über die sinnige, noch nie dagewesene Überraschung haben würde. Immer wieder sieht er im Geiste den Freudenstrahl, der über das wohlwollende, doch ernste Antlitz des Monarchen huscht, wenn er das selbstverständlich in den Nationalfarben gehaltene Seidentuch von dem Tableau wegziehen wird. Dann würde Eynhuf kniend deklamieren:

1

Es lächeln *Dich,* o bester aller Fürsten,
der Unschuld Perlenzähne an.
Sie sei'n ein Zeichen *Dir,* wie alle Herzen dürsten
Aus Lieb' zu *Dir,* wie es nur Herzen dürsten kann.

2

Ein treues Herz schlägt unter meinen Brüsten,
Drum flocht ich *Dir* die Jahreszahl mit Fleiß,
Wenn diese Zähnlein alle doch es wüßten,
Wie lieb ich *Dich,* o Fürst, zu haben weiß.

3

Wenn alle Zähnlein sprechen können würden,
Es sprächen alle, tiefbewegt, doch keck:

Wir beißen gern für *Dich Dir* alle Bürden,
Die etwa, Hohen, *Dich* bedrücken, weg!

4

Und würd' es sich für einen Hofbeamten schicken,
Ich möchte selbst als Millichzahn hier picken!

Gerührt würde ihn der hohe Herr emporheben und ihm sagen: »Baron Eynhuf — stehn Sie auf!« Ganz leise würden die Partisanen der gerade diensthabenden Hartschiere klirren, und der Erzbischof du jour hinter dem Landesherrn würde segnend die Hände auf sein Haupt legen.

Im selben Moment klatschte es auf seinen Schreibtisch, und empor fuhr er aus seinen Träumen. Was man nach ihm durchs offene Fenster geworfen hatte und was nun zerbröselt vor ihm lag, war eine vielfach mißachtete Kleinigkeit, durch die sich die treuen Helfer der Menschheit, die wackeren Pferde, bei ihrem allerdings geringen Ordnungssinn den kommunalen Straßenreinigungsbeamten so oft unbeliebt machen.

»Weiß schon, wer's war«, meinte der resignierte Träumer, »Herz sei ruhig, Manneswürde lodre nicht auf — die Rangen sind nicht wert, daß man ihrer achtet. Pfui über das verdorrte Reis am Hofbeamtenstamme!«

DER ZWEITE DONNERSTAG VON SCHEIBBS

Viel gab's im Amte zu tun. Das kam so: Die Stadt Scheibbs hatte rastlos, seit Dezennien schon, um einen zweiten Donnerstag in der Woche gebeten. Man war höheren Ortes nachgerade erstaunt, daß die Scheibbser schon wieder etwas wollten. Hatte man ihnen doch kurz vorher das zweite weiche kleine »b« im Stadtnamen bewilligt, da ein paarmal peinliche, sinnstörende Schreibfehler vorgekommen waren. Das war schließlich begreiflich und nicht unbillig. Aber der zweite Donnerstag!« Schon unter Kaiser Joseph hatte es angefangen. Dieser aufgeklärte Monarch hielt es für Irrsinn. Doch die zähen Scheibbser (jetzt mit zwei weichen »b«) petitionierten wieder und immer wieder, hartnäckig, wie es eben nur Scheibbser sein können. Jetzt fing die Sache an, in weiteren Kreisen Beachtung, und zwar mißbilligende Beachtung zu finden. Dachte man doch allmählich tiefer über die Angelegenheit nach, und plötzlich sprang die Unvernunft des Scheibbser Wunsches in seiner ganzen grausigen Tragweite den Denkenden nackt vor die Augen. Es gab zwei Möglichkeiten, eine schreckhafter als die andere. Zuerst die, daß die Stadt Scheibbs allmählich in eine andere Zeitrechnung treten würde und daß es außer dem Julianischen und Gregorianischen auch noch einen Scheibbsianischen Kalender geben würde. Das »neue Jahrhundert von Scheibbs« würde bald zur Weltsensation werden und einen ungeahnten Strom von reisenden Engländern und anderen unnützen Menschen in die stille Voralpenstadt führen. Diese Perspektive allein war dem fremdenfeindlichen Sinn der Epoche schon mehr

als unerwünscht. Dann aber tauchten schlimmere, weit schlimmere Bedenken auf. Der unfromme Wunsch der frevlen Scheibbser müßte notwendigerweise, sagten die Moralisten mystischer Richtung, auch üble Folgen kosmischer Natur nach sich ziehen, und es wäre sonnenklar, daß die unglückliche Stadt allmählich, unmerklich zuerst, sich von der Erdrinde abheben würde, eine Erscheinung, die bei schweren Störungen der Weltordnung gerne vorkäme. Nach und nach würde sie dann anfangen, um die Erdkugel zu kreisen, ein entsetzlicher, tieffliegender Mond, der auf seiner Bahn tagtäglich grauenhafte Verwüstungen anrichten müsse. Der ganze Breitengrad, auf dem Scheibbs lag, fühlte sich in seiner Sicherheit bedroht. Deputation auf Deputation aus aller Herren Ländern wurden jetzt bei der obersten Behörde vorstellig. Da ritten Irokesen neben Korneuburgern, krummbeinige ungarische Magnaten in Trauergala, Kleinrussen, Mongolen, Chinesen, Franzosen, biedre Schwaben und Bayern, polnische Schlachzizen in reichen Prunkgewändern — hinter ihnen jammernde Juden mit großen Schirmen, da es sie um die entliehenen Prachtstücke bangte. Kurz alles, was am Breitegrad von Scheibbs lag, kam nach Wien und jammerte um Schutz von Haus und Herd.
Die Gelehrten malten das Grausige immer deutlicher aus. Etwas wie eine ungeheure, düstere Rübe, das untere Ende feuerflüssig, würde über die Erde schleifen, da die Juristen ganz richtig behauptet hatten, daß der Stadt Scheibbs alles Kubikareal bis zum Mittelpunkt der Erde gehöre. Andere Naturkundige warfen mit Recht ein, daß keine Rübe entstehen würde, sondern daß der harte Felsrand der nicht vom Zeitzuwachsschwindel betroffenen Umgebung sozusagen Wurstscheibe auf Wurstscheibe vom Scheibbser Massiv abschneiden würde. Kurz, die gedanklichen Perspektiven waren grauenhaft. Bittgänge wurden im ganzen Reiche abgehalten, an einzelnen Orten traten schon Geißler, Springprozessionen, ja selbst Adamiten auf, was besonders unerfreulich wirkte. Jetzt regten sich aber auch die verborgenen Logen aller okkulten Schattierungen und hielten die große Tagung am Wechsel, dem steirischen Grenzgebirge, unter drei knorrigen Rieseneiben. Der Großmeister der Templer in Antiochia, der Mahatma von Großwardein, der Superieur inconnu der Martinisten — ein goldbetreßter Marineur aus Triest —, der Inspecteur des endroits

bizzares von der Wieden, der Hagelmeister von Tirol, die Herren vom Hl. Gral und von Rhodos, die Kronbewahrer von Trapezunt und Nikäa hatten sie einberufen. Den Vorsitz führte als einzige Dame die jugendschlanke Herzogin von Lians Court und von Mont Ferrat, kaiserliche Prinzessin von Byzanz. Sonderbare Züge pilgerten damals durch die tausendjährigen Wälder der Steiermark; da humpelten vergoldete Karossen die Almfelder bergan, modische Gecken zu Fuß und zu Roß trabten einher, auch täuschend würdige Spießer im Frack und gradkrempigen Hut, den goldenen Sporn in der Tasche. Was die erkannten, war auch nicht sehr tröstlich. Loslösen würde sich Scheibbs zwar nicht und zum Mond »luna secunda sive Scheibbsiensis« werden — zu solchen kosmischen Folgen sei die magische Kraft der dasigen Kommunalseele zu klein —, wohl aber würde Scheibbs im Raum-Zeitschwindel voraneilen, immer kleiner und kleiner werden, wie Häuslein in Nürnberger Spielereienschachteln, und schließlich im magischen Fluchtpunkt vernebeln!

Das hören und in Massen auswandern, war für die biederen, aber materiell gesinnten Scheibbser eins. Die sonst so bedeutende Stadt sank allmählich zum kleinen Flecken von heute herab — der Rest der Scheibbser bat unter Tränen weiter um den zweiten Donnerstag. Endlich, nachdem noch der Hl. Stuhl durch die raffiniertesten diplomatischen Künste zu halber Beruhigung gebracht war, gab der gütige Landesvater nach und bewilligte traurig einen zweiten Donnerstag.

Ein Schrei des Entsetzens ging durch die ganze Welt. Man erwartete in dumpfer Resignation das Allerschlimmste. Es geschah aber gar nichts. Die Scheibbser hatten sich nur ungeschickt ausgedrückt und bloß einen zweiten Markttag gewollt, der in ihrem Sprachgebrauch mit dem Begriff Donnerstag identisch war. Jetzt gaben sie Ruhe und waren froh, daß sie das dritte weiche »b«, das man ihnen als Ablenkung hatte geben wollen, immer mannhaft zurückgewiesen hatten.

Dieser Gnadenakt und die daraus resultierenden Neuerungen sollten im ganzen Reich durch Trommelschlag verkündet werden. So ward denn das k. Hoftrommeldepot, in dem Eynhuf diente, mobilisiert und schuftete Tag und Nacht. Parallel dazu — die Duplizität der Fälle ist ja bekannt — bereitete auch noch die

Idee einer hohen Frau, im Kriege besonders verdiente Trommeln durch Ohrringeln auszuzeichnen (so wie man Fahnen bereits des öfteren Tapferkeitsmedaillen verliehen hatte), dem Amte unerwartete Mühe. Wo anfangen? Oft starrte Eynhuf, stundenlang ratlos an der Feder kauend, durch das Fenster. Die Arbeit wuchs ihm schier über den Kopf. Kopf? Wieder so was, das bedenklich nach Umsturz roch! »Meiner Ansicht nach«, pflegte Hofrat Sauerpfister zu sagen, »sollen die Beamten gar keinen Kopf nicht haben, sondern höchstens eine bedenklich gerunzelte Stirne.« Natürlich teilte Eynhuf submissest die Meinung seines Vorgesetzten.

Seufzend langte er endlich den Einlauf her, aus dem er das k. k. Trommelverzeichnis hervorgriff. E. Z. Nr. 31788/III/7 vom 23. Hornung 1723 nach des Heilands Geburt, so lange war man im Rückstande! »Tambour de Chasse«, las er, »oder k. Hof-Jagd-Trumbel, vom Signore Cagnacci, genannt meist Canlassi, eigenhändig in Oglio bemalen, mit der Heidengötzin Dianen, der Ares einen Holzsplint aus dem Fuße zeucht. Zwo Hunde bellen daneben, ein Hirz fleucht durch marmorruinas eines Palazzo derutto sive distrutto, und etliche Wald-Teuffel passen im Gebüsche: Auf sotane Teuffel ein cupido mit dem Bogen flizzet. In diesem Stücke hat der Holzwurmb gar übel gehauset! ad reparandum!« Holzwurm? O weh, wie wird die aussehn! Ad referendum dem der k. Menagerie angegliederten Hofholzwurmamte. Wäre erledigt. Die Arbeit, die Arbeit! Dabei immer die quälende Frage: Wie verschaffst du dir den Milchzahn der gefeierten Bühnenschönheit? Daß sie mindestens einen noch irgendwo haben müsse, stand bei ihm außer jedem Zweifel. Denn welches Mädchen aus besserem Hause — und die Höllteufel war aus besserem Hause, wie er aus den ihm zugänglichen Polizeiakten entnommen hatte — pflegt nicht einige ihrer Milchzähne in Seidenpapier aufzubewahren?

Wie es schon so geht, sollte ihm der gütige Zufall bei der Lösung der schweren Frage in den nächsten Tagen bereits zu Hilfe kommen. Eines Nachmittags promenierte er am Graben, der prunkvollsten Straße des damaligen Wien. Er war heiter und frohgelaunt. Der sonnige Wintertag war einer von denen, die die Nähe des Südens ahnen lassen. In warmem Leuchten glänzten alle Fenster. Am apfelgrünen Himmel segelten goldgebortete Rosenwölkchen gleich phantastisch getakelten Elfengaleeren Ariels, und aus den engen Seitengassen, in denen die ersten blauen Abendschatten brüteten, blitzten die Lichter der Kramläden.

Mit Behagen mischte sich Eynhuf in die Menschenwogen, wußte er doch, daß manches Mädchenherz höher schlug, wenn es den eleganten jungen Mann mit dem hochinteressanten Kopf erblickte. Als er gerade das zarte Stöckchen mit der grünseidenen Quaste recht zierlich wirbelte, begegnete ihm Rat Großkopf, den er seit Jahren kannte. Rochus Großkopf, ein stattlicher Fünfziger, galt als schwer begütert, hatte zwei uralte, weitläufige Häuser in St. Pölten, wo er den größten Teil des Jahres zubrachte. Er, der als Lebemann, in St. Pölten sogar als Roué, galt, war im übrigen ein feinsinniger Sammler kostbarer Antiquitäten, ja noch mehr: war Mäzen. So steht es beispielsweise fest, daß Goethe, der freundlichen Einladung Großkopfs Folge leistend, einige Wochen in dessen St. Pöltner Heim zugebracht hat, wo der alternde Dichterfürst in der absoluten Ruhe der verträumten Bischofsstadt den Faust II beendet haben soll, wie Rat Großkopf bisweilen diskret durchblicken ließ.

Was er ebenso durchblicken ließ, war, daß Goethe ihm, der, wie kaum ein zweiter, in der Geschichte des Hebammenwesens zu Hause wäre, bezüglich der »Mütter« manches zu danken habe.

Von einem Stückchen Originalgoldspitze vom Grabe des hl. Ignatius von Loyola, dem besten Amulett für Erstgebärende, das er seinem illustren Hausgast geschenkt, wolle er gar nicht reden.

Auch einige Glanzlichter über die Alterstorheiten Faustens habe er, Großkopf, aus dem üppigen Füllhorn seiner Erlebnisse der unsterblichen Dichtung beigestreut.

»Aber, wo find't man denn an Dank, b'sonders wann man a St. Pöltner is . . . Jo, jo.«

Die Herren führten einen lebhaften Briefwechsel, der uns aber leider nicht erhalten ist, da spätere Mißhelligkeiten den reinen Freundschaftsbund trübten und sowohl Goethe wie Großkopf im ersten Zorn die Briefe vernichteten.

Von allen Vermutungen über den Bruch zwischen den beiden

bedeutenden Männern hat folgende Version die meiste Wahrscheinlichkeit für sich:
Daß Großkopf in einer vertrauten Stunde beim feurigen Vöslauerwein, in der Meinung, sich das unbegrenzte Vertrauen des aufgeräumten Olympiers erworben zu haben, so weit ging, mit bereits stammelnder Zunge folgendes Geständnis zu beginnen: »Sö, Exzellenz, was eine gewisse Suleika betrifft, die was doch das Nachgeschwisterkind von meiner seligen Wetti-Tant' aus Linz is, so hat's da noch a jüngere Schwester geben, die was man Ihna nie g'zeigt hat! Hähä! Hat freilich später a böses End' g'nommen, 's Madel — aber a saubere Nudel is g'wesen. Waderln hat s' gehabt, gustios, wie s' als a Vierzehnjährige so z' mir ins Museumzimmer kommen is, mit die zyprischen Versteinerungen spielen... No, Exzellenz haben ja d' Schwester g'nommen... Waßt, du hast halt d' Suleika g'habt und i d' Finerl... Sag' ma anander du! Gelt? Schani?« Diese plumpe Vertraulichkeit war Goethen doch zuviel. Er sprang auf und ließ sich in der ersten Erregung hinreißen, mit den brüskesten Worten — noch dazu in Gegenwart einer hohen Standesperson aus Kremsmünster — an Großkopf ein dessen Mannesstolz tief demütigendes Ansinnen zu stellen, das dadurch nicht gemildert war, daß er es vor langen Jahren dem edlen Helden seines Sturm- und Drangdramas selbst in den Mund gelegt hatte.
Welch ein Sturz in die Tiefe für den St. Pöltner Kunstfreund, der sich schon auf den Höhen des Helikon dicht vor dem Bruderkuß des Musenlieblings gewähnt hatte.
Dann hätte sich aber Goethe sofort zusammengenommen und mit der ganzen unnachahmlichen Würde eines herzoglich weimarschen Staatsministers und Kammerherrn die Stätte des so schrill ausklingenden Symposions verlassen.
Eynhuf hatte Rat Großkopf bei der Schosulan eingeführt. Der feinsinnige Amateur äußerte sich entzückt über die »seltenen Stückeln« der interessanten Frau; die Chaise, wie er sich dezent ausdrückte, hätte es ihm angetan. Wie gut würde die zu seiner Sammlung galanter Gefäße passen! War doch die chronologische Darstellung der weiblichen Toilettengeheimnisse seine größte Schwäche, und eine sehr geschätzte Monographie des Bidets hatte ihm, in den Ländern wenigstens, wo man dieses frivole Möbel-

stück kannte, den Ruf eines namhaften Privatgelehrten gesichert.

»A noch immer hübsche, gut konservierte Frau, die Schosulan«, eröffnete Großkopf das Gespräch.

»Ja«, meinte Eynhuf, »ist weit über die siebzig! Aber rüstig! Die tritt sogar jeden Herbst das Sauerkraut noch selbst ein; das läßt sie sich nicht nehmen.«

»Glauben S', daß man da noch hoffen darf?«

»Aber pfui, Onkel Rochus, wie können Sie so etwas auch nur denken?«

»Lieber Freund, Sie wissen: de gustibus! Seg'n S', meine erste Liebe war auch eine reife, sogar überreife Frau, und das bleibt einem immer. Leider hat die Sache nicht gedauert. Bei einem Bad in der Traisen hat sie der Schlag gerührt, das hat mich damals hart 'troffen.«

»Aber das ist ja grauslich, Großkopf, mir wird übel. Raten Sie mir lieber als erfahrener Lebemann, wie ich zu einem Milchzahn der Höllteufel komm'!«

»Von der Höllteufel a Milchzahn? Ja hör'n S', das hätt' ich Ihnen nie zugetraut, daß Sie so was sammeln! Na, wann er Ihnen so am Herzen frißt, der Höllteuflische Milchzahn, dann geh'n S' halt hin zu ihr«, erwiderte sichtlich geschmeichelt Großkopf, der sehr gerne Ratschläge in Angelegenheit der höheren Minne erteilte.

»Zu ihr gehen, unmöglich, kann ich nicht. Wenn die Schosulan und durch sie die Keuschheitskommission draufkäme, daß ich als Hofbeamter einen Besuch ... nein, ausgeschlossen, das kann mich die sauer erworbenen Goldborten am Hosenbein kosten.«

»Da weiß ich was anderes«, replizierte Großkopf. »Benützen Sie doch die Maskenfreiheit des Faschings! Nähern Sie sich der gefeierten Künstlerin auf der Redoute!«

»Ja, Sie haben leicht reden! Ich habe ja noch nie mit einer solchen Person gesprochen — da werde ich viel zu schüchtern sein, und dann — wenn sie mich gar nicht bemerken wird!«

»Nicht bemerken? Ah, da muß man eben eine Maske wählen, wo sie einen ja bemerken muß. Wissen S' was, Eynhuf, ich hab da eine glorreiche Idee: Geh'n S' als riesengroßer Schmetterling, meinetwegen mit zwei Klafter hohen Flügeln, die macht Ihnen der Entletzberger gewiß; das heißt, das Dekorative und den Mechanismus, daß auch ordentlich damit pledern können, das macht Ihnen mein Freund Degen, der Hofuhrmacher in der Weihburggasse! — Sie, das wird ein Aufsehen werden! Beneide Sie eigentlich; wenn ich noch so jung wäre, in so einer Maske gehen und von Mädchenblüte zu Mädchenblüte flattern zu können! Sie Glückspilz, Sie! Und stellen S' Ihnen vor, wenn Sie sich dann bis zur Königin des Festes durchgewuzelt und gezuzelt hab'n — die Augen, die sie dann machen wird. Ein Hofbeamter und dazu noch ›Edler von‹ als Schmetterling — da wird ja der offizielle Galan, der Hofselcher Würstl, so klein.« Großkopf machte eine bezeichnende Gebärde.

»Das glaub ich beinah auch, daß ich den dummen Würstl ausstechen werde.«

»Ja, und das Schönste«, fuhr Großkopf fort, »wenn Sie die Flügel nach vorn stellen, hab'n S' es wie in an Schamber separeh drin, da kann Sie der ganze Festtrubel gern haben.«

»Großkopf, Sie sind ein Prachtkerl«, jubelte Eynhuf. »Das werde ich machen, und wenn es 20 Gulden kostet! Dafür steh' ich, der Eynhuf!«

Aber plötzlich ließ er die Mundwinkel hängen: »Bloß, wie komm' ich hin in den Ballsaal? He? Kann ja unmöglich einen Fiaker benützen. Und zu Fuß, die Flügel vielleicht mit Fetzen eingewickelt? Das geht nicht.«

Einige Minuten lang gingen beide Freunde wortlos nebeneinander.

»Ha, da hab ich einen Gedanken ...« Großkopf pfiff durch die Zähne. »Sie ziehn sich ohnedies beim Entletzberger, in seiner Wagenschupfen vielleicht, an, denn im Querulantenhaus dürfen Sie doch so was nicht tun, bestellen den großen Kulissenwagen von den Hoftheatern hin, das ist ja bei Ihren enormen Verbindungen für Sie ein leichtes, fahren damit beim Apollosaal vor und schweben dann: Trara, trara, trara — lila, lala, bimbim, zur Königin des Herzens hin!«

»Pst! Wie können Sie ...«

»Aber lassen S' mich aus, weiß schon, was Sie sagen wollen: die Hofzwergische! Schlagen S' Ihnen doch um alles in der Welt die dumme Idee aus den Kopf, so ein bildhübscher Mann wie Sie mit Ihrem schwermütigen Auge.«

Eynhuf errötete wie ein Backfisch ...

»Und die Fußerln, wirklich schad', daß Sie nix als Milchzähn' und wieder Milchzähn' im Kopf haben.«

»Vor allem mein Amt!« Eynhuf unterstrich förmlich jedes Wort. »Ich reibe mich zwar im Amte auf — in serviendo consumor —, aber mir macht mein Amt Freide! Unlängst hat mich sogar mein gietiger Vorgesetzter, der Herr Hofrat Sauerpfister, da die anderen alle Patzer sind, um zwei Salzstangerln zum Greißler g'schickt. Ich glaub', das hat was zu bedeiten ... und die Zähne — no, Großkopf, Sie wissen ja, nur um meinem guten Kaiser eine kleine Freude zu bereiten! Bleibt mir eigentlich bloß als Zerstreuung das biß'l Fletenspiel — das ist wieder wegen die Hochämter. Großkopf, Großkopf! Mich beißt das Gewissen und vergällt mir die ganze Freude am Schmetterlingsein! Wann die Schosulan was erfährt, dann bin ich ohne Gnade und Barmherzigkeit geliefert. Der Frau danke ich so viel. Schau'n S', ich war anfangs ein stilles, zurückgebliebenes Kind, von die Würmer gequält, besonders vom Peitschenwurm — einmal habe ich sogar einen Raketenwurm gehabt ...« — »Na, servus, ich dank' schön!« warf Großkopf mit erschrockenen Augen ein. »... und bin nur schwer mit den Studien vorwärtsgekommen. Und als mein Vater selig starb, war ich schon sieben Jahre lang mit vier Kreuzer Tintengeld pro mese — sonst nix — in der böhmischen Hofkanzlei angestellt, zwar ehrenvoll, aber mit wenig Aussichten. Da will das Glück, daß ich eines Sonntags in Schönbrunn den hohen kaiserlichen Kindern im Reservatgarten beim Spielen zuschau'! Reizend waren die hohen kleinen Engerln, besonders ein kleiner hoher Herr gefiel mir ausnehmend, der in glänzender Generalsuniform spielte. Er geruhte, ein Steckenpferd zu reiten, aber plötzlich — mir wurde das patriotische Herz bei den kriegerischen Spielen wärmer — fiel der Ärmste, dem der enorme Tschako das Übergewicht gegeben, kopfüber zu Boden. Ein hundertstimmiger Angstschrei ertönte. Ich, allerhöchstes Blut fließen sehen, kann mich nicht halten, vergesse die Etikette und springe über das goldene Gitter. Bebend vor Erregung, hebe ich den hohen jungen Herrn auf — es war der Herr Erzherzog

Nepomuk — und putze ihn mit dem Sacktuch ab. Der kleine hohe Herr hatte, wie ich später erfuhr, trotz seiner Jugend das gesamte Artilleriewesen unter sich und war ihm auch deshalb zum hohen Namensfeste, das an dem Tage stattgefunden hatte, von den drei rangältesten Feldzeugmeistern ein Speiteufel abgebrannt worden. Eine Hofdame, gietig wie ein Engel, kommt herbeigeeilt, frägt mich um meinen Namen und empfiehlt mich allerhuldvollst dem mächtigen Einfluß der Schosulan. Das blutbefleckte Sacktuch hab ich als heilige Reliquie unter Glas und Rahmen. Und das ist meine Geschichte, so habe ich meine Lebensstellung erreicht. Aber, aber, so wirklich befriedigt, was man sagt ›befriedigt‹, bin ich nicht. Denn wissen S', was noch heute der Traum meiner Nächte ist: Hofzwerg sein! Was hab ich als Jüngling mit dem Schicksal gehadert, das mich groß und schlank gewachsen sein ließ, das mir meinen Lebenswunsch grausam versagt hat! Ja, Hofzwerg gewesen sein dürfen zu können — das wäre der Wunsch meines Herzens. Gibt's denn ein schöneres Amt, frag ich, als stets um seinen Herrscher zu sein, stets sein geneigtes erhabenes Ohr zu besitzen, stets ihn erheitern zu dürfen?«
Stumm gingen beide Männer nebeneinander her. Dann schüttelte Großkopf seinem Freunde lange wortlos die Hand und verschwand in einem dunklen Gäßchen.

HOFSEKRETÄR UND HERZENSBRECHER

Je näher der Fasching kam, desto mehr nahm die innere Zerrissenheit Eynhufs zu. Er war zerstreut im Amte, brachte oft seinem Vorgesetzten fehlerhafte Salzstangerln hinauf und hielt sogar einmal beim Anziehen dem Hofrat geraume Zeit den Ärmel vom Überzieher zu. »Weibergeschichten!« murmelte der erfahrene Beamte und fing an, Eynhuf scharf zu beobachten. Durch Wochen mied dieser das gastliche Haus Zumpis. Wie hätte er auch Crispine offen in die Augen blicken können? Einmal — im Lazenhof — rief ihn der alte Zumpi an. Er sah ihn nicht gleich, ein Umstand, der den eitlen Mann sehr zu wurmen pflegte. Ein Ausweichen gab es nicht, er mußte eine Einladung annehmen, so schwer ihm dies auch fiel. Als die Stunde gekommen war, lenkte er denn mit innerem Widerstreben seine Schritte dem Heime des Hofzwerges zu. Er öffnete die schwere Eichenpforte im gewaltigen Eingangstor, vom Alter wie Bronze poliert. Im Flur stand ein prachtvolles Marmorbildwerk, beim Bau des Hauses gefunden, ein im Tanzschritt erstarrter Faun, der eine Bockspfeife spielte, uralt, goldfarbener Marmor, vom hundertjährigen Staube schwarz bepudert, von den Hausmeistersgenerationen nie abgewedelt, da er ihnen verhaßt war als Liebesschirm der drallen Mägde der Gasse. Immer war dort der Boden naß von Bier oder den übergegangenen Milchkrüglein der schäkernden Mädchen. Eilig hüpfte Eynhuf am Hausmeister, dem wild blickenden Herrn Kummeter, vorüber, die vier Stockwerke hinauf.

Er fand Frau Zumpi mit einem Dienstmädchen scheltend vor. Das verschüchterte Ding klopfte gerade auf dem Gange buntgewürfelte Kostüme, die schon lang eingekampferte Amtstracht des Hausherrn. Seltsam klangen die Schellen durch das neblige Zwielicht des grauen Barockhofes. Eine hohe, überreich eingelegte Flügeltüre führte in das Empfangszimmer der Familie, einem ernsten, solid möblierten Raum von feierlichem Halbdunkel. Die Wände waren mit sonderbaren Bildern in bizzaren Rocaillerahmungen bedeckt. Da sah man buntfarbige Meisterwerke von der Hand Hieronymus Muzians, der es liebte, Zwerge als heilige Einsiedler zu malen, viele von ihren Ziegen tückisch bedroht. Manche Werke der Brueghel waren da, die der höfische Geschmack eines aufgeklärten Jahrhunderts aus den Galerien entfernt und Zumpi überlassen hatte. Wohl das abenteuerlichste Stück war eine Schöpfung Alaert du Hameels, den bethlehemitischen Kindermord durch große, gepanzerte Heuschrecken darstellend. Die Väter der Kinder figurierten bei dem Schreckensdrama als Tabulettkrämer, die die grausen Krieger durch Anbieten ihrer meist unerhört abstrusen Waren zu beschwichtigen suchten, während König Herodes aus einem Trichter gegen die kreischend verrenkten Mütter drohte — kurz ein Bild, das den nervösen Haustöchtern eine diabolisch vergiftete Kindheit bereitet haben mußte und, nicht genug an dem, ein drittes Töchterlein, das Papas Liebling hätte werden sollen, durch Versehen der Mutter zur Mißgeburt werden ließ, wie man im ganzen Haus versicherte. Gesehen hatte es niemand, weil die Hebamme den totgeborenen Sprößling gleich für die Katze nach Hause genommen hatte.
Ein in fantastischem, verwegenstem Rokoko geschnitzter Glasschrank, schimmernd in fuchsigem Gold, war gefüllt mit dem köstlichen chinesischen und sächsischen Porzellan, Ehrengeschenke fremder Potentaten aus Zumpis Glanzzeit. Einen mit dem Hausbrauch unvertrauten Besucher mußte es auch nicht gerade alltäglich anmuten, daß in die großen Flügeltüren allenthalben kleine Gehtüren eingeschnitten waren, deren Klinken etwa in Kniehöhe sich zeigten. Auch eine Kinderbank mit dazupassendem Tischchen und ein Schaukelpferd waren da. Letzteres benützte Zumpi alltäglich auf den Rat des langjährigen Hausarztes, Baron Röders-

thal, der dem alten Pensionisten mäßige Bewegung empfohlen hatte. Aber all dies durfte niemand bemerken, und die Dienstmägde, die ein Kichern nicht unterdrücken konnten, flogen oft dutzendweise in einem Monat hinaus. Grimmen Haß hegte der Hausherr, außer gegen das Geschlecht der Hunde, vornehmlich gegen den Stand der Optiker. Lange dachte Eynhuf, daß dies bei dem streng konservativen Sinn des alten Mannes seinen Grund darin habe, daß ihm diese Leute als Einführer von Neuerungen verdächtig seien. Das war bloß zum Teil richtig. Der wahre Grund, den ihm Crispine in einer vertrauten Stunde verriet, war der, daß diese Leute Vergrößerungsgläser anfertigten, was Zumpi als eine speziell auf ihn gemünzte Bosheit auffaßte. Noch einige andere Dinge gebaren stets neuen Groll in seinem Herzen, zum Beispiel die Worte: Gewicht, wichtig, Winzer oder Zwerchfell. »Mikroskop« konnte ihn aber bis zur Raserei bringen, und niemand durfte dieses Wort in seiner Gegenwart aussprechen! Ebenso furchtbar regte es den alten Mann auf, wenn schlimme Buben bei seinem Anblick den häßlichen Vers sagten: »Das ist der Vater Zephises, nimm dieses Kipfel und friß es.«

Früher hatte der Zwerg die »Jausen« und besonders die »Sonntage« geliebt. Vormittags zeigte er sich gerne mit den Seinen in der Messe bei St. Stephan, nach dem Hochamte trennte sich die Familie, die Damen promenierten am Graben und bewunderten die Putzmacherläden, während das Familienoberhaupt im Stephanskeller am Honoratiorentisch ein Seidel Grinzinger in geschliffenem Stutzen zu trinken pflegte. In Wichtels Bierhaus am Peter jedoch, das gerade sehr in die Mode kam, war er unter keinen Umständen zu bringen, soviel sich auch seine Freunde bemühten. Des Nachmittags trafen sich drei seiner ältesten Kameraden und Kollegen — die letzten Überlebenden — Foppelneider, Wimhölzl und Pipserling — in Zumpis Wohnung, um zu musizieren, wie sie es nannten. In Wirklichkeit spielte jeder auf einem kleinen Leierkasten — alle wild durcheinander — und rissen und wirbelten die Drehkurbeln möglichst rasch herum. Wer zuerst sein Stück zu Ende brachte, hatte »gewonnen«, erregte aber nur zu leicht den Neid der anderen, so daß es fast stets zu Mißhelligkeiten kam und die sonst so würdigen alten Herren sich pufften und zwickten. Oft mußte dann die Hausfrau dazwischenfahren und die heiser krächzenden Wichte trennen, was bisweilen nicht ohne »Kopfstückln« abging. Vor der großen Frau hatten sie Respekt, sie begnügten sich, einander tückisch anzuschauen, bis »zur Jause« gerufen wurde. Schokolade oder ein Gläschen Met versöhnte bald die Muffenden, die den Rest des Nachmittags meist brav bei einem Lotteriespiel verbrachten, bis sie abgeholt wurden oder allein nach Hause gingen, je nach Gewohnheit.

Doch gab's einen jähen Riß in die anregenden Sonntagnachmittage, als der Älteste des Freundeskreises, Pius Pipserling, im verflossenen Sommer von der Hühnercholera dahingerafft wurde. Der bedauernswerte alte Herr, der schon längst mit dem Leben abgeschlossen hatte — trug er sich doch, wie man mit Bestimmtheit erfahren haben wollte, sogar mit der Idee, Kartäuser zu werden —, sah getrost dem Sensenmann, der ihn in der harmlosen Maske eines Hendlmörders beschlich, ins beinerne Angesicht. Aber für Zumpi war es ein harter Schlag, der ihn noch grämlicher und verdrossener machte. So fiel nach und nach der Zwergenstand, diese amüsante Quaste am Purpurmantel des Fürstentums, dem Mottenfraß der Zeit zum Opfer, wurde, ein skurriles Kadaverchen, dem Misthaufen überlebter Einrichtungen zum Vermodern beigefügt.

Als Eynhuf eintrat, erhob sich Crispine von einem seltsamen Klavier in Pyramidenform, ließ dessen wimmerndes Saitenspiel verstummen und eilte dem geliebten Manne entgegen. Mit Schrekken bemerkte der korrekte Höfling, daß das Mädchen kaum mehr vor dem verführerischen Bilde Annerls bestehen konnte. Wie fahl und verfallen sie aussah! Auch der Mund war schief geworden! Wie unnatürlich groß die Nasenlöcher! Unwillkürlich fragte Eynhuf: »Ist Ihnen etwas?« Vorwurfsvoll sah ihn Crispine an und schwieg.

»Und da können Sie noch fragen?« antwortete Kiliane. »Da sieht man, wie lang Sie nicht mehr bei uns waren! Die arme Schwester ist noch nicht genesen! Was muß aber auch die verrückte Theatergretl die Silhouette von Czwaczek — noch dazu auf einem seidenen Sacktüchl gedruckt — am Butterbrot essen!?«

»Acht Tage haben wir die Madame im Hause gehabt«, nickte bekümmert die Mutter. »Das Gered' von die Leut! Na, Schwamm darüber, schenken Sie uns das Vergnügen zum Kaffee, die Damen werden gleich da sein.«

Richtig, ungeheures Geschrei im Vorzimmer bestätigte diese Prophezeiung. Herein wogten Madame Katzbaumer, ein Wunder in Orange und Violett, die himmelblaue Demoiselle Kordula Luft und die stattliche Frau Paradeyser, ein unermeßliches Paket von Fettwülsten, mit einem zimmergroßen Perserschal drapiert, vom Kampferduft umwoben. Sie legte auf den Kaffeetisch einen laut bellenden Pompadour, der sich unruhig hin und her wälzte. Strafend blickte die Hausfrau auf das Corpus delicti. Frau Paradeyser erbleichte. Immer wieder vergaß sie das Zumpische Hundeverbot! Ihr Liebling wurde sofort in der Küche versteckt — im letzten Moment, da der Zwerg schon im Zimmer stand. Die kurzsichtige Demoiselle Luft lief wieder einmal dem Hausherrn nach der falschen Richtung entgegen, obgleich der Bedauernswerte sich überlaut räusperte — kurz, die Sache fing so ungemütlich wie möglich an. Dabei war gerade heute der Zwerg kaum zu übersehen, hatte er doch einen mächtigen Turban auf dem Haupte, darunter einen Wasserumschlag — weil heute sein Geburtstag war. Als Festgeschenk hatte man dem Jubelzwerg nämlich sein Miniaturporträt von der berühmten Karoline Pincikovska, der taubstummen Malerin in der Paniglgasse, malen lassen — das Geschenk der Damen. Die Herren hatten ihm einen elfenbeinernen Nußknacker von uralter Arbeit verehrt — dem Nero habe er einstmals gehört, flüsterte man. Während sich der Jubilar darüber sichtlich freute, hatte ihm plötzlich der tückische Foppelneider — ehe ihm jemand in den Arm fallen konnte — damit von hinten auf den Kopf geschlagen ... daher Umschlag und Turban. Zur Strafe durfte Foppelneider nicht mit am großen Jausentisch sitzen, und als er verstohlen nach dem Hausherrn das Zimmer betreten wollte, knallte das Stubenmädchen mit einer nassen Serviette nach ihm. Er mußte am kalten Gang jausnen und schon um 5 Uhr in seine Wohnung im Lazenhof zurückgehen.

Der Hausherr, der erst beim dritten Versuch auf den Stuhl gelangte, war verstimmt und wortkarg, schnupfte während jedes Schluckes, den er trank, und sah den Gästen mißgünstig auf die Teller. Dann verlangte er energisch herunter vom Sessel und verschwand. Jetzt öffneten sich die Schleusen der lange zurückgehaltenen Unterhaltung, die wie ein Hagelschlag auf die Mädchenblüten des Bekanntenkreises niederprasselte.

»Wissen S' 's Neichste«, schnarchte Frau Paradeyser los, »alsdann: die scheinheilige Heuchlerin, die Zisch, hat s' nit schon 's Madl an den Großkopf verkuppelt?!« Eynhuf gab's einen Stich ins Herz. Sprachlos saß er da, ein Powidltatschkerl quoll ihm dermaßen im Munde, daß er daran und an dem bitteren Geschmacke fast zu ersticken drohte.

»Ja, hören S' nur: der Vatter — a sauberer Vatter das — kriegt in St. Pölten dem Großkopf seine ganze Kostümsammlung zum Ausklopfen und d' Wanzen zum Zertreten. 's Madl kummt zu ihm scheen heimlich ins Haus, und die alte Sau, die Beischl . . .«

»Was? Die Beischl?«

»Also hör'n S': die Beischl hat den Redakteur, der was allweil bei der Schosulan, dem weiblichen Leibstuhldragoner, eingeladen ist, schon in ihren Netzen verstricket! Ich hab's von der Erpelstecher Wab'n, die Kerzerln bei St. Rochus und Stachus verkauft — wissen S', die was ehender drittes Kuchelmensch war beim Grafen Kegelvich! Aber was die Schosulan ist, die hat sich schon an Trost g'schaffen. An Musikanten hat s' aufferbestellt, wegen dera ihren verdächtigen Leibstuhl — wann der reden könnt'!«

»Ja«, mischte sich die Katzbaumer ins Gespräch, »schöne Leut hat's oben bei der Keuschheitskommission! Daß ich nicht lach'! Also: die Ludersdorf. Allweil stockbesoffen. Die hat a zarte Beziehung mit an Branntweiner und feiert ihre Orschien, ja Orschien, in Gaudenzdorf, daß S' es wissen, dö Heimliche, dö. Dabei soll s' eine Agentin von die Jakobiner sein oder was. Jetzn baut s' am Braunhirschengrund eine Rosogliofabrik — der englische Gesandte, der Lord Hobbs — so viel ein unruhiger Herr — hat auch Geld drin stecken, ums christliche Volk zu vergiften.«

»Aber das ist noch gar nichts«, ließ sich Demoiselle Luft vernehmen, »ich weiß was Furchtbares. Niemals nie nicht wird aber dasselbige über meine Lippen kommen!«

Voll Spannung hingen aller Augen am üppigen Mund der schönen Kordula.

»Niemals nie nicht« — wiederholte sie feierlich —, »nur soviel kann ich andeuten: der Skandal, der einmal bei die Kibissers ausbrechen wird!«

»Wie? Wie? Was? Wo? Mit wem denn?«
»Mit ’n Devotionalienhändler, dem Harfenrichter, natürlich.«
»Was net sagen, die alten Schachteln?«
»Ah, nein, die nicht — aber schweigen wir. Nur soviel kann ich sagen: So feine Arbeiten können doch nur junge Augen verrichten. Na also! Na — wo hat er die Lehrmädeln her! Aber was — von mir erfährt niemand nichts, das heißt, das wissen S’ doch, daß er sein Hauptgeschäft macht mit die gewissen Abziehbilderln, wo die Damen rot werden, wann sie’s sehen.«
Finsteres Schweigen brütete im Zimmer. Bloß der Sessel der Paradeyser krachte bei jedem Atemzug hörbar. Diese Pause benutzte Eynhuf, sich zu empfehlen. Er sei mit Arbeit überhäuft und bringe ganze Nächte im Amte zu. Ungern sah ihn Crispine scheiden, um so mehr freuten sich die Geladenen, den Sekretär nach seinem Abgange zu zerfleischen. Im Vorzimmer wurde er noch durch ein Getümmel aufgehalten. Der »gnä Herr« sei in ein Lavoir gefallen, kreischten die Mägde. Das war Eynhuf zuviel. Ganz verschüchtert huschte er aus der Türe und galoppierte die Treppen hinab. Im ersten Stock blieb er unter dem roten Öllämpchen stehen, das ein Bild der sieben Schmerzen Mariens schmückte, zur Erinnerung an einen Unfall, der vor Jahren an dieser Stelle geschehen war, und blickte seufzend zu dem Gnadenbilde auf. Bittere Vorwürfe machte er sich. Hätte er nicht eine Lanze als Ritter der Zisch-Annerl brechen sollen? Aber schon einmal die Suada der Damen! Kann man ein Mühlwehr hinaufschwimmen? Nein! Na also! Als vorsichtiger Beamter hätte er auch nie Partei ergreifen dürfen für die Tochter eines Mannes, der offenbar eine Staatswürde, in dem Falle das Abstauben der mariatheresianischen Militärkäfersammlung, zugunsten schnöden Liedlohnes bei einem Privaten hintansetzte.
Weiß der Himmel, was er dort alles zu tun hätte! Vielleicht die Erzeugnisse einer die Sinnenlust aufpeitschenden Schandpresse fein säuberlich zu registrieren! Der Großkopf besaß — das war ein offenes Geheimnis — eine erkleckliche Anzahl solcher Bilder, von denen wohl das schrecklichste war: »Die Memoiren eines Linzer Voyeurs« oder »Die gründlich gelüfteten Alkovengeheimnisse von Urfahr«, mit imp. fol. großen Kupfern von Löschenkohl, alles sauber mit der Hand koloriert und in den höchsten

Lichtern schändlicherweise sogar noch vergoldet! Kannte doch Eynhuf das Buch ganz genau, da sein Inhalt zur Erläuterung des Konfiskationsbefundes im dasigen Amtsblatte ohne Auslassung abgedruckt erschien, während anderseits die beanstandeten Kupfer drei Wochen lang auf den Pranger am Hohen Markt geklebt, bei Trommelklang und stündlich wiederholtem Trompetengeschmetter als abschreckendes Beispiel öffentlich von jedermann besichtigt werden konnten. Noch nie war die Abonnentenzahl des langweiligen Blattes so hoch gestiegen, und eifrig fahndete die öffentliche Gewalt nach weiteren unzüchtigen Publikationen. Das muß zu ihrer Ehre gesagt werden. Deutlich erinnerte sich Eynhuf, daß täglich dieselbe durch ihre auffallende Frömmigkeit bekannte Dame der polnischen Aristokratie in tiefster sittlicher Entrüstung die schmachvollen Bilder stundenlang betrachtete und dann jedesmal unter Weinkrämpfen davongetragen werden mußte und daß es einem Herrn von der französischen Gesandtschaft nachträglich ehrlich leid war, der hohen Dame so viel Schmerz bereitet zu haben. Denn er war es, der die anonyme Anzeige erstattet hatte, da einige seiner Freunde, die heimlich mit Pariser Artikeln und dergleichen handelten, sich in ihrem glänzenden Erwerb durch einheimische Produkte bedroht sahen. Aber weh tat es Eynhuf doch, daß die Jausengäste die ihm so liebe Mädchenblüte zuerst so schrecklich mit dem Speichel der Lästerung begeifert und dann durch den Staub gezerrt hatten. Heimlich saß der Stachel, während das sakrosankte Bild der Schosulan den Giftspritzerinnen der Hofzwergischen Kaffeekorona unerreichbar erschien. Ursula, du Keusche! Du wirst dereinst in einem von Einhörnern gezogenen, juwelenstarrenden Stellwagen im Paradiesgarten umanandfahren dürfen — im Damencoupé für weibliche Heilige natürlich — St. Aloisius als Kutscher am Bock!

Wenige Tage später begegnete Eynhuf dem Aktuar Staubmayer vom Militärfindelhaus, einer Schöpfung des unvergeßlichen Kaisers Joseph. Staubmayer, ein netter junger Mann, der als Cousin des Fräulein Luft über alle Vorkommnisse im Hause Zumpi wohlunterrichtet war, lächelte fein, als er Eynhuf just am »Stoß im Himmel« begegnete.

»Nette Sacherln stellen Sie an! Nette Sacherln! Sie Vokativus Sie!

Schickt sich das für einen Mann wie Sie, die Blüte seines Standes, der allen Leuten zum Vorbild dienen sollte, he?«

Ein neckischer Rippenstoß folgte. »Das glaub ich, das schmeichelt Ihnen, einen Eiertanz zwischen gebrochenen Herzen zu exekutieren!«

»Was? Ich ein Eiertänzer? So was würde sich nie mit meinen Goldborten und dem Federhute vertragen, mein Lieber! Bitte, machen Sie auf der Straße und noch dazu in der Nähe eines k. k. Hofgebäudes« — Eynhuf deutete auf die oberste Finanzstelle — »keine solchen Witze!«

»Ja, ich bleibe dabei«, erwiderte Staubmayer, »gebrochene Herzen! Nett haben S' es hergerichtet, die Zumpische! Wie Sie von der Jausen fortgegangen sein, hat mir die Kordula erzählt, ist eine gewisse Crispine, wann S' s' kennen sollten, lange schweigend dagesessen und hat gar nicht gemerkt, daß die den Finger im heißen Kaffee hat. Auf einmal springt s' auf, daß die Tassen nur so geflogen sein, und röhrt gradheraus, daß alle ganz erschrocken aufgesprungen sind, so hat's ausg'schaut. Und röhrt und röhrt und schreit in einem fort: sie geht zu die Urschulinerinnen! Die Mutter hat s' gleich zu Bett 'bracht und ihr Fenchelumschläg' aufg'legt und heißen Powidl auf die Fußsohlen, aber das hab'n alle g'sehn, daß die hysterische Schraub'n — 'tschuldigen schon — wegen Ihnen so g'röhrt hat. 42 Jahre is jetzt! Ja, da begreift man's schon. Wann S' an Einsehen haben, dann heiraten S' es bald, sonst, fürcht' die Kordula, wirft sich die noch dem Czwaczek an den Hals ... 'mpfehl' mich — muß ins Igeltheater zur falschen Pepita!«

Ganz verdattert stand Eynhuf da. Dann rang sich's ihm aus tiefster Brust: »No nein! Das darf nicht sein, daß das reine Wesen am End' gar dem lüsternen Czwaczek zum Opfer fällt! Der soll ja, hör ich, ein wahrer Faunus sein mit seiner verschnörkelten Wollust ...« Im selben Augenblick prallte er mit der Mutter Zisch und deren Töchtern zusammen.

»Oh, guten Abend, trifft man Sie auch einmal?« Sie reichte ihm die Hand aus dem aufreizend roten Futter des schwarzen, ringfelligen Müffchens hervor. »Wirklich ein Wunder! Wo soll ich das hinschreiben? Ja, Sie sind eben zu fleißig! Gewiß Weihnachtseinkäufe machen?« Dann zu den Mädchen: »Grießts doch den

Herrn Hofsekretär!« Annerl stand brennrot da und knickste bloß, den Finger an den Lippen, Poldi starrte ins Leere und verkörperte mit schwer nachzuahmender Virtuosität ein beklemmendes Nichts.

»Lassen Sie sich doch auch einmal bei uns anschau'n«, lud ihn Frau Zisch freundlich ein. »Kommen S' doch auf ein Stückel Weihnachtstriezel, Rat Großkopf wird auch da sein, Sie wissen doch, er ist über die Kraxlerische verwandt mit meinem Mann und schenkt den Mädeln immer so hübsche Heiligenbilderln. Nicht wahr, Annerl?«

»Kschiksch«, machte Annerl und schwang die molligen Hüften rapid nach links. Poldis Atem rauchte nicht einmal in der Kälte.

»So viel Indischestionen hat es, das arme Kind«, erzählte im Weitergehen Frau Zisch. »Wir gehen in die Bärenapotheke, ein Fiakerpulver für sie kaufen, damit das arme Hascherl auch eine bescheidene Weihnachtsfreude hat. Für die Annerl gibt's ein Paar neue Hausschuhe — bitt' Sie, mit dem Wirtschaftsgeld, das mir der Meinige gibt, kann ich keine großen Sprünge machen.«

Unter solchen traulichen Gesprächen durchwanderte das vierblättrige Kleeblatt den Christkindlmarkt mit seiner billigen Pracht, von traumhaft bunten Laternen oder rötlich schwelenden Ölfunseln magisch beleuchtet. Prozessionen von Marktweibern in Röhrenstiefeln, von heiser quakenden Vorbetern geführt, zogen singend in die Kirche »Zu den neun Chören der Engel«, ihnen folgten im Bittgang die konzessionierten Ameiseneierhändler, deren summendes Gebet vom schrillen Singsang der Zinnkrautausrufer abgelöst wurde. Der melodische Chor der bürgerlichen Lavendelweiber fand einen tiefernsten Nachhall im brummenden Baß der Aschenmänner. Die Laternenanzünder trugen auf prunkvoller Bahre einen leuchtenden St. Florian mit sich, die Brezelbäcker hingegen unter reschem Gesang einen hl. Erasmus — bezeichnenderweise den Patron der Darmleidenden. Das zirpende Singen der beeideten bürgerlichen Grillenhäuselerzeuger — wakkere Männer, deren streng katholische Gesinnung über jeden Zweifel erhaben stand — war über dem Ganzen verstreut wie Katzensilber im Sande.

Eynhuf empfahl sich, um zu Hause ein bescheidenes Abendbrot beim Scheine eines Wachsstockes zu verzehren und dann das

Gebetbuch mit dem Monogramm, aus Totengebein geschnitzt, aus dem Schreibtisch zu nehmen.
Das getan, holte er die würdige Schosulan ab, um mit ihr in die Pumpermette bei St. Stephan zu gehen, welch frommen Brauch Eynhuf sich nicht nehmen ließ, ebensowenig wie den, daß er zu Ostern beim »Feinschmecker« kaltes Lämmernes naschen ging — mit geweihtem Kren. (Am besten schmeckte der vom Pater Theobald bei den Kapuzinern benedizierte.)
Überall eilten Menschen durch die eisglänzende Mitternacht und drängten in den tiefernsten Dom, dessen tausend glitzernde Kerzen das Geheimnis der gotischen Wölbung nicht zu entschleiern vermochten. Das halblaute Beten der Menge murmelte den Priestern zu, dann jubelten Kinderkehlen in diamantenem Schmelz unirdisch schön zum Silberklang der Posaunen und dem dumpfen Wirbel der Pauken ... und die Schosulan nickte in seligem Schläfchen. Neckische Punschgeister schenkten ihr das bleierne Sperrsechserl, das Einlaß gewährt ins Paradies der Vergessenheit.
Dieses Weihnachtsfest sollte dem einsamen Spatzen, dem Hofsekretär, eine sinnige Überraschung bringen. Zwergs Crispine hatte lange ihr bescheidenes Nadelgeld zusammengespart, um dem geliebten Manne einen heißgehegten Wunsch zu erfüllen, wie sie wohl wußte, einen Stiefelknecht in Form eines großen, gußeisernen Käfers, eine kühne Neuerung, die damals allgemein berechtigtes Aufsehen erregte. Auch als Briefbeschwerer war der schmucke Gegenstand nicht übel zu verwenden.
Überglücklich nahm Eynhuf Hut und Wintermantel und schlenderte gemächlich der Hundsturmstraße zu, wo die Zischischen eine billige, aber behagliche Wohnung innehatten. Ein dünner Christbaum war mit viel ordinärem Zuckerwerk behangen. Der Besuch mußte auf einem der lyralehnigen, wichsleinwandbezogenen Kirschholzstühle Platz nehmen und bekam ein dampfendes Glas Punsch vorgesetzt, auf dem eine faustdicke Striezelschnitte voll Zitronat und Rosinen duftete. Welche Freude er ins Haus brachte! Eynhuf kam nicht mit leeren Händen, schenkte er doch dem lebhaften Annerl ein lustiges Gesellschaftsspiel, »Die Reise von Dingsda ins Pfefferland«, während er die mehr sinnige Leopoldine mit »Übelhörs kleinem Zeitvertreib« beglückte, Ausgabe B für geistig etwas zurückgebliebene Kinder, ein Geduldspiel, das unter

Garantie niemals ein Resultat zeitigte. Mutter Zisch wußte, was sich gehörte, und rief den Mädchen zu: »Singts doch dem lieben Onkel Jaromir das Weihnachtslied, an dem ihr so lange gelernt habt!« Und »O Weihnachtsbaum« erklang es.

»O Weihnachtsbaum, wie grien sind deine Zweige,
Du bliehst nicht nur zur Winterszeit,
Nein, auch im Sommer, wenn es schneit . . .«

Aber Annerl sang jetzt ganz allein. »Ich mag nicht singen«, war das einzige, was man von Poldi hörte.
»Ein Kreuz hat man mit dem Kind, es ist so viel scheu und vergeßlich«, klagte die Mutter. Dann zu Eynhuf gewendet, sagte sie leise: »Voriges Jahr hab ich das Kind aus gewissen Gründen — Sie verstehen mich schon — über nun schon einmal natürliche Vorgänge aufklären müssen. Und jetzt glaubt sie schon wieder an den Storch! Was soll man da machen? . . . Aber sonst hat das liebe Christkind recht viel Schönes gebracht. Den Mäderln die reizenden Geschenke vom Onkel Großkopf: der Leopoldine die Kirche von Maria-Taferl, ganz aus Wachs gegossen (›Österreichs Myrrhenberg‹ steht drauf, ›auf welchem die jungfr. Mutter Gottes im schmerzhaften Bildnis die Zähren ihres mütterlichen Mitleids in weitentlegene Landschaften vergießet‹) — und du, Annerl, zeig den Fotzhobel[1] her, den was dir der gute Onkel Rochus geschenkt hat! Den ganzen Tag unterhält sie sich damit und kann schon die Volkshymne ganz nett darauf fingern! Ja, das Talent! Dem Meinigen — der düstere Mann war inzwischen unhörbar ins Zimmer getreten — die schöne neue Stelle, die ihm ein nettes Taschengeld einträgt — er ist, müssen S' wissen, Konduktansager beim ›Nährvater Josef‹ geworden, der was der feinste Leichenbestattungsverein ist am ganzen Grund — da gibt's amal nichts. Na, und was seine Freistunden sind, da geht er ins Hühneraugenschneiden. Ist ja keine Goldgrube, aber manchmal bringt er ganz hübsch was nach Haus!«

[1] Fotzhobel: obsoleter Ausdruck für Mundharmonika.

HUPF ZWEI DREI, HUPF ZWEI DREI

Die glitzernde Eispracht dieser Weihnachten wurde fast noch vom Juwelengefunkel der Höllteufel übertroffen. Die herrlichen Brokate, die ihr die Lebemänner vom Brillantengrund zu Füßen legten, wetteiferten mit dem blauen und milchweißen Mittagshimmel und der pfirsichfarbenen, goldnen und topasnen Dämmerpracht der durchsichtigen Abende über der hunderttürmigen Stadt an der Donau. Welchen Prunk und Luxus verbreitete man um die gefeierte Künstlerin, die in Raimunds neuestem Singspiel »Das Zauberwagerl von Jedlesee« unerhörte Triumphe feierte. Toll ging's um das dämonisch schöne Mädchen mit den nachtschwarzen Locken zu.
Matthias Würstl, der Selcherfürst vom Schottenfeld, der, sonst ein geschworener Feind jeder Bildung, nur etwas »fürs Thiater« übrig hatte, ließ sich den Kult dieser Sängerin ungezählte Tausender kosten. Er liebte, wie alle ordinär veranlagten Menschen, die Treibjagd und war vom Schnelligkeitswahn besessen, diesem Kennzeichen minderwertiger Subjekte. So pflegte er denn seine feurigen Jucker durch Schampusklistier und Kaviarfütterung zu höchster Kraftentfaltung anzuspornen.
Die goldene Jugend des Höllteufelschen Hofstaates wußte sich in den »feschesten« Einfällen nicht genugzutun. Man legte der Abgöttin im Prater für ihren alleinigen Gebrauch eine Schlittschuhbahn aus dem besten Riesling an, stellte »Am Hof« einen Schneemann aus gefrorenem Powidl auf und bombardierte bei den lustigen Schlittenfahrten die gaffende Menge mit Knack-

würsten, in die funkelnagelneue Zwanziger »eingeselcht« waren. Wie mancher Papa vom »Grund« mußte dabei bluten, wenn Nehemias Hühnerfänger, ein Patriarch vom Schulhof, die Wechsel der Herren Söhne präsentierte. Ein Widerschein dieses Festglanzes stahl sich selbst bis zum korrekten Hofsekretär Eynhuf, dergestalt, daß derselbe eifrig seine Vorbereitungen zur Zauberredoute traf, betitelt »Die Nymphen der Hippokrene haben ein Rendezvous mit die Faune vom Berge Ida«, eine der glänzendsten Veranstaltungen der Saison, die im Apollosaale stattfinden sollte, und zwar unter der Leitung des berühmten Ballettmeisters Horschelt.

Es war die höchste Zeit, die Sache in Angriff zu nehmen, denn der sonst überaus gewissenhafte Beamte war so abgelenkt, daß er die unverzeihlichsten Fehler machte. Zum Beispiel warf er den kaiserlichen Depotkatzen statt der üblichen Neujahrsremuneration von acht Kreuzern Schein eine solche von sieben Kreuzern Münz aus, was vielen derselben eine Herzverfettung brachte. Ja, er vergaß sogar das Stichwort für den Eintritt in den Schlüsselaufbewahrungsraum zum Reservataktenzimmer des Hoftrommeldepots, das dem dortigen Wachtposten dreimal zugeflüstert werden mußte. Da unglücklicherweise auch dem Hofrat Sauerpfister das Wort entfallen war, gab's eine grenzenlose Konfusion, denn dem Posten, einem Veteranen aus dem Siebenjährigen Krieg, war der Verrat des Losungswortes bei Todesstrafe, verschärft mit dreizehnjährigem Nachdienen vor der Hinrichtung, verboten. Anders war der fürchterliche Zustand nicht zu beheben, als daß man durch einen von skrupelloser Avanciergluт erfüllten Herrn einen Einbruch verüben ließ. Siehe! Es gelang. Alles atmete erleichtert auf, und der junge Mann avancierte wie toll. Als Schmetterling also sollte Eynhuf auf den Ball gehen. Gut. Aber die Oberflächlichkeit vom Großkopf, haderte er bei sich. Der macht sich's leicht, einen so allgemeinen Rat zu geben! Für ihn als korrekten Beamten galt es, zuallererst einmal sich zu überzeugen, ob etwa eine oder mehrere Schmetterlingssorten höheren Ortes unbeliebt oder anstößig, vielleicht sogar — behüte! — staatsgefährlich seien. Auf Befragen erfuhr er vom Hofrat Gimpelzäumer, dem Generalprokurator der k. k. Familienfideikommißschmetterlingssammlung, auch Kammerlepidopterologen des Heiligen Stuhles, daß der Kohlweißling, der Weinschwärmer und die — leider! — von der glaubensfeindlichen Wissenschaft so genannte Nonne Schädlinge seien. Also die waren ausgeschlossen. Des weiteren stand bei ihm fest, daß er natürlich nur als besserer Schmetterling, der seinem Rang als Hofsekretär angepaßt sei, gehen dürfe: zum Beispiel als Ordensband. Hm, vielleicht eine zu unzarte Anspielung, die höheren Ortes verstimmen könnte. Als Seidenspinner? Nein, riecht zu sehr nach Professionist. Als Admiral wäre er sehr gern gegangen, aber das wäre unbescheiden gewesen, denn dieser Schmetterling rangierte naturgemäß in der 6. Rangklasse mit den Hofräten. Als großer Frostspanner (hibernia defoliaria)? ... Als Queckeneule (hadena basilinea)? Oder als Apfelgespinstmotte ... nein, das alles war zu unansehnlich. Oder sollte er gar als Rübsaatpfeifer gehen (bootis margitalis), als Holzbohrer, als Hornissenschwärmer? Da seien aber 2 bis 5 Paar Afterfüße, auch Bauchbeine genannt, nötig, und das machte zu viel Arbeit und Unkosten. Tagelang brütete er, wie ihm der Entletzberger, ein in seiner Art gewiß einzig dastehender Fachmann, die für das Kostüm notwendigen verkümmerten Oberlippen und vor allem den spiralförmig aufgerollten Rüssel (die sogenannte Rollzunge) fabrizieren sollte. Wie schwer würden doch die gesägten beziehungsweise gekämmten Fühler und die großen halbkugeligen Facettenaugen zu machen sein! Halt! Da haben wir's! Und er hopste plötzlich vor Freude: Ich geh als Schwalbenschwanz — die Natur hat sich da ja fast übertroffen, indem sie ihm die Farben des Allerhöchsten Hauses verliehen hat. Aber dann kamen wieder die Würmer des Zweifels gekrochen; nächtelang wälzte er sich schlaflos auf seinem einsamen Lager. Es schien ihm für einen Mann, der ein wichtiges Staatsamt bekleidete, platterdings ausgeschlossen, einen öffentlichen Ball ohne Frack am Leibe zu besuchen. Endlich kam ihm die Erleuchtung auch hier. Ein Kind der »Frielingsblitendifte« im Frack mußte er werden, so sprach die innere Stimme, wie immer in intimen Momenten leicht böhmelnd, zu ihm. Somit war diese Frage geregelt. Manchmal machte er sich jetzt vor dem Spiegel ein Kompliment. »Also, du schelmischer Honigdieb mit dem goldenen Kragen, wie werden dir die Herzen der feinsten Bürgersmädchen entgegenschlagen, wenn du mit ihnen im Walzertakte dahinschweben wirst! Prinzen und Grafen werden dich um dein originelles Kostüm beneiden, und dein ist der Milchzahn des verwöhnten Lieblings der Kaiserstadt!« Da geschah es, daß der sonst so steife Herr zwei Dosendeckel als Tschinellen benützte und vor dem Spiegel eine feurige Polka oder Tänze voll slawischer Schwermut und verstohlener Leidenschaft exekutierte. »Hupf zwei drei, hupf zwei drei«, kam es da seltsam von seinen Lippen, und gut war es, daß niemand im Amte von diesen Vorgängen Kenntnis bekam. Das nächste Abenddämmern sah den in solch liebliche Träumereien versponnenen Eynhuf zum Meister Entletzberger in die Strozzigasse tänzeln. Welch ein Staunen malte sich auf dem Gesicht des trefflichen Künstlers, der die zartesten Gratulationskarten aus Seidentüll, Spinnweben, Gold und Perlmutter herzustellen wußte, als der junge Kavalier ihm etwas von oben herab zurief: »Nehme Er mir Maß zu einem Schmetterling! Schwalbenschwanz, natürlich auf Seide gearbeitet! Flügel zwei Klafter hoch ... Einen Zylinder mit Fühlhorn besorgen Sie mir auch ... Die sonst bei Schmetterlingen vorschriftsmäßig vorhandenen sogenannten Afterfüße können Sie weglassen ...« Dann ging's zum Schneider. »Sie, Netschek, passen S' auf: Machen S' mir einen eleganten Frack ganz aus Jett, Beinkleider aus gelbem Samt, mit lauter Jettknöpfen besetzt, schmale Goldborten müssen auch vorhanden sein. Die Hosentaschen hübsch groß machen, da kommen Honigzuckerln hinein für die Katzerln! Aber ein bissel presto, wenn ich bitten darf!«

DER GAULSCHRECK IM ROSENNETZ

War das ein Drängen und Stoßen vor dem Apollosaal, dieser Stätte feinbürgerlichen Frohsinns! Endlose Wagenburgen schoben sich in dichten Reihen zusammen, manche hochadelige Karosse darunter, die Lakaientritte besetzt, eine Augenweide für die gaffende Menge. Aber das größte Aufsehen, ja selbst Kopfschütteln erregte ohne Zweifel der rigoros verschlossene, haushohe Kulissenwagen der Hofbühnen, der gleich den andern sterblichen Fuhrwerken Queue bilden mußte. Das Geheimnis sollte bald, und zwar von hoher Hand, gelüftet werden. Es war Erzherzog Ignaz, der mit seinem vergoldeten Achtspänner vorgefahren kam. Ihm war selbstredend der Vortritt vor allen anderen Equipagen gewahrt. Jedoch ließ der hohe Herr sofort halten, als er das Ungetüm in der Wagenkolonne gewahr wurde. Erzherzog Ignaz, der es unter keinen Umständen leiden mochte, daß jemand anderer in einem auffallenderen Vehikel als Höchster zu fahren sich erdreistete, sprang mit bekannter Elastizität ab und fuhr ziemlich unsanft den Kutscher der monströsen Arche an:
»Was führt Er da? Will hoffen, bloß Dekorationen!«
»Bitte, nein, halten zu Gnaden, Kaiserliche Hoheit«, erwiderte zitternd der Rosselenker, »bitte, nein, bloß einen Schmetterling!«
»Was? An Schmetterling! Ist Er des Teufels? Wozu eine so große machine — dazu genügt ein Dienstmann mit an Grillenhäusl im Hosensack! Heraus mit dem Vieh!«
Zitternd nestelte der Kutscher, vom Leibjäger unterstützt, die Plachen auseinander, und der hohe Herr traute höchstseinen

Augen kaum, als er der ungewohnten Maske ansichtig wurde. Eine peinliche Pause entstand. Dem unglücklichen Hofsekretär schlug das Herz so heftig, daß die Jettstücke klimperten. Verlegen nahm er den seltsamen Zylinder mit den nickenden Fühlhörnern vom Haupte, fing ganz unerwartete Flatterbewegungen an, denen der hohe Herr nur mit Mühe ausweichen konnte, und schlug, noch immer wortlos, dem rasch herbeigeeilten Ehrenkavalier Sr. Kais. Hoheit so mächtig auf den Kopf, daß es weithin dröhnte. Wortlos winkte der hohe Herr ab, bei dem die Lachlust den Zorn besiegt hatte, und der fassungslose Sekretär hüpfte schwebend, in tödlicher Verlegenheit Entschuldigungen summend, die zwecklos ins Leere gerichtet waren, dem Saaleingang zu, in dem er bald lautlos, nicht ohne schwierige Verrenkungen, verschwand.
Donnerndes Hallo begrüßte den prächtigen Falter. Ein Kerzenmeer beleuchtete im riesigen Saale die schwirrende, jubelnde Menge, auf die ein Olymp steif gemalter Götter niederblickte. Auch unten gab's Göttinnen und zahlreiche Nymphen, ein staatliches, wohlgenährtes mythologisches Gesindel, dem Schwechater Nektar und geselchter Ambrosia nicht abhold. Welch entzückender Blütenstrauß der schönsten Mädchen und Frauen, mit starrender, blumiger Seide und duftigem Musselin geschmückt, deren anmutige Lebensfreude als unbewußtes Preislied zum Throne Aphroditens emporstieg, der geheimen, gnadenreichen Schutzherrin, der mystischen Rosenkönigin von Österreich!
Was gab's da alles für den scheuen Sekretär zu sehen: Harlekine und Nymphen, feiste Pompadoure und groteske Ritter einer mißverstandenen Schnupftabakgotik, sich behend zu den Weisen drehend, die der beliebte Dirigent Flohhirt dem Orchester abzujagen wußte. Jakobäa Guckeisen, die ewig junge Tragödin, war als kapriziös gekleideter Fasan gekommen, mit barock nickendem, goldnem Federschmuck am etwas zu kleinen Haupte. Ihre weit auseinanderstehenden Augen blickten seltsam starr, wie aus Horn geschnitten, auf einen Herrn, der, als Nachtkastl maskiert, sie unablässig verfolgte, den Kopf als Lampe drapiert, daneben ein Glas Wasser. Kammersänger Czwaczek war richtig als Faun erschienen, Jalowikar trug einen meerschaumblonden Frack, eine Weste aus Kanarifedern, veilchenblaue Beinkleider und weiße

Atlasschuhe, hochgestöckelt mit klirrenden Tanzsporen. Der Bierbrauer Bamstl war vorzüglich als Backhuhn verkleidet und legte ab und zu gackernd einen Dukaten, den er großmütig den Nymphen spendierte. Die schönste Gruppe war ohne Zweifel der römische Kaiser Leopoldus mit ungeheuer schwarzer Allongeperücke aus gekräuseltem Roßhaar und seine Gemahlin Eleonore von Gonzaga, die dünnen Lippen mit Granatapfelsaft blaurot geschminkt. Würdig schritten sie einher. Sooft sie stehenblieben, spielten zwei Cellokünstler rechts und links von ihnen eine

Kavatine aus dem »Cigno d'oro«, während hinter den Majestäten der Marquis von Obizzi auf einem silbernen Bombardon, das ganz mit geätzten Liebesszenen aus Ovids Metamorphosen bedeckt war, ein dröhnendes Rondo amoroso blies. War er fertig, goß er das Instrument aus, blickte sich streng um, ob auch alle richtig zugehört hätten, und schnupfte funkelnden Staub aus einer kostbaren Dose von Goldemail, verziert mit Götterbildern, aus Edelsteinen kunstvoll geschnitten.
Plötzlich schlug Eynhufs Herz höher. Auf einer Estrade bemerkte er das Ziel seiner Wünsche, die Herrin des Milchzahnes. Wie schön war sie doch, als Rosenbukett kostümiert, ein Märchen in Sonnenaufgangsfarben, schillernd und seiderascheInd, von großmaschigen Schäferinnen und ihrem männlichen Hofstaat umgeben. Da war Würstl, der Schmalzprotz, der nicht von ihrer Seite wich, da war der steinreiche Pumpelgruber, daneben Bizzotti, der Seidenkönig von der Andreasgasse, und die Schar der jungen Schweißhunde der Bühnenkönigin, die ihretwegen zum Theater zu gehen gedachten.
Mühsam steuerte der Falter der Sonne zu und war ihr schon recht nahe. Da geschah etwas Furchtbares. Aus dem Maskengewühl sprang ihm die bildhübsche Helena Kollokotronis mit den dunklen Pagenlocken entgegen, zu deren bubenhafter Grazie das Kostüm eines silbernen Brezelbuben reizend stand, und saß ihm rittlings auf dem Hals, ehe der empörte Eynhuf es verhindern konnte. Jubelnd spornte sie ihn mit den schimmernden Stöckelschuhen und lenkte ihn vergnügt an den Fühlhörnern. Hinter ihm krachten Champagnerstöpsel, Parfümwolken und Juwelengeflimmer verwirrten ihn vollends. Geschoben, gedrängt, gepufft und geritten, kam er endlich zur Estrade. Schallendes Gelächter empfing den geschundenen Ballgast. Wütend verbeugte er sich, wobei es ihm wenigstens gelang, den übermütigen Fratzen abzubeuteln, der auf dem teuren Zylinder davonritt. Da stand er denn ohne Hut, murmelte etwas von »Spenadelarie« und »Hofbühne«. Belustigt trat ihm die Gefeierte entgegen. Lächelnd klopfte sie ihm mit dem Fächer auf die schwarze Kalotte mit den Facettenaugen, die er glücklicherweise unterm Zylinder getragen hatte, und fragte ihn: »Möchten S' wohl bei mir Honig naschen, weil S' mich für ein Bukawettl anschaun? Ha?«

»O nein, behüte, behüte, würde mir nie erlauben, aber eine große Bitte hätte ich wohl... Fräulein Höllmauer, nein! Pardon! Fräulein Höllbeißer... ja... ich... nämlich, müssen wissen... es handelt sich nämlich um ein Opfer am Altar des Vaterlandes...«
»Was«, entgegnete ihm entrüstet die Diva, »sein S' am Ende gar a Agent von die überschwemmten Wäschermadeln vom Himmelpfortgrund, die was vom Eisstoß erwischt worden sind? Da wird nix teilt...«
»Aber bitte, belieben mißzuverstehen, werden lachen... bitte« — er wurde blutrot — »bitte, bloß Ihre Milchz... ahn...«
»Meine Milch... was?«
»Ja!... Bitte!...« Flehend und abwehrend erhob er die riesigen Flügel und kehrte mit ihnen die starr gewordenen Zuhörer förmlich weg.
»O bitte, Ihre Milchzahnderln« — jetzt brüllte er — »nein, bloß einen Milchzahn, den was Sie gewiß irgendwo aufgehoben haben, möchte ich, so hören Sie doch... aber bitte, fürs Vaterland... für'n guten Kaiser!«
Eisig sah ihn die Höllteufel an: Wohl ein Irrsinniger. Dann sagte sie mit grausamer Schärfe: »Meine Milchzähne habe ich zu was G'scheiterem, als sie am Altar des Vaterlandes niederzulegen. Übrigens habe ich noch nie einen Schmetterling gesehen, der so nach Leim stinkt. Schweben Sie gefälligst weiter! Adiö, verdufte!«
Zerknirscht ließ der Hofsekretär die Flügel hängen.
»Was Schmetterling?... A Roß sein S', verstengen S' mich«, knurrte Würstl. »Ziag'n S' ab, Sö g'flügelter Milchmeier, Sö verdächtiga! Ihren Millihahn möcht er! Ja, dös schmecket eahm... dös glaub i...«
»Aber bitte, irren«, wehrte Eynhuf ab, »wie kann ich denn das wollen, was es gar nicht gibt! Bitte, *Milchzahn*, Zahn, nicht Hahn.«
Lange sah ihn Würstl vernichtend an. Dann murmelte er: »I schamet mi, Saumagen, quadrillierter!« und kehrte ihm den monumentalen Rücken. In elender Stimmung schlich Eynhuf von dannen. Wahrlich, der Abend hatte sich schlecht angelassen. Bloß eines Milchzahnes wegen war er gekommen — den hatte er nicht

gekriegt, wohl aber statt dessen etwas verloren, das war ihm klar — sein Herz. Ein noch nie gekanntes Gefühl wonnigen Schmerzes durchglühte sein Inneres ... Ja, es wurde nicht anders: er, ein Eckstein des Staatsgefüges ... oh, es war nicht auszudenken ... sein Herz an eine Höllteufel zu verlieren! War sie schon auch in allerhöchsten Hofdiensten — sie war und blieb doch immer in seinen Augen ein Geschöpf, das in irgendeinem dunklen Zusammenhang mit den Fleckerlbajazzos und der Vagabundenordnung für »das Viertel unter dem Wienerwalde« stand. Fahrendes Volk! Zigeuner! Oje, je, je.

Er wankte, nicht ohne Mühe, einer Palmengruppe zu, in der er wie eine Windhose hauste, ehe es ihm glückte, seinen müden Gliedern etwas wohlverdiente Ruhe zu verschaffen. Eynhuf war es bitter zumute, und grimmig fluchte er Großkopf im Innern seines Herzens. Tanzen konnte er nicht, sah sich überall als lästiges Möbel behandelt, ja, eine neckische Damengruppe fragte ihn gar, ob auch Schmetterlinge am Pips erkrankten... Dazu litt er physisch bittere Qualen, da ihm der ungewöhnlichen Ausdehnung seines Kostüms wegen nicht alle Türen offenstanden. Deshalb beschloß er, bald zu verschwinden. Zu Fuß mußte er gehen! In dem Aufzug stand ihm sicher ein harter Leidensweg bevor! Die Angst vor dem Bewerfen mit Pferdeobst! Hu! Aber was blieb ihm übrig? Der verschreckte Kulissenwagen war feig geflohen.

Kaum hatte der Bedauernswerte seinen Fuß vor die Türe des Saales gesetzt, von den Fiakern höhnisch mit: »Fahr'n ma, Euer Gnaden« begrüßt und sprachlos von den sonst so geräuschvollen Wagentürlaufmachern angestaunt, sollte er so bald nicht mehr den Boden berühren.

Ein kräftiger Weststurm erfaßte den bejammernswerten Schmetterling und jagte und rollte den Stolpernden, Schwebenden, ob er wollte oder nicht, die Mariahilfer Straße hinunter. »Halts 'n auf!« und andere wirre Rufe tönten durch die Nacht. Toll gewordene Komfortabelgäule rasten hin und her, mit gleichsam flehend emporgestreckten Vorderhufen trampelten Fiakerrosse die Hauswände in die Höhe, rollenden Irrsinn in den Augen. Fluchen verzweifelter Kutscher ertönte und hilfloses Kreischen aus den rasselnden Wagen. Einen schreienden Würstelmann schleifte der surrende Falter mit sich, um ihn bald gegen einen diensthabenden Kanalräumer einzutauschen. Aber o weh, o weh, was gab's für eine fürchterliche Szene, als der steife Hofbeamte, wirre Entschuldigungen stotternd, in eine Gruppe heimkehrender Herren und Damen hineinflatterte! Jetzt bekam er wohl festen Fuß — aber um welchen Preis! Die Gesellschaft glaubte sich angerempelt, und hageldicht sausten die Schläge auf den frierenden Honignipper. Da war's Gott Boreas, der ihn gnädig befreite. Im Nu verschwand der Unselige, sich überkugelnd, in der Dunkelheit, ein Urheber neuer irrer Schreie und Patron einer sich immer weiter ausbreitenden Pferdepanik. Am Glacis sollte ihn sein Schicksal erreichen. Von dem hier immer herrschenden Wirbelwind gepackt — leider gerade vor den Hofstallungen —, schlug er grausige Räder, einen klirrenden Hagel von Jettstückchen verstreuend, um schließlich strampelnd in einem wirren Gebüsch hängenzubleiben.

Die atemlos herbeigeeilte Wache klaubte ihn vom Gebüsch und brachte den vor Kälte und Aufregung zitternden Festgast in die Wachstube.

»Melde gehorsamst«, berichtete der Wachmann, »ein nächtlicher Ruhestörer!«

»Was, Sie Esel«, schnaubte ihn der Kommissär an, »seg'n S' denn nöt, daß dös gar ka Mensch nöt ist, sondern ein Fuhrwerk!«

»Aber bitte«, verwehrte sich Eynhuf.

»Sein S' ruhig, bis g'fragt wer'n«, schnauzte ihn der unhöfliche Beamte an. »Sö san a Fuhrwerk, weil S' über vier Schuch breit san, und hab'n laut kaiserlicher Verordnung vom 14. Mai 1796 stets die Lizenz bei Ehna zu haben, ausgenommen Sie san a Hofewibasch! Aber da müsseten S' vergoldete Radeln haben und den Bock mit Tressen! — Bemmerlfeind«, wandte er sich zum anderen Wachmann, »schirr'n S' ihn ab, und marsch in den Kotter!«

»In den Kotter! Nie!« brüllte jetzt Eynhuf und rasselte schauerlich mit den Skeletten der Flügel. »Ich bin kein Fuhrwerk, sondern ein als Schmetterling . . .«

»Ja, dann muß ich Ihnen ins Tierspital abschieben . . .«

»Aber hören Sie doch: ein als Schmetterling maskierter hoher Beamter!«

Das erlösende Wort war gefallen, bald war eine Einigung getroffen, und Eynhuf wurde, in einen alten Dienstmantel gehüllt, nach Hause gebracht. Da er seinen Torschlüssel hatte, bemerkte die Hausmeisterin, die gefürchtete Frau Laushäubl, nichts vom Zustande des unseligen Ballbesuchers.

DEMOISELLE LASSEN BITTEN

Acht Tage lang wälzte er sich, ein bedauernswertes Opfer der Faschingslust und harmlosen Mummenschanzes, in schwerem Schnupfenfieber, die lichten Momente düster durchgrübelnd oder verbittert mit dem Schicksal hadernd, das ihn statt in die molligen Arme der Geliebten — wie er sicher gehofft — fast ins Tierspital gebracht hätte. Aber auch wenn er gesund geblieben wäre, hätte ihn keine Gewalt der Erde so bald dazu bringen können, die Straße zu betreten, da er fürchtete, als der in den Zeitungen genau beschriebene »Gaulschreck von Mariahilf und der oberen Laimgruben« erkannt zu werden.

Im Amte mußte aber, leider!, doch was durchgesickert sein. Mit bitterböser Miene empfing den kaum Genesenen sein Hofrat, der an diesem Tage zu allem Unglück noch dazu von einem Einspännergaul angeniest worden war, und ließ ihn hart an, als er dienstfertig den besudelten Zylinder reinigen wollte.

Durch verdoppelten Fleiß und musterhaftes Betragen suchte der treue Eynhuf, seine Stellung wieder zu festigen, aber das Thermometer der amtlichen Gunst war tief gesunken. Sogar das vom Sekretär besonders weichgeriebene Klosettpapier ließ der gestrenge Vorgesetzte kalten Blickes liegen ... Dazu der quälende Liebeskummer! Abend für Abend konnte man jetzt den jungen Mann mit dem bleichen Gesicht auf einem Sperrsitz der Hofoper sehen, teils mit einer elfenbeinernen Lorgnette, teils mit einem kleinen Fernrohr unter Seufzern jede Bewegung der pikanten Künstlerin verfolgend, die Zwischenakte mit verschränkten Armen durchbrütend. Das beginnende Frühjahr steigerte seine Schwermut bis zur Erkenntnis, daß er das schöne Weib würde freien müssen, sollte er nicht dem Wahnsinn in die zottigen Arme eilen. Einen Zweifel an einem freudigen Jawort der Künstlerin gab es für ihn keinen Augenblick. Mit welch herzinnigem Jubel würde sie in seine Arme sinken, die er als Schild ausbreiten würde gegen den Unflat, mit dem das schutzlose Mädchen sich bisher hatte abfinden müssen! Ja, mit diesen stolzen Männerarmen würde er sie aus besagtem Kotmeer herausrudern, das versprach er sich! Aber, aber, die Mesalliance! Nun ja, sie ist ja K., auch K. K. — wild knurrte ihn ein vorübergehender Hund an —, ja sogar I. I. Ka-Ka-Ka-Ka Ha-Ha[1] Kammerkünstlerin. Aber dennoch! Was würde seine adelsstolze und sittenstrenge Familie zu diesem Schritte sagen! Da war einmal Rücksicht zu nehmen auf den Onkel Aloisius Ohnschweiff von Leerenstall mit seiner verbitterten, resigniert dreinschauenden Gemahlin Amöna, ein kinderloses Ehepaar, das überdies an seinem herabgewirtschafteten Gute keine Freude hatte und sein kümmerliches Los mit vornehmer Schäbigkeit trug. Auch Onkel Hospodarewitsch, ein griesgrämiger Junggeselle, war da zu berücksichtigen und vor allem die Erbtante Amalia Huzzulini von Schrattenau. Sie war sehr knauserig und hatte ihren einzigen Sohn, als er sich zum 21. Geburtstag um 4 Kreuzer Maroni kaufte, verstoßen. Bei dieser strengen Gesinnung hatte Eynhuf nichts Gutes zu erwarten.

Wenn er all dies bedachte, kam es wohl vor, daß er zu sich selbst sagte: »Jaromir! Flieg nicht so hoch! Weg mit der Romantik! Bescheide dich! Wenn auch dein armes Herzerl blütet, denk nimmer an sie, die Höllteufel! Bau' lieber dem Annerl ein Nest! Was hätte sein gutes Mutterl gesagt — eine geborene Rybiczka aus Brünn —, wie oft hat sie dir als Kind die Geschichte vom Knaben Gurko erzählt, einem Christenkinde, von den Türken entführet, und dieser leistete hartnäckigen Widerstand gegen den Islam ... die gelehrtesten Mollas, selbst Scheiche waren machtlos. Später gelang ihm als Belohnung die Erfindung des Slibowitzes; seine Mutter, eine gewisse Wondracek, aber handelte mit Heiligenbilderln, die hinten mit Hühneraugensalbe be-

[1] Amtliche Abkürzung für Ihre Kaiserlichen Königlichen Hoheiten.

strichen waren, und wurde, wenn auch nicht reich, so doch wohlhabend... Siehst du, so wird es auch dir gehen! Sei bescheiden, entsage, und die Belohnung wird nicht ausbleiben. Weg mit dem Champagner, auch der Slibowitz ist ein Floh ins Bett!« Dann wieder packte ihn der Hochmutsteufel doppelt bei der — leicht verzeihlichen — Eitelkeit. Malen müßte er sich lassen! Natürlich! Lebensgroß, etwa an eine Urne gelehnt, das Auge ernst in die Ferne gerichtet, die linke Hand in den Westenausschnitt gesteckt, mit der rechten tändelnd eine Papierrolle — etwa ein Aktenstück — haltend. Im Hintergrund vielleicht der Fiskus, mit Apollo scherzend, oder so was? Na, der Ferracutti oder Lampi (tüchtige Leute!) würde schon was Passendes finden. Dann das Bild schön heimlich dem gewissen Fräulein ins Haus gestellt ... also die würde Augen machen! Deliziös, deliziös! Würde freilich viel Geld kosten und Monate dauern. Ah was! Dem Wagemutigen lächelt das Glück. Los auf die Höllteufel! Frau Fortuna auf blauer Kugel rolle voran! Sein junges Blut war wohl schon durch den Aktenstaub etwas verdickt, aber noch nicht so weit, daß er Tinte schwitzte und sich die Glatze mit Streusand trocknen mußte wie sein vermurrter Vorstand.

So kam es denn, daß er sich eines Nachmittags in Gala warf und beim Hause seiner Angebeteten in der Rauhensteingasse vorfuhr. Die enge Straße mit ihren hohen, finsteren Häusern war schon in nächtiges Dunkel gehüllt. Der blaue Abendhimmel mit einem funkelnden Stern lag in kristallener Klarheit darüber, die obersten Fensterreihen der vielstöckigen Häuser leuchteten noch in fahlem Glitzern des letzten Dämmerlichtes, während in den unteren Stockwerken da und dort ein verschleierter rötlicher Lichtschein gloste. Dienstmädchen in Goldhauben huschten hin und her, aus den spärlich beleuchteten Gewölben roch es gut nach Käse, Salami und Salzgurken. Grüne Flammen aus einer Spenglerwerkstätte brachten eine geisterhafte Note in das anheimelnde Straßenbild. Auch hier kam Eynhuf nicht mit leeren Händen, als er eine mächtige, hallende Stiege zur Wohnung der Diva emporstieg. Knecht, der kunstreiche Zuckerbäcker, hatte ihm ein ellenhohes Wunderwerk aus Tragant geschaffen, einen Putto mit purpurner, goldverbrämter Tunika, der ein blaues Füllhorn trug. Zehn Pfund der köstlichsten Leckereien faßte es sicher. Was gab's da nicht alles! Verzuckerten Ingwer, viel Bärendreck, versilberte Ohrwürmer aus Lakritzen — der dernier cri der Saison —, dann Mausseufzerlein, so nannte man damals die zarteste Sorte des spanischen Windes, und Schokoladenplätzchen, mit buntem Streuzucker beschottert.

Er zog eine heiser bimmelnde Glocke. Eine Eisentür aus Blumen und Bandelwerk öffnete sich ihm, der im nächsten Augenblick einem neckisch kichernden Zöfchen gegenüberstand. Ein leichter

Duft von Lawendel, Patschuli und Pelzwerk wehte ihm entgegen.
»Ist die Demoiselle Höllteufelin wohl zu Hause?« Eynhuf nestelte bei diesen Worten eine grüne Visitkarte aus Froschpergament, das Neueste, was es gab, aus seinem Perlmuttertäschchen mit silbernen Affen darauf, die um einen flötenblasenden Apoll Ball spielten.
»Gebe Sie dies der Demoiselle.«
»Demoiselle lassen bitten.«
Da stand er in einem großen Gemach, in dessen samtenes Dunkel bloß zwei Kerzen den Goldstaub ihres spärlichen Lichtes streuten, doch genügend, um ihm das schöne Bild seiner Herzallerliebsten zu zeigen. Sie saß vor einem Nähtischchen voll bunter Seidenknäuel — so wollte es die Sitte der Zeit — und blickte schweigend bald auf Eynhuf, bald auf die ungeheure Attrappe, die er sorgsam auf einem Tischchen ihr gegenüber aufgestellt hatte. Sie nahm das Kärtchen in die Hand. »Herr Edler von Eynhuf?«
»Zu dienen, Demoiselle.«
»Was verschafft mir das Vergnügen? Ja, täusche ich mich nicht, Sie sind ja der Schmetterling von der Redoute! Nette Sachen haben Sie angerichtet mit Ihrer machine. Sieben unschuldige Kanalräumerswaisen, denen Sie den Vattern erschlagen haben, sollen wegen Ihnen nach Brot schreien, habe ich im ›Journal für Mode und geselliges Vergnügen‹ gelesen. Wehe Ihnen, wenn das wahr ist und ein Mörder mein jungfräuliches Gemach mit seinem blutigen Fuß entweiht!«
»Aber wo denken Sie bitte hin«, wehrte indigniert der Sekretär ab. »Um Gottes willen, welch grauslicher Irrtum!« Verstört blickte er bald in die unter nachtschwarzen Wimpern vor Entrüstung funkelnden Augen der Sängerin, bald in die saphirenen Kegel der Kerzenflammen. »Oh, über die Sudelblätter! Nicht der ›Gaulschreck von Mariahilf und der oberen Laimgruben‹, nein, der Hofsekretär Jaromir Zdenko Maria Alois Johann von Nepomuk, Franz von Assisi, Edler von Eynhuf vom k. Hoftrommeldepot steht vor Ihnen, im Sommer auch zugeteilt dem k. Obersthofsilberlöffelbewahrer von Kärnten und der windischen Mark! Und als Fürsprech habe ich diesen tragantenen Gott da mitgebracht, daß er ein gutes Wort bei Ihnen einlege, Demoiselle!

Oh, blicken bitte nicht zur Seite, wegen Ihnen, nur wegen Ihnen ist ja all das Unheil über mich gekommen!«

»Wegen meiner?« fragte die Diva. »Ich weiß nur, daß Sie furchtbar nach Leim gestunken und immer was von einem Milchzahn gefaselt haben. Kommen Sie am Ende wieder wegen dieses geheimnisvollen Milchzahns? Das sage ich Ihnen gleich, daß ich für solche Verrücktheiten nicht zu haben bin ... Denn was die Leute alles von mir wollen, das ist kaum zu glauben.«

»Nein, nichts will ich, und niemand soll mehr was von Ihnen wollen, ich werd's nimmer dulden!« Eynhuf war aufgesprungen und schrie die letzten Worte geradezu heraus. Sein drohend erhobener Zeigefinger mit dem Siegelring warf einen grotesken Schatten auf die Wand. Einen Moment sah ihn seine Partnerin schweigend an, dann brach sie in ein nicht enden wollendes, übermütiges Lachen aus, dessen silbernes Glöckchen nicht zum Schweigen zu bringen schien.

»Lachen Sie nicht, oh, lachen Sie nicht, Demoiselle!« rief Eynhuf. »O betrachten mich bitte als die Arche Noah, in der was Sie fliehen können vor dem Greuel dieses Gomorra, wo zur Zeit bitte zu leben geruhen, hinieber nach den Gestaden Elysiums, wohin ich Sie mit diesen meinen eigentlich nur dem Kaiser geweihten Händen hinieberrudern werde durch den Sumpf des Unflates, der wo was bitte Fräulein leider umgibt ... wie gesagt, hinieber nach Elysium, wo mit rosenbekränzter Fackel Hymen, ja Hymen Ihrer harren soll.« — »Aber lieber Herr Erbtrommelvogt oder was Sie sind«, unterbrach ihn lachend die Künstlerin, »ich denke gar nicht daran, Ihre poetische Schinakelwirtschaft zu benützen ... da sollen vielleicht dressierte Schwimmkäfer auf der Glasharmonika spielen und die Karpfen Kranzljungfern werden ... nein, ich fahre lieber mit dem Viererzug in die Krieau oder in die Einsiedelei und zieh ein Pirutschaderl aufs Hameau Ihren hymenäischen Elysiumsgestaden wohl gern vor, wenn ich offen sein soll. Aber nix für ungut, sein S' g'scheit und nit bös — das Engerl da mit die schön roten und blauen Zuckerln war lieb von Ihnen —, bitte bedienen Sie sich.« Neckisch knabberte sie an einem Stänglein Ingwer, das mit seinen funkelnden Zuckerkristallen aussah wie ein Bergwerksprodukt aus einem Gnomenreiche.

Totenstill war's im Zimmer. Die Rosenholzmöbel knacksten fein, und ein vorbeifahrender Wagen ließ die Flußgötter, hohe Porzellangruppen aus der Zeit Raphael Donners, leise erklingen. Dann brach Eynhuf die Stille: »Mir scheint, hier habe ich nichts mehr zu suchen.« Knapp und förmlich verbeugte er sich, die Hölltenfel knickste hinter ihm und wies ihm eine lange Nase, als er steif, wie die Leiche eines Gehängten, das Zimmer verließ.

»Weggeworfen hast du dich«, knirschte er bleich vor Zorn und blieb schwer atmend unter einem finsteren Schwibbogen stehen, der in die Weihburggasse führte. »Du hast dich, Perle, vor dieses rosa Ferkel, vor diese Selchersgeliebte geworfen! Nein, ein Glück ist's, daß mir die Schuppen gleich zentnerweise von den Augen fallen, sie hat leichtfertiges Kunstpfeiferblut in den Adern, nichts ist die für dich, weg mit den ungesunden Träumen!«

Sichtlich erleichtert atmete er auf. Seinen guten Namen hatte er opfern wollen, vielleicht sogar seine glänzende Laufbahn. Hatte er sich doch schon manchmal mit dem Gedanken getragen, um Transferierung vom Trommeldepot zu der Hofweihnachtskrippenwache — als Kommandant natürlich — einzukommen. Die schöne Uniform, zinnoberrot und golden, himmelblauer Dreispitz mit Straußfedern, hatte es ihm angetan. Nur drei Tage im Jahre hätte er zu tun gehabt; dabei war es ein schön dotiertes Hofamt mit Sommerwohnung in Laxenburg, allerdings mit wenig Aussichten auf Beförderung. Er hätte die Stelle hauptsächlich deshalb genommen, um sich ganz seinem reizenden Frauchen und einem traulichen Familienleben widmen zu können. Kurz — die größten Opfer hätte er der Undankbaren bringen wollen! Aber die schmachvolle Frechheit, ihm einen Korb zu geben! Jetzt stand es sonnenklar vor seinem Auge: Zurück zur Hofzwergischen! »Schnöde hast du dieses treuliebende Herz betrogen, reumütig kehre zurück zu ihr! Der feinfühlige Zwerg wird dich verlorenen Sohn liebreich zu sich emporziehen, man wird dir freudig ein Kalb, diesfalls beziehungsweise eher einen knusperigen Gugelhupf schlachten.« Lieblich anheimelnde Familienabende bei der trauten Öllampe würde es geben. Der alte Herr würde seine kunstreichen Kleinarbeiten in den weitbauchigen Flaschen basteln oder ein Quodlibet aus altertümlichen Kupfern, Spielkarten und Augsburger Goldpapier kleben. Wie würde er dem lieben, leider schon recht gebrechlichen Zwerg den Lebensabend versüßen! Gleich heuer würde er für ihn als billige Überraschung im Gnadenwege um eine ärarische Sommerfrische — womöglich in der Nähe eines k. k. Hoflagers — einkommen. Er dachte da an den aufgelassenen Röhrenteich Nr. 14 der Salinenleitung zwischen Ischl und Ebensee, wo den müden Gliedern Schwiegerpapachens die wohlverdiente Erfrischung eines kräftigenden Seebades ohne Übertretung des Salzgefälles werden könnte. Allerdings war vor Jahresfrist genau dort der greise Gubernialrat Tobias Sechter Edler von Echtensenft infolge eines bedauernswerten Irrtums hochadeliger Jagdlust zum Opfer gefallen. Hatte man ihn doch, als er schlammbedeckt der vorüberfahrenden Jagdgesellschaft seine untertänigste Reverenz machte, für den sagenhaften Moormann vom Neusiedlersee gehalten und durch einen Blattschuß zur Strecke gebracht. Übrigens, welch schöneren Tod kann sich ein devoter Staatsdiener wünschen? (Dabei hat die Familie als Schmerzensgeld den Freiherrnstand taxfrei bekommen.) Aber ach! Kaum bog Eynhuf in die Kärntnerstraße ein, als wie ein Gigant aus Safran sich das Gespenst der Eifersucht vor ihm auftürmte. Mußte da nicht die Würstlsche Equipage herangebraust kommen? Zwei galonierte Vollmondgesichter am Rücktritt, drinnen lässig hingegossen der verhaßte Todfeind, einen zierlich aus Topas geschnitzten Schinken als Berlocke am Bauch, mit korallenen Knackwürsten in den Manschetten. Aus einem üppigen Weiberschenkel aus Elfenbein rauchte er, das hochgeknöpfte Bernsteinschuherl im Munde, und spuckte in großem Bogen am Sekretär dicht vorbei klatschend gegen die Mauer. Wütend ballte Eynhuf hinter dem speckigen Unhold die Faust. Wegen so wem verschmäht zu sein! Ein glühender Stachel bohrte in seinem Herzen, das lichte Bild Crispinens verschwand hinter blutroten Schleiern, um wieder der verführerischen Vision »Höllteufel« Platz zu machen. Das Silberglöckchen ihres Lachens tönte ihm immer in den Ohren, verhöhnte seinen Schmerz und trieb den Unseligen einem finsteren Schicksal entgegen. Widerwillig verschlang er im Gasthaus »Zum weißen Rauchfangkehrer« als Abendbrot das melancholische Gericht: Schwarzwild mit Knödel, so recht ein Sinnbild seiner düsteren Stimmung, die ihn noch auf die Straße begleitete. Seine Nerven bebten. Ein gerupftes, bleiches

Huhn in einem Auslagefenster, geschmackvoll als Steiermärker verkleidet, trieb ihm die Tränen in die Augen. Wie bald würde vielleicht auch er so auf der Bahre liegen, still und kalt, ein Opfer des Grames.

In seinem Stübchen angekommen, öffnete er das Fenster, nahm die Ebenholzflöte aus dem Kasten und lehnte, vom silbergrünen Mondschein umflossen, im Fenster. Schließlich blies er seinen Schmerz in die Nacht hinaus. Da schlug es erst zehn. Mit einem wimmernden Schnörkel beendete er sein Spiel, goß das Instrument aus und versank in ein tiefes Brüten. O Eynhuf, Eynhuf, warum mußtest du dich musikalisch so gehenlassen! Die nächtlichen Klagetöne waren im »Kleinen Querulantenhause« etwas ganz Ungewohntes. Frau Laushäubl spitzte die unsauberen Horchwerkzeuge, und die Schosulan litt es nicht im Bette. Eynhuf, Eynhuf, was für Fallstricke wird man dir noch aus deinen klagenden Flötentönen drehen!

IM FEGEFEUER DER HÖLLTEUFELIN

Was jetzt begann, war in den Annalen des Hofbeamtentums wohl noch nie dagewesen. Die Eifersucht quälte Eynhuf dermaßen, daß er täglich — selbstredend nach den Amtsstunden — die Wohnung seines Idols umpirschte. Das Kommen und Gehen aller Personen, die mit ihr zusammenhingen, belauerte er und sah sich genötigt, so peinlich das seinem korrekten Empfinden auch war, zu allerhand Verkleidungen Zuflucht zu nehmen. So kam er zum Beispiel als türkischer Zuckerwarenverkäufer in enormem Turban und einen Krummsäbel an der Seite, als Mann mit einem Essigfäßchen, als syrmischer Teppichkrämer. Als Slowak mit einem Korb voll Holzwaren sang er sein: »Gulöffl kafts, Spilalei, helzerna Steggpferd, was frißte nix, Lauskampl, Gurkahackl[1], Kastl, was fallt am Maus . . .« Dideldidi, widlwidlwidlwidlwidlwiwi machte er dabei auf der Flöte. Einmal überwand er sich sogar so weit, als fliegender Mehlwurmhändler seine ekle Ware anzupreisen. Die Vogelliebhaber machten kopfschüttelnd Gelegenheitskäufe zu Schleuderpreisen und wußten wohl nicht, welcher schwarztoupierten Nachtigall sie dies zu danken hatten. Wer nur der schlanke Savoyardenjüngling mit dem tiefschattenden Hute und den pfeifenden Murmeltieren sein mochte? Wer war der vornehm aussehende Wanzentinkturenverkäufer mit der gramvollen Linie um den Mund? Eine Zeitlang saß er als blinder Harfner mit grünem Augenschirm stundenlang auf einem Prell-

[1] Gurkahackl, soviel wie Gurkenhobel.

stein der Blumenstockgasse und sandte sein klagendes »Zimmzimm« zu den Fenstern der Angebeteten empor. Damals geschah es, daß sie ihm einen Kupferkreuzer in den Hut warf, den er als heiligen Talisman aufhob und inbrünstig küßte. Die Harfe war übrigens nichts für seine nervösen Hände, deshalb griff er zum Dudelsack und wußte bald das schwermütige Liedchen: »Alidali, powidali, wisch, wisch, wisch« gar artig zu hummeln. So erwarb er sich zwar mancherlei schätzenswerte Kenntnisse, war aber genötigt, ein Doppelleben als Hofbeamter und vagabundenhafter Repräsentant aller möglichen Berufszweige des Straßenhändlers zu führen, ein Doppelleben, das ihn zwang, am Hafnersteig bei einem anrüchigen Trödler ein Absteigequartier zu halten, in dessen von einem finsteren Hof aus beleuchtetem schwarzen Steingewölbe es nach rostigem Eisen, Schimmel, Moder und Grünspan roch. Dort wurde er mit den nötigen Kostümen und Waren versehen und teils vom Inhaber, Herrn Schloime Feiwel Spazierstock, teils von allerhand anderen verdächtigen Gesellen im jeweiligen Tagesmetier unterwiesen. Am tiefsten sank er wohl, als ihm ein triefäugiges Fetzenweib Unterricht im »Miststieren«[1] zu geben begann. Wer weiß, wie lang dieses halb traurige, halb neckische Bockspiel noch gedauert hätte, wenn ihn nicht eine unverhoffte Hilfe aus dieser schiefen Stellung befreit und um einen großen Schritt vorwärtsgebracht hätte.

An einem hellen Tag im Vorfrühling war es. Schnelle, weiße Wolkenknödel zogen über den leuchtendblauen Himmel, Sonnenreflexe tanzten am Pflaster, irgendwo klirrte ein Fenster, und in einem leeren Faß, an dem er lehnte, hatte sich eine frühe Hummel eingefangen. Eynhuf ließ gerade die dünnen Klänge eines Vogelwerkels aufjammern, als Rat Großkopf die Gasse entlangstolzierte. Jetzt galt es, zu fliehen. Doch war's zu spät. Großkopf starrte ihn an und machte stumm ein Zeichen, ihm zu folgen. Sie gingen bis in die einsame Blutgasse, die um diese Zeit menschenleer zu sein pflegte, und erst dort sprach der Rat zu ihm:

»Ja, sagen S' mir, sind Sie verrückt geworden? Am hellichten Tag so eine Maschkerad! Mensch, um Gottes willen, Sie bringen

[1] Stieren: wienerischer Ausdruck für umherstochern.

sich um den goldenen Kragen — jeder hat Feinde. Was machen S' denn?«

Eynhuf gestand dem erfahrenen Freunde alles. Wie wohl tat es ihm, endlich den wochenlang einsam gefressenen Schmerz seinem mitfühlenden Freunde wieder vorzukauen und sich den Jammer von der Seele zu reden.

»Aber, aber«, unterbrach ihn nach zwei Stunden Aufundabgehens der alte Lebemann, »aber Eynhuf, was haben S' denn da angerichtet? Warum haben S' denn nicht mich gefragt? Ein so netter, hoffnungsvoller junger Mann und in so einer Fäkaliengasse — erlauben schon den derben Ausdruck. Ziehen S' Ihnere beste Kluft an, reiten S' vor der Höllteufel ihren Fenstern spazieren, kaufen S' Ihnen a Traberzeugl, fahren S' ihr allweil in der Nobelallee vor, tragen S' an apfelgrünen Gotfriedl und seidene Modewesten, mit Entenjagden oder so was bestickt, auch an Kastorzylinder, das sehen s' gern, die Damen ... oder warten S'! Ziehen S' Ihnen a polnische Gala an mit Quastenstiefeln und an vergoldeten Säbel, das ist noch besser. Und vor allem: kaufen S' ihr an Türkisschmuck oder böhmische Granaten! Kurz — gehen Sie's von vorn an!«

»Nein, nein, das kann ich nicht«, entgegnete Eynhuf, »zu einem offenen Vorgehen werde ich mich nie entschließen, ich bin zu so etwas viel zu schüchtern und würde mich nie als Mann, der in der Öffentlichkeit steht, so exponieren dürfen.«

»Aber, so wie bisher gehn S' ja immer um Ihr Ziel im Kreis herum, und am Schluß werden S' mit Ihrer eifersüchtigen Selbstquälerei noch an Ehebund schließen, und nicht mit der Höllteufel!« schrie jetzt Großkopf. »Und am End' werden S' noch als steinaltes Mandl da Kolatschen[1] oder Planeten verkaufen, währenddem daß die Höllteufel schon längst in Tripsdrill Großmutter ist ...«

»No, ich bin doch kein Trottel«, grollte Eynhuf.

»Das hab ich nicht gesagt, aber geben S' das auf, heiraten S' lieber die Zwergcrisperl.«

»Kann ich nimmer«, greinte der Sekretär, »ich bin verworfen!

[1] Kolatschen: ein Backwerk.

Großkopf, die Höllteufel muß mein werden, oder ich geh in die Donau. Aber wie, wie ...?«

»Eynhuf«, sagte jetzt tiefernst Großkopf zum trostlosen Amanten, der jammervoll verfallen neben ihm daherschlurfte, »geben S' vor allen Dingen das blöde Vogelwerkel da weg, stellen S' es wo bei einem Hausmeister ein und hören S' mich an. Ja, es gibt noch ein Mittel.«

Flüsternd neigte er sich zum Sekretär ... sie kamen gerade beim Basiliskenhaus vorüber. »Ich sag's nicht gern. Es ist a nachtseitige Sach'! Greifen Sie zu den geheimen Künsten der mittelalterlichen Magie ...«

»Meine Seele dem Höllenfürsten verschreiben ...«, drang es aus Eynhufs Brust. »Nie!«

»No, das nicht, das nicht. Sie Tschapperl«, sprach Großkopf weiter, »nein, Kontrakte mit Seiner höllischen Majestät sind bei den jetzigen, halbwegs anständigen Notariatsverhältnissen kaum mehr möglich — aber ich weiß da auf der Laimgrub'n a Hebamm', Funzengruber schreibt sie sich — Sie« (er flüsterte), »die kann Ihnen an Liebestrank sieden! Sie, einfach: ›dla.‹« Großkopf leckte mit der Zunge die Lippen, unwillkürlich leckte Eynhuf mit — wie das Gähnen wirkte es ansteckend. »Soll auch früher« — er sah sich scheu um — »Kuchelmadel beim Cagliostro gewesen sein! ...«

»Aber gehn S' ...«

»Ja, wie ich sag'. Also die Wirkung ist effektiv, hab erst unlängst an lieben alten Freund in Horn zwei Maßflaschen voll zugeschanzt, 75 Jahr' is er, aber ...« Passanten unterbrachen das interessante Gespräch.

»Also, wenn Sie wirklich glauben, könnte man ja einen Versuch machen«, sprach Eynhuf mit einem leichten Hoffnungsschimmer in den eingesunkenen Rehaugen. »Aber wie ihr beibringen? Ob sie überhaupt einnehmen wird? Und wie? Auf Zucker?«

»Jetzt, das«, riet Großkopf, »müssen S' so anfangen: Sie müssen die Zofe von ihr gewinnen, das kann man machen. Der schicken S' a Billetdoux durch d' Millifrau oder wem, und die schütt' der ihrigen Herrin das Saftl in den Kaffee. Nach einer Stund' gehn S' hinauf, 's Zofl laßt Sie einer und Ihre Angebetete packt Sie z'samm' — nicht umgekehrt... dann können Sie um Ihr Junggesellentum weinen.«

»Großkopf, wenn das wahr ist! Meiner Seel, ich muß zur Funzengruber, wenn ich auch auf einem Bein bis hin hupfen müßt'.«

»Also wünsch' angenehmes Hupfen! Theobaldgasse 731, ebener Erde, links.«

Keine 24 Stunden später, es war, im Gegensatz zum Sonnenschein von gestern, ein melancholischer, trüber Sonntagnachmittag, schritt der Hofsekretär den altertümlichen Häusern der Theobaldgasse zu. Es war eine Gegend reich an Mauerfraß, verwitterten Haustoren und ausgetretenem Straßenpflaster. Die Kirchenglocke der Barnabiten klang bald lauter, bald wieder windverweht über die hohen, dunkeln Ziegeldächer, geputzte Kinder in Schäferkostümen, die damals sehr in Mode waren, wurden von Dienstmädchen in Umhängetüchern und glattgefetteten Scheiteln zu Jauseneinladungen begleitet, sonst war niemand in der stillen Gasse. 731 war ein finsteres, winkeliges Gebäude, mit bemoostem Dach, auf dem übermäßig klobige Rauchfänge thronten. Eynhuf trat in den Flur. Die Tür links führte in eine dämmerige Küche, aus der ihm ein Geruch, gemischt aus Sauerkraut und dem Dunste, der Kinderstuben anhaftet, entgegendrang. Er klopfte an. Ein zahnloses Weib in schmutziger Haube mit einer vor Alter irisierenden Brille saß über ein abgegriffenes Traumbuch gebeugt und murmelte, ohne aufzublicken: »Ohrgehänge, Maultrommel, Hemd gehen, Verhaftung und Damenschuhe 84, Dukaten, Geist, Schaumtorte, Pferdefliege und Ungewitter 43, großer Mann, Affe, Hundebiß, Spinnen und Fächer 88, Linsen, Fisolen, Trompeten blasendes Hündchen, Ausziehen und Senf 27, krummes Milchweib, Zylinderhut, Mistgabel, Ofen und Käfer 47, in den Abtritt fallen, Harfenkonzert, Hühnersteige und Kinder säugen 18... was wünschen S' denn?« Großkopf habe ihn herempfohlen.

»So, der Rat Großkopf aus St. Pölten, mit die erfrörten Füß' und den zwei großen Wimmerln im Gesicht?«

»Ja.«

Lang wog sie den Besuch mißtrauisch mit den Blicken.

»So. Haben S' auch an Refmativisimus?«

»Ich? Nein. Hat denn der Großkopf einen?«

»No«, erwiderte die Alte, »der Herr Rat kommt dreimal

d' Wochen her, sich a Jungfernöldämpfung machen zu lassen. Dös hat er gar so viel gern, s' tät ihm gar so viel gut, sagt er, und bringt ihn wieder in die Höh'.«
»Sie«, rief da Eynhuf und stach mit dem Finger nach ihr, »wär' das was gegen Zahnweh? Da geben S' mir gleich eine Maß voll mit für meinen Hofrat, der was so darunter leiden muß.«
»O mein«, bemerkte die Alte, »i man', der jauket Ihnen schön zur Tür außa — aber dees verstehen S' nöt.«
»... aus der Türe ... jagen? ... Mein Hofrat mich? ... Sie, da is was dahinter, heraus mit der Sprache!« Eynhufs Stimme klang drohend. Die Alte aber schwieg verbissen. Vibrierend vor Neugierde tänzelte jetzt der Sekretär, der absolut kein Geheimnis bei anderen dulden konnte, um die unsaubere Partnerin herum. »Nochmals, um was handelt sich's denn? Können S' mir's nicht wenigstens ins Ohr sagen?«
Brummig folgte die verdächtige Hebamme seiner inquisitorischen Aufforderung und flüsterte murrend dem tief zu ihr Niedergebeugten ein altehrwürdiges, wirksames, aber vor den offiziellen Wissenschaftlern bis jetzt mit Glück verborgen gehaltenes Hausmittel zu, in dem der junge Teil des schönen Geschlechtes eine bedeutende Rolle spielt, wenn auch es sich diesfalls nicht gerade um das Flechten von himmlischen Rosen ins irdische Leben handelt.
»Pfui Teufel, pfui Teufel«, fuhr es dem Sekretär heraus, »für die Kur mecht' ich mich schönstens bedanken!«
»Möchten S' also lieber g'stoßene Schwabenkäfer in Essig und Öl schlucken«, grunzte giftig die Alte, »oder 'brannten Katzendreck schnupfen gegen g'schwürige Augen — was möchten S' denn überhaupt, weil S' herkommen?«
Eynhuf setzte ihr die Sache mit dem Liebestrank auseinander. Die Alte wurde sehr wichtig, bedeutete ihm, daß es für sie eine Kleinigkeit wäre, daß man aber das Mondviertel wissen müsse, unter dem das Subjekt geboren sei, und daß er selbst an einem Freitag mit ungeradem Datum — am besten sei freilich der schmerzhafte Freitag — eine Alraunwurzel kaufen, aber über die rechte Schulter mit der linken Hand — mit verflochtenen Fingern natürlich — in Empfang nehmen müsse. Dann sei es unerläßlich, ihr die Wurzel in der umgekehrten Stellung zu geben.

Darauf würde sie den Trank kochen, durch einen Nonnenschleier durchseihen und ihn vier Wochen lang im Keller digerieren lassen. Das sei aber alles sehr teuer, weil man zum Heizen bloß morsche Bretter von Selbstmördersärgen, mit getrockneten schwarzen Pudelschweifen gemischt, verwenden dürfe. Auch müsse man den Kot einer unschuldigen weißen Taube dazutun. Der verfaulte Zahn einer Kindesmörderin sowie ein Lot trockenes Krokodilshirn seien als Beigabe sehr zu empfehlen. Letzteres wäre aber selten. Ob er vielleicht wo eines wüßte? Früher hätten die Venedigermandeln einen schwunghaften Handel damit getrieben, aber heute ... die verfluchte neue Apothekerordnung ...« Eynhuf sah sie streng an. Er setzte dem Redeschwall, der ihm peinlich wurde, ein Ende mit der Frage, ob er eine Angabe leisten müsse. Sieben Vierundzwanzigkreuzerstücke, lautete die Antwort.
Er zahlte seufzend, nahm die Adresse des unheimlichen Dürrkräutlers und trabte von dannen.
Der nächste Tag sah den Hofsekretär bereits auf der Suche nach dem wunderbaren Kraute. Kühl und trüb war das Wetter, so recht für den etwas lichtscheuen Zweck seines Ausfluges geeignet, empfand er. Leichenwagen rasselten hintereinander die unregelmäßig breite Straße entlang. Der Wind wirbelte Strohhalme und Papierfetzen auf. Von den Kaminen wehten dünne Rauchfahnen steil abgebogen weg. Hinter grauen Fenstern sah er Äpfel liegen, ab und zu quetschte sich ein rotznasiges Kindergesicht an trüben Scheiben breit. Eynhuf kämpfte gegen den Wind, der ihm den Hut vom Kopf zu reißen drohte und in dem vielfältigen Kragen seines Capottes wühlte. Mechanisch las er die Ladenschilder, über denen bisweilen blecherne Zuckerhüte baumelten oder messingene Rasierbecken im Winde klapperten. Matthias Speibenweins Gasthaus »Zu den zwei weißen Schimmeln« stand da, Lambert Mummers Maskenleihanstalt für einen hohen Adel und die besseren Stände, dann: Nachtglocke zum bürgerl. Pfeifenmaler Ignatz Maria Dünstköpfl. Hier wieder: Bartholomäus Glühpfeils priv. Kinderstupperzeugung mit Pferdegöppelbetrieb. Zwei alte Jucker, die beim Fürsten Esterházy ausgedient hatten, hielten das Werk im Gang. Unwillkürlich kratzte er sich und ging weiter. Da war es endlich, was er suchte: Wiesböcks Dürrkräutlerei und beh. Conc. Ameiseneierhändler, auch papierener Bienenwabenerzeuger

mit allerh. Privileg, und dem Schilde: »Zu die 3 hl. Eismänner: Pankratius, Servatius und Bonifatius und der kalten Sophie.« Eine schrille Türglocke erklang wie der zitternde Sopran eines Metallgeistes.

Ungewöhnlich duftete es in dem niederen Laden. Da standen Holzteller voll Stephanskörnern, Hundsveilchen, Akelei, getrockneten Kohlröserln, Speik und Koriander. Scheu sah er sich im Laden um und flüsterte fast sein Begehr. Mit kropfiger Stimme forderte ihn der Dürrkräutler auf, sich in den ersten Stock zu bemühen, wo die feineren Waren und Raritäten aus beiden Indien lägen. Über eine ausgetretene Ziegeltreppe kam man in ein kaltes, unfreundliches Eckzimmer mit vier niederen Fenstern, vorhanglos, durch die man über die dicht bebaute Niederung des Wienflußtales, die steil ansteigenden Häuserburgen der Mariahilfer Vorstadt sah, unzählige Dächer und mächtige Kirchtürme, alles in einen feinen blauen Rauchschleier gehüllt, ein düsteres Stadtbild unter windigem Himmel. Ein Wermutbüschel voll getrockneten Fliegenleichen hing von der niederen Decke. Der Kräutergreis kramte lang unter seltsamem Geschnarche seines Kropfes in einem alten Tabernakelkasten, dessen Einlegearbeiten wunderliche Figuren zeigten: Verteidigungen einsam in Teichen gelegener Schlösser gegen feuerspeiende Greife, Affen mit geraubten Wickelkindern und Sphinxe neben rauchenden Opferpfannen. Auch ein kurzer, hoher Hengst war zu sehen, der vor einer marmornen Fliege wild ausschlug. Nach langem Bemühen war der Alraun gefunden. »Springwurzeln! Vorsicht!« stand in steifer, ungelenker Schrift auf dem Paket, mit einem kleinen Bildnis der hl. Walpurga beklebt. 2 Gulden 24 Kreuzer mußte der liebeskranke Mann bezahlen und unter seltsamen Verrenkungen das Palladium ergreifen. Wie ein eckiger Pas de deux zweier Veitstänzer mutete die Szene im einsamen, zugigen Zimmer an.

ZWEI HERZEN UND EIN RINGELSPIEL

Welch launiges Geplänkel sahen die Veilchentage dieses Frühlings! Der zierliche Sekretär nützte die Zeit, die der Liebestrank zur Reife brauchte, gut aus, seine nötigen Vorbereitungen zu treffen. Wie ein feiner Diplomat knüpfte er Knoten um Knoten am Netze, das die ahnungslose Sängerin umgarnen sollte. Zuerst versicherte er sich des Namens des Zöfchens. Ludmilla hieß es, Ludmilla Steigenfierer. Dann sprach er mit Frau Barbara Pimeskern, der Milchmeierin. Deren Gunst gewann er durch ein gelbes Kopftuch, mit talergroßen roten Punkten bedruckt. Er spielte ihr gegenüber einen schmachtenden Amanten, dem es die Ludmilla angetan hatte. Mit viel Verständnis und Freude am Kuppeldienst versprach das gefällige Milchweib, ein rosa Briefchen ohne Unterschrift der Zofe zuzustecken und selbe, deren Neugierde gereizt sein würde, ihm zu einem Stelldichein ins Hinterzimmer des Ladens zuzuführen. Die Stunde kam. Ludmilla erstaunte nicht wenig, als sie den Herrn wiedersah, der den tragantenen Engel vor Wochen zur Herrin gebracht hatte. Ein heißes Triumphgefühl trieb ihr das Blut in die Wangen: der schöne, feine Herr sollte seinen Blick auf sie geworfen haben — sein Herz würde ihr gehören, sein Herz, das für die stolze Dienstgeberin geschlagen! Der Triumph des Weibes regte sich in ihr, die Freude am Wegschnappen der Beute — o Futterneid der harmlosen Liebesungeheuer!

Dem Eynhuf tat's weh, seiner eigenen Liebe eine Komödie vorspielen zu müssen, doch war es nötig, das Mädchen zu kirren,

um seinen Zweck zu erreichen. Sie bloß zu kaufen — neben klingenden Goldstücken der überfeinerten Venus auch kupferne Scheidemünzen banaler Liebe im Beutel — schien zu gefährlich. Sie hätte bestimmt geplaudert. Die kurzen Viertelstunden bei der Milchmeierin — Ludmilla hatte wenig freie Zeit, da sie die Herrin auch in der Oper bediente — stellten seine Verstellungsgabe auf keine zu schwierigen Proben. Auch war er überzeugt, daß das leichtfertige Ding an einem kleinen Liebesgetändel sein Begnügen haben werde. Aber zu seinem Entsetzen sollte er bemerken, daß ihm seine Männerschönheit einen bösen Streich spielte und er eine Glut entfachte, die ihm noch bittere Stunden bereiten und in ihm den Wunsch gebären würde, ein Zwitter aus Don Juan und St. Florian, dem Löscher des Brandes, zu werden, ein noch nie dagewesener Janus im Tempel Kupidos.
Eines Tages, er war gerade aus dem lauen Abenddufte der finsteren Gasse in das feuchtkalte, verschwiegene Hinterstübchen getreten, über dessen Türe ein Heiligenbild, die Dienstbotenmuttergottes, mit dunkelrotem Öllämpchen prangte, streichelte Ludmilla zärtlich seine Hand und flüsterte beglückt: »Jaromir, morgen habe ich Ausgang, da gehen wir zwei in den Wurstelprater! Je, wie ich mich freu'!« Eynhuf glaubte zu spüren, wie das Herz in seiner Brust einen Purzelbaum schlug. »In den Wurstelprater!« Wo er sich doch vorgenommen hatte, obschon ein kleines Tänzchen bei der Cholerakapelle im Helenental ihn auch sehr gefreut hätte, den freien Pfingstsonntag dem lieben alten Freund seines Vaters zu widmen, dem Nadir Baron von Semlin, Sohn des Schahs von Persien, Nadir, der 1747 von seinem Neffen Ali Kulikan ermordet worden war. Besagter Sohn flüchtete nach Semlin, wo ihn Maria Theresia taufen und erziehen ließ. Sein hoher Vater Nadir hatte seinerzeit den Großmogul besiegt und in Delhi 100 000 Leute niedergemetzelt. Schon als Knabe kam Eynhuf mit dem seligen Papa oft zur Jause zu ihm. Zähnefletschend zeigte der alte Baron gerne den Gästen in seinem Garten die Totenschädelvorräte aus besseren Tagen der Familie. Nadir war übrigens kein böser Mann. Allerdings munkelte man von Mödling bis Petersdorf, ja noch weiter, daß er orientalische Gewohnheiten habe. Nun wohl, einen kleinen geheimen Harem besaß er, dem eine gewisse Kaltenbrunner Anna, eine resolute

Dame, vorstand. Manchmal ging's festlich zu. Da mußte Pantaleon Hebenstreit, der beste Cymbalspieler, der sich an der nahen ungarischen Grenze, dem Heuboden, und bei Eisenstadt gerne herumtrieb, herhalten und, von seinem Freunde, dem Dudelsackvirtuosen Hieronymus Schebesta begleitet, den greisen Baron mit wilden Liedern umtanzen. Das zog alles lockere Volk an: Bettler mit ihren räudigen Hunden kamen, nach den Brosamen des Festes zu haschen.

Aus Dankbarkeit für das Mödlinger Refugium wollte er aus den Delhier Totenschädelpyramiden einen Biedermeierpavillon errichten, wo er den guten Kaiser Franz öfter zum Kaffee zu sehen hoffte. Es wurde dankend abgelehnt. Seitdem grollte der Alte, denn sein Lebensabend war ihm verbittert. Wie nett hatte er es sich doch vorgestellt, wenn zwischen den weißen Schädelsäulen die dunklen Kiefern des Brühltales und der strahlend blaue Himmel mit den lichten Federwolken durchschauten. Festlich geputzte Leute würden hinaufstarren, gelbe Zeiselwagen vorbeihutschen, wenn, von Odalisken bedient und von Hieronymus Schebesta kunstvoll umpfiffen, das lange Antlitz des gütigen Monarchen mit den wasserblauen Augen und dem dünnen, farblosen Haar, über das geschliffene Kaffeeglas gebeugt . . . doch verweht waren seine Träume.

»Geh zum guten Alten . . . Mach' ihm die Freid'!« So sprach die Stimme des Gewissens zu Eynhuf. Doch nein! Der kommende strahlende Morgen sah ein anderes Bild.

Jaromir und Ludmilla traten aus dem Dämmer dunkler Straßen der alten Kaiserstadt hinaus in den grüngoldenen Frühlingstag, dessen Herrschaft an den Basteien voll begann. So weit das Auge reichte, Sonnenglanz und Blütenjubel. Selbst die bronzenen Kartaunen mit den Delphinhenkeln schienen sich wohlig zu sonnen, mit sterilisierten Vögeln, Obstkörben, Blumenwerk, selbst nackten, übertrieben gerundeten Mädchenleibern aufs üppigste verziert. Die steifen Wachtposten — weißer Waffenrock, enge blaue Hose und enorme Bärenmütze — litt es nicht in den barock behelmten Steinkäfigen, die als Schilderhäuser dienten. Das Licht funkelte auf der kupfernen Kuppel St. Karls, die wie ein Schnitzwerk aus altem Elfenbein vom Himmelskristall sich abhob. Über dem Schwarzenberg-Palast und in den Fenstern der phantastischen

Silhouette des Belvederes leuchtete und glitzerte es. Es war so klar, daß man den verschnörkelten Teppich seines Gartens mit den vielen Kegelbäumchen, den Kaskaden und die marmornen Sphinxe erkennen konnte. Equipagen rasselten vorüber, braune, blaue, fliederfarbene. Leibjäger mit goldenen Hüten am Bock, weißstrumpfige Lakaien in eitel Zinnober, Waldgrün oder gar Purpur hintauf, geputzte Wunder von Damen und ernstnasige Herren darinnen. Auch Eynhuf hatte sich fein gemacht, viel feiner, als er sollte. Paßten denn zu seiner gefährlichen und verschwiegenen Eskapade der neue zwetschgenfarbene Anzug, der hohe perlgraue Seidenhut und gar die polnischen Schuhe aus grünem Saffian mit den goldenen Troddeln? Eynhuf, Eynhuf, wie soll das enden!? Noch dazu über die breite Jägerzeile will sie gehen, die im brennendsten Sonnenglast daliegt. Mochte sie schmollen, das tat er doch nicht. Wie atmete der Hofsekretär auf, als der Leidensweg beendet war und er den Volksprater vor sich sah, in dessen wenig vornehmem Menschengewühl er unauffällig unterzutauchen hoffte, da dieser Teil von den Angehörigen seiner Kreise sorgfältig gemieden wurde.

Lärmen und Tosen erfüllte die Gänge zwischen den Buden. Ein schwüler Hauch lagerte über der Menge, die auf dem staubigen, groben Kies scharrte; nur ab und zu kam ein Lufthauch von der Donau herüber und erfrischte die erhitzten Gesichter. Es roch nach Bier und billigen Speisen, nach frischem Anstrich und dann wieder nach dem feuchten Humus der Praterauen, zwischen deren moderndem Laubteppich ordinäre Veilchen wucherten. Glückshafen gab's da und Ringelspiele, eine große Rutschbahn und Schießbuden, und alles, alles mußte das unglückselige Opfer Kupidos durchkosten, nichts blieb ihm erspart. Ludmilla war unersättlich. Er mußte mindestens viermal jausnen, Unmengen Bier, Käse, Wurst, Zichorienkaffee und schließlich kandierte Früchte verspeisen, Früchte, die unkandiert wohl nie gegessen werden und selbst gewiegten Botanikern unlösbare Rätsel bleiben. Endlich fand es Ludmilla am Platz, ihr körperliches Wohlbehagen durch einen flotten Ritt auf einem Ringelspielpferde zu krönen. »Zu die zwei silbernen Ritter« hieß die Unglücksstätte. Als er sich weigerte, wurde sie heftig, und er fürchtete schon, seine Autorität bei ihr zu verlieren, sintemalen er zu bemerken glaubte, daß

dem jungen Mädchen heftige Seelenkämpfe gegenüber dem doppelten Tuch nicht erspart blieben. Also die Zähne zusammengebissen — hopp, aufs Pferd! Lanners unsterbliche Weisen ertönten. Eynhufs Rößlein, ein Apfelschimmel mit teuflischem Blick, begann, sich knacksend zu schaukeln. Da, um Himmels willen, ist das nicht die Frau Beischl? Frau Beischl, ihre unwahrscheinliche Fülle in ein spangrünes Seidenkleid gestopft, einen Hut mit wallenden, eingeweidefarbenen Straußfedern über dem unbeschreiblich ausdruckslosen Antlitz, welches schon aus geringer

Entfernung so viel Details verlor, daß es verzweifelt unanständig anzusprechen war. Ein kleines, zurückgebliebenes Ding ohne Schneidezähne schob sie schützend vor sich her, der Kleidung nach ein Mädchen, mit uraltem Ausdruck im Gesicht und müden Augen, die wie kleine Mauslöcher aussahen. Auf dem straff zurückgezerrten, fahlen Haar trug es einen Kranz aus giftgrünen Blättern, mit welken Leinwandblüten untermischt. Firmzeit! Ja, richtig, das hatte er ganz übersehen. Eine Zeitlang glotzte ihn die Selcherswitwe verständnislos an, dann blieb ihr Mund lange offen, während der unglückliche Sekretär, der wie gelähmt auf seinem jammervollen Spielzeug saß, grotesk auf und nieder wippend, immer wieder bei ihr vorbeigezerrt wurde. So viel Geistesgegenwart aber hatte er noch, sein Gesicht durch Schiefstellen der Nase arg zu verzerren, damit die Beischl auf diese Art vielleicht in ihrem Urteil unsicher gemacht würde. Das Schlimmste kam noch. Ludmilla, die neben ihm trunken vor Seligkeit ritt, legte bei der letzten Tour unerwartet, ehe es der entsetzte Eynhuf hindern konnte, schmachtend ihren Arm um seinen Nacken und blickte ihm, sich breit und üppig wiegend, verheißungsvoll ins grämlich verzerrte Antlitz.

»Hast Zähndweh, armer Häuter?« fragte sie innig besorgt. »Kumm, gehn mir zu mir z'Haus, ich richt' dir an Salbeitee ... is niemand in der Wohnung. D' Köchin is weg, 's Extramadl is a weg, und d' Gnädige is in der Hinterbrühl eing'laden — der junge Herr von der Famili hat s' heit früh mit 'n Jagdwagen abg'holt.« Eynhuf blickte sie an mit einem Ausdruck wie ein abgestochener Ziegenbock und zuckte weinerlich mit der Unterlippe.

Willenlos folgte der zerbrochene Sekretär, willenlos betrat er mit ihr in der Stille des goldigen Spätnachmittags von der sonntäglich leeren Straße das kühle, herrschaftliche Haus, in dem es so angenehm, aber undefinierbar roch, vielleicht nach dem Edelmoder weitbauchiger Weinfässer in den vielgeschossigen Kellern, vermischt mit dem leichten Wachsduft der weitläufigen vornehmen Wohnungen, die nur mit Kerzen beleuchtet wurden, übrigens selten genug, da die Insassen sich wenig in der finsteren, gewaltigen Stadt aufhielten. Oder waren es die Räucherkerzen aus Ambra und Myrrhen und das kostbare Linnen, oder waren es die Kobolde, die gewiß hier, wie in allen uralten Häusern, wohnten und sich sonntags vertrocknete Jerichorosen als Knopflochbukette ihrer Spinnwebkostüme leisteten? Eynhuf konnte dies schwer entscheiden, dazu war sein seelisches Gleichgewicht heute zu sehr gestört. Wenn die Beischl ihn tatsächlich erkannt haben sollte und die Schosulan alles erführe — nicht auszudenken, was dann geschah!

Ludmilla ließ ihn mit glänzenden Augen vorausgehen.

VERWIRRUNG DER DIESBEZÜGLICHEN GEFÜHLE

Bald kamen die heißen, melancholischen Abende des Frühsommers, Tage, an denen es nicht Nacht werden will, Abende, an denen man durch den heißen Dunst der Straßen mit ihrem wogenden Menschengewühl wie einen glühenden Dolomitenzinken das in der Abendglut leuchtende Spitzenwunder des Stephansturmes sieht. Noch lange funkelt dann sein goldenes Hagalkreuz weit über Schlösser und Wälder und blitzende Teiche, bis zu den Kalkriesen des Hochgebirges, schneegekrönt, alpenrosenumwuchert, wo die Wildbäche rauschen, während in dumpfigen Höfen der Stadt schwermütig Nachtigallen flöten. Bis tief in die Nacht bleiben da finstere Wohnungen mit ihren weitgeöffneten Fenstern im Dunkel liegen; ihre Bewohner essen ohne Licht zu Abend. In den Vorstadtgassen sitzen dann wohl auch hemdärmelige Leute vor den Haustoren, trinken ihr Bier auf der Straße und rufen den wurstholenden Mädchen Scherzworte zu. Ab und zu fällt der Blick durch ein breites Einfahrttor auf eine Glastür mit bunten Scheiben, und wenn sie offensteht, in ein schattiges Hausgärtchen mit hölzerner Laube, von Oleandern in grünen Kübeln umstanden. Diese Bilder übten einen unbeschreiblichen Eindruck auf das verwundete Gemüt Eynhufs aus. Wenn er im gelben Mondlicht von seinem Abendbrot heimkehrte, das er in einem kleinen Wirtshaus in einem der Höfe des gewaltigen Freihauses auf der Wieden einzunehmen pflegte, wo an ordinär gedeckten Tischen bei flackernden Windlichtern fröhliches Volk unter lärmender Heiterkeit tafelte, wo man durch offene Fenster in die fettprasselnde Küche mit ihren hochroten, schwitzenden Mägden und dickbusigen Köchinnen sehen konnte, dann fühlte er einen solchen Ekel vor diesem unfeinen Lebensschauspiel, daß er beschloß, um den ersten Urlaub seiner ganzen Dienstzeit einzureichen, um auch einmal die viel verlästerte Modetorheit einer Sommerfrische zu verkosten. Baden oder Gutenstein schwebte ihm vor, oder sollte er gar nach Mariazell, weit hinten in der Steiermark pilgern? Ja, fort aus dem Babylon Wien, diesem Sündenpfuhl, wo erst jüngst ein leichtfertiges junges Ding ihm die so lang gehütete Blume des Junggesellentums entrissen hatte! Aber das waren alles törichte Gedanken! Wie konnte er denn den Bannkreis seines Idols verlassen, seiner engelsschönen Höllteufel, die jetzt häufige und unberechenbare Ausflüge in die nächste Umgebung machte, in fröhlicher, glänzender Gesellschaft im Prater oder in Hietzing soupierte oder gar der Mittelpunkt rauschender Feste auf den üppigen Sommersitzen des Adels und Patriziats war, Feste, bei denen in den dunklen Parks Lampions glühten und Feuerwerke die steinernen Götter, Vertumnen und Pomonen in blauen, karmoisinroten oder smaragdgrünen Lichtern badeten und prasselnde Raketengarben mit dem Gekrach eisgekühlter Champagnerflaschen und donnernden Hochrufen auf die graziöse Schönheit der gefeierten Primadonna wetteiferten. Wie oft wartete vor ihrem Stadtpalaste, dessen altersgraues Portal stirnrunzelnde Karyatiden trugen, ein tulpen- oder fliedergeschmückter Wagen, von Schusterbuben und anderem Volk der Gasse bestaunt, das Ziel mancher Blicke aus quietschend geöffneten Fenstern oder hinter verblaßten Gardinen hervor. Dann geschah es manchmal, daß der Liebeskranke in einem Einspänner mit elendem Klepper ihr nachfuhr, stundenlang um den Sitz ihrer Lustbarkeit herumstrich, um dann in tiefer, schwüler Sommernacht, schweiß- und staubbedeckt, einen endlosen Heimweg zu haben, durch kanalduftende Gassen, die er früher niemals gesehen. Alles mögliche passierte ihm dabei. Betrunkene baten ihn, sie nach Hause zu führen, da sie die Adresse vergessen hätten, herumschlupfende Dirnen nickten ihm vertraulich oder spöttisch zu, und einmal hatte der friedliebende Eynhuf sogar ein Rekontre mit besseren Nachtschwärmern, weil er über ihr schönes Lied gelacht hatte, unter dessen Klängen sie, einen dicken Herrn an der Spitze, heimmarschierten:

Ich bin der Ba-,
Ich bin der -ron,
Ich bin der Baron Scharl von A-
dlersburg,
Der Sohn vom Herrn Papa.

Ich bin der Ba-,
Ich bin der -ron,
Ich bin der Baron Scharl von A-
dlersburg,
Der Sohn der Frau Mama.

Ich bin der Ba-,
Ich bin der -ron,
Ich bin der Sohn,
Ich bin der Baron Scharl von A-
dlersburg,
Der Sohn vom Herrn Papa.

So brüllten sie ohne Unterlaß.

Ja, die Liebe! Was die für eine Macht hat! Der sonst so ernste Eynhuf stürzte sich in einen Strudel von Vergnügungen! Scheinbar! Blutenden Herzens konnte er sich stundenlang als Zuschauer bei Wettläufen auf der Simmeringer Heide die Füße plattstehen. Der feuchte Nobelprater sah ihn als ständigen Gast bei allen animierten Veranstaltungen; da und dort genehmigte er einen Harlekin nach dem anderen — so nannte man das aus Vanille und Erdbeer gemischte Gefrorene —, dazwischen würgte er löffelweise an einem Eiskaffee mit kalten Kolatschen herum, obschon er all dies Zeug nicht vertragen konnte, verdarb sich den Magen, und beim großen Feuerwerk: »Des Confuzius Lustgebräu« wäre er fast zusammengetreten worden, was gerne bei solchen Veranstaltungen vorkommt. Aber das störte ihn nicht. Ächzend, schon ganz abgemagert, schleppte er sich von Fest zu Fest, ein Liebestantalus aufs Ixionsrad des Vergnügens geflochten.

Immer zerrissener wurde das wunde Herz des Verschmachtenden. In den holden Qualen ward ihm die geliebte Flöte zum Ventil seiner tiefen Schwermut, und ein Büchlein, das er bei einem

kleinen Vorortetrödler gefunden, spendete seiner wunden Seele köstlichen Balsam:
»Lieder eines im Gebüsche Sitzenden« war der Titel, »von Tobias Löffler gesungen«. Seufzend las er:

Möcht' ich als Pappel mich neigen
Auch an den silbernen Fluß,
Um meine Stirne zum Kuß
Den Lüften zu reichen.

Tief ergriffen schloß er das Büchlein und starrte mit den Lackaugen in die Ferne. Dann las er weiter:

Möcht' ich als Blüte mich schaukeln
Über dem Bächlein so klar,
Nieder aufs lockige Haar
Cybeles gaukeln . . .

Da kam er nicht weiter. Vor Rührung ließ er das Büchlein fallen und schluchzte minutenlang in das Schnupftuch. Schließlich machte der ungeduldige Pegasus, der schon längst angeschirrt im Dämmer seines Unbewußtseins wartete, seine Rechte geltend. Eynhuf schneuzte sich und sang seinerseits:

Wenn sich der Abendgott
Leise flötend
Im Röhricht verliert,
Und auf
Nachtigallbespanntem Wagen
Hin zu dem Schmause fährt,
Der, wo was sich rangentsprechend
Bloß mit Ambrosia nährt,
Dann kommst als Ritter du und Schmetterling
zugleich
Auf deinem Liebeskahn
Hin zu dem Strand geschiffet,
Auf dem Cybele lieget,
In leichtem Schleier bloß,
Auf eine Blumenstreu geschmieget —
Oh!
Sieht sie dich, der seinen Kahn an eine
Pappel band,
So lodert auf in ihrem Herz
Ein heißer Liebesbrand!
Wenn Philomenen dann
Aus Flötenklang Buketten winden,
Und ordnungshalber auch mit Veilchenbaste
binden,

Ja, wie sich dann im Liebesrausch
Die wunden Seelen finden!

So ward ihm süßer Trost durch die Leier Apolls, und oft flüchtete er ins Feenreich der Poesie, denn hier auf Erden, wo gerade jetzt vielen das Paradies der Gurkensalate, Backhühner, üppigen Kohlrabi und der ersten Hasen blühte, fühlte er sich immer weniger zu Hause.

Das kam so: In seinem über alles geliebten Hoftrommeldepot, wo er sonst als würdegeblähter Amtsgockel zu stolzieren und in Gesetzen und Verordnungen nur so zu scharen pflegte, daß der Staub von Jahrhunderten aufwirbelte, behandelte man ihn eigenartig fremd, gab ihm sogar schlechtere Tinte und staubte sein Pult nicht mehr ab.

Auch Ludmilla machte ihm das Leben sauer. Er wich ihr nach Tunlichkeit aus. Eines Tages fand Eynhuf zu seinem Entsetzen einen rosa Brief im Bureau auf seinem Schreibtisch, auf den ihn der Amtsdiener Hrntschirsch mit subalterner Bosheit aufmerksam machte. Bleich vor Wut riß der Sekretär den Umschlag auf. Da stand auf einem Glückwunschbogen, dessen Titelkopf ein dick mit schmutzigen Farben bemalter Papageno war: »Eintsigk gelipter Man, mein herzbünkerl! Oh waruhm läsest du mich sohlang schmagten? ferdin ich daß du scheener Man ich dräuhme Dahg und Nacht fon dir oh Jaromir ich laß dich nicht, eher göhn wir peide in den bidren Tott, in die reusende Thonau wo sie am düfsten ist ich störbe vor Sehnsugt o komme zu mir sonst fliehe ich auf deine starke Männerhand wir werden noch peide gliglich in einer kleinen Greislerei, entsag dem Forurdeil deines Stahndes ich kise dich das einsame Blimlein in der Rauchenstoingasse. B. S. Gom heite zu mir bei der Bimesgern oder um 3 bei der Pöstseile am Kraben einen Sbrung machen.« Es war zum Verzweifeln.

Das wirre Treiben fing allgemach an, Unordnung in seine sonst so streng geregelten Lebensverhältnisse zu bringen. Er streute das Geld mit vollen Händen aus, die Fahrten kosteten ihn viel, desgleichen die Entrees zu den Festen und nicht wenig Arzt und Apotheke.

Da beschloß Eynhuf wieder einmal die reine Luft der Schosu-

lanischen Jausen einzuatmen. Vielleicht würde ihm dort Linderung seiner wunden Seele. Als er in seine Wohnung ging, um zu innerer Sammlung zu kommen, bemerkte der Vergrämte Lichterglanz bei der Schosulan; Stimmengewirr und Sesselrücken war deutlich zu vernehmen. Feierlich klang des Leibstuhls ernste, würdige Weise durch die Nacht:
Plaisir d'amour dure q'un moment — chagrin d'amour dure toute la vie. Diese Klänge mahnten ihn daran, daß er recht lang die gute Alte, bei der jeden Sonntag offenes Haus war, vernachlässigt hatte. Leider mußte er heute mit leeren Händen kommen. Vielleicht würde sie es diesmal aus Freude über das Wiedersehen nach so vielen Wochen nicht bemerken. Klopfte also an — die Schosulan hatte keine Türglocke, eine Einrichtung, die sie als leichtsinnige Neuerung haßte, und bekam Einlaß. Mehr Menschen waren heute da als gewöhnlich. Mit Unbehagen musterte Eynhuf die fremden Gesichter. Als er ins Zimmer trat, wurde gerade, begleitet von einer Ansprache, durch drei weibliche Wesen der Gastgeberin eine Huldigungsgabe überreicht. (Der Leibstuhl spielte einen Tusch.) Es war ein nicht alltäglicher Gegenstand. Unter Glas sah man eine stattliche Anzahl ausgestopfter Kanarienvögel in flatternden Stellungen, die mit ihren Schnäbeln einen Jungfernkranz stützten, den wiederum eine buntfarbig gestickte Schrift umrahmte: »Dir, fromme Jungfrau, dies. Du Keuschheitshort in Tat und Wort, die Sodalinnen vom hl. Aloisius.« Ein goldener Ochsenaugenrahmen gab dem Ganzen einen prunkvollen und dabei keineswegs leichtsinnigen Abschluß.
»Wie geschmackvoll«, sprach entzückt die Gefeierte, »die lieben Hascherln! Gleichsam, als ob s' lebeten!« Alle stimmten gerührt bei.
»Und sein sich lauter Kanari von geistlichen Stand«, erläuterte eine der Spenderinnen, eine heftig böhmelnde Dame unbestimmten Alters, die das falsche Haar in einem braunen Netz hatte, Zeugschuhe trug und mit bösen, stechenden Äuglein blitzte. Franziska Zwitschera hieß sie und war Vorleserin bei »Ihre firstliche Gnaden« der Frau Prinzessin von Kladrup.
Ihre Freundinnen, die ehrbaren Jungfrauen Babette Weisschüler und Rosalia Finkenstümmler, fixierten bissig den Hofsekretär, der heute recht wenig Beachtung bei »Tanterl Schosulan« fand.

Um so intensiver beschäftigte sich Frau Zisch mit dem Vernachlässigten. Sie schenkte ihm Kaffee ein und achtete darauf, daß er bedient wurde und mit lieblichen Genüssen versorgt sei. Wußte sie doch, daß bei den Männern die Liebe durch den Magen geht, und selbst ein strenger Blick der Schosulan, der es wie immer um die Kuchenreste bangte, schüchterten sie heute nicht ein. Auch Annerl schien merkwürdig erregt, brachte ihre üppigen Formen ins beste Licht, kicherte viel und schien es darauf abgesehen zu haben, die Sinne des zugeknöpften Beamten in Flammen zu setzen. Ihre Manöver gingen endlich so weit, daß sie mit der Fußspitze ein Hühnerauge des Partners traf, so daß der Überraschte leise aufschrie. Wie auf Kommando blickten die drei Sodalinnen auf die üppige Gruppe. Dann tuschelten sie weiter.
»Wir müssen uns jetzt empfehlen«, sagte Frau Zisch zu Eynhuf. »Nein, Sie brauchen uns nicht zu begleiten, bleiben S' nur noch da.« Und er blieb da. Blieb aber so auffallend vereinsamt, daß er bald pikiert heimging.
Der so schlecht angebrochene Abend sollte noch seine Krönung finden. Kaum war Eynhuf einige Schritte gegangen — er wollte noch seinen Unmut ein wenig auslüften, ehe er schlafen ging —, holte ihn Freund Staubmayer ein, der in gewohnt süffisanter Weise dem Sekretär seine Zufriedenheit damit aussprach, daß er sein allmählich stadtbekannt werdendes Liebesleid durch rauschendes Gesellschaftsleben zu betäuben suche.
»Recht haben S', recht haben S'«, sprach der zu ihm. »Nur ein bisserl denen pakschierlichen Mondscheinnympherln nachsteigen — so g'fallen S' mir!«
Eynhuf wehrte indigniert ab.
»Aber gengan S'«, beschwichtigte der andere. »Schau'n S', Sie haben schon amal mit den legitimen Vorstößen kein Glück ... Die Höllteufelein werden Ihnen noch 's Gnack brechen, und daß S' die Hofzwergischen los sein, da können S' Ihna gratulieren.«
»Oho!«
»Ja, net wegen dem alten Zephesis, nein, Hut ab vor ihm, aber der Bruder! Da hört man Sachen! Da hört man Sachen! Sachen, sag' ich Ihnen!
Also der Melchisedeck, der Ohrlöffelschmied! Unsinnig reich ist er, das stimmt! Aber sonderbare Gspaß treibt er! Alchimist ist

er und Geheimbündler! Der ›Silberne Floh‹: Loge der Carbonari! Jawohl! Und was der alte Kracher jährlich allein für die geheimen Trottelzüchtereien herauswirft, da könnt' einer leben davon wie ein Kavalier! Jawohl, mein Lieber! Und wissen S', wo er 's Geld her hat für das knorpelhafte Treiben? He? A Freudenhaus hat er in Salzburg hinterm St. Petersfriedhof, jawohl, wo die Mägde Goldhauben tragen und giftgrüne Mieder aus Tarlatan und Wadelstutzen, kunstvoll mit antikischen Schandszenen bestickt — sonst nix. Als finsteres Bergwerk ist das Haus gehalten, nie kommt Tageslicht in die Räume. Bloß die Ölflämmchen auf den Kronleuchtern, kunstreich in Venedig geschliffen, spiegeln die bunten Erzkristalle der Wände wider, und von fern hört man finstere Wasser rauschen. Wenn die erzählen könnten! Auch eine nackte Musikbande frierender Bergknappen soll da aufspielen, bloß mit vergoldeten Rutschledern angetan — kurz, 's ist ein Greuel! Solch ein Gomorra im Schatten des Glockenspieles! Hab alles vom Baron Schmitz gehört, der reichsstädtisch frankfurtischer Gesandter war am erzbischöflichen Hofe. Der lebt jetzt noch dort als Kammerastrolog Sr. Erzbischöflichen Gnaden! Bewohnt im Schlambräu eine Flucht düsterer Zimmer und trägt einen Schlafrock aus Papageienfedern, den er einstmals in Mexiko von Donna Inez Bermudez y Medina-Truxillo, der Vizekönigin de las Indias, für einen verschwiegenen Nachmittag zum Liebespfand bekommen hat. Auch vom Paumgartner weiß ich's, der die Castrati singen lehret, so er aus Rom kommen läßt. Wie Cherubime können die schmettern! Gar ein sonderbar Bild, wenn der baumlange Herr an der Spitze der wohligen Kinder zum Dome schreitet, beim Scheine des Alpenglühens! Auch Pater Kubin, der päpstliche Kämmerer, hat mir's bestätigt. Er duldet das Treiben — hat wohl auch nicht viel freie Zeit. Muß die Gespensterhäuser registrieren im Salzburgischen und Umgebung. Und jetzt: addio!«
Der Liebestrank war noch immer nicht fertig. Eynhuf traute der Alten nicht und fragte Großkopf öfters, ob das lange Destillieren oder wie das heiße, wirklich nötig sei.
»San S' schon a so ungeduldig?« neckte ihn der launige Rochus, »können ja den Tag des sicheren Triumphes gar nicht erwarten. Und haben doch so a lieb's Schatzerl erobert, das Zoferl! Sie Glückspilz, Sie, so a saubere Zuwag' vom Fleischmarkt der Liebe

zu holen — wann mir amal so was blühet! Aber mein — ihr jungen Leut' habts halt gut lachen, ihr erringts da leichte Siege, wo unsereins kostspielige Belägerungen vonnöten hat.«
Die beiden ungleichen Freunde gingen jetzt öfter zusammen spazieren. Eynhuf hoffte, dem erfahrenen Freunde noch mancherlei Geheimnisse der Liebesstrategie abzugucken und folgte ihm zu all den Vorortträdlern, die Großkopf zu besuchen pflegte, so langweilig ihm das auch anfangs erschien.
Eines Tages begegnete den beiden, als sie gerade nach Fünfhaus wandern wollten, um dort »in einer Goldgrube zu schürfen«, wie Großkopf sich ausdrückte, der Gubernialrat von Horraker, ein eleganter Herr, der als tadelloser Weltmann bekannt war und als sehr aussichtsreicher Beamter galt. (Man munkelte sogar etwas wie rechte Hand Metternichs.) Großkopf empfahl sich mit auffallender Hast und ließ den verdutzten Eynhuf stehen. Horraker nahm ihn sofort unter den Arm, schaute mit finsterer Miene dem davoneilenden Großkopf nach und sprach mit ernst väterlichem, dabei wieder mildem Ton zum jüngeren Kollegen: »Sie, Eynhuf, das ist kein Umgang für Sie!«
»Aber . . .«
»Nix aber, der Mann is ja gewiß äußerst gescheit, gilt aber als Libertiner, den heit oder morgen sein Schicksal ereilen wird! Er ist Freigeist und Philosoph! Schon lang haben wir ihn durch Vertraute beobachten lassen. Da ist einer, der sich sogar als Kanalräumer bis in seine Wohnung gezwängt hat. Und was glauben S' hat er in dem gewissen Raum, den er zuerst betrat, für eine Inschrift gefunden? Passen S' auf: ›Der Held ersteige das Ehrengerüste auf getürmten Leichen! — Ich ersteige den Thron meiner stillen Genügsamkeit allhier.‹ Die abgekartete Sprache kennt man! Aber wir werden noch alles herausbringen, glauben S' mir, und dem sauberen Vogel aus dem Spott, den er mit dem Erhabensten treibt, eine Schlinge knüpfen, daß er seinen frevelhaften Schnabel nicht länger an Thron und Altar wetzen soll. Blasen S' mir ja nicht ins Horn von dem lockeren Zeisig, dem Großkopf, der hupft von Futternischerl zu Futternischerl — natürlich bildlich gemeint. Trotz seiner Frostballen (Sie sehen, auch das wissen wir) ist der hinter jeder Schürze her, und Schweinereien hat er in seiner Sammlung — schon die galanten Zugbelderln allein

könnten ihm das Genick brechen — ich tät' sie alle von Henkershand verbrennen lassen. Um sich bei uns einzutegeln, hat er der Allerhöchsten Sammlung für Naturalienkunde nebst einer Affenmißgeburt in Spiritus einen sogenannten Schneeschuh, den was die Lappländer benützen, geschenkt, was ja an und für sich ganz löblich wäre, aber der salva venia Schneeschuh brachte kein Glück, weil derselbe dem Kronprinzen Ferdinand mit Gepolter auf den Kopf gefallen ist. Darauf hat er sich bei der Schosulan, was seiner Eminenz Geschwisterkind ist, dadurch einweimperln wollen, daß er ihr einen hohlen Stockzahn des heiligen Johann von Nepomuk, in Gold gefaßt, von seiner Uhrkette herab zum Präsent gemacht hat. Besagter Zahn aber war, wie sich später herausstellte, eine grobe Fälschung und auch das Gold pures Messing, was besonders mißliebig bemerkt wurde. Nicht genug an dem, erfuhr man später aus sicherer Quelle — lassen S' mich ausreden —, daß der teuflische Großkopf in gewissen Zirkeln, die wir wohl kennen, geäußert habe, daß es der Zahn eines wegen Kirchenraubs hingerichteten Israeliten sei! So. Jetzt zu Ihnen. Eynhuf, Eynhuf! Lassen S' mich Ihnen beim Andenken Ihres seligen Vaters, der noch unter meinem Exzellenz Vater zu dienen die Ehre hatte, sagen, daß Sie mit dem einen Fuß auf einer abschüssigen Bahn, auf der es sausend nach abwärts geht, wandeln, während Sie mit dem anderen eine goldene Frucht pflücken wollen, die für Sie zu hoch hängt! Blicken Sie nicht finster drein! Dem wimpernlosen Auge der Staatsgewalt — es zuckt niemals — bleibt nichts verborgen! Sie sind schwer, leider sehr schwer kompromittiert. Man hat Sie an einem gewissen Ort, den ich lieber nicht nennen will, als schamlos johlenden Bacchanten beobachtet, eine Lustdirne am Arm — na schweigen wir! Heiraten S' doch die Ludersdorf! Die hat Bim-Bim im Kasten! Ich kann Ihnen noch mehr sagen: Sie missen sich sogar anderweitig versorgen! Ihre Stellung ist schon so gut wie verloren. Ja, erbleichen Sie nur! Also, wenn Sie's hören wollen: Eine Dame von hohem Rang, die Frau Fürstin Kladrup, Erlaucht, savoyische Ehrenstiftsdame und so weiter, braucht Ihre Stelle! So, jetzt wissen Sie's. Wie mächtig die Dame ist, möge Ihnen aus folgendem klar werden: Sie wissen, die hohe Dame hat einen Sprachfehler, wirbt aber dabei mit aller Macht für die Verbreitung der jetzt mit Recht wegen ihres wun-

derbaren Wohlklanges in allerhöchsten Kreisen so beliebten böhmischen Sprache! Was leider die sonst vornehme und wohlerzogene Dame aus dem Wort ›Powidl‹ gemacht hat, ist allerdings höchsten Ortes als gegen die gute Sitte verstoßend empfunden worden. Alle Erzherzoginnen verließen indigniert den Saal, und Seine Majestät bemerkten kaustisch: ›Sie hat eine unglückliche Hand mit dem Mund!‹ (Hier räusperte sich der Rat diskret.) Jede andere wäre in Ungnade gefallen. Jetzt lernt sie bei einem böhmischen Reitknecht — sind ja alle so hoch musikalisch — Singen gegen das Stottern. Sie hat im Park, hör' ich, hinter ihrem Palais eine künstliche Grotte aus Kork und Siegellack oder was weiß ich, ein sogenanntes Nymphäum, wie man mir im Hofbauamte versicherte, und da übt sie, als Venus verkleidet, unter der Anleitung des überaus tüchtigen Burschen beim Gemurmel des Wassers das gewisse Mundfertigkeitskunststückel des Demosthenes, hab ich mir sagen lassen. So. Und für den Reitknecht — Krschiwoschschkralek schreibt er sich — sprechen Sie's fehlerfrei nach, wenn S' in Österreich Karriere machen wollen — ist Ihr Posten in Aussicht genommen. Denn daß der Mann irgendwie gesellschaftlich eingefügt werden muß, müssen Sie selber einsehen, und Sie kommen vielleicht aus besonderer Gnade im Viehtaxamt unter oder bei der Hofleimsiederei in Siebenhirten! Und jetzt spielen S' Klavier gegen den Wind, wenn S' können. Wünsch' angenehme Verrichtung!«
Eynhuf war kalkweiß geworden und nagte die Lippen. Horraker fuhr mit stechendem Blick fort: »Aber glauben S' nicht, daß Sie der einzige sind, der unter die Räder kommt. Alle enden schlecht, die was sich Extravaganzen zuschulden kommen lassen. Merken S' das Ihnen, Eynhuf!
Schaun'n S' Ihnen zum Beispiel den Czwaczek an! Der ist heuer, hör ich, auf einen Maskenball gar als Pan verkleidet gegangen, als Nymphenstrizzi! Arg genug. Aber daß er sich die Hufe beim Hofschuster Nastopil hat machen lassen, das hat man ihm nie verziehen. Noch dazu Saffianhufe mit Ebenholzstifteln! Übermut, purer Übermut. Der ist gestürzt worden! Gelt, da schau'n S'! Der Liebling der Wiener! No, frag' ich, haben Sie sich früher einen baufälligen Czwaczek vorstellen können? Ich nicht. Dasselbe Schicksal hat auch 'n Jalowikar ereilt, der in seiner unseligen Tanzleidenschaft den Aschermittwoch geschändet hat. Jetzt hat der

Osbelkaus die Stelle. Aber ihm ist recht geschehen. Können Sie sich zum Beispiel den Sauerpfister herumhupfend denken, vielleicht gar mit kleine, vergoldete Flügeln oder so?« (»Behüte, behüte«, murmelte Eynhuf.) »Und daß ich zum Schluß komm': Die Guckeisen ist auch endlich pensioniert worden. Was muß sie auch, einer langverschollenen Mode Rechnung tragend, am Faltenwurf einen Nabel angedeutet haben? Da gibt's nur ein Wort: Pfui Teufel! Also ich wiederhole: Sunt exempla!« Mit kurzem Gruß empfahl sich der Gubernialrat.

Eynhuf stand da, verdattert wie ein Hund, dem der Blitz ins Wassernäpfchen geschlagen hat. Also so sah es mit ihm aus, das war ja weit schlimmer, als er sich gedacht hatte. Und dazu wurde erst vor acht Tagen die unberechenbare Exzellenz Zloděj von Zirkelgriff wegen ihres seltenen Patriotismus, und der geglückten Öffnung des Geheimarchivs zum Gouverneur des Hoftrommeldepots ernannt! Was sollte er nur tun? Seinen Fleiß, seinen Übereifer verdoppeln? Ja, wer das Glück hätte, sich durch eine gute Idee unentbehrlich zu machen, wie Kollega Ungwisch von Unkenstall! Was hatte der doch für Staub aufgewirbelt mit seiner Broschüre »Wehmütige Betrachtungen eines Kais. Beamten über das Jüngste Gericht und den damit verbundenen Ausfall an fiskalischen Liquidationsgebühren.« Hm! Ähnliches würde unbeachtet bleiben, aber was tun?

Um sich seine Stellung zu verbessern, beschloß er, den Hofrat Sauerpfister als angenehmer Gesellschafter zu erheitern, und schaffte sich das Büchlein »Nossek, der englische Spaßvogel« an. Doch kam er niemals dazu, einen Witz passend ins Amtsgespräch einzustreuen. Also weiter denken! Die tollsten Ideen durchflatterten sein armes Hirn. Einmal war er schon allen Ernstes daran, für ein Jahr auf Wartegebühr Urlaub zu nehmen, um nach Westindien zu fahren und plötzlich auf den noch herrenlosen Guanoinseln die kaiserlich erbländische Flagge zu hissen und durch solch kühnes Beginnen seinem Kaiser unentbehrlich zu werden. Aber weiß Gott, was inzwischen mit der Höllteufel geschehen würde. Zum Schluß kam er zu folgendem Kalkül: Unter allen Umständen die Sache mit dem Liebestrank beschleunigen! Fällt er, bleibt ihm immer die Höllteufel als reizender Notanker! »Du Glückspilz in spe!« jubelte er in plötzlichem Stimmungsumschlag. »Sie ist nicht nur eine Venus auf Erden, nein, eine mehr als glänzende Partie und kann dich von ihrer hohen Gage allein schon standesgemäß ernähren. Also, alte Hexe, braue zu!«

Im Häusergewirr bei St. Ulrich herum, dort, wo die Nelken vor dem grauen Gerümpel verträumter Rokokohäuser feilgeboten werden und buntgemischtes Volk durch die feuchtglitzernden Straßen sich windet, begegnete ihm Frau Zisch. Eynhuf stand gerade versonnen da und sah die Blumenpracht nicht, auf die Sonnenstrahlen durch leichten blauen Holzrauch staubten, sah das Aufflammen der Goldlichter nicht auf den rostigen Kronen verschnörkelter Heiliger in den Nischen der grauen Kirchenmauer, sah selbst seinen Lieblingspatron St. Nepomuk nicht, der in verdrehtem Tanzschritt erstarrt war und stirnlos — ein taubenbesetzter Vollbart bloß — zum Himmel starrte. Er sah auch Frau Zisch nicht, trotz dem blaugestreiften Zitzkleide, dem weinroten Schal und dem ellenhohen Ebenholzkamme, auf welchem der gute Hirt in Messing eingelegt war, ein Lamm auf der Schulter.

Munter bot ihm Frau Zisch einen guten Tag. Im Arm trug sie eine Pendeluhr, die sie dem wackeren Meister Peregrin Unruh, der dort herum wo hauste, zur Reparatur zu geben gedachte. Es war ein ungewöhnlich schönes Stück, stellte es doch einen vergoldeten Mann in antiker Tracht dar, der einen Löwen an einer Kette immer und immer wieder aus einer Höhle heraus- und hereinführte.

»Da könnte ich stundenlang zuschau'n«, bemerkte endlich der verlorene Träumer. »Wer so was nur erfinden kann! Ich könnte das nie und nimmer zustande bringen, und wenn ich tausend Jahre nachdächte.«

»Ja, ein schönes und seltenes Stück, Pate Großkopf hat sie unserm braven Annerl zum fünfzehnten Geburtstag geschenkt! Das wißbegierige Kind hat sie gleich zerlegt und mit feinstem Prowanzeröl geputzt. Leider fehlt jetzt wohl dieses oder jenes Stückerl, aber der Unruh wird's schon richten! Überhaupt, mein Annerl, sag' ich Ihnen, wirkliche Freud' hab' ich an dem Kind, so praktisch, alles greift sie an, schon heute eine kleine Hausfrau! Der Mann kann sich gratulieren, der was sie heute oder morgen bekommt. Ja, ein Segen für die Eltern, die was brave Kinder haben! Wie leid mir da zum Beispiel der arme, arme Herr von Zumpi tut! So viel

auf einmal, das ist eine Bürde, die auch einen großen Menschen niederdrücken würde!«
»Herr Zumpi? Was ist denn geschehen? Ein Unglück? Behüte!«
»Was? Sie wissen das Gräßliche nicht, und pfeifen's doch alle Spatzen von die Dächer! Ist doch schon vor vierzehn Täg im Diarium gestanden! Auch das Mitternachtsblatt, das der Meinige liest, hat sich der Geschichte bemächtigt und selbe breitgetreten ... also horchen Sie!«
Eynhuf glotzte. Seine Augen glichen zwei Wagenschmierflecken auf einem schlaffen isabellfarbenen Hosenboden.
»Also horchen S': Was den Zwerg seine Schwester war, die was das schöne Haus in Krems gehabt hat, mit den Malereien das ... ich glaub', die heiligen drei Könige sind's, die was sich gerade verirren ... also, die hat doch ein Mäd'l aufgezogen fürs Kloster oder so ... ein rothaariges Ding war es Ihnen, ein guckerscheckertes. Also, das war ganz eine Schlechte, voll heimlicher Lüste. Die hat doch einen Fleischerburschen verdorben, daß er ihr Herzallerliebster wurde. Florian Bihander hat sich derselbe immer geschrieben. Dann einmal, in finsterer Nacht und die Donau hat schaurig gerauscht und ein einsamer Brand war wo am Himmel — weit hinter Göttweih —, haben s' die Greisin im Bett geschlachtet und sind durchgegangen mit Säcken voll Talern und Zwanzigern, und bloß ein blutiges Messer hat man gefunden und ein ausgerissenes Ohrwaschl mitsamt einem silbernen Ohrring, was aus einem Salzburger Gnadenpfennig gemacht war. Und die Leich' von der armen Zwergin, an der der Kropf das Größte war, haben die herzlosen Mörder in den Rauchfang gehängt, und kein Mensch hat s' vom übrigen G'selchten auseinandergekannt. Auch der Kreisarzt hat s' für ein geräuchertes Spanferkel gehalten. Und die Zumpischen aus Wien haben alles geerbt. Aber die Fleischwaren und so haben s' verkauft, und beim Greißler haben die Frauen rein die Fraisen bekommen, wie s' beim Aufschneiden gemerkt haben, daß es die Leich' von der armen Seligen war. Und dann haben s' es feierlich begraben, und das Aufgeschnittene, was schon in Papierln gepackt war, dazugelegt. Die ganze Geistlichkeit ist mit, sogar der Herr Bischof von Sankt Pölten, der grad auf der Sommerfrisch' in Viehofen verweilte, ist eigenhändig hergekommen. Erhebend und herzergreifend soll es gewesen sein.« Sie

wischte eine Träne aus dem Auge. »No, die reiche Erbschaft ist den armen Haschern ja zu gönnen, nach all dem noch viel Traurigeren, was haben tragen müssen.« Sie seufzte tief und schnupfte dumpf auf.

»Was denn noch?«

»Das wissen S' auch nicht?« Kopfschüttelnd betrachtete die neuigkeitsschwangere Dame den Hofsekretär. »Das haben Sie auch nicht gehört? Das, was einer jeden Mutter das Herz brechen muß, vor Gram und Kummer. Der Riesenskandal mit der Tochter, der Crispine! Die hat sich als Verschmähte an anderm an den Hals geworfen, und da hat der gestrenge Papa, der was so heikel ist, sie aus dem Elternhaus verstoßen. No, und da ist sie doch schlecht geworden. Geht — oh, ich kann es gar nicht sagen —, geht, allerdings nur in den finstersten Nächten, auf die Straße! Der Bemmerlfeind, der Grundwachter, hat sie schonend angehalten und dem Vattern alles mitgeteilt, und der alte Mann — schrecklich soll er gewesen sein in seinem Zorn — hat die Person verflucht. Kellnerin is sie jetzt, nein, so a Schand', bei der ›Goldenen Latern'‹ in der Spittelberggasse, wo der schändliche Verein ›Die Feigenbrüder‹ seine Gelage feiert und das gewisse Lied Nacht für Nacht ertönt:

Bei der Gigeritschen,
Bei der Gageratschen,
Bei der ›Goldenen Latern'‹,
Da hat s' es Trikot zerrissen,
Da hab'n s' es aussag'schmissen . . .

Ja, unglückliche Eltern gibt's trotz Geld und Ehren! Wie glücklich darf ich mich da nennen! Schau'n S' mein Annerl an! Ich will sie gewiß nicht loben — aber das wäre eine Frau für Ihnen!«

Verlegen bemerkte Eynhuf: »Gewiß, gewiß, aber noch ein bisserl sehr jung.« — »Jung?« erwiderte die stolzgeblähte Frau. »Jung, das ist ja kein Fehler, dafür ist sie aber auch noch so unschuldig wie ein Tauberl. Erst neulich bei der Jausen — wir haben Mohnbeugeln gehabt, die Annerl hat s' gebacken, delikat! — fragt sie, das Engerl: ›Mammi‹, sagt s', ›nicht wahr‹, sagt s', ›die kleinen Kinder kommen aus dem Brunnen weit hint' im Schmecketen

Wurmhof?[1] Die Angestellten von der städtischen Hebestelle heben s' heraus, gelt?‹ Weil s' einmal was von der Hebamme gehört hat, ist s' auf diese süße Idee gekommen. Mein Mann hat vor Genugtuung die Hände gefaltet — hat gerade seine schwarzen Diensthandschuhe angehabt —, no und ich hab' geweint vor Freude und hab' mir gedacht: Wie glücklich bist du, nicht die Zwergische als Tochter zu haben! O pfui, die schlechte Person, was ihrem alten Vattern so viel Kummer bereitet! Eisgrau soll er über Nacht g'worden sein und ganz gebrochen, der sonst — verhältnismäßig — stattliche Mann! Ja, so was tut weh. Wissen S' — daß ich's Ihnen nur sag' —, ich glaub', wir dürfen schon ganz aufrichtig miteinander reden, nicht wahr, kleine Geschichten gibt's ja in jeder Familie. Wissen S', mit der Nichte von der meinigen Schwiegermutter haben wir auch viel Sorge und G'frött gehabt. Also, die war Ihnen so eigen, so eigen — no ja, der Ärmsten haben s' einmal bei einer Hochzeit am Land einen Nagel in den Kopf geschlagen, und seit der Zeit, ob Sie's glauben oder nicht, ist sie ein bisserl g'schupft, wie man sagt. So roh, was auch die Leut' am Land sein müssen! Jeden Spaß gleich übertreiben, so a dummer Scherz das. Sie war wohl ein wenig angeheitert wie alle — ist ja nix dabei —, und da is ihr immer der Rosmarinkranz vom Kopf gerutscht, den was sie als Kranzljungfer hat tragen müssen! Aber gleich annageln, wie ungeschickt! Und jetzt« — Frau Zisch sprach unter Tränen — »hebt sie sich immer so auf. Bis über die Knöchel! Damit die Mannsbilder schauen! Wer muß es ausbaden? Wir! Besonders gern in die großen Warenhäuser. Unlängst beim Fürsten Ypsilanti! Der Skandal! Und bei der ›Schwäbischen Jungfrau‹ (gut bedient wird man dort!) vor ein paar Tagen — das kann ich Ihnen sogar nicht erzählen. (Wir haben ihr grad eine Brautausstattung aussuchen wollen, daß s' endlich amal auf andere Gedanken kommt.) Herentgegen mein Annerl! Wenn die sich die Strümpfe wechselt — sie hat wohl üppige Waderln —, deckt sie den Kanari zu, weil er a Manderl ist, so feinfühlig ist die Ihnen! Aber ich verplausch' mich da! Lassen S' Ihnen doch bald einmal anschau'n!« Verschwand, und ließ den erschütterten Eynhuf stehen. Der starrte wie verloren in eine Preßwurst im Fenster eines Metzgerladens und glaubte,

[1] Sehr bekanntes Haus im Zentrum Wiens.

in dem Gewirre des leichenschänderischen Mosaiks bald das verzerrte Gesicht des unglücklichen Zwerges zu sehen, bald das der Verworfenen, der er seinen Namen hatte schenken wollen, bald die Mordszenen in Krems ... Schaudernd wandte er sich ab von dem magischen Spiegel aus Sülze und Schwarten, die ihm wie gesottene Seufzer geschundener, kälberner Unschuld erschienen. Doch die Erinnyen, die überall zahlreich nisten, waren auf und verfolgten ihn mit weiteren Gesichtern.

Eine kleine, aber bezeichnende Szene, die er einst in einer seiner zahlreichen Verkleidungen belauscht hatte, zauberten sie vor sein geistiges Auge. Eines Tages gab es nämlich in der Rauhensteingasse einen peinlichen Auftritt. Als die schöne Höllteufel gerade bei der »Weißen Katze« Schminke kaufen wollte, trat ihr der greise, kummerbeladene Zwerg entgegen und fixierte, auf seinen Stock gestützt, finster die Sängerin.

Mitleidig kramte diese in ihrem Perlbeutel und reichte dem alten Mann einen Viertelkreuzer. Der wies jedoch das Geldstück voll Würde zurück und sprach, in der Meinung, daß alle Welt die Ursache seiner enttäuschten Familienhoffnungen kennen müsse, die inhaltsschweren Worte: »Ich bin der Vatter!« Die Sängerin sah ihn verständnislos an, aber dem vermummten Sekretär gab's einen Stich ins Herz.

Jetzt spürte er den Stachel aufs neue und schlich bekümmert von dannen. Und die Stimme des Gerichtes, die jeder im Herzen trägt, rief ihm zu: »Diabolischer Eynhuf! Du hast die Lilie aus dem Zwergengarten zertrampelt! ...«

Und Eynhuf sah jetzt den Weg vor sich in erschreckend nackter Klarheit, den Weg, der über zuckende Mädchenherzen zum lockenden Ziel seiner Wünsche führte. Schon fühlte er die üppige Diva mit den schwarzen Locken in seinen Armen, schon sah er sich auf der Hochzeitsreise in wiegender Kalesche. Nach Italien sollte es gehen, durch marmorne Städte voll flatternder Tauben, durch Haine, in denen Orangen duften und kunstreiche Wasser springen, geschmückte Maulesel klingeln, und über fackelbeleuchtete Plätze, wo neben dunklen Säulenhallen und ehernen Götterbildern buntröckige Seiltänzer ihre Künste zeigen. Nach Mailand sollte es gehen, wo sie die Scala sehen würden und Professor Zampini das berühmte Paar in Kupfer stechen sollte.

Dann würden sie ein Schloß kaufen — in Wäldern an einem grünen Gebirgssee, am liebsten unweit von Ischl, das jetzt bei Hof so in Mode zu kommen begann ... Auf blumigen Bergwiesen würden sie den Kaffee nehmen, livrierte Bediente würden die Körbe tragen voll Leckerbissen und Champagnerflaschen, und ihre Blicke würden über die abendroten Gipfel schweifen bis hin zu den eisgrauen Fernern. Und übers Jahr — sei still, o Herz — in schaukelnder Wiege ein zierlicher Eynhuf — und rauschende Feste in glänzender Wohnung — in zwei, drei Jahren selbst Hofrat — dann schreckst du mich nimmer, Sauerpfister!

TRAGISCHES ENDE EINES KORREKTEN BEAMTEN

Am hohen Mittag, an einem Freitag, ging Eynhuf zur Hebamme und Hexe. Von der Bettlerstiege schlich er durch riesige Höfe, durch eine förmliche Stadt, die nur wenige kannten. Gleißendes Sonnenlicht weckte modrige Mauern zu blitzendem Leben, vergoldete Häusergerümpel zu farbigen Zauberbildern, so daß man glaubte, da sich alles Gesindel verschloffen, der Valandinnen Lockruf zu hören in Kreuzzugsruinen verlassener kilikischer Städte. Es war ein verrufenes Viertel. Goldmacher lebten hier und Zeichendeuter, verkommenes Volk, Dirnen und Schurken, die künstlich verkrüppelte Kinder an Bettler vermieteten, und Lumpensammler, aus deren Höhlen die Seuche manchen Jagdzug begann.

Durch einen dunklen Gang, an einer rußigen Küche vorbei, in der es nach kaltem Rauch roch, betrat Eynhuf die Theobaldgasse und holte ungesehen den Trank. Nur das goldene Klingeln dreierner Dukaten brach die bleierne Stille. Nach dem Essen schlich er zur Zofe. Die Gnädige verschlief stets die heißen Stunden, das wußte er durch Ludmilla, die ihn oft sehnsüchtig um ein Schäferstündchen zu dieser Zeit gebeten hatte. Da auch die Köchin schlief und Stuben- und Extramädchen selbst ähnlich beschäftigt seien, stünde seinem Kommen nichts im Wege. So schlüpfte er denn ins lauschige Zofenstübchen, das sein Licht von einem winkligen Hof empfing, in den vielscheibige, nie geöffnete Fenster gingen, blind von Staub und Spinnweben. Das Mädchen war sehr leicht bekleidet und zog ihn neben sich nieder auf das kleine, zitzüberzogene Kanapee.

Ihr ganzes Wesen zerfloß zu einer kosenden, schmeichelnden Gebärde, doch Eynhuf blieb steif und stumm. Niemals glich er mehr dem wächsernen Schaugebilde, das mit lackglänzenden Augen dem Haarkünstler Kunden anlocken soll. So nahe dem Ziel zu sein und nicht zu wissen, wie die Sache beginnen, wie den Liebestrank applizieren! Da kam ihm das Mädchen zu Hilfe. Für einen kurzen Augenblick von seiner Starre ernüchtert — er sah jetzt fast aus wie ein Ballarrangeur eines Gespensterkränzchens —, klagte sie ihm: »Jaromir, Jaromir, du weißt nicht, was ich wegen deiner leide!« Die Gnädige, die ihre Zerstreutheit schon lange merke, gäbe ihr immer deutlichere Beweise von Ungnade. Es wäre gar schrecklich, eine so glänzende Stelle zu verlieren, den Posten, der sie überreich mit Trinkgeldern und hunderterlei Toilettenkram der Künstlerin versorge! Da kam Leben in Eynhufs wächsernes Antlitz.

»Ludmilla«, sprach er durch die kummervolle Nase, »schau', wie ich immer an dich denke! Schau', Herzerl, so lieb ich dich hab', kann ich mich immer noch nicht an den Gedanken mit der Greißlerei, weißt schon« — Ludmilla nickte traurig — »gewehnen. Da missen wir noch ein bissel Wasser in die Donau rinnen lassen, und da hab' ich etwas besorgt, das dir die Liebe und Achtung deiner Herrin dauernd erhalten wird! Schau', was ich da gebracht habe! Du weißt, wie die Herrin ihre Stimme behietet. Nun gibt es ein Mittel, das die Stimme für ewig bewahrt und so verschönert, daß man meinet, die lieben Engerln im Himmel singen zu hör'n! Aus Ägypterland kommt es, hör' ich, oder gar aus Babylon; der Calafati, der was das große Ringelspiel im Prater hat und von dort wo her ist, hat mir's besorgt, der Gute! Wird mit Gold aufgewogen! Hier ist es!« Triumphierend zog er das Fläschchen aus der Tasche. Mit ehrfurchtsvollem Staunen betastete Ludmilla das Ding.

»Da, nimm's nur und gieß drei Löffel voll täglich deiner Dame in den Kaffee.«

»Na, Tschoklat tut s' jausnen ... muß es eh gleich richten gehn.«

»Um so besser«, suggerierte Eynhuf, »machen wir gleich eine Probe.«

Die Zofe verschwand in der Küche und kehrte bald mit der Schokolade zurück. Eynhuf folgte ihr nach mit den Blicken, als sie durch den Ankleideraum ins Schlafzimmer der Künstlerin schritt. Es war reizvoll, das hübsche Mädchen zu sehen, das Goldhäubchen auf dem Kopfe, eine flache Silberschale in den Händen, auf der zwei violette und seladongrüne Kannen und eine Tasse nebst einer barock aufgebauten Zuckerdose standen. Vergoldete Landschaften schmückten das edelgeformte Porzellan. Ein schräger, einsamer Sonnenstrahl brachte die Konturen des anmutigen Bildes zum Leuchten.

Eynhufs Herz klopfte zum Zerspringen. Er zählte die Sekunden. Jetzt steht sie vor ihr, jetzt erwacht die holde Schläferin, jetzt schenkt sie ein, jetzt trinkt sie. Ludmilla kam zurück, lehnte sich schmeichelnd an den Sekretär und sah ihm selig in die Augen. Dankbar streichelte sie ihm die leise bebende Hand. Doch er schaute weiter das Bild der Herrlichsten: Jetzt trinkt sie wieder ... Wie das schmeckt, gelt, Bräutchen? ... So lecker war die Schokolade noch nie ... Jetzt lehnt sie sich wollüstig zurück, schließt wonnetrunken die Lider. Jetzt ... ein Klirren und Krachen ... ein gedämpfter Ton wie — nein, nein ... Jetzt reißt jemand die Türe auf, deutlich, schreckhaft deutlich hört Eynhuf ein Würgen und Brechen, hört ihre erschreckte Stimme: »Lud ... — o du Schwein — ... milla ... pfui!« rufen. Er hält selbst starr wie Stein das bebende Zöfchen an sich gepreßt. Jetzt fliegt die Türe auf — mit verwirrten Locken, die zitternde Hand auf dem Magen — steht die Königin seiner Träume vor ihm ... und wirft ihn hinaus. Wirft ihn hinaus, duldet Liebschaften mit ihren Domestiken nicht in der Wohnung.

Mit zitternden Knien wankt Eynhuf zum Tor hinaus. Fliegt in rasender Eile — ja, wohin nur? — zu Großkopf. Der kann vielleicht noch einmal raten, helfen. Blöde lächelnd lallt er halblaut immerfort: »Vom Calafati, vom Calafati«, gleichsam als Schild der Betäubung gegen die Kavallerieattacken des Schamgefühls, das Angriff auf Angriff auf sein Denken macht. Stürmt die Treppe hinauf, und reißt an der Klingel. Drin hört er Trappeln und Räumen, lange macht man ihm nicht auf, er läutet zwei-, dreimal, endlich erscheint Großkopf, mit einem gestickten Samtkäppchen mit goldener Troddel auf dem Kopf, und macht ihm die Tür auf. Großkopf sieht ihn nicht besonders einladend an, als er zu ihm sagt:

»Ah, Sie haben geläutet — entschuldigen, ich war in den hinteren Zimmern. Habe gerade meine Papiere geordnet — hmja, erwarte nämlich den Notar, muß jeden Augenblick da sein — zum Testament machen — müssen schon entschuldigen . . .«
»Bitte nur auf ein Wort, ich verlasse Sie sofort«, sprudelte Eynhuf hervor. »Ich muß Sie sprechen . . . muß, hören Sie«, schrie er jetzt los, »es ist ja gräßlich . . .«
Mißtrauisch ließ ihn Großkopf eintreten und nötigte ihn, auf einem Stuhl, aus dem eine spitze Sprungfeder herausstand, Platz zu nehmen. Doch Eynhuf ließ sich nicht beirren und plärrte los.
»Alles verloren!« Sich überstürzend, erzählte er Großkopf das Fürchterliche, kalten Schweiß auf der Stirne. Großkopf hörte ihm zerstreut zu, sichtlich nervös trommelte er mit seinen langen Fingernägeln einen Marsch auf der goldenen Dose und sagte endlich ganz freundlich:
»Alsdann, geschbieben hat s'! No, hat s' halt zu viel Taubendreck einergeb'n, die gute Alte. Kann halt a 's Rezept nimmer gut lesen mit der dreckigen Brillen! Haben S' Ihnen die schon einmal näher ang'schaut? Was weiter . . . und darüber regen S' Ihnen so auf? Gibt ja noch so viel saubere Mädeln in Wien . . .«
»Großkopf, das mir! Für mich existiert nur die eine — mir bricht das Herz, das Herz hat sie mir gebrochen! So hören Sie bitte den Schrei meines Herzens!« Laut schluchzend stürzte er jetzt, ehe es Großkopf, der jeder seiner Bewegungen gespannt gefolgt war, verhindern konnte, zum hoch aufgetürmten Bett des Junggesellen, auf das er sich laut stöhnend warf, sinnlos in seinem Schmerz auf die Kissen hämmernd. Was war das? Auf das gequälte Schluchzen des Mannes, auf den Todesschrei dieses brünstigen Auerhahnes antwortete ein unterdrückter, durch Federbetten gedämpfter Schrei aus weiblicher Kehle.
Mit unsagbar dummem Gesicht starrte Eynhuf auf das brodelnde Bett. Da lag Annerl, splitternackt, lediglich mit betreßten Husarenstiefeln aus blauer Wichsleinwand bekleidet. Tiefes Schweigen herrschte im Zimmer. Nur das tremolierende Zwitschern eines fernen Kanarienvogels verzierte mit anmutigen Arabesken dieses Kabinettstück kleinbürgerlicher Entgleisung.
»He, hümm, chm«, sah sich der Herr der Wohnung zu erläutern bemüßigt, »ja, wie ich sag' . . . nämlich, höhö — die Annerl hat

heute einen Schulausflug gemacht, ja, weil Rosalia ist — und da haben s' ihr — die unartigen Mädeln — ja, höhö, aus Übermut natürlich, wie ich sag' — eine Kornähre in den Halsausschnitt gesteckt, höhö! Ja, hinten, beim Genick — ein sogenanntes Hansl — und da ist das gequälte Kind her zu mir, weil s' grad vorbei-'gangen san — na, auf der Gassen kann sie doch nicht — ich soll's ihr herausnehmen — no ja, als Onkel, höhö! Is auch a dummer Spaß das. Ja, und da sind Sie gekommen — und da . . .«

Doch Eynhuf sah alles wie durch ein trübes Glas, das der andere mit all dem Speichel seiner Beredsamkeit nicht blank zu putzen vermochte. Gramgebeugt eilte der Sekretär davon.

»Verloren hast du sie, unseliger Eynhuf, verloren!« rief er sich zu. »Die Höllteufel hin, die Zwergische hin, die Zisch hin . . . oh, oh, oh!« Er blieb stehen und streckte abwehrend die Hände aus, ein grausiges Trugbild zu bannen. Einen Grünzeugladen sah er: »Bürgerl. Fragnerei des Jaromir und der Ludmilla von Eynhuf« stand darauf — in weißer Schrift auf schwarzer Tafel. Ein Bund Unschlittkerzen schaukelte leise in der lauen Luft. Es roch nach Gosse, Leute mit Zahnweh gingen vorbei, eine Bulldogge bellte, vor ein Handwagerl gespannt.

Von allen verlassen, kam er sich vor wie ein Seeheld, dem die stolze Fregatte »Höllteufel« mit dem vergoldeten und bemalten Heck, das bresthafte Trabakel »Crispine« und die Lustjacht »Annerl Zisch« im Sturme zugrunde gegangen sind, dem nur noch das bescheidene Schinakel »Ludmilla« als Rettungsboot blieb. Da hatte er's! Aber halt! Konnte nicht auch der letzte Milchzahn der Kahn sein, auf dem er zu seinem Kaiser schiffte, zu seinem gnädigen Fürsten, der Rettung bringen konnte im Sturme der Sauerpfister, vor der Gefahr, an den Powidlklippen der Sirene Kladrup zu scheitern? Also geschwind einen Milchzahn auftreiben, vom schönsten Mädchen, das zu finden ist, doch in Windeseile, viel Zeit war nicht mehr zu verlieren! Der Amtsschimmel konnte schnell traben, wenn er vor den Henkerskarren gespannt war. Das Tableau brauchte auch seine Zeit, nur Entletzberger war imstande, es zu machen — und der würde die Arbeit nie ohne den fehlenden Zahn übernehmen. »Was i mach', mach' i urndlich!« war seine Devise. Zum dritten und letzten Male! Hilf, du Großkopf. Und

Eynhuf schrieb ihm noch in der Nacht einen dringenden Brief, er möge morgen kommen und raten.
Es war ein heißer, windiger Sommertag. Eine hohe, blauschwarze Wolkenwand stand am Himmel, während stechende Sonne in den breiten, vielfenstrigen Flurgang des Querulantenhauses fiel. Im Hause rochen die Aborte, ein sicheres Zeichen kommenden Gewitters, irgendwo schlug eine angelehnte Türe auf und zu, denn ein heißer Wind hatte sich erhoben. Manchmal rasselten die Fensterscheiben, dann war es wieder so still im hellen Zimmer, daß man eine dicke, schillernde Schmeißfliege summen hörte. Von den reich geschnörkelten, barocken Zwiebelhelmen der Pfarrkirche, die den heiligen Siebenschläfern geweiht war, grün patinierten Türmen, auf denen die Glanzlichter der Sonne strahlten, klang dünn ein Sterbeglöckchen.
Jetzt hörte er am Gange hallende Schritte. Rat Großkopf trat zu Eynhuf ins Zimmer, den ruppigen Biberhut in der Hand, ein Meerrohr unterm Arm mit einem Porzellankopf, auf dem eine nackte Rokokodame, sich fächelnd, tanzte. Draußen grollte ferner Donner. Nachdenklich starrte Eynhuf zum Fenster hinaus in einen Wirbel von Staub und Häckerling, von ängstlichen Vögeln durchflattert. Der Sekretär beichtete seine Not. Die einzige Hoffnung, seine Stellung zu retten, sei eine schnelle Audienz, um Sr. Majestät das Tableau mit den Milchzähnen zu überreichen. Aber war das möglich, solange der letzte Milchzahn fehlte?
»Da haben S' recht«, meinte Großkopf und schaufelte still mit dem langen Nagel des kleinen Fingers den Schnupftabak seiner Dose durcheinander. »Aber nehmen S' doch ein Milchzahnderl von Ihrer Tant', der Schosulan.«
»Was fällt Ihnen ein«, brauste Eynhuf auf, »meinen Kaiser betriegen! Nie, nie wird aus meinen Händen eine Fälschung kommen!« Bockbeinig beharrte er darauf, einen Zahn von einer direkten Schönheit und unangetasteten Jungfrau haben zu müssen.
»Ja, dann bleibt nix anders übrig«, meinte Großkopf, »da müssen S' 's nächste schöne kleine Mäd'l hernehmen, die noch an Milchzahn im Mund hat. Das muß noch heut sein, drei Tage braucht der Entletzberger leicht, wie ich ihn kenn'! Also — freiwillig läßt sich so a junges Ding keinen Zahn reißen — müssen halt ... da gibt's bloß an Ausweg — müssen halt zur Funzengruber, die hat all-

weil so a jung's Zeug am Lager. Dann täuschen S' dem Ding a Liebesbegehren vor und dann: Sie haben ja gewiß so a vergoldete Weihnachtsnuß?«

»Hab' ich, hab' ich!« jubelte Eynhuf. »Eine kaiserliche Hofnuß vom Allerhöchsten Christbaum.«

»Na also, die geben S' ihr ins Goscherl, jetzt knack schön ... oder noch besser, hauen S' ihr g'schwind am Kopf, und 's Zahnderl is draußen! Freilich, ein Mäderl, das noch Millizähn' hat, ist a heikliche Sach' ...«

»No, ich will ja nix Beeses, behiete, da haben Sie mein Ehrenwort«, beruhigte ihn Eynhuf.
»Glaub's schon, glaub's schon«, wehrte der Rat ab, »aber ...«
Ein furchtbarer Donnerschlag ließ das saubere Paar verstummen. Großkopf schlug ein Kreuz, dann zuckte er mit dem Gichtbein in der uneingestandenen Absicht, das Mitleid der grausamen Elemente zu erregen. Im stillen freute er sich, daß es ja bloß Frostbeulen waren, die er merkwürdigerweise auch im Hochsommer nicht verlor. Finster war's im Zimmer geworden. Draußen wimmerten die Wetterglocken, und — horch! — oben spielte der Leibstuhl! Mußte doch diese als traute Nachtigall sich gebärdende Verdauungskommode ihrer Herrin, die hinter ihr zitternd kniete und beim Scheine einer schwarzen Wachskerze aus Altötting betete, durch die »Belagerung von Pampeluna« das Wüten der Elemente übertönen. Aber bald vergrollte der letzte Donner in der Ferne, und auch des wackeren Stuhles letzter Zimbelschlag verklang. Das Wetter zog dem Flachlande der March und der Hundsheimer Gegend zu, bloß plätschernde Ströme lauen Regens schütteten zur Erde nieder — kein Hindernis für den kühnen Sekretär, der über das blank gewaschene Pflaster der Hebammenhöhle zuschritt.
Schwefelgelber Abendschein blinkte wie Gnomenkichern in den Fensterscheiben des Hexenhauses, auf dessen vor Nässe blauschwarzem Schindeldach das Moos smaragdgrün leuchtete.
Er fand die Alte in der Küche hockend vor, wie gewöhnlich gedankenlos trockene Schwabenkäfer sortierend, die gerne von ärmeren Leuten als Medizin gekauft wurden. Stumm, aber durchbohrend blickte Eynhuf mit gerunzelter Stirne lange Zeit die unsoignierte Greisin an. Die stockte in ihrer Beschäftigung. Dann sagte er mit dumpfer Stimme bloß: »Da wär ich.«
»Was wollen S'?« antwortete der Schmutzhaufen. »Kenn' Ihna net.«
»So! Bin der Herr, dem Sie drei Dukaten für gesottenen Taubendreck abgeknöpft hat ... Liebestrank nennt Sie solch eine Jauche: pfui Teifel!«
»Hab' nie nienderscht net an Liebestrank braut«, meinte unsicher werdend die schmierige Partnerin.
»Schäm' Sie sich«, replizierte gereizt der Sekretär, »schäm' Sie sich! Eigentlich sollte ich Sie durch den Grundwachter in den

Kotter sperren lassen, aber ich will diesmal Gnade für Recht ergehen lassen ...« Und er rückte mit seinem Anliegen heraus.
»Eine mit Milchzahnderln! Nein, nie!« Der Disput wurde immer erregter. Endlich bekannte sie Farbe und versprach ihm in blutjunges Mäderl mit »Augerln wie die Kirscherln«, nur müsse er eine halbe Stunde sich gedulden. Nachdem er Angeld gegeben, schob sie ihn in eine geräumige Kammer, deren ärmliches Mobiliar er im trüben Abendlicht kaum mehr unterscheiden konnte. Der Holzwurm war im Zimmer, die Totenuhr tickte. Bald erschien die Alte mit einer trüb brennenden Lampe und begann, ein aufgeschwollenes Bett, das er noch gar nicht bemerkt hatte, abzudecken. »Nicht doch, nicht doch«, wehrte errötend der junge Beamte ab, aber die Alte ließ sich von ihrer vermeintlichen Pflicht nicht abbringen, stellte noch ein blaugläsernes Nachtgeschirr neben den Stiefelknecht nieder und verschwand brummend, kehrte aber sofort ebenso brummend zurück und murrte: »'s Rezept hab' ich von an heiligen Einsiedler am Hundsheimer Kogel, bei Theben. Den höchsten Herrschaften hat's geschmeckt, daß sie sich die Finger nur so abgezuzelt haben ...«
»Schon gut, schon gut«, winkte Eynhuf ab, gereizt, daß man ihm Dinge zutraute, die mit den Vorbereitungen der Alten zusammenhingen.
Gleich darauf ließ ihn ein schüchternes Pochen nervös emporfahren. »Herein!« Ein halbwüchsiges Mädchen, frisch und appetitlich, stand auf der Schwelle. Auf dem Kopf trug es einen Kranz vergilbter Leinwandblumen, in der Hand hielt es ein ähnliches Bukett, das nach Windeln roch. Wie ein Automat sprach das Kind folgende Verse:

An lieben, guten, scheenen Herrn
Hat die Mitzel gar zu gern,
Wann er ihr paar Groschen gibt,
Ei, wie ist sie da verliebt!
Scheentun kann sie gar so gut
Mir ihrem frischen, jungen Blut.
Das machet auch die Alten jung,
Selbst in der Erinnerung!
Was a rechtes Madel is,
Wahret das Geheimenis.

Dann blieb sie bewegungslos stehen, einen Finger im Munde. Eynhuf starrte auf die seltsame Blumenpracht und wußte nicht, wie er seine Rolle dem Mädchen gegenüber beginnen sollte. Hielt ihn die Kleine für einen guten Onkel, oder war es ihr zuzutrauen, ihn für einen Wüstling, einen erotischen Feinschmecker schlimmster Sorte zu halten? Jedenfalls rief er sie her. Das mußte sein. Sie kam. Sein Herz begann plötzlich, stürmisch zu pochen, als er daran dachte, daß unter allen Umständen ein Milchzahn dieses Kindes da ihm noch heute zufallen würde. Aber wie anfangen? Er sah sich hilflos um. Das Mädel folgte seinen Blicken und lächelte plötzlich frivol. Eynhuf bemerkte, daß des Mädchens Augen das Bett fixierten.
»Gelt, da schaust«, meinte der plötzlich erleuchtete Scheinlebemann. »Da schlaft die liebe alte Frau, und wenn du brav bist und einmal verheiratet sein wirst, bekommst auch du vielleicht so ein Zimmer mit so scheene Mebel! Da komm her, setz' dich auf meinen Schoß und erzähl' mir, was deine lieben Eltern sind.«
Das Mädchen hob sein Röckchen und folgte Eynhufs Einladung mit ungenierter Bereitwilligkeit und geschickter Verwertung anatomischer Kenntnisse. »Jetzt erzähl' einmal von deinen lieben Eltern.«
»Der Vater is der Schinder vom Lerchenfeld und der Tant' muß i immer in an Häferl a Hundsfetten bringen für d' Schwindsucht.«
Eynhuf zuckte zusammen. »So! Also das sind deine lieben Herr'n Eltern. Hm! Machst du ihnen auch immer die gebührende Freude durch emsiges Lernen? Kannst du schon die Uhr lesen? Sie macht: tick, tack, tick, tack; da, horch' nur!« Er hielt den mächtigen, silbernen Zwiebel dem erstaunten Kind an das Ohr. Eine achtzehn Kopflängen hohe Nymphe war in Emailfarben säuberlich auf das Zifferblatt gemalt, in der Mitte eine Urne, links ein rauchender Türke. Auf dem Deckel aber sah man die Inschrift: »Es LeBe UNser GuTTer KAisER! VIvaTT FRanCIScuS!«
Das Kind glotzte verdutzt auf den schnurrigen Galan, erstaunt ob dessen ärmlichen Unterhaltungsstoffes. Der sichtbare Erfolg machte Eynhuf Mut. Er bekam in den Augen fast den stechenden Ausdruck eines persischen Märchenerzählers und sprach weiter: »Schau, was alles die brave Uhr da erzählt! Paß' gut auf: Eine — noch kleine — zwei — ei — ei — drei — didldumdei — viere —

beschmiere — fünfe — beschimpfe — sechse — behexe — sieben — geblieben — achte — betrachte — neine — beweine — zehne — verhöhne — elfe — Gott helfe — zwölfe — Wölfe!«
Er bleckte grausig die Zähne und heulte hölzern wie aus weiter Ferne. Doch das Mädchen blieb ernst und betrachtete ihn forschend. »Schau', diese Geschichte hat mir als Kind immer viel Spaß gemacht. Ich hab' s' nicht genug oft hören können! Damals hab' ich« — er errötete — »Pantalons und Weste in einem Stück, weißt, bis auf die Schultern zuzuknöpfen, getragen; sie waren froschgrün — und hab' noch Milchzahnderln gehabt. Geh, zeig' einmal deine Zahnderln her!« So lautete der weitere Vorstoß des raffinierten Diplomaten. Das Kind öffnete bereitwillig die etwas zu vollen Lippen. »Tust sie auch brav putzen? Gelt, da vorn hast noch Milchzahnderln?«
Das Mädchen bejahte verschämt und verlor mit ihren Blicken keine Bewegung Eynhufs, der umständlich eine vergoldete Nuß auspackte. »Die ist vom kaiserlichen Christbaum«, sagte er mit einem starren Blick zum Himmel. Das Mädchen wandte sich enttäuscht ab. Die Totenuhr tickte.
»Die mußt du aufknacken«, sprach Eynhuf weiter, »da ist eine köstliche Überraschung drin, kein Nußkern, wie du denken wirst, o nein, nix zum Essen! Etwas viel Köstlicheres: Eine Perle vom geweihten Rosenkranz des Heiligen Vaters!« Das Mädchen wollte nichts vom Aufknacken wissen und trachtete, vom Schoß zu rutschen. Er aber hielt sie kosend fest und nötigte ihr die Nuß zwischen die Zähne.
Nach langem Ringen gelang es endlich. Da — eine ungekannte Kühnheit überkam den Sekretär ... »Für Kaiser und Vaterland!« schrie er und gab dem Kind ein gewaltiges Kopfstückel. Ein schriller Schrei antwortete ihm, entsetzt rang sich das blutende Kind los und spuckte schimmerndes Gold, die geweihte Perle und das Elfenbein der Unschuld auf den Boden. Gierig stürzte sich Eynhuf auf den Schatz und wollte gerührt das schöne Mägdlein in die Arme schließen. Doch horch', was war das? Ein Getümmel begann, rauhe Männerstimmen wurden vernehmbar, dazwischen das Wimmern der Funzengruber, Trampeln und Poltern, irre Schreie — die Türe ward aufgerissen ...
Momentan begriff Eynhuf die Lage. Razzia! Er stürmte durch

den finsteren Gang, warf einen Polizisten zu Boden und gewann das Freie. Hinter ihm setzte die Scharwache nach. In wilder Flucht jagte er wie ein Hirsch durch die hallenden Gassen, hart verfolgt von den Häschern. Erreichte keuchend das Querulantenhaus und sprang durch das geöffnete Fenster der Frau Laushäubl hinein.

Achtete nicht der kreischenden, dreckstarrenden Fetzenfigur, brach durch die Küchentüre in den Gang und stürmte die Treppe hinauf. Er hatte Vorsprung gewonnen, sperrte sich mit zitternden Händen in seine Wohnung und wankte zum Schreibtisch. Alles verloren! Alles! Sein Entschluß war gefaßt. Hörte draußen schon Dröhnen und Trappeln, faßte die Pistole, aus der er gerne Freudenschüsse abzugeben pflegte zur Verherrlichung des Namensfestes seiner Landesherren oder am Tage Leopoldi, des Provinzpatrons, fand keine Kugel, raffte die Milchzähne mit zitternden Händen alle zusammen und stopfte sie, den blauen Pensionierungsbogen, der schon auf dem Tische lag, als Pfropfen benützend, in den Lauf. Noch einmal raste das Bild seines Lebens an seinem geistigen Auge vorüber: Das froschgrüne Knäblein Jaromir, Ursula, die verkalkte Nymphe im Andachtsgärtlein der Keuschheit, die düsteren Zwergs, die üppige Sängerin, Goldborten und Ordenssterne, dann ein donnernder Knall ... Nieder sank er, blutüberströmt.

Noch einmal suchte sein brechendes Auge das Bild des gütigen Landesherrn über dem Schreibtisch, noch einmal wollten seine Lippen ein Wort hervorbringen, da hörte er, wie fern und doch von nahe Chöre ertönten ... Die Volkshymne schien es ihm, verflochten mit der Spenadelarie ... Seufzend schloß er die Lider.

So endete das hoffnungsvolle Leben
eines korrekten Beamten,
Fußwaschungspfeifers
und
wirren Amanten.

NACHWORT DES HERAUSGEBERS

Als Fritz von Herzmanovsky-Orlando, 1877 in Wien geboren, im Frühjahr 1954 in Meran verstarb, betrauerte ihn eine kleine, verstreut im ganzen deutschen Sprachraum siedelnde Gemeinde literarischer Feinschmecker, die ihm seit seinem ersten Auftauchen in der Literatur fanatisch die Treue gehalten hatte. Ihre Hoffnung, diese ganz und gar einmalige Begabung — dieses »letzte Genie barocken altösterreichischen Humors«, wie eine Schweizer Zeitschrift ihn nannte — auch von einer breiteren Öffentlichkeit anerkannt und gewürdigt zu sehen, ist zu Herzmanovskys Lebzeiten freilich vergebens geblieben. Aber das liegt durchaus im Stil der Sache und im Sinn des sogenannten »österreichischen Schicksals«, dessen oberstes Gesetz von irgendeinem wohlmeinenden Hof- oder Sektionsrat ohne weiteres in die Worte gekleidet werden könnte: »Wann S' berühmt werden wollen, dann sterben S' gefälligst!«

Es leuchtet ein, daß diese Maxime sich gerade an Herzmanovsky erfüllen mußte, der auf seltsam verschlungenen, verschrobenen und verschnörkelten Wegen beinahe frevlerisch tief in den Zellkern österreichischer Wesenheit eingedrungen war — jener Wesenheit, deren jahrhundertealte Mischung aus deutschen, slawischen und mediterranen Elementen sich schon in seinem Namen kundtat. Fritz von Herzmanovsky-Orlando, väterlicherseits von wienerischer und mährischer Abkunft, mütterlicherseits von italienischer und byzantinischer, war schon in früher Jugend den schönen Künsten verfallen — was den Kindern österreichischer Beamtenfamilien nicht selten widerfährt und ihnen manchmal die aussichtsreichsten Karrieren verpatzt. Er war ein Amateur im edelsten und ursprünglichen Verstand des Wortes, ein Liebhaber nicht nur aus Neigung, sondern aus Phantasie. Sein graphisches Oeuvre — spürbar unter dem Einfluß James Ensors und Alfred Kubins, mit dem ihn lebenslange Freundschaft verband — war ebenso verkauzt und eigenwillig wie sein literarisches und begann, ebenso wie dieses, erst nach dem Tod seines Schöpfers die gebührende Aufmerksamkeit zu finden. Ungefähr zur gleichen Zeit, da in Wien die erste Ausstellung seiner Graphiken zu den ersten Ankäufen durch Galerien und Museen führte, erwarben die Münchner Kammerspiele seine parodistische Posse »Kaiser Joseph und die Bahnwärterstochter« zur Uraufführung, die im Januar 1957 stattfand und alsbald von der Wiener Premiere gefolgt wurde, deren sich das Burgtheater annahm. Die einaktige Bühnenfassung, aus der nachgelassenen dreiaktigen exzerpiert, bedeutete recht eigentlich den Anstoß zur Verwirklichung des hier vorliegenden Unternehmens: das literarische Gesamtwerk Herzmanovsky-Orlandos in einer sowohl ihm selbst wie dem Publikum zuträglichen Bearbeitung herauszugeben.

Daß und warum eine solche Bearbeitung erforderlich war, unter welchen Gesichtspunkten sie erfolgte und welchen Nötigungen sie unterlag — darüber sollen die späteren Bände Aufschluß erteilen. Was den »Gaulschreck« betrifft, so wurde er keiner Bearbeitung unterzogen. Er stellt die unveränderte Neuauflage der 1928 in einem Wiener Verlag erschienenen und seit vielen Jahren verschollenen Originalausgabe dar. Die Tätigkeit des Herausgebers hat sich darauf beschränkt, die einzelnen Kapitel mit Überschriften zu versehen und einige offensichtliche Schreib- oder Druckfehler des Originals auszumerzen. Nicht nur aus Gründen der historischen Pietät wurde diese Beschränkung eingehalten, nicht nur deshalb, weil »Der Gaulschreck im Rosennetz« als einzige von den umfangreicheren Arbeiten Herzmanovskys noch zu seinen Lebzeiten in Buchform vorlag. Vielmehr sollte das Bild des Autors genauso wiedererstehen, wie es damals erstanden war, mit all der liebenswert unbekümmerten Grandezza, die ihm über die herkömmlichen Regeln und Gesetze der literarischen Profession hinweghalf, mit all seiner Verspieltheit und Verliebtheit in den glitzernden Einfall und mit all seiner ungeduldig beflügelten Abneigung, das Glitzern auch noch zu polieren.

Kurz vor Drucklegung des vorliegenden Bandes wurde mir ein aus dem Jahre 1929 stammender Brief zugänglich gemacht, geschrieben unter dem Eindruck »dieses seltsamen Altwiener Romans«, der den Schreiber »wirklich sehr unterhalten« hatte. »Der Autor muß ein ganz sonderbarer Mann sein«, hieß es da unter anderem. Der das schrieb, war Hugo von Hofmannsthal. Er wußte ziemlich genau, wovon er sprach, wenn er »Altwien« und wenn er »sonderbar« sagte.

Wien-München, im Sommer 1957

Friedrich Torberg

Für den erwähnten Brief Hugo von Hofmannsthals ist der Herausgeber Frau Maria Grengg in Rodaun bei Wien zu Dank verpflichtet.

Das Kapitel »Der zweite Donnerstag von Scheibbs« trug in der Originalausgabe den Vermerk: »Dieses Kapitel ist meinem Jugendfreund Dr. Valentin Rosenfeld gewidmet.«

MASKENSPIEL DER GENIEN

VORWORT

Daß »Amateur« auf deutsch »Liebhaber« heißt, ist allgemein bekannt und ohne jeden ehrenrührigen Beigeschmack akzeptiert. Hingegen haftet der Bezeichnung »Dilettant« etwas leicht Herabwürdigendes an. Mit Unrecht, wie mir scheint. Denn »dilettare« bedeutet ursprünglich soviel wie »sich zerstreuen, sich ergötzen«, und es ist eigentlich nicht einzusehen, warum diese harmlos liebenswerte Betätigung gering gelten sollte in den Augen der Welt.

Wahrscheinlich ist das die Schuld jener Dilettanten, die nicht wußten, daß sie's waren, und die das Resultat ihrer Zerstreuung und Ergötzung der Umwelt mit objektivem Wert- und Wertungsanspruch präsentierten.

Dem Dichter (wie übrigens auch dem Maler) Fritz von Herzmanovsky-Orlando lag nichts ferner als solcher Anspruch. Mit einer Grandezza sondergleichen, mit demonstrativem Über-Mut verstieß er gegen das herkömmliche Produktionsverfahren und die allseits gültigen Regeln der Kunst, und seine Verstöße liegen so handgreiflich zutage, daß wahrlich nichts damit getan wäre, wenn man sie noch eigens und tadelnd vermerken wollte. Herzmanovsky entzog sich den professionalen Kunstgesetzen ganz unverkennbar deshalb, weil sie ihn langweilten. Er war ein Dilettant aus Liebhaberei, nicht aus Not. Er war es bewußt und absichtlich, nicht etwa ahnungslos. Und wenn an seiner Disziplinlosigkeit etwas zu tadeln wäre, dann höchstens dies: daß er sie ebensogut auch hätte meistern können, daß der eminente Kunst-Sinn, mit dem er begabt war, ihn zum Einhalten von Kunst-Form und Kunst-Regel durchaus befähigt hätte. Aber das machte ihm keinen Spaß, das zerstreute und ergötzte ihn nicht, das hatte er nicht lieb. Er zog es vor, den Herrgott einen guten Mann und sich selbst ein Genie sein zu lassen.

Hieraus entstanden zweierlei Folgen. Die erste: daß er zu Lebzeiten so gut wie unbekannt blieb. Die zweite: daß der Betreuer seines literarischen Nachlasses sich nun einem wahren Dschungel von üppig wucherndem Literaturprodukt gegenübersieht, einem betörend selbstherrlichen Phantasie- und Fabulierdickicht, das er zu sichten, zu roden und gangbar zu machen hat. Seufzend geht er an dieses Unternehmen heran. Teils mit wollüstigem Seufzen: denn die Landschaft, in der er sich da umtut, war für ihn seit jeher von einmaliger Faszination. Und teils mit dem Seufzen einer großen Trauer über die Eingriffe und Einbußen, die sich da leider als unvermeidlich erweisen.

Schon einmal zuvor ergab sich Gelegenheit und Nötigung, ein Nachlaßwerk Herzmanovskys aus seiner Überfülle und Überformung in einen öffentlich reproduzierbaren Zustand zu bringen, auf daß ein breiteres Publikum teilhabe an der Zerstreuung und Ergötzung des Autors: die drei Akte des parodistischen Spiels »Kaiser Joseph und die Bahnwärterstochter«, die eine Aufführungsdauer von ungefähr fünf Stunden erfordert hätten, wurden für die Uraufführung an den Münchner Kammerspielen im Januar 1957 (und für die alsbald folgende österreichische Erstaufführung durch das Burgtheater) zu einem Einakter komprimiert, der knappe anderthalb Stunden dauerte — und immer noch bemängelte der oder jener (mit durchaus zutreffenden Argumenten übrigens) die oder jene Länge.

Die an Hand des »Kaiser Joseph« gemachten Erfahrungen und Wahrnehmungen besitzen auch für die Bearbeitung des »Maskenspiels der Genien« so weitgehende Gültigkeit, daß vielleicht auszugsweise aus einem damals gelegten Rechenschaftsbericht[1] zitiert werden darf:

> »... Die Hemmungen, mit denen der Bearbeiter es hier zu tun hat, sind zugleich Verlockungen und eben darum so schwer zu bewältigen. Er darf nämlich nicht darauf verzichten, die Köstlichkeiten, die in den weitab verfließenden Dialogen verstreut sind, zu bergen und sie in einen gestraffteren Zusammenhang neu einzupflanzen. Die Frage nach ihrem originalen Wachstum stellt sich nicht. Sie ›passen‹ beinahe

[1] »Eine Lücke in den Gesetzen der Bühne«, FORVM, Wien, IV. Jahrgang, Heft 39, S. 108 f.

überall hinein. Die präzise Zuordnung bestimmter Äußerungen zu bestimmten Charakteren oder Situationen ist ebensowenig Herzmanovskys Sache und Ehrgeiz wie die psychologische Gestaltung der Charaktere selbst, die eindeutige Struktur ihrer Konflikte, und, kurzum, die Beobachtung der handwerklichen Disziplinarvorschriften für den Aufbau eines Theaterstücks. Sehr vieles von dem, was er seine Figuren an bestimmten Stellen sagen läßt, könnte er auch von andern Figuren an andern Stellen sagen lassen, sehr vieles von dem, was in bestimmten Augenblicken auf der Bühne geschieht, könnte auch früher oder später geschehen oder auch gar nicht. Für die ›Handlung‹, soweit sie vorliegt, wäre das kein Verlust. Es wäre nur ein Verlust für die Bühnenliteratur. Denn noch in Herzmanovskys ›überflüssigsten‹ und ›anorganischesten‹ Szenen und Figuren steckt mehr Einfall und Eigenwuchs und Originalität als im Gesamtwerk manch eines seiner routinierten Zunftgenossen. Das weiterhin Verwirrende ist, daß man sich nicht einmal auf Herzmanovskys Bühnenfremdheit verlassen kann; daß ihm plötzlich ein Zugriff von beneidenswerter Präzision gelingt; daß er in seiner erzählenden Prosa mit ein paar Sätzen eine Gestalt von unglaublicher Plastik zu schaffen vermag, eine Atmosphäre von beklemmender Überzeugungskraft, eine Situation von unheimlich ausgeleuchteter Abgründigkeit. Auch auf der Bühne glückt ihm dergleichen oft genug. Nur eines glückt ihm nie: eine noch so leise Andeutung dessen, was man landläufig unter ›Spannung‹ versteht. Mit keinem kleinsten Handlungsbrocken versucht er ›Neugier‹ zu erregen, geschweige denn sie zu stillen. Denn seine eigene Neugier, anders geartet und anderswohin gerichtet, wird auf Schritt und Tritt von einer nimmersatten Entdeckerfreude abgelenkt und weggelockt – in Gegenden, die sonst ganz gewiß unentdeckt blieben, und mit einer Konsequenz, wie sie sonst höchstens bei den großen Clowns zu finden ist.

Nun, dann hätte also Herzmanovsky – und das bezöge sich nur auf seine Technik, keineswegs auf seine Aussage – die unauslotbaren Untergründe der Zirkusclownerie in die Literatur und auf das Theater transponiert und ließe aus ihnen mit der ganzen Selbstverständlichkeit clownischer Logik die bizarren Blüten seiner Phantasie emporwuchern, unbekümmert um Planung und Konzeption, gelangweilt schon vom bloßen Gedanken an die Nötigung, sie etwa ausführen zu müssen, und hingerissen von jeder neuen Entwicklung, die sich beim nächsten Quersprung um die nächste Ecke anbietet. Und wie die Dinge mit diesem Kauz nun einmal liegen, ist dem Bearbeiter eine ›Normalisierungsgrenze‹ gesteckt, über die er nicht hinausgehen darf: wenn anders er die unvergleichliche Phantasielandschaft Herzmanovskys nicht hinter sich lassen und in irgendein gängiges Jemandsland geraten will, wo auf allseits einwandfreien Wegen ein fröhliches Tummeln ist.«

Die »neuen Entwicklungen«, die sich ihm im »Maskenspiel der Genien« an jeder Ecke anboten, waren von solcher Vielfalt oder doch Vielzahl, daß das ungesichtete Gesamtmaterial mehr als den doppelten Umfang der hier vorliegenden Druckfassung aufwies. In mancher Hinsicht ließen Sichtung und Kürzung sich einfach genug bewerkstelligen. Denn manchmal war es ganz einfach so, daß die gleiche Person zwei- oder gar dreimal eingeführt wurde (sei's unter demselben, sei's unter leicht verändertem Namen), daß der gleiche Gedankengang zwei- oder gar dreimal niedergelegt erschien: einmal vom Autor aus, ein andresmal als Überlegung einer seiner Figuren (und nicht immer der just am besten hierzu geeigneten), ein drittesmal im Dialog. Dann mußte eben möglichst sorgfältig erspürt und gesichert werden, in welcher Form, an welcher Stelle und durch wessen Vermittlung der betreffende Komplex sich am besten dem Zusammenhang einfügen ließe. Daß vom Autor keinerlei Anhaltspunkte dafür gegeben waren, versteht sich aus seiner Gleichgültigkeit solchen Kinkerlitzchen gegenüber von selbst. Ähnlich verhält es sich mit den duplizierten oder triplizierten Figuren, die — aus überschäumender Schöpferlaune geboren oder einem plötzlichen Einfall zuliebe herbeigerufen — alle paar Seiten auftreten, um nach Verrichtung ihrer kleinen Dialog- oder Handlungsdienste wieder zu ver-

schwinden. Es kann aber auch geschehen, daß sie vom Autor glatt stehengelassen werden, in irgendeiner Ecke, aus der er sie, wenn's ihm not zu tun scheint, auch hundert und etliche Seiten später aufs neue hervorholt.
Vor diesem trüben Los sind selbst wichtigere, mit unverkennbar weitreichender Absicht eingeführte und streckenlang durch die Handlung mitgeführte Figuren keineswegs gesichert. Nicht daß der Autor sie »ihrem Schicksal überläßt« (denn sie haben keines); sondern er verliert sie einfach aus den Augen, weil diesen seinen Augen sich mittlerweile schon wieder so viel Neues und Reizvolles dargeboten hat, daß jene ihn gar nicht mehr interessieren. Sie interessieren ihn um so weniger, als die ihnen etwa zugedachten Funktionen ja ebensogut von jemand andrem erfüllt werden können. Ihr Abgang kümmert ihn nicht mehr — in sehr bemerkenswertem Gegensatz zu ihrem Auftreten, das sich stets unter genauester Wahrung der dazugehörigen Formen und Formeln vollzieht (»Übrigens, so und so mein Name« oder »Gestatten Sie, daß ich mich vorstelle«). Das ist aufschlußreicher, als man meinen sollte. Für den formvollendeten Aristokraten, der Herzmanovsky-Orlando war, ist die »Vorstellung« eine unumgängliche Zeremonie, und die penible Einhaltung gesellschaftlicher Konventionen geht eben bei ihm auf Kosten der künstlerischen. Als Privatmann hatte er die denkbar besten Manieren. Als Schriftsteller war er von einer geradezu entwaffnenden Manierlosigkeit. Fast könnte man ihn, ähnlich wie Heinrich Heine der »ungezogene Liebling der Grazien« genannt wurde, als ungezogenen Liebling der Dämonen bezeichnen.

Denn man lasse sich von seinen Clownerien, vom munteren Klingeln seiner Narrenkappe, von seinen grotesken Sprüngen nicht täuschen: der satirische Zugriff, den er damit camoufliert, ist alles eher als harmlos, und das skurrile Spiegelbild unsrer Wirklichkeit, das sich da aus den seltsamsten Reflexen und Verzerrungen zurechtformt, hat in seiner unentrinnbaren Folgerichtigkeit etwas höchst Unheimliches. Schon unter dem kauzigen, eigenartig schrägen Blickwinkel, aus dem Herzmanovsky seinen »Kaiser Joseph« und seinen »Gaulschreck im Rosennetz« an-

visiert hatte, war in ungewissem »déjà vu« eine deutlich erkennbare (und ihrerseits genugsam verkauzte) Realität erstanden: jenes Österreich, dessen jahrhundertelange Existenz sich künftigen und hoffentlich sorgenfreieren Geschichtsforschern als Beweis für die Möglichkeit des Unmöglichen darstellen wird und dessen Untergang sogar uns Heutigen schon, sogar uns Betroffenen, als die katastrophalste Humorlosigkeit der Weltgeschichte erscheinen will. Im »Maskenspiel der Genien« aber, das er selbst als sein Hauptwerk empfunden hat, spiegelt das Austriakische mit all seinem sozusagen »realhistorischen« Anspruch sich ohne weitere Brechung in ein Weltbild hinüber, das seine Hintergründigkeiten bereits aus dem Mythischen und Mystischen empfängt, dem Herzmanovsky sein Leben lang innig zugetan war.
Hier wird der Uneingeweihte, der »Unbegnadete«, von weiteren Deutungen und Schlußfolgerungen besser Abstand nehmen; sonst könnte es ihm leicht so ergehen wie dem Helden dieses Romans, den ein besser bewanderter Gesprächspartner bildkräftig zurechtweist: »Ja ja, mein Lieber, jetzt tschundern S' im Mystischen umeinand wie ein Butterbrocken auf der heißen Kartoffel ...«
Hier, wie sich denken läßt, lagen die eigentlichen Fährnisse der Bearbeitung. Die okkulten Motive, von denen Herzmanovsky bewegt wurde, durften einerseits um keinen Preis vernachlässigt oder gar ausgeschaltet, anderseits jedoch nur so weit geführt werden, als der nicht initiierte Leser ihnen zu folgen willens und imstande sein würde. Und hier, in diesem unzugänglichsten Teil des geheimnisvoll durchschlungenen Dickichts, erfolgten denn auch die umfangreichsten Rodungen, mußten die Verbindungspfade zu den großen Hauptwegen freigelegt werden, zu den eigentlichen »Linien« des Romans:
Fürs erste die Linie, auf der das Leben des Helden abläuft; er wird erst in der Schlußvision ausdrücklich als »Aktäon« angerufen, mag aber manchem Leser schon früher — etwa in der Szene, da er die Göttinnengestalt in ihrem Muschelbade überrascht — als Reinkarnation der griechischen Mythengestalt erkennbar werden, oder gleich am Beginn, wenn der Autor ihn als Sohn einer Baronin Authonoë Inacher-Kadmić vorstellt (der legendäre Aktäon war der Sohn des Kadmos und der Authonoë).

Fürs zweite die »österreichische« Linie, deren Knotenpunkt nach Tarockanien verlagert ist, aber mit einem daneben weiterbestehenden (und weiter in die Handlung eingreifenden) »wirklichen« Österreich verknüpft bleibt und sich bis in die attischen Wälder, ja bis zum Parnaß weiterfädelt; diese Fäden laufen von allen Richtungen her in der Hand einer Figur zusammen, welche sich aus vagen Anfängen immer deutlicher zu einer Verkörperung der österreichischen Idee, wie Herzmanovsky sie versteht, entwickelt und bis ins Symbolwertige steigert.
Und schließlich die dritte Linie, für die eine genauere Bezeichnung erst noch zu finden sein wird — es sei denn, daß sie sich bereits gefunden hätte und eben »Herzmanovsky-Orlando« hieße; womit gesagt sein will, daß der ganz und gar originale Schaffensweg dieses Dichters zwar da und dort gepflastert, da und dort verkürzt, da und dort umgelenkt werden mußte, aber doch immer und überall *sein* Weg geblieben ist (und daß selbst für die Übergänge oder die neu zu pflasternden Stellen immer *sein* Material verwendet wurde, das ja in reichem Überschuß vorlag). Aus Gründen der literarischen Ordnung ist noch zu vermerken, daß Herzmanovsky mit der Niederschrift des »Maskenspiels« unmittelbar nach dem ersten Erscheinen des »Gaulschreck im Rosennetz« begann, also 1928, also beträchtlich vor Erscheinen von Musils »Mann ohne Eigenschaften«, dessen »Kakanien« gewissermaßen das rationalistische Gegenstück zu Herzmanovskys Traumland »Tarockanien« bildet. Dem Bearbeiter selbst wurde vom Lande Tarockanien erstmals in einem Brief des Autors aus dem Frühjahr 1931 Kunde. Über die Lebens- und Schaffensumstände, unter denen Herzmanovsky dieses sein Hauptwerk zustande gebracht hat, gibt die Gefährtin seines Lebens und Schaffens, Maria Carmen von Herzmanovsky-Orlando, in ihrem Nachwort besseren Aufschluß, als irgendwer andrer es könnte, Aufschluß vor allem über das mystische Weltbild, auf das Herzmanovsky sein Schaffen bezog. Dieses Nachwort sollte dem Leser die Bekanntschaft nicht nur mit dem hier vorliegenden zweiten Band der Gesamtausgabe, sondern auch mit den noch folgenden Bänden um einiges lebendiger machen.
Dem Bearbeiter bleibt nach Beendigung seiner Aufgabe ein leises

Bedauern, daß sie überhaupt nötig war (aber das war sie: um der verlegerischen Möglichkeit willen, um des Publikums willen, um des Autors willen); und ein leises Bedauern, daß sie zu Ende ist. Es war eine ebenso schwierige wie vergnügliche Aufgabe. Also eine *sehr* schwierige. Das Vergnügen, so möchte er hoffen, ist nunmehr des Lesers.

Friedrich Torberg

Wien-München, im Sommer 1958

I

Es ist eine traurige, aber unbestreitbare Tatsache, daß die Welt dem Phänomen Österreich mit tiefem Unwissen gegenübersteht. Sie nimmt gerade noch zur Kenntnis, was ein paar im Ausland verlegte Reisehandbücher über die gängigen Touristenrouten an Falschem aussagen, und damit gut.

Nicht geringe Schuld an diesem beklagenswerten Zustand tragen die internationalen Fahrplankonferenzen, die es zustande bringen, daß bedeutende Schnellzugslinien, deren Expresse unter Pomp, Gestank und Donner von irgendeiner Grenzstation abgelassen werden, im Innern Österreichs schon nach kurzer Frist spurlos versickern, nachdem sie irgendwann auf der Strecke durch einen rätselhaften Abschuppungsprozeß den Speisewagen verloren haben. Meistens geschieht das in der Gegend von Leoben, diesem Gewitterwinkel des europäischen Reiseverkehrs. »Leoben ... ja, Leoben! Ein Zug, der was *da* drüberkummt, der is aus'n Wasser!« Dies die ständige Redensart der großen österreichischen Eisenbahnfachleute (indessen die Anteilnahme der übrigen Chargen am Bahnbetrieb hauptsächlich darin besteht, mit Kind und Kegel, umsonst oder um hohnvoll kleine Beträge, in der Luxusklasse der Netze spazierenzufahren). Mehr als einmal habe ich es erlebt, daß alte, erfahrene Stationschefs einem aus Leoben ausfahrenden Expreß lange kopfschüttelnd nachschauen, wobei sie wohl auch ein kaum hörbares »Wieder einer ...!« vor sich hin murmeln. Dann gehen sie ins Dienstzimmer zurück, stellen die Telegraphenleitung ab, werfen sich seufzend aufs schwarzlederne Sofa und stöhnen noch lange: »Jo ... jo, jo ... jo«, ehe sie in traumgequälten Schlummer versinken.

Unter solchen Umständen ist es kein Wunder, man weiß im allgemeinen nur wenig von jenem eigentümlichen Staatengebilde, welches knapp nach dem Laibacher Kongreß von 1821 ins Leben trat und sich seither immer weiterfrißt, unmerklich und unaufhaltsam, bis es eines hoffentlich nicht allzu fernen Tags die Welt erobert haben wird.

Am Laibacher Kongreß war vernünftigerweise beschlossen worden, zwischen die deutschen, slawischen und romanischen Gebiete im Südosten Europas einen Pufferstaat zu legen, das »Burgund der Levante«, wie einige es poetisch benannten, und sie hatten so unrecht nicht. Denn gerade Burgund hängt innig mit dem Osten zusammen, gerade Burgund hatte das ganze Mittelalter hindurch nach der Herrschaft über die Levante gestrebt und hatte im Verlauf der Kreuzzüge nicht nur Griechenland, sondern dazu noch Teile Vorderasiens erobert, wo es das Königreich Jerusalem und die Fürstentümer Edessa, Tripolis und Antiochia gründete. In Griechenland zählten Athen, Elis, Achaia und Korinth zu den stolzesten burgundischen Eroberungen. Nirgends herrschte solcher Glanz wie an diesen Höfen, und besonders Achaia war lange Zeit das Vorbild allen höfischen Lebens und eine Hochburg des Minnesangs.
Daß der neuzugründende Pufferstaat eine streng monarchische Konstitution bekommen mußte, erklärt sich ohne weiteres aus der Epoche seiner Entstehung. Kopfzerbrechen gab es nur über die Frage der Dynastie, denn es kamen mehrere Häuser in Betracht. Dem großen Bayernkönig Ludwig zum Beispiel lag der Orientkenner Fallmerayer unaufhörlich in den Ohren, beschwor ihn, alte Anrechte geltend zu machen, und pinselte Sr. Majestät in glühenden Farben ein Kaisertum Kärnthen vor Augen. Zum Glück brach bald darauf der von England zur Ablenkung arrangierte griechische Freiheitskampf aus, und die im Londoner Nebel gebrauten Machenschaften leiteten die wittelsbachische Gefahr nach Hellas um. Jetzt schien dem Hause Coburg der neue Thron gewiß. Aber da raunzte Kaiser Franz und wollte dort eine Quartogenitur der Habsburger errichten, was wiederum die anderen Herrscherfamilien lebhaft zu verschnupfen begann. Endlich, als das europäische Gleichgewicht schon so weit verschleimt war, daß man wie einen dumpfen Husten die Säbel rasseln hörte, ließ Metternich seinen Geist leuchten. Die von ihm gefun-

dene Lösung war einfach, war so dynastisch wie möglich und war zugleich so durch und durch dem tiefsten Volksempfinden, ja den Idealen des kommenden Jahres 1848 angepaßt, daß wir wieder einmal mit ehrfürchtigem Staunen den kühnen Gedankenflug dieses bedeutenden Staatsmannes bewundern müssen: er schuf *das Reich der Tarocke,* von Nörglern, denen nie etwas recht ist, auch das »Spiegelreich des linken Weges« geheißen.

Die Verfassung war vorbildlich. Sie basierte auf den strengen Gesetzen des in Österreich ungemein populären Tarockspiels, dessen esoterische Bedeutung viel zur Lösung des Welträtsels beitragen könnte (aber das ginge weit über den Rahmen dieser schlichten Erzählung hinaus). Nach Art der antiken Tetrarchen herrschten im neuen Reich vier Könige, die nach einer geradezu genialen Methode alljährlich neu gewählt wurden. Der Begrenzung ihres Wirkens auf ein Jahr lag die Beobachtung zugrunde, daß bei einem Tarockspiel, wenn es ein ganzes Jahr in Gebrauch ist, die Könige bis zur Unkenntlichkeit verschmutzt werden. Und man kann zwar die Könige eines Kartenspiels notdürftig mit Benzin reinigen, fleischerne Könige aber nicht.

Grundlage für die Wahl der Landesväter war das sogenannte »Normaltarockspiel«, das in der Hauptstadt des Landes aufbewahrt wurde — vergleichbar dem »Urmeter« zu Paris, dieser Stadt der gockelhaft aufgeblasenen Symbole. Das Kartenpaket wurde Tag und Nacht von einer Nobelgarde bewacht und alle vierzehn Tage durch Gelehrte von Weltruf gemischt und kontrolliert. Die vier Männer, die man alljährlich zu Monarchen machte, mußten lediglich die eine Bedingung erfüllen, den Königen des Normaltarockspiels möglichst ähnlich zu sehen. Durch dieses Wahlsystem war jedem Schwindel und jeder Korruption der Weg abgeschnitten. Männer aller Stände, ohne Ansehen von Bildung, Abkunft und sogar Sittsamkeit, gelangten solcherart zur erhabensten Würde — ein Vorgang, wie ihn nur noch das Papsttum für sich in Anspruch nehmen darf.

Der mächtigste Mann im Reich war der »Sküs«, benannt nach der höchstwertigen, wenngleich ein wenig harlekinartig kostümierten Figur des Kartenspiels. (Doch wurde von dieser unbedeutenden Äußerlichkeit die erhabene Würde seiner Stellung

nicht in Mitleidenschaft gezogen; große Staatsmänner wirken nach außenhin immer ein wenig komisch). Der Sküs also lenkte die Staatsgeschäfte mit diktatorialer Gewalt, schüttelte unaufhörlich neue Gesetze aus dem Ärmel und tat mindestens einmal in der Woche irgend etwas Umwälzendes. Ihm zunächst an Rang und Ansehen stand der »Mond«, seinem Ziffernwert nach ein Einundzwanziger, was ihn in den Augen vordergründiger Tarockspieler lediglich dazu befähigt, die zwanzig übrigen Tarocke zu stechen; davon, daß diese Figur den einundzwanzigsten Grad einer höchst mystischen Freimaurerei bekleidet, weiß man am Stammtisch natürlich nichts. An dritter Stelle rangierte der »Pagat«, der als Finanzminister eine sehr wichtige Stimme hatte. Alle drei zusammen bildeten die »Trull«, ein niemals zu stürzendes Kabinett.
Das Reich umfaßte bei seiner Gründung einen nicht unbeträchtlichen Teil Südösterreichs, ehemals Freysingisches, Salzburgisches, Bambergisches und Brixner Enklavengebiet, grenzte im Norden an die Steyermark und Kärnthen, im Osten an Kroatien, reichte im Süden ans Meer und im Südwesten bis an die Grenze des märchenversponnenen Lagunenreichs Venedig, das es wohl als ersten Fremdkörper verschlingen wird. Denn welche andere Stadt wäre so phantastisch und unwirklich, wäre so wenig von dieser Welt und darum so sehr geschaffen für den Übergang ins Traumreich!
Um hier nur eine Kleinigkeit ins Treffen zu führen: noch kein normaler Mensch, einschließlich der geborenen Venetianer, hat sich in Venedig jemals ausgekannt. Ich selbst, der ich dort jahrelang das Gymnasium besuchte, habe zum väterlichen Palazzo, obwohl er keine drei Minuten vom Markusplatz entfernt lag, nur mit Mühe und manchmal erst nach stundenlangem Suchen heimgefunden. Wie oft erschien ein Professor nicht zum Unterricht, weil er sich verirrt hatte! Wie oft traf ich meine Mutter mit einer störrisch schluchzenden Magd — sie hatten beim Einkaufen den Weg verloren! Oder ich sah irgendwo meinen Vater, düster zu Boden blickend, am ergrauten Schnurrbart kauend und bisweilen heftig mit dem Stock gegen das Pflaster stoßend. »Geh nur nach Hause, mein Kind«, pflegte er mir auf meine besorgten Erkundigungen zu antworten. »Ich lasse Mama grüßen, und sie möchte

die Suppe auftragen lassen. In längstens fünf Minuten bin ich da.« Aber nicht selten wurde es Abend, ja tiefe Nacht, ehe der übermüdete Mann sich endlich zur Mittagstafel setzen konnte.
Es gehört nämlich zu den sonderbaren Marotten jedes auch nur vorübergehend in Venedig Seßhaften, lieber obdachlos umherzuirren, als nach dem Weg zu fragen, geschweige denn sich führen zu lassen. Das würde auch gar nichts nützen. Immer wieder habe ich selbst Eingeborene der Lagunenstadt — darunter Briefträger und Polizisten oder städtische Ingenieure mit Meßlatten — wehklagend vor Madonnenbildern gefunden: falsche Scham verbot diesen Unglücklichen, Auskünfte über den Weg einzuholen. So wandten sie sich in ihrer Verzweiflung an die höheren Mächte, und die Kirche strich schmunzelnd manchen Batzen für die Gelübde der Verirrten ein. Übrigens bekommt man in Venedig außer den fehlerhaften Kursbüchern, die in ganz Italien zu stark herabgesetzten Preisen erhältlich sind, um ein wahres Spottgeld auch falsche Stadtpläne zu kaufen. Es ist ja doch alles eins. Sogar geistlos kopierte Schnittmuster werden dem naiven Reisenden als Stadtplan aufgeschwatzt.
Damit dürfte auch das auffallend rege Straßenleben der im Grunde nur wenig bevölkerten Stadt endlich eine Erklärung gefunden haben: es kommt von den vielen Verirrten.

Als Metternich die eisenfesten Grundzüge der tarockanischen Konstitution für die Ewigkeit verankert und somit dem nordischen Ordnungsgeist Genüge getan hatte, tauchte die Frage auf, was mit den Südprovinzen geschehen solle und wie dort wohl die nötige Zufriedenheit zu schaffen sei, damit das unter der Asche glimmende Feuer der neuen nationalen Bewegungen nicht als lodernde Flamme emporschlage. Nach langem Grübeln kam dem genialen Staatsmann der rettende Gedanke: man mußte ein uraltes, zutiefst poetisches Volksideal zur politischen Realität machen, mußte das geheimnisvolle Maskenreich verwirklichen, die wahre Lebensform des Südens, die bisher nur in den Figuren der Commedia dell'arte zu traumhaftem Dasein erwacht war. Und wie einstmals aus den von Kadmos gesäten Drachenzähnen die Geharnischten sich aus den Furchen des Ackers erhoben, tauchten jetzt schellenklingend die Legionen des Harlekinheeres auf, geführt von ernsten, krummnasigen Scaramuzzen mit riesigen schwarzen Nasenlöchern, von Brighella, dem Vertreter der Fresser und Prahler, von Policinello, dem Bajazzo mit Höcker und Hakennase, vom alten Pantalone, in dem der ängstliche, geizige, verliebte und vielgeprellte Kleinbürger sich ausgeprägt sah. Der schwatzhafte Dorsemus der Antike hatte sich zum Dottore gewandelt, zur Inkarnation des Rechtsgelehrten, der die Leute beschwatzt und betrügt. Die höheren Stände fanden sich mit befriedigter Eitelkeit im schwadronisierenden Tartaglia verkörpert, das Militär, insonderheit die Generalität, im Napparoni Flagrabomba und im Capitano Spavento, die alten Kriegshelden im Malagamba und im Capitano Cuccuruzzù. Dem Arlecchino, damit er nicht zu üppig werde, waren als Konkurrenten der tölpelhafte Truffaldino und die dummdreisten Mezzetin und Gelsomino beigegeben. Das schöne Geschlecht spiegelte sich lieblich in der sanften Colombine, der pikanten Zerbinetta, in Pulcinella, Spiletta, Zurlana und Civetta. Figuren der Ewigkeit waren das, vom wackeren Ficoroni festgehalten in seinem prachtvollen, wenn auch planlosen Kupferstichwerk »De larvis, scenis et figuris comicis, Romae 1754«.

Sie alle gelangten in Tarockanien alsbald zu hohen gesellschaftlichen Würden und wichtigen Ämtern. In stilvoller Maskerade beherrschten und regulierten sie das öffentliche Leben. Immer wirbelten sie bunt durcheinander, umkomplimentierten sich aufs feierlichste, ohne das geringste zu arbeiten und ohne etwas anderes als pompöse, ruhmtriefende Erlässe hervorzubringen. Selbst bei der Verlegung von Hundehütten oder anläßlich der Erneuerung eines Sitzbrettes auf einer ländlichen Bedürfnisanstalt gab es Flaggen, Spaliere, Ehrensalven und stundenlange pathetische Reden. Gelegentlich konnte es geschehen, daß zum Abschluß der Feierlichkeiten auf schäumendem Renner der Schlußmann einer Stafette herangebraust kam, um zu melden, daß man an falscher Stelle amtiert habe. Doch tat das der gehobenen Stimmung und der allgemeinen Selbstzufriedenheit keinen Abbruch. Und erfahrungsgemäß sind es gerade solche Staaten, welche blühen und gedeihen und sich hohen internationalen Ansehens erfreuen.

Nun aber wird es Zeit, daß wir uns dem Helden unserer Geschichte zuwenden, dem eine Reise in dieses Land zum Schicksal werden sollte.

Cyriakus von Pizzicolli, der Sohn angesehener Eltern, erblickte zu Stixenstein in der Steyermark das Licht der Welt. Jedem andern hätte die Wahl dieses Geburtsortes zu denken gegeben. Ihm nicht. Er wuchs in den denkbar angenehmsten Verhältnissen auf, und alles schien darauf hinzudeuten, daß ihm ein geregeltes, sorgenfreies, von bürgerlicher Achtung umhegtes Leben bevorstünde.
Die Familie Pizzicolli stammte aus Ancona, wo, als dieser Teil der sogenannten Legationen des Kirchenstaates noch unter österreichischer Verwaltung stand, der Großvater Cyriaks den Posten eines k. k. Münzwardeins des dorthin dislozierten Herzoglich Rovere'schen Münzamtes von Urbino bekleidet hatte — ein überaus verantwortliches, wenngleich so gut wie ressortloses Amt, denn die besagte Münze hatte ihren Betrieb 1631 eingestellt. Der Grund hiefür lag in einem fiskalischen Prozeß, der frühestens in einigen Jahrhunderten abgeschlossen sein wird, nämlich erst dann, wenn endgültig geklärt ist, wieso der erste Herzog Urbinos aus dem Hause della Rovere nicht nur der Sohn des letzten, 1508 verstorbenen Herzogs aus dem Hause Montefeltre, sondern zugleich ein Sohn des Papstes Julius II. sein konnte. Tatsache ist, daß Julius II. seinen Sohn Francesco della Rovere, bis dahin Tyrannen von Sinigaglia, der nun eben ein Sohn des erwähnten Guidobaldo von Montefeltre gewesen sein soll, zum Herzog von Urbino ernannte. Ich habe, offen gesagt, diese Darstellung nie so recht verstanden; doch tritt die Universität Lecce in Apulien mit Nachdruck für sie ein. Fest steht jedenfalls, daß Leo X., der Nachfolger Julius' II., dessen Weg zur Hölle buchstäblich mit mißratenen Söhnen gepflastert war, sich von den Rechts- und Kompetenzfragen dieser komplizierten Sachlage dergestalt angewidert fühlte, daß er Franzen vertrieb und seinen Nepoten Lorenzo de Medici — nach Gemälden zu urteilen, wohl eher der Sohn einer ausnahmsweise schon damals existenten Negerjazzband — mit Urbino belehnte. Leos Nachfolger Ur-

ban VIII. entschloß sich aber im Jahre 1631, Urbino dem Kirchenstaat einzuverleiben. Dort blieb es bis 1860 und wurde schließlich nach längerer Belagerung an einem langweiligen Nachmittag durch Garibaldi ganz allein gestürmt. Die anderen Herren hatten sich beim Mokka verplauscht.

Von alledem wußte der junge Cyriak wenig, oder es kümmerte ihn nicht. Er war ein hübscher, wohlerzogener Junge, der sehr streng gehalten wurde. Zumal seine Mutter, eine geborene Baronin Inacher-Kadmić, auf den ungewöhnlichen Namen Authonoë getauft, pflegte ihn für alles Erdenkliche verantwortlich zu machen. Das ging so weit, daß sie einmal, als eine vorbeifliegende Taube seinen neuen schwarzen Sonntagshut verunreinigt hatte, den schüchternen Jungen anherrschte: »Schau, was du da wieder gemacht hast . . .!« Vielleicht war seine außerordentliche Wanderlust, die später zum Durchbruch kam, auf den uneingestandenen Wunsch zurückzuführen, diesen ewigen Vorwürfen zu entfliehen, vielleicht hatte sie weit tiefere Ursachen, die in einem früheren Vorleben wurzeln mochten — eine Möglichkeit, für die auch noch andere seltsame Eigenschaften des jungen Menschen zu sprechen schienen: zum Beispiel die, daß er Wildbret, insbesondere Hirschfleisch, verabscheute; daß er ferner in einem höchst sonderbaren Verhältnis zum Jagdwesen stand, welches ihn bald anzog, bald abstieß; und daß der Name »Anna« ihm geradezu Entsetzen einflößte, wobei der Artikel »die« vor dem ominösen Namen sein Entsetzen ins Maßlose steigerte. Doch schwanden alle diese Erscheinungen nach seinem siebenten Lebensjahr restlos.

Am weitaus merkwürdigsten war die Beziehung Cyriaks zu Hunden. Oft preschten ganze Rudel von ihnen mit gesträubtem Fell auf ihn los, ohne daß irgend jemand wußte, wie sie sich so plötzlich zusammengeschart hatten. Aber jedesmal hielten sie knapp vor Cyriak inne, wurden verlegen und machten sich dann Stück für Stück allerhand anderes zu schaffen, als ob das Ganze sie nichts anginge. Schließlich verkrümelten sich die ordinären Gesellen, unter denen rätselhafterweise immer ein paar Molosser zu sehen waren, Angehörige einer Hundesorte, die lediglich in antiken Erzählungen auftritt.

Von ein paar kleineren Reisen abgesehen, war Cyriak niemals

weit von Graz, wo die Familie Pizzicolli wohnte, weggekommen. Das änderte sich, als eine Katastrophe von seltener Tragik ihn plötzlich zum Waisenkind machte. Seine guten Eltern ertranken gelegentlich einer sonntäglichen Unterhaltung in der Mur, und nur den verbeulten Zylinder des Vaters — an jenem Tag ganz ausnahmsweise und wohl zum Jux mit einem heiteren Gamsbärtchen geschmückt — spieen die grauen Wogen ans Land. Der bestürzte Junge sah sich frei, machte auch das unbewegliche Erbgut zu Geld und begab sich an einem strahlenden Frühlingsmorgen auf die Bahn. Er bestieg bei voller körperlicher und geistiger Gesundheit den um 8 Uhr 30 aus Bruck kommenden Personenzug, erreichte wenige Stunden später die Grenze des Traumreichs und befand sich knapp vor Mitternacht desselben Tages über eigenes Verlangen in einer Irrenanstalt. Aber wir wollen den Ereignissen nicht vorgreifen.

II

Cyriak war gegen Mittag an der Grenze angekommen. Den Namen des Grenzortes verschweigen wir durchaus im Sinne tarokkanischer Lebensauffassung — es liegt uns ferne, den Fremdenverkehr zu fördern oder einer leichtsinnigen Wanderlust neue Wege zu ebnen.

Die Zolluntersuchung wurde äußerst rigoros und mit hingebungsvoller Genauigkeit durchgeführt. Feinhörige meinten den Fiskus vor Vergnügen quieken zu hören. Besonders leidenschaftlich forschten die Zollorgane nach einer dortzulande streng verpönten Wurstsorte, deren Name allerdings streng geheimgehalten wurde und die man auch noch niemals gefunden hatte. Aber man war zufrieden, das Reisepublikum in Angst und Ungewißheit zu versetzen und ihm die Macht der staatlichen Ordnung vor Augen zu führen.

Nach Beendigung der Einzelkontrollen umringte eine Anzahl maskierter, düster aussehender Figuren die Reisenden, um nochmals sorgfältig die Gepäckstücke abzumessen. Dann mußte man sich einer Chlorräucherung unterziehen und durch eine mit Karbolwasser gefüllte Pfütze schreiten, und schließlich wurden die also präparierten Ankömmlinge in einer geräumigen Postkutsche untergebracht, in deren Platzverteilung sich kein Mensch zurechtfand. Pizzicollis Sitznachbar war ein sympathisch aussehender älterer Herr, der sich als Hofrat an der staatlichen Seidenschwanz-Beobachtungsstation zu St. Lambrecht entpuppte.

»Denen Seidenschwänzen«, so begann er die Unterhaltung, »denen Seidenschwänzen kann man nicht trauen. Jawohl, so ist es und nicht anders. Hören Sie. Wir sind in St. Lambrecht unserer siebene. Keiner mehr, keiner weniger. Siebene. Tag und Nacht auf dem Posten. In der Nacht hübsch mollige Schreibtische — was wahr ist, ist wahr. Nun wissen Sie doch sicherlich, daß die Seidenschwänze Unglück vorausverkündigen . . .«

Er stockte, verlor trotz dem aufmunternden Nicken der Umsitzenden den Faden und begann von gänzlich anderen Dingen zu reden, was indessen niemandem aufzufallen schien. Das Eis war gebrochen. Hin und her wogte die Konversation. »Sylphiden haben keine Schleimbeutel« und ähnliche selten gehörte Gesprächsfetzen drangen an Pizzicollis Ohr. Ein Feuerfresser packte seinen Kram aus und begann zu frühstücken, knabberte einige Knallerbsen an, schnüffelte an einer mit blauem Papier umwickelten Rakete, die er wohl nicht mehr ganz frisch fand, da er sie angeekelt wegwarf. Mit donnerndem Krach explodierte sie, so daß die Gäule zu rasen begannen. Nun war der allgemeine Appetit geweckt. Ein Messerschlucker bot sein Frühstückskörbchen artig in die Runde, ein Herr in einer befremdlich wirkenden Halbmaske aus Spiegelglas folgte ihm mit einer grauen, aus Elefantenohr geformten Tüte, in der große, tückisch aussehende Bonbons kauerten. Pizzicolli glaubte seinen Augen nicht länger trauen zu dürfen; und seinen Ohren nicht, als er Dialoge aufschnappte wie den folgenden:

»Was sind von Beruf, wenn ich fragen darf?«

»Schlafittchenschläger. Und Sie?«

»Werkmeister in einer Purzelbaumsäge.«

»Erschrecken Sie nicht, mein Herr.« Ein Reisender mit einer in unheimlich funkelnden Facetten geschliffenen Brille wandte sich an Cyriak. »Das sind keine Ämter, sondern bloß Würden,

kleine Würden. Ich kann Ihnen das in meiner Eigenschaft als Schnüffelsieder vollkommen authentisch versichern.«
Nach dieser erschöpfenden Ansprache schlief er ein, so daß Cyriak sich bei seinem Gegenüber erkundigen konnte, ob er richtig gehört habe.
»Ja, ja«, nickte der. »Ganz richtig. Es ist Chrysostomus Papperlapander von Schwetzheiß, amtlich tarockanischer Sittenschnüffler — was jedoch, um das Geheimnisvolle seines Amtes anzudeuten, in Schnüffelsieder verwandelt wurde ... Warten Sie, wir werden ihn gleich in Betrieb setzen.«
Mit diesen Worten griff er ins Gepäcknetz und holte ein bräunliches Gewürge hervor, das er aufzublasen begann. Ein Luftkissen, wie Cyriak annahm. Doch das Ding wuchs zu anderer Form — und plötzlich stand ein Hündchen vor ihnen, ein brauner, zottiger Pinsch. Dank einer sinnreichen Vorrichtung, die sein Besitzer jetzt betätigte, konnte das niedliche Tierchen ein Hinterbein heben und eine Flüssigkeit absondern, die sofort die gewünschte Richtung auf des Sittenschnüfflers Hose nahm.
Wenn Papperlapander von Schwetzheiß wirklich geschlafen hatte, ließ er sich jetzt nichts davon anmerken. Er zog sein Hosenbein so weit als angängig hinauf, beäugte es vorgebeugt durch die facettenreiche Brille und erhob sich sodann zu voller Größe. Mit wehendem Haupthaar stand er furchtgebietend in der eilig dahinsausenden Kutsche:
»In meiner Eigenschaft als amtlicher Schnüffelsieder fordere ich Sie auf, ehe Sie in den Verdacht einer tätlichen Amtsehrenbeleidigung geraten, respektive in diesen Verdacht durch eine bereits vollzogene Tathandlung geraten zu sein verdächtig werden oder geraten gewesen zu sein verdächtig werden könnten ... oh sehet die spielenden Lämmer!« unterbrach er, auf eine Wiese zeigend, seine würdevolle Drohrede, nicht ohne dabei über die scharfgeschliffenen Ränder seiner Brille zu blicken.
Man benützte die Pause, um ihm einen kalten Krapfen zu reichen, den er jedoch mit grandioser Gebärde von sich wies. Aber er kam nicht mehr dazu, seine Rede fortzusetzen. Die Kutsche hielt unvermittelt an einer buckligen Felswand, das Fahrpersonal setzte im Hui das Gepäck auf die Straße, nötigte die Reisenden

durch unmißverständliche Gesten zu raschem Aussteigen — und ehe man sich's versah, sauste das völlig entleerte Gefährt in einer gewaltigen Staubwolke davon.

Im Rücken der verdutzt Dreinschauenden klang eine dünne, sonderbar ausgeleierte Fistelstimme auf:

»Sie befinden sich am Hinterteil eines Naturwunders, und ich bitte um ein kleines Trinkgeld, das meine kärglichen Bezüge als Wächter dieses Einstiegs ein wenig aufbessern soll. Achtung, Stufe!« Den erstaunt sich Umwendenden nickte ein fahler, buckliger Greis freundlich zu und fuhr fort: »Die Herren wollen gewiß auf kürzestem Weg nach Gurkfeld? Wer Gurkfeld nicht gesehen hat, hat nichts gesehen. Kommen Sie.«

Er schneuzte die Laterne und schritt voran in den Schlund der Erde. Der Weg war glitschig, ab und zu donnerte ein Wasserfall durch eine Seitenschlucht der ungeheuren Dome, die sie durchwanderten.

»Hier ist das Ei.« Der Führer wies auf ein Tropfsteingebilde von ungeschlachter Größe. »So genannt nach dem Frühstück, das Kaiser Franz an dieser Stelle einzunehmen geruhte. Rechts davon die drei sich beschnuppernden Löwen. Dort das Klavier spielende Embryo. Und dort die Posaunengurke.«

Alles blieb stehen und bewunderte pflichtgemäß die krampfhaft zur Figur gedeuteten Gebilde einer stumpfsinnig wirkenden Natur.

»Wollen sich die Herrschaften nicht fotografieren lassen?« Ein zottelbärtiger Mann mit entzündeten Augen trat hinter dem Klavier spielenden Embryo hervor und stellte einen großen Kasten vor sich hin.

»Hihihi«, lachte hämisch der Bucklige, der mit Spitzstock und Laternchen den feuchten Boden nach Zigarettenstummeln absuchte. »Glauben Sie ihm nicht. Der Kasten ist leer. Die Fotografie ist ja noch gar nicht erfunden.«

»Du Lump«, heulte der Zottelbart. »Du lichtscheues Gesindel. Die Fotografie noch nicht erfunden? Wo lebst du eigentlich? Meine Herren, es ist wahr: Ich kopiere meine Bilder auf Zuckerhutpapier. Aber das kommt Sie erstens billiger und bringt zweitens dieselben Resultate. Gruppenaufnahmen bringen immer dieselben Resultate.«

Der bucklige Führer hatte seine Zigarettensuche beendet und drängte weiter. Nach einiger Zeit wurde von fern das Bimmeln eines Glöckchens hörbar, klein und zart und doch unzweifelhaft Wichtiges verkündend. Cyriak schärfte den Blick. Tatsächlich: als man um die nächste Ecke bog, stand man an der Eingangsfront eines nicht zu verkennenden Stationsgebäudes. »Freyenfeld — St. Superan« war über der Pforte zu lesen, und »Zu den Personenkassen« stand auf einer Milchglastür.

»Zu Ihrer Aufklärung, da Sie hier offenbar fremd sind.« Es war Cyriaks Sitznachbar aus der Postkutsche, der sich jetzt gedämpften Tones an ihn wandte. »Gestatten Sie zunächst: Janus Nebelwischer mein Name. Und jetzt zu Ihrer Aufklärung. Wir haben natürlich auch eine Bahn in den Nordprovinzen. Aber wir verstecken sie sorgfältig vor dem reisenden Publikum, um einer unwillkommenen Hebung des Gastwirtsgewerbes in den Sommerfrischen zu steuern. In den flachen Südprovinzen ist das leider schwer angängig. Hier aber, in dieser höhlenreichen Gegend, kommt uns Mutter Natur auf halbem Wege liebreich entgegen. Nur müssen wir die Strecken teilen und haben daher so viele Bahndirektionen, als es zusammenhängende Höhlensysteme gibt. So regelt sich alles von selbst.«

Kaum war die Gesellschaft auf dem Perron angelangt, als das Bimmeln des Glöckchens sich frenetisch verstärkte und aus der Bergesnacht ein Train hervorgebraust kam. Vier ächzende Lokomotiven, flachen Sparherden nicht unähnlich — ein Typ, wie er auf der Oberwelt nicht mehr gerne gezeigt wird —, schoben sich dampfend und unter Ausstreuung vieler glühender Asche an den Reisenden vorbei. Schaffner sprangen ab, öffneten die zahllosen Coupétüren und brüllten auf unverständliche Art den Stationsnamen in das rauchige Dunkel. Vermummte Kinder liefen den Zug entlang und priesen verschiedene Waren an: lebende Grottenolme, Gesteinssplitter und sogar frisches Wasser, obwohl über dem Perron aus unbekannter Höhe ein feiner, eiskalter Wasserstrahl niederging.

Bei einer Felswand nahe dem Zugsende entstand Gebrüll: einigen Reisenden wurde von einem energischen Stationsbeamten die Benützung des Anstandsortes verweigert, mit der Begründung,

daß sich in dem unheimlichen Labyrinth erst vor kurzem zwei Unglückliche auf Nimmerwiedersehen verloren hätten.
Signale und Abfahrtsrufe ertönten. Cyriak schickte sich gerade zum Einsteigen an, als vom Kopfende des Zugs ein Uniformierter herangaloppiert kam:
»Ausländer? Ausländer?!« Und da er Cyriak an seinem verdutzten Aufblicken als solchen erkannte, schob er ihm ein Formular hin: »Dann bitte den Revers des ewigen Schweigens zu unterschreiben.«
Wohl oder übel mußte Cyriak, der sich gleichzeitig von einem Halbkreis unvermittelt aufgetauchter Masken und Figuren umringt sah, dem Geheiß Folge leisten.
»War Wurstverdacht?« meckerte ein teufelsbärtiger Geselle und schielte dergestalt, daß man nur das Weiße seiner Augen sah.
Cyriak ließ sich indessen im Ausfüllen des Formulars nicht stören. Es wurde ihm hernach von vier Scaramuzzen in schwarzen Kapuzen abgenommen, die zuerst das Blatt und dann den Reisenden lange und finster musterten. Hierauf murmelten sie miteinander, verschränkten die Arme und blickten reglos vor sich hin. Nach einer Weile traten zwei offenbar jüngere Amtsorgane, die eine Kassette trugen, dicht an Cyriak heran. Sie nötigten ihn, den Rock auszuziehen und die rechte Hand auszustrecken. Umständlich wurde von seinem Daumen ein Abdruck genommen, den die vier Düsteren von allen Seiten intensiv betrachteten. Schließlich korrigierten sie daran einige Linien, überstrichen — wohl um Unberufene irrezuführen — das ganze Blatt mit schwarzer Farbe und gestatteten Cyriak zögernd die Weiterfahrt.
»Sie haben Glück gehabt«, flüsterte Nebelwischer ihm zu, als der Zug sich in Bewegung setzte. »Die waren heute nur halbamtlich tätig. Wenn sie ganzamtlich amtieren, sind sie noch viel strenger. Den ganzamtlichen Charakter erkennt man schon von weitem daran, daß sie zur vollen Gala einen künstlichen Höcker tragen, was den Ernst ihrer Erscheinung unendlich erhöht. Bei besonders feierlichen Anlässen kommt noch eine schwarze Halbmaske mit einer überlangen krummen Nase dazu. So erscheinen sie auch im Großen Rat, um ihre Meinung abzugeben. Das ist eine sehr weise Einrichtung. Niemand erfährt, wer gesprochen hat, und

die lange Nase hat überdies den Vorteil, daß man so gut wie kein Wort versteht. Sie sehen: auf diese Weise ist das Parlament absolut unschädlich, ohne daß man auf seine dekorative Wirkung verzichten muß.«

Von da an wurde das Gespräch immer aufs neue von Kontrollorganen unterbrochen, wobei es Cyriak mit der Zeit aufzufallen begann, daß nachfolgende Beamte mehrmals die Fahrkarte beanstandeten, die ihre Vorgänger anstandslos anerkannt hatten. Sein Billet wurde wiederholt mit großen Lupen untersucht, ja einmal sogar mit einem Mikrometer gemessen. Das Resultat wurde einer Kommission diktiert, deren Oberhaupt, ein eigensinniger Greis mit Watte in den Ohren, sich aber nicht so leicht zufriedenstellen ließ. Schließlich riß man ein Stückchen von Cyriaks Karte ab, verbrannte es und schnüffelte an dem Rauch. Erst jetzt schien die Situation bereinigt.

Es schien nur so. Abermals flog die Tür auf, und herein traten zwei Hellebardiere, gefolgt von zwei Cavallen, die über der Kopfbedeckung noch einen Pferdekopf aus Papiermaché trugen; auf ihren Mänteln waren zwei Arme gemalt, von denen der eine die Zügel eines nicht vorhandenen Pferdes, der andere einen gemalten Säbel hielt.

Nebelwischer, Papperlapander und die anderen Reisenden erhoben sich und standen habtacht, denn die Cavalle bedeuteten immer das Nahen eines besonders hochgestellten Beamten. Ein solcher trat denn auch bald genug ein, goldstrotzend, mit Federhut und Allongeperücke, auf einen riesigen Bleistift gestützt, wie man sie bisweilen in den Auslagen neuerungssüchtiger Papierhandlungen findet.

»Warum stehen Sie nicht auf?!« brüllte der hohe Herr den sitzen gebliebenen Pizzicolli an. »Wissen Sie nicht, wer ich bin? Ich bin der reisende Arm des Sküs! Ich bin so gut wie die Trull! Erzittern Sie!«

Die Cavalle begleiteten seine Rede mit Blicken voll drohender Bestätigung.

»Ihr Billett!« Cyriak reichte es ihm, und der Prunkvolle triumphierte prompt: »Wo haben Sie das denn her?«

»Am Schalter von Freyenfeld — St. Superan gekauft.«

»Soso. Seit wann verkauft man dort Karten ohne Datumsstampiglie? He? Ich hätte gute Lust, Sie sofort aussteigen zu lassen. Dann können Sie meinetwegen auf der Strecke verhungern. Jawohl, verhungern!«

»Ich verbitte mir diesen Ton!« replizierte Cyriak mit einer Schärfe, die seiner sanftmütigen Wesensart durchaus nicht entsprach. »Ist das die Art, wie man hier Gäste aus einem befreundeten Nachbarland behandelt?«

»Nachbarland, Nachbarland!« höhnte der Goldstrotzende. »Wir haben keine Nachbarländer. Wir sind das einzige Nachbarland der Welt. Merken Sie sich das, Sie Idiot!«

»Jetzt wird's mir aber zu bunt!« Zornbebend sprang Cyriak auf und machte Miene, sich auf den geblähten Würdenträger zu stürzen, der gurgelnd vor Wut entfloh, von den dumpf mit den Mänteln flatternden Cavallen gefolgt. Cyriak griff ins Gepäcknetz und warf ihnen das erste Köfferchen nach, das er erwischte, traf aber niemanden mehr.

Der kleine Handkoffer hatte sich geöffnet. Ein runder, weißer Gegenstand hüpfte den Waggongang entlang und zerbrach klirrend. Der Besitzer des Koffers schnellte zur Tür, hob verzweifelt die Arme, ließ sie nach einigen Sekunden wieder sinken und kehrte mit hängendem Kopf ins Coupé zurück.

»Was tu ich jetzt«, murmelte er tonlos. »Was tu ich jetzt.«

Cyriak wischte sich den Schweiß von der Stirne und entschuldigte sich; er werde natürlich den Schaden voll ersetzen. Aber der Verstörte wehrte kopfschüttelnd ab und sank gebrochen in die Polster seines Sitzes.

»Unseliger!« donnerte jetzt der amtliche Schnüffelsieder auf Cyriak los. »Unseliger, was haben Sie getan? Ich rede gar nicht davon, daß Sie mit dem Generaldirektor dieses Netzes in einen Konflikt geraten sind, der noch böse Folgen nach sich ziehen kann. Aber Sie haben das höchste Ehrenzeichen dieses vortrefflichen Mannes hier in Scherben geschlagen ... ein unersetzlicher Verlust ...«

Und Cyriak erfuhr, daß er den Ehrennachttopf eines hohen, soeben in den wohlverdienten Ruhestand versetzten Beamten mit frevler Hand vernichtet habe, das höchste Amtsehrensymbol des

Staates, das nur besonders verdienten Staatsdienern vom Hofrat aufwärts verliehen werde.
Cyriak versprach dem schluchzenden Besitzer, sich an höchster Stelle um die Verleihung eines Ersatzgefäßes zu bemühen. (Der zertrümmerte Nachttopf war der Form nach ein Männchen gewesen, ein strammes, lebensfähiges Männchen.) Doch da seine Versprechungen auf eisigen Unglauben stießen, ließ Cyriak schließlich ab. Er verbrachte den Rest der Fahrt in abgekehrtem Dösen und fühlte sich nicht wenig erleichtert, als der Train in Gurkfeld anhielt.
Allerdings hätte er nicht gewußt, daß es Gurkfeld war, wenn Nebelwischer ihn nicht darauf aufmerksam gemacht hätte.
Sein leichtes Gepäck in der Hand, stieg Cyriak eine gewundene, erstaunlich breit angelegte Treppe empor, von der er annahm, daß sie aus dieser absonderlichen, nach Art eines Untergrundbahnhofs angelegten Station direkt in die Oberwelt führen würde. Zu seinem Erstaunen erwies sich, daß die letzte Tür, die er öffnete, in einen Kasten führte, dessen rechter Teil von mehreren Fächern mit Kompott-Tiegeln ausgefüllt war. Verwirrt sah Cyriak um sich. Es dauerte sekundenlang, ehe er auch die Gegenseite des Kastens als Tür agnoszierte. Er öffnete sie und befand sich im nächsten Augenblick in einer gemütlichen, kleinbürgerlichen Schlafstube, in der bloß die zahllosen Abdrücke straßenkotiger Schuhe auf dem Holzboden ein wenig befremdlich wirkten. Cyriak ging weiter, trat in eine Wirtsstube, wo eine schläfrige Magd beim Schein eines Lämpchens strickte, öffnete noch eine Tür und stand im Freien.
Der Bahnhofsplatz von Gurkfeld. Cyriak kam sich ein wenig wie ein Geächteter vor, als sich das fremde Dunkel vor ihm auftat. Die Erinnerung an die entwürdigenden Erlebnisse seiner Bahnfahrt stieg widerwärtig in ihm hoch. Schweigerevers — Wurstverdacht — Rauchkontrolle an den Fahrkarten — Cavalle und Protokolle — es fehlte nur noch Hexenriecherei oder gar der Paßzwang. Aber so verblödet war man selbst im Lande Tarokkanien noch nicht! Und mit dieser beruhigenden Erkenntnis trollte Cyriak los.
Gurkfeld, 20 000 Einwohner, Kapuzinerkloster, Schloß der

Fürsten Sparrenschild, berühmte Viehmärkte am St.-Anastasius- und Nikodemustage, Kaffee-Ersatz-Fabrik der Firma Gianaclis frères ... so viel wußte er noch aus der Schulzeit. Wie wenig war das doch!

Es regnete still und traurig. Vier trübbrennende Gaslaternen umstanden gelangweilt ein Monument. Cyriak trat ganz nahe heran, aber die Inschrift konnte er nicht entziffern.

III

Wie lange Cyriak in der Betrachtung des Monuments verharrt hatte, wußte er nicht. Plötzlich klang in seinem Rücken sanfter Trommelwirbel auf. Er wandte sich um. Ein Knabe, aus dessen langen Locken das Wasser perlte, rührte das feucht klingende Instrument und begann, von einzelnen »Rataplans« und »Burlebums« unterbrochen, mit süßer Stimme zu singen:

Willst du froh die Nacht verbringen —
Schöner Fremdling, komm mit mir!
Hörst die vier Carusos singen,
Siehst die Gladiatoren ringen,
Siehst, wie sich im Reigen schwingen
Holde Mädchen — komm mit mir!
Was die Küche, was der Keller
Leckres beut für Glas und Teller,
Gullasch, Schinken, Wein und Bier,
Soll dir munden — komm mit mir!

In schmelzender Kantilene endete das anmutige Geschöpf seinen Sang und guckte schelmisch aus den Augenwinkeln.

»Ja aber — wer bist du denn?« fragte Cyriak verdutzt.

»Ich bin das Barmädchen.«

»Das Barmädchen? Du bist doch ein Knabe!«

»Wie's beliebt. Sie werden ja sehen. Und jetzt kommen Sie zu uns ins Varieté, nicht wahr?« Damit hatte der kleine Tambour die triefnasse Trommel seitwärts gehängt und stapfte los. Cyriak folgte ihm.

Nach wenigen Minuten gelangten sie in eine enge, finstere Gasse, an deren Ende ein einsames Licht den Eingang zum Varieté trüb erhellte. »Musis Artibusque« stand in goldenen Lettern darüber.

Bei einem als Ludwig XIV. verkleideten Greis, der in einem seltsamen Holzverschlag links vom Eingang saß, löste Cyriak sein Billett. Peitschenknallende Stallmeister öffneten eine abgeschabte Samtportiere und ließen ihn in das Innere des von Tabakrauch erfüllten Musentempels ein. Rötlichgelbes Gaslicht flackerte allenthalben. Die Zahl der schütter im viel zu großen Raum verteilten Besucher wirkte geringer, als sie war. Cyriak nahm in seiner Loge Platz. Oben auf der Bühne stürzte gerade eine Menschenpyramide zusammen.

Noch ehe der Applaus verklungen und die Akrobatengruppe zur Gänze abgegangen war, erschien von der anderen Seite ein indischer Zauberer und ließ eine junge Gehilfin in eine große Laterne treten, in deren Glasgehäuse sie deutlich sichtbar blieb. Der Zauberer umschritt den Glaskörper und entzündete ein in dessen Innerem befindliches Pulver, das mit dichtem blauem Rauch explodierte. Dann zertrümmerte er das Glasgehäuse — und die schöne Gehilfin war verschwunden.

»Hypnose! Hypnooose!« ächzte eine gebückte Stimme unweit von Cyriak, der sich tadelnd umsah. »Hypnose!« beharrte ein plump aussehender Herr dicht neben ihm. »Wötten, daß?«

Cyriak konnte auf diesen Vorschlag nicht eingehen, da mittlerweile der wieder in Aktion getreten war und mit fremdländisch gefärbten Worten einige Zuschauer aufs Podium bat — er würde sie unverzüglich in Hunde verwandeln. Cyriaks Nachbar befand sich unter den Herren, die der Aufforderung geschmeichelt folgten. Und jetzt geschah wahrhaft Erstaunliches: Die Herren, kaum vom Stäbchen des Zauberers berührt, schrumpften zusammen und wurden zu munter bellenden Kötern.

Ein Beifallssturm brauste auf. Auch Cyriak klatschte laut. Es erstaunte ihn allerdings nicht wenig, daß die Hunde wieder ins Publikum zurückkehrten und daß sein Nachbar jetzt als große Ulmer Dogge neben ihm hockte.

Fröhlich mit den Ohren beutelnd, wartete der Verwandelte auf die weiteren Darbietungen. Seine lechzende Zunge tropfte vor Erregung. Als er merkte, daß Cyriak ihn verstört ansah, lächelte er, wobei seine Zunge für einen Augenblick verschwand, und fragte triumphierend: »Na? Was sagen Sie jetzt?«

»Sie sind ja ein Hund!« Entsetzt sprang Cyriak auf. »Ein Hund!« Rundum erklangen Rufe wie »Setzen!« und »Ruhe!«.

»Woos? I a Hund?« Zähnefletschend knurrte sein Sitznachbar ihn an. »Gleich nehmen S' es zruck.«

Schon waren erregte Zuschauer um Pizzicolli aufgetaucht: »Erlauben Sie ... der Herr Stadtrat Orbespichler ein Hund ... das ist stark ... entschuldigen Sie sich bei ihm ... aber sofort!«

Angesichts der drohenden Menge blieb Cyriak nichts übrig, als sich zu fügen. Er erhob sich. Der Kapellmeister klopfte ab, und Cyriak, zu der tückisch blickenden Dogge gewendet, bat — einem vorgesagten Text folgend — um Entschuldigung. Die Dogge beutelte sich, daß das Fell knallte, und legte eine schwielige Pfote in die Hand Cyriaks. Es *war* ein Hund, Cyriak merkte es ganz deutlich an der Afterklaue, die statt des Daumens allzu hoch saß.

Kalten Schweiß auf der Stirne, benützte er die nächste Gelegenheit, um sich aus der Loge zu schleichen, trat ins Foyer und ging an die Bar. Er wollte ein kühlendes Getränk zu sich nehmen.

Freundlich fragte das Barmädchen nach seinem Begehr. Cyriak fuhr zurück: er erkannte den kleinen Tambour vom Bahnhofsplatz.

»Verzeihen Sie, Fräulein ... sind Sie nicht eigentlich ein Trommler?«

»Der Herr scherzen.«

»Aber am Bahnhofsplatz — vor dem Monument —?«

Die Aufklärung, die ihm nun zuteil wurde, kam in leicht gespreiztem Tonfall: »Mir haben leider kein Monument und schon gar kein solches am Bahnhofsplatz, indem Gurkfeld nicht an der Bahn liegt. Mir sein ja so zurückgesetzt ...!« Die letzten Worte wurden von einem koketten Zupfen an der Tändelschürze begleitet.

Cyriak war völlig verdattert. Dann brauste er auf: »Betrug!«

rief er. »Infamer Betrug! Ich durchschaue euch! Das ist ja eine eurer staatlichen Lügen, daß ihr keine Bahn habt! Ihr haltet alle zusammen!«

Auf sein Geschrei hatte sich im Nu eine neue Menschenmenge um ihn gesammelt: »Verrückt geworden ... Gurkfeld an der Bahn ... nein, so was ... Monument am Bahnhof ... die Zenzl ein Bua ... aber er hat ja schon den Herrn Orbespichler für einen Hund gehalten ... unerhört ... Polizei, Polizei!« Auch die wildknurrende Dogge war erschienen und blickte den Verstörten mit blutigen Augen an. Ein hagerer Mensch mit Glotzaugen, die immer nur in eine Richtung schauen konnten, packte ihn am Rock und brüllte ein übers andre Mal: »Ein Geschworener is er, der Herr. Ein Geschworener!« Dabei deutete er mit bebender Hand auf den immer wilder knurrenden Köter. Der schnüffelte jetzt mit gesträubten Rückenhaaren an einer Ecke des Büfetts. Um ihn zu beruhigen, zeigte man ihm ein Wurstende, nach dem der flohwimmelnde Unhold und angebliche Laienrichter gierig zu schnappen begann.

Auf dem Höhepunkt des Durcheinanders erschien die Polizei. Aber wenn Cyriak geglaubt hatte, daß nun wieder halbwegs normale Zustände eintreten würden, sah er sich gründlich enttäuscht und aufs neue an den Rand des Irrsinns zurückgeworfen.

Die sieben Mann, die in hohen, lackierten Tschakos taktmäßig hereingestampft kamen, trugen auf den breiten Lederbandeliers ihrer Kommißsäbel die deutlich lesbare Aufschrift »Ferdinand Piatniks Söhne, k. k. landesbefugte Spielkartenfabrik, St. Pölten«. In jäher Stille standen alle sieben mit einem Ruck habtacht. Der erste von ihnen trat aus der Reihe und schnaubte ein paar Kommandorufe hervor, auf die nichts weiter geschah. Dann ging er von Mann zu Mann, nestelte an den Monturen, beanstandete schlecht geputzte Knöpfe und ließ allerlei militärische Übungen durchführen, die lauten Beifall fanden. Als das vorüber war, näherte sich ein älterer, in dicke Rauchwolken gehüllter Herr dem Kommandanten. Cyriak hatte noch nie im Leben einen so heftigen Raucher gesehen. Knochigen Fingers deutete der Nikotinwolkige auf Cyriak und richtete mit schleimheiserer Stimme ein paar unverständliche Worte an den Unteroffizier — offenbar eine Mahnung, nicht zu exerzieren, sondern amtszuhandeln. Jener aber schüttelte den Kopf und sagte, was nunmehr auch Cyriak verstehen konnte: »Lassen S' uns in Ruh, Herr Tschianagglis. Mir san falsch alarmiert worden. Heute hat 's andere Spiel den Tag!«

Tatsächlich kamen in diesem Augenblick andere sieben Mann ins Foyer getrabt, auf deren Bandeliers der immer verblüfftere Cyriak die in zierlichstem Messing angebrachte Aufschrift lesen konnte »Josef Glanz & Cie., Troppau«. Die beiden Detachements begrüßten einander auf das strammste und defilierten einige Male im Stechschritt aneinander vorbei. Das Publikum war begeistert.

Wie sich zeigte, war auch die zweite Truppe falsch. Die richtige — »Florian Pojazzis Eidam, Neffen und Erben in Stadt Steyr, auch Schwefelhölzchen en gros« — erschien jedoch nach wenigen Minuten, etwas atemlos und von donnernden Jubelrufen begrüßt. Etwaige Zweifel, ob man nun das richtige Korps vor sich habe, wurden endgültig beseitigt, als in schöner Eintracht die tarokkanische Volkshymne erklang:

Gott erhalte unsern Staat,
Heil dem Mond und dem Pagat,
Überdies
Auch dem Sküs!
Heil den Königen, allen vieren!
Mögen glorreich sie regieren
Immerdar
Für ein Jahr!

Wäre es wenigstens irgendeiner aus der Menge gewesen — aber es war die plötzlich wieder neben ihm aufgetauchte Ulmer Dogge, die Cyriak anknurrte: »Warum singen S' denn nicht mit?« Das gab ihm den Rest. Während das Volk nach Absingen der Hymne fröhlich durcheinanderzuwogen begann, ging Cyriak festen Schrittes auf den rauchenden Griechen zu, den er für sachlich und unbestechlich zu halten geneigt war:

»Herr Gianaclis?«

Der Angesprochene nahm den Zigarettenspitz aus dem Mund, erstickte beinahe vor Zuvorkommenheit und wollte wissen, womit er dienen könne.

»Ich bitte endlich verhaftet oder in einem Irrenhaus interniert zu werden«, sagte Cyriak mit ruhiger Stimme.

Er hatte die Genugtuung, daß seine Worte mit ebensolcher Gelassenheit zur Kenntnis genommen wurden. Der immer noch dicht umwolkte Grieche nötigte ihn unter schleimrasselnden Höflichkeitsphrasen zur Tür und komplimentierte ihn in eine wartende Equipage. Man fuhr los.

Ein zufälliger Blick durch das Rückfenster ergab, daß die Dogge, nun schon ein wenig von Kot umkrustet, dem Wagen mit hängender Zunge folgte. Es war über die Maßen unheimlich.

Der Wagen hielt vor einem schmiedeeisernen Gittertor, das sich binnen kurzem selbsttätig öffnete. Durch einen Park voll regennasser Zweige ging es zum Portal einer unverkennbaren Heilanstalt. Große Mengen von Steingut-Zwergen wiesen alle mit krummen Fingern in eine verhängnisvolle Richtung. Ein gelangweilt dreinschauender Portier führte die Angekommenen ins Wartezimmer.

Nach wenigen Minuten erschien ein düsterer, hoch aufgeschossener Herr, der einen besenartigen Vollbart vor sich trug. Gianaclis ging ihm entgegen, die beiden umarmten sich flüchtig und formell, dann stellte Gianaclis vor:

»Herr von Pizzicolli — Herr Professor Schattenfrosch, der Leiter des Sanatoriums.«

Der Professor, der sich durch intensiven Jodgeruch sogleich als Mann der Wissenschaft legitimierte, sah Cyriak durchdringend an, während der jetzt auf jede Rauchentwicklung verzichtende Grieche mit kurzen, nicht immer ganz zutreffenden Worten eine Schilderung der Ereignisse gab.

»Soso«, bemerkte Professor Schattenfrosch am Ende und stach mit seinem Zeigefinger völlig unerwartet gegen Cyriaks Sonnengeflecht. »Soso, die Zenzi. Ja, um den Fratzen geht's heiß her. Dessentwegen haben wir schon den Herrn Zimmetvogel auf Nr. 90 in Behandlung. Der tobt, daß der Gummi in seiner Zelle brüchig wird. Und der junge Böff — der was im vorigen

Jahr so plötzlich krummbeinig geworden ist, Sie kennen ihn ja —, der geht auch schon ganz verloren herum. Dürfte demnächst eingeliefert werden. Jaja, die Weiber ... oder wie man sich ausdrücken soll. Is halt ein Unglück ...« Immer stechender war sein Blick geworden, immer beängstigender drohte sein Zeigefinger sich in Cyriaks Sonnengeflecht einzubohren. »Is halt ein Unglück«, hörte er nochmals die Stimme des Anstaltsleiters, nun schon aus weiter Ferne ...

Als Cyriak erwachte, befand er sich in einem Saal mit vielen weißen Betten, in denen angegurtete Sänger lagen. Ein großes Fragezeichen auf der Tafel über dem Kopfende seines Bettes belehrte ihn über seine Person. Von einer spitznäsigen Diakonissin erfuhr er, daß er sich in der Sängerabteilung der tarockanischen Landesirrenanstalt befände.

Hier verbrachte Cyriak eine nicht allzu lange, aber desto traurigere Zeit voll ununterbrochenen Gesanges. Ganze Stockwerke von Partituren nie geschriebener atonaler Opern gingen auf ihn nieder, ganze Schwärme verfehlter Einsätze stauten sich vor seinen Ohren. Es war sehr deprimierend.

Unvermutet kam die Befreiung. Eines Morgens überfluteten bunte Figuren den Hof der Anstalt, Fanfaren schmetterten, auf kleinstem Raum galoppierten hohe Beamte in strotzenden Uniformen hin und her, erhoben sich in den Bügeln ihrer dicken, kurzatmigen Pferde, schwenkten die Federhüte und erstatteten einander schnarrende Meldungen. Bald darauf rasten weißgekleidete Jungfrauen — nach ihren schielenden Blicken zu schließen, waren es lauter Scaramuzztöchter — mit Palmenzweigen durch die Säle. »Ihr seid frei!« kreischten sie. Dichtauf folgende Amtsdienerfiguren verjagten sämtliche Insassen. Wer von den Irren nicht gutwillig gehen wollte, flog wie ein Kleiderpaket ins Freie.

Draußen wurde der freudig verwunderte Cyriak von einem versehentlich mit hinausgeworfenen Anstaltsarzt belehrt, daß er jetzt gehen könne, wohin er wolle. Der Sküs habe anläßlich der kürzlich erfolgten Krönung der neuen Könige eine Generalamnestie für mittlere und leichte Verbrecher verfügt, und eine Abschrift des Entlassungsdekrets sei auch in den Akteneinlauf der

hiesigen Irrenanstalt gerutscht. Da ließe sich nichts mehr machen. Rekursmöglichkeiten gebe es nicht, da der Sküs sich erst vorigen Monat in geheimer Mitternachtssitzung für unfehlbar erklärt habe.
Cyriak war es zufrieden und verließ noch vor Mittag desselben Tages das ihm unleidlich gewordene Städtchen.

IV

Nach den wirren und fremdartigen Erlebnissen, die er just überstanden hatte, wirkte die Postkutsche — das einzige Verkehrsmittel, um ins Innere des Landes zu gelangen — beinahe anheimelnd auf ihn. Dennoch war er wenig geneigt, neue Bekanntschaften zu schließen. Er betrachtete seine Reisegefährten, insgesamt ihrer drei, ob von ihnen Konversationsgefahr drohe. Dies schien nicht der Fall zu sein. Sein Sitznachbar, ein nach innen gekehrter Forschertypus mit graugesträhntem Spitzbart, kramte fast unausgesetzt Broschüren aus dem Gepäcksnetz hervor. Kaum hatte er begonnen, eine zu lesen, fiel ihm auch schon eine andere auf den Kopf, in der er dann weiterlas. Ja, Reisen bildet. In dem schwarzgekleideten Herrn ihm gegenüber glaubte Pizzicolli sekundenlang einen Coupégefährten aus dem Eisenbahnzug zu erkennen, aber da narrte ihn wohl ein Spuk. Und selbst im Ernstfall wäre es nur jener Schweigsame gewesen, der sich ihm kurz nach Beginn der Fahrt vorgestellt hatte, um dann in ihrem weiteren Verlauf kein Wort mehr zu äußern. Nepomuk von Streysand hieß er, jetzt erinnerte sich Cyriak. Nun, auch dieser würde ihn kaum in ein unerwünschtes Gespräch ziehen. Und der dritte Passagier war vollends ein Engländer.
Man fuhr durch eine hügelige, mittäglich geöffnete Landschaft, an deren Horizont sich die obligat verheißungsvollen Bergrücken abzeichneten. Plötzlich wurden von draußen her unartikulierte Rufe hörbar. Ein staubiger Wandersmann mit einem grünlackierten Kasten auf dem Rücken stand da und gestikulierte wie ein Semaphor, um das Gefährt zum Stehen zu bringen. Nach einigen fehlgeschlagenen Versuchen stieg er ein, nahm Platz und sprudelte

in einer allen unverständlichen Sprache etwas hervor. Kaum hatte er geendet, als ein verführerisch süßer Gongschlag aus dem grünen Kasten drang. Der Fremde machte eine Geste, mit der er den Behälter offenbar zum Schweigen bringen wollte. Aber der Ton wiederholte sich nur noch stärker. Jetzt richtete der Fremde einige unverkennbar entschuldigende Worte an die Anwesenden. Der Kasten antwortete mit einem geradezu parfümiert klingenden Gongwirbel. Sein Besitzer schlug wütend auf ihn ein, der Kasten brach in ein überwältigendes Tosen aus, die Pferde scheuten und rasten mit angelegten Ohren dahin, der Vorreiter schien fast zu zu den Wolken zu fliegen. Verzweifelt strampelte der Fremde um sich und trommelte mit beiden Händen gegen den grünen Kasten, der mit einem Male lautlos zerbrach. Ein Gewirr von Federn quoll hervor und bedeckte den konvulsivisch auf dem Boden zuckenden Besitzer.

Der Engländer blickte gelangweilt von seiner großen Zeitung auf, in die er sich sogleich wieder vertiefte.

Auf Betreiben des Graubärtigen hielt die Kutsche an. Postillion, Kondukteur und Vorreiter besahen sich die Bescherung und gingen mit der unbeirrbaren Würde von Amtsorganen, die selbst für die absurdeste Situation eine Vorschrift oder einen Präzedenzfall parat haben, ans Werk. Der unterm Federgewirr immer noch zuckende Fahrgast wurde in einen schnell entleerten Postsack gesteckt. Briefe und Zeitungen flogen als lustiger, weißer Schwarm im Winde davon. Der Postillion blies ihnen ein Trompetenliedchen nach, und Cyriak erkannte mit einem Schlag, wozu das sprichwörtliche Horn eigentlich dient.

»Hier sehen Sie«, wandte sich der Graubärtige an Cyriak, »einen der vielen Gründe für die oft miserablen Postverhältnisse in unserem Land.« Dabei deutete er mit seinem Stock auf die fliegenden Briefschaften.

Unterdessen hatte man einige kleinere Bretter des einstmals grünen Kastens als luftdurchlässiges Gitter über die Öffnung des Postsacks genagelt und das Ganze vorsichtig am Wegrand abgeladen. Allmählich legte sich auch der Wind, der die Post befördert hatte.

»Einsteigen!« rief der Kondukteur, obwohl niemand ausgestiegen war. »Wir fahren weiter.«

Der Graue, sichtlich befriedigt von der wiederhergestellten Ordnung und seinem Anteil daran, schnappte tonlos mit dem Bart umher, sichtlich bestrebt, nun doch eine Unterhaltung anzuknüpfen. Cyriak heuchelte ein Schläfchen, aber es half nichts.

»Ich sehe Ihnen an, mein Herr«, begann der Unabweisbare, »daß Ihnen manches wunderlich erscheint, was Sie hier erleben. Aber glauben Sie mir: es geht in unserem Lande nicht um ein Jota wunderlicher zu als anderswo. Die Vorgänge sind bloß kristallhafter herausgearbeitet, und das mag auf den Fremden zunächst verwirrend wirken. Es ist wie im Theater, das ja im Grunde eine besser geordnete Wirklichkeit ist. Der Süden ist grotesk durch seine Unordnung, der Norden durch seine Ordnung. Wir Glücklichen halten die Mitte zwischen Narrenkappe und Pickelhaube. Freilich, dann und wann schießt ein nationalökonomisches oder verwaltungstechnisches Unkraut aus dem Boden, das ist wahr.«

Seine Stimme senkte sich vertraulich, auch seine Ausdrucksweise wurde ein wenig salopp:

»Da haben wir einmal einen König gehabt, Amandus hat er geheißen. Ein unsympathischer Dickwanst. Amandus Tichatschek in Zivil. Von Beruf Zuckerbäcker. Sie kennen doch das grüne Zeug auf gewissen Torten oben! Schmeckt nicht schlecht. Angelika. Zu deutsch Läusekraut. Heute sieht man's ja seltener, aber früher waren die Leute einfach toll danach. Es ist deswegen sogar zu Morden gekommen. Ludwig XIV. hat wie ein Kind gezetert, wenn er nicht schon zu seinem Silberkübel mit der Morgenschokolade sein Armvoll dickverzuckertes Läusekraut bekommen hat. Daran pflegte er den ganzen Vormittag still und pompös zu fressen — eine Leidenschaft, die besonders vom Kardinal Mazarin schlau geschürt wurde. Diese zweideutige Figur war ursprünglich als Verkäufer von alten Hosen — Konjunktur durch Pestepidemie, Sie verstehen — aus Galizien nach Paris gekommen. Dort stellte er sich in einer noch wenig gebrauchten Kardinalsuniform beim König vor und lenkte bald ganz Europa in die tiefsten Mißgeschicke. Bei dem erbärmlichen Nachrichten- und Erkennungsdienst der Epoche blieb er zeitlebens nahezu unbehelligt. Denn so wie es heute vielfach falsche Eintänzer gibt, wurden

damals Kardinäle und Großinquisitoren — die Modeberufe jener Zeit — massenhaft gefälscht... Aber wo bin ich stehengeblieben?«
Er schnappte auskunftheischend mit dem grauen Spitzbart nach Cyriak, als erwartete er wirklich Auskunft von ihm. Das war jedoch, wie sich zeigte, eine bloße Höflichkeitsfloskel, denn schon fuhr er fort:
»Ja, also der König Amandus. Amandus VI., um ganz genau zu sein, aber das interessiert Sie vielleicht nicht. Der hatte sich also eine Renaissance des Läusekrauts in den Kopf gesetzt, stampfte stündlich Angelikaplantagen aus dem Boden und wollte damit den ganzen Karst begrünen. Zum Glück ging dieser Auswuchs staatlicher Willkür an sich selbst zugrunde. Amtsstolze Angelika-Räte hemmten wie zäher Kot die Räder des Staatswagens und schlängelten sich wurmartig in seine Speichen, überall machten sich betriebsame Läusekraut-Konzipisten breit, von denen keiner wußte, was er zu tun hatte — der wohldurchdachte Plan erstickte in seinen eigenen Verordnungen...« Ein Leuchten ging über seine Züge, und er deutete mit dem Stock auf ein langgestrecktes Fabrikgebäude, das soeben in Sicht gekommen war, oben auf einem Hügel gelegen, vielleicht ein ehemaliges Kloster. »Wie ganz anders die Ariadne-Werke hier! Ein staatliches Unternehmen zur Steuerung der Arbeitslosigkeit! Hier werden die berühmten Ariadne-Gobelins gewebt und sofort wieder aufgetrennt, um Neumaterial für den Betrieb zu gewinnen. Sie staunen? Lassen Sie sich gesagt sein, daß dieser Vorgang ebenso logisch wie ökonomisch ist. Strenge kaufmännische Berechnungen haben ergeben, daß der Abtransport der fertigen Stücke — das Werk ist aus Ersparnisgründen auf fast unzugänglichem Terrain erbaut worden — erheblich teurer käme als die Zufuhr des Rohmaterials. Außerdem kann auf diese Weise dem Weltruf der Ariadne-Gobelins niemals Abbruch geschehen. Niemals, Herr! Ich verbitte mir das.«
Unvermittelt in einen Zustand der Erschöpfung geraten, sank er, die Hände noch halb zur Protestgebärde erhoben, in die Rückenlehne seines Sitzes zurück. Auch sein Gegenüber, Pizzicollis wirklicher oder vermeintlicher Reisegefährte vom Grenzübertritt her,

den Darlegungen des Graubartes über die staatliche Gobelinplanung angespannt gelauscht hatte, gab sich wohliger Erschlaffung hin.

Cyriak mußte eingenickt sein. Er erwachte, weil die Kutsche stillstand — offenbar schon seit geraumer Zeit, denn er fand sich allein im Wageninneren. Als er das Fenster herabließ, schlugen gedämpfte Lärmkaskaden an sein Ohr. Cyriak steckte den Kopf hinaus, sah aber zunächst nur den draußen lümmelnden Postillion. Vielleicht war es auch der Kondukteur.

»Bischofslak«, lautete die brummige Antwort auf Cyriaks Frage, wo man sich befände. »Pferdewechsel. Längerer Aufenthalt. Können aussteigen, so wie die anderen Herren.«

Cyriak öffnete den Wagenschlag, sprang ins Freie — und starrte verblüfft auf das Bild, das sich unweit vor ihm auftat. War es ein Jahrmarkt? Ein Wanderzirkus? Ein Volksfest? Bunte Fahnen, Seidenzelte von phantastischen Formen, Paschas, spanische Tänzerinnen, Doppelflötenbläser und Zimbal schlagende Magyaren mit bebänderten Hüten, Harlekins und Schäferinnen, reifröckige Damen, von rotmützigen Schäfern umtanzt. Ein Grieche in Fustanella lauerte in wechselnden Attitüden hinter einem antiken Marmorkapitäl aus Pappendeckel, die lange Flinte im Anschlag. Bald da, bald dort tauchte der schnurrbärtige Geselle auf, seine Attrappe immer wieder ernsthaft vor sich aufpflanzend.

Von einem Pagen in silberklingendem Schellenüberwurf mit graziöser Gebärde eingeladen, betrat Cyriak ein geräumiges, aus dunkler Seide hochgespanntes Zelt. Licht und Hitze des frühen Nachmittags wichen dämmeriger Kühle. Auch der Lärm drang nur verschwommen herein.

Noch ehe seine Augen sich ganz zurechtgefunden hatten, wurde ihm aus dichter Höhe ein schäumender Becher kredenzt. Daß es eine Mädchengestalt war, die vor ihm stand, sah Cyriak nur in halbem Aufblicken, sah es an der weißen, edel geformten Hand, die das goldschimmernde Gefäß umspannt hielt, an dem Kameenring, der einen ihrer langgliedrigen Finger zierte. Zögernd, fast widerstrebend hob er den Blick, um die ganze Gestalt zu umfassen. Für einen Augenblick setzte sein Herzschlag aus. Er sah in ein Antlitz von unsäglicher, nie geahnter Schönheit — man hätte ihr Übermaß bestürzend nennen mögen, wenn nicht das ruhige Lächeln einer göttlichen Selbstverständlichkeit von diesem Antlitz ausgegangen wäre und von dieser ganzen Gestalt. Was ihm entgegenstrahlte, war die Herbheit aller Jugend, war die Hingabe einer nahezu geschlechtslosen Grazie, die das Spiel der eigenen Schönheit als Selbstzweck empfindet und sich objektlos jeden Vorwand sucht, um in der Spiegelung sich bestätigt zu finden.

Lächelnd hatte die anmutige Bacchantin gewartet, bis Cyriak den Becher an sich nahm. Ihre ersten Worte klangen allerdings ein wenig ernüchternd:

»Bitte um fünfzehn Kreuzer«, sagte sie und war sich wie jeder ihrer Wirkungen auch dieser bewußt, denn sie fügte mit tröstender Stimme sogleich hinzu: »Es ist ein amtliches Wohltätigkeitsfest, zu dem wir abkommandiert wurden — ich und die anderen Mädchen vom Amazonen-Kadettenkorps. Ich habe den Rang eines Guédon und heiße Cyparis. Mein Familienname tut im Dienst nichts zur Sache. Im Dienst ist man nur Figurantin der Commedia dell'arte ... Du wunderst dich, Fremdling? Oh, ich sehe, du mußt vieles lernen ...«

Cyriak hatte bisher noch kein Wort hervorgebracht, noch keine von den hundert Fragen, die ihn bedrängten. Er versuchte sich zu sammeln, versuchte etwas zu sagen — da trat aus der bunten Schar, die das Innere des Zeltes durchwogte, ein hochgewachsener, mit betont konservativer Eleganz gekleideter Herr heran, den altmodischen Frack diskret mit zwei Orden geschmückt, im Auge ein Monokel, das er jetzt schnurgesichert fallen ließ. Er nestelte eine Rose aus seinem Knopfloch, um sie Cyriak zu überreichen. Aber das war ja ...

»Gratuliere«, sagte er. »Für einen Neuankömmling kein schlechter Beginn.«

Auch seine Stimme, wiewohl durch einen süffisanten Beiklang in eine andere Tonlage transponiert, kam Cyriak bekannt vor. Das war ja ...

»Nepomuk!« Das Lächeln der Kameengeschmückten überschattete sich ein wenig. »Sie stören schon wieder.«

»Nicht bös sein, schönste Cyparis. Ich wollte dem jungen Mann

nur gratulieren zu seinem Glück. Ein Reisegefährte, wissen Sie. Da freut man sich natürlich, wenn er Glück hat.«
»Werden Sie nicht übermütig, Nepomuk!« Die glockige Stimme klang jetzt beinahe unwillig (aber nur beinahe). »Sie wissen: Ihnen droht Linz.«
Das wirkte. Unter mißmutigem Gemurmel — ungefähr wie: »Ja das fehlert mir noch!« — entfernte sich der Zurechtgewiesene, zwischen Daumen und Zeigefinger die nicht an Cyriak gelangte Rose drehend.
Aber das Gespräch war nun schon gestört und sein Zauber gebrochen. Cyriak fühlte es, Cyparis sagte es:
»Ich muß Sie jetzt verlassen.« Eine unverbindliche Handbewegung gegen den Hintergrund des Zeltes deutete die Obliegenheiten an, die sie abriefen. »Ich sehe Sie noch, mein Freund. Ich sehe Sie wieder. Sie bleiben ja bei uns.« Und schon war sie im bunten Gewühl verschwunden.
Verwirrt und von süßer Nachdenklichkeit beschwingt, trat Cyriak ins Freie, leistete willig dem Anruf eines Sänftenvermieters Folge, der vor dem Zelt nur auf ihn gewartet zu haben schien, und bestieg das billig vergoldete Gestell. Es wurde sogleich von vier stämmigen Halunken hochgehoben, und fort ging's in schaukelndem Zuckeltrab durch die lockere Menge der Maskierten und Tänzer und Gaffer ... durch einen Fichtenpark ... durch eine schmale, trotz hellstem Tageslicht von farbenprächtigen Lampions beleuchtete Dorfgasse mit altertümlichen Giebelhäusern, in die man Einblick über Einblick hatte: Dort saß eine trauliche Familie beim Mahl und blies abwechselnd ein Fagott ... dort spielten drei Harlekine wie toll auf einem Klavier ... dort hantierte unter abgerissenen Tanzfiguren eine Colombine am lodernden Herd ... dort floh ein nacktes Mädchen kreischend in einen großen bemalten Kasten ... an einer Straßenecke stand, eifrig seine Ware anpreisend, ein überreich kostümierter Zwerg hinter einem Weihrauchfaß ... ein anderer, ihm den Platz streitig zu machen, drang erbittert auf ihn ein, wollte sein kleines Krummschwert ziehen, mußte aber merken, daß er nur die Scheide umgeschnallt hatte (die Waffe war wohl in einer Wurst steckengeblieben) ... dann, vor einem unvermittelt finstern Portal

mit verrenkten Karyatiden, gewahrte Cyriak zwei in ähnlich verrenkter Stellung schlafende Hartschiere, die Hellebarden überkreuz ... und gerade als er zu überlegen begann, ob die Sänftenträger ihn den richtigen Weg führten und was er andernfalls wohl täte, wurde er neben seiner Postkutsche abgesetzt.
Er entlohnte die Träger aufatmend und anscheinend sehr reichlich, denn sie entfernten sich unter gutturalen Bücklingen.
Das Innere der Kalesche war noch leer, aber Postillion, Kondukteur und Vorreiter hatten bereits ihre Plätze eingenommen. Die Abfahrt schien bevorzustehen, als ein Reiter in staubbedeckter Halbuniform herangeprescht kam und dem Postillion flüsternd eine Meldung machte. Der wiegte bedenklich den Kopf, warf einen Blick in den Wagen — dann straffte er kurz entschlossen die Zügel und fuhr los. Cyriak war es zufrieden.
Die Straße stieg bergan. Bald rollte der Wagen durch die ersten Täler des Vorgebirges, an überhängenden Steinwänden entlang, die im Licht der Nachmittagssonne magisch schimmerten. Cyriak vermochte den wild sich entfaltenden Herrlichkeiten der Gebirgslandschaft kaum zu folgen. Immer aufs neue faszinierten ihn stürzende Wässer, Gewucher von Alpenrosen über grauen Felsparterres, hochstämmiger Nadelwald von finsterer Domespracht. Einmal sah er ein vielgeschossiges Marterl und einmal eine ungeheure abgestorbene Lärche, deren Stamm mit vergoldeten Skulpturen überdeckt war — wohl die Schöpfungen eines bildhauenden Sonderlings, der menschenscheu sein Lebenswerk im dichten Wald verbarg.
Da, mit einem jähen Ruck, hielt die Kutsche. Ein Schlagbaum versperrte den Weg. Der Postillion erklärte dezidiert, nicht weiterfahren zu dürfen. Wenn dieser Schlagbaum geschlossen sei, müsse etwas sehr Ernstes passiert sein.
Tatsächlich trat aus einer Holzhütte, deren Vorhandensein Cyriak erst jetzt merkte, ein griesgrämig aussehendes Männchen in grauer Uniform hervor, machte eine Gebärde gegen den Wagen, zog ein Paar graue Handschuhe an und ließ einen schrillen Pfiff hören. Von seitwärts der Hütte kam ein gramgebeugter Hund hervor, auf einem kleinen Wägelchen eine Armeetrommel hinter sich herziehend, die ebenso wie das Lederzeug der städtischen Sicher-

heitstruppen in solider Messingmalerei die Aufschrift »Josef Glanz & Cie., Troppau« trug. Das Männchen ergriff den Schlägel und wirbelte dumpf auf der etwas schlappen Kalbshaut. Starr gegen den Himmel blickend, begleitete ihn die zahnlückige Dogge mit tiefen Klagelauten.

Cyriak hatte sich aus dem Wagen gebeugt und sah den Postillion fragend an.

»Sehr was Schlimmes«, murmelte der. »Also doch. Sehr was Schlimmes. Oje, oje.«

Jetzt setzte der Grämliche eine Brille auf, holte ein schmieriges Aktenpapier aus der Uniform, entfaltete es und schien eine längere Kundmachung verlesen zu wollen. Es blieb jedoch bei einem einzigen Satz:

»Soeben ist der Rotz ausgebrochen.«

Dann steckte er den Akt wieder ein, wandte sich grußlos um und stapfte, von Dogge und Trommel gefolgt, zu seinem Holzverschlag zurück.

»Hab's mir gleich denkt, wie der Rotztrommler kommen is«, brummte der Postillion. »Aber vielleicht dermachen wir's noch, hab ich mir denkt. Jetzt denk ich mir's nimmer. Jetzt heißt's umkehren.«

Mittlerweile hatten die Rösser scheu in den Strängen zu tänzeln begonnen und blickten mit angstgeweiteten Augen nach hinten. Cyriaks Versuche, den Postillion umzustimmen, blieben erfolglos. Die tarockanische Post habe strenge Vorschriften, wurde ihm bedeutet. Übrigens müsse er nicht mit zurückfahren; unweit von hier liege ein gutes, wenn auch einsames Wirtshaus, das er nicht verfehlen könne. Und der Vorreiter wies mit der Peitsche bestätigend auf ein blinkendes Dach unten im Tal, das auf sicheren Abkürzungen quer durch den Wald in einer Stunde zu erreichen wäre.

Da Cyriak für heute ohnehin kein festes Reiseziel hatte, fand er die unvermutete Abwechslung ganz reizvoll. Sein Handgepäck, seit dem Aufenthalt in der Landesirrenanstalt auf ein leicht transportables Minimum reduziert, wurde ihm nachgereicht, und in fröhlichster Stimmung, den Hut in den Nacken geschoben, begann er auszuschreiten. Er verließ die wohlgepflegte Straße

und bog in den Wald ein, auf einem Fußpfad seinem abendlichen Ziel zusteuernd.
Doch bald verlor sich der Pfad im weichen Moos. Eine liebliche Waldlichtung lud den heiteren Wanderer zur Rast. Am Rand eines kristallklaren Wässerleins ließ er sich nieder, in angenehmes Sinnen versunken.
Mit einemmal glaubte er huschende Schritte hinter sich zu vernehmen, ein Hin und Her wie von erdbeersuchenden Kindern. Sachte, um sie nicht zu erschrecken, wandte er seinen Kopf — und sprang auf, wie jeder an seiner Stelle aufgesprungen wäre: Keine Erdbeersucher waren es, die er vor sich sah, keine kleinen Blumenfreunde, aber auch keine Räuber oder Waldteufel, sondern etwas viel Schlimmeres. Es waren zwei Kommis der Modebranche, die, händereibend und wohlproportionierte Kratzfüße vollführend, an einem veritablen Ladenpult standen und mit zuvorkommenden Gesten auf eine stattliche Zahl von Modeanzügen an Kleiderständern wiesen. Im Hintergrund verschwanden gerade einige rotmützige Dienstmänner im Waldesdunkel.
Die beiden geschniegelten Modevertreter scharwenzelten näher und äußerten freudig bewegt die Hoffnung, den feinsinnigen Naturfreund bald zu den Kunden ihres ambulanten Herrenmodeateliers zählen zu dürfen. In behutsam gewählten Worten gaben sie Cyriak zu verstehen, daß er recht schlimm, ja geradezu abstoßend aussehe, ungefähr wie die von der Hunderäude befallenen Teufelsfiguren auf den Gemälden eines Hieronymus Bosch — sein Anzug, den sie naserümpfend einer minderen Offizin zuschrieben, müsse Fürchterliches durchgemacht haben.
So kam es, daß die beginnende Dämmerung den immer tiefer ins Traumland vordringenden Cyriak in einem neuen, tadellosen Gewand einherstolzieren sah, indessen hinter ihm — von einem Signal herbeigerufen, das wie ein Kuckucksruf klang — die rotmützigen Dienstmänner das ambulante Modewarengeschäft davon- und weitertrugen.
Auch einen eleganten Überzieher hatte man unserem derangierten Reisenden aufgeschwatzt. Der alte Anzug blieb liegen, von einigen Eichhörnchen voll Interesse beobachtet und umknuspert.
Die Dämmerung verdichtete sich zum Abenddunkel, das rasch in

völlige Finsternis überging. Die Stimmen der Nacht ertönten. Um Cyriak wurde es einsam und immer einsamer. Das Gefühl, daß ständig jemand hinter ihm herschlich, manchmal auch vor ihm oder seitwärts, konnte er dennoch nicht loswerden. Aber das war nur ein schwacher Trost.

Er stolperte über eine Wurzel, lag der Länge nach auf dem duftenden, nadelbedeckten Waldboden und mußte feststellen, daß sein Feuerzeug im alten Anzug zurückgeblieben war. Kein Zweifel: er hatte sich total verirrt. Kein Zweifel auch: er befand sich in einer äußerst unangenehmen Lage. Als er seine Stimme erhob, antwortete ihm nur das schrille Lachen eines Käuzchens. Mit fliegendem Atem hastete er weiter.

Ein fernes Licht tauchte auf, verschwand, kam aufs neue zum Vorschein. Die Lichtquelle mußte sehr weit entfernt sein. Er folgte ihr wohl eine Stunde lang. Endlich trat er auf einen breiten Waldweg hinaus — und war im gleichen Augenblick so von silbernem Schein übergossen, daß er zusammenschrak: Der Mond, bisher von einem Bergrücken verdeckt, stand nun voll am Himmel. Erleichtert schritt Cyriak den weichen, gepflegten Weg dahin.

Um eine Ecke biegend, wurde er unvermutet von einer steinernen Balustrade aufgehalten. Und was er sah, als er an das Gitter herantrat, hätte er hier noch viel weniger vermutet.

Eine natürliche Felswand war in reinstem Rokoko zu einer Rocaille-Architektur ausgearbeitet. In der Mitte des monumentalen Wunderbaus wölbte sich eine prunkvoll ausladende Steinmuschel vor, wassergefüllt, und zwischen ihren Zacken hindurch flossen Wassersträhnen wie schmale, gleißende Bänder zu einem Parterre von Blumenbeeten hinab. Oben im Becken aber, in diesem vom Zauber einer zugleich majestätischen und lieblichen Nacht umdunkelten Becken, sah Cyriak den hellen, elfenschlanken Körper eines badenden Mädchens glitzern. Und in holdem Schrekken erkannte er seinen Guédon aus dem Zelt: Cyparis.

Kaum hatte sein Blick sich des bezwingend mythologischen Bildes vergewissert, da tauchten zwei seltsam kostümierte weibliche Wesen auf und hielten einen seidendünnen, aber alles verhüllenden Schleier vor den Körper der Badenden. Nur ihre Umrisse konnte Cyriak noch ahnen, als er sich jetzt mit großem Herzklopfen über die moosigen Stufen in das Parterre des Rocaille-Gebäudes wagte. Zwischen Büschen und Beeten sah er kleine Mohrenknaben einherhuschen — Pagen und Maskierte — einen rotröckigen Buckel, dessen Inhaber auf einer goldenen Flöte verführerische Weisen blies — eine graue Frauengestalt, die mit einer Salbenbüchse in der Hand hinter dem Schleier verschwand. Schnürende Angst, daß er in all dem Treiben die Angebetete nicht zu Gesicht bekäme, fiel ihn an.

»Cyparis!« Er rief es lauter, als er beabsichtigt hatte.

Ein glockiges Lachen erklang und endete im kätzchenhaften Vergnügen des Erkennens. Dann trat Cyparis hervor und kam lächelnd auf ihn zu, in einem engen, wie aus dicht durchschlungenen Amethystketten zusammengefügten Gewand, dessen Farbe im matten Licht der in Nischen und Wölbungen leuchtenden Fackeln nicht deutlich zu erkennen war. Erst als sie dicht vor ihm stand, sah er, daß es zwischen braun und purpurn oszillierte.

Stumm, wie ihr Abschied sich vollzogen hatte, vollzog sich jetzt das Wiedersehen. Aber es war nicht mehr die Stummheit der Überraschung, sondern die der Gewißheit.

»Ich wußte ja, daß Sie bei uns bleiben würden«, sagte Cyparis und zog ihn neben sich auf eine Blumenbank, deren halbes Oval zu beiden Seiten von dunkelgrünen, schilderhausähnlichen Lauben abgeschlossen wurde.

»Aber schon bald — — ich meine —.« Cyriak merkte sich stottern, und obwohl ihm klar war, daß Cyparis ihn längst verstand, zwang er sich, zu Ende zu sprechen. »Ich hatte nicht gehofft, Sie so bald wiederzusehen.«

»Das darf Sie nicht wundern. Es wird sich immer wieder fügen. Nach kürzeren und längeren Pausen, für kürzere und längere Spannen ...« Die schwebend dunkle Altstimme, mit der sie sprach, schien ihm etwas Trostreiches zu haben, Trost für den Verlust von etwas noch gar nicht Gewonnenem. Und als wollte Cyparis ihn nicht innewerden lassen, was das war, deutete sie nach einer unweit vorbeikommenden Gruppe von Masken. »Auch Ihr Reisegefährte aus dem Zelt ist hier. Wollen Sie ihn sehen?«

»Nicht unbedingt. Vielleicht später.« Cyriak schämte sich ein wenig über die brüske Hurtigkeit seiner Ablehnung, als könnte der, dem sie galt, im gleichen Augenblick von ihr erfahren haben und sich verletzt fühlen. Tatsächlich hatte ihm jener ja nichts zuleide getan, seit ihrer ersten Begegnung nicht. Und Cyriak empfand eine seltsame Zuneigung zu seinem erfolglosen Rivalen (denn das war er ja wohl), eine Zuneigung, die schon einiges von der Ahnung gemeinsamen Schicksals umschloß. Beinahe verwandtschaftliche Gefühle hegte er für ihn. Aber jetzt konnte er ihn nicht brauchen.

Daß Herr von Streysand wenige Augenblicke später dennoch herbeigerufen wurde, lag an einem gänzlich unvorhergesehenen Ereignis, von dem der nächtliche Zaubergarten heimgesucht wurde, und nicht etwa an einem launischen Entschluß seiner Herrin. Sie mochte höchstens insoweit mitschuldig sein, als von ihr, wo immer sie sich befand, eine magische Anziehungskraft auszuströmen schien.

Wenige Augenblicke später nämlich erbebte die aus Girlanden geflochtene Blumenwand, der sie gegenübersaßen — erbebte und teilte sich — und mitten hindurch kam in befremdlich straffer Haltung ein untersetzter Mensch gestolpert, deutlich bemüht, seine Verwirrung nicht merken zu lassen. Angesichts der beiden erstaunt Aufblickenden wußte er sich sogleich den Anschein zu geben, als hätte er sie hier zu finden erwartet; fast noch im Stolpern schlug er die Hacken zusammen und produzierte eine knappe, eckige Verbeugung aus dem Hüftgelenk:

»Von Püperitz mein Name. Florestan von Püperitz mit Gefolge. Angenehm. Äh — wo sind die denn hin? Kann einem auch nur hier passieren. Hatten strengsten Auftrag, mir zu folgen. Ein Püperitz verirrt sich nicht. Immerhin ... ich störe wohl?« Offenbar hielt er diese Frage für rhetorisch, denn er begann sich angelegentlich mit seiner Kleidung zu beschäftigen. »Verdammt. Wurde von einer Fackel angetropft.« Er rieb heftig an seinem Revers, stäubte Tannennadeln und Blütenreste von sich, strich seine Rockschöße glatt und zog mit entschlossenem Ruck die engen Manschetten unter den Ärmeln hervor. Erst dann blickte er auf, als wäre er nunmehr bereit, die Antwort auf seine zuvor geäußerte Frage entgegenzunehmen.

Sie erfolgte nicht. Cyparis hatte sich erhoben und stand in ihrem geschmeidigen Panzergewand wie eine junge Medea da. Jetzt merkte man ihr die Zugehörigkeit zum Kadettenkorps der Amazonen erst richtig an. Kein Zweifel, daß sie drohend aussah. Aber um ihre Augenwinkel zuckte es von heiterem Spott.
»Nepomuk!« rief sie zu der Maskengruppe hinüber. »Darf ich Sie bitten?«
Der Angerufene war sogleich zur Stelle, eilig und dennoch nicht ohne Würde. Unterwegs ließ er die Halbmaske fallen, so daß sie, vom Gummischnürchen gesichert, unterhalb seines Kinns baumeln blieb — ein Vorgang, der an das Fallenlassen seines Monokels gemahnte, welches er nun ins Auge klemmte.
»Sie wünschen, Cyparis?«
»Ich wünsche, daß Sie diesen Menschen entfernen.«
Ohne sich nach Grund oder Zweck des Auftrags zu erkundigen, trat Nepomuk von Streysand an den unbegnadeten Eindringling heran. Der stolperte zurück, ohne indessen seine forsche Pose aufzugeben, griff hinter sich nach der Blumenwand, fand keinen Halt, knickte ein und riß das zarte, duftige Gebäude um. Im gleichen Augenblick erloschen die Fackeln in den beiden Schilderhäuschen, leichtes Rauschen erhob sich in den Baumkronen, schien auch die anderen Lichtquellen zu ergreifen, und was jetzt folgte, war ein Wirrsal in tiefster Dunkelheit. Cyriak, der die ganze Szene verstört und sprachlos über sich ergehen ließ, spürte einen spielerisch sanften Stoß, der ihn straucheln machte, Laub und Seide umfingen ihn, zwangen ihn zu Boden, leichtfüßiges Getrippel ging mit duftenden Kniekehlen über ihn hinweg, verhaltenes Kichern und Tuscheln wogte dazwischen und entschwand, seine Hand glitt in eine Weinpfütze, er zog sie mit einem Ruck zurück, bekam das Seidentuch zu fassen, verwickelte sich immer hilfloser — und war, als er's am wenigsten vermutet hatte, mit einemmal aus der knisternden Enge befreit.
Ungläubig blickte er um sich: er war allein im nächtlichen Wald. Ohne sich aufzurichten, knüllte er das Seidentuch zum Kopfkissen zurecht und schlief auf der Stelle ein.

V

Jubelnde Vogelchöre weckten den taudurchnäßten Schläfer, und das Glitzern des Waldes, die Morgenpracht der Himmelsfarben ließen ihn vollends erwachen. Er erhob sich, suchte fröstelnd nach seinem Überzieher, fand ihn nicht, begann zu schimpfen, fror immer mehr, fluchte ganze Kraxen voll blutiger Hundeknochen vom Himmel herab und entdeckte schließlich den vornehm erdfarbenen Ulster, sorgfältig über einen Kleiderrechen gehängt, im Gezweig einer riesigen Föhre. Froh, wenigstens dieses elegante Kleidungsstück aus den Wirrnissen der vergangenen Nacht gerettet zu haben, machte er sich auf den Weg. Er war sicher, binnen kurzem auf die Straße zurückzufinden.

Als er auf einer Waldlichtung innehielt, um sich zu orientieren, ertönte aus einem großen Ameisenhaufen neben ihm ein deutliches »Pst, pst!«. Nein, es war keine Täuschung. Der Zuruf wiederholte sich, der braune Haufen begann zu brodeln, und zu Pizzicollis namenloser Verblüffung tauchte ein bärtiger Kopf aus der Wölbung empor. Eine Gestalt folgte nach, und allmählich stand ein kompletter alter Herr in zerfranstem Gehrock vor ihm, schüttelte sich knacksend und gab dabei immer neue Mengen trockener Tannennadeln von sich. Dann zog er ein Paar wehmütige Glacéhandschuhe an und setzte das Rudiment eines Kneifers auf die Nase. Cyriak erinnerte sich nicht, jemals einen ähnlich desolaten Kneifer gesehen zu haben. Die eine Linse fehlte gänzlich, und die andere war bestenfalls zu einem Drittel vorhanden, was den Träger zu tückischem Schielen zwang.

»Quarrengrüller«, sagte der rätselhaft Aufgetauchte. »Ulfilas Xantokrates Quarrengrüller mein Name. An Ihrer ausländischen Tracht erkenne ich den Fremden. Das gibt mir den Mut, offen zu sprechen.«

Unwillkürlich machte Cyriak eine abwehrende Geste, aber der bedenkliche Greis ließ ihn nicht zu Wort kommen: »O bitte — seien außer aller Sorge — es ist nichts Finanzielles. Geld habe ich in Hülle ...« (er kramte in seinem Gehrock) »... und Fülle — wo denn nur — warten Sie, das wird Sie interessieren.« Er zog aus der unförmig großen Außentasche seines Rocks ein vielfach verwinkeltes Stangenwerk hervor, das er nicht ohne Stolz auseinanderzuklappen begann. »Eine Retirade claque, mein Herr. Ein zusammenlegbares Wasserklosett. Etwas Praktischeres gibt's nicht für Leute, die viel im Freien leben müssen wie ich. Läßt sich an jedem Wasserfall mühelos anschließen. Ein bewundernswertes Produkt der Zivilisation. Und nun ein Druck — welche Überraschung! Halb zusammengeklappt, täuscht die untere, mit Kristall ausgelegte Muschel, in der ein falscher Goldfisch aus Seide zu schwimmen scheint, eine artige Salon-Attrappe vor. So etwas schätzt der im Wald Lebende höher als alle Naturschönheiten.«

Währenddessen hatte er unausgesetzt in seinen Taschen weitergestöbert und brachte jetzt, nach Händen voll Tannennadeln, endlich eine dicke Leberwurst zum Vorschein; er nestelte sie sorgfältig auf, das herausgezogene Querhölzchen zwischen den Zähnen haltend. »Gott sei Dank. Mein Portefeuille. Sie sehen: eine wahre Fülle von Banknoten. Das Kleingeld verteile ich in die Vogelnester. Nein, ich bin kein Bettler. Tschicksammler allerdings, das will ich nicht leugnen. Aber kein Bettler, nein.«

Mit großer Geste nahm er das Zwickerrudiment von der Nase und blickte Cyriak aus zusammengekniffenen Augen an.

»Ich habe den Sküs beleidigt. Ich bin ein politischer Verbrecher und Tschicksammler. Sie ahnen nicht, zu welcher Leidenschaft sich das Tschicksammeln entwickeln kann und wie verbreitet es ist, besonders unter den romanischen und slawischen Nationen. Auch bei den Hellenen. Ich kenne vermögende Herren, sogar Großkaufleute, die auf der Promenade einherstolzieren, unten am Ende des Spazierstocks eine feine Nadel. Da, das Auge glänzt — es hat den Tschick erspäht. Ein kurzer Stoß, ein eleganter Schwung nach oben — der Tschick wandert in eine oft goldene Tabatiere und wird dann in einem lauschigen Boskett, wo etwa die Büste eines verdienstvollen Mannes steht, heimlich gepriemt. Junger Mann! Was wissen Sie von der Welt und von erblichen Lastern!«

»Und um solchen Lastern zu frönen, sind Sie hierher verzogen?« forschte Cyriak, der aus dem seltsamen Waldmenschen nicht recht klug wurde.

»Nein. Ich habe aus politischen Gründen die antike Größe freiwilliger Verbannung gewählt. Unter diesem Gummivorhemd — es dient mir in der Wildnis auch als Tischtuch — schlägt das Herz eines Römers.« Seine Stimme senkte sich zu verschwörerischem Flüstern. »Auf der Rückseite des Vorhemdes ist eine revolutionäre Parole eingestickt. Hoho! Wenn der Sküs das wüßte . . . Im übrigen bin ich nicht allein. Passen Sie auf!«
Der Alte zog ein kleines Nickelhorn aus der Tasche, klopfte es an der Schuhsohle aus, steckte es in den Bart und brachte einen Ton hervor, der an das Klagen eines Maulesels erinnerte. Ähnliche Jammertöne antworteten ihm, und in wenigen Minuten hatten sich zahlreiche Waldmänner angesammelt. Die Herren erkannten einander an Stichworten als Teilnehmer einer offenbar kurz zuvor stattgehabten Sitzung, was aus ihrem zufriedenen Nicken auch dem Laien ersichtlich wurde. Alle möglichen Trachten waren vertreten: neben verbeulten Zylindern und verblichenen Melonenhüten sah man sogar einen Turban und einen Vater Jahn im Turnerhemd mit flatternder Binde, hier einen Gehrock, dort den reichverschnürten Überhang eines Schlachtschitzen oder die Steyrerjoppe eines österreichischen Aristokraten. Die Vorstellung vollzog sich in strengster Form; manch einen Namen von Klang konnte man hören, andere waren unzweifelhaft Logennamen.
»Lauter Unzufriedene«, erläuterte der Ameisengreis. »Doch halt — wo ist der Mond?«
Flugs pflanzten zwei der ungepflegten Erscheinungen einen aus Glanzpapier zurechtgeschnittenen Mond an einer Stange auf.
»Bloßes Symbol«, fuhr der Alte fort. »Wir tagen nur bei Mondschein. Opposition gegen den Einundzwanziger. Sie verstehen. Wir wollen die Dinge auf ihre wahre Bedeutung zurückführen. Hören Sie das Gebell?«
Im nächsten Augenblick kamen drei räudige Köter herangesaust, als Sküs, Mond und Pagat kostümiert. Von den Versammelten angestachelt, jagten sie im Kreis umher und zerzausten einander unter Knurren und Heulen. »Ein Sinnbild unserer Regierung.« Zufrieden deutete der Alte auf das Schauspiel. »Sollen wir als freie Männer uns diesen Henkersknechten einer geviertelten Hofkamarilla unterwerfen?«

»Nie! Nie!« antwortete ernst der Chorus.

Als der schaurige Schwur verklungen war, wandte sich der Greis gewichtig an Cyriak: »Und nun, Fremdling, einen Rat aus der Brust erfahrener Männer. Verlassen Sie das Reich, solange es Zeit ist. Zwei der Unsrigen werden Sie sicher zu einem geheimen Grenzschlupf in den Bergen geleiten — so geheim, daß kaum eine Karte ihn richtig verzeichnet. Folgen Sie mir! Sie zaudern?«

Cyriak zauderte in der Tat. Mehr als das: er war entschlossen, den guten Rat nicht anzunehmen. Zur Begründung fiel ihm nichts Besseres ein als ein Hinweis auf seinen unstillbaren Wandertrieb. Da dies keinen Eindruck machte, erzählte er sein nächtliches Abenteuer. Stumm hörte die Runde ihn an. Man hatte sich unterdessen an einem Lagerfeuer niedergelassen, das zur Vermeidung des verräterischen Rauches aus buntem Stanniol bestand.

»Hm, hm«, nahm schließlich der Altvordere das Wort. »Also auch Sie haben es schon mit dieser infantilen Amazonen-Hetäre zu tun bekommen ... Das ist es ja, wogegen wir uns wenden: das Überwuchern des puerilen Zweiges, den das schöne Geschlecht nebst dem rein matronalen oder auch nutzweiblichen leider hervorgebracht hat. Darum haben ja unsere weiseren Vorfahren das Weibsvolk zur Sittsamkeit und Züchtigkeit angehalten, haben ihm wallende Gewänder und Schnürleibchen umgetan, ja sogar — eine wahrhaft geniale Idee — die Krinoline. Aber jetzt ist es aus. Jetzt hat sich das Bübisch-Virginale aus seinem Käfig befreit und ist auf unaufhaltsamem Vormarsch begriffen. Wenn das so weitergeht, Herr von Pizzicolli, wird eine Zeit kommen, in der nur noch die Schönheit herrscht, in der Gelehrsamkeit und Würde hoffnungslos zugrunde gehen. Darum sei unsere Standarte das Hoheitszeichen ernsten Mannestums: der Vollbart an der Stange! Meinetwegen am Schellenbaum, wie sie ihn ähnlich schon die Janitscharen, das männlichste Volk der Welt, als Roßschweif getragen haben ...«

Cyriak hatte sich während dieser Rede heimlich zum Aufbruch vorbereitet. Jetzt schnellte er plötzlich hoch, und indem er ein paar undeutliche Entschuldigungsworte murmelte, empfahl er sich. Hinter ihm klangen abgerissene Verwünschungen einher —

»Subjekt des Sküs«, »Tölpel«, ja sogar »Spitzel« —; dann war er außer Hörweite. Als er sich umsah, verschwanden gerade die letzten der Verschwörer in Ameisenhaufen oder hohlen Bäumen. Bald hatte er die Straße erreicht, eine andere als am Vortag, breiter und sichtlich erst vor kurzem angelegt, aber schon von unregelmäßigen Grasbüscheln bestanden — eine weise Voraussicht des tarockanischen Landstraßenplanungsamtes.

Gedankenschwer trollte Cyriak die Straße entlang. Ein plötzliches »Oha!« ließ ihn aufschrecken und zur Seite springen. Seinen Augen bot sich der Anblick einer ungeahnten Fahrrad-Maschinerie: vier Herren in quergestreiften Trikotleibchen und Jockeymützen traten ein riesiges Doppeltandem; es trug eine geräumige Plattform mit einem gedeckten Tischchen, an dem ein jovialer Dickwanst behaglich tafelte. Ein würdiger Oberkellner servierte gerade ein Huhn; ein blasser, sommersprossiger Pikkolo mit wehender Serviette harrte etwaiger Befehle. Der rotgesichtige Epikuräer ließ halten und winkte den verblüfften Wanderer heran.

»Darf ich Sie bitten, Platz zu nehmen?« Dabei deutete er einladend auf einen leeren Korbstuhl an der Gegenseite des Tischchens. Erst als er seinen Gast sicher verstaut sah, stellte er sich vor: »Achatius von Oechs, mein Name. Pizzicolli? Sehr erfreut, daß auch Sie für den Radsport schwärmen. Schaun S', wie die Herren da schwitzen. Ja, der Sport hat viel für sich. Machen Sie sich's bequem, junger Freund. Dejeunieren Sie mit mir. Franz, noch ein Gedeck!«

Der Ober gab dem Pikkolo ein Zeichen. Hinter den vier schweißgebadeten Herren, die jetzt wieder rüstig in die Pedale traten, war ein womöglich noch abenteuerlicheres Gefährt aufgetaucht. »Die Hochradküche«, erläuterte Cyriaks Gastgeber. Ein vor Strapaz förmlich in Auflösung begriffener Geselle bediente die schwere Maschinerie, auf deren Rückteil ein fülliger Koch unglaublich behend hantierte. Eine kleine Kavalkade einzelner Radfahrer folgte.

Nachdem das ausgiebige Gabelfrühstück beendet war, lehnten sich die beiden Herren behaglich zurück und lauschten zwei Streichern, Baß und Cello, die sich auf ihren Rädern in gleiche

Höhe vorgearbeitet hatten und sie nun zu beiden Seiten flankierten. Achatius von Oechs deutete auf die hervorragend angelegte Landstraße:

»Daß wir hier so bequem dahinrollen, mein Lieber, ohne Eisenbahnlärm und Bahnschranken, danken wir Metternich. Sobald wir uns ausgeruht haben, wollen wir ihn hochleben lassen. Aber sehen Sie: selbst hierzulande wurde dieser große Mann bitter verfolgt, und zwar von einer geheimen Gesellschaft. Sie war um so gefährlicher, als man nur geringe Anhaltspunkte besaß, ihre Mitglieder zu erkennen. Chateaubriand, der sich immerhin durch eine Art von Beefsteak einen Namen gemacht hat, spricht in seinem viel zu wenig gelesenen Werk ›Le sourire du Manequin Pis‹ von einer üblen Bruderschaft, deren Angehörige sich durch graue Haarbüschel auszeichneten, die sie sich aus den Ohren wachsen ließen. Inwieweit die berüchtigten Bilboquets damit zu tun haben, bildet den Gegenstand einer eigenen Untersuchung des schon erwähnten Metternich, der sich sein Leben lang mit den Quertreibereien der Bilboquets herumschlagen mußte. In seiner ›Unterweisung nicht studiert habender Fürsten‹, Johannisberg 1823, warnt er besonders eindringlich vor ihnen ...«

Cyriak, auf diesem Gebiet kaum belesen, konnte den zweifellos lichtvollen Ausführungen des nun schon redselig gewordenen Achatius nicht folgen und zog es vor, ein Nickerchen zu tun.

Die drückend gewordene Hitze holte ihn aus seinem Halbschlaf hervor. Der Himmel überbot sich in blauen Tönen bis zur Pflaumenfarbe. Geballte Wolkenmassen stiegen auf. Die Radler keuchten, der Ober blickte besorgt zum Firmament, der Koch schüttete Spülwasser aus. Oechs schnippte nach einem Mokka. Ohne Übergang kam der erste Windstoß, kam mit einer Wucht, daß die Teller zerklirrten und die Korbsessel samt Insassen beinahe von der Plattform gefegt wurden. Plötzlich ein maßlos blutrotes Licht — ein Donnerschlag entsetzlichster Art — und wo vor wenigen Sekunden die Hochradküche einhergezottelt war, sah man nur noch ein metallisches Fetzengewirr. Es war wohl der blecherne Kamin, der den Blitz angezogen hatte. Und schon verhüllte ein dichter, glitzernder Regenguß das weitere Geschehen. In panischem Schreck stoben Radler und Restaurationspersonal auseinander. Das Tandem war umgestürzt. Achatius von Oechs wälzte sich noch einen Augenblick lang als dicke, spritzende Kugel am Straßenrand, ehe er hinter der Regenmauer verschwand. Cyriak war auf beide Beine zu stehen gekommen, raffte den neuen Überzieher schirmend über seinen Kopf und begann sinnlos zu laufen. Blitz auf Blitz zuckte nieder, Donnergetöse, wie er es noch nie gehört, erfüllte die Luft. Er stolperte, kollerte einen glitschigen Abhang hinunter, blieb in einer felsigen Mulde liegen, raffte sich auf und suchte Schutz unter einem überhängenden bemoosten Stein, der von Wasser troff.

Endlich kam er zu Atem. Er hielt Umschau, vermochte aber nicht viel zu sehen, obwohl die unablässig niederflutenden Wassersträhnen schon dünner geworden waren. Hingegen glaubte er eine klagende, regenverwehte Stimme zu vernehmen, die »Wenzel« rief. Jetzt war es ganz deutlich: »Wenzel, wo bist du?«

Halb erstickt zwar, doch wohlgesetzt, erfolgte die Antwort: »Gnä' Herr, ich bitte gehorsamst, ich bin ertrunken, und das Pferd von Euer Gnaden ist auch tot. Das meinige ist durchgegangen.«

»Du bist nicht ertrunken, du bist besoffen.« In den nachlassenden Regen trat eine triefende Gestalt von unleugbar nobler Plastik — ganz so, wie man sich einen Hofbeamten vorstellt, der sich unter einen Wasserfall verirrt hat. Cyriak war nicht einmal sonderlich überrascht, in dieser Gestalt, die jetzt mit rudernden Armbewegungen auf ihn zukam, Nepomuk von Streysand zu erkennen. Und Streysand selbst schlug durchaus den Tonfall eines nur für kurze Zeit unterbrochen gewesenen Gesprächs an.

»Sie glauben gar nicht, was ich mich mit meinem Wenzel ärgern muß. Ich fürchte, daß er dem Dienst nicht mehr gewachsen ist. Wird halt in Pension gehen müssen. Was sagen S' zu dem Sauwetter? Wie bitte? Ich hör' nichts. Mein Ohr ist voller Wasser. Moment.« Er zwitscherte ein wenig mit dem Goldfinger im Ohr. Dann, als bestünde zwischen dieser Tätigkeit und der nunmehr zum Ausdruck gebrachten Wahrnehmung ein ursächlicher Zusammenhang, sagte er: »Da schau — es regnet nimmer.«

Einem oft zu beobachtenden Zeremoniell der Natur entsprechend, folgte dem katastrophalen Nachmittag ein linder, angenehm küh-

ler Sommerabend voll ziehender Nebel über den neu besonnten Wäldern und Hängen. Es ergab sich von selbst, daß Cyriak und Streysand den Weg gemeinsam fortsetzten. Nachdem sie den triefenden Wenzel an der Sonne getrocknet hatten, suchten sie zu dreien nach der verlorenen Fahrstraße, um noch vor Einbruch der Dunkelheit unter Menschen zu gelangen. Ein Köhlerjunge, wie sie für solche Fälle auch hierzulande vorrätig waren, wies ihnen die Richtung zu einem einsamen Weiler, der über einen wahrhaft erbärmlichen Gasthof verfügte. Traurige Zimmer voll toter Fliegen nahmen die verunglückten Reisenden auf.
Während sie schweigsam um den dürftig gedeckten Abendtisch saßen, suchte Cyriak einer Erinnerung nachzuspüren, die der Name seines Reisegefährten in ihm wachgerufen hatte, einer Erinnerung aus Jugendtagen ... ja, in Graz war es gewesen ... da hatte es einen alten Generalmajor namens Streysand gegeben, Streysand mit dem Adelsprädikat von ... richtig: von Knöpfeldrill. Er hatte acht lebensmüde Möpse dazu abgerichtet, in Doppelreihen vor und hinter ihm zu marschieren, und seine Tage waren ausgefüllt von der Besorgnis, mit dem Baron Puntigam zusammenzustoßen, dem die Gepflogenheit zu eigen war, im roten Frack des Parforcereiters inmitten einer Meute von Zwergbullies planlos einherzusprengen. Wie oft brach der Baron — der sich als vielbewunderter Liebling der Stadt einfach alles erlauben durfte — unter lauten Hussa-Rufen ästekrachend aus den Boskets des Stadtparks hervor, um schließlich, quer über die Blumenbeete setzend, unter fürchterlicher Verwirrung in den Kaffeetischen vor dem Kurhaus zu enden! Dicke Damen fielen in Ohnmacht, Kinder kreischten, zeitunglesende Herren flüchteten indigniert, und der greise Generalstäbler mußte seine zwei tollgewordenen Hundequartette, die sich der freiherrlichen Meute angeschlossen hatten, stundenlang suchen. Ehrenhändel zwischen den beiden Herren waren immer im Keim erstickt worden. Nur einmal, ganz zu Anfang, schossen sie sich in den leeren Räumlichkeiten des urbinatischen Münzamtes in der Raubergasse, das ihnen Herr von Pizzicolli, der Vater Cyriaks und damaliger Direktor dieses Instituts, chevaleresk zur Verfügung gestellt hatte.
»Ein Onkel von mir«, nickte Herr von Streysand auf Cyriaks

Erkundigung. »Aus der Görzer Seitenlinie. Sollen dort einen sehr schönen Besitz haben, mit Schloß und allem. Das Schloß ist ein Jugendwerk des Hardouin de Mansart, der in seiner Jugend bekanntlich Schiffskellner war und sein architektonisches Talent schon beim Serviettenfalten vorausahnen ließ. Auf jeder Dienstreise nehm' ich mir vor, dorthin zu fahren. Nie wird was draus.«
Seine letzten Worte bestätigten die von Cyriak gehegte Vermutung, daß Nepomuk von Streysand a) in Staatsdiensten stand und b) schon wiederholte Reisen nach Tarockanien unternommen hatte, vielleicht in delikater diplomatischer Mission. Auch seine Begegnungen mit jener holden Amazonen-Kadettin erschienen unter diesem Aspekt in neuem und etwas klarerem Licht.
»Ja ja, Graz«, nahm Streysand jetzt wieder das Wort. »Ich kenne die Stadt sehr gut. Heute ist dort nicht mehr viel los. Aber früher! Ist Ihnen bekannt, daß Shakespeare in Graz eine Aufführung des ›Kaufmanns von Venedig‹ geleitet hat? Aus Wien mußte er ja nach ›Maß für Maß‹ wegen Beleidigung der Advokatenkammer flüchten, wie jeder Gebildete weiß. Auch die bekannte Fremdenfeindlichkeit der Metropole trug ihr Scherflein dazu bei. Kein Wunder. Wien ist die natürliche Hauptstadt des Balkans, ich möchte sagen: die Mongolendrüse Europas. Besser vielleicht: die Orientalenmühle. Halt wo die Völker des Ostens zu Europäern gemahlen werden. Daher eine gewisse Idiosynkrasie gegen alles, was aus dem Westen kommt.«
Beim Stichwort Orient hakte Cyriak mit der Erkundigung ein, ob Herr von Streysand dieses Märchenland, das seit jeher das Ziel seiner, Cyriaks, Sehnsucht gewesen sei, etwa kenne? Es zeigte sich nun, daß der versierte Mann viele Jahre als Attaché des Auswärtigen Amtes in Smyrna und auf Delos zugebracht hatte, wo eine geheime österreichische Expedition, die »Omphaloskopische Studienkommission«, den Nabel der Erde feststellen sollte. Cyriak suchte Näheres herauszubringen, erntete jedoch einen abweisenden Blick und, als letzten Brosamen, nur eine Andeutung:
»Bedenken Sie doch«, sagte Streysand, »wie scharf Metternich seinerzeit Lord Byron überwachen ließ. Und zwar durch tschi-

tschische Obstweiber — weshalb man ja auch heute noch im ganzen Orient diese slowenischen Füllhornträgerinnen der Pomona findet. Die wackeren Frauenzimmer pflegten im Kampfgetümmel der Befreiungskriege zwischen den feindlichen Fronten hin und her zu pendeln, um die Truppen zu erfrischen. Früher war das nicht so heikel wie jetzt. Mein Großvater hat sich als Hauptmann der Kaiserjäger mitten in den Mailänder Straßenkämpfen von Anno 48 den Schuh, den ihm ein Prellschuß beschädigt hatte, bei einem Flickschuster reparieren lassen. War halt eine kleine Gefechtspause, wo die anderen Herren ein Glas Wein getrunken haben...«

Streysand versank in stumme Erinnerungen an die gute alte Zeit, was seiner Laune in bezug auf die Gegenwart nicht zuträglich war. Kopfschüttelnd aus seinen Gedanken auffahrend, äußerte er sogar die Absicht, am nächsten Tag umzukehren und bei dieser Gelegenheit vielleicht doch einmal nach Görz zu gelangen. »Aber das wird ja nix«, seufzte er resigniert. »Diese Tarockaner leiten einen todsicher wieder auf die falsche Straße ab. Wissen S', die Wegweiser hier...! Lauter Vorsichtsmaßnahmen für den Kriegsfall. Bei der Grenze, wo man gerne möcht, darf man nie hinaus. Nie!«

Und der bekümmerte Diplomat verließ beinahe fluchtartig das Gastzimmer, um im Schlaf Erholung zu finden.

VI

Cyriak fand es durchaus verständlich, daß Herr von Streysand, zumal nach den abwegigen Strapazen der letzten Tage, sich keinen neuen Wirrnissen aussetzen wollte. Ihn schauderte, wenn er seiner eigenen Irrfahrten und Erlebnisse gedachte, deren Unheimlichkeit nur durch den Gedanken an Cyparis von einem süßen, schmerzlichen Flimmern durchwirkt wurde, wie Goldstickerei auf dunklem Samt. Und Cyriak pries sich glücklich, seine weiteren Forschungsfahrten durch dieses rätselhafte Land in Gesellschaft eines so kundigen Begleiters durchführen zu können. Ein gefälliger Jude, der am Abend noch in der Wirtsstube aufgetaucht war, hatte eine Koppel ganz passabler Gäule zur Hand gehabt. Auf einem davon sah der blinkende Morgen den Diener Wenzel, mit Münze und Zehrung reichlich versehen, auf gut Glück einer Grenze zustreben, indessen Cyriak und Streysand, auch ihrerseits leidlich beritten, den Weg zur Hauptstadt nahmen.

Das erste, was ihnen an diesem Tage auffiel, war eine große Fuhre buckliger Herren in einem Plachenwagen, die sich in heftigem Streit befanden. Der eine Teil der Partie wollte die Plache heruntergezogen wissen, um die Aussicht zu genießen, die anderen führten dagegen ihre Besorgnis ins Treffen, das Opfer von Stoßgeiern zu werden. Der Kutscher beklagte sich bitterlich bei den beiden Vorbeireitenden über den Ärger, den er mit seiner Fuhre habe.

Durch ein gewaltiges Hochtal ritten die beiden Freunde auf eine Paßhöhe zu, die von einem monumentalen Triumphbogen gekrönt war. Es dauerte bis zum Mittag, ehe sie oben ankamen und Rast hielten. Die Landschaft war öde und grandios. Tiefste Stille herrschte. In warmen Tönen erglühte das triumphale Bauwerk, das schon leichte Verfallserscheinungen zeigte, unter den Strahlen der von einer Brise gemilderten Mittagssonne. Nach etlichen Minuten schlug im Innern eines der drei Torgewölbe eine Tür mit einer Visitkarte auf und zu, und um die Ecke kam ein gebückter Greis, einen Taburettkasten umgeschnallt. Das knochige Gesicht totenbleich, bot er seinen Krimskrams an, rechte Quisquilien, um dem ausgefallenen Wort wieder einmal zu Ehren zu verhelfen. Da gab es Operngläser, die zwar nicht vergrößerten, aber mit Hilfe eines kunstreichen Facettenschliffs alle Gegenstände 24mal nebeneinander zeigten, was sehr verwirrend wirkte. Als junger Mann, so erzählte der Alte, sei er am Broadway mit dieser amerikanischen Erfindung sehr erfolgreich gewesen; dann aber habe der Film sein Geschäft ruiniert, und jetzt lebe er hier in der Öde. Auch Walpurgiskerzchen, über deren Bestimmung er freilich nicht Bescheid wußte, befanden sich in seinem Kramkasten, ferner ein versteintes Stück Mohnstriezel, von dem voreinst Kaiser Joseph ein Stück abgebissen habe, und schließlich ein Büchlein: »Die Kunst des Bierfärbens nebst einigen Ausflügen in das Gebiet der Kosmetik« von Stephanus Womatschka. Dieses Stück pries der Greis besonders an, wobei er Mühe hatte, das heftig im Wind flatternde Buch und zugleich die wirre Fahne seines Bartes zu beruhigen. Man erstand schließlich ein paar beinerne Kragenknöpfe und ein wohlfeiles Liebesbarometer, um den totenfarbenen Geschäftsmann loszuwerden. Mümmelnd verschwand er hinter der Klapptüre. An einem aufglühenden Fensterchen zwischen üppigem Akanthusgeschnörkel und an einer dünnen Rauchsäule, die sich alsbald aus einem Loch des Mauerwerks hervorkräuselte, konnte man merken, daß der liebe Alte, zufrieden mit der Tageslosung, sein Süpplein kochte.

»Mit wie wenig die Menschen doch zufrieden sind!« bemerkte sinnend der Repräsentant des Außenamtes.

Cyriak konnte sich der Feststellung nicht enthalten, daß er das Anachoreten-Unwesen in diesem Lande einfach haarsträubend fände.

»Schon jetzt?« Herr von Streysand lächelte ein wenig mokant. »Was werden Sie erst sagen, wenn wir in die morgenländischen Provinzen des Reiches kommen? Da gibt es sogar Einsiedler, die dem Fremden eigens auf Hochrädern nachfahren, um ihm ihre Weltabgeschiedenheit vor Augen zu führen!« Und der Vielbelesene verwies Cyriak auf das grundlegende Werk »Die Gleichgültigkeit als Lebensphilosophie und Lebensunterhalt«, dessen Verfasser, der bedeutende zeitgenössische Denker Všeckojedno von Jednošest, schon seit Jahren in Tarockanien lebe und hier das berühmte, nach ihm benannte Všeckojednošesteum leite.

Aus der Luft klang plötzlich gewaltiges Krächzen. Hunderte von Raben, in erstaunlich wohlgeordneter Formation, zogen durch die Triumphpforte den wärmeren Tälern des Südens zu.

Die beiden Herren saßen wieder auf. Tiefer hinein ins Land ritten sie. Die Architektur der Berge und Täler schien immer mehr an geistiger Bedeutung zu gewinnen. Der Landstrich, durch den sie jetzt kamen, hatte bis 1803 zum Bistum Freysing gehört, und seine Residenz hatte es dem prunkvollen Salzburg gleichtun wollen. Dergleichen Querverbindungen, im Mittelalter entstanden, wurzelten in der Herkunft des geistlichen Besitzes, in seinem Zusammenhang mit den geheimnisvollen Tempelheiligtümern der Vorzeit, den verschollenen Ausläufern jener Dornröschengärten, in denen einstmals die Feen geherrscht hatten, die wahren Altesses Electorales des Strahlungsmysteriums. Das Mönchstum, das ja immer zwischen Ekstasen und gemütlicher Schnupftabakrealität vermittelt hatte, war bis zuletzt der Guardian dieser faszinierenden Grenzgebiete einer sehnsuchtsumwitterten Romantik gewesen. Wo immer sich ein ehemaliges Freya-Heiligtum, eine Kultstätte der Liebesgöttin, befand, war Freysing als Erbe aufgetreten. Es hatte das liebliche Hollenstein besessen, den Zauberberg des Ötscher, hatte Höhlen sein eigen genannt, in denen Engel erschienen waren, der leuchtende Feenpalast des Karwendel hatte sein überallhin verzetteltes Reich geschmückt, und selbst zu der üppigen Pracht, die bisweilen in München aufflammte, stand Freysing in Beziehung. Wer wird das Geheimnis dieses Staatswesens je ergründen?

Am frühen Abend in der Hauptstadt angelangt, stiegen die beiden Herren im Hotel »Zum Fürsten Metternich« ab, dem soigniertesten Haus am Platze, wie Streysand versicherte und wie man ihm wohl glauben durfte. Cyriak bezog ein behagliches, wenngleich ein wenig altmodisch im Geschmack des fin d'ottocento eingerichtetes Zimmer. Für jeden Komfort war gesorgt, nur das hohe Doppelfenster an der einen Wand erwies sich leider als Attrappe. Dafür waren in den Filetvorhang allerlei kunstvolle tarockanische Embleme eingestickt, und der gobelinartige Bettvorleger stellte den Kampf eines Achtzehners gegen einen Neunzehner dar. Streysand belehrte ihn überdies, daß in der Hotelhalle jederzeit zwei Dienstmänner zur Verfügung stünden, um spät und ermüdet heimkehrende Gäste aufs Zimmer zu tragen, zu entkleiden, ins Bett zu legen und mit gefalteten Händen das Nachtgebet für sie zu sprechen.

Auch in manch anderer Hinsicht trat Cyriak in den erhofften Genuß der reichen Kenntnisse seines Reisegefährten, der ihn zum Beispiel, nach erfolgter Stärkung durch ein ausgiebiges Mahl, unverzüglich in das berühmte Quaccheronische Kaffeehaus führte,

das geistige Zentrum der Residenz. Und hier machte Cyriak gleich am ersten Abend eine Bekanntschaft, die er zu den seltsamsten dieser seltsamen Reise zählen durfte.
Sie hatten kaum an einem der runden Marmortische Platz genommen, als ein hagerer, grämlich aussehender Herr mit etwas zu kleinem Kopf, mit einer langen, kummervollen Römernase und großen Nasenlöchern, wie sie etwa vor fünfzig Jahren modern waren, begrüßungsfroh herangestelzt kam.
»Scheen willkommen, Herr von Streysand! Hat Sie der Lenz auch wieder einmal zu uns gefiehrt? Bloß wegen Friehling da oder dienstlich?«
Der böhmische Akzent — der übrigens im weiteren Gespräch für geraume Zeitspannen völlig verschwand, um dann, wie ein verborgener Wasserfall in einer Klamm, plötzlich hervorzubrechen — bildete einen seltsamen Kontrast zu der äußeren Erscheinung des Römers, die verzweifelte Ähnlichkeit mit der Anfängerarbeit eines klassizistischen Stümpers besaß. Der gewandte Diplomat stellte vor:
»Philipp Bogumil Hahn, Edler von Hennensieg, k. k. Hofkonzipist im Ruhestande und jetzt —«
»Mehlwürmer und Teufelszwirn en gros«, ergänzte Hahn, indem er sich niederließ.
Cyriak glotzte.
»No, was gibt's da zu schaun?« fragte der Engrossist ein wenig pikiert. »Haben S' noch nix von Teifelszwirn gehört? Das is ein Unkraut, was sich durch den Klee windet, denselben unentwirrbar verknotet und sich nie mehr herausbringen läßt. No, und den Samen dazu, auch Stecklinge in bester Qualität, können Sie bei mir beziehen.«
»Ja, aber — wer kauft denn so einen Mist?«
»Ich muß bitten! Das wird schon nicht so ein Mist sein, wenn ihn das Ministerium selbst« — er blickte devot nach oben — »bei mir bezieht und damit die kleinen Landwirte beteilt.«
Cyriak wandte sich hilfesuchend nach Streysand um, wurde aber von ihm mit konzilianter Gebärde an den Sprecher zurückverwiesen, der, nun etwas nachsichtiger geworden, in seiner Erklärung fortfuhr:

»Der junge Herr — wie war der Name? Bischikolli? — scheint ja keine Ahnung vom Verwaltungswesen zu haben. Noch bissel fremd hier, was? Also passen S' auf, Herr von Bischikolli. Da hierzulande bekanntlich das reinste Paradies is und alles von selber wächst, mechten vielleicht die Landeskinder vor Iebermut nicht wissen, was sie machen sollen, und kennten auf lauter unnitze Sachen kommen — Verbrechen, Unzucht, Revolution und sonstige Steerungen. No, beteilt man sie halt mit Teufelszwirn — die Leuteln ham zu tun — werden abgelenkt — und so verhindern die kleinen Sorgen das große Unglück. Leider ist das Geschäft nicht die Goldgrube, die ich mir versprochen hab. Obzwar ich mir den Teifelszwirn ausdricklich vom Vatikan hab bewilligen lassen. Der Heilige Vater hat zuerst ein Schnoferl gemacht, wegen dem Namen. Auch auf einer Bischofskonferenz waren starke Widerstände dagegen. Ein paar von die Kirchenfirsten sind herich mit die Krummstäbe aufeinander losgegangen, wegen lauter Meinungsverschiedenheit. No, zum Schluß is es doch approbiert worden, und das war die Zeit der Hochbliete. Aber seither wächst die Schmutzkonkurrenz. Eine Firma, was ich nicht nennen will, bietet jetzt auch noch Teufelsmilch, Teufelsflucht, ja sogar Teufelspeterlein an, conium maculatum. Hab ich also mein Geschäft bissel erweitern müssen und hab mir noch Dösemeiers gefälschte Urinflecke zugelegt.«

Cyriak, der eben erst mit größter Mühe die verschiedenen Teufelskräuter verdaut hatte, glotzte aufs neue.

»Was wollen Sie?« Herr von Hahn zuckte die Achseln. »In Universitätsstädten geht das glänzend. Die akademische Jugend ist wie versessen auf diese Novität, mit der man ohne jede Eigenbemühung peniblen Hausbesitzern unendlichen Ärger bereiten kann. Dabei ist die Sache durchaus hygienisch. Sonst würde ich als ehemaliger Staatsbeamter natürlich nie meine Hand dazu hergeben. Es ist so eine Art Abziehbilder. Wollen Sie eine Probe sehen?« Und der hagere Römer nestelte seine Brieftasche aus dem verschossenen Gehrock.

Cyriak lehnte dankend ab und hatte das Glück, daß die Aufmerksamkeit seines Gesprächspartners durch einen neuen Besucher beansprucht wurde. Ein verfallen aussehendes Männchen hatte soeben das Lokal betreten, beschnüffelte einen Stuhl, untersuchte den Sitz mißtrauisch mit einer großen Lupe, hielt eine Hühnerfeder in die Höhe, um festzustellen, ob es an diesem Platz nicht etwa zöge, und ließ sich dann ächzend nieder. Es handelte sich um Professor Eustach Nockenbrenner, einen angesehenen Privatgelehrten, einstmals ehrenamtlicher Kustos der Schmetterlings-Abteilung im Naturhistorischen Museum, späterhin leider zum Hypochonder geworden und aus Gesundheitsgründen hieher in den milden Süden verzogen. Dies war es zumindest, was Hahn verlauten ließ, ehe er sich an den Tisch des Einsamen begab.

Vielsagend nickte Streysand hinter ihm her. »Eine zwiespältige Erscheinung«, wandte er sich dann an Cyriak. »Trotz seinen nicht unerheblichen Pensionsbezügen betreibt er hier im Ausland ein geschäftliches Unternehmen, was natürlich gesetzwidrig ist. Zu mir benimmt er sich immer besonders freundlich — aber ich würde ihn bei der Staatsschuldenkassa sowieso nicht verschwärzen. Wie schlimm wäre es erst, wenn er als Salamucci oder als Ausrufer seine Tage beschlösse, vor einem Wachsfigurenkabinett vielleicht, und womöglich noch in Beamtenuniform! Dabei ist der Mann ein industrielles Genie. Ein wahrer Januskopf. Vorn — oder hinten, ganz wie's beliebt — der Backenbart des Beamten, auf der anderen Seite die verschlagenen Gesichtszüge des Trödlers. Steckt voller Untiefen, auch wenn man's ihm nicht ansieht. Und einen gewissen Hang für ausgefallene Artikel hat er schon immer gehabt. Zum Beispiel sammelt er Fehlwäsche.«

Unwillkürlich legte Cyriak die Hand ans Ohr, wie um sich zu vergewissern, ob er richtig gehört habe.

»Ja ja«, nickte Streysand. »Fehlwäsche. Ruderleibchen für Bucklige, Frackhemden mit zwei Brustteilen — sind übrigens nicht unpraktisch bei offiziellen Diners, wo man sich so leicht antrenzt. Geht man halt unauffällig hinaus und schiebt die Rückenbrust nach vorn. Aber wenn ich an den Fall mit der dreibeinigen Unterhose denke, auf die er so stolz war ... Ich bin ziemlich sicher, daß sie von gut informierter Hand eigens für den sammelwütigen Hahn angefertigt wurde. War ein schwerer Schlag für seine Eitelkeit, damals. Unser guter Hahn ist nämlich sehr eitel. Galt als einer der Modegecken des Außenamtes. Hier liegt ja auch der Grund, warum seine vielversprechende Karriere ein so unrühmliches Ende nahm. Und das kann er nicht verwinden. Das nagt an ihm und treibt ihn zu immer riskanteren Unternehmungen ...«

Gedankenvoll sah Streysand vor sich hin. Dann machte er den fasziniert lauschenden Cyriak mit der mehr als bemerkenswerten Geschichte Philipp von Hahns bekannt.

Philipp Bogumil Hahn, Edler von Hennensieg, stand in einem höchst unglückseligen Verhältnis zu Kleidungsstücken. Nicht nur als leidenschaftlicher Sammler von Fehlwäsche hatte er häufig Pech — er wurde überdies von einem sozusagen textilen Unstern verfolgt, der ihn schließlich zwang, das Staatsruder aus der Hand gleiten zu lassen oder doch auf den Sitz zu verzichten, von dem aus er das Staatsschiff mitzurudern pflegte. Der Beginn dieser tragischen Entwicklung liegt viele Jahre zurück.

Es war ein strahlender Vorfrühlingstag. Der Himmel wölbte sich wie ein Gebilde aus Waschblau mit Schlagobers über Wien, die Spatzen jubilierten in den Bäumen, fröhliche Köter bellten, das Eiswasser plätscherte aus der Dachrinnen, vom Äußeren Burghof brummte die Militärmusik. Herr von Streysand benützte die Mittagspause zu einem kleinen Spaziergang über den Ring, als ihm in sichtlich gehobener Stimmung Philipp Bogumil von Hahn entgegenkam. Der sonst so steife Bürokrat tänzelte direkt auf ihn zu und klopfte dem damals noch Gleichrangigen kollegial auf die Schulter:

»Mein lieber Streysand, Sie können mir gratulieren! Ich habe soeben das Kavaliersabonnement II mit dem Index A beim Svitek genommen, dem elegantesten Herrenschneider, den wir jemals hatten. Kostet mich bare siebenhundert Kronen — aber was bekomm ich nicht alles dafür! Ich bekomme: einen Frackanzug, komplett, mit Phantasiehose extra; einen Schlußrock aus prima Kammgarn mit Pejačević-Hose und Weste à la Großherr von Stambul; einen Wintermantel, rot gefüttert, mit falschem Astrachankragen; und einen Homespunanzug — einen Homespun, sag ich Ihnen ...!«

Bei der Erwähnung dieses Homespuns leckte sich Hahn vor

Aufregung die Lippen und drehte die Augen so verzückt zum Himmel, als hätte er vom neuen Gebiß seines Ministers gesprochen.

»Also das wird Ihnen ein Prachtstück!« schloß er. »Und wie ich in so was ausschau, können Sie sich ja vorstellen. Die Mäderln tun mir eigentlich leid. Aber wer kann dafür, wenn er gut gewachsen is? Erst gestern hat man mich von hinten für den Exzellenzherrn Kropatschek gehalten, der bekanntlich alle acht Tage einen Selbstmordversuch in unseren Salons provoziert. Vom Ballett red ich gar nicht.«

Damit war der von Selbstgefälligkeit förmlich Geölte unter den Flanierenden verschwunden. Nur ab und zu tauchte sein Zylinderhut, wippend im Takt der immer noch brummenden Militärmusik, aus der Menge auf.

Vier Wochen später, als Streysand zufällig den Esterházypark durchquerte, sah er den zuletzt so zukunftsfrohen Hofkonzipisten gramgebeugt an einem kleinen, marmorgefaßten Weiher stehen, über die Brüstung gelehnt, jeder Zoll ein Mann, der des Lebens überdrüssig ist. Die scherzhafte Frage, ob er sich den Nixen zum Fraße vorzuwerfen gedenke, wehrte Hahn müde ab:

»Der Svitek«, murmelte er tonlos. »Sie erinnern sich doch? Konkurs hat er angesagt, der Svitek. Meine siebenhundert Kronen — ich hatte sie auf einmal vorausbezahlt, wegen des Rabatts — hin sind sie. Sieben Winterröcke mit falschem Astrachankragen wurden mir aus der Konkursmasse zugesprochen. Und alle viel zu klein. Verstehen Sie?«

Streysand verstand und glaubte das am besten darzutun, indem er sich empfahl, ohne den Kummer des vom Schicksal so hart Geschlagenen durch lächerliche Tröstungsversuche zu stören. Heimlich winkte er einem zwecklos in den Anlagen herumlungernden Polizisten und legte ihm nahe, ein Auge auf den Mann zu haben.

Daß seine Befürchtungen doch etwas voreilig waren, konnte er schon wenige Tage später feststellen, als er Philipp von Hahn vor dem Grabencafé sitzen sah, mit der einen Hand verloren in einer Melange pantschend, in der anderen die k. k. Wiener

Zeitung mit dem Amtsblatt, in dem jedes Wort bis zur Unwirklichkeit abgewogen ist. Teilnahmsvoll fragte ihn Streysand, ob die fatale Wintermantelaffäre eine Wendung zum Besseren genommen habe. Hahn nickte mit reservierter Befriedigung: »No ja, immerhin. Dank meinen Verbindungen beim Obersten Gerichtshof, wo ich enfant gâté bin, ist es mir gelungen, die besagten Winterröcke gegen den Homespun umzutauschen — Sie wissen ja, wie ich mich auf den gefreut hatte. Der Hofrat Sauertrunk wird die Sache vielleicht noch diese Woche ins Rollen bringen, und wenn der Mai kommt, werden die Mäderln was zu schaun haben! Also stellen S' sich vor: der Rock hat die Taille ganz weit unten — so eine Art Übergang zwischen den jetzt wieder häufig getragenen Gottfriedeln und einem Gehrock. Und dazu die prachtvolle Käferfarbe! Soll, hör ich, die Schöpfung einer dem Thron nahestehenden Persönlichkeit sein ...« Bei diesen Worten zog Hahn den in der Richtung zur Hofburg gelegenen Mundwinkel in servile Falten.

Es kam der Mai und brachte die Hitze eines verfrühten Sommers mit sich, reich an kupfernen Wolkenkulissen und Donnerouvertüren. Eines klebrig heißen Abends hatte Streysand in Schönbrunn zu tun gehabt und hastete durch den Schloßpark nach Hause. Vom Himmel zuckte ununterbrochenes Wetterleuchten. Ein makabres Glockengeläute im fernen Flachland gegen Ungarn verhieß nichts Gutes. Durch die vorzeitig verfärbten Prospekte der riesigen Alleen kreisten Staubwirbel. Ein verirrtes Windspiel mit jammervoll eingezogenem Schweif brach aus einer Hecke und heulte klagend zum Himmel. Kein Zweifel: etwas Katastrophales stand bevor, vielleicht gar ein Erdbeben. Ein glühender Windstoß drohte Streysand den hohen grauseidenen Hut vom Kopf zu reißen; mit vorgesenktem Haupt eilte er weiter — und wäre fast in einen Mann hineingerannt, der aus der entgegengesetzten Richtung kam. Kam? Nein, er stand vor ihm, wehenden Fracks, ein düsteres Bildnis, ein zweiter Paganini, mit der Hand gegen das staubfarbene Kalkgestein eines monumentalen Trophäengebildes gestützt, wie sie vor der Prunkhalle der Gloriette zu finden sind.

Einen Augenblick lang herrschte Totenstille. Nur ein paar kleine

Steinchen lösten sich von der Skulptur, dieser Hybris aus Römerhelmen, Panzern, Standarten und anderem Trödel südländischer Eitelkeit. Dann mischte sich dem bröckeligen Geräusch ein leises Ächzen aus der Kehle des Dastehenden bei. Streysand erkannte in der verwitterten Erscheinung Herrn von Hahn.

»Sollten Sie«, klang es mit Grabesstimme, »demnächst in den Gazetten etwas von einem grausigen Fund im Donaukanal lesen, so mögen Sie wissen, daß es Philipp Bogumil Hahn gewesen ist!« Ein unheimlich langgedehntes Donnergrollen schien seinen Worten fürchterlichen Nachdruck zu geben, und der nun hemmungslos heranfegende Schirokko modellierte ihn zu grausiger Skelettplastik unter schlotterndem Frack.

»Sie schauen ja ganz miserabel aus, lieber Hahn«, sagte Streysand obenhin. »Aber jetzt g'schwind, bevor uns das Wetter erwischt. Kommen S' mit mir in die Gloriettehalle.«

Dort konnte Hahn die Ursache seines Trübsinns nicht lange verbergen. »Der Homespunanzug«, preßte er mit tonloser Stimme ein übers andere Mal hervor. »Der Homespun.« Dann ein wildes Aufstöhnen: »O hätte ich doch auf meine Kollegen Müchtelmann und Tschapski gehört, und vor allem auf den Marchese Calboli! Sie alle haben mich vor dem Abonnement gewarnt!« Und was er dann erzählte, ließ den Propheten Jeremias vergleichsweise als Humoristen erscheinen.

Zuerst hätte der Homespun ihm wirklich die erhoffte Freude gemacht. Aber eines Tags habe seine gute Mama, als er zum Tee bei ihr war, seltsam in die Luft geschnüffelt. »Philipp«, habe sie gesagt, »du bist in was getreten. Bitte geh hinaus und putz dir die Schuhe ab. Wenn das dein seliger Vater wüßte! Er war die Akkuratesse selbst.« Nach folgsamer Erfüllung des mütterlichen Auftrags sei er wieder an den Tisch gekommen: »Es war nichts, Mama.« — »Gut.« Man aß weiter, Mama schweigsam wie noch nie. Endlich sagte sie, die Tasse fortschiebend:

»Philipp, das geht nicht. Ich bin eine alte Frau und habe in meinem Leben schon mancherlei zusammengerochen — aber das geht nicht. Mit deinem Vater bin ich in Fiume jahrelang in Garnison gelegen, wo auch du das Licht der Welt erblickt hast — und nicht einmal dort ist mir so etwas untergekommen. Übrigens wollte ich dich Romeo taufen lassen, das wäre mein Ideal gewesen. Dein Papa hat es nicht gestattet.« Sie tupfte einige Tränen aus den Augen. »Er war streng kirchlich gesinnt und entschied sich auf Anraten des Regimentkaplans, Pater Schifkovits, für Philipp. Dieser Heilige wird gerne gegen plötzlichen, unerklärlichen Gestank angerufen und erfreut sich deshalb im Süden größter Beliebtheit. Wie gesagt: dort ist uns alles mögliche in die Nase gestiegen. Besonders an den langen Sommerabenden, wenn hinter einer Ecke irgendwo ein Leierkasten die ›Letzte Rose‹ gespielt hat. Aber niemals, Philipp, niemals habe ich etwas Ähnliches erlebt wie das, was heute um dich los ist. So wahr ich eine geborene Baronin Stöppselbach bin.« Und sie schüttelte wiederholt den Kopf. »Du mußt mit irgendwelchem Unrat in Berührung gekommen sein«, sagte sie endlich. »Bitte geh noch einmal hinaus und schau besser nach.«

Nach einiger Zeit kam der Sohn wieder: »Mama — ich kann nichts finden und weiß wirklich nicht, von wo es ist. Auch hab ich ein bissel Schnupfen.« — »Philipp«, sagte die alte Dame. »Philipp! Jetzt fängst du mir noch zu lügen an. Schämst du dich nicht? Auf deine alten Tage? Ich weiß, ich weiß« — dabei fuhr sie sich mit dem Spitzentüchlein über die fahlen Augen —, »du hältst alles geheim, in übertriebener Auslegung deiner Amtspflichten. Hier aber, im Salon deiner Mutter, finde ich das denn doch unangebracht. Einem Manne stünde es besser an, mit lauter, freier Stimme zu bekennen: Jawohl, ich bin in eine Notdurft getreten!« Ihre letzten Worte klangen rauh.

»Bitte, Mama — schau selbst.« Und der hagere Mann begann einen Csárdás aufzuführen, wie er vielleicht in einem ungarischen Ministerium bei Überreichung besonders wichtiger Akten am Platz gewesen wäre.

Mama ließ ihr Lorgnon eifrig spielen. »Ich verstehe das nicht«, sagte sie. »Aber es geht von dir aus. Läute einmal dem Mädchen.« Philipp gehorchte. Die Magd trat ein, machte einige Schritte gegen den Tisch und hielt betreten inne.

»Anna!« sprach die alte Dame mit strenger Miene. »Anna, riecht es hier übel oder nicht?« — »Halten zu Gnaden, Frau Baronin . . . aber da kann einem ja anders werden.« —

»Bitte gehen Sie dem Geruch nach, Anna!«
Und schon nach kurzem Schnuppern schrie Anna auf: »Marandjosef, das ist ja dem gnä Herrn sein Anzug . . .!«
Sie hatte nur allzu recht. Es war der neue käferfarbene Homespun, von dem dieser unerklärliche, infame Duft ausging. War der Stoff etwa imprägniert? Und wenn ja, womit? Oder was war da sonst geschehen?
Jedenfalls etwas Ungeheuerliches. Denn der Anzug fuhr fort, in der niederträchtigsten Weise zu stinken. Und was das Schlimmste war: er stank nicht immer gleichbleibend. An manchen Tagen — so setzte Hahn seinen trübseligen Bericht an Herrn von Streysand fort — habe man nicht im mindesten klagen können. Dann wieder, ganz plötzlich, sei es nicht zum Aushalten gewesen. Es war so arg, daß die Leute in der Trambahn mit vorwurfsvollem Blick von ihm abrückten und kleine Kinder zu weinen anfingen. Manch hartes Wort habe er da einstecken müssen, das er sonst ganz gewiß mit Blut abgewaschen hätte . . .
Endlich, auf Grund langer und schmerzlicher Beobachtung, stellte er fest, daß die intermittierenden Geruchserscheinungen sich nach dem Wetter richteten. Und von hier war es dann nur noch ein Schritt zur Lösung des Rätsels. Der käferfarbene Homespun war zum größten Teil aus Hundehaaren gewebt worden, die sich hierfür genauso eignen wie der Friseurkehricht, aus dem bekanntlich die teuersten englischen Herrenstoffe erzeugt werden. Wer die Natur mit Liebe beobachtet, dem wird es gewiß schon aufgefallen sein, wie schlecht naßgewordene Hunde — besonders langhaarige, etwa Bernhardiner — riechen und wie leicht sie in diesem Zustand Ärgernis erregen. Nicht selten werden sie zur Quelle schlimmster Mißverständnisse, ja irreparabler Familienzerwürfnisse.
So war es denn klar geworden, warum der Anzug des Hofsekretärs Philipp von Hahn die Umschläge der Witterung jeweils einen Tag früher mit untrüglicher Sicherheit anzeigte und damit jedes Barometer in den Schatten stellte. Der bescheiden gewordene Hahn empfand das als einen kleinen Trost im Unglück. Indessen wurde ihm die Freude über die barometrischen Qualitäten seines Nessuskostüms wieder dadurch vergällt, daß alle

Augenblicke die Tür zu seinem Amtszimmer aufgerissen wurde und das Gesicht eines Kollegen erschien, der weder »Guten Tag« noch »Habe die Ehre« sagte, sondern lediglich nachschauen wollte, ob — wie der Sprachgebrauch des Ministeriums es allmählich stereotyp ausdrückte —, »ob der Hahn stinkt«. Man wüßte dann nämlich, ob man am Samstag einen Ausflug auf die Rax oder sonstwohin machen könne ... Besonders die Diurnisten Schwenzeltritt und Schleimhascher sorgten dafür, daß Hahn immer wieder diesen entwürdigenden meteorologischen Beobachtungen ausgesetzt wurde. Am unangenehmsten seien ihm die Besuche des ebenso neugierigen wie intriganten Hofsekretärs Wysznowsky gewesen, der ihm den übelriechenden, aber berühmt gewordenen Anzug insgeheim mißgönnte (war ihm als Polen doch der Ruhm das Höchste). Andererseits sei auch in diesen Wermutsbecher ein Freudentropfen gefallen: seine Exzellenz der Minister selbst habe einmal den Präsidialisten zum Riechen heruntergeschickt.

Damit beendete Herr von Streysand die Wiedergabe des Berichts, der ihm seitens des unglückseligen Hahn an jenem Gewitterabend in Schönbrunn unter ständigem Grollen der Elemente zuteil geworden war.

»Sie sehen, lieber Freund«, apostrophierte er zum Abschluß den erschütterten Cyriak, »von welchen scheinbaren Kleinigkeiten der Staatsbeamte abhängt: ein Sklave der Repräsentationspflicht, ein Mann, der sogar das imponderable Moment des Gestanks auf die Goldwaage legen muß ... Kein Wunder, daß unser guter Hahn dem auf die Dauer nicht gewachsen war und es vorzog, sein Leben und Wirken hieher zu verlegen.«

Das Stammbuch des Café Quaccheroni wimmelte von den Namen illustrer Reisender aus dem Norden, darunter zahlreiche Dichter, die hier ihre Grenadine, ihre Bavaroise, ihren Mokka geschlürft hatten. Der Inhaber des historischen Lokals — Baptist Geiserich Quaccheroni, ein durch und durch deutscher Mann, so recht der Prototyp der urgermanischen Mark Friaul — sammelte mit Vorliebe Poeten um sich. Derzeit sah man am häufigsten Harro von Tybein, einen mittelalterlichen Herrn, der stets eine kleine

Minnesängerharfe in Aktenpapier verpackt mit sich trug und zum Schwarzen gerne ein Bardiet sang oder Popes »Lockenraub«, den er ins Furlanische übersetzt hatte, mit saftigen Schnadahüpfln vermischt vortrug. Ja, er war ein Dichter, und zwar einer, dem es leicht vonstatten ging. Ihm fehlte so ganz jenes oft erwähnte titanische Ringen des Künstlers, das sich gewöhnlich im Knaupeln am Federstiel dokumentiert. Hauptberuflich war er Redakteur der beliebten Sportzeitung »Hatzhund und Saufeder«, daneben Professor für Literatur und Anstand am Vierköniglichen Policinell-Institut. Für diese Akademie, die zur Erziehung und Heranbildung von k. k. k. k. Hofpolicinellen diente, hatte Tybein ein Lehrbuch geschaffen, dessen Titel »Kaspar und Nasreddin in ihren Nutzanwendungen auf das praktische Leben« lautete. In der nun schon Jahre zurückliegenden freisinnigen Zeit hatte er ein Oppositionsblatt geleitet und war — da man seines ätzenden Sarkasmus wegen nicht wagte, ihn ins Exil zu schicken — nach dem Verbot des staatsgefährlichen Organs durch die Berufung auf einen staatlichen Vertrauensposten unschädlich gemacht worden.

Das erwies sich gerade in der jetzigen Epoche als äußerst segensreich, denn Gelsomino, der gegenwärtige Sküs, verfügte oft das hirnrissigste Zeug, kam völlig unvermutet mit ebenso markigen wie sinnlosen Erlässen hervorgeschossen. Das Unheil, das er auf diese Weise stiftete, verebbte immer erst nach drei bis vier Monaten; das war beiläufig die Dauer, mit der in Tarockanien Gesetze in Vergessenheit zu geraten pflegten. Gerade in den Tagen, da Cyriak und Herr von Streysand in der Hauptstadt angekommen waren, hatte der Sküs wieder einmal den Auftrag gegeben, eine neue Industrie aus dem Boden zu stampfen — »die größte der Welt«, wie es ungeachtet der Kleinheit des Landes in der pompösen Präambel der Verlautbarung hieß: Er wollte das Meer zuschütten lassen und die Häfen ins Hochgebirge verlegen, da ja dort wenig los war und vielleicht auf diese Weise ein bißchen Leben in die unwirtlichen Täler käme.

Es war Herr von Hahn, der den beiden Freunden von diesen und anderen Vorkommnissen Mitteilung machte, diesmal nicht im Quaccheronischen Café, sondern im Gasthaus »Zum Schlitten-

fahrenden Elephanten«, wo die soignierteren Kreise der Hauptstadt zu speisen liebten. Hahn trug an diesem Abend den käferfarbenen Homespun, von dessen Bewandtnis Cyriak sich natürlich nichts wissen machen durfte. Streysand aber nahm keinen Anstand, eine diesbezügliche Bemerkung fallenzulassen.
»No nein, jetzt is er ganz brav«, nahm Hahn das Sorgenstück seiner Garderobe in Schutz. »Beinahe abgeklärt, mecht ich sagen. Die Friehlingsstirme sind vorieber. Er stinkt so gut wie gar nicht mehr. Heechstens ein bißl bei Schirokko, aber da schieben's die Leite auf die Kanalgitter. Ieberhaupt is man hier nicht so heiklich.«
Er vertiefte sich in eine Zeitung, stellte stirnrunzelnd fest, daß Mehlwürmer und Ameiseneier an der Börse eine kleine Kurssenkung zu verzeichnen hätten. »Wahrscheinlich chinesische Exporte im Spiel«, vermutete er. »Unser größter Konkurrent. In der Qualität natürlich mit der ungarischen Ware nicht zu vergleichen. Fast noch schlechter als die polnische, wo immer so viel Asseln drunter sind. Aber die Leute fressen's. Die ganze Levante ist übersät damit.« Er begann mit den Fingern in der Luft zu rechnen, zog einen mißmutigen Schlußstrich und wandte sich an Herrn von Streysand: »Apropos Levante — ich höre, daß Ihr junger Freund nach Cythera will?«
Cyriak zuckte zusammen. Wie einem ertappten Schulbuben stieg ihm die Schamröte ins Gesicht. Die legendenumwobene griechische Liebesinsel war ja wirklich das geheime Ziel seiner Reise — aber woher wußte dieser Teufelszwirnhändler davon? Sollte er, noch aus liebgewordener Gewohnheit vom Staatsdienst her, während seiner Mußestunden in Polizeiakten stöbern?
»Mein Reiseziel ist die Levante«, korrigierte Cyriak mit halbwegs geglückter Nachlässigkeit. »Das habe ich auch auf dem Meldezettel angegeben.«
»Eben.« Hahn nickte wissend. »Wenn bei uns einer Levante sagt, meint er Cythera. Levante sind wir selber.«
»Nun, schließlich liegt ja nichts weiter gegen Cythera vor«, vermittelte Streysand.
Hahn wandte ihm mit einem Ruck den mißglückten Römerkopf zu: »Das sagen Sie?« fragte er. Und wiederholte: »Sie?!«

Streysand schwieg. Auch Hahn schien das prekäre Thema nicht weiter verfolgen zu wollen. Eine beiderseits befremdliche Reaktion, gewiß — aber nur für den Uneingeweihten. Streysand jedoch und Hahn, dem österreichischen Staatsdienst entsprossen, wußten sehr wohl, welche Rolle Cythera zu einem ganz bestimmten Zeitpunkt in der Geschichte Österreichs gespielt hatte. Bekanntlich war im Jahre 1797 zwischen Österreich und Frankreich der Friede von Campoformio geschlossen worden, in dem Kaiser Franz II., nach damaligem Sprachgebrauch »Franz der Andere« genannt, die Lombardei und Belgien an Napoleon abtrat. Dafür bot ihm der Korse die Gebiete der Republik Venedig an, zu denen auch die Ionischen Inseln gehörten — als deren südlichste eben Cythera, der Geburtsort der Aphrodite. Das eigentlich Pikante an den Bedingungen dieses Friedens war, daß Napoleon an Österreich etwas noch nicht ganz Fertiggestohlenes abtreten wollte. Doch kam es dazu in Wirklichkeit nicht. Maria Therese von Sizilien, die Gattin Franzens, eine fromme und folglich mit den Schrecknissen des Heidentums wohlvertraute Dame, bestürmte ihren hohen Gemahl, unter keinen Umständen Cythera unter die kaiserlichen Erblande aufzunehmen. Es war ihr ein gar zu grauslicher Gedanke, daß ihr Herzbinkerl, der Kronprinz Ferdinand — dessen Wasserkopf dem Hofrat Grillparzer später so viele Unannehmlichkeiten bereitet hat —, als Kaiser von Österreich nicht nur den Titel »König von Hungarn und Böheimb« führen, sondern auch noch »Prinz von Cythera und der anderen Venusinseln« heißen sollte. Man veranlaßte also durch eine meisterhaft gesponnene Hofintrige den Minister Cobenzl, der als österreichischer Ambassadeur den Friedensvertrag zu perfektionieren hatte, auf Cythera zu verzichten. Und da der alternde Graf sich den schweren Namen sowieso nicht merken konnte, verzichtete er gleich en bloc auf die ganzen Ionischen Inseln.

In Österreich hat man ja von überseeischen Abenteuern nie gerne etwas wissen wollen, und die öffentliche Meinung verband mit dem Begriff »Insel« fast automatisch auch den der Menschenfresserei. Schon darum wurde Cobenzls Entschluß allseits mit großer Erleichterung aufgenommen. Man überschüttete ihn

nach seiner Rückkehr mit Jubel und Ehren und benannte nach ihm eine beliebte Jausenstation nahe der Residenz. Nur eine kleine Schar von schwärmerischen Liebhabern der Antike weinte der verlorengegangenen Perle Ioniens nach. Sonst aber nahm man der Landesmutter, die ihrem Gatten gewissermaßen im Handumdrehen dreizehn Kinder gebar, den Degout vor einer so überaus bedenklichen Landschaft in keiner Weise übel.
Dem Grafen Cobenzl war die Erreichung seines Verhandlungszieles allerdings auch dadurch erleichtert worden, daß England sich mitten in den Verhandlungen die Ionischen Inseln aneignete. Und gegen die Engländer hätte Österreich mit seiner Kavallerie, die gerade noch ausreichte, um die venetianische Flotte die Ufer entlang zu jagen, natürlich niemals aufkommen können. Der auf so fragwürdige Weise erworbene Besitz brachte den Engländern indessen kein Glück. Man empfand ihn, eben weil auch Cythera dazugehörte, insbesondere in weiblichen Hofkreisen als shocking und wußte es schließlich durchzusetzen, daß die Königin Viktoria die Ionischen Inseln an Griechenland abtrat — einer der wenigen Fälle, in denen England freiwillig etwas hergegeben hat. Was für grauenhafte Dinge da im Spiel gewesen sein müssen, wird sich jeder denkende Mensch unschwer vorstellen und wird der weisen Voraussicht, die der gütigen Landesmutter Österreichs solchen Abscheu vor Cythera einflößte, nur desto größere Bewunderung zollen. Der hohen Frau war ja schon Graz nicht ganz geheuer, weil es auf der von Wien nach den Venusinseln führenden Strecke lag. Auch konnte man ihr nicht ausreden, daß die Grazien von dort stammten. Tatsächlich ist die Stadt seit jeher durch ihre feschen Mädchen berühmt gewesen und zieht, wie man weiß, eben darum zahlreiche Pensionisten an, darunter manch lockeren Zeisig in Filzpatschen. So etwas ist Sache des Instinktes. Auf Grund neuerer Forschungen darf es überdies als sehr wahrscheinlich gelten, daß der berüchtigte Tannhäuser ein geborener Grazer war oder mindestens in der Nähe der Stadt eine Burg besaß und bestimmte Einkäufe immer in Graz besorgte. Aber das würde zu weit führen. Genug an dem, daß Cythera ein geradezu klassisches Beispiel für die oft unglaubwürdigen Umstände darstellt, unter denen Österreich eine von

der Geschichte ihm zugewiesene Rolle nicht übernommen hat; und daß die wenigen, die um solche Versäumnisse wissen, sie nur ungern zur Sprache bringen oder gar zum Gegenstand leichtfertigen Geplauders machen.

So griff denn Philipp von Hahn, nachdem er noch eine Anstandsminute des Schweigens hatte verstreichen lassen, wie von ungefähr nach seinem Hut, einem falschen Panama aus waffelartig gepreßtem Papier, und besaß sogar die patriotische Geistesgegenwart, die zum Abschied ihm zugewandten Blicke seiner Tischnachbarn taktvoll zu mißdeuten:

»Sie wundern sich vielleicht über meinen Hut«, sagte er. »No ja. Wenigstens das Band ist echt. Und das Schweißleder hat vorne immerhin ein Stück falsches Linoleum. Ich habe seinerzeit — auf einem süddeutschen Jahrmarkt — zusammen mit einem Posten interessanter Sammelobjekte zwangsweise auch sechs Dutzend dieser Panamas erworben, und die muß ich jetzt abtragen. Gottlob werden sie leicht hin. Einer is mir anläßlich eines leichten Platzregens zerflossen und is mir wie eine Pletschen iebers Gesicht gehangen. Peinlich is nur, daß man die gelbe Farbe so schwer wieder wegbringt. Sie sind mit Pikrinsäure gefärbt... Um Himmels willen!« rief er aus, von dem zigarrenrauchenden Streysand zurückweichend. »Passen S' auf mit der Zigarre! Ein Funken, und der Hut explodiert! Schon zwei Stick sind mir beim Grießen auf diese Art verschwunden, und ich hab nur noch das falsche Schweißleder auf der Stirn gehabt. Die Flamme macht ja nix. Aber es knallt gräßlich, die Leit' erschrecken, und außerdem hat man, wie gesagt, nichts mehr auf. Empfehle mich. Muß ins Quaccheroni. Schaun, ob wer Neier gekommen is.«

Dies war tatsächlich der Fall, und es bleibe dahingestellt, ob Hahn wirklich erst »schauen« mußte, um es zu erfahren. Wahrscheinlich hatte man ihm bereits hinterbracht, daß ein Gast aus dem hohen Norden in der Hauptstadt eingetroffen war, und dank der Betriebsamkeit, mit der er seine grämliche Römernase in alle möglichen Amtsdinge steckte, mochte er sogar Wind davon bekommen haben, welche Motive Herrn von Püperitz hierhergeführt hatten.

VII

Wie so viele Abkömmlinge des deutschen Kleinadels war Florestan von Püperitz ein ausgepichter Hofsüchtling, und da er sich vom Bürgertum schon nicht durch Zugehörigkeit zu den höchsten Kreisen distanzieren konnte, wollte er wenigstens damit auftrumpfen, daß er sich in diesen Kreisen bis in ihre exotischsten Verästelungen hinein auskannte. Was aber hätte sich in Püpenburg und Umgebung exotischer ausgenommen als das ferne, abwegige und dennoch europäisch akkreditierte Vierkönigreich Tarockanien?

Daß die tarockanischen Hofverhältnisse Herrn von Püperitz enttäuschten, wäre zu wenig gesagt. Er war schlechterdings niedergeschmettert von dem, was er hier sah. Und man muß ehrlicherweise zugeben, daß Metternichs geniale Idee, die vier Könige, ohne Rücksicht auf Verwandtschaftsverhältnisse mit den europäischen Potentatenfamilien, ganz einfach aus der Masse der Bevölkerung zu wählen, in der Praxis auch ihre Schattenseite hatte. Fragwürdig war ja schon der Umstand, daß die auf den Thron gelangenden Herrscher, um die konstitutionell verankerte Ähnlichkeit mit den vier Königen des Normaltarockspiels aufzuweisen, unbedingt vollbartgeschmückt sein mußten. Denn Männer mit Vollbärten sind in der Regel von eigenartiger, etwas verbohrter Mentalität, sind Wanderern gleich, die ständig durch ein Gebüsch an der Aussicht gehindert werden. Das hatte der Schöpfer dieses bahnbrechenden Staatsaktes offenbar nicht bedacht. Ein uralter Kammerdiener Metternichs, mit dem ich einmal in der Salzburger Dampftrambahn und anschließend bei einigen Vierteln Wein ins Gespräch gekommen war, vertraute mir an, daß der verewigte Fürst die Ähnlichkeitsklausel nur deshalb stipuliert hatte, weil er im tarockanischen Vierkönigtum eine zugleich monarchische und freiheitliche Institution schaffen wollte und weil der Vollbart damals als verpöntes Sinnbild einer liberaldemokratischen Gesinnung galt, mit der Durchlaucht insgeheim und privatim kokettierten.

Gerade heuer war es mit den vier Königen recht übel bestellt. Als der repräsentabelste unter ihnen konnte noch Sigismund

Ernst IV. gelten, mit vollem Namen Sigismund Ernst Dieudonné Eberwulf Stanislaus Freiherr von Ghaisgagherl, Abkömmling eines alten Kärnthner Geschlechts, Fideikommißherr auf Fackenegg und Wurmberg, ein vornehmer, aber finsterer und höchst unzugänglicher Herr. Er empfing prinzipiell keine Fremden und hatte unmittelbar nach seiner Thronrede die Trull, die ihn in etwas hochmütiger Weise über seine Repräsentationspflichten belehren wollte, mit einer Fliegenklappe davongejagt. Daß mit diesem zugeknöpften Monarchen nichts zu machen war, merkte Püperitz gleich am ersten Tag.
Die zweite Majestät war von der Fleischbank weggeholt worden und hörte auf den hundsordinären Namen Franz, der ja erst in der Koppelung mit römischen Ziffern etwas gleichschaut. Dieser Franz also, dessen Familienname obendrein Ratzenstaller lautete, hatte während der Krönungszeremonie mit seinen großen, dicken Wurstfingern halb spielerisch das Szepter zerbrochen, hatte den Erzbischof, der ihn darob ernst und strafend ansah, einen Knödel geheißen und hatte sich beim Krönungsmahl so unsinnig betrunken, daß man noch heute bei diplomatischen Empfängen davon flüstert. Um seine Gemahlin war es wesentlich besser bestellt, ungeachtet des peinlichen, obschon auf historische Präzedenzfälle gestützten Umstands, daß sie ihre Jugend in einem Institut verbracht hatte, welches man zartsinnig als den polaren Gegensatz zum adeligen Damenstift Maria Schul in Brünn bezeichnen könnte. Ratzenstaller hatte sie auf einem Viehmarkt kennengelernt und hatte schlaue Praktiken aufwenden müssen, um sie zur Seinen zu machen. Denn man darf nicht etwa glauben, daß sie in ihm einen dumpfriechenden Notanker gesehen hätte, o nein! Sie gab ihrem andern Agnaten, dem Inhaber eines klangvollen italienischen Namens und beträchtlicher Reichtümer, keineswegs aus finanziellen Erwägungen den Laufpaß, sondern weil Ratzenstaller — der allerdings gleichfalls manchen Batzen sein eigen nannte — durch Alkohol leicht zu isolieren war und sie in der gewohnten Lebenshaltung nicht störte. Insgesamt war Esmeralda Ratzenstaller ein Frauenzimmer von feinsten Manieren und ungemein prunkliebend, also zur Repräsentation eines sowieso auf Äußerlichkeiten bedachten Staatswesens wie geschaffen. An

ihrem ebenso glanzvollen wie amüsanten Hof, den sie ohne viel Umstände »Versailles« nannte, wimmelte es von außerordentlich hübschen Mädchen und anderen lockeren Gestalten, was zwar keine Langweile in der Hofhaltung aufkommen ließ, in Püperitzens Augen jedoch nicht ganz den von daheim mitgebrachten Vorstellungen königlicher Attitüde entsprach.

Der dritte Träger der Krone schrieb sich Wenzel Stritzko und war im bürgerlichen Beruf Straßenkehrer, weshalb er den Sküs am Beginn seiner Regierungsperiode noch eine Zeitlang mit »Gnä' Herr« anredete. Im übrigen war er ein anständiger Mensch, der höchstens den Fehler aufwies, daß er gerne Knofelwurst aß. Als er jedoch die Kronjuwelen eines Tages in einem Winkelversatzamt belehnte — nicht aus Not, sondern aus Instinkt —, hatte man ein wachsames Auge auf ihn und hielt ihn in seinem Palast so gut wie interniert, so daß Herr von Püperitz auch bei ihm nicht recht auf seine Kosten kam.

Mit dem vierten verhielt sich's vollends traurig. Er war — verschämt teilte man es Püperitz mit, als er, um drei Hoffnungen betrogen, bei dieser Majestät um Audienz ansuchte — er war abgängig. Es wurde nach Möglichkeit vermieden, ihn auch nur beim Namen zu nennen, schon weil nicht feststand, ob er wirklich so hieß, wie er geheißen hatte. Jedenfalls war er ein mehrmals vorbestrafter Gewohnheitsdieb. Schon bei der Königswahl, die von den sogenannten »Königsrufern« geleitet wurde — hohen, aus der Blüte der Policinellokaste hervorgegangenen Würdenträgern —, wußte man das alles. Aber man konnte sich nicht helfen. Man mußte ihn krönen. Besaß er doch die verzwickte Nase und die scheuen, tiefliegenden Augen des Treffkönigs im Pojazzischen Normalspiel. Die Schuld lag also beim alten Florian Pojazzi, der diesen Verbrechertypus lithographisch festgelegt hatte. Zu allem Überfluß war auch noch durch eine an unglücklichster Stelle hinzugekommene Fliegenspur das rechte Auge zu tückischem Schielen verzeichnet, was gleichfalls mißlich Weiterungen nach sich zog. (Diese Fliegenspur hat bereits viel wissenschaftlichen Staub aufgewirbelt und die Gelehrtenwelt in »Entferner« und »Belasser« gespalten.) Begreiflich, daß der vierte König dem Lande Tarockanien schon immer die größten Schwierigkeiten verursachte. Aber so skandalös wie heuer war's noch nie. Man hatte den frisch aufgegriffenen Monarchen, gekrönt und von Detektiven umgeben, wie dies beim Treffkönig stillschweigende Usance war, in die Hofburg überstellt und hatte ihm schon beim Krönungsmahl, um Zwischenfälle zu vermeiden, ein Blechbesteck gegeben. Der hohe Herr verlangte sogleich, die Kronjuwelen zu sehen. Man brachte ihm die solid angekitteten Prachtstücke, schlug ihm ein paarmal derb auf die Finger und versprach ihm, als er auch noch die Banknotenpresse sehen wollte, für den nächsten Tag einen Rundgang durch das Münzamt. Dazu kam es aber nicht mehr. Majestät waren am nächsten Morgen verschwunden, wahrscheinlich durch ein Klosettfenster entwischt, soweit man den zögernden Angaben des Obersthofmeisters, eines prunkvollen Herren aus spanischem Uradel, entnehmen konnte. Püperitzens Enttäuschung war nach alledem eine gewaltige. Er erwog sogar, sich heimwärts nach Schloß Püpenburg zu verfügen, kam aber von diesem Plan dann doch wieder ab, wobei freilich auch die äußerst schleppende Abwicklung der Ausreiseformalitäten ein wenig mitspielte. Denn bei den miserablen Polizeiverhältnissen — hier soll einmal ein jähes Streiflicht auf die infolge der Regierungs-Skaramuzziaden arg verschnörkelten Ordnungsverhältnisse dieses Landes fallen —, bei den, wie gesagt, miserablen Polizeiverhältnissen funktionierte das Meldeamt so schlecht, daß ein ausländischer Besucher, wenn er seine Abreise ins Werk setzen wollte, bei der betreffenden Amtsstelle nicht selten entdecken mußte, daß er noch gar nicht angekommen war. Dies rührte zum Teil daher, daß jeder Reisende auf schikanöseste Art zu weit entlegenen Angaben verhalten wurde und daß man ihn beispielsweise wegen des Vornamens eines Urgroßonkels, der ihm entfallen war, zwischen Dutzenden von magistratlichen Stellen hin und her hetzte. Gerade dieser Übergenauigkeit wegen befand man sich mit der Aktenregistratur um etwa dreißig Jahre im Rückstand, wozu noch kam, daß alle Daten der Melderegister aus Sicherheitsgründen chiffriert wurden. Am schlimmsten trieb es diesbezüglich der gefürchtete Aktuar Mausmelcher, dem Püperitz unglückseligerweise in die Hände fiel. Das einigermaßen forsche Auftreten des Petenten war dem

mißtrauischen, arg von Hämorrhoiden geplagten und schon deshalb menschenfeindlichen Beamten höchst verdächtig. Er mutmaßte, daß sich hinter diesem knallig zur Schau getragenen Selbstbewußtsein das schlechte Gewissen eines Verbrechers berge; und als das historiographische Staatspolizeikabinett — geleitet von Marchese Travaglini, dem Urenkel des letzten Polizeiministers am Heiligen Stuhl — der Mausmelcherschen Kanzlei mitteilte, daß Püpenburg im Mittelalter zur Kategorie der Raubritterburgen gezählt hatte, war es um Püperitzens Freizügigkeit geschehen. Von Stund an folgten ihm auf Schritt und Tritt verschiedene Figuren, die teils geschniegelte Höflinge, teils wilde Männer aus dem Volke darstellen sollten, aber stets in derselben Reihenfolge auftraten, was in der Anciennität dieser Beamten begründet lag.
So verblieb ihm als unverfänglicher, weil von der Polizei als eine Art Naturschutzpark betrachteter Aufenthaltsort nur das Café Quaccheroni, und dort vollzog er an diesem Abend denn auch sein Entrée, wie immer unter ein wenig lärmenden und aufsehenerregenden Begleitumständen.

Cyriak und Herr von Streysand hatten sich aus dem »Schlittenfahrenden Elephanten« um diese Zeit bereits hieher verfügt und saßen in angeregtem Geplauder mit Herrn von Hahn und einigen anderen Notabeln der Residenz, als ein plötzlicher Blitz, gefolgt von einem heftigen Knall, die Herren auseinanderfahren ließ.
Nachdem der Rauch sich verzogen hatte, sah man den quieszierten Hofsekretär und jetzigen Mehlwurmhändler verdutzt und mit rußiger Glatze dasitzen, nur noch das Schweißleder aus falschem Linoleum am mikrocephalen Haupt. Im Lokal entstand lärmendes Durcheinander, dicke Damen fuchtelten schreiend mit ihren Lorgnons, plötzlich aufgetauchte Möpse quakten irre dazwischen, und Hahn wurde von verschiedenen Seiten mit Wasser begossen oder mit Servietten geschlagen, daß es knallte.
»Ich brenn ja gar nicht!« stöhnte er immer wieder. »Lassen S' mich doch in Ruh! Mich braucht niemand löschen!«
Immerhin dauerte es minutenlang, ehe er seine eifrige Umgebung überzeugt hatte.

»Möcht wissen, wer das gemacht hat«, knurrte er erbittert. »Der Kerl muß mir vor die Pistole. Noch dazu ist mein Anzug naß geworden. Alles vertragt er, nur das nicht ... Zu bleed, so was.«
Just in diesem Augenblick kam Florestan von Püperitz, dessen suchendes Umherirren im allgemeinen Wirrwarr bisher nicht aufgefallen war, über die vorgestreckten Beine eines Zeitungslesers an den Tisch gestolpert. Das infame Personengedächtnis, mit dem Leute seines Schlages behaftet zu sein pflegen, hatte ihn den ahnungslos dasitzenden Cyriak erkennen lassen. Schon knallten seine Hacken.
»Von Püperitz — hatte bereits das Vergnügen. Unter recht ungewöhnlichen Umständen, wenn ich nicht irre. Gartenfest im Walde. Plötzlich mitten unterm Nymphenvölkchen. Dolle Sache.«
Er nahm — vielleicht des Glaubens, die Aufforderung hiezu überhört zu haben — am Tische Platz. »Freue mich jedenfalls, die Bekanntschaft zu erneuern. Fühle mich ein wenig vereinsamt. Fuhr von Püpenburg mit Bruder Horst und zahlreichem Gefolge ab — unterwegs alle verloren. Scheußliches Land hier. Könige total unmöglich — ach was, sollen se hören. Plane in den Orient weiterzureisen.« Geschmäcklerisch führte er seine Hand zum Mund, um einige Rauchwolken vor sich hinzublasen, merkte aber, daß er nichts zu rauchen hatte. »Verdammt noch mal, wo ist denn meine Zigarre? Ach, da liegt sie ja. Muß vorhin an etwas angestreift sein. Hut oder dergleichen. Ach, das waren Sie! Is ja doll!« Dieser muntere Ausruf galt dem alles eher als belustigt dreinschauenden Hahn, der stumm seinen schweißledergarnierten Kopf gegen ihn vorgeneigt hatte, der Karikatur eines Olympiasiegers nicht übel vergleichbar. »Bedaure lebhaft. Nee, wirklich. Was müssen Se aber auch so 'n Zündhütchen aufhaben? Sind ja kein altmodisches Gewehr, oder? Hahaha. Na, was bin ich Ihnen denn nu schuldig, Sie Knallfritze Sie?«
Die Unterbrechung, die in seiner Suada nun endlich eingetreten war, benützte Herr von Streysand geistesgegenwärtig, um den als »Knallfritze« Bezeichneten vorzustellen, doch machte weder der klingende Name noch die von Streysand gebührlich hervorgehobene Tatsache, daß Herr von Hahn seinerzeit dem k. k. Windmessungsinstitut zugeteilt war, auf Püperitz besonderen

Eindruck. »Von Püperitz«, replizierte er trocken. »Glaube ich im übrigen schon gesagt zu haben.«

Zur allgemeinen Überraschung stellte sich nach diesem antagonistischen Beginn zwischen den beiden Herren ein durchaus urbanes Einvernehmen her. Hahn, den der kundige Streysand nicht umsonst als industrielles Genie bezeichnet hatte, agnoszierte mit sicherem Spürsinn in Herrn von Püperitz einen engeren Landsmann des gewaltigen Dösemeier und war sichtlich bestrebt, auf diesem unverhofften Weg — er sprach von einer »Fiegung des Himmels« — eine Geschäftsverbindung anzubahnen, die sich ihm andernfalls wohl kaum eröffnet hätte. Und Püperitz schien der Möglichkeit, seine weitreichenden Verbindungen spielen zu lassen, desto weniger abgeneigt, als Hahn gesprächsweise darauf hinweisen konnte, daß die Firma Dösemeier Hoflieferantin der Könige von Hannover gewesen sei. So nahm der Abend noch einen verhältnismäßig animierten Verlauf. Er wurde für Cyriak nur dadurch getrübt, daß Herr von Püperitz mehrmals die Hoffnung äußerte, zumindest einen Teil der weiteren Reise gemeinsam mit ihm zurückzulegen, und dabei niemals versäumte, ein solches Arrangement als »famos« zu bezeichnen.

Mit dem gleichen Ausruf tatendurstiger Befriedigung quittierte er das von seiten Hahns mit kluger Berechnung ins Gespräch eingeflochtene Versprechen, ihm eine Einladung zu dem in wenigen Tagen stattfindenden Hoffest zu verschaffen. »Da könn'n die ulkigen Kunden mal zeigen, was sie könn'n!« fügte er der Deutlichkeit halber noch hinzu.

VIII

Das Hoffest wurde von der Königin Esmeralda gegeben — nicht nur, weil der Park ihres Lustschlosses einen idealen Veranstaltungsort darstellte, sondern weil niemand anderer in Betracht kam.

Sigismund Ernst IV. aus dem Hause der Ghaisgagherln war Junggeselle. Unfroh, gichtgeplagt und verdauungsgestört, wurde er von einer Freundin aus Jugendtagen betreut, einer eingetrockneten Aristokratin, die viel von einem längerdienenden Train-

wachtmeister an sich hatte und als Schirmherrin eines Gartenfestes nicht zu brauchen war.
Daß der abhanden gekommene König — vom ehernen Griffel Klios, der Muse der Geschichte, ordnungshalber als Beppo I. der Flüchtige registriert — keine auch nur halbwegs legitime Gattin zurückgelassen hatte, muß nicht erst gesagt werden.
Esmeraldas einzige Kollegin, die Gattin des als Wenzel XVI. verbuchten Stritzko, hatte zu Festlichkeiten ihre eigene Art von Beziehung, die indessen beim besten Willen nicht als standesgemäß gelten konnte. Zur Zeit, da ihr königlicher Gemahl noch die Straßen fegte, hatte ihr der Magistrat die Pflege einer andersgearteten öffentlichen Sauberkeit überantwortet. Frau Barbara Stritzko war, um es kurz zu sagen, k. k. k. k. landesbefugte und beeidete Klosettfrau. Die Wackere hatte ein weitläufiges Formular unterschreiben müssen, daß sie niemals Kinder verschiedenen Geschlechts gleichzeitig in eine Kabine hineinlassen und Selbstmordverdächtigen das Betreten des Instituts unter allen Umständen verweigern werde. Außerdem mußte sie es auf ihren Eid nehmen, keiner geheimen Gesellschaft anzugehören oder Vorschub zu leisten, insbesondere nicht den Freimaurern. Als Frau Stritzko zu diesem Passus kam, wurde sie grob und verwahrte sich dagegen, daß man ihr die Duldung einer solchen Schweinerei — jawohl, sie gebrauchte dieses Wort — überhaupt zutraue: im Freien, und an der Mauer! Gerade das habe sie ja immer bekämpft und als berufsschädigend empfunden. Nur mit Mühe konnte man dem Redefluß der Aufgebrachten einen Damm setzen und war amtlicherseits froh, als die immer noch maulende, mit einem gelben Zahn ab und zu zornig in die Luft schnappende Matrone den Akt unterschrieb. (Bei dieser Gelegenheit möchten wir den geneigten Leser ausdrücklich warnen, mit Klosettfrauen über Freimaurerei zu sprechen, sei es auch nur durch die Türe hindurch.) Im Dienste erwies sich Frau Stritzko als zuverlässig und unermüdlich. Bei pompösen oder funebralen Anlässen wurde die riegelsame, in ihrem kleinen Reich mit Umsicht waltende Frau gerne mit der Leitung der für solche Veranstaltungen eigens errichteten Pavillons betraut, deren barakkenhaft provisorischer Charakter ihrer Tatkraft manchen Spiel-

raum eröffnete. Sie galt, kurzum, in ihrem meist mit Nasenrümpfen bedachten Fach als richtige Kapazität.
Es war kurz vor dem Hoffest, als Königin Esmeralda den Besuch ihrer hohen Standesgenossin empfing, die ihr das verschämte Ansuchen vortrug, die Frau Kollegin möge ihr für das Hoffest die Toilette zuweisen. Esmeralda, deren Blick mißbilligend auf der unmöglichen Aufmachung ihrer Mitregentin ruhte — mit besonderem Entsetzen nahm sie von den mit billigem Bronzepulver vergoldeten Gummistiefeletten Notiz —, faßte sich jedoch rasch und forderte Barbara mit königlicher Geste auf, nach Herzenslust unter den Kleidern, die man ihr sogleich vorführen werde, zu wählen.
Nein, das sei ein Irrtum, stotterte Königin Barbara und raschelte verlegen mit Papier in ihrer geöffneten Handtasche. Keine Toilette zum Anziehen meine sie, sondern —
»Halt!« fuhr da die sittenstrenge Esmeralda flammend empor. »Wagen Sie nicht, diesen Satz zu beenden, Sie Schandfleck! Und jetzt hinaus!«
Das war das Ende des kurzen, inhaltsschweren Gesprächs zwischen den beiden Königinnen, dessen sich der Hofklatsch sofort bemächtigte. Zumal der Außenminister Sanstranquille de Culepin, ein geschniegelter Französling, konnte sich an der Ausschmückung des Intermezzos nicht genug tun und wußte sogar zu berichten, la Reine Barbe habe im Verlauf der lebhaften Auseinandersetzung der Reine Esmeralda mehrmals mit dem Besen ihres hohen Gemahls gedroht, des très auguste Monarque Venceslas ...

Der Abend des Hoffestes war gekommen. In betörender Pracht stand das königlich tarockanische Lustschloß von Versailles inmitten des herrlichen Parks, der sich von lieblich geschwungenem Hügel hinab nach Chiopris und gegen das Dörfchen Medeom senkte. Die Aussicht war feenhaft. Nordwärts lag der mächtige Wall der schneebedeckten Alpen, nach Morgen die flimmernde Steinwüste des Karstes, im Westen ahnte man die dunstige venetianische Tiefebene, und gegen Mittag dehnte sich das leuchtende Meer mit den Lagunen von Aquileia. Im rötlichen Abendschimmer konnte man gerade noch die schwachen Umrisse der in

Kristallzacken ausgebauten Festung Palma uova erkennen. Und während das letzte Glühen auf den fernen Berggipfeln verglomm, breitete sich von der Adria her schon die Sternendecke der Nacht über den Himmel.

Von zischenden, glitzernden Raketengarben begrüßt und mit Orden und Auszeichnungen bis zur Unkenntlichkeit behangen, erschien König Franz XXXVIII. und gab das Zeichen zum Beginn des Festes, das in allen Teilen des Schlosses und des riesigen Parks vor sich ging. Überall waren Hofchargen und Arrangeure damit beschäftigt, die Massen der Geladenen unauffällig zu immer neuen Gruppierungen zu formen und für die pausenlose Abwicklung der Darbietungen zu sorgen. Die ausgesuchtesten Näschereien und Weine wurden herumgeboten, während auf der großen Marmorterrasse vor dem Schloß ein prunkvolles Ballett in Szene ging. Und dann, mit einemmal, brandete das goldene Rauschen ungezählter Gongs durch die Rosenhecken und Taxuswände und ging in immer näher herandonnerndes Pferdegetrappel über: eine Kavalkade der Amazonengarde kam herangesprengt, blitzende Reihen jugendschöner Reiterinnen auf edelsten Lipizzanern, deren gemmengeschmückte Geschirre im Widerschein raffiniert verteilter Fackeln betörend aufleuchteten. Cyriaks Herz schlug wild. In diesem Augenblick erst gestand er sich ein, warum er hiehergekommen war. Angstvoll und sehnsüchtig zugleich erwartete er, die Unvergleichliche zu entdecken, die zweimal schon seinen Weg so rätselhaft gekreuzt hatte. Jetzt reckte er sich weit über die Balustrade vor —

Sie war's. Er wußte, daß sie es war und daß sie ihn in der Sekundenschnelle ihres Dahinsprengens aus dem Spalier herausspürte, mit der gleichen unwiderstehlichen Sicherheit, mit der sein Blick gerade auf sie gefallen war, unter all den strahlend vorüberwehenden Gestalten gerade auf sie.

Vom andern Ende des Hügels her klangen ferne Jagdhörner auf. Namenlose Sehnsucht zerrte an Cyriak, steigerte sich zu einem Gefühl von so fremdartig beklemmender Süße, daß er für Augenblicke jedes Bewußtsein der Realität verlor und sich in einem finsteren, duftenden Laubengang zu Boden warf.

Nach einer Weile — wie lange sie gedauert hatte, wußte er nicht

— zog jenes unerklärliche Gefühl ihn wieder hoch und hieß ihn dem längst verhallten Fanfarenton nachgehen. Das Maskenfest hatte sich mittlerweile zu wogender Lebensfülle entfaltet. Musik durchschmeichelte die Luft, huschende Schatten tauchten auf und verschwanden, schwer dufteten die Rosenbeete, aus Lauben und hinter marmornen Ungeheuern, die sich in dunklen Silhouetten vom silbrigen Nachthimmel abhoben, kicherte es verliebt. Buntfarbene Maskenfiguren der altvenetianischen Rüpelkomödie schweiften umher, Truffaldino und Scaramuzzo, Harlekin und Brighella suchten mit Pritschen und Holzschwertern manch einem degenbewehrten Kavalier seine Dame abspenstig zu machen. Nachtwandlerisch durchschritt Cyriak das Gewühl. Als nach einer plötzlichen Krümmung des Kiespfades ihn Stille und Dunkelheit umfingen, wußte er, daß er auf dem richtigen Weg war. Jetzt überquerte er eine Rasenfläche, die sanft zum geöffneten Halbrund eines kleinen Marmortempelchens anstieg. Ein irisierender Springbrunnen, der dem zierlichen Bauwerk vorgelagert war, hörte rätselhaft zu plätschern auf, als Cyriak nähertrat. Jetzt stand er im Eingang. Und jetzt, aus alabasternem Formengewirr, dessen Konturen sich im grünen Mondlicht ungewiß zu zerstäuben schienen, hob sich die angebetete Gestalt hervor — der Bronzehauch eines Gesichts, von dunkelgoldenen Locken umflossen — das Glühen und Lächeln von Augen und Lippen — das unbegreiflich edle Ebenmaß der Glieder, ahnungslos und selbstbewußt zugleich.

Da aber geschah etwas Seltsames. Cyriaks Lippen öffneten sich, und mit einer Stimme, die er nicht kannte und der er selbst staunend zuhörte, formte er fremde Worte: »Archipaidion ... archipaidion aglazomenon ...«, Worte seines langvergessenen Schulgriechisch und noch andere dazu, die er noch nie gesprochen oder vernommen hatte ... Archipaidion ... Fürstin der Jugendpracht ...

Und er trat auf sie zu, und er umfing sie.

In den anderen Teilen des Zaubergartens sorgten wildschnurrbärtige Hajducken und zierliche Mohrenknaben unermüdlich für Erfrischungen, aus den erleuchteten Schloßfenstern klang Tanzmusik, eine föhrenumstandene Rasenlichtung diente dem »Sommernachtstraum« des großen Luftschloßarchitekten Shakespeare als natürliche Szenerie, und die süffisante Exzellenz Sanstranquille stellte im Gespräch mit dem englischen Gesandten befriedigt fest, daß die Fête bis jetzt relativ anständig verlaufen sei; er finde es bewundernswürdig, wie das Freimädel, die Königin, an alles denke, und wie geschickt sie gleich nach Beginn der Festlichkeit ihren Herrn Gemahl wegretuschiert habe. Unterdessen hielt die weltgewandte Esmeralda, um mit sittsamem Beispiel voranzugehen, auf der hellerleuchteten Schloßterrasse Cercle, wußte unter anmutigem Fächerspiel huldvolle Komplimente zu verteilen, vermittelte zwischendurch diskret Bekanntschaften und zeigte sich ihren Repräsentationspflichten auch sonst in jeder Hinsicht gewachsen.

Die Musik, die eine kleine Pause eingelegt hatte, begann wieder zu spielen, wie immer was Feines. Denn Maestro Trillentritscher, der erste Hofkapellmeister, schwang selbst den Baton. Massenets »Scènes pittoresques« erklangen. Hin und her wogte das Fest.

Mit einemmal kamen zwei Huissiers in Seladongrün und Silber, reich mit weißen Straußenfedern geschmückt, auf die Terrasse geeilt und verneigten sich tief vor der Königin. Esmeralda winkte ihnen zu sprechen.

Die beiden Männer sahen einander an, einer wollte dem anderen den Vorrang lassen, schließlich begann keiner, im Gegenteil, sie schluckten ein paarmal und machten kehrt.

Die Königin stutzte. Was sollte das? Aber schon erschienen vier schwarzlockige Amazonen-Kadetten, senkten grüßend die trauerflorumwundenen Degen, mit denen sie hierauf noch einige gewählte Arabesken vollführten. Dann trat die eine von ihnen vor, bewegte wie durstig die leicht geöffneten Lippen, so daß alle die Pracht ihrer Zähne ein wenig bewundern konnten, verwies eine Locke, die sich allzu kokett über ihre Wange ringelte, mit graziöser Handbewegung an ihren Platz und schien nun endlich sprechen zu wollen. Doch auch sie kam aus irgendeinem Grunde nicht weiter und beugte nur das Knie zu stummem Abschied. Zierlich zurücktrippelnd, folgten die anderen drei ihrem Beispiel.

Während die Königin noch sprachlos an ihrem Batisttüchlein

nagte, tauchte ein düsterer Scaramuzzo du jour auf, in voller Amtstracht, mit schwarzem Höcker, schwarzer Larve und krummer Nase. Er blickte die Königin mit verschränkten Armen eine geraume Weile lang an. Endlich holte er zu einer großen Rednergeste aus, fuhr sich in die Halskrause, zuckte unter traurigem Mienenspiel ein paarmal mit dem Mund und starrte seitwärts zu Boden. Dann hob er nochmals die Hand, machte zwei entschlossene Schritte auf die Königin zu, blieb abermals stehen, schüttelte wehmütig den Kopf und zog sich zurück.

Wachsende Ratlosigkeit bemächtigte sich der Majestät und des ganzen von ihrer Gnade bestrahlten Kreises. Fragend und verwirrt sah man einander an.

Da, auf dem Höhepunkt der allgemeinen Deroute, schwirrte pfeilschnell ein als Putto mit farbenschimmernden Flügeln verkleideter Page heran, turnte sich geschickt an die Seite der hohen Frau und flüsterte ihr etwas ins Ohr.

Die Wirkung war fürchterlich. Esmeralda stand auf, wankte, Höflinge und Garden stürzten herbei, nötigten sie sanft in ihren Sitz zurück. Flüsternde Stimmen ringsum stellten die naheliegende Frage, was geschehen sei.

Spöttisch neigte de Culepin seinen Mund zu den roten Borsten, die aus dem Ohr des britischen Ambassadeurs hervorstanden: »Wetten wir, Mylord, daß der königliche Viehhändler hin ist? Tausend Guineas — wollen Sie?« Eisigen Blicks sah der Brite ihn an. Er fand es unter seiner Würde, einen Metzger, sei es auch einen gekrönten, in den Bereich einer Wette einzubeziehen. Königin Esmeralda hatte sich aufgerafft, warf den Kopf in den Nacken und schritt elastisch von dannen, wobei sie darauf Bedacht nahm, sich dem Rhythmus der Musik anzupassen. Die für besondere Anlässe stets para gehaltenen Cavalle flankierten sie auf Steckenpferden.

Einen Ausdruck unerbittlicher Strenge im herbschönen Antlitz, entschwand Esmeralda ins Innere des Schlosses, durcheilte Gemächer und Korridore. Am Ansatz einer diskret abzweigenden Treppe blieb sie nochmals kurz stehen, ehe sie hinabstieg.

Sie war am Ziel. Eunuchen verbeugten sich tief und zogen den Vorhang auseinander. Vier Kammerherren, die schon gewartet hatten, gingen voran, die Gesichter maskiert, um ihr Erröten zu verbergen. Mit brennenden Kandelabern erhellten sie den Halbdämmer des nun betretenen Raums. Einige Damen, die sich gerade zurechtmachten, blickten verstört auf, ehe sie in tiefem Hofknicks erstarben. Esmeralda achtete der Erschrockenen nicht. Schmallippig, beinahe hörbar zischend vor Zorn, trat sie an die einfach gekleidete Frau heran, die an einem mit kleiner Münze bedeckten Teller hantierte und jetzt jählings herumfuhr, wobei sie starren Blicks einen kleinen Besen fallen ließ. Auch der Teller klirrte zu Boden. Eine größere Banknote, die sogenannte Lockspeise, flatterte hinterher.

»Also muß ich Sie doch hier erwischen!« schnaubte Esmeralda. »Welch eine Schmach für unseren ganzen Stand! Ich werde Ihre Auslöschung aus sämtlichen Annalen beantragen! Ich werde — ich werde Sie in ein Asyl für verwahrloste Königinnen sperren! Und wenn ich eigens eines gründen müßte!«

»Nur das net, nur das net!« Schluchzend stürzte die ehrlose Monarchin nieder und umfaßte die Knie der Zürnenden. »Der Stritzko tät's nicht überleben ... Lieber werf i die Kron' hin. Haben S' ein Erbarmen mit mir! Wie oft sein S' mir früher Geld schuldig blieben, und i hab ein Aug zudruckt ...!«

Aus allen Türen und durch alle Vorhangspalten guckten neugierige Köpfe, denn das Fest war gut besucht. Nichts blieb der Königin Esmeralda übrig, als ihr Haupt mit dem Schleier zu verhüllen und ihrem Gefolge das Zeichen zum Abgang zu geben. Die vier Kammerherren verlöschten mit diskret benetzten Fingern die Wachskerzen, übergaben die Kandelaber den Eunuchen und folgten händeringend der hohen Frau. Es war ein Skandal ohnegleichen. Er verbreitete sich alsbald über alle europäischen Höfe, ja über ganz Europa, und brachte den sowieso schon bemakelten Namen Versailles für immer in Mißkredit.

Aber noch Schlimmeres barg sich im Schoße dieser Nacht, denn das Unheil ist paarig wie die Würstel und die Ohrfeigen. Esmeralda, die schon aus beruflicher Routine nicht so leicht aus der Fassung zu bringen war, fand binnen kurzem ihr Gleichgewicht wieder und kehrte zum Festgetümmel zurück, das sich allerdings trotz forcierter Lustigkeit nicht mehr erholen wollte. Der Reif des Tratsches hatte sich über das parfümierte Wogen der Crème de la Crème gelagert, und die Tendenz zur Gruppenbildung war unverkennbar.

Die Hofkapelle, von ihrem Dirigenten mit wilden Armbewegungen und wehenden Frackschößen zu höchsten Leistungen gestachelt, ließ gerade den Schluß von Griegs »In der Halle des Bergkönigs« erregend ansteigen. Das unterirdische Grollen endete mit einem Donnerschlag, der hier zum erstenmal ganz im Sinne des Meisters mit elementarer Gewalt aus zahllosen Pauken empordröhnte. Als das Echo dieses Donners verrollt war und die Hofgesellschaft just zum Applaus ansetzen wollte, wurde sie daran durch ein schrilles Geschrei gehindert, das in grellen Abstufungen immer näher kam: einzelne verwirrt durcheinanderlaufende Figuren zuerst, dann immer dichtere Knäuel bunter bizarrer Masken, gackernd wie irre Hühner und alle nach der Königin schielend. Einen Herrn in arg lädiertem Abendanzug schleppten sie mit sich, riefen: »Mord, Mord und abermals Mord!«, warfen die flatterhändigen Arme hoch, schwangen die hölzernen Schwerter, deren Griffe als Entenköpfe oder Eselshäupter geschnitzt waren, fuchtelten mit deplacierten Spritzen, die sonst nur bei Biedermeierhebammen in Gebrauch stehen, die aber zu heiterer Feststimmung im Süden einmal unerläßlich sind.

Jetzt schleppten acht klagende Hanswürste eine improvisierte Bahre herbei, auf der starr und steif ein Mann mit Hakennase und Ziegenbart lag, an der Stirn eine rote, klaffende Wunde. Nachdem sie die Bahre vor der Königin abgesetzt hatten, trat ein unsympathisch aussehender Jüngling — vermutlich ein bei der heutigen Freilichtaufführung nicht berücksichtigter Schauspieler — aus der Menge hervor, streckte die Arme aus und gebot Schweigen. Dann fuhr er sich mit beiden Händen ins Haar, stürzte vor Esmeralda hin, riß sich das Gewand auf und wies, abermals mit beiden Händen, seitwärts auf den Daliegenden. Diese Pantomime begleitete er mit einem hohlen Ton, in dem sich gequetschter Gram, absolute Verlogenheit und geziertes Schluchzen grausig vermählten.

Hier liege — so begann er endlich zu artikulieren —, hier liege

Ermete Zaccheroni — blühend einst, die Augenweide seiner Mutter — der Stolz der ganzen Nachbarschaft — die Hoffnung der Stadt — jetzt tot. »Ha!« fuhr er fort und preßte die Hand auf die Stirn. »Gemetzelt, gemordet, ausgeweidet, zertrampelt und zertrümmert — Ermete Zaccheroni — den Harpyien zum Fraß!«

»Oimè! Oimè!« antwortete dumpf der Chorus.

Esmeralda, zum Glück an Übertreibungen gewöhnt, gebot dem blutrünstigen Phrasengesudel, dem die romanische Rhetorik so überaus zugetan ist, energisch Einhalt und befahl zwei anwesende Hofärzte zu der angeblichen Leiche. Es waren Dr. Türkel del Piz Popena, ein allseits beliebter Hals- und Nasenspezialist, dessen Kurzsichtigkeit gewissenlose Skaramuzze gelegentlich dazu ausnützen, um mit ihren künstlichen Nasen in der Ordination zu erscheinen, und der immer todernste Medizinalrat Fingerbein, den noch nie jemand lachen gehört hat. Während sie an die Bahre herantraten, begannen die Redakteure des »Zwicker«, Schürenstunk und Bauschmann, eifrig zu kritzeln.

Natürlich stellte sich heraus, daß es sich um keinen Todesfall, sondern bestenfalls um eine mittelschwere Körperverletzung handelte. Aber es bedurfte einer Prozedur von geradezu unglaublicher Verworrenheit, um den Sachverhalt zu klären. Zunächst gerieten die beiden medizinischen Koryphäen in einen heftigen Wortwechsel: während Dr. Türkel della Piz Popena auf Säbelhieb diagnostizierte, beharrte der düstere Medizinalrat auf Schußwunde und ließ sich erst durch ein ad hoc zusammenberufenes Konzilium von seiner Meinung abbringen, worauf das Opfer endlich in die Unfallstation des tarockanischen Landeskrankenhauses überführt werden konnte. Mittlerweile war eine Kriminalkommission unter persönlicher Führung des Polizeipräsidenten am Tatort eingetroffen und begann mit der Zeugeneinvernahme. Aus dem Durcheinander der allseits mit größter Leidenschaft und unter Anrufung sämtlicher Heiligen vorgebrachten Aussagen schälte sich allmählich der Tatbestand heraus, daß man ein junges Liebespaar im kleinen Marmortempel auf die unartigste Weise gestört hatte. Ermete Zaccheroni, als besonders zudringlicher Voyeur bekannt, habe die beiden aufgespürt, sei auf die

stellenweise aus Kristall gebildete Kuppel des Tempelchens hinaufgekrochen und habe triumphierend gerufen, daß es besonders der Mühe wert sei. Dutzende von lustigen Masken, aus rasch gefertigten Trichtern Signale blasend, seien ihm nachgestürmt — ein junger Herr habe sie verzweifelt abgewehrt, um einem schönen Fräulein, einer schlankgegürteten Amazone, den Rückzug zu decken — sie sei auch wirklich davongestoben — habe sich aber, von der Meute in die Enge getrieben, gestellt und dem ersten Verfolger mit funkelndem Degen die tödliche Verletzung beigebracht; denn davon, daß die Verletzung tödlich war, ließ sich kein einziger Zeuge abbringen, wie ja auch standhaft von den »Überlebenden« gesprochen wurde, die daraufhin von der Verfolgung abgelassen hätten.
Cyriak, nach dem Namen des Mädchens befragt, gab an, ihn nicht zu kennen. Auch ihren Rang im Amazonen-Korps habe er in der Dunkelheit nicht zu unterscheiden vermocht.
Die Behörden standen vor einem Rätsel, und dort blieben sie auch stehen. Der ordenslüsterne Polizeipräsident hatte in übertriebenem Amtseifer den Akt mit nach Hause genommen, um der Aufhellung dieser dunklen Affäre auch seine Nächte zu opfern. Seine Haushälterin jedoch, von ihrem geizigen Herrn mit Brennmaterial allzu knapp gehalten, machte sich schon am nächsten Tag seine Abwesenheit zunutze, um das umfangreiche Konvolut meuchlings zu verfeuern. Nur äußerste Unkenntnis der tarockanischen Verhältnisse wird ihr das ankreiden. Jeder mit Tarockanien halbwegs Vertraute weiß, daß dies das übliche, ja geradezu vorgesehene Schicksal aller dortigen Akten ist. Drängen sich doch an jedem Freitag die Altpapierhändler mit ihren klingenden Maulesel-Wägelchen vor den Ministerien und Gerichtskanzleien, wo dann von Amts wegen, unter schnatterndem Feilschen und gegenseitigen Beteuerungen, manch schönes Stück Arbeit der Woche oft viel zu billig hingegeben wird.
Daß Cyriak seinerseits über die Hintergründe des Zwischenfalles unzugängliches Schweigen bewahrte, versteht sich. Und zu Herrn von Streysands Ehre muß gesagt werden, daß er — obwohl oder weil er von diesen Hintergründen etwas ahnte oder gar wußte — keinen Versuch unternahm, Cyriaks Schweigen zu durchbrechen.

Im Gegenteil ließ er sich's auf rührende Weise angelegen sein, den einigermaßen verstörten Freund, der von einer seltsamen Entschlußlosigkeit befallen schien, nach Möglichkeit abzulenken und zu zerstreuen. Und solcher Möglichkeiten gab es für den in Tarockanien wohlbekannten und wohlgelittenen Diplomaten nicht wenige.
So sah man denn die beiden Herren, denen sich gelegentlich auch noch der Edle von Hahn und, dies eher gegen ihren Willen, Florestan von Püperitz beigesellte, ausgedehnte Spaziergänge in die Umgebung der Residenz unternehmen, sah sie zum Tee oder bei Abendgesellschaften in den kunstsinnigen Häusern der tarokkanischen Hautevolée, im Theater und bei Opern-Stagionen. Daraus, daß er Cythera als das eigentliche Ziel seiner Reise ansah, machte Cyriak dem Freund gegenüber kein Hehl mehr. Aber warum es ihn nun mit so unendlich vervielfachter Sehnsucht dorthin trieb und welche sonderbare Beklemmung ihn davon abhielt, diesem Trieb nachzugeben: darüber wurde nie gesprochen. Herr von Streysand beschränkte sich darauf, ihm aus reicher Kenntnis und Erfahrung über die phantastischen Hofhaltungen jener griechischen Miniaturmonarchien zu erzählen, von denen man ja schon hier in Tarockanien einen sehr substantiellen Vorgeschmack bekäme.

IX

An einem der nächsten Tage waren sie auf das Landschloß der Gräfin Calessari geladen, und wie hierzulande nicht anders zu erwarten, wurde auch dieser Besuch von allerlei unvorhergesehenen Arabesken umschnörkelt. Es begann damit, daß die beiden Freunde, einen halbverwilderten Waldpfad entlangreitend, auf einer plötzlich sich auftuenden Lichtung zwei Kapuziner gewahren mußten, hoch zu Roß, wohl auf einer Parforcejagd begriffen. Noch sonderbarer wirkten zwei atemlose Jagdhunde, die vor ihnen einhersausten, beide mit Augengläsern und mit im Winde wehenden Bärten maskiert.
»Arcibuffoni der Kirche.« Streysand sah nachdenklich vor sich hin. »Wenn ein Meister des Pinsels diese korkfarbenen Gesellen

festgehalten hätte, würde man ihm vorwerfen, ein Ryparograph, ein Maler abstruser und schmutziger Sujets, zu sein. Oder sollten die Hanswürste, die man hier so schwer eindämmen kann, sich diesen unziemlichen Spaß erlaubt haben?«

»Im Salzburg der Barocke hätte mich das nicht so sehr überrascht«, äußerte Cyriak nach einer Weile. »Als Figuren aus dem Jagdzug eines Paris Lodron etwa. Aber hier und heute?«

»Es wird wohl etwas aus dem Freysingischen drüben sein. Junge Kirchendiplomaten vielleicht. Sie müssen wissen, lieber Pizzicolli, daß man sich mit der Idee trägt, irgendwo im Orient eine Neugründung des Kirchenstaates vorzunehmen. Da stellen sich denn, wie so oft bei den Kapuzinern, junge Kavaliere mit glanzvollen Namen in den Dienst der guten Sache. Die künftigen Attachés müssen ja in allen ritterlichen Künsten erfahren sein. Also auch in der Jagd.«

Wieder einmal gab Nepomuk von Streysand eine Kleinigkeit mehr von seinen Geheiminformationen preis, als er es einem anderen gegenüber getan hätte. »Die Gegend hier heißt Falkomay«, fuhr er jetzt fort. »Warum, weiß ich nicht. Aber der Name klingt unleugbar graziös und läßt vermuten, daß irgendein Feengeheimnis dahintersteckt. Der Sage nach soll hier der selige Hesiod seine Sommerfrische gehabt haben. Sie staunen? Vergessen Sie nie, daß Österreich ein gehupftes Maß voll vom magischen Erbe Griechenlands in sich hat! Wahrscheinlich ist Ihnen auch unbekannt, daß der Tartaros im harmlos scheinenden Krain gelegen ist, wie aus den Landkarten Strabos ohne weiteres hervorgeht. Am Ende war der alte Charon ein Zwiefelkrowot. Kleine Münze hat er jedenfalls gerne genommen ...«

Als sie auf Sichtweite an das Schloß Calessari herangekommen waren, bot sich ihnen abermals ein ungewöhnlicher Anblick. Im Gitter des Schloßparks, von den schrägen Strahlen der Abendsonne überglänzt, hing eine derangierte Männergestalt, mit allen vieren um sich strampelnd, nicht unähnlich einer von fremdem Netz umgarnten Riesenspinne. Es war Professor Nockenbrenner, der hypochondrische Zoologe, der sich beim Schmetterlingfangen verirrt hatte und durch den sonnenwarmen Hochwald bis an dieses Gitter gekommen war. Hier stutzte er, begann zu grübeln und zauste hiebei seinen Bart. Der von ihm verfolgte Falter — nach dem Schlagschatten, den er warf, wahrscheinlich ein Apoplecterus umbricornus — gaukelte jenseits der Gitterstäbe. Was tun? Nockenbrenner stellte seine Haare zu einer Art von Kamm auf, so heftig runzelte er Stirne und Kopfhaut. Dann notierte er auf ein großes Stück Papier: »Den Falter nicht aus den Augen lassen«, und begann in etwa zwanzig verschwitzten Notizbüchern, die er seinem verschossenen Gehrock entnahm, eifrig zu blättern. Schließlich erklomm er mit saurer Miene das Gitter, verfilzte sich, fast schon oben angelangt, an den reichen Barockschnörkeln und konnte nun weder vor- noch rückwärts.

Die beiden Freunde klaubten den Verstrickten nicht ohne Mühe herab, labten ihn nach Samariterart und nahmen ihn zwecks endgültiger Wiederherstellung seiner Kräfte mit ins Schloß. Über moosige Steinfliesen, an kristallenen Wässerlein und chinesischen Zwergbäumen vorbei, gelangten sie zum Portal mit der edlen Balustrade und der etwas verzerrten Statue eines allongeperückenen Römerhelden, das kurze Schwert in der ebenfalls etwas zu kurzen Rechten (vielleicht eine Figur aus einer Tragödie Racines, wo nicht der Dichter selbst). Beim Eintritt in die lichtdurchflossene Halle nahm ein wandgroßer Gobelin sogleich ihre Aufmerksamkeit in Anspruch, der in antikisierender Form eine nicht unamüsante Szene darstellte: »Die Parzen und die Großtante der Thetis wollen dem jungen Achill, der als Mädchen verkleidet am Hofe des Königs Lykomedes auf Skyros weilt, einen Büstenhalter aufdrängen. Im Hintergrund ringt der greise Seher Kalchas die Hände, während der Kentaur Chiron mit hervorquellenden Augen am Halfter zerrt und fast zu ersticken droht, wobei er den Jausenkaffee umgeworfen hat.«

Unterdessen war Contessa Calessari in der Halle erschienen, sehr graziös und ein wenig burschikos, wie es das Leben auf einem doch etwas abgeschiedenen Landsitz mit sich bringt. Sie zeigte sich herzlich erfreut über das Eintreffen der beiden Gäste, nahm auch den derangierten Professor, der während der Begrüßung wie aus heiterem Himmel eine Gummimanschette verlor, mit freundlicher Nonchalance zur Kenntnis und machte die Herren mit den schon im Garten Versammelten bekannt, unter

denen sich auch der allseits geschätzte Musikologe Dr. Achmäus Nipperdey befand. Überhaupt war diesem Abend, wie sich in seinem weiteren Verlauf zeigen sollte, ein deutlicher musikalischer Akzent zugedacht.
Zunächst jedoch erschienen die Sofradschis (ganz echte Tafeldecker aus Türkenland, wie beim Sultan) und schleppten Silbergeschirr, Meißener Porzellan und Mengen von vielkerzigen Girandolen in einen anderen Teil des Gartens; ein würdiger Butler, mit der Kette des Kellermeisters geschmückt, dirigierte die watschelnden Domestiken, die in der Dämmerung wie gedunsene Kanaris aussahen und Batterien von Weinflaschen auffuhren. Dann trat ein etwas schiefgewachsener Lakai vor die Gesellschaft hin, warf sich in gockelhafte Positur — man glaubte zu sehen, wie er im Geiste ein prächtiges Gesteck entfaltete —, hob hinten sogar ein wenig den Frack und gab mit quäkender Trompetenstimme bekannt, daß serviert sei.
Das Essen, ein Dokument raffiniertester Kochkunst und von kennerisch ausgewählten Weinen begleitet, verlief so angeregt, daß man hernach überraschend wenig Mühe hatte, den sonst recht reservierten Doctor Musicae zu bewegen, heute ausnahmsweise einmal die Hummel zu meistern. Ein Diener brachte den Rosenholzkoffer, der das Instrument enthielt — einen kostbaren Dudelsack, der Schlauch mit altem Lyoneser Brokat überzogen, das Kästchen, das die Zungen der Brummtöne aufnahm, mit Elfenbein und Nashorngeäder inkrustiert. Nipperdey stand an die Marmorbalustrade gelehnt, jetzt vom vollen Mond beschienen. Das Instrument unterm Arm, verbeugte er sich artig. Eine einfache Melodie erklang, auf der Schalmei gefingert, vom Brummen der Hummeln und Trommeln begleitet; die ganze wehmütige Pracht der versunkenen Fürstenhöfe des Rokoko beschwor dies klirrende Summen hervor, die ganze traurige Lieblichkeit einer Epoche voll parfümierten Jammers, hilflos den finsteren Gewalten des Schicksals ausgeliefert und erlegen. Nach diesem kleinen Vorspiel verneigte sich der Beifallumrauschte abermals mit ausgesuchter Politesse, räusperte sich und gab dann ein Lied zum besten, das seinen Hörern für immer unvergeßlich blieb.

Es war das schwermütigste aller russischen Lieder, die es gibt, nein aller slawischen Lieder überhaupt, und das will etwas heißen. Es war das Lied vom gestohlenen Kakoschnigg. Ein Kakoschnigg ist, wie man weiß, der Kopfputz der russischen Frauen, den die geistlose Pariser Mode-Industrie alle paar Jahre der westlichen Welt aufs neue aufzuschwatzen versucht, wobei sie sich nicht scheut, seine imposante, wenngleich etwas barbarische Schwere ins Melonenhafte zu verniedlichen. Natürlich beißen nicht einmal die extravagantesten Scheusalmillionärinnen an, so daß der Kakoschnigg schon als solcher irgendwie melancholisch umwittert ist. Aber gar der jetzt besungene! Es war der Kakoschnigg einer Braut, und der Sohn des Popen, der leichtsinnige Popowitsch, hatte ihn während der heiligen Handlung geraubt, um ihn seinem Liebchen zu schenken. So weit, so gut. Es geht aber fürchterlich aus. Popowitschens Liebste wird von den Häschern des Zaren dingfest gemacht, und man erkennt auf ihrem Haupt den Kakoschnigg der Zarewna, der ihr erst kurz zuvor gestohlen worden war — vom ersten Günstling vielleicht, oder vom rumänischen Gesandten, wer weiß. Selbstverständlich endet das Ganze unterm Galgen.

Das östliche Genrebild hinterließ tiefsten Eindruck auf die Hörer, und noch minutenlang, nachdem der Beifall verrauscht war, herrschte ehrfürchtige Stille. Wohl dem unvergleichlichen Vortragskünstler zuliebe drehte sich die Konversation, die dann in Fluß kam, um rare, vernachlässigte oder völlig vergessene Musikinstrumente. Hier trat ein fadendünner Herr mit rollendem Adamsapfel und befremdlich hoher Stirn vorteilhaft in Erscheinung. Er hörte auf den seltsamen Namen Pfeyffdemkalb und entpuppte sich zu Nipperdeys Freude als Kenner und Besitzer kostbarster Unikate. Zum Beispiel nannte er ein Batyphon sein eigen, ein tiefes Holzblasinstrument, das aber gelegentlich auch für Tenor gebaut wurde, speziell für die unvergleichlichen Bläser der Markuskirche. Mit liebevoller Ausführlichkeit schilderte er ein von ihm erworbenes Prachtstück dieser Instrumentengattung, ursprünglich für den berühmten Cesare de Zacceris angefertigt, der einen so bizarr verbauten Mund besaß, daß er sich außerdienstlich nur mit einem Pechpflaster über den Lippen zeigen durfte — war er doch leider eine, wenn auch hochmusikalische, Mißgeburt. Pfeyffdemkalb selbst beschäftigte sich, wie er durchblicken ließ, gerade mit dem Bau einer Xenorphika, einer Tastengeige, zu der schon Roelling — auf dessen Rücken Beethoven bekanntlich den ihm vom Fürsten Lubomirski geschenkten Stock zerschlagen hat — in Wien um 1800 die Vorarbeiten geleistet hatte; leider endete er dann im Narrenturm. Die Xenorphika, erläuterte Pfeyffdemkalb, sei eine Cousine der wenig bekannten Bogenklaviere, in denen sich Klaviatur und Streichmechanismus glücklich vereinen. Als sein eigentliches Prunkstück bezeichnete Pfeyffdemkalb eine Gigel-Lyra, die für Totentänze geradezu unentbehrlich sei, da sie die denkbar hölzernsten Effekte produziere.

Auch an politischen Experten fehlte es keineswegs in der aufgeräumten Runde. Hier wiederum tat sich ein pensionierter Oberstleutnant Spornitschek von Sporenburg durch besondere Informiertheit hervor.

»Schaun S'«, wandte er sich an Cyriak, als dessen anfängliche Irrfahrten in den tarockanischen Grenzgebieten zur Sprache kamen, »das wäre Ihnen ganz genau so passiert, wenn Sie um Auskunft gefragt hätten. Die Policinellpolizisten sind angewiesen, falsche Wege zu zeigen. Und wenn sie schon das nicht tun, so gibt Ihnen jeder von den vieren — sie tauchen ja immer zu viert auf — eine andere Auskunft. Das sind halt so die Schattenseiten unseres tetralogischen Systems. Die Idee vom Metternich mit den vier Königen — zugegeben — brillant. Aber wenn so ein Neuling des Salböls auf den Thron kommt, weiß er manchmal vor lauter Übermut nicht, was er machen soll. Bei die gelernten Könige is das was anderes. Denen liegt das Fachmännische schon im Blut. Der untalentierteste regiert Ihnen nur so aus dem Westentaschel heraus. Aber diese vom Gnadenstrahl eines Tarocklithographen getroffenen Kinder des Zufalls — das ist fast so schlimm wie manche republikanische Präsidenten!«

Er seufzte tief, setzte seine im Eifer des Erzählens ausgegangene Zigarre in Brand und fuhr fort:

»Wenn's wenigstens nur die Könige allein wären. Aber denen ihre Familien ... Da war ich heuer im Fasching wieder einmal

in Wien — und in was komm ich hinein? In den Familientag von die Ghaisgagherln. Seit was die zu den königlichen Häusern gehören, ist's nimmer zum Aushalten mit ihnen. Was war früher ein Ghaisgagherl? Das Sinnbild der Bescheidenheit. Ich habe eine Menge Ghaisgagherln gekannt — alles einfache Landjunker, halt was man steyrische Hendlbarone nennt. Nur ein einziger, der Onkel vom jetzigen König, war immer schon ein bissel eitel. Der Onkel Kasimir. ›Vetter Leichenbegleiter‹ heißen s' ihn. Den hat die Langweile derartig gefoltert, daß er dieses melancholische und etwas anrüchige Gewerbe sozusagen als Outsider betrieben hat. Ein plötzlicher Schock — als eine Scheintote einmal kotzengrob mit ihm wurde und den Champagner mitsaufen wollte, mit dem er sich die Nachtwache verkürzte — ließ ihn seinen extravaganten Sport aufgeben. Zum letzten Familientag wurde er dann wieder zugezogen. Haben sich übrigens auf diesem Familientag mit der alten Frau Sacher überworfen. Sie wissen ja, wie sich so ein Ghaisgagherlscher Familientag abspielt?«
Keiner der Anwesenden war in der Lage, diese Frage zu bejahen. Und Spornitschek schien auch nichts dergleichen erwartet zu haben.
»Alsdann um Punkt elf versammeln sie sich im hinteren Salon beim Demel. Der Adelsbrief wird vorgelesen, und alle überzeugen sich, daß die Unterschrift vom Kaiser Karl V. noch immer druntersteht. Dann begibt man sich zum Déjeuner ins Sacher. Dort wird als Dessert eine eigene Ghaisgagherl-Torte serviert, und zwar von der Frau Sacher selbst. Dann sagt man ihr einige Komplimente, bewundert eine neue Speckfalte, die sie angesetzt hat, und fährt in mehreren Fiakern zur Südbahn, um auf die diversen Schlösser heimzukehren. So geht das jedes Jahr. Aber heuer, weil s' eben mit dem tarockanischen Ghaisgagherlkönig ganz außer sich sind, hat's einen Mißton gegeben. Sie haben der Frau Sacher den Titel einer Ghaisgagherlischen Hoflieferantin angeboten, und sie hat ihn abgelehnt. Jetzt ist das Faché fertig.«
So durfte Cyriak manche Erweiterung seines Horizontes registrieren, manchen unverhofften Zuwachs an Wissen und manche ungewöhnliche Begegnung, was gerade in diesen Tagen, da seine Gedanken immer wieder zu jener einen und einzigartigen Be-

gegnung zurückströmen wollten, einen angenehm tröstenden, wenngleich auf die Dauer doch nicht heilenden Effekt auf ihn übte.

Eines Vormittags, auf einem seiner traumverlorenen Spaziergänge in der weiteren Umgebung der Residenz, fand er sich unversehens im Vorhof einer Villa, deren Giebel in gußeisernen Buchstaben die Bezeichnung »Puweinslust« trug. Zwei ungeheure Köter, das Rückenhaar gesträubt, bellten ihn blutigen Blickes an. Verzweifelt suchte der rettungslos Blockierte in seinen Taschen nach, ob er nicht etwa ein Sandwich eingesteckt hatte, das er den Bestien als Schweigegeld bieten könnte; aber warum hätte er gerade heute ein Sandwich einstecken sollen, was er doch niemals tat? Die bellenden Wüteriche rückten immer näher, speichelnd vor Wut und die Nasen zu chinoisierenden Arabesken verzerrt. In der nächsten Sekunde würde sich Cyriak mit Fußtritten seiner Haut zu wehren haben, was ihm indessen weder ratsam noch erfolgverheißend schien.
»Themistokles — Burlebauz — kusch!«
Ein dicker Herr in mittleren Jahren war vor dem Haus erschienen. Er trug einen grauen Schlafrock mit roten Aufschlägen, ein speckiges Hausherrnkäppchen auf dem Kopf und in der Hand einen Tschibuk, mit dem er den Hunden drohte. Die Bestien stellten sofort ihr Gekeife ein und schlichen zu ihrem Herrn, noch in der Luft ein paarmal wild nach Cyriak schnappend, was wohl eine Art Rückzugsgefecht darstellen sollte. Der Hausherr kam freundlich auf den aus drohender Gefahr Erretteten zu, schüttelte ihm jovial die Hand und polterte ein heiseres »Puwein!« hervor. »Namen noch nie gehört?« forschte er, während er Cyriak ins Innere des Hauses geleitete. »Wundert mich. Pizzicolli? Nie gehört.«
Nachdem sie in einer behäbigen Bauernstube Platz genommen hatten, zog er einen verschwitzten Zettel aus der Brusttasche seines Schlafrocks, legte ihn vor sich auf den Tisch, drückte den dicken, speckig glänzenden Zeigefinger an die Nase und begann, als lese er die Worte von dem weit außer Sicht befindlichen Zettel ab:

»Mein seliger Papa bekleidete zu Lebzeiten eine hohe Stellung. Er wirkte viele Jahre hindurch am kaiserlichen Hof zu St. Petersburg, und zwar hatte er den Titel und Charakter eines kaiserlichen Obersthofgaloscheneintreters, welches hohe Amt er für die Prinzen von Geblüt ausübte. Es war eine überaus heikle Aufgabe, die viel Delikatesse erforderte. Ging doch die Weite der Galoschen nicht nach der Fußnummer, nein, sie paßte sich vielmehr dem Rang des betreffenden Prinzen an. Man darf nie vergessen, daß diese Einführung eigentlich von Lao Tse herrührt und — wie so vieles in Rußland — von China übernommen wurde. Nur ein ordnungsliebender nordischer Geist ist imstande, ein so verantwortungsvolles Amt zu verwalten. Wir Puweins sind Steyrer, müssen wissen. Man munkelt sogar: Kinder der Liebe. Genauer: der Jagdlust eines hohen Herrn seinerzeit. Da soll nämlich einmal ein angeschossener Auerhahn — Themistokles, kusch — in den Schoß einer Sennerin geflüchtet sein. Wir haben darüber etwas im Wappen. Hängt im Speisezimmer. Kusch, Burlebauz. Mein Vater war also in Petersburg beim Galoscheneintreten Zeuge des unbeschreiblichen Triumphes geworden, den der verewigte Tschaikowsky mit seinem Tongemälde ›1812‹ erntete. Das ließ dem ehrgeizigen Mann, der bei seinem schweigsamen Geschäft in den verschneiten Hofgärten viel Zeit zum Sinnieren fand, keine Ruhe. Auch er wollte der Nachwelt etwas Unsterbliches schenken. Da er das Cholerajahr 1854 miterlebt hatte, beschloß er, ein lyrisches Gegenstück zu ›1812‹ zu schaffen.«

Der dicke Hausherr suchte einen Kneifer hervor, spuckte auf die Gläser, putzte sie, hielt sie gegen das Licht, setzte sie auf und nahm nunmehr den Zettel zur Hand, um das väterliche Poem vorzulesen.

»Er nannte es ›1854‹. Hören Sie:

Tot ist dieser Jüngling da.
Seht, so wirkt die Cholera.
Rosen auf den Wangen,
War er ausgegangen.
Schwarz ward's ihm vor den Augen,

Man labte ihn mit Laugen,
Man labte ihn mit Essigkren,
Dann lag er auf die Hobelspän.
Schon am nächsten Morgen
War er frei von Sorgen.

Dies das Lebenswerk meines hochseligen Herrn Vaters, das Tschaikowsky in Musik zu setzen versprach. Leider starb er selbst darüber an der Cholera.«

Herr Puwein steckte den Zwicker ein, setzte ihn wieder auf, nahm erst jetzt seinen Gast in genaueren Augenschein und brach plötzlich, als hätte er etwas lang Gesuchtes entdeckt, in den Ausruf aus: »Frühstück! Sie haben sicherlich noch nicht gefrühstückt, mein Herr!« Und ohne der abwehrenden Geste Cyriaks zu achten, fuhr er fort: »Kein Wunder, da ich Sie ja zu so früher Stunde hier sehe. Sie haben sich verirrt, nicht wahr? Kommt in dieser abgelegenen Gegend häufig vor. Aber wir Puweins lieben die Einsamkeit. Wir fühlen uns nie allein. In unserer Brust herinnen jodelt's immer. In gewissem Sinn« — er beugte sich verschwörerisch vor — »macht uns das auch unabhängig von die Weiber. Die sind ja ein wahres Verhängnis geworden. Früher — bitte — wie s' noch mollig waren — mit einem üppigen Sitzfleisch und so — à la bonheur! Aber die Zeiten des Popocesarismo, wenn man so sagen darf, sind ja leider verklungen. Was heute herrscht — und ganz besonders hier — dieser harte, schlankbeinige Amazonentypus — glauben Sie mir: lauter heimliche Lustmörderinnen! Ich selbst hatte einen Freund, einen unerschrockenen Abenteurer, der es nicht glauben wollte. Heute fehlt ihm ein halbes Ohr, und auch sonst zeigt er vernarbte Zahnspuren. Und da er's noch immer nicht lassen kann, wird er an junge Anfängerinnen weitergegeben, wie man Kindern zuerst beschädigte Briefmarken schenkt. Ja, mit den Weibern ist es hierzulande wirklich nicht einfach ...«

Cyriak — froh, seinem gesprächigen Gastgeber ins Wort fallen und ihm wenigstens an dieser Stelle recht geben zu können — bemerkte konziliant, daß auch ihm die große und recht ungewöhnliche Rolle aufgefallen sei, die das Weibliche hier spiele.

Ja, er hätte sich, so fügte er in unverfänglichem Konversationston hinzu, angesichts der vielen Klagen, die er über das hiesige Regierungssystem immer wieder zu hören bekomme, schon die Frage vorgelegt, ob es nicht klüger wäre, die Regierungsgewalt einfach dem schönsten Mädchen des Landes zu übertragen.
»Herr von Pizzicolli!« Sein Gastgeber hielt sich erschrocken die Hand vor den Mund. »Sagen Sie so etwas nie laut. Sie haben da mit Ihrem tändelnden Gedanken den wundesten Punkt berührt, den man hier überhaupt berühren kann, die unheimlichste Gefahr, die diesem Land droht. Es ist ein von Amts wegen streng gehütetes Geheimnis, daß es eine solche Gefahr gibt. Die Könige, der Sküs, die ganze Trull zittern vor diesem zierlichen, schmalhüftigen Moloch, der sich immer näher an die Weltherrschaft heranspielt. Und wenn's einmal so weit ist — dann adieu, Herr der Schöpfung! Beim Militär sind sie ja schon. Als nächstes kommt die Kirche dran. Und dann . . . Natürlich wehrt sich die Regierung mit aller Macht, aber sie kann nicht offen auftreten, sonst wird die drohende Gefahr allgemein bekannt und findet erst recht neue Nahrung. Also kein Wort zu unberufenen Ohren, ich bitte Sie! Aber ich nehme Sie noch heute in die Sitzung einer tiefernsten Körperschaft mit, damit Sie die geharnischten Verteidiger der Männerwürde kennenlernen. — Mischko soll anspannen«, rief er dem in der Landestracht gekleideten Diener zu, der das opulente Frühstück aufgetragen hatte.
Ein halbes Stündchen später führte ein bequemer Landauer die beiden Herren in flottem Trab zur Hauptstadt.
Der Wagen hielt vor einem alten, weitläufigen Palast, der allerlei Vereinigungen und gelehrte Gesellschaften beherbergte. Jeden Tag, so konnte man den in kunstvoller Schnörkelschrift gehaltenen Affichen entnehmen, war hier etwas anderes los. Heute hielt die »Akademie der Fische« ihre allmonatliche Sitzung ab. Diese hochangesehene Gelehrtenvereinigung war bereits im Jahre 1503 zu Florenz von einem gewissen Grazzini gegründet worden, der ihr den Titel »Die Feuchten« gab, wurde jedoch späterhin nach Venedig verlegt und nannte sich fortan — wohl ein Kotau vor der seebeherrschenden Republik — »Akademie der Fische«. Es

wird niemanden überraschen, daß zu ihren wesentlichen Programmpunkten speziell der Kampf gegen die Backfische gehörte. »Die Backfische, dieses Ragout der Unzucht, dieser Sprottensalat des Teufels und sein pikantester Leckerbissen . . .«, begann gerade ein kiemenbebender älterer Herr mit bartlosem Karpfengesicht und seitwärts stehenden Glotzaugen seine Rede. Es waren, wie Cyriak mit Entsetzen feststellte, fast nur Fische anwesend, in tadellosem Frack, allerdings mit schwarzer Binde. Die meisten saßen ruhig auf ihren Plätzen und atmeten leise und bescheiden, was man bei Fischen immer gerne sieht. Nur einige dicke Herren schwammen mondfischartig zwischen den Reihen umher.
Der Vorsitzende ermunterte den moralisierenden Karpfen durch Kopfnicken zu immer schärferen Ausfällen gegen »das geile Neutrum, dieses Ungeheuer der Impubertät« — Ausfälle, in die sich der Redner wüst hineinsteigerte. Nach einigen gurgelnden Zorneslauten hörte er plötzlich auf, zog ein grünes Sacktuch hervor und schwitzte schlammartig, wohl aus unterdrückter Wut. Nach ihm meldete sich ein hagerer Hüstler zu Wort, ein Bursche, der den unbestimmten Eindruck eines lädierten Salzherings machte. Er sprach jedoch nicht zum Thema, sondern ließ sich über die »Homerocentones« aus, eine aus den Versen der Ilias zusammengeflickte Geschichte, die er ihrer kalmierend trockenen Wirkung wegen als Schullektüre für die Sprossen der älteren Fische empfahl.
Sodann erhob sich ein bleicher Jüngling, kein Fisch, sondern ein Gast aus dem Ausland. Er warf seine farblose Mähne zurück und blätterte ein umfangreiches Manuskript auf. Das veranlaßte Herrn Puwein zu einem mehr als halblaut gemurmelten »Um Himmels willen«, was ihm etliche »Pst!« und fahle Blicke aus Fischaugen eintrug.
»Arg heruntergekommen, die Akademie«, flüsterte er hinter vorgehaltener Hand in Cyriaks Ohr. »Ich sehe die Zukunft schwarz wie ein Rabenpürzel.« Und kopfschüttelnd folgte er dem über die Maßen eintönigen Geplätscher, das der Redner von sich gab.
Als plötzlich die Türe aufging und ein Skaramuzz du jour den Vortrag unterbrach, um eine soeben erlassene Verordnung des

Sküs vorzulesen, hielt Puwein die Zeit zum Aufbruch für gekommen.

»Der wird's auch nicht mehr ändern, der Sküs«, brummte er verärgert, als sie die deprimierende Assemblée hinter sich gelassen hatten. »Alles verkehrt, was er anpackt. Der hat jetzt schon ein so weitmaschiges Sicherheitssystem aufgebaut, daß jeder durchschlüpfen kann.« Herr Puwein blieb stehen und wandte sich mit ernsthaft mahnendem Gesichtsausdruck an Cyriak: »Sie sind noch nicht lange in diesem Land, junger Mann. Vielleicht wissen Sie nicht, daß der Sküs jetzt sogar als Baumstämme verkleidete Spione eingeführt hat. Und allen Monumenten in den Wäldern dürfen Sie auch nicht trauen. Da sind viele zu Marmor gepuderte Polizeispitzel darunter. Ganz vorsichtige Leute weichen sogar äsenden Rehen aus. Und die andere Gefahr, die hier droht, haben Sie ja schon selbst aufgespürt. Lassen Sie sich warnen. Und wenn Sie mir folgen: fahren S' ab.«

Mit dieser barschen Schlußwendung, die indessen mehr wohlwollend als beleidigend klang, schwang er sich in seinen Landauer, der hurtig entrollte.

In sonderbar zwiespältiger Stimmung blieb Cyriak zurück. Auch in den folgenden Stunden konnte er ihrer nicht Herr werden. Bald war ihm, als sollte er die lang geplante Weiterreise noch heute oder spätestens morgen ins Werk setzen, bald erwog er, sich dieser ganzen seltsamen Gegend und ihren so reizvollen wie unheimlichen Lockungen kurzerhand zu entreißen und nach Hause zurückzukehren. In einsamem Sinnen verbrachte er den Nachmittag. Er überdachte die erst so aufrüttelnden und dann so resignierten Äußerungen Puweins ... die hintergründigen Andeutungen Streysands, die in ähnlichem Zusammenhang erfolgt waren ... und versuchte das alles in Einklang zu bringen mit dem, was er selbst gesehen oder zu sehen geglaubt hatte. Es fiel ihm auf, daß nicht nur seine beiden Gewährsmänner, sondern die anerkanntesten Berufsdenker aller Zeiten und Völker in der Frauenfrage immer nur zwischen der matronalen Epoche, der Vormachtstellung der mütterlich schaffenden Frau, und dem Patriarchat zu unterscheiden wußten. In jener ersten Epoche hatten die Frauen — man lebte damals vernünftigerweise ausschließlich in warmen, nicht auf Schwerarbeit angewiesenen Gegenden — die praktische Führung des Welttreibens in die Hand genommen. Den Mann zogen sie nur fallweise und zu untergeordneten Aktivitäten heran. Nach diesen kurzen Gastspielen schickten sie ihn sofort wieder ins Kaffeehaus oder, um der historischen Pedanterie Genüge zu tun, in den Urwald, wo er mit den Affen Tarock spielen konnte. Und da es damals weder Philatelie noch Zigaretten gab, verfielen die Männer notgedrungen auf das Dümmste, was es gab: sie erfanden das ernste Streben nach Kultur und Fortschritt, entwickelten Wissenschaft und Politik und den ganzen damit verbundenen Unfug. Die hatten sich also grandios blamiert. Und von Jahrhundert zu Jahrhundert wurde es schlimmer — bis endlich die Übelriechenden und Häßlichen, die Verkrümmten und Wasserköpfigen, die beharrlich Religion mit Muffigkeit und Seife mit Sünde verwechseln, jenes Weltbild herbeigeführt hatten, wie es sich heute, von Kohlenstunk und Benzindampf beherrscht, unserem beleidigten Auge darbietet.

X

Diesen wenig erquicklichen Gedankengängen entfloh Cyriak am Abend ins Café Quaccheroni, das auch auf ihn — der nicht gerade als Prototyp des Kaffeehausbesuchers anzusehen war — eine unleugbar stimulierende und zugleich beruhigende Wirkung ausübte, wie sie anderswo eben nicht zu haben ist. Das anheimelnd diskrete Summen freischwebender Gesprächsextrakte empfing ihn, blaue Rauchwölkchen zogen ihre anmutigen Schleifen um die altväterlichen Vergoldungen der Wände, und der Oberkellner Kocian lief diensteifrig herbei, um ihm Hut und Stock abzunehmen.

Zu seiner Erleichterung sah er Herrn von Streysand im Gespräch mit dem Edlen von Hahn an einem behaglich abgesonderten Logentisch sitzen und gesellte sich zu ihnen. Hahn wußte von der Ankunft eines »ieberaus lieben Freindes« zu berichten: Rat Naskrückl aus München, gleichfalls Sammler und ihm durch viele gemeinsame Fahndungsfahrten verbunden, habe auf seiner

Reise in den Orient hier Station gemacht, sei im Hotel »Zum feuerspeienden Drachen« abgestiegen und würde in Kürze erscheinen. Er müsse ihn, sagte Hahn, trotz mancher Rivalität und Reiberei als den Besitzer der vielleicht bedeutendsten Raritätensammlung Mitteleuropas anerkennen. Besonders neide er ihm die beiden Vogelbauer Marie Antoinettes und den Keuschheitsgürtel der Philippine Welser — er, Hahn, besäße zwar das begehrenswerteste aller Gegenstücke hierzu, den Keuschheitsgürtel der Aspasia mit Krone und Monogramm, doch sei ihm die kostspielige Erwerbung durch mehrere Expertisen als zweifelhaft verekelt worden. Ja, diese neugebackenen Dozenten wollten eben alles besser wissen...

Rat Naskrückl, mit Vornamen Franz Xaver, präsentierte sich als ein höchst gemütlicher, seinen Mitmenschen freundlich aufgeschlossener und seinen Marotten hingebungsvoll nachhängender Mann. Schon während er sich am Tisch niederließ, gab er bekannt, daß seine Reise nur zum geringeren Teil aus den üblichen Sammlermotiven erfolgt sei und mehr der Erholung gelte. Sein Arzt habe ihm eigentlich Karlsbad verschrieben, aber das sei ihm doch zu unergiebig erschienen, und gar so schlimm wäre es ja mit den Aufregungen, von denen er sich erholen müsse, nicht gewesen. Auch über Art und Anlaß dieser Aufregungen gab er bereitwillig Auskunft:

»I bin nämlich seit ein paar Jahren auch im Verwaltungsrat von der Neu-Öttinger Makkaroninudelfabrik. Mir scheint, dös weiß der Hahn noch gar net. Ja, und da hat's also was geben — was geben, meine Herrn —, dös hätt auch an Herkules um die Nerven bracht. Eine Geistererscheinung, meine Herrn.«

Alles rückte näher. Naskrückl nahm einen großen Schluck Kaffee und sah tropfenden Schnurrbarts in die Runde, ehe er anhub:

»Alsdann angfangen hat's so. Wie s' die Makkaronifabrik gebaut ham, hat nicht und nicht keine richtige Ware nicht herauskommen wollen. Mit die Nudeln hat's ihnen allerweil gehapert. Entweder waren s' verschwollen oder rissig. Herentgegen bei denen Nockerln hat man keine Klage nicht gehabt. Schließlich sein die Inschiniere dahinterkommen: da stimmt was nicht! Dös is amal so bei die Inschiniere. Jetzt, daraufhin ham s' eine wissenschaftliche Kommission hinbestellt. Eine Kommission.« Er nahm mit der behäbigen Rechten die Linke zur Hand und zählte an den Fingern auf: »Der Obmann von der Bäckerinnung war dabei — der Rector Magnificus vom Flatulusceum, was das Institut für Blähstoff-Forschung is — drei Herren von der Germerzeugungshochschule — und die acht dicksten Männer von Bayern. Hat jeder einen bekränzten Ehrenwagen kriegt. Der örtliche Gesangsverein hat die Versammlung mit einem sinnigen Chor eröffnet. Ernst und heiter is es zugangen. Da ein Schoppen, dort ein Schoppen — da ein Dischkurs, dort ein Dischkurs — zahlreiche Räusche und Watschen — zahlreiche Gäste hinausgeworfen — Katzenjammer — Paternitätsklagen — wie's halt so is bei festlichen Anlässen. Aber 's hat nix genutzt. Die Makkaroni ham weiter ausgschaut wie die Fadenwürmer. ›Jetzt, dös geht nimmer!‹ hat 's Präsidium gsagt und auf'n grünen Tisch ghaut, daß die Akten und die Präsidentenglocken nur so gflogen sind. ›Nochmals: Inschiniere vor!‹ Die Inschiniere, lauter erschtklassige Denker, ham gsucht und gsucht, gerechnet und gerechnet, ham die Köpf zsammgsteckt und gwispert. Schließlich ist der Oberinschinier, eine internationale Kapazität auf dem Gebiet der Makkaronikunde, vorgetreten und hat mit ernster Stimme nur zwei Worte gsagt: ›Teiflische Einflisse!‹ hat er gsagt. Und daß man's am Gang vom Exzenter kennt, von der großen Teigspritzen. Und beim linken Mehlwurmsieb is's auch a wengerl entrisch. Springt Ihnen der ganze Verwaltungsrat sofort von die Sessel: ›In Engermoser telegrafieren nach München!‹ schrein die einen. ›Die Eminenz von Salzburg herbitten!‹ schrein die anderen. ›Was für an Engermoser?‹ will einer wissen. ›Der was es Hebammeninstitut in Passau hat?‹ ›Na, net den‹, sagt der Wortführer von die ersten Stimmen, ›den Schpiritisten vom Frauenplatz in München!‹ Und so geht's durcheinand. ›Geehrte Sitzung‹, sag i und steig auf'n Tisch, ›dös is alles nix. Da muß der Hollaz her. Der kann Ihnen Teifel austreibn, daß's kilometerweit stinkt. I kenn eahm. In der Bethlehemgassen einunddreißig wohnt er, zwoaten Stock links. Kriegt außerm Honorar nur noch die Tramwayspesen. Und an Ehrenkaffee hat er halt gern. I hab'n zwoamal gegen die Wanzen ghabt. Denen hat er nur was aus an Büchel vorglesen — aber wie! Mir is vorkommen, die Wanzen ham sich angschaut und ham miteinand tuschelt, dann sein s' gangen und lang net wiederkommen. Lang net!‹ Alsdann, wie i so gsprochen hab, ham die Verwaltungsräte ins Kopfwackeln angfangen und ham mi bitt, daß i an Hollaz bringen soll. Guater Kerl, was i bin, hab i mi sofort auf d' Strümpf gmacht und bin in die Bethlehemgassen einunddreißig aufi. Schon auf der Stiegn kommt mir der Abt Weihenbuchtel entgegen, schovial wie immer — der dicke, wissen S', der was das Bockbier unter sich hat. ›Gehn S' nur eini‹, sagt er. ›Treffn 'n z' Haus!‹ I klopf an. ›Herein!‹ Er, der Hollaz, steht am Herd, und oberm Herd hängt a ausgstopfts Krokodil und dreht sich durch'n Luftzug ganz grauslich nach mir um.

›I koch grad a Hämorrhoidalsalben‹, sagt der Hollaz. ›Die ghört fürs erzbischöfliche Konsistorium nach Bamberg . . . Was hätten S' denn gern, daß S' Ihnen aa wieder amal anschaun lassen? Wo brennt's denn?‹

›Na‹, sag i, ›brennen tut's grad net. Es spukt.‹

›Was san's denn für welche?‹ fragt der Hollaz.

›Ja, grad wann mir's wüßt.‹

›Und wo hat denn der höllische Feind seine Gegenwart kundgetan, he?‹

›In der privaten Neu-Öttinger Makkaroninudelfabrik. Beim großen Mehlwurmwender schaut's a wengerl gspaßig her.‹

›So so. Der Mehlwurmwender. Ja, dös sein Ludern. Dö, und die alten Tretkran von die Brauereien. Die ham mir schon viel zum schaffen gmacht. Sein alle entrisch . . .‹

Alsdann daß i Ihnen sag, wie's war: der Hollaz kommt auf Neu-Ötting, macht a Packl auf, geweihtes Fliegenpapier war drin, gegen die Geister, die was um Mitternacht erscheinen. Nexten Tag schaun wir 's Gespensterpapier durch — nix. ›Ah so‹, sagt der Hollaz. ›Jetzt, da nehmen mir die Maschinen einzelweis.‹ Und schon fangt er s' an ins Abklopfen. Richtig, bei der dreizehnten sagt er: ›Haltaus, da wär's!‹ Stellt sich in Positur und macht laut wawra-wawra-wawra-wawra-wawra! Alles hat ehrfurchtsvoll zughört, denn der Hollaz is neben dem alten Hardy der Lieblingsschüler vom seligen Cockerill gwesen, was

der Direktor von der Luxemburger Maschinenfabrik war und mit Hilfe des Satans die ersten Lokomotiven gebaut hat. Ham ja auch gstunken, die Ludern, mit die viereckigen Rauchfäng... Aber daß i Ihnen weiter erzähl: beim siebenundsiebzigsten Wawra gibt's an Tuscher, daß alle am Boden gflogen sind, und zwei spannlange eiserne Manndeln tschucken Ihnen aus'm Exzenter vom großen Mehlwurmwender in d' Höh. Wischiwaschi — weg warn s'. Und wer glauben S', daß es war? Der Geist vom Romulus und Remus. Die ham's halt net leiden mögen, daß Makkaroni woanders gmacht werden.
Alsdann, da hat sich der Hollaz wieder einmal bewährt. Und dabei is er gar kein gelernter Exorzist. Früher is er Dienstmann gwesen. Noch einer von die echten, die was heut aussterben. Werden nur in Rothtal und bei Schärding herum gezeugt. Ein uralter Brauch. Aber daß was in ihm drinsteckt, dös hat er schon beim Militär bewiesen, der Hollaz. Auch wann er's nur zum Militärgeisterbeschwörer zweiter Klasse gebracht hat. Dös sagt nix. Dös kennt man eh schon. Wie oft, daß ein Korporal 'n Feldzeugmeister was ins Ohr sagt und auf'n Feind deut: ›Dort, Herr Feldzeugmeister... den schiaßen S' aufi... naa, den da, den Langen... den mit'n Federbuschen, der was so am Roß umirudern tut... ja, den! Net den kloan Foasten mit der Trummel und die großen Trittling... naaa, sag i! Den mit'n Federbuschen lassen S' aufischiaßen, dös is denen ihr Anführer! Himmifixdeifi! Net den Foasten!‹ Und die Schlacht bekommt ein anderes Gesicht. Aber was is der Dank? Meistens: ›Mann, treten Sie wieder ins Glied!‹ Freilich, oft nutzt's net viel, wann der feindliche Anführer fallt. Bsonders unterm Napulium net. Da waren nämlich in jeder Schlacht gleich ein paar falsche Napulium tätig. Oft ham s' Ihnen zwei oder drei abgschossen und der echte hat glacht. Das war sein Geheimnis. Bei Leuben 1805 hat mein Großvater selig zwei Stück Napulium erwischt. Lauter Blattschuß, daß jeder mit an blutroten Spiegel vom Roß gsunken is. Derweil war koan echter net dabei — der is in Krems beim Heurigen gsessen...«
Zweifellos hätte der gesprächige Raritätensammler noch mit weiteren historischen Vignetten aufzuwarten gewußt. Plötzlich

aber fiel sein Blick auf den von zahlreichem Mobiliar verstellten, garantiert zugluftgeschützten Ecktisch, den Professor Nockenbrenner in der letzten Zeit kaum noch verließ.

»Ja mei, dös is ja net möglich!« Verwundert schüttelte Naskrückl den Kopf. »Dös kann er ja net sein, der Nockenbrenner. Der is ja gstorben. I hab ja 's Partezettel in meiner Sammlung. Wart's amal, i schau im Verzeichnis nach ... stimmt!« Des Interesses der Umsitzenden gewiß, ratschte er die aufgefundenen Daten herunter: »Eustach Eusebius Nockenbrenner, Privatier etcetera etcetera ... nach längerem schmerzlichen Leiden ... natürlich is er's. I kenn eahm gwiß, wo er 's linke Ohrwaschel um d' Halbscheid größer hat als 's rechte. Jetzt, da bleibt mir der Verstand stehn.«

»Ich mache mich zu einer Aufklärung erbeetig«, beruhigte ihn Herr von Hahn. »Obwohl ich Ihnen wegen der bewußten Panamahiete, die ich damals auf der Passauer Dult hab kaufen missen, eigentlich zirnen sollte.«

»Waren ja nur eine Draufgab zum Hauskapperl vom Dante«, warf Naskrückl ein, rief aber mit diesem harmlosen Verteidigungsversuch noch weitere mißliche Erinnerungen wach, an denen Hahn, reizbar wie alle übervorteilten Fachleute, schwer zu tragen schien.

»So. Und was war das mit die sieben linke Schuh, wo Sie mir so zugeredet haben?« geiferte er.

»Spottbillig waren s', die Schuach!« rechtfertigte sich der Attakkierte. »Und alle funkelnagelneu, wie's halt das Dultmutterl von die Diebe kauft. 's Jahr drauf find't man dann die rechten und komplettiert die Paarln. Was kann denn i dafur, daß S' im nächsten Jahr so viel Geld für die dreiteilige Unterhosen hing'legt ham!«

Hahns Römerzüge froren ein. »Riehren Sie bitte nicht an diesen neiralgischen Punkt«, sagte er steif. »Es steht eindeitig fest, daß diese Unterhosen zu schnell durch die Maschine gelaufen sind, nix weiter.«

»Wischiwaschi. Aus'n Nachlaß von einer Mißgeburt sein s' kommen. Oder's war a recht heikliche Mißgeburt und hat die Hosen z'ruckgeben, weil s' net richtig gsessen sein und a schlechte Figur gmacht ham. Jedenfalls a wunderseltenes Stückl. Net amal im Welfenschatz ham s' eine. Können S' mir glauben. Und jetzt sagen S' schon endlich, was mit'n Nockenbrenner los is.«

Die coram publico erfolgte Ehrenrettung seines Prachtstücks hatte den erbosten Sammler so weit besänftigt, daß er sich nach einigem Schmollen zu der angekündigten Aufklärung bereit fand. Es handle sich, so bestätigte er, tatsächlich um Herrn Nockenbrenner, dem es sehr unangenehm sein werde, daß Rat Naskrückl ihn erkannt habe. Denn Nockenbrenner schleppe ein fürchterliches Geheimnis mit sich herum.

»Wie man Ihnen bestätigen wird, bin ich der einzige, der hier mit Herrn Nockenbrenner gesellschaftlichen Umgang hat. Ich habe ihm sogar einen greeßeren Posten kinstlicher Urinflecke zukommen lassen, um den ewig triebsalblasenden Mann zu erheitern. Der Anlaß seines Grams ist mir noch von meiner Amtstätigkeit bekannt. Damals bekamen wir aus einem befreundeten, mehr noch, einem verbündeten Nachbarstaat, dessen Landeskind Nockenbrenner ist beziehungsweise war, das heißt ... kurz und gut: wir bekamen ein Geheimzirkular, daß Eustach Eusebius Nockenbrenner durch den voreiligen Spruch eines dortigen Amtsgerichtes für tot erklärt worden war. Es mechte zu weit fiehren, die Vorgeschichte hier zu erleitern. Jedenfalls wurde von seinem ehemaligen Kegelklub die Todesanzeige herausgegeben, und als Nockenbrenner von der längeren Reise, auf der er sich damals befand, wieder zurückkehrte, war er in der überaus peinlichen Lage, widerrechtlich am Leben zu sein. De jure war er tot, de facto lebte er und konnte das jederzeit durch seine Steuerquittungen nachweisen. Trotzdem gelang es ihm nicht, den Gerichtsspruch für nichtig erklären zu lassen. Selbst einem befreindeten Parlamentarier gegenüber, der sich des Falles annahm, stellte sich die Landesjustizverwaltung auf den Standpunkt, daß man die Todeserklärung hieramts in einem ordnungsgemäßen Aufgebotsverfahren zur Kenntnis genommen habe. Es liege also ein gerichtliches Urteil vor, das im Verwaltungswege nicht aufgehoben werden könne. Herr Nockenbrenner hätte das Urteil innerhalb eines Monats selbst anfechten müssen, was ihm jedoch infolge Abwesenheit unmeeglich war. Auf Grund dieses Bescheids blieb Nockenbrenner tot und stellte hierauf als strenger Logiker auch seine Steuerzahlungen ein. Da kam er aber iebel an. Er wurde gepfändet und immer wieder gepfändet — anderseits scheiterten seine Rekursversuche daran, daß er amtlich nicht existierte. Mehrere prosperierende Rechtsanwälte sind an dem Fall Nockenbrenner irrsinnig geworden und essen heite das Gnadenbrot der Anwaltskammer. Schließlich legte man dem lieben Toten nahe, sich um ein neies Vaterland umzusehen. Natierlich hat keine Regierung den lebenden Leichnam aufnehmen wollen. Nur hier, wo's mit den Pässen und Identitätsnachweisen so durcheinandergeht, hat man ihn einschmuggeln können. Leider ist es ein befristeter Aufenthalt, dem ständig die Gefahr einer plötzlichen Beendigung droht. Nockenbrenner bemüht sich schon die längste Zeit, an allerhöchster Stelle vier Fußfälle zu machen, und hat vom Üben schon ganz rote Knie. Aber er kommt wegen Überlastung der Majestäten nicht vor. Weiß der Himmel, was mit ihm geschehen wird ...«

Deprimiertes Schweigen lagerte über dem Tisch. Plötzlich schlug sich Rat Naskrückl gedämpft auf den Schenkel:

»I hab oan Idee! I nehm eahm mit nach Cythera. Den schwindl i schon durch. Vielleicht zieh ich ihn als Affen an — passert ihm ganz gut, wo er so viel ein faltiges Gesicht hat. Und den Hosenboden streichen mir ihm rot und blau an, wie an französischen General. Ja, da hab i 's Richtige troffen. Der Nockenbrenner wird eine Freud haben!« Und damit eilte Rat Naskrückl an den Tisch des grundlos für tot gehaltenen Freundes, dessen Lebensgeister er durch den eben gefaßten Plan wieder voll zu erwecken hoffte.

Die beiden saßen immer noch in intensive Detailbesprechungen vertieft, als die anderen Herren das Café verließen — was übrigens nicht so glatt zu bewerkstelligen war. Denn der flinke Kocian, einer uralten, noch nicht ergründeten Kellnertradition zufolge, eilte auf den Anruf »Zahlen« natürlich zu einem ganz andern Tisch, um dort von einem flüsternden Liebespaar Geld zu heischen.

Cyriak und der in den letzten Tagen auffallend schweigsam gewordene Streysand bummelten noch ein wenig durch die laue

Nacht. Die weitgeöffnete Eingangstür einer minderen Gaststätte ließ sie zu Zeugen einer echt tarockanischen Amtshandlung werden: Ein mutmaßlich angeheiterter Gast war mit einem Policinello du jour in einen Wortwechsel geraten, der soeben in stumme, nach einem unverkennbaren Rhythmus ausgetauschte Handgreiflichkeiten überging. Vier Zeitung lesende Scaramuzzi in einer Ecke erhoben sich gemessen, und da sie als hohe Magistratspersonen nicht gerne in schmutzige Affären verwickelt werden, flüchteten sie unter den Tisch. Ein anderer Policinello beäugte durch ein altjüngferliches Lorgnon die Sachlage und tänzelte achselzuckend ans Büfett, wo er sich anschickte, mit der Kassierin Süßholz zu raspeln, hierbei ab und zu einen Griff auf der Tamburizza zirpend. Die Kassierin nickte ihm aufmunternd zu. Dann händigte sie ihm eine übergroße Syphonflasche ein, mit der sich der Policinello zu den beiden jetzt auf dem Boden Strampelnden begab und sie auseinanderspritzte.
Die beiden Freunde setzten ihren Weg schweigend fort. So heiter und anregend die Szene war — Cyriaks Schwermut vermochte sie nicht zu beheben.
»Ich werde abreisen«, sagte er halb für sich und erschrak beinahe, als er aus Streysands Munde ein sanftes, aber nachdrückliches »Tun Sie das!« vernahm. Er warf einen forschenden, fast hilfesuchenden Blick auf den neben ihm Schreitenden, aber der hielt seine Augen anderswohin gerichtet und schien nichts zu merken.
»Ich gehe noch ein wenig spazieren«, sagte Cyriak, als sie vor dem Hotel angelangt waren.
Streysand wiegte bedenklich den Kopf.
»Ist das vielleicht verboten?« fragte Cyriak gereizt.
»Verboten? Nein. Aber nicht ganz ungefährlich.«
»Ich habe keine Angst«, sagte Cyriak.
»Sind Sie sicher?« Eine unbestimmte Besorgnis klang aus diesen Worten und besänftigte Cyriak, der im ersten Impuls wieder aufbrausen wollte. »Dann also gute Nacht. Aber gehen Sie wenigstens dem königlichen Lustschloß nicht in die Nähe.« Und noch ehe Cyriak den Mund zu einer Frage öffnen konnte, fügte Streysand mit undurchsichtigem Lächeln hinzu: »Sie waren

ja dort in eine nicht ganz geheure Affäre verwickelt. Und das Schloß wird scharf bewacht.«

Hätte Cyriak den Rat seines Freundes doch befolgt! Aber gerade weil er sein geheimes Vorhaben von Streysand durchschaut sah, war er nun desto fester entschlossen, es auszuführen. Schon oft seit dem Abend des Hoffestes hatte es ihn gelockt, die Stätte jenes traumhaft betörenden Erlebnisses, dem ein so irdisch brüskes Ende beschieden war, heimlich wieder aufzusuchen. Jetzt, in der drängend lauen Nachtluft — es war zudem die gleiche Stunde wie damals — trieb es ihn immer unwiderstehlicher dem Hügel zu.

Er war an die zum Südhang hin verlaufende Parkumgrenzung herangelangt, in der sich zierliche, unter Schlinggewächsen hervorblinkende Stäbe und dichte Taxushecken undurchdringlich zusammenfügten. Mit jenem seltsamen »zweiten Gesicht«, das empfänglichen und empfindsamen Augen immer dort zu Hilfe kommt, wo es sich um noch nie oder nur flüchtig Geschautes handelt, vermeinte Cyriak die in sorgfältigem Regelmaß gestutzte Innenseite des Gesträuchs zu sehen — sah dahinter die Rasenfläche ansteigen — sah, ganz unzweifelhaft, die Rückenfront des kristallüberkuppelten Marmorhains — und war mit einem Mal, mechanisch richtunghaltend, an eine Einbuchtung der mannshohen Hecke gelangt, in der Geäst und Laubwerk zweier Sträucher so locker ineinandergriffen, daß er mühelos hindurchgelangte.

Im nächsten Augenblick klang ihm ein metallisches »Halt!« entgegen, und in spitzem Winkel von unten her stießen zwei silbrig blinkende Hellebarden so blitzschnell auf ihn zu, daß Cyriak trotz seinem jähen Erschrecken die Präzision bewundern mußte, mit der die drohenden Waffen millimeterdicht vor seiner Brust innehielten.

Die Umrisse der beiden reglosen Hellebardiere traten deutlicher aus dem Dunkel hervor: es waren Mitglieder des ephebenhaften Kadettenkorps.

Ein zweiter Kommandoruf folgte, von der gleichen metallischen Altstimme wie zuvor: »Vertreibt ihn!«

Cyriak erkannte die Ruferin, erkannte sie mit der unbändigen

Gewißheit aller Sehnsucht, glaubte sie lächelnd aufgerichtet vor sich zu sehen.
»Cyparis!« Aufröchelnd wollte er vorwärtsstürzen, dem Klang ihrer Stimme nach.
Die Spitzen der beiden Hellebarden bannten ihn fest, von Mädchenfäusten gehalten und dennoch so, daß er sich nicht rühren konnte.
Ein paar ewig lange Sekunden brennheißer Beschämung vergingen. Dann riß Cyriak sich herum, wollte fort, nur fort, fand die Durchgangsstelle nicht und brach, wo er gerade stand, durchs dichte Heckenwerk. In seinem Rücken klang helles Mädchenlachen auf. Cyriak lauschte angstvoll. Aber die Stimme, die wie biegsames Metall klang, war nicht darunter.
Mit fliegendem Atem langte er im Hotel an, gab sofort Auftrag, seine Koffer am Morgen zum ersten Dampfer bringen zu lassen, der nach Cythera in See ginge, und bat, auch Herrn von Streysand entsprechend zu verständigen.
Ein Herr dieses Namens sei hier nicht bekannt, bedeutete ihm der würdevoll geblähte Portier, dessen Uniform sich von der eines Policinellos gerade weit genug unterschied, um ihren Träger vor Strafverfolgung wegen Anmaßung eines Amtscharakters zu bewahren.
Er meine den Herrn, der gleichzeitig mit ihm hier abgestiegen sei, beharrte Cyriak.
Es sei gleichzeitig mit ihm niemand hier abgestiegen, gab der Portier unbeirrt zurück.
»Zum Teufel«, fuhr Cyriak auf ihn los, »jetzt habe ich aber genug von euren albernen Spiegelfechtereien!«
Er stürzte die Stiegen hinauf und zu Streysands Zimmer. Die Tür war versperrt. Sein Klopfen blieb unbeantwortet. Fassungslos ließ er ab.
»Wenn Sie den Herrn meinen, der in diesem Zimmer gewohnt hat«, sagte der hinter ihm aufgetauchte Portier, »— der ist vor einer Viertelstunde abgereist.«

XI

Es war ein sonnengleißender Morgen, an dem Pizzicolli seine Fahrt antrat. Lämmerwölkchen verzierten wie weiße Damastblumen das Flaggentuch des Himmels über dem purpurblauen, donnernden Meer, das in seiner ewig gleichbleibenden Bewegung einem reich geäderten Marmor glich. Da und dort tauchten Delphine auf, boten für kurze Augenblicke die plumpe Anmut ihrer silbernen Leiber dar, dralle Bauerndirnen aus dem Garten Poseidons. Man mochte an Sennerinnen in Wadelstutzen denken, wie sie etwa zur Zeit des bayerischen Vorstoßes nach Hellas ein entgegenkommender Künstler zu Ehren seines Königs hätte schaffen können, um einen gipsernen Olymp damit zu dekorieren. Das Dampfboot, das Cyriak benützte, war ein faszinierendes Gebilde, das sich bald chinesisch und bald wie das Kind eines späten, maritim verschnörkelten venezianischen Barocks ausnahm. Und erst die Maschine! Aus spiegelblankem Kupfer und spangrün gestrichenem Eisen in den Formen einer mißverstandenen Gotik, stapfte und hupfte sie behaglich durch die Fluten und roch dabei hervorragend nach Makkaroni in heißem Öl oder, wenn der Wind sich drehte, wie ein Wurstkessel mit munter tanzenden Frankfurtern darin. Cyriak versank in süßen, wehmütigen Kindheitserinnerungen, die ihm fast die Brust sprengten. Aus dieser Geruchssymphonie stiegen ihm Graz entgegen und Wien, ja sogar ein salziges Brünn — alles Fleisch vom gleichen Fleisch und eng mit der Levante verbunden, alles dazu bestimmt, österreichisch zu sein, dem großen Reich der Waage von Aphroditens Gnade anzugehören, und nur aus Nachlässigkeit nie von der rechtmäßigen Verwaltung übernommen. Freilich, an manchem Wendepunkt der Geschichte hatten auch andere und finstere Mächte dahin gewirkt, daß Österreich die ihm zugedachte Ausbreitung nicht fände. Im dritten Kreuzzug war es Richard Löwenherz, der die Babenberger verhinderte, bis nach Indien vorzustoßen und leichte Heurigenstimmung über das Brahmanentum zu bringen (um wieviel graziöser wären doch dann die Bajaderen geworden) . . . Ein anderes Mal durchkreuzte Frankreich die Pläne Karls V., Afrika und den Orient zu nehmen. Dann wieder war es die Hand eines Butlers, der Wallenstein ermordete und so den Weg, den dieser große Staatsmann für Österreich bahnen wollte, mit dem Gerümpel der Dummheit verstellte. Oder es sorgte Ludwig XIV. dafür, daß nach dem Sieg über die Türken dem Kaiser wenigstens der Weg nach Byzanz abgeschnitten wurde. Und während des ganzen Rokokos ließ es sich England angelegen sein, daß die weißröckigen Habsburger Grenadiere in Persien und Indien nicht Fuß fassen konnten. Aber das alles sind im Grunde nur kurzfristige menschliche Verschleppungsversuche. Eines Tages wird die azuräugige Göttin, die es sich leisten kann, das Treiben bezopfter, beblechter, perückener oder waterproofener Wichte lächelnd mit anzusehen, ihren doppelköpfigen Wappenaar für alle Zeiten ins Gleichgewicht der Waage betten.

Cyriak genoß die Fahrt mit allen Sinnen und war beinahe enttäuscht, als das Fahrzeug zu den sanften Klängen einer Gavotte in den kleinen Hafen von Cerigotto einlief und sich neben schaukelnden Tartanen mit knarrendem Takelwerk am Molo vertäute.

In Cerigotto, einer von der tarockanischen Küste etwa 25 Seemeilen entfernten und Cythera nahe vorgelagerten Insel, gab es eine Art Quarantäne, eine Siebung der Reisenden, die unbestimmte Zeit in Anspruch nahm. Man wollte sich überzeugen, ob die Neuankömmlinge den Stil- und Geschmacksforderungen Cytheras wenigstens halbwegs entsprächen und keine Belastung für den märchenhaften Staat darstellten — eine durchaus verständliche Maßnahme, da ja Cythera, wie bekannt, im Ausland keine Konsulate unterhält.

Pizzicollis Einreise vollzog sich glatt und geschwind. Ihm schien, als hätte ihm eine mächtige Hand alle Hindernisse aus dem Weg geräumt. Auch fand er auf der Insel sogleich Quartier in der Pension einer überaus vornehmen älteren Dame, Marquise Geneviève de Charpillon et Cavamacchio.

Ob sie berechtigt war, diesen tönenden Namen zu tragen, ließ sich nicht feststellen. Cyriak war ziemlich gewiß, in ihr eine schon vor geraumer Zeit emeritierte Kurtisane der großen Welt

vor sich zu haben, die gepflegte Ruine einer einstmals zweifellos pittoresken und vielbesuchten Ausflugsstation, heute am ehesten wohl damit beschäftigt, Unterricht in Anstand und altmodischen Liebesbräuchen zu erteilen.
Dem Wirrsal der jüngsten Tage entzogen und dem Kommenden noch nicht ganz zugewandt, begann Cyriak sich ein wenig auf der kleinen Insel umzusehen. Er fühlte sich von einer angenehmen Schwerelosigkeit umfangen, ein Wanderer zwischen Aufbruch und Ziel, dem sich unverhoffte Rast geboten hatte.
Zwei Tage später, als er wieder einmal — und nicht ganz absichtslos — seine Schritte zum Hafen gelenkt hatte, kam er gerade zurecht, als die »Florian Pojazzi«, mit ihren vier roten Rauchfängen einer der stolzesten Steamer der tarockanischen Flotte, vor Anker ging. Cyriak ließ sich willig mit der lachenden, winkenden Menge zum Landungsplatz treiben, begann auf gut Glück mitzuwinken und hatte die insgeheim erhoffte Freude, daß ihm vom Salondeck her Antwort wurde: es war Rat Xaver Naskrückl, dessen rötliches Mondgesicht ihm entgegenleuchtete und der ihn mit geheimnisvoll rudernden Armbewegungen auf irgend etwas Aufregendes vorbereiten wollte. Kurz darauf nahm ihn Cyriak am Ende des Plankenganges mit einer herzlichen Umarmung in Empfang und gratulierte ihm zu dem prachtvollen Schiff, das er erwischt hatte. Gleich vier Rauchfänge!
»Sein bloß zwei echt«, sagte Naskrückl wegwerfend. »Die beiden andern sein falsch. Im einen is a russische Kegelbahn und im andern a Blumenkiosk mit einer Bedürfnisanstalt ... Aber jetzt muß i mi um an Affen kümmern. Um an Nockenbrenner, weißt eh.« (In der aufgeräumten Stimmung des Wiedersehens ergab sich das Du von selbst und wurde beibehalten.) »Der Nockenbrenner hat sowieso genug ausgestanden. Weil, daß man'n weniger kennt, tragt er an roten Wollschal um an Kopf. I hab gsagt, daß ihm die Zähnd weh tun. 's einzige, was auffallt, is so a kleines, altmodisches Reisetascherl, was er fürs Geld und fürs Gebiß umhängen hat. Hab i halt immer gsagt, der Aff spielt damit. — Vorsicht! Auf'n Affen achtgeben! Der Wärter kummt gleich!« rief er jetzt den Matrosen zu, die einen großen Käfig auszuladen begannen. Drinnen hockte mißmutig Herr Nocken-

brenner und dankte nicht einmal, als Cyriak grüßend den Hut abnahm. Naskrückl entfernte sich, um seinen Pflegling zu versorgen. Zurückgekehrt, zog er Cyriak zur Seite:

»I hab no oan«, flüsterte er bedeutsam. »Na, koan Affen. An unsrigen Freund. Den Hahn. Aber mir dürfen sich vorläufig nix wissen machen. Erscht wann er durch die Kontrolle durch is. Jetzt, da schaust.«

Cyriak schaute nicht nur, er glotzte. Und es war ja auch wirklich eine absonderliche Verkettung von Ereignissen, über die ihm Naskrückl, während er sich in einer benachbarten Pension installierte, genießerischen Bericht gab.

Schuld an allem war wieder einmal der Sküs, der vor etwa drei Jahren einige seiner Protektionskinder mit Konzessionen für den Teufelszwirnhandel bedacht hatte. Dies, zusammen mit einem besonders schlechten Ameiseneierjahr, brachte Herrn von Hahn in eine recht bedrängte Geschäftslage und ließ es ihm ratsam erscheinen, sich nach einem Nebenverdienst umzuschauen. Er erwog, die Stelle eines Witwenkassiers zu übernehmen, aber die Lebensversicherungsgesellschaften wollten nicht recht anbeißen, da er über das Alter, das sich zur erfolgreichen Betreibung solcher Inkassantentätigkeit empfiehlt, schon hinaus war; bekanntlich werden auch die jüngsten Vertreter dieses aufreibenden Berufs schon nach wenigen Monaten zu Skelettgigerln ... Während Hahn noch nach anderen Möglichkeiten Ausschau hielt, erschienen eines Tags einige vermummte Herren in hohen Zylindern bei ihm im Geschäft. Da er viele Vermummte zu seinen Kundschaften zählte, überraschte ihn das nicht weiter.

Sie hätten gehört, begannen die Zylinderträger nach etlichem Räuspern, daß er, Philipp Bogumil Hahn Edler von Hennensieg, seinerzeit dem k. k. Bombenetikettierungs-Kontrollinstitut im Kriegsministerium zu Wien zugeteilt gewesen sei. Ob das zutreffe?

Hahn bedauerte, darüber tiefstes Schweigen beobachten zu müssen.

Ob er den Schleier nicht doch ein wenig lüften könne? Es läge in seinem eigenen Interesse. Man sei nämlich willens, ihm einen

sehr lukrativen Posten anzutragen, falls seine Vorkenntnisse in das Fach einschlügen, um das es sich handle.
Nach einigem Zögern verstand sich Hahn zu den gewünschten Auskünften. Hierauf wechselten die Vermummten bedeutsame Blicke, öffneten ein weitläufiges Papier und stellten fest, daß er die nötige moralische und technische Eignung besitze, einer geheim betriebenen Knallerbsenfabrik als Leiter vorzustehen.
Über die Gefährlichkeit des Postens, den er da übernahm, war Hahn sich vollauf im klaren. Schon allein das Auswägen des Knallquecksilbers brachte immense Verantwortungen mit sich, ganz zu schweigen von der Verpflichtung, die Moral der Seidenpapierwuzlerinnen eines solchen Betriebes zu überwachen. Hinzu kamen die tausend Fäden eines bis ins letzte ausgeklügelten Geheimhaltungsapparats, denn die Fabrik war von Mond und Pagat eigentlich gegen den Willen des Sküs ins Leben gerufen worden. Der Sküs hätte niemals seine Einwilligung dazu gegeben, da ihm nichts so verhaßt war wie das Knallen von Schüssen oder ähnliche Geräusche. Seine Idiosynkrasie ging so weit, daß es in Tarockanien nur bei ganz besonders feierlichen Anlässen Glockengeläute gab und festlichen Kanonendonner nie. Hahn hatte seine verantwortliche Tätigkeit, von der natürlich niemand etwas ahnte, bereits eine ganze Zeit lang zur Zufriedenheit der höheren Stellen ausgeübt, als eines Tags das Unglück geschah. Dösemeier jr., mit dessen Vater er nun in intensiver Geschäftsverbindung stand, kam mit einem Posten neuer Juxartikel angereist — falschen Mäusen, künstlichem Kindergeschrei, Taschenfontänen und einem kleinen, handlichen Papierknisterer, der im Theater und in Konzerten die Geräuschwirkung kostspieliger Pralinésäckchen mühelos ersetzte. Hahn griff zu. In der Freude über den lukrativen Abschluß entging ihm leider, daß Dösemeier jr. ein unbewacht herumliegendes Knallerbsenmuster mitgehen ließ, vermutlich aus Gründen der Werkspionage. Aber das wäre immer noch besser gewesen, als was dann wirklich geschah: der in seiner nördlichen Heimat recht streng gehaltene Fabrikantensohn, vom tarockanischen Nachtleben über die Maßen animiert, trank am Abend mehrere Gläschen über den Durst und begann auf dem Höhepunkt seiner famosen Stim-

mung die Knallerbsen zu verfeuern. Es wurde sofort Alarm gegeben, ein Detachement der Scaramuzzenleibgarde des Sküs rückte aus und überwältigte den idiotisch blökenden Ausländer, der im hochnotpeinlichen Verhör, nach Überwindung einer tiefen Gedächtnislücke, den Namen seines Lieferanten angab. Selbstverständlich wurde Hahn sofort seiner Vertrauensstellung entkleidet und konnte noch von Glück sagen, daß es ohne Freiheitsstrafe abging.

Aber der Sicherheitsminister — ein düsterer, krankhaft wachsamer Mann, der früher als erster Spenadelsucher in einem großen Pariser Modehaus tätig gewesen war — hatte fortan ein besonders wachsames Auge auf den im Grunde schuldlosen Teufelszwirn-Grossisten. Da er überall Verschwörungen witterte, konnte es nicht fehlen, daß er Hahn auf die geringsten Anhaltspunkte hin in das Netz seiner Kombinationen einbezog, natürlich ohne ihn jemals überführen zu können. Denn Hahn, dieses Muster eines loyalen Staatsbürgers, diese geborene Devotion, führte ein völlig untadeliges Leben. Ja mehr als das. Vielleicht um die Scharte mit den Knallerbsen auszuwetzen, vielleicht um sich an Allerhöchster Stelle lieb Kind zu machen, verfiel er nach Erhalt einer neuen Lieferung von Dösemeiers künstlichen Urinflecken auf den zwar wohlgemeinten, aber — wie sich zeigen sollte — unheilvollen Gedanken, den Thronsaal mit diesem unvergleichlichen Effekt zu verzieren. (Ein kleiner Hintergedanke, betreffend die Reklamewirkung für das von ihm im Alleinvertrieb geführte Produkt, mochte immerhin mitgespielt haben.)

An einem heißen, verschlafenen Augustnachmittag betrat Hahn gegen ein ansehnliches Trinkgeld allein den hallenden Thronsaal. In respektvoll gebeugter Haltung und mit geübter Hand zauberte er einige besonders schöne Flecken auf die Stufen des Thrones. Sie blieben die längste Zeit unbeachtet — bis eines Tags, nach einem längeren Thronrat, dem zufällig im Saal zurückgebliebenen Sicherheitsminister auffiel, daß das Bild der Flecken sich einige Male genau wiederholte. Der hart geschulte Mann gelangte blitzartig zu dem Schluß, daß es sich hier um eine abgekartete Chiffresprache handle, mit der die Mitglieder einer nun schon dicht an den Thron heranreichenden Ver-

schwörung einander auf geradezu geniale Weise die kompliziertesten Mitteilungen machen könnten. Mit dem pfiffigen Schwachsinn des Berufsintriganten legte er ein Quadratnetz über die Figuren des vorgeblichen Naturspiels, konstruierte auch glücklich ein Alphabet für die mysteriösen Bilder und leitete das Ganze an das Dechiffrierungsbüro des tarockanischen Geheimdienstes weiter, das ihm schon nach kurzer Zeit die Lösungen präsentierte. Furchterregende Konspirationen kamen da zutage, Angriffe auf die edelsten Güter der Nation, Todesurteile über die politische Prominenz des Reiches. Nun begann man auch die an anderen Orten gelegentlich auftauchenden Fleckenmuster zu dechiffrieren (selbstverständlich in größter Heimlichkeit, um die Bevölkerung nicht zu beunruhigen). Das Auswärtige Amt wurde fast toll, als man einmal sogar einen Vertrag des Patriarchen von Aquileia mit dem Satan entzifferte, den Badestrand von Ostende in Kirschenkompott zu verwandeln. Und die Spuren dieser Schanddokumente führten immer deutlicher zu Hahn.
Im allerletzten Augenblick wurde er von einem befreundeten Polizeiamtsdiener gewarnt, und nur mit knapper Not gelang ihm unter Naskrückls schützenden Fittichen die Flucht. Der erfinderische Raritätensammler hatte ihn als falschen Tierwärter für seinen falschen Affen mitgenommen und hoffte, da für glaubhafte Verkleidung gesorgt war, ihn nach Cythera weiterschmuggeln zu können. Daher auch seine Anweisung an Cyriak, sich vorläufig nichts wissen zu machen.

So vorbereitet, war Cyriak in keiner Weise überrascht, als vor der Pension ein Beduinenscheich, unter dessen Kopftuch ein ausgeprägtes, wenngleich nicht eben arabisches Profil hervorlugte, auf sie zutrat. Unter malerisch drapiertem Mantel wurden weite, bauschige Hosen sichtbar; ein Wurstmesser, dessen Griff mit Staniol umwickelt war, stak als Waffe im Gürtel, daneben eine lange, in Tinte getauchte Salzgurke, die mit geringer Mühe für ein altmodisches Terzeroll gehalten werden konnte.
»Na, wie hab i eahm ausstaffiert?« Unverkennbarer Stolz klang aus Naskrückls Worten. »Den kunnt ma so, wie er is, in die Wüste loslassen!«

»Das mecht Ihnen so passen«, replizierte Hahn mit schmerzlich verzogenem Römergesicht und in einem Tonfall, der seiner jetzigen Tracht noch weniger anstand als seiner sonstigen. »Ich bin Ihnen sehr dankbar, Herr Rat Naskrickl, aber ich bitte Sie, mich nicht zur Zielscheibe diebischen Spottes zu machen. Kaum daß a bissel Gras ieber die Sache gewachsen is, werde ich Ihnen nicht länger zur Last fallen.«
Sie steuerten auf den freundlich umlaubten Garten einer Weinschenke zu.
»Was haben Sie denn für Pläne, Herr von Hahn?« erkundigte sich Cyriak angelegentlich, um dem Teufelszwirnfabrikanten a. D., der wie alle depossedierten Flüchtlinge besonders empfindlich war, das Zweifelhafte seiner Lage nicht zum Bewußtsein kommen zu lassen.
»Ihr freindliches Interesse ehrt mich, Herr von Bischikolli.« Das griesgrämige Römerprofil begann sich in der Tat ein wenig aufzuhellen. »Ich habe die Absicht, sobald wie meeglich nach Konstantinopel zu gehen und eine levantinische Millionärin zu heiraten. Bekanntlich warten diese Damen nur auf repräsentable Ausländer, wie ich mir normalerweise schmeicheln darf einer zu sein. Besonders die sogenannten Franken haben es ihnen angetan. Es ist eine ganz bestimmte Sorte von reichen Damen. In Wien pflegte man sie die Cholerabräute zu nennen.«
»Cholerabräute?« verwunderte sich Cyriak. »Ist das nicht ein bißchen unappetitlich?«
»Sagen das nicht. Es sind im Gegenteil ausnahmslos begehrenswerte Mädchen. Manchmal direkt knusprig. Die Sache blickt auf bedeitende historische Traditionen zurück. Immer, wenn im Orient die Cholera ausgebrochen ist — sozusagen eine Saisonangelegenheit: kaum fangen die ersten Nachtigallen an, schwermietig zu fleeten, ist Ihnen auch schon die Cholera da —, also da sind die reichen Familien immer sofort geflichtet, und die erste Station war immer Wien. Junge Kavaliere mit Schulden haben von jeher die Portiers der großen Hotels beauftragt, ihnen die Ankunft solcher Goldfische zu melden, die vor dem nassen Tod davongeschwommen sind. So mancher meiner Kollegen hat sich auf diese Weise versorgt. Und das sind nicht einmal die

einzigen Beziehungen, die zwischen Österreich und Byzanz bestehen. So soll zum Beispiel Bisenz in Mähren ...«
Er verstummte jäh: eine Patrouille tarockanischer Cavalle, die einem zwischenstaatlichen Übereinkommen zufolge auf den Territorien Cytheras den Polizeidienst versahen — hier jedoch ohne Steckenpferde und den Helm mit einem großen, verschnörkelten C gekrönt —, war auf der gegenüberliegenden Straßenseite aufgetaucht und machte den hageren Leib des kaum geretteten Flüchtlings unterm Burnus erzittern. Auch nach ihrem Verschwinden war er nicht zu bewegen, seine Ausführungen fortzusetzen. Die beiden Freunde brachten den immer noch Schlotternden in seine Herberge, einen halb leerstehenden Schuppen beim Hafen, wo man für ihn und Nockenbrenner ein leidliches Lager zurechtgemacht und durch einige ausrangierte Traubenpressen vor den Blicken Neugieriger geschützt hatte.
Dank einer glücklichen Fügung — oder war es abermals das freundliche Walten einer mächtigeren Hand? — kam schon am nächsten Tag die Bewilligung zur Weiterreise. Diese Bewilligungen erfolgten durch Anschlag an der Außenwand des Hafenkontrollamtes (dessen Inneres leerstand). Doch wurden nicht etwa die Namen der Reiseberechtigten angeschrieben. Vielmehr ging aus munter verschnörkelten Wendungen hervor, daß allen denjenigen Reisenden, deren Namen, um nur ein Beispiel zu geben, mit »Pizzi« beginnen und mit »colli« enden oder die in ihrer Mitte die Letternfolge »—skrü—« aufweisen, fröhliche Weiterfahrt gewünscht werde.

XII

So erfolgten denn alsbald Landung und Einzug im Hafen von Cythera, der schon beim ersten Anblick den ganzen Zauber dieser Märcheninsel ahnen ließ. Im unverschämt blauen Wasser der sanft geschwungenen Bucht wiegten sich barocke Fahrzeuge, überboten einander an graziösem, niemals prahlerischem Prunk. Bunt bemalte Bauten grüßten herüber, grün, rosenrot, levkojenartig gesprenkelt, mit kleinen vergoldeten Balkons. Breitgestreifte Seidenzelte, Parasols mit lustigen Quasten bildeten schützende

Sonnendächer. Die Marmorblöcke am Quai waren mit alten, phantastisch dekorierten Bronzekanonenrohren gespickt, die zum Halten der Taue dienten. Ringsum antike Tempelchen in reizendem Verfall, Statuen unter üppigen Baumkronen, laubgiebelige Verkaufsbuden mit kleinen Tischchen und Strandfauteuils davor, Liebespaare und Flötenbläser, sonngebräunte Fischer und hellgewandete Matrosen, da und dort ein aufrechter Greis in kummetgeschmücktem Frack, wie sie gelegentlich der ersten griechischen Nationalversammlung in Nauplia von frankophilen Stutzern getragen wurden, dunkeläugige Knaben im Damensitz auf sattellosen Eselchen, das Plätschern einer Fontäne, verwittertes Gemäuer um einen dunklen Park.

Durch diese Szenerie bewegte sich von der Barke her die Gruppe der eben Angekommenen. Voran, auf einem schaukelnden Karren, wurde von Dienstmännern, die als Berufsabzeichen eine rote Nase an einem Gummischnürl umhatten, der Käfig mit dem mißmutigen Affen dahingerollt. Dahinter schritt ernst und würdig der Wüstensohn mit dem Römerprofil, das träumerische Auge falkenhaft in die Ferne gerichtet. Arm in Arm folgten Cyriak und Naskrückl, der die Grüße eines Spaliers von salutierenden Zollbeamten leutselig erwiderte. Nockenbrenner mußte freilich ein wenig leiden, denn ein ernster Mann bestäubte aus einer ungeheuren Spritze den Affenkäfig mit einer dichten Wolke von Insektenpulver. Noch geraume Zeit dampfte sein Fahrzeug, aus dem bitterer Husten erklang, wie eine Waschküche. Aus purer Langeweile lorgnettierten einige ältere Damen hinter dem Zug einher, um den sich sonst niemand kümmerte. Man war in Cythera noch ganz andere Dinge gewohnt.

Nur einmal entstand eine kleinere Stockung, als aus der Gegenrichtung eine fröhliche Gruppe von Badegästen herankam, deren einer infernalischerweise einen ganz ähnlich wie Nockenbrenner kostümierten Pavian auf der Schulter trug. Das lebhafte Tierchen wollte mit seinem vermeintlichen Artgenossen sogleich Kontakt annehmen und begann ob der Erfolglosigkeit seines Versuchs so schmerzlich zu schnattern, daß der Besitzer und seine Freunde den Käfig umringten und Nockenbrenner durch allerlei Näschereien kirre zu machen versuchten. Der wahrte eine Zeitlang seine Rolle und stieß erstaunlich affenartige Laute der Ablehnung aus; dabei verlor er sein Gebiß, das von einem King-Charles-Hündchen sofort apportiert und mit neckischem Triumphblick hochgehalten wurde. Schon das erregte Befremden. Naskrückl Effendi stellte seinen tropenhelmartig verbrämten Zylinder auf die Erde, um sich besser den Angstschweiß von der Stirn wischen zu können, der Beduinenscheich Hahn spielte gedankenvoll mit dem Griff der Salzgurke, und Cyriak wußte nicht, wo er hinschauen sollte. Alles umdrängte den Käfig, für dessen Insassen sich besonders zwei junge, schlankgewachsene Damen in mehr als gewagten Badekostümen lebhaft interessierten. Man konnte sie ruhig als nackt bezeichnen. Und das war für Nockenbrenner entschieden zuviel. Er begann wie toll im Käfig herumzuturnen, und sein Wehklagen drohte immer artikulierter zu werden. Jetzt mußte Naskrückl eingreifen.

»Meine Herrschaften«, rief er in den wachsenden Tumult. »Der Aff da is gar kein Aff. Es is ein meiniger Freund und nebenbei ein lieber Toter ... ein lebender Leichnam sozusagen ... Sie wissen eh ... Dostojewski ...«

Sichtliche Bewegung ging durch die Umstehenden. Ein adrettes Herrchen von unbestimmbarem Alter trat vor, verneigte sich gegen den Käfig und sprach in geziertem Französisch: »Enchanté de faire votre connaissance, Monsieur Dostoyewski. J'étais toujours un grand adorateur de vos romans. Enchanté, enchanté.« Dann zog er sich zurück. »Auch ich schwärme für die russischen Dichter«, flötete ein rosenlippiges Mädchen. »Sie sind ja doch die originellsten von allen. Das merkt man schon am Aussehen.« Fassungslos blickten Naskrückl und Cyriak einander an. »Es ist am besten, man läßt sie dabei«, flüsterte Cyriak. »Nur weg.« Und laut an die Gruppe gewendet, fuhr er fort: »Meine Damen uns Herren, darf ich Sie um Rücksicht und um etwas Diskretion bitten? Der Herr ist überarbeitet und mit seinen Nerven am Ende. Wir haben diese Maskerade für ihn gewählt, um Interviews auszuweichen. Bitte haben Sie Verständnis.«

Augenblicklich gab die Gruppe den Weg frei, wünschte baldige Genesung und entfernte sich unter diskreten Rufen des Bedauerns. Nur der kleine Pavian spuckte degoutiert aus.

Im Hotel »Zur goldenen Muschel«, wo der weitblickende Naskrückl Zimmer vorausbestellt hatte, empfing man die Ankömmlinge mit vollendeter Höflichkeit, offenbar des Glaubens, daß es sich bei den beiden verkleideten Herren um eine Wette spleeniger Engländer handle, denn auch England stiftet bisweilen Gutes.
Auf dem anmutig zum Hafen hin geschweiften Balkon, der Naskrückls Zimmer zierte, wurde die glückliche Ankunft, die glückliche Entlassung Nockenbrenners aus seinem Affenkäfig und die Rückverwandlung Philipp von Hahns in einen soignierten Römer gebührlich gefeiert. Im dunkelroten Malvasier — er erblickte die Glut des Himmels nicht weit von hier, in Monembasia, auch Napoli di Romagna genannt — brachen sich die Strahlen der Abendsonne, die als langsam und stetig sich vergrößernde Scheibe im ruhig atmenden Meer versank. Aber noch lange hernach schwebte dämmeriges Silberlicht über dem Hafen von Cythera.

Die Zahl der gelehrten Werke, die über Cythera geschrieben wurden, ist bekanntlich Legion, und ihr Inhalt ist von A bis Z sittliche Entrüstung: »Die Liebesinsel« — »Das Venusparadies« — »Das Eiland des Sinnentaumels« und ähnliches Gequake geiferbärtiger Gelehrter, von denen wohl kein einziger seinen hühneraugengeschmückten Fuß jemals hiehergesetzt hat. Wie ja auch sonst über die Levante größtenteils Unsinn verzapft wird.
Die Levante war zur Zeit der Kreuzzüge und bis ins XV. Jahrhundert ungefähr das, was in einer späteren Epoche Amerika war: das Dorado der Abenteurer. Hier suchten Wagemutige nach Reichtum, hier suchten Ritter nach Ehre — und manche von ihnen wollten über das Heilige Grab hinaus den Weg in das gold- und juwelenstrotzende Märchenland Indien nehmen. Damals entstand eine Vielzahl kleiner, unabhängiger Staaten, von Epirus angefangen über ganz Griechenland, Kreta, Cypern und Kleinasien. Jede der Cykladen und Sporaden gehörte einem andern Dynasten. Die glanzvollen Familien der Dandolo, Cornaro, Grimani, Barbarigo, Venier und wie sie alle hießen —

von dorther holten sie sich Geld und Gut und Glanz. In Athen und Theben, in Korinth und Saloniki gab es prachtvolle Hofhaltungen, und die Residenz der Fürsten von Achaia, die unweit von Zante gelegene Burg Clarenza, galt im Mittelalter als die hohe Schule der Troubadours und ritterlicher Sitten. Der große Türkensturm um 1470 machte der Herrlichkeit ein Ende, und während Tizian seine schönsten Bilder malte, vernichtete ein Töpfersohn aus Lesbos, der gefürchtete Barbareskenadmiral Chaireddin Barbarossa, die letzten Reste der unabhängigen Inselstaaten in der blauen Ionischen See. Die Zeit der anmutigsten Staatengebilde der Geschichte war vorüber.

Aber man blieb exklusiv, blieb es besonders in Cythera. Dort sammelten sich die glanzvollsten Adelsfamilien Europas, alle in der Hoffnung, daß ihnen ein glücklicheres Geschick die zwar geraubten, aber von einem gütigen Weltbaumeister entzückend ziselierten Miniaturreiche doch einmal wiedergeben würde. In den Glanztagen der Kreuzzüge hatte Cythera in der Familie Venier sein eigenes Fürstenhaus besessen, das zur Zeit der ausgehenden Totik den Intrigen Venedigs zum Opfer gefallen war. Heute regiert dort eine nicht gerade hochklassige Familie: das Haus Centopallanche, obskuren veneto-genuesischen Ursprungs, aber — wie schon der Name andeutet — von gewaltigem Reichtum. Und da von den wirklich guten Familien des Uradels keine der anderen die Krone gönnen wollte, wie das ja gelegentlich auch anderwärts geschieht, kamen eben die ellbogenkräftigen, vulgären Centopallanches zur Macht. Der jetzige, Pier Zosimo I., war als Lehrbub — wenn dieser Ausdruck für das hohe Metier gestattet ist — in Monaco gewesen und hatte dort die Duodezfürstnerei gründlich erlernt, wobei er sich allerdings etwas unleugbar Wagentürlaufmacherisches angewöhnt hatte. Zu Hause mußte er diese allzu smarte Mischung von Fremdenführer und Croupier natürlich abdämpfen. Besonders die eigentümliche, ewig kartenmischende Bewegung der Hände wurde ihm auf einer Fürstentagung ehrerbietig, aber dezidiert untersagt; ebenso die Gewohnheit, alle Geldstücke mißbilligend zu betrachten und sie in die Westentasche zu stecken.

Stilvollerweise war Pier Zosimo nicht etwa auf dem Wege der

Königswahl in den Besitz der Krone gekommen, sondern durch Kauf. Denn die Levantiner, auch die Vornehmsten unter ihnen, sind praktisch veranlagte Leute, versuchen aus allem möglichst viel Geld herauszuschlagen und werden sich wohl rechtzeitig Eintrittskarten für den Tag des Jüngsten Gerichtes sichern, um sie in der Agiotage zu verkaufen. Der Grund, warum Zosimo sich den harten Konkurrenzkampf um die cytherische Krone so große Summen kosten ließ, daß er schließlich die ganze Konkurrenz aus dem Felde schlug, lag aber keineswegs darin, daß er sich in einer von Tanzlehrern gestellten Zeremonienmaskerade bewegen wollte wie sein vergangener Landsmann Napoleon. Vielmehr trieb ihn der Wunsch, seiner vergötterten Tochter Fiordelisa einen Venushof zu halten, und sein Froschgesicht strahlte in südländischer Affenliebe, als ihm das endlich gelungen war.

Der Hofstaat setzte sich aus zwei heterogenen Gruppen zusammen: den Vertretern der Hocharistokratie und einem Rudel von Freunden, die sich Zosimo mitgebracht hatte. Allerlei Don-Quixote-Typen fanden sich da ein: General Spulego, der sich des Kriegsministeriums bemächtigte, der geschwätzige Tintinabulo, der sich in alle Staatsaffären mischte, der Dichter Dante Runcinelli, ein längst senil gewordener Kahlkopf, der eitle Höfling Don Squasilio und der weithin gefürchtete Aufschneider Mangiacavalli, der nur noch von Don Perogrullo übertroffen wurde, dem entsetzlichen Besserwisser und größten Denker des Südens überhaupt. Pieter van den Snakken, ein langweiliger alter Holländer, von dem niemand wußte, ob er nicht taubstumm wäre, hatte als Oberstzeremonienmeister die Klüfte zwischen der Centopallanche-Clique und dem eingeborenen Adel zu überbrücken. Die von der anderen Partei gestellten Hofchargen und Minister, auf deren dekadenten Schultern die internen Staatsgeschäfte ruhten, trugen Muschelhüte und Schäferstäbe mit vielen Seidenbändern in zarten Pastellfarben. Auch erschienen sie niemals ohne die reizendsten Hofdamen.

Bald nach ihrer Ankunft wurden unsere Freunde den Allerhöchsten Herrschaften vorgestellt. An diesem Tag hielt Zosimo im Freien hof. Verfallene Säulen bildeten die Staffage, und der froschgesichtige Pier thronte auf herrlichen Architravtrümmern, die mit brokatenen Polstern voll heraldischer Blütenpracht bedeckt waren. Sein Hofstaat umstand ihn. Der Marquis Seladon blies eine schmeichlerische Hirtenflöte, der idyllische Protokollchef Strimonella rührte in regelmäßigen Intervallen eine Schellentrommel und gab zwischendurch einem automatischen Lamm künstliche Blumen zu fressen, der Dichter Runcinelli deklamierte mit den Händen lautlos ein Gedicht, mehrere Palasthündchen machten ballettartige Posen, und der Hofvirtuose Dulcedoni begleitete Runcinelli auf einem stummen Klavier, dann und wann in das Manuskript des Poeten blickend. In bronzenem Dreifuß lohte mit schönwogigem Rauch ein Opferfeuer.

Drommeten, Dudelsäcke und sanft geschlagene Pauken mit Wappenmänteln verkündeten das Nahen der Gäste. Als der Würdigste eröffnete Naskrückl den Zug. Er hatte sich besonders schön gemacht: lange weiße Krawatte, Samtweste, eine venezianische Goldkette um den Hals, den pöllerartigen Zylinder auf Hochglanz gebürstet; unterm Zylinder lugte ein weißer Tropenschleier hervor, der nicht ganz in diese Gegend passen wollte. Jede seiner drei tiefen Verbeugungen wurde von einem silbrig klingenden Fanfarenton begleitet. Dann bat er mit einer Handbewegung um Aufmerksamkeit für seine Gastrede:

Auf einer Reise nach den Gestaden des Indus begriffen — so ungefähr führte er aus —, sei es ihm ein Herzensbedürfnis, der Insel der gnädigen Aphrodite seinen Salam zu machen. Er sei Münchner und er könne nicht umhin, Cythera als ein östliches München zu empfinden, ein etwas entlegenes Schwabing sozusagen. Zwei Dinge seien es, für die sein Herz schlage und in denen ihm die eben beredte Affinität zwischen München und Cythera zu beruhen schien: 's schöne Geschlecht und feine Stückeln bei die Tandler. Darum preise er sich glücklich, hier zu stehen, auch wenn er nicht mit allem einverstanden sei, was sich heutzutage zur himmelblauen Fahne der über Cythera gesetzten Göttin bekenne. Er, Naskrückl, schwärme mehr für das Mollige.

Lautes »Hört, hört!« und Rufe der Entrüstung wurden laut, aber Naskrückl wußte der drohenden Unruhe mit der Routine des auch in Weibersachen Vielerfahrenen zu steuern. Er holte ein Paket Fotografien aus seiner geräumigen Brusttasche hervor, schwenkte sie durch die Luft, rief: »Bitte sich zu überzeugen!« und war im Nu vom Hofstaat beiderlei Geschlechts umdrängt. »Lauter meinige Freundinnen«, erläuterte er mit unwiderstehlicher Bonhomie. »'s Datum, der Nam, 's Lebendgewicht und der Wadelumfang stehen überall hint drauf. Und wann i amal nimmer bin, kummt alles ins Germanische Museum!« Die Fotografien wanderten von Hand zu Hand; manche fand den Weg zu ihrem Besitzer nicht zurück, sondern verschwand diskret in den seidenen Hirtentaschen oder unter den Manschettenkrausen der Herren.

»Könnten Sie mir dieses Mädchen da schicken lassen?« Es war eine hochgewachsene Frauengestalt mit dunklen Saphiraugen, die mit diesen Worten an Naskrückl herantrat und auf eine Fotografie deutete. »Meine Zofe ist nämlich vor ein paar Tagen von einem Haifisch gefressen worden, und ich —«

»Marandjosef!« entsetzte sich Naskrückl, faßte sich aber gleich. »Ja, recht gern — aber mit wem hab ich 's Vergnügen? Wann S' es Porto riskieren wollen, können S' bei derer anfragen. Wie schreiben S' Ihna denn?«

»Meine Palastdame wird Ihnen Auskunft geben«, kam es ein wenig indigniert von edelgeschwungenen Lippen.

»Aber Fräuln — wie kann i denn wissen, die welche?«

»Ach so. Fragen Sie nach dem Palais der Fürstin von Ikaria. Genügt das?«

»Horchn S'! Fräuln!« Zu spät begann Naskrückl der hoheitsvoll Entschwundenen nachzukeuchen. »Wo is denn hin... Himmi Saxn... Pitschicolli! Cyriakl! Da kommst her!«

Hilfsbereit fand Cyriak sich an der Seite des Rufenden ein. »Cyriak — wannst mi a bissel gern hast, bringst mi mit dera Prinzessin von Ikaria zsamm. Lern s' kennen, i bitt di! Dir wird s' gfalln. Hint nix und vorn nix. Und du wirst ihr aa gfalln. Für mi hat s' kan Blick ghabt. Wo i doch die schöne Uhrketten trag und die Westen vom Gottfried Keller, die was i bei der Thanbauer-Kathl in Salzburg gfunden hab. In der Trödlerei rechts unterm Schwibbogen. Net links. Links, dös is a neucher Jud aus Hallein, der net! Der war früher neben der

Roßschwemm und is Spezialist in Devotionalien. Dös interessiert mi net. Aber die Fürschtin . . .!«
»Und warum gerade die Fürstin?« Cyriak unterdrückte ein Lächeln.
»Dös sag i dir noch. Jetzt lern s' erscht kennen, daß d' mi einführn kannst. Schau, daß d' mit ihr intim wirst. Zwickst es halt a wengerl — ah was, dös geht bei aner jeden. 's feinste Madl, wenn ma's zwickt, wird zutraulich. Und wann amal das erste ›Was erlauben Sie sich‹ verklungen is, is eh schon alles in Ordnung. Gelt, tust mir den Gefallen?«
Cyriak versprach, sein möglichstes zu versuchen, ohne sich indessen auf die Strategie Naskrückls, dem er seine Sammlermarotten lächelnd nachsah, unbedingt festlegen zu wollen. Da er in der Hofgesellschaft großen Anklang gefunden hatte, kostete es ihn wenig Mühe, der Fürstin vorgestellt zu werden. Er hatte den Eindruck, als wäre das auch ihr nicht unwillkommen. Der Blick, den sie aus forschenden Mandelaugen schon von weither auf ihn gerichtet hielt, schien ihm auf höchst seltsame Art eine Bestätigung auszudrücken; und als er vor ihr stand, konnte er das beklemmende Gefühl nicht loswerden, als käme diese Bestätigung auf geheimen Wegen von Cyparis her.
Prinzessin Diana Bayazanti war die Besitzerin der Inseln Ikaria und Draghonisi, die ihr Ahnherr Riccardo, Graf von Montdesert, zur Zeit der Kreuzzüge von Kaiser Isaak Angelos 1191 zum Lehen bekommen hatte. Sie hielt sich meist auf der Insel Ikaria auf, die ihren Namen daher hatte, daß Ikaros, der Sohn des Dädalos, hier auf seinem Flug ertrunken war. Herakles hatte den Leichnam des Knaben gefunden und auf dieser Insel begraben. Als Dädalos das erfuhr, errichtete er dem Helden aus Dankbarkeit zu Pisa in Elis ein Denkmal, das jedoch infolge eines beklagenswerten Mißgeschicks nicht auf uns gekommen ist. Herakles nämlich kam einst zur Nachtzeit an der Statue vorbei, hielt sie im Dunkeln für einen drohenden Feind, bewarf sie ergrimmt mit schweren Steinblöcken und zerschmetterte das schöne Werk vollständig. Es ist dies ein dunkler Punkt in der großen Zahl der sonst so lobenswerten Taten des Heldengottes. Die Sache wird in den Schulbüchern sorgfältig übergangen, und

selbst die wissenschaftlichen Seminare bewahren den Bericht darüber in einer Art von Giftschrank auf. Nur amtlich gestempelten Historikern und Religionsphilosophen wird die betreffende Stelle von schweigenden Professoren vorgelegt und schweigend wieder fortgenommen.

Als Cyriak dem unruhig wartenden Naskrückl mitteilen konnte, daß sie beide von der Prinzessin Bayazanti auf deren ikarisches Schloß eingeladen seien, wußte sich Naskrückl vor Freude nicht zu fassen und erging sich in begeisterten Lobpreisungen der gesellschaftlichen Fähigkeiten seines Freundes. Anscheinend tat er das auch Dritten gegenüber, denn schon am nächsten Tag trat der griesgrämige Hahn — doppelt griesgrämig, weil er dem Empfang bei Hof nicht zugezogen worden war — an Cyriak mit der Bitte heran, ihn doch noch nachträglich in die Hofgesellschaft einzuführen. Sicherlich wäre ihm das ein leichtes — es ginge ja überdies das Gerede, daß er vor sehr schönen Augen Gnade gefunden habe.

Cyriak, in diesem Punkt besonders empfindlich, wollte auffahren, aber Hahn beschwichtigte ihn; er habe es nicht bös gemeint, und außerdem sei es ganz natürlich, daß sich so etwas sofort herumspräche. Gewisse tarockanische »Sitten und Gebreiche« hätten sich auch nach Cythera fortgepflanzt — zum Beispiel die »großen Ohrwascheln, die es ieberall gibt und die alles heeren«. Cyriaks gepeinigtes Schweigen als ein Zeichen von Aufmerksamkeit mißdeutend, fuhr er unaufhaltsam fort: »Das mit die schönen Augen hab ich von einer Flohkräuterfrau — ich denke ja auch hier ans Geschäft, und neue Artikel interessieren mich immer. Flohkräuterfrauen kommen in die feinsten Häuser, Wanzensammlerinnen mehr zu die einfachen Leite. Das alles muß unsereins wissen und bericksichtigen. Oder woher, glauben Sie, hat die Geheimpolizei ihr Material? Und die Diplomatie? Fragen S' Ihren Freind Streysand. Iebrigens, wenn S' mich bei Hof einfiehren, erzähl ich Ihnen was von dem. Ich weiß was auf ihn.«

»Herr von Hahn, ich bitte Sie zur Kenntnis zu nehmen, daß ich auf Tratsch nicht neugierig bin.« Cyriak sah sich nun doch bemüßigt, einen etwas dezidierteren Tonfall anzuschlagen.

»Sie sind heit voller Mißverständnisse, lieber Bischikolli.« Hahn schüttelte vergrämt den Römerkopf. »Es is gar nix Ehrenrieriges, was ich Ihnen sagen will. Im Gegenteil. Ich hab nur zufällig erfahren, daß Herr von Streysand auf geheimer Mission is. Er bereist im Auftrag des Außenamtes die dämonischen Orte des klassischen Altertums, um selbe zu untersuchen und Messungen mit dem neuerfundenen Diabolometer vorzunehmen. Da steckt irgendein Austro-Freysingisches Staatsgeheimnis dahinter. No, vielleicht kriegen Sie was aus'm Streysand heraus, wann Sie ihn nächstens treffen. Ihr seid's ja so dicke Freinde.«
Schon um den hartnäckigen Gesellen loszuwerden, versprach ihm Cyriak die Erfüllung seines Wunsches. Leichte Gelegenheit bot sich an einem der nächsten Abende, für den das »Fest der Aphrodite« angesetzt war, auf dieser Insel fast ein Nationalfeiertag.

Mit violettem Äthergriffel konturierte die Abendsonne die phantastischen Formen des südländischen Gartens, der vom Schloß bis dicht ans Meer hinabreichte. Auf moosigen Hügeln und laubüberwucherten Bänken, unter lampiongeschmückten Baldachinen und auf teppichbedeckten Marmortreppen hatten sich in heiterem Fluktuieren die Gruppen der Gäste zurechtgesondert. Musikanten und Masken waren auf den ins Meer ragenden Felsplatten verteilt. Eine altertümliche Prunkbarke schaukelte in der Bucht.
Allmählich wich die opalfarbene Dämmerung dem Dunkel der Nacht, und wie von einem unsichtbaren Chormeister darauf abgestimmt, verebbte nach und nach das Summen und Tuscheln ringsum. Als es ganz still geworden war, wurde die dunkle Luft von einem jauchzenden Fanfarenton durchschüttert, im Widerschein hochschießender Raketen flammte das Meer smaragdgrün auf, und der Barke entstieg die durchsichtig gekleidete Mädchengestalt, die diesmal auserkoren war, an Aphroditens Geburtsfest die Göttin zu verkörpern. Während sie mit kaum benetzten Knöcheln zum Ufer hin mehr schwebte als schritt, schmetterten ihr die Tuben und Messinghörner ihren Willkommgruß entgegen, gellten fremdartige Rufe auf, entfalteten sich die Banner von Cypern und Ikaria, die goldenen Doppeladler von Lesbos

und Trapezunt, die Farben von Rhodos und Paros, schimmerten die Standarten der Contarini und Scarpanto, der Grimani und Navigaiossi im Schein der Fackeln. In der goldenen Rüstung eines Meisters der Gotik führte Dragone Zeno, der Kommandeur der fürstlichen Garde, die Göttin ans Land. Neue Fanfarenrufe umdröhnten die Schaumgeborene, die leichtfüßig unter dem Blumenregen dahinschritt, der von den Felsplatten her auf sie niederrieselte. Ein Pagenzug formierte sich vor ihr zum Geleit, seltsam kostümierte Nubiermasken schlossen sich in lockerem Gefolge an, mit Blumenkörben auf den Häuptern, mit vergoldeten Früchten auf kostbaren Tellern, mit Katzen im Arm.

Erst als die Göttin, immer aufs neue umjubelt und unter den gegeneinander sich senkenden Standarten streckenlang wie unter einem Baldachin dahinschreitend, auf dem Weg zu ihrer Thronhöhe nahe an ihm vorüberkam, sah Cyriak, daß es Diana Bayazanti war. Und es überkam ihn das gleiche süß und sehnsüchtig beklemmende Gefühl wie damals, als er ihr zum erstenmal gegenübergestanden. Der Blick, den sie auf ihn gerichtet hielt, schien eine Bestätigung oder eine Botschaft zu beinhalten. Er wandte sich ab. Er wollte sich in diesen zehrenden Gedanken nicht verlieren.

Was jetzt geschah, erleichterte es ihm allerdings, in die denkbar irdischesten Regionen zurückzufinden: Rat Naskrückl, der unweit von ihm auf einem Samtpolster eingenickt war, wurde durch ein grell aufdröhnendes Fanfarensignal aufgeschreckt, rieb sich die Augen, taumelte hoch — und war auch schon mitten drin im Festzug. Das Unglück wollte es, daß er an Dragone Zenos Seite geriet, dessen Rüstung er sogleich verwundert beklopfte. Zeno suchte ihn abzuschütteln, aber vergebens. Naskrückl hatte ihn unterm Arm gefaßt und schritt, den Zylinder mit dem wehenden Wüstenschleier auf dem Haupt, neben dem Goldgepanzerten einher. Ob er vielleicht die Rüstung verkaufen möchte? Nöt? Oder gegen was Schönes eintauschen? Aa nöt? Er tät ihm die feinsten Stückeln dafür geben: a komplette Käfersammlung ... den Originalsechter vom heiligen Florian ... nöt? Und den authentischen Bart vom heiligen Petrus als Zuwaag noch drauf.

Jetzt glückte es Zeno, seitwärts auszuweichen. Naskrückl wäre fast hingefallen, war jedoch gleich wieder auf den Beinen und ließ nicht locker: den Bart habe er selber unter schweren Opfern erworben und hüte ihn wie seinen Augapfel. »Und 's Gegenstück wüßt i Ihna auch«, sprach er eindringlich weiter. »Den vom heiligen Paulus. G'hört einem meinigen Freund, einem gewissen Roßhäubel Kilian. So viel ein eigensinniger Patron. Alles hab i probiert. Bin sogar als falscher Hauslehrer für'n Sohn zuwigstanden, damit i eahm bei der Gelegenheit vielleicht kriegert, den Bart. Aber der Bua war a Viech. Kaspar ham s' ihn gheißen. Wegen dem hab i's aufgeben müssen. Hätt'n sonst derschlagen, den Buam — so bleed was der war. Und dessentwegen is mir halt vom heiligen Paulus der Bart auskommen. Aber dafür is mir der vom heiligen Ignatius von Loyola förmlich zuwigweht worden. Is freilich bloß a Fliegn. I hab'n bei an alten Weiberl entdeckt, was die Lampen damit putzt hat. Auf a Stöckerl hat's ihn bunden ghabt, mit Draht ... Ja, heilige Bärt werden jetzt stark gesammelt. Und nicht nur von die katholischen Kunstfreund, obschon in denen ihre Händ 's Beste is. Besonderscht der Heilige Vater hat Ihnen Barterln ... Barterln, sag i Ihnen ...«

So hingebungsvoll war Naskrückl in seine Anpreisungen vertieft, daß er die jähe Schwenkung nicht merkte, die der Aphroditenzug und damit auch Dragone Zeno genommen hatte. Zu spät wurde ihm das inne, und recht unsanft dazu: ein Baum, gegen den er frontal angerannt war, brachte ihn zum Stillstand. Verdutzt blickte er um sich und wurde auf diese Art wohl zum einzigen Zeugen eines seltsamen Intermezzos, das von den übrigen Gästen, weil sie weit lohnenderem Anblick hingegeben waren, unbemerkt blieb:

Ein kleines, gebücktes Männchen in verschossener spinatgrüner Uniform, eine österreichische Amtsdienerkappe auf dem Kopf, war unten in der Bucht damit beschäftigt, die Barke der Aphrodite mittels eines schwarz-gelb gestrichenen Enterhakens an Land zu ziehen. Es handelte sich tatsächlich um einen österreichischen Finanzer. Denn diese Behörde amtiert bekanntlich über die Maßen gerne autonom und ist von dem heißen Wunsche beseelt, womöglich auch in fremden Ländern Zollfunktionen auszuüben. Auf Cythera stand ihr dieses Privileg zu. Graf Cobenzl hatte es im Vertrag von Campoformio verankert, als er aus uns bereits bekannten Gründen darauf verzichtete, die Insel für Österreich zu annektieren.

XIII

Wie sich zeigte, hatte Hahn nicht eigentlich aus Eitelkeit bei Hofe eingeführt werden wollen, sondern aus Motiven, in denen sich Romantik und Materialismus zweckdienlich mengten. Ehe er seinen Plan verwirklichte, nach Konstantinopel zu gehen und sich mit einer der dort harrenden Cholerabräute zu versorgen, wollte er sein Glück bei Fiordalisa versuchen, der schönen, mitgiftschweren Tochter Zosimos I. Zugegeben, daß die Centopallanches eine mindere Dynastie waren und bestenfalls in einer Reihe mit den Karageorgewitsch rangierten — sie waren nun einmal ein regierendes Haus, und die Vorstellung, zu König Zosimo eines Tags »Papatschi« sagen zu dürfen, erschien dem emigrierten Unkrautsammler so lockend, daß er vor Wohlgefühl begierig zu leppern begann. Und wahrlich, die Parzen hatten ihm für Cythera einen wichtigen Knoten in den Lebensspagat geknüpft!
Während der für den Hof reservierten Badestunde gelang es ihm, sich schon am Strand an Fiordalisa heranzumachen, die von der ungewöhnlichen Erscheinung des spätgeborenen Römers nicht unvorteilhaft beeindruckt schien. Auf Einhörnern aus schneeweißem Gummi reitend, ließen sich die beiden in die glitzernde Bucht hinaustragen — leider ein wenig allzuweit, denn der Wellengang wurde plötzlich höher, und die nervös gewordenen Begleitnixen des Hofstaates machten unter spitzen Angstschreien unverzüglich kehrt. Sie sahen noch, wie Hahn und die Prinzessin von einer donnernden Woge begraben wurden, sahen die Gummitierchen herrenlos weiterschwimmen und verfehlten nicht, am Ufer angelangt, die entsprechende Panik zu verbreiten. Sogleich scharte sich der gesamte Hofstaat um den in grausig hohlem Jammer rasenden Centopallanche, dem der ritterliche Spulego

immer wieder versicherte, daß er sich ins Schwert stürzen werde. Der Zeremonienmeister Strimonella übergoß seine weißen Lämmer mit Tinte, der prahlerische Mangiacavalli schwor ergrimmt, das Meer aussaufen zu wollen, und der Dichter Runcinelli schlug zerrauften Bartes auf seiner im Handumdrehen schwarzbespannten Leier lautlose Klagetöne an. Selbst nachdem Fiordelisa und Hahn, bläulich und ein wenig zerfranst, bereits ans Ufer gestiegen waren, ging die Zeremonie noch einige Minuten weiter und endete mit Hahns unter entsetzlichen Flüchen proklamierter Ausstoßung vom Hofe.

Das war zwar ein harter Schlag für ihn, aber er hatte, speziell in der letzten Zeit, schon ganz andere Schicksalsschläge überstanden. Sein wiedererwachter Geschäftsgeist ließ ihm die Gründung eines Teufelskraut- und Ameiseneierbetriebes auf Cythera durchaus erfolgversprechend erscheinen. Allerdings dürfte die Firma, um Schwierigkeiten mit Tarockanien zu vermeiden, nicht auf seinen Namen lauten. Unter dem Deckmantel reservatester Sympathien, der von höheren österreichischen Ministerialbeamten so gerne getragen wird (gewöhnlich mit der Etikette »Weil Sie es sind« oder »Bitte ganz im Vertrauen«), machte sich Hahn an den heftig unter den Nachwirkungen des Affenabenteuers leidenden Nockenbrenner heran:

»Sie werden mir noch ganz triebsinnig, Herr Nockenbrenner. Das kommt, weil S' immer griebeln und an Ihren verflossenen Tod denken. Sind S' froh, daß Sie ihn so gut überstanden haben. No ja, er war nur juristisch, aber trotzdem mit gewissen Mißlichkeiten verbunden. Sie müßten sich eine Beschäftigung suchen...« Und weil also er es war, weil Hahn gerade zu ihm solches Vertrauen hatte, erfolgte nunmehr der Vorschlag zur Gründung eines Kompaniegeschäftes, das Hahn in lockenden Farben zu schildern wußte. »Das wird Sie zerstreien, glauben Sie mir. Da is immer was andres. Immer gibt's was zu sortieren — heit Ohrwürmer, was man sehr rasch aufarbeiten muß, weil s' leicht sauer werden — morgen Tausendfißler für die lieben Pipihenderln, die fressen das leidenschaftlich gern und legen dann dankerfüllt die scheensten Eier. Mecht Ihnen guttun und Ihnen Gesundheit und Jugend wiedergeben. Es ist auch geistig eine anspruchsvolle Tätigkeit. Gar nicht so einfach, wie's am ersten Blick ausschaut. Da hab ich einmal eine Hilfskraft gehabt, einen gewissen Droschkowitsch. Wie oft hab ich dem gesagt: ›Droschkowitsch, Droschkowitsch! Sie machen mir wirklich nix wie Kummer und Plage! Immer bringen S' mir die Tausendfüßler mit die Ohrwürmer durcheinand. Wo sich die Viecher doch nicht vertragen!‹ Aber er — wie wenn nix. Einmal hat er mir sogar eine ganze Sendung Springschwänze verhungern lassen, für einen hohen Herrn im Ackerbauministerium, einen bekannten feinsinnigen Springschwanzsammler. Und einmal hat er mir von einem kompletten Dutzend Gletscherflöhe, was die größte Seltenheit ist, drei auskommen lassen. So was könnt mir bei Ihnen nie passieren, ich weiß doch. Schon Ihre hohe naturkundliche Bildung verbietet Ihnen das. Außerdem wird es ganz scheen tragen, mit der Zeit ...«

Aber der melancholische Gelehrte schüttelte nur stumm den Kopf und griff statt jeder Antwort wieder nach Schoisgrubers Standardwerk »Über die Wehmut«, das in der letzten Zeit seine Lieblingslektüre bildete.

Man wußte sich keinen Rat mit ihm. Er wurde immer zugeknöpfter, kehrte den Ablenkungsversuchen seiner Freunde einen melancholisch gekrümmten Rücken und entzog sich ihnen durch einsame Spaziergänge. Selbst die harmlosesten Intermezzi, die sich von gänzlich entlegenem Ende her angesponnen hatten, gerieten — eine für Hypochonder typische Erscheinung — ihm zum Nachteil und zur Pein.

Just um diese Zeit war eine bunt bemalte Barke voll fröhlich zwitschernder Ghaisgagherln auf Cythera gelandet. Hier drückte die Krone des Oheims nicht auf die Häupter der Nepoten, hier durfte man sich — womöglich unter Saxophonbegleitung — in bukolischer Sorglosigkeit am Busen der Natur tummeln, hier wollte man, was daheim oder gar in Wien völlig unmöglich war, Lämmer haschen und korybantisch die Wälder durchstreifen, durch Moosbärte unkenntlich gemacht, wie dies von manchen (allerdings inoffiziellen) Reiseprospekten der Insel im Abschnitt »Gesellschaftliche Unterhaltungen« geschildert wurde. Man wollte, kurzum, recht ausgelassen sein und sich mit den gleichfalls im

Prospekt angeführten Hirtinnen und Nymphen aufs beste amüsieren. Und was geschah? Gleich auf ihrem ersten Waldspaziergang stieß die übermütige Schar, deren Sinn nach nichts als Possen und Alfanzereien stand, die mit Pritschen nach Schwämmen schlug und mit Tannenzapfen nach Eichhörnchen warf, auf den verstörten Nockenbrenner. Der hatte das Buch, in dem er seine spitze Nase tief zu verbergen pflegte und das ihm an feuchten Stellen im Freien auch als Sitzgelegenheit diente, seufzend zugeklappt und wankte gerade mit melancholisch nach innen gekehrtem Blick einher, ein verkalkter Hamlet in Jägerwäsche. Ihn sehen und unter spöttischem Saxophongedudel ihr Schindluder mit ihm treiben, war für die Ghaisgagherln eins. Und noch nachdem sie scheinbar von ihm abgelassen hatten, scheuchten sie ihn durch falsches Hundegebell kreuz und quer durch den Wald.

Aber das Schlimmste sollte erst kommen. Als der vielgeplagte Gelehrte erschöpft und erbittert zu Hause anlangte, wurde er von wartenden Sbirren recht unsanft in Empfang genommen und mit verbundenen Augen vor ein Tribunal geschleppt, das sich als Ehrenrat der »Akademie der Künste und Wissenschaften« zu erkennen gab. Einige blinde Greise — die würdigsten Seher des Eilands — eröffneten ihm mit feierlich in der Luft herumrudernden Händen, daß er die ihm entgegengebrachte Gastfreundschaft mißbraucht, die öffentliche Meinung irregeführt und die Akademie aufs gröblichste verhöhnt und verletzt habe: er sei, eröffnete ihm nach unheilschwangerer Pause die hohle Patriarchenstimme des Greisenältesten, er sei nicht Dostojewski und könne es nicht sein. Die gelehrten Gesellschaften, mit denen die Akademie korrespondiere, hätten auf Anfrage mitgeteilt, daß dieser Dichter nicht mehr unter den Lebenden weile. Nur zwei amerikanische Universitäten wären von dieser Meinung abgewichen, doch befänden sie sich in hoffnungsloser Minderheit.

Da die blinden Greise, durchwegs erstklassige und zum Teil jubilierte Seher, auf der Insel das höchste Ansehen genossen — man suchte sie durch kostspielige Annoncen in ganz Europa zusammen, und vor fünfunddreißig Dienstjahren wurde auf Cythera niemand Seher —, bedeutete ihr Schiedsspruch für

Nockenbrenner einen schweren Schicksalsschlag. Zumal in den wissenschaftlichen Kreisen, auf deren Wohlmeinung es ihm eines Tags vielleicht doch wieder ankäme, war er durch den Bannfluch der Akademie nun wohl für immer unmöglich gemacht. Überdies wurden ihm für den etwaigen Wiederholungsfall strengste Strafmaßnahmen in Aussicht gestellt. Ein solcher Wiederholungsfall, verkündete ein anderes Mitglied des Tribunals, würde zum Beispiel darin erblickt werden, daß er sich für Tolstoj ausgäbe; und da eine Ausweisung aus Cythera verfassungsmäßig nicht statthaft sei, würde man ihn — bei diesen Worten reckte der ehrfurchtgebietende Greis sein Kinn aufwärts, so daß der sanfte Küstenwind keine Mühe hatte, in seinem wallenden weißen Barthaar zu spielen —, würde man ihn also in das staatliche Altersheim für ehemalige Hanswürste einliefern, wozu ja auch die ursprüngliche Maskerade, in der er hier aufgetaucht war, gewisse Handhaben bot.
Nockenbrenner brach zusammen. Das Altersheim für ehemalige Hanswürste, eine ausgedehnte und unglaublich scheußliche Anlage, gehörte zu den wenigen dunklen Punkten im lichten Bilde Cytheras. Niemand wußte genau, auf welche Weise dieser Schandfleck entstanden war. Wie es hieß, sei irgendwann einmal eine Gruppe fadenscheiniger, hüstelnder Gestalten auf Cythera erschienen, alle bleich und mit viel zu großen Nasenlöchern, Jammerfiguren, die vielleicht bessere Tage gesehen hatten und an denen höchstens eine plötzliche Gliederverrenkung oder eine andere grelle Bewegung befremden mochte (die man indessen einem nervösen Tick zuschrieb). Abgewandten Blicks und unter verlegenem Gehüstel baten sie um ein Stücklein Grund, darauf sie ihre armseligen Hütten bauen wollten — Schilf, alte Zeitungen mit Leim bestrichen, an mehr dächten sie nicht; höchstens noch ein paar alte Kleiderständer, die niemand mehr möge, als Stützpfeiler. Auch ließen sie durchblicken, daß sie eine Art Sekte wären, Opfer einer unbeugsamen Überzeugung, über die sie jedoch keine näheren Angaben machten; statt dessen begannen sie wieder zu husten. Man gewährte ihnen das erbetene Asyl und hielt sie am ehesten für erkältete Adamiten, die an der Ausübung ihrer vermeintlichen Gewissenspflicht grausam gehin-

dert worden waren. (Keine der vielen pseudoreligiösen Gemeinschaften ist so verschleimt und von Frostballen verunziert wie diese Märtyrer der unbegrenzten Geschmacklosigkeit.)
Kaum hatte man der an Land gegangenen Delegation der Hilfesuchenden willfahrt, als die ganze Ladung nachkam, eine grausige Schar, von geisteskranken Hunden umsprungen, die ohne Unterlaß nach eingebildeten Fliegen schnappten und sich Passanten gegenüber miserabel benahmen. Unter wirrem Geschrei errichteten die Ankömmlinge ihre Baracken. Es wurde ein Budenwirrsal, über dem ständig die fetzigen Wolken eines unverständlich auf und ab schwellenden Getöses schwammen, ein offenkundiges Provisorium, das ebenso offenkundig dazu bestimmt war, sich endlos zu perpetuieren. Denn nichts hat so unerbittlichen Bestand wie alternde Hanswürste, und nichts bietet einen kläglicheren Anblick als Angehörige der Policinellenkaste, die sich ihrer Bestimmung entzogen haben, ohne sie im neugeschaffenen Rahmen verbergen zu können. Diese jammervoll selbständig gewordene Kehrseite eines sinnlich heiteren Bildes stellt sozusagen die Psoriasis des Europäerideals dar, das verknorpelte Endprodukt spätromanischer Kultur, einen Gichtknoten am Lebensbaum der Menschheit. Früher hatten solche Existenzen hauptsächlich in der Politik gewirkt und besondere Freude an Revolutionen gehabt, diesem Darmkatarrh der Weltgeschichte. Auch hatten sie sich lebhaft an sinnlosen Reformbewegungen beteiligt und manch einen bildenden Künstler und Musiker von Rang hervorgebracht. In den muffigen, luftleeren Gäßchen dieser Barackensiedlung, die den Bewohnern Cytheras als das Altersheim für kranke Hanswürste geläufig wurde, standen denn auch in schmählichem Durcheinander die Büsten dubioser Staatsmänner und mühsam zu halbklassizistischer Geltung hinaufkritisierter Tonsetzer und Maler.
Kein Wunder, daß die Aussicht, dorthin überstellt zu werden, Nockenbrenner mit Grausen erfüllte; fortan zeigte er sich den Bemühungen seiner Freunde doch etwas geneigter.

Der findige Naskrückl, rastlos auf der Suche nach raren Sammelobjekten und darum oft in die entlegensten Gegenden schweifend, hatte bei einer solchen Gelegenheit das Programm einer in Cythera gastierenden Stagione erkundet. Das war nicht ganz so einfach, wie es sich anhört. Es gab nämlich in Cythera weder Plakatwände noch Litfaßsäulen noch sonstige Anschlagflächen, da man das menschliche Auge nicht durch marktschreierische Ankündigungen beleidigen wollte. Nur weit draußen am Strand, durch einen künstlichen Felsvorsprung geschickt camoufliert, stand eine Litfaßsäule vom Umfang eines städtischen Gasometers, die dem Mitteilungsbedürfnis betriebsamer Unternehmungen und dem Wissensdurst interessierter Publikumsschichten diente. Wer über bevorstehende Veranstaltungen, neu auf den Markt geworfene Produkte, neueröffnete Gaststätten und dergleichen auf dem qui vive bleiben wollte, mußte sich eben die Mühe machen, dort hinaus zu wandern — es sei denn, er hätte der ungesetzlichen Flüsterreklame vertraut, die besonders auf dem von Ausländern bevorzugten Terrain operierte. In Hotelhallen, am Strand, an einem Tisch im blumigen Garten eines Eis-Salons, ja selbst am Anstandsort konnte es geschehen, daß man sich einem dieser plötzlich auftauchenden Illegalen gegenübersah und hinter vorgehaltener Hand ein paar rasche, eindringliche Worte zugeflüstert bekam, etwa: »Syndetikon klebt, leimt, kittet alles!« oder: »Nimm Darmol, du fühlst dich wohl!« Und da war man noch fein heraus, weil man wenigstens wußte, um was es ging. Oft aber mußten sich die stets Verfolgten und von schweren Strafmaßnahmen Bedrohten auf halbe Mitteilungen beschränken, auf ein scharf gezischtes »Täglich bis vier Uhr früh« oder »Großer Räumungsverkauf« — Informationen, mit denen selbst der hellste Kopf nichts anzufangen wußte. Unter solchen Umständen war es wohl besser, sich den Weg zur Litfaßsäule nicht verdrießen zu lassen.

Naskrückl war freilich mehr durch Zufall an die Litfaßsäule geraten, von der er nun das Programm der Stagione heimbrachte, sorgfältig in sein speckiges Notizbuch notiert. Es wurden an drei aufeinanderfolgenden Abenden drei verschiedene »Fliegende Holländer« geboten, einer von Wagner, einer von P. J.

Dietsch und einer von Ernst Leberecht Tschirch. (Mit Vergnügen erinnerte sich Naskrückl des Auftretens der beiden Kammersänger Klöhn und Jaulemann in einer Münchner Aufführung der Tschirchischen Oper, als Jaulemann den Holländer gesungen hatte und Klöhn dessen lungenkranken Bekannten, der zur Ausheilung — das versöhnliche Element im Drama — sieben Jahre lang mitfährt.) Das Opernrepertoire enthielt ferner einen Tannhäuser von Gottlob Amadeus Mangold, Text von Dutter, das Schauspiel offerierte eine Faust-Trilogie von Friedrich Wilhelm Pustkuchen, einem Zeitgenossen und erbitterten Feind Goethes, der als pädagogischer Schriftsteller in Wiebelkirchen gewirkt und den Dichterfürsten außer durch die Behandlung des Faustthemas auch noch durch eine Fortsetzung von »Wilhelm Meisters Lehrjahre« ergrimmt hatte, die er gleich nach Goethes »Wilhelm Meisters Wanderjahre« erscheinen ließ.

Für den heutigen Abend war die dramatische Pantomime »Le Chinois en Egypte« von Alois Schottenpempel angesetzt; sie verhieß »feenhafte Ausstattung« und »das große Corps de Ballet« — also genau das Richtige, um dem siechen Nockenbrenner, in dessen Alpträumen sich verkleidete Affen mit greisen Hanswürsten zu schauerlicher Jagd zusammentaten, heilsame Ablenkung und Zerstreuung zu bieten. Selbstverständlich war auch Hahn mit von der Partie, und selbstverständlich zu gleichen Teilen aus Eitelkeit wie aus Geschäftsinteressen.

Im Teatro Venier angelangt, trennte sich Naskrückl von der Gesellschaft, da er einer alten Gewohnheit zufolge vor den Vorstellungen und während der Zwischenakte die Büfetts aufzusuchen liebte. Erfahrungsgemäß gab es dort immer eßlustige und daher korpulente Damen zu finden, und er verstand es auf ungemein geschickte Weise, die Bekanntschaft mit ihnen anzubahnen. Nach Schema A stieg er der Gierigen leicht auf den Fuß, worauf ein bestürztes »Pardon« die erste Hürde überwand. Schema B war schon von etwas schwererem Kaliber: da derangierte er die Toilette einer lechzend ans Büfett Vordrängenden und machte sich sodann erbötig, ihr als Buße die gewünschten Nahrungsmittel herbeizuschaffen. Wenn das alles nichts fruchtete, was bei besonders Gefräßigen manchmal der Fall war, trat Schema C in

Kraft: ein kleiner Spritzer von Eiscreme in das Dekolleté der Angeschwärmten, der dann artig mit dem Mouchoir weggetupft wurde.

Das edle Logen-Oval des Teatro Venier war vom erwartungsvollen Summsumm eines so schaulustigen wie sehenswerten Publikums erfüllt. In der Hofloge thronte Pier Zosimo in Ausgehkrone, neben sich seine Tochter Fiordalisa, dahinter die in Galauniformen klirrenden Hofschranzen. In der gegenüberliegenden Loge zog die betörende Schönheit der Prinzessin Bayazanti immer wieder die Blicke ungezählter Bewunderer auf sich, zu denen sich auch Cyriak gesellte; daß Diana Bayazanti ihn erkannt hatte, wurde ihm weniger an einem kaum merkbaren Neigen ihres Kopfes inne als an dem reglos auf ihn gerichteten Blick, der diesem Kopfneigen folgte. Cyriak wandte sich rasch ab und blätterte im Programmheft.

Es fehlten nur noch wenige Minuten zum Beginn der Vorstellung. Die letzten ausgesparten Lücken im festlichen Bild wurden von führenden Persönlichkeiten des öffentlichen Lebens eingeebnet (Vertreter der Industrie befanden sich dankenswerterweise nicht unter ihnen). Den blinden Sehern war eine eigene Loge eingeräumt, deren Halbrund sich zum Korridor hin öffnete, so daß man hinter den von der Logenbrüstung herabhängenden Garderobestücken nur die Rücken der ehrwürdigen Greise sah. Hahn, der mit Cyriak und Nockenbrenner die Loge teilte, grüßte und winkte nach allen Richtungen und hatte die Genugtuung, manch irrtümliches Retourwinken eines Unbekannten einzuheimsen, das er in der Pause zur Anbahnung ergiebiger Gespräche auszuwerten hoffte.

Tuschelnd, lorgnettierend und guckerschraubend zeigte man einander die Notabeln des Landes oder besonders prominente Ausländer, darunter den in fünf Erdteilen berühmten Rennstallbesitzer Lord Nickelbottom, der erst vor kurzem aus Ärger darüber, daß er von einem Roßtäuscher getäuscht worden war, seinen Stall kurzerhand aufgelöst und sich auf das Sammeln alter Graphiken geworfen hatte. Der geschmackvolle Sonderling, denn das war er, wählte sich stilgemäß ein Gebiet von abseitiger Delikatesse: er sammelte sogenannte Culbuteurs, vor allem die herrlichen Blätter von Goltzius, darstellend die Stürze des Phaethon, des Ikaros, des Tantalos und als besondere Rarität den seitlichen Absturz Ixions vom sausenden Rad, nachdem er sich die Fesseln durchgerieben hatte. Zu seinen wertvollsten Erwerbungen gehörte die Ikaros-Darstellung eines Meisters des Frühbarocks, der den beklagenswerten Erstflieger mitten in einen steifen Hofball im Freien hineinsausen läßt. Diese Geschmacksrichtung Lord Nickelbottoms hatte eine sehr natürliche Erklärung. War doch der vornehme Mäzen als Säugling zweimal aus dem Steckkissen, in Eton dreimal vom Topf, als Jüngling viermal über unbeleuchtete Treppen und im blühenden Mannesalter ungezählte Male vom Pferd gefallen. Schließlich hatte man ihn, der allmählich selbst für die bescheidenste Kopfarbeit untauglich geworden war, ins Oberhaus berufen, wo er nun wenigstens seinem Vaterland dienen konnte und wo seine längeren Abwesenheiten nicht weiter auffielen. Man munkelte, daß der Lord eine Kopfprothese trage. Das beruhte allerdings auf Übertreibungen und auf der nicht genug zu verdammenden Oberflächlichkeit der Reporter, die ihn, wo immer er auftauchte, interviewten. Indessen traf es zu, daß sein Kopf aufs bizarrste deformiert, mit Porzellan und Silberteilen ausgeflickt und in den nur noch ansatzweise vorhandenen Ohren mit Detektoren ausgestattet war.

Großes Interesse im Publikum fand auch ein würdevoller Herr in weißem Gewand, das mit vergoldeten Messingsymbolen reich behängt war. Sie schlugen bei seinem Eintritt mit mildem Klang gegeneinander, und wo er schritt oder saß, roch es nach einem Gemisch von Weihrauch und Kampfer. Dem benachbarten Gewisper entnahm Cyriak, daß es sich um Rhadamenes Tschingelbock handle, der im Begriffe sei, eine bisher völlig unbekannte Religion zu begründen, und dessen reiche Verehrerinnen sich mit der Absicht trügen, ihm zu Ehren ein Tschingelbockianum zu errichten.

Gerade als Cyriak in einer der vorderen Parkettreihen den offenbar eigens herbeigeeilten Musikinstrumentenkenner Pfeyffdemkalb erkannte, machte die einsetzende Musik dem Summen und Tuscheln ein Ende. Der Saal verdunkelte sich, der Vorhang ging hoch, und die Litfaßsäule hatte mit ihrem Versprechen einer »feenhaften Ausstattung« nicht übertrieben. In einem Hain von üppig herbstfarbenem Laub und zartfaserigen Zedern, wie Tiepolo sie zu malen liebte, erhob sich gegen den kupfergrünen Himmel ein goldenes Prunkzelt, zu beiden Seiten von Steinvasen auf hohen Sockeln flankiert. Auf einem reichgepolsterten Lager im Innern des Zeltes lag ein betörend schönes Mädchen, mit nicht viel mehr als einer Atlasschärpe und einem buntfarbenen Turban kostümiert. Sie rauchte brasselettfunkelnd aus einem langen Tschibuk und hatte keinen Blick für den in tiefem Bückling versunkenen Mohren, der ihr in hauchdünnem Porzellan den Mokka kredenzte. Auch die beiden turbantragenden Knäblein, die hinter ihr in einer venezianischen Gondel aus lackiertem Holz das Waldhorn bliesen, beachtete sie nicht. Sie fuhr fort, mit verfeinerten Sultansgebärden zu rauchen, und ließ sich darin weder durch die übergroßen, seidenglitzernden Schmetterlinge stören, die um ihren Pavillon schwebten, noch durch eine Gruppe von Herren, die jetzt mit kompliziertesten Schritten und ornamentalen Handbewegungen der Stätte nahten. Von rechts kamen zwei Pierrotgestalten in weißen Pluderhosen, mannshohe Blumen in der Hand, von links ein schwarzgrün karierter Scaramuzzo, maskiert, das krumme, gleichfalls schwarzgrüne Schwert an der Seite. Die Herren stießen in der Achse der beiden Waldhornbläser zusammen und maßen einander drohend mit verschränkten Armen.

Schottenpempels Musik nahm düsteren Charakter an. Der Nachtfarbene lockerte sein Schwert, die beiden weißen Gesellen fuhren zum allgemeinen Entsetzen mit Ladstöcken in ihre Blumen und ließen an diesen tückischen Kindern einer bedenklichen Flora unvermutet Hähne knacken. Dann haschten sie eine heranwatschelnde Schildkröte und gossen aus ihr Pulver auf die Zündpfannen ihrer Blumen.

Jetzt wurde der rauchenden Sybaritin von einem phantomartigen Wesen mit blutroten Handschuhen ein Lorgnon überreicht, das sie mit hochmütiger Geste entgegennahm. Aus beiden Kulissen trippelten je zwei Ärzte in überladenen orientalischen Kostümen, mit großen Brillen unter ellenhohen Kopfbedeckungsbauten, in den Händen klirrende Instrumente. Das Duell sollte beginnen.

Ein wilder Triller stieg aus dem Orchester auf, schon sah man die Pauker in die Hände spucken, schon holte der Kapellmeister mit zusammengebissenen Zähnen zu einem betäubenden Fortissimo aus, als von der Bühne ein greller Aufschrei hörbar wurde: ein wackliger, zunächst noch zager Wasserstrahl begoß die pompösen Ärzte und die über sie gebietende nackte Schönheit, die mit einem wilden Satz vom Lager sprang und sensationelle Reize darbot. Nun schon stärker geworden, richtete sich der Wasserstrahl auf die drei Feinde, die aufgescheucht hin und her liefen. Damit noch lange nicht genug, nahm der inzwischen mächtig angewachsene Strahl seinen Weg ins Orchester, schwemmte den Dirigenten beiseite und hob, ins Parkett gelangt, den ehrwürdigen Tschingelbock von seinem Sitz. Plötzlich schwenkte er aufwärts und zurück, und während ringsumher ein Höllenwirbel losbrach, erblickte man endlich den Schuldtragenden: es war ein zitterbeiniges Männchen in viel zu großem Feuerwehrhelm, das immer weiter herumspritzte und dessen man sich nun aus der Kulisse heraus zu bemächtigen suchte. Noch während ihm die Feuerwehrleute den Schlauch entwinden wollten, fuchtelte er verzweifelt herum und ließ einen regenbogenglitzernden Wassersturz von der Höhe des Hauses auf das in wilder Panik durcheinanderkreischende Publikum niedergehen. Die Ausgänge verstopften sich im Nu mit den Leibern der Andrängenden, über sie hinweg sah man Naskrückl flüchten, der eine korpulente Dame mit sich schleppte, und Lord Nickelbottom gab in höchster Erregung ganze Serien von Lichtsignalen ab, wofür er im Falle plötzlich auftretender Sprachstörungen eingerichtet war. Es war ein eigenartiger Anblick, wie er seine Glatze in wechselnden Farben aufleuchten ließ und dabei gellend zu tuten begann. Minutenlang dauerte es, ehe der an die Rampe getretene Inspizient sich Ruhe verschaffen konnte. Er ließ den immer noch irre Lichtsignale von sich gebenden Lord durch einen Logenschließer abstellen und erklärte hierauf, daß kein Anlaß zu Aufregung bestehe. Ein begeisterter Kunstfreund, als freiwilliger Statist zurückgewiesen, habe sich durch Bestechung unter die Pompiers geschmuggelt und, vor Begeisterung zitternd, irrtümlich losgedrückt. Allerdings sei der angerichtete Schaden so groß, daß die Vorstellung leider abgebrochen werden müsse. Erleichtert und unmutig zugleich begann sich das Publikum zu zerstreuen. Da und dort kam es zu kleineren Auseinandersetzungen.

Im Foyer stießen Cyriak und seine Begleiter auf den opfermutigen Naskrückl. Er wies ihnen die busenwogende Dame vor, die er gerettet und auf ein rotes Plüschsofa gebettet hatte. Sie sei eine Witfrau und schreibe sich Aurora Hauptfleisch. Noch dazu eine Landsmännin. Sie habe ihn ein hübsches Stückel Arbeit gekostet, sagte er und rollte ein Scheibband zusammen, wie es die Klaviertransporteure zu verwenden pflegen. Während er das Gewinde hinterm Gehrock verstaute, erläuterte er seinen befremdet dreinschauenden Freunden, daß er nie ohne diese Vorrichtung ausgehe: »Wann ma a bissel a schöner Mann is« — dabei plusterte er animiert den Schnurrbart —, »so erlebt man sich was mit Ohnmachten. Bei denen Weibern genügt ja schon a plötzlicher Hund — a künstliche Maus — a Kanari, der was in'n Kaffee einiflattert — und schon fallen s' einem ohnmächtig in die Arme. Da is's immer gut, wann man so was bei sich hat.« Wohlgefällig beklopfte er seine Hintertasche. »Strapaziert einen viel weniger, und außerdem schont's die Kleidung. Anfänger kennt ma gleich an die ausgerissenen Ärmel.« Er habe sich, so fügte der erfahrene Damenfreund noch hinzu, mit der Geretteten bereits für den kommenden Fasching in München verabredet; sie käme als Portion Schunkenfleckerln maskiert, und er freue sich schon damisch.

Hatte der Abend somit für Naskrückl seinen Zweck erfüllt, so ließ sich in bezug auf Nockenbrenner, um dessentwillen man doch eigentlich hiehergekommen war, nichts dergleichen behaupten. Im Gegenteil schienen die turbulenten Vorfälle seinem ramponierten Nervensystem den Rest gegeben zu haben. Während des Nachtmahls, das man im »Silbernen Rost« einnahm, klagte er immer wieder über Kopfschmerzen und stöhnte bisweilen angstvoll auf, wie von Zwangsvorstellungen geplagt. Auf Cyriaks gütliches Zureden gestand er endlich, daß die von den Sehergreisen ausgestoßene Drohung mit dem Hanswurstasyl ihn wie ein Nachtmahr verfolge — nicht so sehr der mögliche Aufenthalt dortselbst (dem er sich gegebenenfalls durch Flucht zu entziehen wüßte), sondern die grausigen Vorstellungen, die infolge eingehender Beschäftigung mit dem Worte »Hanswurst« immer wieder in ihm hochstiegen. Mit einer bohrenden Hartnäckigkeit, die dem stillen, verkümmerten und vom Schicksal vollends zertrampelten Gelehrten wohl niemand zugetraut hätte, brachen die Ergebnisse seiner auf Abwege geratenen Gründlichkeit aus ihm hervor (und Cyriak hielt es für das beste, ihn gewähren zu lassen):

Man müsse sich darüber klar werden, insistierte Nockenbrenner, daß der Hanswurst eine tieftragische Figur sei, müsse den Begriff auf seine Bestandteile und die Bestandteile auf ihren Inhalt hin untersuchen. Mit dem Begriffsinhalt des ersten Teils, des »Hans«, könnte man sich noch abfinden. Schön, Namen wie Johann, Giovanni, Jean, Schani und dergleichen würden in den meisten Fällen für gesellschaftlich untergeordnete Kategorien verwendet, für Kellner und Domestiken, schön und gut. Aber die Wurst, die Wurst! Jubelndes Leben, von grausamen Messern zerfleischt und in einen Darm gedrängt! In beizendem Rauch zur Mumie geworden, mit ätzenden Gewürzen balsamiert — und dann noch der Knoblauch, den unverständige Selcher hinzutun, diese Charcutiers pompefunèbres, diese schurkisch gedunsenen Dickwänste, denen die elementarsten Grundsätze der Metaphysik ewig fremd bleiben werden. Denn wozu wäre der Knoblauch, das altehrwürdige Volksmittel gegen Vampire, hier überhaupt gut? Wann wäre es einem Vampir jemals eingefallen, an Würsten zu knabbern? Und weiter! (Nockenbrenner war in schlotternde Rage geraten und nicht mehr aufzuhalten, der Angstschweiß präziser Forscherarbeit saß in glitzernden Stecknadelköpfen auf seiner Stirn.) Weiter! Aus Baldrian und Pimpinellen ist der Todeskranz all der Namenlosen geflochten, die das Massengrab Wurst füllen. »Hat einer von euch« — und Nockenbrenner vollführte mit dürrer Faust einen völlig wirkungslosen Schlag gegen den Tisch —, »hat irgend jemand schon daran gedacht, einer Wurst zu Allerseelen ein Totenlichtlein anzuzünden? Weil vielleicht ein verschollener Bruder in dieser Delikatesse sein Grab, seine zweizipflige Ruhestätte gefunden hat? I wo! Verurteilen, verabscheuen würdet ihr den zarten, doch eiskalten Logiker, der solches täte. O ihr Tempelschänder der Wahrheit! Nicht wahr, das sitzt?«

Übergangslos sackte der Furiengejagte zusammen. Cyriak und Hahn faßten ihn behutsam unter und geleiteten ihn zu seinem ruhelosen Lager.

Wie atmeten unsere Freunde auf, als Prinzessin Bayazanti sie am nächsten Morgen wissen ließ, daß man nachmittags die Überfahrt nach Ikaria antreten würde, wo schon einige andere Gäste ihrer warteten! Nockenbrenner, vom Schock des vergangenen Abends sichtlich erholt, wünschte von der Gastfahrt ausgeschlossen zu bleiben — er fühle sich gesellschaftlichen Anforderungen noch nicht gewachsen und würde vielleicht später nachkommen; man möge ihn getrost zurücklassen und sich keine Sorgen um ihn machen. Hahn, aus egoistischen Gründen an seinem eigenen Verbleib in Cythera interessiert, beteuerte sogleich, den stützbedürftigen Freund nicht verlassen zu wollen, und bat, von der Einladung nach Ikaria gleichfalls ausgenommen zu werden. Teils ging es ihm dabei wirklich um Nockenbrenner, wenn auch nur insoweit, als er ihn immer noch zur Teilhaberschaft an seinen neuerdings angebahnten Geschäftsverbindungen zu gewinnen hoffte, teils war er entschlossen, durch einen Fußfall vor dem erzürnten Zosimo sich wieder Gnade bei Hof und Zugang zur schönen Fiordalisa zu verschaffen. Im übrigen war er nach Ikaria gar nicht eingeladen worden. Dem Abschiedsspaziergang, zu dem man Nockenbrenner vergeblich animierte, schloß er sich jedoch gerne an.

Sie schlenderten durch schattige Wälder, durch Lorbeerhaine und Rhododendrongebüsch, an murmelnden Quellen und Säulenruinen vorbei, rasteten bald an einer palmenüberdachten Einsiedlerzelle aus Malachit, bald zu Füßen einer zerschlagenen Marmorgruppe. Dann und wann trafen sie auf einen äsenden Hirschen, der sein Geweih verspielt gegen den dunkelblauen Himmel hob, oder auf einen einsam ins Land schauenden Hirtenknaben, der einer bronzenen Amorstatue glich und beim Anblick der Nahenden die

Wildschnur um seine Hüften mit eleganter Gebärde zurechtzog. Alles war hier von vollendeter Anmut, bisweilen mit einem Schimmer von Pathos patiniert. Auf einer Waldlichtung hielt ein hoher, silberbärtiger Greis mit seinen Jüngern Akademie; er griff gerade nach einer Tafel aus Feigenholz, die, engbeschrieben, in einem ehernen Bücherzylinder ruhte. Über das andere Ende der Lichtung flüchtete in libellenfarbenem Gehrock der Zeremonienmeister Strimonella vor seinem Ministerkollegen Mangiacavalli, dem gefürchteten Aufschneider, der ihm krummnasig und mit schnappenden Schaufelzähnen immer näher kam. Eine Schar von Nymphen, in Kostümen von der Zartheit chinesischen Lacks, schwebte über das dunkelgrüne Moos, gefolgt von einem zahmen Affen auf altmodischem Hochrad, der einen zerbeulten Zylinder schwenkte. Aus dem Gehölz trat ihnen ein Herkules entgegen, um aus gewaltiger Keule feinste Likörbonbons anzubieten. Satyre lauschten im Gebüsch und sprangen plötzlich hervor, glührote Paprikaschoten als falsche Nasen im Gesicht. Mit ausgestopften, an schlanken Stöckchen befestigten Glacéhandschuhen betätschelten sie die Nymphen und lachten dazu in dröhnendem Baß von unverkennbar magyarischem Anklang. Aus einer hohen Eiche tönten wispernde Stimmen (vielleicht eine Bridgepartie). Und gegen den Stamm einer Palme gelehnt, stand in seiner grün verschossenen Uniform der Zollbeamte von der Meeresbucht und übte auf einer leicht verschleimten Trillerpfeife seltsame Signale, wobei die Koteletten seines Backenbartes rhythmisch auf und nieder gingen; bei schwierigeren Passagen gab er sich mit erhobenem Finger den Takt.

An einem rieselnden Springbrunnen mitten im Gehölz bot sich ihnen ein seltsamer Anblick. Der vermeintlich daheimgebliebene Nockenbrenner stand dort in offenbar schwerflüssiger Konversation mit Pfeyffdemkalb, dem im Theater arges Mißgeschick widerfahren war: vom unwiderstehlichen Wissensdurst des Musikinstrumentensammlers getrieben, hatte er sich, während die Vorstellung zuschanden wurde, in den Orchesterraum geschlichen und neugierig an den altertümlichen Salpinxhörnern geschnüffelt, war von einigen erbitterten Zuschauern für den Komponisten gehalten worden und hatte ihren Unmut höchst handgreiflich zu spüren bekommen; nun trug er das Gesäß in einer Schlinge, über die sich die verzerrten Schöße seines Gehrocks grausig bauschten. Nockenbrenner war jedoch noch nicht so weit, um an fremdem Schmerz Anteil zu nehmen, was Pfeyffdemkalb zu immer grimmigeren Unmutsworten veranlaßte. Zwei kleine Amoretten mit wippenden Strohhüten waren aufgetaucht und begleiteten .diese Urzelle eines Dramas — dessen Dialog der Entfernung halber unhörbar blieb — mit dem Klang einer einfachen Schilfflöte und einer Handpauke.

»Jetzt, da gehn mir lieber«, sagte Naskrückl. »Werdt's sehen, der wird den Nockenbrenner haun. Dös kenn i. Auf so aner bukolischen Basis ist bekanntlich schon die antike Tragehdi entstanden. I hab genug Vorträg drüber ghört. Z'erscht Rede und Gegenrede, dann der Streit der Männer, dann krachen die Schilde aneinand — in unserer unpoetischen Epoche: die erste Watschen —, dann mischt sich ein Genius dazwischen — — no? Was hab i gsagt? Der Nockenbrenner hat schon eine kleben. Dös is das erschte Mal, daß ein Toter Prügel ausfaßt. — Ja, die Randstaaten«, fügte er rätselhaft und gedankenvoll hinzu.

In einer ländlichen Osteria nahm man das schmackhafte Mahl, mit einem Gläschen Masticha als Aperitif und einem fülligen thessalonischen Wein als Tafeltrunk. Für musikalische Beilagen sorgte ein Rebabspieler, der bisweilen grellnäselnd aufsang und mit dem Bogen in der Luft zitterte wie ein Tütünschi.

Plötzlich wandten die drei Freunde die Köpfe. Fernes »Hussa!« und Rüdengeläute klang auf, eine Staubwolke näherte sich, und unter immer deutlicherem »Ho-hussa-äh!« kam ein hochgewachsener Herr im roten Frack der Parforcereiter angesprengt. Eine lechzende Meute von Bullies folgte ihm. Vor der Osteria angekommen, brachte er seinen schnaubenden Hengst zum Stehen, wandte sich im Sattel halb um und schmetterte mit seinem Jagdhorn ein jubelndes Signal in die Luft. Es war — Cyriak gewahrte es mit einer Mischung aus Heimweh und Schrecken, denn er glaubte in dem Neuankömmling mit einemmal das südlichere Gegenstück des glücklich verlorengegangenen Püperitz zu agnoszieren (dem man die Einreise nach Cythera nicht bewilligt hatte) — es war Hugidio Baron Puntigam aus Graz, der da seine Stadtparkgepflogenheiten in die Waldungen Cytheras verpflanzte.

»Charmant — da seids ja —!« Er saß ab, trat an den Tisch heran, schüttelte Cyriaks Hand und stellte sich den beiden anderen Herren mit dröhnendem »Puntigam — Puntigam —!« recht formlos vor. Es klang, als riefe ein steyrischer Schaffner einen Stationsnamen aus. Dann, zu Cyriak gewendet, und weil er schon im Duplizieren drin war: »Pizzicolli — Pizzicolli! Hab schon ghört. Auf der Xandtschaft in Tarockanien haben s' mir alles xagt. Seit wann denn? Ich mein: seid wann d' da bist? Wie geht's dem seligen Papa? Hab ihn gekannt, den Münzdirektor. Scheußlich überbürdet gewesen. No ja, kein Wunder. Aber du — bevor man dich hier findet! Keiner weiß was — lauter falsche Auskünfte — nix wie Grimassen und Achselzucken — alles durch'n Dolmetscher — eine grausliche Schererei. Bin wirklich froh, daß ich dich noch hier getroffen hab. Wirklich.«

Das »noch« ließ Cyriak Böses ahnen. Und in der Tat: Baron Puntigam hatte trotz der Kürze seines Hierseins nicht nur von der Anwesenheit seiner Landsleute und nicht nur von deren Einladung nach Ikaria Kenntnis bekommen. Vielmehr war er mit der Prinzessin bereits zusammengetroffen und hatte mit der unwiderstehlichen Beiläufigkeit, die seinesgleichen eignet, auch für sich selbst eine Einladung erwirkt.

XIV

Es war eine prächtige Jacht, die wenige Stunden später ihren schaumumkräuselten Weg durch die Ägäis antrat. Aus Mahagoni und schneeweißem Lack gefügt, das Segelwerk lilienrein, Taue und Takelage aus kupferblondem Manila, Bolzen, Metallwerk und Spannschrauben aus silberversetzter Bronze — ein Luxus, den sich seit der Renaissance nur noch wenige Seefahrer leisten können. Voll Ehrfurcht nahm Naskrückl den Tropenzylinder vom Kopf, als er das Schiff betrat. Puntigam, beharrlich im roten Parforcereiter-Frack, schritt voran. Den Abschluß bildete

Cyriak, wohl wissend, daß eigentlich ihm die Einladung galt, und ahnend, daß hinter all dem Zauber dieser Reise für ihn noch ein anderer verborgen lag.

Nach uralter hellenischer Sitte standen kurzgeschürzte Laren aus Bronze zu dreien um den Mast, Symbol der Triade alles Seins. Eine Laterne, deren Ölflamme auch am hellichten Tag brannte, schwang leise klirrend im Ring.

Diana Bayazanti empfing ihre Gäste in einem niederen Gemach und blickte bei ihrem Eintritt noch rasch in einen Handspiegel, auf dessen Rückseite der amulettkundige Naskrückl zu seinem Erstaunen das magische Quadrat der Venuszahlen erblickte. Von zwei jungen, maskenhaft geschminkten Mädchen — sie trugen randlose Flachbarette wie die Hofdamen der Kreuzfahrerzeit und das schwarz-gold gestreifte Gewand von Pelusium — wurde ein kleiner Imbiß serviert. Dann verriet ein plötzliches Klirren der Larenstatuetten, daß die Gaffel herumgeschwungen worden war. Die Jacht kreuzte gegen den Wind auf.

Sachkundig und mit graziöser Ironie machte sich die Prinzessin zum Ciceronen ihrer Gäste, führte sie durch die erstaunlich weitläufigen Räumlichkeiten des Schiffs, führte sie auf Deck, dankte mit leichtem Kopfnicken den hingerissenen, zum Gruß sich neigenden Matrosen, die sich an Bram- und Leesegeln zu schaffen machten. Auf dem kupfernen Kompaßhäuschen am Hinterdeck sah Cyriak erstaunt die Windrichtungen eingezeichnet: Levante, Greco, Ponente, Mistral.

»Sehen Sie die Insel dort mit dem hohen Gebirge?« klang hinter ihm die Stimme Diana Bayazantis. »Die stahlfarbenen Zacken? Das ist die Insel Milos. In den Katakomben ihrer Ruinenstädte hat man Mengen von antiken Kleinodien gefunden, von Statuen und Vasen. Aus dem vergoldeten Holz der Daphne wurden einstmals Schachfiguren geschnitzt.«

Naskrückl, der die letzten Worte gehört hatte, japste begierig auf, schlug sich aber noch rechtzeitig auf den Mund und verschwand wieder, um der Qual, von unerreichbaren Sammelobjekten hören zu müssen, nicht länger ausgesetzt zu sein.

»Sie ahnen nicht«, fuhr die Prinzessin fort, »was sich in den Zeiten der Gotik auf diesen Inseln zugetragen hat. Welche

Abenteuer es da für Pilger und Ritter zu bestehen gab. Denn erst damals wichen die Götter langsam von Hellas zurück. Aber manchmal — sehr, sehr selten — tauchen sie heute noch auf. Die Götter und die Göttinnen...« Wieder hielt sie jenen unbeirrbar wissenden Blick auf Cyriak gerichtet.
»Sprechen Sie weiter ... ich flehe Sie an ...«
»Als Sie dieses Schiff betraten, Herr von Pizzicolli, haben Sie dem realen Teil Ihres Lebens adieu gesagt. Einmal, im Leben jedes Menschen ein einziges Mal, kommt die Stunde, in der er das Schiff betritt, das ihn zum andern Kontinent seines Seins führt.« Sie lächelte, ohne ihren Blick von Cyriaks gebanntem Lauscherantlitz zu lösen. »Ihre reale Lebenshandlung ist zu Ende, mein Freund. Das Phantastikum beginnt. Ein Schiff ist kein harmloses Ding. Nicht umsonst stand im innersten Tempel die Barke der Isis. Im Beweglichen gleichen sich Raum und Zeit einander an. Karneval ... ach, lassen Sie sich von braven Federfuchsern ruhig erklären, daß es ›Carne vale‹ bedeutet, ein Lebewohl dem Fleisch. Das ist nicht alles. Es ist zugleich der Name des geheimnisvollsten aller Schiffe, das dem Venusmonat heilig ist. Die meisten freilich sehen nur die Harlekinade davon, die maskierten Nasen, das buntlappige Treiben. Sie aber sollen die Kehrseite kennenlernen und den Weg seines Spiegels beschreiten. Im Namen der Aphrodite, der blaugemantelten Fürstin des Kosmos ...!«
Eine ungeheure Woge brandete über das Deck. Für ein paar Augenblicke glaubte Cyriak intensiven Rosenduft zu atmen. Die Masten schwankten auf und nieder, daß ihre weißen Spitzen Halbbögen am dunkelnden Himmel beschrieben, und die gestrafften Wanten sangen im Wind wie Harfen des Ariel.
Mit leichtem Schritt ging Diana Bayazanti dem ionischen Portal des Deckbaues zu. Cyriak folgte ihr nicht ohne Mühe über das salzige Mahagoniparkett der schlanken Jacht, das dann und wann noch von schwächeren Wogen überspült wurde. Er war froh, seine Freunde in den Klubfauteuils des kleinen Salons vorzufinden, wo sie dem Schlingern ein wenig kleinlaut Paroli boten.
»Äh«, äußerte nach einer Weile Baron Puntigam. »Bisserl agas-

sant, wie's einen da schleudert. Also da muß ich direkt« — er erhob sich zu schwankender Größe —, »da muß ich direkt nach meinen Bullies schauen. Ob s' nicht speiben, nämlich.«

Seinen Abgang machte sich Naskrückl zunutze, um in flüsterndem Gespräch mit Cyriak den auf Deck so tapfer durchschnittenen Faden der gotischen Schachfiguren wiederaufzunehmen: »Die wann man finden könnt! Nur an Bauern — an anzigen! Da hätt ma ausgsorgt bis ans Lebensende. Geh, frag 's Prinzesserl. Dich mag's. Auf dich hat's a Aug gworfen. Himmi Saxn, einmal möcht i noch so jung sein wie du! Eine Stund nur — und i garantier dir, daß i an Waggon Statuen und Vasen hoambringert und vielleicht 'n Schuachkoffer vom Julius Caesar als Draufgab. Wann i denk, über was mir da jetzt drüberwegfahrn! Da war ja alle Viertelstund weit a bessere Seeschlacht. Was da für Schiff untergangen sein ... Und dös könnt ma alles heben, alles heben. Wann man nur 'n Pips dahätt! Na, net den was die Hendeln kriegen. Den Lord Fitzroy Somerset Pips. Hast nie von ihm ghört, vom Pips? Ein mutiger Taucher. Sieben Millionen hat er 'm König aus einer wurmzerfressenen spanischen Galione heraufgeholt. Und i war schon mit an anzigen gotischen Bauern zufrieden ...« Er schüttelte den Kopf, sichtlich zerfallen mit der Welt und zumal mit jenem Teil ihrer Oberfläche, der aus Wasser bestand.

»Ganz wie ich gsagt hab.« Baron Puntigam erschien breitspurig in der Türe. »Reihenweis haben s' gspieben. Einer hat den Einsatz geben, die andern haben auf den Dirigenten gschaut und sind dann eingfallen. Eine kolossale Präzision, die Viecherln. Und wie s' mit die Schnurrbarthaarln zittert haben! Also direkt ein Eindruck.«

Nach einer unruhigen Nacht, in der Naskrückl einmal unter Mitnahme des Moskitonetzes bis an die krachende Tür geschleudert wurde und sich nur mühsam aus dem Schleier wieder herausklauben konnte, kam am Morgen bei sanfterem Seegang der wolkengekrönte Gebirgszug von Ikaria in Sicht. Perlmutten leuchtete das Bild, umhaucht vom Duft aus den Amphoren, die den Genien der See und der Wälder zu eigen sind.

Als die Jacht im kleinen Hafen angelegt hatte, trippelten zuerst in wohlgeordneter Reihe die Puntigamschen Bullies das Fallreep hinunter, um dann am Molo unter Nasenstößen bei ihrem Chefhund weitere Informationen einzuholen. Der kreiste aufgeregt um das gelandete Rudel herum, das fachmännisch die Steine eines unbekannten Kontinents untersuchte. Dann sprang er, den kommandierenden Blick streng auf die anderen gerichtet, an seinem nun gleichfalls an Land gegangenen Herrn empor, der bald wie eine auf und ab zuckende Pyramide von quakenden Bullies aussah.

»Bisserl peinlich wegen der Prinzessin«, murmelte Puntigam, während er sich den roten Frack abklopfte. »Riech jetzt total nach chien. Muß ich mich halt umziehen.« Und er hielt nach seinen Koffern Ausschau, als wollte er die angekündigte Prozedur sogleich an Ort und Stelle durchführen.

»Das Gepäck wird uns nachgebracht.« Die Prinzessin hatte ihre Anordnungen erteilt und war herangetreten. »Ich denke, wir gehen das kurze Stück Wegs zu Fuß.«

Sie deutete in die Richtung der Burg, eines Prachtbaus, dessen byzantinische Baureste noch deutlich zu erkennen waren. Hoch überm Meer erhob sich der in venetianischer Gotik gehaltene Teil, der die erhaltenen Wohngemächer barg. Eine gewaltige Ruine, durch verfallene Ringmauern mit dem Hauptteil verbunden, stand hart am Westkap der Insel. Es war, wie Naskrückl mit gierig gesträubtem Schnurrbart vernahm, der sagenumsponnene Turm des Ikaros.

In der großen, spitzbogig gewölbten Vorhalle trat den Ankömmlingen eine Frauengestalt von ledernem Aussehen, aber von unleugbar feierlicher Würde entgegen: Lady MacDougal of Groaning Holm, die »Lilie von Avalhoe« — ein Beiname, den ihr das englische Königshaus zum sechzigsten Geburtstag offiziell bestätigt hatte. Sie war die in Ikaria diensthabende Palastdame der Fürstin und sah aus, als wäre sie spätestens beim dritten Kreuzzug als Rote-Kreuz-Schwester mit dabeigewesen. Mit demonstrativer Umsicht dirigierte sie die Herren in ihre Gastzimmer und empfahl ihnen, bis Mittag zu ruhen — was man nach der ein wenig strapaziösen Fahrt gewiß auch ohne ihren Ratschlag getan hätte.

Einzig Naskrückl litt es nicht in seinem Zimmer. Der Turm des Ikaros auf Kap Melissena machte ihn wirbelsinnig. Zitternd vor Aufregung taumelte er von Gemach zu Gemach, nahm sich kaum Zeit, die zahllosen Herrlichkeiten richtig zu betrachten: Waffen und Rüstungen aller Epochen, Figuralteppiche und Gobelins, nie geahnte Möbelstücke, hier einen Citrustisch mit römischen Silberniellen, absonderliche Kämpfe von Pygmäen darstellend, dort das elfenbeinerne Modell der hunderttürmigen Stadt Sinope, aus dem in farbigem Jaspis der Triumphzug des Kaisers von Trapezunt hervorleuchtete. Fast wäre der verzückt Umhertorkelnde in einem Badebecken aus schwarzem Porphyr ertrunken, als er durch eine hastig aufgerissene Tür in die Melusinen-Kemenate der Prinzessin stolperte. Unheimlich erschien ihm dieses Nympheum, dessen Mitte ein rundes Becken bildete: die Schachtöffnung einer heißen Quelle, in der ein silbernes Gitter eingehängt war. Er planschte hilflos im heißen Wasser und fuchtelte lange mit den Händen, ehe er sich aus dem Gemach des plutonischen Geheimnisses zu befreien vermochte. Die warme Sonne Kleinasiens trocknete bald die Röhren seiner Beinkleider. Nur die Schuhe quatschten noch eine Zeitlang beim Gehen, zwei geräumige Frösche aus Boxcalf.
Das Mittagessen wurde in einer Spitzbogenloggia eingenommen, zu deren Füßen das Meer brandete. Von den Gästen, deren Anwesenheit die Prinzessin in Cythera erwähnt hatte, war nur ein einziger auf Ikaria verblieben — oder nach Ikaria gekommen, das wurde nicht ganz klar. Es schien lediglich festzustehen, daß das Fernsein der anderen auf irgendwelche Besorgnisse wegen der Witterung zurückginge, die einer planmäßigen Weiterreise hinderlich werden könnte. Der einzig Verbliebene — oder Erschienene — war Herr von Streysand. Cyriak stellte das ohne große Überraschung fest. Er glaubte sich sogar dabei zu ertappen, daß der Blick, mit dem er auf den schon Dasitzenden zutrat, von ähnlicher Art war wie der, den die Fürstin Diana manchmal auf ihn gerichtet hielt: ein Blick der Bestätigung. Streysand seinerseits machte kein Hehl daraus, daß er sich eigentlich Cyriaks wegen hier befand. Es sei ihm sehr am Herzen gelegen, seinen jungen Freund, der ihm ein wenig planlos durch die Gegend

zu streifen scheine, wiederzusehen. Auch darüber, daß Streysand so genau Bescheid über ihn wußte, wunderte sich Cyriak nicht im mindesten.
Mit tiefem, beinahe zaghaftem Staunen nahmen die Gäste den Rundblick auf, der sich ihnen von der Loggia aus darbot. Ihre Wißbegier wurde in den Pausen der Mahlzeit von der schönen Gastgeberin verständnisvoll gestillt, leichthin und plaudernd, und doch mit einem unüberhörbaren Beiklang von ehrfurchtsvollem Ernst. Die zierliche Insel im Süden, das sei Patmos — nicht groß, aber von zahllosen Kapellen übersät; dort zeige man die Höhle, wo der Evangelist Johannes die Vision der heiligen Jungfrau hatte (überhaupt fühlten sich die Visionäre und Einsiedler seit jeher von dieser Insel angezogen)... Weiter nach Westen, die Felsen wie blauer Rauch in der Sonne: Tinos, die Insel des schwarzgeäderten Marmors, letzter Besitz der Venetianer noch bis zum goldgezackten Rokokotraum eines Tiepolo. Dort habe das stolze Haus der Ghisi geherrscht, dessen märchenhafter Glanz als letzter erlosch. Kein Jagdhorn mehr in den Wäldern von Seriphon und Leros, und das Läuten der Rüden in den wappengeschmückten Mänteln längst verstummt, zur Trauer der Artemis und ihres Gefolges... Gegen Norden zu die herrliche Bergbucht von Chios, und dahinter Smyrna, alles einstmals Besitz der Ritter von Rhodos, des Ordens der Johanniter...
»Hat Ihnen Lady MacDougal diese Kenntnisse beigebracht?« Cyriak wollte sich mit seiner lächelnd vorgebrachten Frage aus seltsamer Beklommenheit lockern.
»Nein, mein Freund.« Diana Bayazanti nahm sein Lächeln auf. »Die hat mir bloß Lebertran zu trinken gegeben. Das wenige, was ich weiß, habe ich von — nun, sagen wir: von den Sibyllen. Nicht weit von hier war ja das Heiligtum einer dieser mystischen Damen, der Sibylle von Samos.«
»Und sie ist nicht die einzige«, ließ sich Herr von Streysand vernehmen.
»Gewiß nicht«, bestätigte mit merkwürdig süffisantem Nicken die Prinzessin. »Aber die meisten anderen sind in Hellas beheimatet. Die vom Hellespont hält mit der Linken eine Men-

schenhand zum Himmel — das Zeichen magischer Heilkunst. Und die Delphische hält einen Sporn in der Rechten.«

»Also mit so Sibyllen hätt' ich nicht gern zu tun ghabt.« Baron Puntigam machte eine dezidiert ablehnende Handbewegung.

»Sie mit Ihnen wahrscheinlich auch nicht, Baron. Ich meine: schon in Ihrem früheren Leben nicht. Weil Sie doch wahrscheinlich schon damals ein Jäger waren.« Die Stimme der Prinzessin nahm den ernsthaft geheimnisvollen Tonfall an, mit dem man kleinen Kindern Märchen erzählt. »Und für das viele unschuldig vergossene Blut müssen Sie heute büßen. Müssen im roten Frack des Parforcereiters die Länder durchjagen, das arische Gegenstück des ewigen Juden ... mit einer drolligen Meute von Bullies hinterher, den putzigen Masken verwichtelter Bluthunde ... Nun, kein Wort gegen die Jagd. Man muß nur wissen, daß man mit ihr der Diana zu huldigen hat. — Was haben Sie denn, Herr von Pizzicolli? Hören Sie etwas?«

Cyriak war plötzlich zusammengezuckt. Nur mit Mühe gelang es ihm, Haltung zu gewinnen:

»Nichts, nichts, Prinzessin. Verzeihen Sie. Der schwere Wein ... und die Luft ... es ist so schwül geworden ...«

Wieder ließ Diana Bayazanti ihren forschenden Blick auf ihm ruhen. Und da auch von anderen am Tisch unterdrückte Beschwerden über das Wetter hörbar wurden, hob sie, nachsichtig lächelnd, die Tafel auf.

Die Herren zogen sich in ihre Gemächer zurück, wobei Naskrückl sich beinahe ängstlich an Cyriaks Seite hielt:

»I woaß net — i woaß net — mir is allerweil so entrisch. Wann nur der heitige Tag schon vorbei war. So viel schwül was heut is ...« Sehnsüchtig blickte er zu den hohen Felsgipfeln von Ikaria hinauf, auf denen er labende Kühle vermutete. »Und d' Fiaß tan mir weh, dö Ludern, dö ausgschamten. Und die Hund von dein' Baron gfallen mir aa net. Hast gsehn, wia s' allerweil umawetzen und pfnausen und schnofeln? Die spannen was. Und mir soll keiner sagen, daß d' Viecherln ohne Vernunft sein! Da hab i amal an Kanari ghabt, an gewissen Maxl, dös war das gescheiteste Viecherl von der Welt. I hab 'n von an alten Dienstmann 'kauft — a kleinwinzigs Mandl mit aner Brillen und im Bart picken ihm allerweil Resteln von Tramwaykarten oder Koriandoli noch vom vorigen Fasching. Am Marienplatz hat er 'n Standplatz, aber er traut sich nimmer hinüber — jo mei, wann an's alt wird. Is halt a rechtes Kreuz.«

Er war vor seinem Zimmer angelangt, seufzte noch einmal wehmütig auf und verschwand, ohne seine Geschichte auch nur andeutungsweise zu einem Ende gebracht zu haben, was ihm sonst niemals geschah. Er mußte sich wirklich in ausnehmend schlechter Verfassung befinden, schloß Cyriak und wollte sich gerade zum Gehen wenden, als die Tür nochmals geöffnet wurde. Naskrückl steckte den Kopf heraus und reichte Cyriak ein kleines, in rot-grün kariertes Saffianleder gebundenes Büchlein: »Da, lies a bissel, daß d' auf andere Gedanken kommst — i hab's bei an Antiquar gleich hinterm Café Quaccheroni gfunden. Sehr was Seltenes.« Dann zog er die Türe hinter sich zu.

Das Œuvre, das er Cyriak zur Zerstreuung empfohlen hatte, stammte von einem der bedeutendsten tarockanischen Gelehrten, Titurel Diduhaz von Hasenduz, dem emeritierten Rektor des k. k. k. k. Abstrusianums, und hieß: »Wie lege ich mir ein Chaos in der Westentasche an?« Kopfschüttelnd setzte Cyriak seinen Weg fort.

Er kam nicht weit. Aus einem der nächsten Zimmer, dessen Tür halb offenstand, winkte ihm Herr von Streysand und bat ihn einzutreten.

»Nur ein paar Worte, lieber Pizzicolli.« Damit schloß er sorgfältig die Tür. »Soviel ich sehen konnte, hat es Sie nicht sonderlich überrascht, mich hier zu finden?« Cyriak nickte bestätigend. »Das ehrt Sie«, fuhr sein Gegenüber fort. »Das spricht dafür, daß Ihr Ahnungsvermögen sich bereits ganz außerordentlich geschärft hat — wenn Sie wissen, was ich meine.«

»Ich bin nicht ganz sicher.«

»O ja, Sie sind ganz sicher. Sie ahnen, welche Bewandtnisse es mit unserer bezaubernden Gastgeberin hat. Und daß sie nicht umsonst Diana heißt. Und Sie nicht umsonst an eine andere erinnert . . .«

Aus einer mehr anerzogenen als impulsiven Regung wollte Cyriak auffahren, merkte aber, daß er das gar nicht konnte.

Merkte, daß er dem gelassen vor sich hin blickenden Streysand recht geben mußte. Mit einem Mal empfand er die Gelassenheit seines Gegenübers als künstlich und gespielt. Das seltsame Intermezzo in jenem Jahrmarktszelt von Bischofslak fiel ihm ein — wie lange das doch schon zurücklag, wie unendlich lange! —, und die Zusammenhänge zwischen Streysand und der anbetungswürdigen Erscheinung, die ihm damals zum erstenmal begegnet war, schienen ihm jetzt klarer als je zuvor.

»Nun ja.« Cyriak hatte seine Sicherheit völlig zurückgewonnen. »Ich will nicht leugnen, Herr von Streysand, daß unsere Gastgeberin tatsächlich ferne Erinnerungen an eine andere Dame meiner Bekanntschaft in mir geweckt hat — eine Dame, mit der, wenn ich mich recht entsinne, auch Sie bekannt sind. Aber, wenn ich mir gestatten darf, das zu sagen: Sie brauchen mich deshalb nicht als Rivalen anzusehen.«

Die Reaktion, die er mit diesen Worten hervorrief, kam für Cyriak völlig unerwartet: Streysand sah ihn eine Sekunde lang verblüfft an — dann begann er laut und herzlich zu lachen.

»Verzeihen Sie«, sagte er, wieder ernst geworden. »Aber Sie scheinen nicht zu wissen, wovon Sie reden. Sollte ich Sie überschätzt haben? Die ›Dame‹ nämlich —« (man konnte beinahe hören, wie Streysand diese nichtssagende Bezeichnung zwischen Gänsefüßchen setzte), »— die Dame, die Sie mit so bewundernswerter Kühnheit zu Ihrer ›Bekanntschaft‹ rechnen — — nein, lassen wir's. Jedenfalls sind meine Beziehungen zu ihr ganz anders geartet, als Sie annehmen.«

»Und wie wären sie geartet?« Cyriak fragte es ein wenig stokkend. Mit seinem Sicherheitsgefühl war es vorbei.

»Es sind — nun, sagen wir: persönliche Beziehungen mit offiziellem Hintergrund. Oder umgekehrt: offizielle Beziehungen auf persönlicher Basis. Das kann man ja in der Diplomatie nie so genau unterscheiden. Am allerwenigsten in der österreichischen.«

»Wollen Sie damit sagen, daß diese Dame — ich muß den Ausdruck wohl beibehalten, da mir kein besserer einfällt —, daß sie diplomatischen Rang besitzt?«

Noch während er sprach, wurde ihm die Naivität seiner Frage

peinlich bewußt. Er erwartete ein ähnliches Lachen zu hören wie vorhin. Nichts dergleichen geschah.

»Diplomatischen Rang. Hm.« Streysand wiegte bedächtig den Kopf. »Das kommt der Sache schon ein wenig näher. Aber nur ein wenig. Wie wär's, wenn wir's ganz einfach bei ›Rang‹ bewenden ließen? Ohne weitere Definition? Denn ihr Rang könnte doch wieder nur durch ihre Schönheit definiert werden.«

»Also doch!« entfuhr es Cyriak fast gegen seinen Willen.

»Also doch — was? Ach so.« Abermals lächelte Streysand, jetzt schon mit einem ganz deutlichen, fast väterlichen Wohlwollen. »Nein, ich bin nicht verliebt in sie. Oder nicht anders, als wir alle die Schönheit lieben. Oder lieben sollten. Selbst wenn wir daran sterben müssen.« Er machte eine Pause, vermied es aber, Cyriak anzusehen. Dennoch hatte Cyriak das unwidersprechliche Gefühl, daß sich gerade die letzten Worte sehr absichtsvoll auf ihn bezogen. »Das war ja seit jeher unser Verhängnis«, fuhr Streysand fort und gab sich dabei betont leger. »Sicherlich kennen Sie die Redensart: in Schönheit sterben. Die schien mir immer so besonders aufschlußreich für uns. Ihnen nicht?«

»Ich habe, offen gestanden, noch nie darüber nachgedacht.«

»Müssen Sie nachholen, junger Mann. Müssen Sie unbedingt nachholen. Man kann nicht als Österreicher in der Welt herumziehen — schon gar nicht in diesen Gegenden hier —, ohne über die Schönheit und über das Sterben nachzudenken. Na ja.« Er zuckte die Achseln und wandte sich mit entschuldigendem Lächeln zu Cyriak, der ein wenig verlegen aufgestanden war. »Sie sehen — auch unterm Frackhemd des Diplomaten schlägt eine Art Herz. Nehmen Sie mir's nicht übel, lieber Pizzicolli. Ich fürchte, ich habe mich ein bißchen verplauscht. Also. Wir sehen uns beim Souper.«

Damit schob er den Verdutzten sanft zur Türe hinaus.

Das Souper wurde im Garten serviert, auf einer zypressenumstandenen Terrasse, deren ovales Ende schon halb über die See ausschwang. Gedecke, Karaffen und Kelche waren von erlesener Pracht, ohne daß die Tafel im mindesten überladen gewirkt hätte. Um die wieder drückend gewordene Schwüle nicht zu steigern, waren nur wenige Fackeln entzündet, in deren umdunstetem Licht die pluderhosig angetanen Diener und ihre zierlich berockten weiblichen Hilfskräfte sich wie huschende Schatten ausnahmen. Unter den lautlosen Anweisungen eines dicken Haushofmeisters in mandelgrünem Turban schien für kurze Minuten das prunkvolle Traumbild eines Gastmahls im mittelalterlichen Konstantinopel zur Wirklichkeit zu erwachen. Und Diana Bayazantis märchenhafte Schönheit trug nicht wenig dazu bei.

Cyriak mußte alle Nerven anspannen, um das wilde Herzklopfen zu bemeistern, das ihn beim Anblick der Prinzessin immer wieder überfiel und auf geheimnisvolle Weise über sie hinauszupochen schien, einer andern zu, mit der sie dennoch gleich und eins war. Hilfesuchend ließ er seine Blicke zu Naskrückl weitergleiten — aber die Gemütsverfassung seines Freundes war offensichtlich noch immer dieselbe wie am Nachmittag, als er sie »entrisch« genannt hatte. Unausgesetzt lugte Naskrückl zum Firmament empor, verspätete sich bei jedem Gang und mußte mit mißmutig geplustertem Schnurrbart mit ansehen, wie ihm die kaum zur Hälfte vertilgten Speisen von hurtigen Händen entführt wurden. Ebenso war von Baron Puntigam nichts zu erhoffen, der zur Linken der Prinzessin saß und sich in näselnden Komplimenten über ihre Schönheit erging. Und mit Streysand ein Gespräch zu beginnen, hätte Cyriak selbst dann nicht über sich gebracht, wenn die Tischordnung ihm das weniger schwer gemacht hätte; indessen saß Streysand am anderen Ende der Tafel und plauderte — als einziger völlig unberührt von der seltsamen Atmosphäre — mit Lady MacDougal, wobei es ihm gelegentlich sogar gelang, ihrem ledernen Antlitz die Andeutung eines Lächelns abzuringen. So nahm Cyriak den einzig sich bietenden Ausweg wahr, es der Gastgeberin gleichzutun, sich zurückzulehnen und der Musik zu lauschen, die hinter den Zypressen hervorklang. Es war eine leise, vibrierende Musik von fünf oder sechs Instrumenten kilikischer oder persischer Herkunft; nur dann und wann hoben sich süße, sehnsüchtige Flötentöne über das Vibrieren empor.

In einer kurzen Pause, als von den schattenhaft eifrigen Sofradschis in hochgeflochtenen Silberkörben Obst und Backwerk gereicht wurde, tönte von Smyrna her ein erster, ferner Donner. Einen Augenblick lang war der Himmel dort und über dem Mimasgebirge in glutiges Rot getaucht. Gebannt starrte Cyriak auf die Prinzessin, die, von der dämonischen Leuchtgarbe voll getroffen, mit ihren schimmernd geöffneten Lippen einem Götterbilde glich. Dann setzte die Musik wieder ein.

Auch die Gespräche an der Tafel wurden lauter und schwungvoller, als wollten sie den Donner vergessen machen. Zumal mit Puntigam ging eine befremdliche Verwandlung vor. Er hatte hastig hintereinander zwei Kelche voll schweren Malvasiers geleert und begann vor sich hin zu phantasieren, in wohlgesetztem, bei ihm besonders auffälligem Redefluß, wie er bei Trunkenen häufig zum Durchbruch kommt und sein Gegenstück in der rätselhaften Sicherheit hat, mit der sie ihre Schritte durch den wildesten Straßenverkehr steuern. So steuerte jetzt Puntigam durch die verwegensten Koppelungen von Bildern und Gedanken:

»Wir leben«, stellte er ein übers anderemal inbrünstig fest. »Sie, pantheräugige Prinzessin — und ich — und wir alle hier unter den donnernden Zypressen — wir leben. Eva unter uns, Prinzessin. Mitten unter uns. Und im Garten der Erkenntnis hütet der eisgraue Adam seinen bröckelnden Leib, in eine tabakfarbene Uniform aus dürren Feigenblättern gehüllt. Der Apfelbaum ist abgestorben, die Schlange ist krepiert, und ihre Haut ist längst zu einem Handtäschchen verarbeitet, mit dem des Teufels Urgroßmutter am Sonntag ausgeht.«

Zwei Donnerschläge lösten einander ab, verrollten in einen einzigen, immer noch ferne genug, aber drohender als zuvor. Puntigam leerte den schweren Kelch, den man ihm neu gefüllt hatte, auf einen Zug.

»Wie sagten Sie, Prinzessin? Was sagten Sie von der Parforcejagd, die ich ewig reiten muß? Macht nichts. Ahasver hat aus den Resteln des Nessushemdes neue Fußfetzen bekommen, aus Pythonleder einen neuen Handkoffer, und seine Uhrkette ist aus Gnomenbärten geflochten. Den abgelegten Purpurzylinder des Pontius Pilatus trägt er zu Ende, und aus dem vertrockneten Ohrwaschel des Malchus schnupft er, weil das seine Tabaksdose ist. Ich aber lebe. Wir aber leben. Ungemütlich, aber wir leben.«

Seine letzten Worte waren in neuerlichem Donner untergegangen, den die Musik mit rasenden Tremolos zu übertäuben versuchte. Sekundenlang stand das Firmament in Flammen, dann war alles mit einemmal ruhig. Die Musik glitt wieder in ihr leises Vibrieren ab.

Diana Bayazanti hatte sich in ihrem Sitz aufgerichtet, ihre bronzenen Schultern leuchteten herrisch in die Nacht: »Sollten wir nicht gehen, ehe wir flüchten müssen?« Sie deutete mit einem leichten Nicken ihres schönen Kopfes zum Schloß hin. Erst dann erhob sie sich. Die anderen taten es ihr nach.

Eine Hand tippte auf Cyriaks Schulter. Naskrückl stand hinter ihm, sein Schnurrbart zuckte in aufgeregten Konvulsionen:

»Kumm, Cyriak ... auf ein Wörterl! Na, net da. Im Wald. Is sehr was Wichtigs.«

»Fühlst du dich nicht wohl?« Auch Cyriak verfiel unwillkürlich ins Flüstern. »Dann solltest du lieber ins Haus gehen.«

»Na, na, woher denn. Mußt mit mir kommen. Mußt mir helfen. Laß dös Fest, i bitt dich. Heut heb i den Schatz.«

Cyriak bangte es um den Geisteszustand seines Freundes. »Gut, wir besprechen das sofort. Aber drinnen.« Und er versuchte ihn mit sich zu ziehen, um noch Anschluß an die schon zum Schloß hin sich Entfernenden zu gewinnen.

Naskrückl wich nicht von der Stelle. »Red net so saudumm daher, wie wanns d' noch nie was von geheime Sachen ghört hättst. Heut is der Vorabend vom Laurentiustag ... da vermählt sich das Silber vom Himmel mit'n Gold von der Danae ... dös siechst ja am Wetter. Heut blühn die Schätz'.« Ein furchtbarer Donnerschlag dröhnte auf, jetzt schon ganz nahe. Der Mond über Patmos war hinter jagenden Wolken verschwunden. »Den Schatz vom Dädalos heb i ... dort im Turm. Dessentwegen bin i ja herkummen. Weil i's gwußt hab, daß er dort liegt. Aber wann d' mir net glaubst, dann bleibst halt da.« Naskrückl hatte mit größter Bestimmtheit gesprochen und stapfte los.

Ein blauer Blitz zerriß blendend den Himmel. Donnerschlag folgte auf Donnerschlag. Das Unwetter begann niederzuprasseln.

Cyriak, dessen verzweifelte Rufe in jähen Windstößen zerstoben, konnte nichts anderes tun, als dem von der Dunkelheit schon halb Verschluckten nachzueilen. Heulender Wind und peitschender Regen hemmten ihn. Endlich, vor dem verfallenen Riesenturm des Ikaros, hatte er Naskrückl erreicht, zwängte sich hinter ihm durch eine enge, bröckelige Pforte ins Innere des uralten Bauwerks. Zwischen den leeren Spitzbogen der Ruine hindurch, die gespenstisch in die Dunkelheit ragten, sah er das gischtgekrönte wütende Meer.

»Wart hier, bis i ruf«, flüsterte ihm Naskrückl zu. »Wo hab i denn die Kirzen ... und die schkelettierte Säuglingshand für'n Zauberkreis ... und 'n Ratzenschädel ... hab 'n schon!« Damit begann er in die klaffende Leere eines Kellergewölbes hinabzusteigen, das sich hinter den Trümmern einer eingestürzten Quermauer auftat.

»Naskrückl!« brüllte Cyriak ihm nach. »Bist du verrückt geworden? Du wirst ja —«

In ohrenbetäubendem Donner erstickte sein Rufen, eine Garbe gleißenden Lichtes ließ ihn geblendet zurücktaumeln, neben ihm sausten Steine nieder: es hatte eingeschlagen. Gewichtlos wurde er in eine Mauerecke gewirbelt. Und da — um aller Heiligen willen — Cyriak streckte hilflos die Arme aus — was war das — ein Phantom — eine gespenstische Sonne nahte — ein Kugelblitz. Die grauenhafte Erscheinung zerbarst. Ein Chaos von Tönen schien über Cyriak zu fluten, ein Meer von Licht umwogte ihn und nahm Formen an, körperhafte Formen ... er sah eine ganz aus Licht gezauberte Frauengestalt vor sich, unsagbar königlich aufgerichtet, die Mondsichel überm lockigen Haupt ... mit strahlenden Götteraugen schien sie sich jetzt von ihm fortzubewegen, das Leuchten ähnlicher Erscheinungen glitt hinter ihr empor, folgte der Speergewaltigen in wogendem Zug ... »Artemis! Artemis!« brauste es durch die Luft, kaum noch erträglich dem menschlichen Ohr ... und jetzt, als letzte im Zug, seine Augen weiteten sich und der Atem verging ihm, bis endlich aus namenloser Beklemmung sein Schrei hervorbrach:

»Cyparis!« Und er taumelte der Lichtglitzernden entgegen.

Noch ehe er sie berühren konnte, stürzte er, von einem furchtbaren Schlag getroffen, in dunkle Ohnmacht nieder. Er merkte nicht, daß eine schlanke Gestalt sich über ihn beugte. Nur das Klirren goldener Armreifen glaubte er noch zu vernehmen.

XV

Sein Blick fiel auf ein gelbes Gitter, das eigentlich kein Gitter war, sondern ein Gewebe. Und er selbst war eigentlich ein Knopf und war an das Gewebe angenäht. Ein ernsthafter Mann in weißem Arbeitskittel stand vor ihm.

»Verzeihung, Herr Schneidermeister«, sagte Cyriak sehr artig. »Ich möchte nur wissen, ob ich ein Hosenknopf bin oder was sonst.«

Der Ernsthafte schüttelte den Kopf: »Sie sind nichts dergleichen. Als Mediziner bin ich verpflichtet, derlei irrigen Ansichten entgegenzutreten. Sie heißen Cyriakus von Pizzicolli und sind aus Stixenstein in Österreich gebürtig. Derzeit befinden Sie sich im deutschen Krankenhaus in Smyrna, dessen Leiter ich bin. Primarius Metzelfeldt mein Name. Mit dt am Schluß, wenn ich bitten darf. Sie sind außer Gefahr, müssen aber noch ruhig liegen. Haben übrigens in den Tagen Ihrer Bewußtlosigkeit recht sonderbare Dinge erzählt. Na, hierzulande gewöhnt man sich das Staunen ab. — Schwester Schwanhildis! Messen Sie, bitte! Auch Herrn Rat ... Dingsda ... den andern Patienten nebenan. Kann mir seinen Namen nie merken. Naskringel? Nasküchel?«

»Naskrückl«, korrigierte Cyriak und sank in wohlige Erschlaffung zurück.

Einige Tage später, von Schwester Schwanhildis unterstützt, durfte er die ersten Gehversuche machen. Dabei begegnete er, auf der gegen die Sonnenglut geschützten Nordterrasse des blitzsauber gehaltenen Gebäudes, dem von einer andern Schwester ebenso sorgfältig geführten Naskrückl, der mit seinen tappelnden Füßen und seinem unförmig verbundenen Kopf einem verfrüht an Land geratenen Taucher ähnelte.

»Guat schaun mir aus«, nickte er traurig. »Alle beide. Weils

d' net kummen bist, wie i di gruft hab. Grad wär er erschienen, der Schatz. Mir kennt dös, wann's so wuschiwuschi tut. Aber du, weils d' oben stehenblieben bist, hast 'n Blitz anzogen. Und mich ham d' Stoana schön zugricht. Und gstreift hat er mich auch, der Blitz. Genau am Kopf hat mir die Naturgewalt aufigschossen. Nur guat, daß's a kalter Schlag gwesen is. Halt ja.«
Am gleichen Abend zog Professor Metzelfeldt die beiden Rekonvaleszenten erstmals in ein längeres Gespräch, dem Cyriak die bisher vermißte Aufklärung über die Geschichte seines Hierseins entnehmen konnte. Die Fürstin von Ikaria, so erfuhr er, habe ihn mit einem Motorboot hieher transportieren lassen, vor vierzehn Tagen etwa, und habe sich durch Boten oder Telefonanrufe regelmäßig nach seinem Befinden erkundigt. Einmal sei sie auch selbst hier gewesen. »Ein Engel an Schönheit! Und ganz jung!« bemerkte Schwester Schwanhildis schwärmerisch. »Man wagte sich kaum zu rühren, wenn man sie sah. Ach richtig! Hat Ihnen auch eine Rose hiergelassen! Wo mag die wohl sein? Wohl schon verwelkt. Zum Andenken an . . . was war das bloß für'n komischer Name . . .«
»Diana?« vermittelte Cyriak.
»Nee, nee, ging nicht auf a aus. Ganz anders. Ein Name, den wir noch nie gehört hatten. So ähnlich wie Iris . . .«
Cyriak fuhr in den Kissen auf: »Cyparis?!«
»Ja! Na endlich. Sonderbar, nicht . . . Ja was denn, was denn —!« Entsetzt sah Schwester Schwanhildis den Patienten aus dem Bett springen und zur Türe torkeln. »Lassen Sie mich weg«, keuchte er. »Ich muß zu ihr. Sofort. Lassen Sie mich.«
Erst mit Hilfe einer andern Schwester und des eilends herbeigerufenen Professor Metzelfeldt konnte man den anscheinend tobsüchtig Gewordenen besänftigen und wieder zu Bett bringen. Man versprach ihm, da es heute für ein Ferngespräch schon zu spät war, gleich am nächsten Vormittag seinen Wunsch zu erfüllen und in Ikaria anzurufen.
Der Versuch blieb erfolglos. Wie Professor Metzelfeldt am nächsten Tag berichtete, hatte er, nach mühsam hergestellter Verbindung, von einem einsilbigen Kastellan lediglich die Auskunft bekommen, daß die Fürstin an Bord ihrer Jacht gegangen

sei und Ikaria mit unbekanntem Ziel und für unbekannte Dauer verlassen habe.
Kurz darauf war Cyriak so weit, sich die traurige Bestätigung dieser Nachricht selbst einzuholen. Hätte er nicht Naskrückl zur Seite gehabt — er wäre der nagenden Nervosität, mit der er den Tag der Entlassung aus der Krankenhauspflege erwartete, kaum gewachsen gewesen. Naskrückl, dem die Lebensgeister rasch und völlig zurückkehrten, hatte bald herausgefunden, warum Cyriak so zapplig war, und suchte ihn von der Sinnlosigkeit des Vorhabens, die Schloßherrin von Ikaria jemals wiederzusehen, auf seine Weise zu überzeugen:
»Schad um die verlorene Zeit. Mi siecht dös Schloß nimmer. 's tut einem förmlich weh, was dort alles brach umanand liegt. Abgebn tun s' nix, und was die Prinzessin is: zu mager. So was lohnt sich ja gar net für an gsunden Menschen. Laß's bleiben, Cyriakl. Kummt eh nix Gutes davon...« Und er begann in lockenden Farben die Routen der Orientreise auszumalen, auf die er Cyriak mitnehmen wollte. Zuerst sollte es nach Armenien gehen, dann ins Persische hinein (»ein bisserl beim Ararat zuwischmecken«), von dort in die Provinz Mezenderanü, den Garten Irans, wo Schah Abbas der Große die vielen, längst verfallenen Lustschlösser und Prunkgärten angelegt hatte — Salzburg, Mirabell und Hellbrunn auf tropisch, wie Naskrückl sich begeistert ausdrückte, mit Tigern und Löwen, mit blau, rot und grün gefärbten Kamelen, die eine kleine Eisenbahn bis nach dem dortigen Berchtesgaden zögen. Dann aber würde es geheimnisvoll. Im unzugänglichsten Teil des Landes stünden Schlösser mit seltsamen Namen — Ixil, Aquateca, Quiché, Urpateca, Tzotzoel, Moxpan — Namen, die man sonst nur in Mexiko fände. Das alles stamme hier wie dort von den Atlantern her. »Jo, wann man seine dreißig bis vierzig Jahrln bei die Tandler umaschnofelt«, belehrte Naskrückl den nun schon etwas interessierter zuhörenden Cyriak, »da lernt ma auch was von die atlantischen Zusammenhäng!« Persien und Parsistan, von manchen Träumern auch Avalun genannt, Iran und Eirin, das wir als Irland kennen — alles Kinder einer Gründung, alles das gleiche. Nur daß sich eben im Orient die deutlichsten Spuren davon fänden und

daß hier noch am ehesten etwas zu holen sei. »Freilich müssen mir in der dritten Klaß fahren«, spann Naskrückl seine erfahrungsträchtigen Pläne weiter aus. »Da kann man mit die Bauern reden und hört immer was. Wo ein Pfarrer is — oder ein Imam — oder ein Scheich mit Schulden, der von die alten Stückeln was hergibt. I stell mi überall gut mit die geistlichen Herrn. I mach ihnen den Muezzin, wann aner heisrig wird, oder i tu ihnen a bißl beim Beschneiden aushelfen... wart, da hab i an echten Biedermeierschnepper. Den hab i am Tandelmarkt in Regensburg um ein Spottgeld kauft, von an abtrünnigen Juden. A Derwischkluft hätt ich auch im Koffer. Kommt einem sehr zustatten, wann man sich bei einer Karawane zuwidrucken will. Schon hast a Kamel — oben bist — 's Handkofferl hint — und 'n Rucksack hat 's Kamel vorn am Hals wie a Glocken. Spannst noch 'n Schirm auf, und los geht's. Auf der letzten Reise hab i a Kamel ghabt — Erdschasian hat man's grufen — dös war so lammfromm, daß i eahm oberm Schweifriemen a Petroleumöferl aufgstellt hab. Da hab i dann unterwegs abkochen können. Meine gewohnte Kost — Pichelsteinerfleisch um elfi — ideal. Magst net mitkommen, Cyriakl?«
Es gab Minuten, in denen Cyriak beinahe schwankend wurde. Wäre es nicht wirklich das Beste für ihn, oder doch das Harmloseste, dem gemütlichen Raritätensammler, der sich zudem ein recht ergötzliches Wissen angeeignet hatte, auf seiner zweifellos anregenden Reise zu folgen? Denn daß er längst nicht mehr — wie vielleicht noch in Cythera — die Energie aufbrächte, einfach umzukehren und nach Hause zu fahren: darüber war er sich klar. Sollte er jetzt also die Jagd nach Diana Bayazanti aufnehmen? Cyriak erschrak, als er sich diese Frage zum erstenmal in aller Klarheit stellte — erschrak, ihm selbst unerklärlich, weil er den Ausdruck »Jagd« gebraucht hatte, und verfärbte sich. War's denn an der Vergeblichkeit, mit der er hinter Cyparis einhergejagt war, noch nicht genug? Sollte er hinter Diana Bayazanti jetzt ebenso vergeblich einherjagen — oder doppelt vergeblich —, oder was hätte es zu bedeuten, daß Diana ihm jene Rose zum Andenken an Cyparis zurückgelassen hatte? Wer war sie? Wie fügte sich das alles zusammen?

Cyriak fand keine Antwort und keine Entscheidung. Aufstöhnend preßte er seine Fäuste gegen die Schläfen.

Erst am Tag seiner Entlassung wurde die Frage, ob er nun mit Naskrückl oder allein weiterreisen sollte, entschieden, und zwar für keine dieser beiden Alternativen. Cyriak hatte sich von Professor Metzelfeldt bereits verabschiedet und wartete im weiß getünchten Empfangsraum des Sanatoriums auf Naskrückl, der sein Gepäck noch zweckentsprechend arrangieren wollte, als Schwester Schwanhildis eintrat. Es sei ein Besuch für Herrn von Pizzicolli da — nein, ein Herr, fügte sie hinzu, wobei sie das Nein unverkennbar auf einen von ihr erratenen Irrgedanken Cyriaks bezog.

Dann ließ sie Herrn von Streysand eintreten.

Cyriak hätte nie gedacht, daß ihm der Anblick dieses Menschen, aus dem er nie recht klug geworden war und der ihm mit jeder neuen Begegnung nur desto undurchsichtiger erschien, ein so tiefes Gefühl der Freude verursachen würde. Eine Welle von Zuneigung durchflutete ihn, als Streysand herankam und ihm lächelnd beide Hände entgegenstreckte.

»Um ein Haar hätte ich Sie verpaßt«, sagte er nach den ersten Worten der Erkundigung nach Cyriaks Befinden. »Ich mußte nämlich einen Umweg machen. Smyrna stand diesmal gar nicht auf meinem Fahrplan. Aber ich wollte doch nachschauen, wie es Ihnen geht.«

»Das ist reizend von Ihnen.« Cyriak nötigte seinen Besucher zum Platznehmen. »Es geht mir eigentlich so gut wie schon lange nicht.«

»Kein Wunder.« Streysand lächelte kaum merklich. »Sie hatten ja jetzt wochenlang Ruhe von allem.«

»Hatte ich das?«

»Ich möchte es hoffen. Und ich wollte Ihnen vorschlagen, mich jetzt ein wenig auf meiner Reise zu begleiten. Zwecks weiterer Rekonvaleszenz, gewissermaßen.«

»Woher wissen Sie überhaupt, daß ich hier bin?« Erst jetzt stellte Cyriak die Frage, die er eigentlich am Beginn hätte stellen sollen; und sie klang infolgedessen ungewollt heftig.

»Das war nicht so schwer zu erfahren, mein lieber Pizzicolli.«

»Und die Quelle Ihrer Information?«
»Wenn Sie unsere verzauberte Gastgeberin meinen —« (Cyriak war ganz sicher, sich nicht verhört zu haben: Streysand hatte nicht ›bezaubernd‹, sondern ›verzaubert‹ gesagt). »— ich habe Ikaria am Tage nach dem Unwetter verlassen. Aber ich erfuhr noch, daß Sie hier untergebracht wären.«
»Und daß ich heute entlassen werde, erfuhren Sie auch?«
»Nun, das habe ich mir ungefähr so ausgerechnet.«
»Und Sie wissen, wo die Fürstin sich jetzt aufhält?«
»Ich habe keine Ahnung«, sagte Streysand langsam und wiederholte mit Nachdruck: »Nicht die leiseste Ahnung.«
»Dann also —.« Cyriak, der vorgebeugt dagesessen war, ließ sich enttäuscht in die Lehne seines Korbsessels fallen.
»Sie meinen: dann hätte es also keinen Sinn, daß Sie mit mir kommen? Im Gegenteil, lieber Pizzicolli. Keinen Sinn hätte es, wenn Sie —.« Er brach ab, machte eine Handbewegung und schwieg.
Cyriak nagte an den Lippen. »Sie haben recht«, sagte er nach einer Weile. »Ich komme mit Ihnen.« Und er erhob sich rasch, von dem beifällig nickenden Streysand gefolgt.
In der Türe stießen sie mit Naskrückl zusammen, der die neue Wendung der Dinge rasch durchschaute.
»Jo mei, der Herr von Streysand! Jetzt, da bin i wahrscheinlich um an Reisebegleiter ärmer. Is aa recht. Wo soll's denn hingehen? Daß er Ihna nur keine Faxen macht, der Bitschikolli. Geben S' fein obacht auf ihn!«
Streysand versprach, sein Bestes zu tun, und stillte Naskrückls Wißbegier durch Angabe einiger Stationen der geplanten Reise: Attika, Kreta, Korinth . . .
»Net schlecht.« Anerkennend plusterte Naskrückl den Schnurrbart. »Gar net schlecht. I kenn's schon. Aber vielleicht hab i wo was übersehn. Gelt, Cyriak: wanns d' irgendwo ein interessantes Stückel findst — kaufst es für'n Xaver. Mir verrechnen dann schon, wann i nächstens nach Wien kumm. Oder du nach München.« Er klopfte Cyriak mit jovialer Derbheit auf den Rücken und wandte sich ab, um keine Abschiedsrührung aufkommen zu lassen.

Vor dem Sanatorium wartete ein klappriger Landauer mit einer fliegenumschwärmten Rosinante an der Deichsel. Der Hafen war bald erreicht, und zwei Stunden später bestiegen Cyriak und Streysand den griechischen Schoner »Kirphis«, ein blechernes Untier, das keuchend und mit einer fettrußigen Rauchfahne nach Delos in See stach.

XVI

Der Zauber, den der klassische Boden Griechenlands ausstrahlt, ist noch unvergleichlich stärker als der bis zum Überdruß bekannte »Zauber des Südens«, von dem nördliche Besucher wie von einer leichten Hundswut befallen werden, sobald sie sich der italienischen Grenze nähern: Ach, wie ist doch hier alles ganz anders! Wie anders pfeift doch die Lokomotive — ein Caruso auf Rädern mit glühendem Ofenloch! Und das melodische Geschrei der Kellnerjungen, die den Zug entlangtoben! Und die vielen, vielen Gewaffneten in Spitzhüten, die über den ganzen Perron verteilt sind! Die Taubenscharen, die den Speisewagen umflattern, die wimmelnden Kommissionen, die alles bis zum weggeworfenen Korkstöpsel untersuchen! Die Klosettfrau mit den ehernen Zügen einer antiken Matrone, die in malerisch hingegossener Pose bald einer Poppea Sabina, bald einer trauernden Niobe gleicht! Noch ein kleines Tröpfchen mehr in den Becher dieser Lust — und jeder der mitgekommenen Studienräte mit den Funkelbrillen würde den Baedeker weglegen, würde aus seinem Gepäck das heimlich verstaute Tambourin hervorholen und knöchelkrachend zu toben beginnen, um sodann, mit erhobener Trommel und ratternden Kastagnetten, die dem gleichen Train entstiegenen dicken Bankiersmänaden zu umschwirren, seine Linke malerisch gegen die Hüfte des flatternden Gehrocks gestützt ...

Nicht ganz so stillos, aber unleugbar zur Faszination neigend war die Stimmung, in der Cyriak die Stätte betrat, wo die Wiege des Phoebus Apollon und die Wiege Dianens gestanden waren. Mit ehrfürchtigem Schauer sah er den Kynthos emporragen, den heiligen Berg, in dessen Höhle sich das Unerhörte begeben hat. Würzige Kräuter überwucherten den mit Marmortrümmern besäten Boden. Veilchenschimmernd hob sich das Meer unter seidenzartem Himmel. Zikaden sangen ihr ewiges Lied. Im blauen Hintergrund, gegen den Marmorblock des Bergsturzes zu, stand ein Hirte an seinen Krummstab gelehnt und blies die Schalmei.

Zwischen Thymian und Akanthus, vor einem dünnen Lorbeerbäumchen, dessen heraldisches Blätterwerk im leisen Winde zitterte, hatten sich die beiden Freunde niedergelassen. Cyriak fühlte sich wie eine Replika des sattsam bekannten Gemäldes »Goethe, auf Trümmern in der Campagna ruhend« — ein Bild, das er jedoch rasch von sich wies, weil er es für seine Wenigkeit höchst unpassend fand. Als fürchtete er, sein Reisegenosse könnte von der gewagten Vision irgendwie Kenntnis erlangt haben, streifte er ihn mit einem forschenden Blick. Seltsam: die Konturen dieses Kopfes kamen ihm mit einemmal ganz neu und dennoch rätselhaft bekannt vor, wie aus weiter Zeitenferne her bekannt. Das volle Oval des Gesichtes — der forschend in eine unbestimmte Weite gerichtete Blick — der Scheitel über der ebenmäßigen Stirn, auf den die Nachmittagssonne im welligen Spiel ihrer Lichtreflexe den Ansatz eines Lorbeergewindes zu zaubern schien —: wahrhaftig, man mochte an eine Zeusbüste denken, mochte glauben, der Göttliche habe sich den souveränen Spaß erlaubt, herabzusteigen auf seine attischen Hügel, um hier ein wenig Rast und Umschau zu halten und vielleicht dem Meister zu begegnen, der seine Büste geschaffen.

Es war aber nicht Phidias, der jetzt auf Zeus zutrat. Der blau umhauchte Hirte mit dem Krummstab war herangekommen, hatte die Schalmei abgewischt und trat respektvoll vor Cyriaks Gefährten hin. Schweigend überreichte er ihm ein aktenmäßig gefaltetes Papier, trat ein paar Schritte zurück, wandte sich halb um und machte eine Bewegung, als schöbe er eine neue Patrone in den Lauf der Schalmei. Dann kehrte er sich wieder dem schon in die Lektüre Vertieften zu, offenbar des Ergebnisses harrend.

Nichts regte sich, die erhabene Plastik der Gruppe zu stören.

Nicht einmal das Papier raschelte. Die Sonne stand schräg über der marmornen Landschaft. Jetzt hob Zeus den Kopf.
»Myliwetz, kommen S' her«, sagte er und faltete den Akt zusammen.
Der Angerufene trat näher, um das Papier entgegenzunehmen. Als er den malerisch drapierten Lammfellmantel öffnete, sah Cyriak zu seinem maßlosen Erstaunen einen k. u. k. Doppeladler in das Innere des Felles eingestickt.
»Ist das alles?« hörte er die vollkommen amtliche Stimme seines Reisegefährten. »Oben am Kynthos nichts bemerkt? Alsdann gut. Abtreten.«
Der Hirte salutierte mit dem blumengeschmückten Stab, daß die bunten Bänder lustig knallten, machte kehrt und verschwand hinter den abendlichen Lorbeerbüschen. Die Zikaden zirpten doppelt so stark.
Cyriak wagte kaum zu atmen. Er wollte sich die Augen reiben, um ganz sicher zu sein, daß er nicht geträumt habe, aber dazu war ja eigentlich kein Anlaß mehr. Streysand hatte sich erhoben und betrachtete mit verschränkten Armen den Sonnenuntergang. Eine kühl aufzitternde Abendbrise kräuselte durch Cyriaks Haar und mahnte auch ihn zum Aufbruch. Nun schien es ihm völlig gewiß, daß er einer Halluzination erlegen war. Andernfalls würde ihm Streysand jetzt wohl Aufschluß geben über das Geschehene; und täte er das nicht, dann hätte es auch keinen Zweck, ihn zu fragen. Es wäre nicht nur taktlos, fand Cyriak, sondern er würde sich außerdem der Gefahr aussetzen, von Streysand belehrt zu werden, daß er einer Halluzination erlegen war.
Schweigend lenkten sie ihre Schritte zum Hafen hinab.
Am nächsten Tag führte der Dampfer irgendeiner obskuren Phanarioten-Reederei sie weiter. Wie eine Fata Morgana tauchte Seriphos vor ihnen auf, die Inselmauern gleichsam aus Grottengerüsten gefügt, jede von ihnen ein Anachoretentraum. Zwischen steilen Pinien und korallenfarbenen Blöcken stieg da und dort eine dünne Säule hellen Rauchs zum Himmel. Streysand wechselte einige Worte mit dem Kapitän, einem schmutz- und wettergehärteten alten Burschen, der nach mehrfach zustimmendem

Nicken dem Rauchfang zueilte und eigenhändig einige Male pfiff, wobei ein leichter Rußregen auf das Deck niederging. Das Schiff machte Schaum und blieb schaukelnd liegen.
Ein weißes Boot löste sich von den Inselfelsen, die goldgelb aus der dunkelblauen Flut starrten, und kam ruckweise heran. Zwei Montanistenfiguren, gekleidet wie Wichtelmänner (allerdings übernatürlich große), klommen an Bord und erstatteten Streysand eine Meldung, die sich vermutlich auf die Eisenminen der Insel bezog. Streysand quittierte die Meldung mit einem nachlässigen Zweifingergruß, die beiden staubigen Gestalten salutierten überaus korrekt und vollführten ein vorschriftsmäßiges Kehrteuch, mit dem im weiten Bogen herumgeworfenen rechten Fuß hörbar an das Standbein klatschend. Dann ging's im Laufschritt zur Relingslücke und ins Boot. Der Kapitän ließ abermals die Schiffssirene aufheulen, und der Dampfer stampfte los.
Diesmal hatte es Cyriak schon bedeutend schwerer, keine Frage zu stellen. Streysand schien das auch zu spüren, was übrigens nicht besonders schwer war. Er begann anregend von gewissen historischen Pikanterien der Gegend zu plaudern, erzählte von der uneinnehmbaren Hafenburg von Nauplia, dem Hauptsitz der Venetianer im Mittelalter und dem Geburtsort der großen Kurtisane Angela Zaffetta, die sich rühmte, eine Tochter des Prokurators Grimani zu sein, und die im Italien der Renaissance eine gewaltige Rolle gespielt hatte. Schon ihre Windeln waren mit galanten Szenen bestickt gewesen, was jeder Ernstgesinnte unbedingt verurteilen muß. So konnte es nicht fehlen, daß sie ein libidinöses Mädchen wurde, eine frühreife Novizin der Wollust, ein Crèvecœur des Satans im Cinquecento ... Für diesmal war Streysands Ablenkungsversuch noch geglückt.
Eines Tags jedoch — sie waren wieder an Land, hatten das Parthenongebirge hinter sich, Arkadien und Elis und die Trümmerburg Caritena —, eines Tags geschah es, daß Cyriak nicht länger an sich halten konnte. Nachdem sie den Paß zwischen Kyllene und Helmos überquert hatten, lag gegen Abend der anmutig geweitete Golf von Korinth zu ihren Füßen. Violett und goldgetönt schwammen die flaumigen Abendwölkchen im Äther. An einer hohen Felswand floß ein schmales Silberband

herab, manchmal für Augenblicke zerreißend: der Styx. In ehrfürchtiger Betrachtung stand Cyriak. Als er nach Minuten stummer Versunkenheit hinter sich das schwache Geraschel kollernder Steinchen vernahm, dachte er zunächst an eine Eidechse. Er wandte sich um:

Ein Greis mit silberweißem Bart, blumenbekränzt, tappte heiteren Auges näher. Vor Streysand angelangt, löste er die Schnur seines Gürtels, schlug das Obergewand zurück und schloß es sogleich wieder. Abermals und ganz deutlich hatte Cyriak in diesem kurzen Augenblick den Doppeladler im Futter des härenen Mantels erspäht. Der verklärt blickende Alte, von Streysand mit einem freundlichen »No, was gibt's Neues, Kietaibl?« begrüßt, befeuchtete jetzt den Finger, griff in die Falten seines Gewandes und holte eine Aktenrolle hervor, die mit einem schwarz-gelben Bindfaden zusammengebunden war. Unter eindringlichem Flüstern übergab er sie dem Wartenden und verschwand heiter tappelnd hinter einem Felsvorsprung, nicht ohne sich vorher noch einmal umzudrehen und mit seinem Stab lächelnd nach einem der abendglühenden Gipfel zu weisen.

Cyriak wartete noch, bis Streysand das Papier gelesen und in einer Innentasche seines Rocks versorgt hatte. Dann, nach flüchtiger Entschuldigung für die nun leider unvermeidlich gewordene Indiskretion, begehrte er endlich zu wissen, was es mit dem allen auf sich habe und welche Tätigkeit sein undurchsichtiger Reisegefährte hier — wenn auch nur peripatetisch — ausübe, mit zertrümmerten Kapitälen als Schreibtisch, mit Lorbeergeäst statt des ärarischen Kleiderständers, mit einer Akanthusstaude anstelle eines amtlichen Spucknapfes? Was für offizielle Faunusse empfange er unter solchen Umständen? Wer seien sie, die ihm aus den heiligen Hainen von Hellas hervor ihre Akten überreichten?

»Nun ja«, nickte Streysand. »Ich dachte mir schon, daß Sie auf die Dauer Ihre Neugier nicht bezähmen könnten. Ist ja nicht so gefährlich, das Ganze. Und da ich Sie schon animiert habe, mich zu begleiten: ich bin sozusagen auf einer Inspektionstour. Meine Reise gilt den dislozierten Posten des Auswärtigen Amtes. Ich weiß, daß Sie ein Ehrenmann sind, lieber Pizzicolli — auch der

Name Ihres seligen Herrn Vaters, der sich auf so überaus heiklem Posten durch treue Pflichterfüllung ausgezeichnet hat, fällt da natürlich ins Gewicht — — kurz und gut: wir haben die Aufsicht über das magische Weben in Hellas. Wir kontrollieren die letzten, verglühenden Regungen der Antike, um im Nullpunkt einzuschreiten. Seit Byzanz, unser rechter Flügel, vernichtet wurde, hat Österreich das magische Erbe Griechenlands zu hüten. Wir sind die letzten, die das noch können. Und wenn Sie wissen wollen, was Sie sich unter der ›österreichischen Sendung‹ vorzustellen haben, von der unsere Schwachköpfe bei jeder Gelegenheit schwafeln: das ist sie. — Sind Sie jetzt zufrieden? Wollen S' noch was?« Während der letzten Worte war er unwillkürlich wieder in seinen amtlichen Tonfall geraten, und ebenso unwillkürlich verfiel Cyriak in die Petentenbescheidenheit vor Milchglasscheiben:

»Wenn ich mir noch erlauben dürfte, nach der Funktion der ... also der Herren zu fragen, mit denen Sie gesprochen haben? Was hat zum Beispiel der Alte mit dem Silberbart hier zu tun?«

»Ja, das ist nicht so einfach. Aber vielleicht sagt's Ihnen was: er bedient hier das Dryadometer.«

»Dryado —?«

»Eine mechanische Vorrichtung, um die mehr oder weniger starke Benymphung eines Baumes zu messen. Damit finden wir die heiligen Bäume heraus und können ihr Stellungsnetz festlegen. Gewissermaßen unsere strategischen Stützpunkte. Und zum Zweck einer möglichst unauffälligen Verständigung haben wir ganz Hellas mit Schalmeiposten durchsetzt. So, jetzt wissen Sie alles. Bitte machen Sie keinen Gebrauch davon.«

»Ich wüßte nicht, wie.« Cyriak lächelte.

»Und selbst wenn Sie's wüßten, tät's Ihnen kein gut«, sagte Streysand und lächelte gar nicht.

Nach einem kurzen Aufenthalt in Korinth, der Gründung des sagenhaften Königs Sisyphos, dieses Schutzpatrons aller unnützen menschlichen Betriebsamkeit und eigentlichen Vaters der Großindustrie, erreichte man Athen. Streysand hatte schon angedeutet, daß hier verschiedentliche Beanspruchungen auf ihn warteten und daß er sich seinem Freund nicht mehr im gleichen Maß wie bisher würde widmen können. Aber es gäbe ja, so fügte er hinzu, auch in Athen des Sehenswerten genug, um Cyriak vor einem Rückfall zu bewahren.

Was er mit diesem Rückfall meinte, ließ sich leicht erraten, und Cyriak war nach Kräften bemüht, es nicht dahin kommen zu lassen. Indessen — ob nun er selbst es wollte oder das sogenannte Unglück —: schon nach wenigen Tagen war ihm zur Kenntnis gelangt, daß die Fürstin von Ikaria in Athen einen Geschäftsträger hatte, einen Monsieur Zacharion, den er sofort aufsuchte. Und daß Monsieur Zacharion verreist war, änderte nun nichts mehr. Die Suche hatte begonnen. Der Rückfall war da. Den kundigen Augen Streysands blieb das nicht verborgen.

»Sie machen's mir sehr schwer, lieber Pizzicolli«, apostrophierte er ihn eines Abends sorgenvoll in der Hotelhalle.

»Was denn?« fragte Cyriak zerstreut. »Was mache ich Ihnen schwer?«

»Meine Abreise. Ich möchte Sie ungern allein lassen.«

»Ich bin kein kleines Kind.« Das trotzige Aufbegehren in Cyriaks Stimme dementierte diese Behauptung.

»Nein, Sie sind kein kleines Kind. Ein kleines Kind weiß gewöhnlich ganz gut, was es haben will. Wissen Sie's? Können Sie mir sagen, hinter wem oder hinter was Sie eigentlich her sind?«

Cyriak schwieg. Was hätte er auch antworten sollen? ›Hinter dem Glück‹ vielleicht? Oder: ›Hinter dem Leben‹? Oder sonst etwas, womit er doch nur eine Umschreibung für das Unbeschreibliche gebraucht hätte? Und selbst ›Diana‹ zu sagen oder ›Cyparis‹, hieße nichts Eindeutiges mehr. Nein, er wußte nicht, hinter wem oder hinter was er her war.

Noch einmal nahm Streysand das Wort, und die Nonchalance seines Tonfalls verbarg seine Besorgnisse nur mangelhaft:

»Sie haben sich da in eine sehr ung'schickte Situation hineinmanövriert, mein Lieber. Sie sind den Geheimnissen, von deren Existenz ein normaler Mensch gar nichts weiß, ein bisserl zu nahe gekommen. Jetzt wissen Sie zuviel und wissen erst recht nicht genug. Jetzt tschundern Sie im Mystischen umeinand wie ein Butterbrocken auf der heißen Kartoffel. Lassen Sie's bleiben, Cyriak. Ich beschwöre Sie. Es führt ins Nichts.«

Wieder — wie schon einmal zuvor, als Streysand in eine ganz anders gebräuchliche Wendung das Wort »verzaubert« hatte einfließen lassen — war Cyriak ganz sicher, richtig gehört zu haben: statt ›es führt zu nichts‹ hatte Streysand ›ins Nichts‹ gesagt, ganz deutlich. Cyriak sah ihn an. Mit Streysands gelegentlichen Undurchsichtigkeiten rechnete er längst. Jetzt, zum erstenmal, fand er ihn nicht bloß undurchsichtig, sondern unheimlich. Er stand auf. Seine Glieder waren sonderbar schwer.

»Ich danke Ihnen«, sagte er mühsam. »Ich danke Ihnen für alles, Herr von Streysand. Schade, daß Sie mich verlassen müssen. Hoffentlich sehen wir uns bald wieder.«

»Entweder ›hoffentlich‹ oder ›bald‹, lieber Pizzicolli. Eins oder das andere. Ich habe noch eine Zeitlang hier herum zu tun. Und wenn ich Sie *bald* wieder zu sehen bekäme, so hieße das ja, daß ich Sie noch *hier* sehen würde. Gerade das sollten Sie aber nicht hoffen.«

Cyriak erbleichte. »Ich verstehe Sie nicht«, murmelte er.

»Hoffentlich —«, sagte Streysand mit unüberhörbarer Betonung, »— hoffentlich werden Sie nicht in die Lage kommen, mich zu verstehen.«

Dieses Abschiedsgespräch hatte immerhin eine gewisse Wirkung. Cyriak, zwar unfähig, sich dem Bannkreis seiner Sehnsucht physisch zu entreißen, übertäubte sie wenigstens, so gut er konnte. Mit wütender Verbissenheit warf er sich auf das Studium der schwer zugänglichen Werke des Gemistos Plethon, sah sich ahnungsvoll in ein fremdartiges und dennoch einleuchtendes Weltbild verstrickt, glaubte den gegenwärtigen Existenzzustand der Menschheit als einen bleiernen Hexenschlaf zu erkennen, in dem der blöde lallende Unhold sich unruhig wälzte, indessen die Engel und Genien einer durch und durch vergöttlichten Umwelt nur darauf warteten, ihn jubelnd aus seinen Qualen zu erwecken. Wie idiotisch, wie namenlos idiotisch war doch alles in dieser vermeintlich »realen« Welt eingerichtet, was für hirnlose Rosse durften als Führer einer Menschheit vorantorkeln, die zu dumpf und zu faul war, um die Helligkeit des Götterlichtes ertragen zu können...

Freilich war es naheliegend, ja unvermeidlich, daß er gerade von der Beschäftigung mit solchen Dingen sich desto inbrünstiger wieder in jene Richtung gezogen fühlte, aus der ihn die Strahlen des göttlichen Lichtes berührt und beinahe versengt hatten. Immer wieder begann er herumzuhorchen, ob sich über den Verbleib Diana Bayazantis nichts in Erfahrung bringen ließe. Wenn irgendwo, dann müßte ihm das doch hier in der Hauptstadt glücken...

Es glückte ihm zwar nicht, aber sein unstetes Umherschweifen brachte das Gute, daß er Freunden von früher begegnete, aus den glücklicheren Tagen auf Cythera und sogar aus der ersten Zeit seines Eintritts in das Traumreich der Tarocke. Der rauchumhüllte Gianaclis war darunter und spuckte verklärt, als er seinen Schützling aus der tarockanischen Landesirrenanstalt zu Gurkfeld wiedererkannte; stellte ihn auch sogleich seinem Begleiter vor, Herrn Valerian Sinnzigtschigg, dem Reformator des Tabakwesens (wie er mit schleimtrommelnder Feierlichkeit hinzusetzte) und Ehrenmitglied des Instituts für internationale Kehrichtforschung. Erst gestern sei ihm, dem speziell im Orient alle Türen offenstünden, am Schluß eines von Notabeln geradezu überlaufenen Vortrags durch weißgekleidete Jungfrauen ein Füllhorn mit Kehricht überreicht worden, das er aber, verwöhnt wie er war, mit einem Wink seiner behandschuhten Rechten an seinen Assistenten weiterverwies, ohne den zweifellos erlesenen und von erstklassigen Fachmännern zusammengestellten Inhalt auch nur eines Blicks zu würdigen.

Hochinteressante Persönlichkeiten, die seinen Horizont beträchtlich erweiterten, lernte Cyriak in den stillen Sälen der Universitätsbibliothek kennen: so den Dozenten Hadubrand Moirenschrecker, einen überaus bescheidenen Privatgelehrten, der sich hingebungsvoll mit Epigraphik der unscheinbarsten Art befaßte. Wie leuchteten seine Augen, wenn es ihm glückte, eine gut erhaltene Inschrift von antiker Kinderhand zu kopieren, etwa: »Wer das liest, ist ein Esel«; und mit kurzen Schreien eines schamhaften Entzückens notierte er die auf uns gekommenen ersten Schreibversuche der erwachenden Jugend, die schon vor dreitausend Jahren oft mit einem einzigen Wort ihre beginnende Reife zu dokumentieren pflegte. Daneben saß, über umfangreiche Konvolute gebeugt, Doktor Quintus Sextilius Siebener, der im Begriffe war, ein vielbändiges Werk über die Verrechnungsmethoden der antiken Zahlkellner zu beenden; die Mittel zu seinem Studium verdiente sich der dickliche, joviale Mann durch zweimal wöchentliches Auftreten als Pudelmensch sauer genug. Bisweilen, fahrigen Blicks und wirren Haars, tauchte ein enervierender Privatgelehrter aus Elendsgrün im Erzgebirge auf und machte sich anheischig, Cyriak mit dem Orakel von Delphi in Kontakt zu bringen, das vor dem Christentum geflohen sei und jetzt bei einem pensionierten Studienrat als Zimmerherr ein Kabinett bewohne; es habe diese Aftermietexistenz vor allem aus Steuergründen gewählt und man müsse es immer rechtzeitig im voraus verständigen, damit es ganz bestimmt zu Hause sei.

Sogar ein, wenn auch mangelhaft, deutschsprechender Kammerdiener lief Cyriak in diesen Tagen zu. Bembor — so schrieb er sich mit ungelenker Hand — nannte außer einer malvenfarbenen Livree so gut wie nichts sein eigen, aber er kümmerte sich auf das rührendste um seinen neuen Herrn und erleichterte ihm die vielen Alltagsmühen in dem kleinen Hotel, in das Cyriak nach Streysands Abreise übersiedelt war.

Doch litt ihn das alles auf die Dauer nicht. Unvermittelt lockte es ihn für ganze Tage aus der Stadt hinaus, in die waldigen Hügel Attikas. Die Hoffnung, die ihn da trieb, erkannte er selbst als irrsinnig, aber hätte er ihr nicht nachgegeben, er wäre nur desto sicherer dem Irrsinn verfallen. Manchmal, an besonders geweihten Stätten, von denen er durch sein Studium Kenntnis erlangt hatte, glaubte er das Flüstern der Elfen und Genien zu vernehmen, spürte sich von den Unergründlichkeiten uralter Haine überschauert, wußte sich ganz nahe den Göttern, deren Existenz ihm zur Gewißheit geworden war, ganz nahe den Göttern Griechenlands und ihrem heiligsten Ort, dem Parnaß.

In einer heißen Nacht, bei rotscheinendem Vollmond, machte er sich dorthin auf den Weg, durcheilte die in toter Schwüle daliegenden Straßen, begann einen seltsam fluchtartigen Gewaltmarsch. In glasiger Morgendämmerung rief er ein Lastauto an, das die kaktusumsäumte Landstraße einhergebraust kam und ihn rasch seinem Ziel näherbrachte. Er nächtigte in Delphi, brach zeitig am nächsten Morgen auf, dem Thron der Götter entgegen. An der korytischen Grotte, dem Pan und den Nymphen geweiht, führte sein Weg ihn vorbei, und durch geheimnisvollen Tannenwald bis zum Fuß des gigantischen Göttersitzes, dessen Haupt im Schnee schimmerte.

Der Wald war zu Ende. Cyriak stieg in die Kalkfelsen des Parnaß ein, überquerte eine Schutthalde. In der Nachmittagsglut wirbelte ein kurzer Windstoß kreidigen Staub zur Höhe. Sekundenlang war es wie Pulverdampf um ihn, emporgeweht aus der Meeresbucht unten, aus den hochgetürmten, feuerspeienden Gallionen und den menniggestrichenen Galeeren jener blutigen Seeschlacht des Johann von Österreich, der sich ein letztes Mal den Brüdern des Schattens gestellt hatte, um Byzanz zu erobern ...

Wieder eine Schutthalde jetzt, auf dem Weg zum Gipfelkamm. Immer gewaltiger wurde der Anblick, der sich Cyriak im Ansteigen bot. Wie ein plastisches Relief lag Griechenland vor ihm. Aber er nahm sich keine Zeit für Rast und Betrachtung, klomm weiter in drückender Hitze, klomm den Göttern entgegen. Erst als er zur Rechten den Helikon sah, Apoll und den Musen heilig, sank er nieder auf den Schutt des Parnaß, von tiefster Bewegung übermannt.

Mit offenen Augen träumte er, Aufstieg und Niedergang der göttertrunkenen Landschaft zogen in farbensatten, schwermütigen Visionen an ihm vorbei, die Horden Asiens sah er hereintrampeln über den Garten der Herrlichkeit und sah ihn versinken in Tod und Elend ... wo waren die Götter, ihren heiligen Hain zu schirmen? Waren sie schwach geworden und alt? War Zeus, das Skelett des Adlers neben seinem geborstenen Thronsitz, war er tot?

Nebelfetzen trieben auf. Windstöße pfiffen. Jäh, wie so oft in dieser Jahreszeit, begann ein Sturm loszutosen. Aus fahlen Wolken heulte der Atem des Kosmos auf ihn nieder und bog den Tann zu seinen Füßen. Nein, noch lebten die Götter! Noch dröhnten Wald und Welt, wenn sie es zornig schnaubend befahlen! Mit ausgebreiteten Armen warf Cyriak sich dem göttlichen Atem entgegen, den Blick auf die im Sturm sich duckenden Wipfel gebannt.

Jetzt scheinen sie sich aufeinander zu- und niederzuneigen. Es ist, als wollten sie einen Weg freihalten.

Kein Zweifel: sie formen ein Spalier. Und durch dieses Spalier nähert sich eine aufrecht schreitende Gestalt, in schimmernder Uniform, einen Straußfederndreispitz unter den linken Arm geklemmt, einen goldenen Stab in der Rechten. Dahinter, am Nebelrand des Waldes, die Wappenkönige des Toison-Ordens in feuersteingeschmückten Kostümen, ihre Szepter zur gleichen Höhe erhoben wie die des goldenen Stabs in der Hand des Schreitenden. Jetzt senkt er den Stab schräg gegen die Halde, dreimal, und hält inne, steht in sehr korrekter Haltung — mit sehr gepflegtem Backenbart — mit dunklen, bei aller Müdigkeit ein wenig stechenden Augen — etwas ganz, ganz schwach Mephistophelisches geht von der ordensgeschmückten Erscheinung aus — Cyriak kennt das Bild vom Schreibtisch seines Großvaters her, in der Jakominigasse zu Graz. Es hat sogar eine Widmung getragen. Denn sein Großvater ist mit dem späteren Obersthofzeremonienmeister Kaiser Franz Josephs befreundet gewesen: mit dem Fürsten Montenuovo, der jetzt bis auf zwei Schritte herangekommen und auf dem überhöhten Rand einer Mulde stehengeblieben war.

Eine gleichgültige, etwas brüchige Stimme wurde vernehmbar:

»Sie haben begehrt, zu den Göttern vorzudringen. Da mußte zuerst der Zeremonienmeister des letzten Apostolischen Kaisers, der noch als solcher verstarb, Ihren Weg kreuzen. Denn der Hof zu Wien war der letzte Bewahrer des Mysterienzeremoniells, das aus den Wolkenhöhen über Byzanz dorthin gelangt war. Oder glauben S' vielleicht, daß die Apostolischen Kaiser sich mir nix dir nix Jasons goldenes Vlies als höchste Auszeichnung erwählt haben? He? Und was glauben S' denn, wer die Primaballerina von der Wiener Oper in ganz geheimer Wirklichkeit

ist? Tun S' doch nicht so, als ob Sie's nicht wüßten. Hier ist kein Ort für freidenkerische Faxen!«
»Wer ... wer sind Sie?« stammelte Cyriak und schämte sich der sinnlos klischierten Frage. Aber da war die Erscheinung auch schon zerstoben.
»Hihihi.« Ein mageres Männchen stand jetzt an der gleichen Stelle und verneigte sich unter schrillem Kichern. »Doktor Hofzinser mein Name. Sagt Ihnen nichts? Kann mir's denken. Zu jung, zu jung! Alsdann: Kontrollor der Staatsschuldenkassa in der Singerstraße. Eine Zeitlang der Verteilungsstelle für die k. k. Tabaktrafiken zugeteilt. Aber die Türken, die immer drauf abgebildet waren, haben mich nervös gemacht. Ich habe dafür gesorgt, daß das aufhört. Werden Sie gewiß begreiflich finden bei meiner politischen Einstellung eines plusquamperfekten Byzantinismus. Wenn schon kein Byzanz, dann lieber gleich eine Republik ...«
Bei diesen Worten stand die dürftige Gestalt plötzlich in einer purpurnen Toga vor ihm, einem von Halbedelsteinen strotzenden Ornat. Cyriak erschrak so sehr, daß er mit der Hand nach dem Herzen fuhr und die Augen schloß. Mild und besänftigend klang jetzt die Stimme des wieder in Zivil Zurückverwandelten. »Nonono, was ist denn? Haben S' nie von meiner ›Stunde der Täuschung‹ gehört? In den Tuchlauben, Entrée ein Gulden? Die höchsten Herrschaften sind zu mir gekommen. Die Kaiserin Maria Anna, gottselig, immer mit eigenem Thron. Und was hat sich der selige Kaiser Ferdinand z'sammgfreut bei mir! Dem Hofrat Persa, dem Polizeichef, waren meine Veranstaltungen allerdings ein Dorn im Auge. Weil keine Loge da war, in der er oberm Kaiser hätt sitzen und wachen dürfen, der falsche Böhm der. Aber einmal, im Carltheater, hat'n die rächende Nemesis erwischt. Hihihi. Kommen S' näher und setzen S' Ihnen. Ich erzähl Ihnen die Geschichte.«
Er machte eine einladende Geste, deutete aufmunternd zum Himmel, wo die Nachmittagssonne befreiend durch die Wolken gebrochen war, und setzte sich mit überkreuzten Beinen auf den Rand der Mulde. Cyriak ließ sich neben ihm nieder.
»Alsdann passen S' auf, wie das zugangen is. In der Hofloge

sitzt der Kaiser. Einen schweren Kopf hat er ja g'habt, vom Regieren oder so — is er ihm halt immer ein bissel vorg'hangen, der Kopf. Und in der Loge ober ihm der süße Böhm, der Persa. Hat halbert gesungen beim Sprechen und halbert gezuzelt. Und die Augen — ganz kleine, wie von an Krokodil — hat er gern nach oben gedreht. Ein Damenfreund war er auch. Und so Bonbons haben immer dabei sein müssen. Das waren Ihnen damals riesengroße Pletschen. Ein Stück is in einer Familie eine gute Stunde von Mund zu Mund gegangen, eh's hin war. Alsdann der Persa schaut mit einem Aug auf die Bühne, wo grad der Nestroy agiert, und mit'm andern wacht er übern Kaiser, daß'n niemand davontragt. Bisserl eine krankhafte Vorstellung, von der man sich bei gewissen Hofstellen damals nicht hat freimachen können. Das, der Sonnenstich, die Hundswut und die Ohrwürmer: das waren halt so die Schreckgespenster in die vierziger Jahr. No, der Persa tut seine Pflicht und wacht und lutscht dabei an einem schwarzgelben Riesenzuckerl, Kaiserbemmerln ham s' g'heißn. Extemporiert Ihnen nicht auf einmal das Mistviech von einem Nestroy! No, was der Persa is, öffnet mißbilligend die Lippen — Zähnd hat er keine g'habt —, und schon hupft ihm 's Bonbon aus'm Mund und fallt, bumsti, auf 'n Kaiser sein Kopf. Die Majestät wacht auf und schreit: ›Zu Hilfe! Auf mi ham s' g'schossen! I bin dermordet! Schauts nach, ob i wo bliat! Zu Hilfe, zu Hilfe!‹ Können S' Ihnen vorstellen. 's Publikum sofort in Panik — ein paar Dutzend fallen ins Orchester — andere kraxeln auf die Logenbrüstungen umeinand wie die Maikäfer — die Musi spielt die Volkshymne — den Kaiser führen s' hinaus — und der Persa lauft ins Amt hinterm Peter und stürzt sich vom dritten Stock aufs Pflaster. Hin war er ... No, warum sind S' *jetzt* nicht erschrocken? Jetzt hätt' sich's g'hört. Aber net vorhin bei dem bisserl optische Täuschung.« Er schüttelte den Kopf. »Und so was will zu die Götter ... Was ham S' denn eigentlich schon für Prüfungen überstanden? Wie hätten wir's denn mit dem Mysterium der Liebe? Beichten S' gefälligst!«

Kopfwackelnd und grimassierend hörte der Meister der Täuschungsstunde den Bericht — den ersten Bericht, in dem Cyriak, zu seiner eigenen ungeahnten Erleichterung, das Wirrsal seiner Erlebnisse ordnend zusammenfaßte.

Neuerliches Schweigen folgte. Das Gewackel nahm jetzt auch den schlotternden Frack in Anspruch:

»Sie ... hm, hm ... mir scheint, Sie haben eine stärkere Kraft der Beschwörung, als Ihnen von Rechts wegen zukommt. Die — alsdann die Bewußte dürfte das Inkognito einer höheren Persönlichkeit sein. Einer sehr viel höheren. Und Persönlichkeit ist gar kein Ausdruck. Wie heißt s' denn eigentlich?«

»Cyparis.«

»Cyparis?! Das is aber g'spaßig.« Der Schlotterfrackige pfiff durch die Zähne. »Heißen Sie vielleicht Hirsch? Ihr Glück. Sonst wären S' bald einer gewesen ... Ein schönes Exemplar von einem Exhirschen ... Sie verstehen.«

»N ... nein.« Hilflos schüttelte Cyriak den Kopf. Sein Gesicht wies ungefähr den Intelligenzgrad eines Säuglings auf, der die ersten Worte zu formen versucht.

»O du heiliger Paphnutius von Stixneusiedl! Liebt der da eine, die Cyparis heißt — und weiß nicht einmal, was für eine magische Formel der ihr Name ist!«

»Aber wo ... wo *ist* sie?! Was soll ich tun, damit ich sie wiederfinde?!« Flehend umklammerte Cyriak den Arm des dürren Männchens.

Hofzinser machte sich frei und sah ihn befremdet an:

»Tun? Nichts, um Himmels willen. Und wann's Ihnen trotzdem zustoßt ... no ja, Ihr Werkel wird halt irgendwo im Kosmos abgespielt ... wo die Abteilung für die Zauberbuden ist, im Mysterium drüben ... im Kinderpark der vierten Dimension. Da nutzt nix.«

Cyriak senkte den Kopf. »Sagen Sie mir wenigstens —«

Er sah auf und glotzte ins Leere. Das Männchen neben ihm war verschwunden, rest- und spurlos verschwunden. Nur noch die Wappenkönige schritten in der Ferne einher und verneigten sich artig voreinander, ehe der Tann sie verschluckte.

»Is ja doll!« sagte mit deplacierter Deutlichkeit eine harzklare Stimme dicht neben ihm. Cyriak fuhr herum: da stand Herr von Püperitz, aus wimpernlosen Augen dem langsam sich ver-

flüchtigenden Schauspiel nachblickend. Cyriaks Anwesenheit nahm er gar nicht zur Kenntnis. »Is ja doll«, wiederholte er starr vor sich hin, ohne auch nur den Kopf zu schütteln. »Nee, da kommt unsereins nicht mit.«
Dann knipste er ein Stäubchen von seinem Ärmel und schien sich damit selbst ins Nichts geknipst zu haben. Jedenfalls war auch er im nächsten Augenblick nicht mehr zu sehen.
Unwillig kniff Cyriak ein paarmal die Augen zusammen. Als er sich vergewissert hatte, daß der Hang noch ihm zu Füßen lag, machte er sich eilends an den Abstieg.
Zwei Tage später in seinem kleinen Hotel in Athen wurde Cyriak durch ein sachtes Rütteln aus bleiernem Schlaf geweckt. Der Diener Bembor stand vor ihm, sichtlich verlegen.
»Gnäherr, bitt schön — der ganze Salon ist voller Hunde. Ich weiß nicht, wie s' hereinkommen sind. Haben s' Gnäherr vielleicht vom Ausflug mitgebracht? Vielleicht in Gedanken? Oder vielleicht die Tür offenlassen?«
»Hunde? Ich? Was soll das?«
»Gut ihrer fünfzig, Gnäherr.«
Cyriak sprang aus dem Bett, riß die Tür zum Vorraum auf: tatsächlich, dort drängte sich's in dichtem Rudel zusammen.
Bei seinem Erscheinen senkten die Köter verlegen die Köpfe, einer von ihnen klinkte die Ausgangstüre auf, und in lautloser Reihe, mit eingeklemmten Schweifen, entfernten sie sich.
Gewaltsam mußte Cyriak sich losreißen, um die wenigen Schritte zur offengebliebenen Türe hin zu machen. Die Morgenzeitung, die der vorsorgliche Bembor ihm sonst immer ans Bett brachte, lag noch auf der Schuhmatte. Cyriak wollte verärgert nach der Ursache des Versäumnisses fragen, aber Bembor war schon in seiner Kammer verschwunden.
Cyriak bückte sich nach der Zeitung. Es war nicht das übliche Morgenblatt, sondern die »Anadyomene«, das Amtsblatt von Cythera. »Hof- und Gesellschaftsnachrichten« las er auf der ersten Seite. »Ihre Hoheit, die Herzogin von Ikaria, Gräfin von Montdesert, hat sich zur Jagd nach Kreta begeben.«
Cyriak taumelte, mußte tief Atem holen. »Bembor!« rief er, »Bembor, Koffer packen! Wir verreisen!«

Bembor erschien in der Türe, den derb geflochtenen Korb mit seinen Habseligkeiten in der Hand. Sekundenlang zögerte er. Dann gab er sich einen Ruck:
»Gnäherr, ich bitt um meine Entlassung.«
»Ja aber — warum denn? Was ist denn los? So reden Sie doch!«
»Bevor ich den Gnäherrn aufg'weckt hab — wegen die Hunde — hab ich zuerst im ganzen Haus herumg'fragt, ob jemand was von ihnen weiß. Und da sein s' alle so erschrocken. Weil nämlich, wenn solche Hunde auftauchen — in solchen Rudeln — bei die Griechen — aus alter Zeit — ich kann halt nicht beim Gnäherrn bleiben, Gnäherr!« Und damit stürzte er wie von Furien gejagt zur Tür hinaus.
Cyriaks letzte Heimat hatte sich aufgelöst.

XVII

Kreta genoß im Altertum keinen sehr guten Ruf. Schon die ältesten Dichter der Antike, Kallimachos und Epimenides, beschimpften die Insel nach Kräften, und der Apostel Paulus schien von ihren Bewohnern auch nicht viel zu halten. Ein ungewöhnlich harter Hexameter des Epimenides würde in deutscher Übersetzung ungefähr lauten: »Kreta, Kretenser, vormenschlich Gezücht, verlogne, verfressene Schläuche . . .«
Der schlechte Ruf Kretas hatte in ganz alter Zeit zweifellos eine gewisse Berechtigung. Er ging auf ein merkwürdiges Geschenk zurück, das Zeus der reizenden Europa gemacht hatte: den ehernen Wächter Talos, der die Insel dreimal im Tag umkreiste. Kamen Fremde an, so sprang der sonderbare Bursche ins Feuer, verblieb darin, bis er glühte, und preßte die Ankömmlinge an seine Brust, woselbst sie — angeblich unter sardonischem Lachen — verstarben. Als die Argonauten seinerzeit in Kreta landeten, ließen sie den sonderbaren Empfangschef durch die geübte Giftmischerin Medea wegputzen, und seither war Ruhe. Aber noch heute wird diese wunderschöne Insel vom Fremdenverkehr strikte gemieden.

Cyriak hatte sich nicht zu beklagen. Nach glatter Fahrt und Landung betrat er an einem orangegelben Abend Kandia, die farbenbunte, von hohen Mauern umgebene altvenetianische Stadt. Jahrhunderte waren spurlos an ihrem Hafen vorbeigegangen. Da gab es noch die düsteren, magazinähnlichen Hallen, in denen die Galeeren der Republik zur Ausrüstung gelegen waren, noch die offenen Bogengänge unter den vergitterten Häusern längs der Quais, noch die großen Brunnen mit dem Markuslöwen. Durch dichtes Gedränge bunten orientalischen Volks führte ihn sein Dragoman, an Kirchen mit hohen Kuppeln vorbei, deren Konturen im letzten Dämmerlicht undeutlich verschwammen.

In einem prächtigen, reich mit Skulpturen geschmückten Palazzo, vor dem ein bizarrer, gleichfalls mit einem Markuslöwen geschmückter Brunnen flüsterte, fand Cyriak Quartier. Vielleicht hatte in dem altertümlichen Gemach mit der bemalten und vergoldeten Decke, das er bezog, der junge Greco einem Gönner des Cinquecento seine Skizzenbücher vorgelegt und ihm von seinem Plan gesprochen, das geheimnisvolle, felsgetürmte Zauberreich zu durchstreifen.

Aber so einfach war das nicht. Wie Cyriak alsbald zu seinem Leidwesen feststellen mußte, gab es von Kreta keine genauen Karten. Nichts stimmte. Die im ewigen Schnee leuchtenden Berggipfel waren viel höher, als die lügenhaften Ziffern angaben, die meisten Straßen waren nicht vorhanden, und alles war viel wilder, aber auch viel üppiger und strahlender, als er's geträumt. Die Ebene von Temenos, die er von Kandia aus durchwanderte, mit ihren friedlichen Dörfern und ihren weitausladenden Fruchtbäumen, im Hintergrund die steilen Massen des saphirblauen Hochgebirges, davor die Hügel mit den köstlichen Trauben, deren Reben Heinrich der Seefahrer einst nach Madeira verpflanzt hatte —: dies alles faszinierte Cyriak so sehr, daß er eine beseligende Zeitspanne lang vergaß, was ihn eigentlich hieher getrieben hatte. Nur wenn er manchmal auf einen Hirten oder einen einsamen Jäger stieß, wurde sein Ziel ihm wieder inne. Aber niemand wußte ihm etwas von einem glänzenden Jagdzug zu erzählen, von einer schönen Dame und ihrem Gefolge.

Eines Mittags, als er in den duftigen Kräutern einer Hochwald-

lichtung versunken Rast hielt, wurde er durch ein Stampfen und Wälzen im Gebüsch aufgestört. Das war schon schlimm genug. Aber gleich darauf erklang auch noch eine halberstickte Stimme: »Jejejeje ... verfluchter Lorbeer ... ist denn niemand da?«
Cyriak trat hinzu und half einer wirr im blühenden Geäst verstrickten Gestalt auf die Beine. Ein älterer, sonngebräunter Herr in derangiertem Jagdkostüm stand vor ihm, den Schnurrbart zu Nadelspitzen gewichst, die sich jetzt in traurig verbogenem Zustand darboten.
»No also denen ihr Ackerbauministerium funktioniert *gar* nicht«, sprudelte er mit böhmischem Tadel hervor. »Gar nicht! Maulaffen — ja, das können s' feilhalten. Aber sonst? Zuerscht hat sich der Klobouk verirrt ... Oje, entschuldigen. Veltrusky mein Name.«
Cyriak ergriff die dargebotene Rechte, stellte sich vor und fragte interessiert, um wen es sich bei dem Verirrten handle.
»No der Klobouk, was der Hund is. Ein deutscher Vorstehhund. Sehr ein braves Tier. Ein Geschenk vom Fürsten Waldstein. Vom Adam, aus der Dux-Leitomischler Linie. Aber jetzt, wo der Wandruschka bei ihm die Oberhand hat, is er weg von dort und hergekommen. Und das is noch nicht alles. Der Vopice, was der Bruder war — vom Hund natürlich —, is auch verschollen. Die Wälder hier sind nicht geheuer, sag ich Ihnen.« Er unterbrach seine einigermaßen ungeordneten Mitteilungen und legte die Hände an den Mund:
»Drachenthal!« brüllte er in den Wald. »Fürscht Aaadam!« Dann lauerte er mit bösen Falten. »Chn. Wo die alle stecken ...« Achselzuckend wandte er sich zu Cyriak und fühlte sich nun doch zu etwas leichter faßlichen Erklärungen verpflichtet.
»Wir sind, wie gesagt, mehrere böhmische Kavaliere — bis auf'n Wandruschka, was aus Schlesien is und ein ganz gewehnlicher Wandruschka. Das Klima hat uns hergelockt. Wir haben uns eine Burg ausgebaut, oberm Meer, und lassen's uns gut gehn. Das lebt sich, sagen die Tschechen — was uns natierlich mit ihre hysterischen Mucken gernhaben sollen. Und auch sonst. Frieher, wenn einer in Gesellschaft angefangen hat, tschechisch zu reden, hat man ihn nur angeschaut — hat er gleich gewußt, daß er was

angestellt hat, und is rot geworden. Aber heite ... ich bitt Sie. Nur der Wandruschka is noch schlimmer.« Er wischte sich mit einem bunten Schnupftuch die Halbglatze und fuhr erbittert fort: »Der is auch schuld am Tod vom Casanova. Und niemand anderer, ich betone es.«

Cyriak stutzte, wurde aber in dieser Beschäftigung durch ein sich näherndes Jodeln unterbrochen. Veltrusky jodelte zurück, wobei seine hinter den Rücken gelegte Hände vor Anstrengung eigene Klavier spielende Gesten vollführten.

Alsbald tauchten die böhmischen Kavaliere hübsch einer nach dem anderen aus dem Gehölz. Zuerst Ulysses Graf Hustopetz, ein fescher Vierziger mit vornehm gelangweiltem Gesicht. Dann der grimme Vladimir von Drachenthal, rotgesichtig, mit Raubvogelnase und lustigen Äuglein, den grünen Jagdrock trotz der Hitze mit einem dicken Fuchspelz verbrämt. Und dann Fürst Adam von Waldstein und Wartenberg in verwitterter Maltesertracht, an seiner Seite ein quakendes Männchen mit drei Brillen, einem von der Sonnenglut laubfahl gebleichten Zylinder auf dem Kopf und einer imposanten Blume in der Hand. Es war der getreue Wandruschka, der mit seinem Herrn seit Menschengedenken botanisierte.

Cyriak konnte sich nicht entsinnen, je zwei so steinalte Lebewesen gesehen zu haben, und starrte nach den gegenseitigen Begrüßungen die wohlkonservierte Malteserruine etwas länger an, als es artig war. Prompt nahm ihn Ritter Veltrusky beiseite und eröffnete ihm, daß Fürst Waldstein, der aufgeklärte Despot von Dux-Leitomischl, seine guten 170 Jahre sei. »Pscht!« fuhr er fort. »Nur kein Aufsehen. Das is ja auch einer der Grinde, warum wir hier sind. In Eiropa erlaubt man ja so was nicht. Wenn die Wissenschaftler draufkämen, mecht's einen hibschen Skandal geben ... Das war nämlich so. Bei dem ewigen Botanisieren hat der Wandruschka — der Kerl hat Ihnen mindestens seine hundertachtzig am Buckel — ein Kraut gefunden, was ein hohes Alter verleiht. Uns hat er bis heut nix davon gesagt. Der Drachenthal is dafür, daß man ihn foltert. Aber dazu sind wir viel zu weichherzig ...« Und froh, in Cyriak einen aufmerksamen Zuhörer gefunden zu haben, gab Ritter Veltrusky noch macherlei

Kurioses von sich, während die Gesellschaft sich wieder zu gemächlicher Marschkolonne formierte.
In Böhmen, so erfuhr Cyriak, flüsterte man scheu, daß Fürst Waldstein noch gegen die Barbaresken gekämpft habe, zu einer Zeit, da die Herren seladongrüne Fräcke trugen und die Damen mit Mouches bepickt waren, wohin man schaute. Ob das Geflüster auf Wahrheit beruhe, ließ Ritter Veltrusky unentschieden. Hingegen hätte Waldstein ganz gewiß als junger Mann in die Napoleonischen Kriege eingegriffen. Er wäre es auch gewesen, der diesem alten Kakadu der Venus, Giacomo Casanova, auf seinem Schloß Dux allabendlich den Gnadenliebestrank reichen ließ. Božena Kvapil hieß die letzte Amourette, die der unermüdliche Greis mit einer Flamme wie von brennendem Wurmpulver umglühte. Einmal war Casanova, der sich nicht mehr allein aufrichten konnte, drei Tage in knieender Stellung in einem Boskett verblieben, ehe die Jagdhunde des Fürsten ihn verbellten. Fürst Adam kam unter lautem Horridoh angeritten und befreite den arg verwahrlosten Beau, auf dem der getreue Wandruschka bereits ein paar seltene Pilze unter die Lupe nehmen konnte. Von da ab verfiel der ewig nach Weibern Lechzende in rapidem Tempo. Man versuchte es noch einmal mit dem Sunamitismus, aber die böhmische Fassung dieses Verfahrens rief offenbar gegenteilige Wirkung hervor, und eines Tags wurde der plattgedrückte Casanova samt dem Leintuch irrtümlich als falscher Apfelstrudel zusammengerollt. Überhaupt sei sein Lebensabend recht jammervoll verlaufen. Wandruschka, ein Forscher und als solcher ebenso neugierig wie zerstreut, pflegte die Bündel mit den Liebesbriefen Casanovas zu durchschnüffeln, die der gealterte Schürzenjäger daraufhin ständig mit sich herumschleppte, weil er Wandruschkas Nachschlüssel zu seinem Schreibtisch beargwöhnte. Wie oft geschah es, daß der zitternde Greis unter der Last der gebündelten Liebesdokumente zusammenbrach und daß ein galanter Zephyr die Blätter zerstreute! Ächzend kniete er dann wohl zwischen den süßen Erinnerungen, während Wandruschka ihn gleich einer Stechmücke umtanzte, in der Hoffnung, unter den zahlreichen vertrockneten Rosen, die den Blättern entfielen, vielleicht eine unbekannte Sorte aufzuspüren. Sehr heftig konnte da der sonst

so honigsüße Alte aufbocken, und allerlei barocke Schimpfworte aus dem kanalduftenden Reservoir des ordinärsten Venetiens flatterten dem Rosensucher um die Ohren. Dann wackelte Wandruschka, der Italienisch verstand, vor Wut mit dem einzigen gelben Zahn und krächzte ein übers andre Mal nach dem Fürsten, der, seinerseits in Zorn geratend, den Venetianer in solchen Augenblicken per »Neihaisl« anzureden liebte ...
Unter derlei anregendem Geplauder marschierten die Herren durch die kretischen Wälder und erreichten gegen Abend ihre Burg Castelfranco, die sich machtvoll und aufs böhmischeste renoviert über dem Meer erhob. Bei exquisiter Küche erholte sich Cyriak von den Strapazen des Tagmarsches. Gern folgte er der Einladung, im Schloß zu nächtigen und sich am nächsten Morgen den Herren auf einer seit langem geplanten Forschungsfahrt anzuschließen. Wandruschka hatte nämlich herausgefunden, daß südlich von Kreta ein unbewohntes Eiland liege, auch von Seefahrern kaum je betreten und ganz sich selbst überlassen. Man müsse doch einmal nachschauen, was es dort zu botanisieren gebe.

So stach man denn am nächsten Morgen auf der »Nereide von Leitomischl« in See. Auch Ritter Veltrusky, obschon er anfänglich aus purer Opposition gegen Wandruschka zu Hause bleiben wollte, tat schließlich mit, einen gradkrempigen Zylinder aus geteerter Leinwand auf dem Haupt und die steif gewichsten Schnurrbartenden mit Kautschuk umwunden, wie es die Blumenmädchen mit den Stengeln der Cotillonbouquets in Übung haben. Vier junge Veltruskys, Neffen des Ritters, bedienten die Segel. Es war ein heißer, klarer Tag. Von Afrika her wehte der Wind und wälzte donnernde Wogenberge gegen den Bug des winzigen Kutters. Hinter ihnen erhoben sich die Felstürme Kretas zu den Wolken.
Ockergelb und rostfarben, ein wild zerklüfteter Block, lag endlich das Eiland vor ihnen. Man landete gischtumtobt. Veltrusky, der wasserdicht geteerte Ritter, betrat als erster den Boden der Insel, die er sofort für den Verwaltungsbezirk Caslau in Besitz nehmen wollte. Fürst Adam verwehrte es ihm, da eine solche Annexion

irrtümlich einmal an den Tag kommen könnte und dann vielleicht die schwersten politischen Verwicklungen nach sich zöge. Man sollte sich damit begnügen, ins Innere des Eilandes vorzudringen und die Jausenkörbe mitzunehmen.
Unter Wandruschkas Führung setzte sich die Kolonne in Bewegung. Als man auf dem Kamm einer kleinen Anhöhe angelangt war, gab der gierig vorauszappelnde Wandruschka aufgeregte Haltsignale und warf sich zu Boden. Vorsichtig gebückt schlichen die anderen Herren heran, Fürst Adam mit schußbereiter Waffe und unter kampflustigen Ausrufen wie: »Korsaren ahoi ... Hassane ... Schädel spalten ... beim heiligen Johann von Akkon!« Sein Blutdurst war fehl am Platze. Es handelte sich weder um einen versprengten Trupp bewaffneter Mamelucken noch um unbekanntes Getier der Einöde. Was die Herren sahen, war eine Männergestalt in zerfetzten Gummistiefeln, die Reste eines Schweißbandes aus Linoleum auf der Stirn und eine vergilbte Vorhemdbrust umgeschnallt. Auf scharfer Römernase saß eine gläserlose Brille, die der Erscheinung eine gewisse Würde lieh. Noch ehe Cyriak sich von der Überraschung dieses unvermuteten Wiedersehens erholt hatte, war der distinguierte Wilde bereits mit einem erstickten Ausruf des Erkennens auf den am weitesten vorgedrungenen Baron Drachenthal zugestürzt: »Vladimir! Vladimir, bist du's wirklich? Wie lange haben wir uns nicht mehr gesehen? Was macht der Appelt? Immer noch Rechtspraktikant in Troppau?«
Vladimir von Drachenthal, formenbewußter Edelmann auch hier, wandte sich zu den Nachgefolgten: »Ich gestatte mir, Polykarp Edlen von Hahn vorzustellen.«
»Aber nein, das is doch mein anderer Bruder, der Kommandant von der Gewölbwache! Ich bin der Philipp!«
Nachdem das Mißverständnis aufgeklärt war, stand der Begrüßungszeremonie nichts mehr im Wege. Sie erstreckte sich auch auf Cyriak, dessen Anblick dem Edlen von Hahn allerdings eine gewisse Verlegenheit zu bereiten schien, was sich schließlich verstehen läßt.
»Wo haben Sie Ihren Schirm her?« erkundigte sich Wandruschka mit der manischen Wißbegier des Forschers und deutete auf das

mit Seegrasbüscheln ausstaffierte Gestell in der Hand des unvermuteten Robinsons.
»Hier vorgefunden. Woraus Sie ersehen können, daß schon vor Ihnen Gelehrte hier waren.«
»Und wie sind denn Sie hierhergekommen?« inquirierte Fürst Adam.
Hahn sah den Frager mißtrauisch an und spielte mit der aus löcherigem Schuh herausragenden großen Zehe im Sand: »Ieber diesen Punkt mechte ich vorläufig schweigen«, sagte er abweisend. »Aber bitte sich weiter zu bemiehen, damit ich Sie meiner Gemahlin ... das heißt ... no ja, also jedenfalls bekannt machen kann. Die Baronin wird sich freien.« Er stapfte mit großen, ernsten Plattfüßen voran, gefolgt von der Naturforschergruppe. Ritter Veltrusky schüttelte unausgesetzt den Kopf, so daß die Fliegen, von den nadelscharfen Schnurrbartspitzen irritiert, nervös durcheinandersummten.
Man bog um einen Eckfelsen. Eine Ruine, wohl byzantinischer Provenienz, ragte auf. Die erste Türe rechts zeigte mit Kohle die befremdliche Aufschrift »Amtsstunden 9—2 und 4—6«. Daneben eine zweite Tafel: »Aktendepot. Unbefugten ist der Eintritt strengstens verboten.« Und eine dritte: »Philipp Edl. v. Hahn, Generalgouverneur. Besuche nur nach vorheriger Anmeldung auf Zimmer Nr. 7, falls eingestürzt auf Nr. 33.«
Hahn wandte sich an die staunend Dastehenden. »Wir leiden hier im Gebeide an heifigen Einstirzen«, sagte er. »Erscht unlängst is mir das Präsidialbüro über Nacht verschwunden. Das sind schon die dritten Amtsräume, die ich beziehe. No ja. Die Ruine is uralt ... Aber da naht die Baronin.«
Und die Baronin nahte, struppig und sonnverbrannt, in einem Gewand aus Streckfauteuil-Leinen, das durch Spagatverschnürungen in halbwegs kleidartige Form gebracht war.
»Von einem Schiffbruch«, erläuterte Hahn. »Das Meer speit überhaupt wöchentlich Streckfauteuils aus. Auch das bissel Kleidung, was ich am Leib hab, hat dieselbe Herkunft. Mir is wahrhaftig nicht an der Wiege gesungen worden, daß ich mich einmal in Ausgespucktes kleiden werde. Und der Baronin auch nicht.« Um die betreten zu Boden blickenden Ankömmlinge aus ihrer

Depression zu befreien, fuhr Hahn mit gekünstelter Lebhaftigkeit fort: »No, und dann kriegt man auch leere Zündholzschachteln hergespieen und eine Masse Stöpsel. Und Zeitungen und sogar Bücher.«
»Was denn für welche?« Ritter Veltrusky, ein bekannter Literaturkenner und Expräsident des Caslauer Lesezirkels, trat interessiert näher.
»Meistenteils Schundromane, leider. Dazwischen einmal ein seriöses Werk wie die ›Collections des lois maritimes‹ oder Kleinigkeiten von Richard Dehmel. Das Exemplar war mit einem Spagatohr versehen. Muß einmal wo aufgehängt gewesen sein. Das Wertvollste, was ich gekriegt hab, war noch der Tappert: ›Lexikon der Unhöflichkeiten gegen Richard Wagner‹. Das kann man aber auch nicht in einem fort lesen.«
Und Hahn, nun etwas gesprächiger geworden, begann den traurigen Hergang einer Entwicklung zu erzählen, die ihn zwang, fern von jedem Komfort und in diametralem Widerspruch zu seinen Prinzipien als Mensch, als Jurist und als mehrfacher Staatsbürger hier in wilder Ehe zu leben. Ganz anders, ließ er durchblicken, ganz anders habe er sich seine Ehe mit der einstmals so verwöhnten Fiordelisa Centopallanche vorgestellt — sie nämlich sei es, mit der er hieher verschlagen worden wäre, als auf einer seiner Brautwerbungsfahrten das allzu verwegen gesteuerte Motorboot umkippte. Ein mitleidiger Delphin habe sie beide auf dieses Eiland getragen, wo sie nun schon seit Monden vergebens auf Rettung warteten. Viermal wöchentlich gäben sie den vorüberfahrenden Lloyddampfern verzweifelte Notsignale. Aber sie seien immer wieder nur fotografiert und mit freundlichem Schnupftuchwinken bedacht worden. Weiter habe man sich nie aufgehalten — wohl der Verspätung wegen, mit der die Schiffe dieser Linie zu operieren pflegen. Um vor Langeweile nicht umzukommen, habe er wieder zu amtieren begonnen und regelmäßig Bürostunden gehalten, wobei er mit einem federstielähnlichen Hölzchen imaginäre Akten konzipiert und erledigt habe, selbstverständlich ohne Tinte. Im Effekt kam das auf dasselbe hinaus wie eine reguläre Amtstätigkeit.
»Ja, ja«, warf die hanfgestreifte Gattin ein, »der Hahn hat's

gut. Manchmal, wenn er die Akten eines besonders langwierigen Verfahrens geschlossen hat, wälzt er sich vor Freude auf dem Boden, was er in seinem Ministerium nie hätte tun dürfen.«
Aber sie selbst, die unter Weihrauch und beim Dröhnen goldener Cymbeln aufgewachsene Prinzessin! Wie schmählich sei sie doch vom Schicksal behandelt! Nie — und sie fächelte sich melancholisch mit einem halbverwesten Exemplar der »Národní Listy«, hierbei kokett zum Fürsten Adam geneigt — nie wäre es ihr in den Sinn gekommen, einem geflüchteten Mehlwurmhändler und vorzeitig aus dem Dienst geschiedenen Staatsbeamten die Hand zum ewigen Bunde zu reichen! Hahn sei zwar wie toll avanciert, stehe jetzt knapp vor dem Sektionschef und zeige sich dieser Karriere auch durch doppelten Fleiß würdig, arbeite oft halbe Nächte im Mondschein durch und schlafe manchmal sogar im Büro — aber es sei doch nichts Rechtes, das müßten die Herren zugeben. Sie schnupfte schmerzlich auf, erhob sich und entschwand grußlos. Hahn — unter dem Vorwand, daß er ins Amt müsse, um Rückstände aufzuarbeiten — eilte ihr nach, den flatternden Schattenspender aus Gründen der Würde aufgespannt.
Betreten sahen die Ritter einander an. Es war eine mehr als unbehagliche Situation.
»Glaubt Er, daß sich hier außerdem noch was finden läßt?«
wandte sich Fürst Adam an den getreuen Wandruschka. Der schüttelte den Kopf. »Dann ohne Tritt — marsch, marsch!« kommandierte Fürst Adam.
Eilends strebte die Kolonne dem Hafen zu, bestieg den schaukelnden Kutter, traf nach schweigender Fahrt auf Castelfranco ein und war von Herzen froh, als das Horn des Burgwartes Navratil zum Abendessen schmetterte.

XVIII

Auch ohne die Erinnerungen, die das Wiedersehen mit Hahn in ihm wachgerufen hatte, wäre Cyriak seiner Unrast nicht lange Herr geworden. Zwar forderten ihn die böhmischen Ritter gastlich zum Bleiben auf, aber es trieb ihn unbezähmbar weiter, einem Ziel entgegen, von dem er nicht wußte, ob es seiner wartete oder ob es nicht selbst auf ihn zukäme, ob er es finden oder verfehlen würde. Nur daß es existierte, wußte er. Aber wo? Aber wo?

Die üppige Fruchtschale der marmornen Landschaft von Mirabella durchstreifte er, sah in schmaler Bucht das Städtchen Spinalonga wie eine Sammlung von Schwalbennestern an einem riesigen Felsen kleben, sah die Ruinen der alten Venetianerburg Bucefalo, verlor sich in wild zerklüftetem Bergland, in dem dann mit einemmal und doppelt verführerisch die lieblichsten Lichtungen sich auftaten.

Auf einer solchen Lichtung war es, daß sich unter abendlichen Sonnenstrahlen vor Cyriaks verwunderten Augen ein Geschehen von geradezu tückischer Feierlichkeit abwickelte. Vier rotbequastete Kamele in verschossener Schabrackenpracht hatschten eigensinnig und indigniert aus dem Wald, jedes mit wehenden Fahnen an vergoldeten Stangen geschmückt. Ein krummnasiger Scheich stellte sie inmitten der Lichtung an Hand eines großen Kompasses nach den vier Windrichtungen auf und winkte gegen den Wald, aus dem zwei podestartig gesattelte Esel zwei Glockenklaviere herantrugen. Musikanten folgten zu Fuß, mit Posaunen, Riesentrommeln, Xylophonen und Tschinellen. Ein bärtiger Musikfeldwebel in hohem Tschako, weißem Waffenrock und ungarischen Hosen begann mit funkelknaufigem Stock das brausende Konzert zu dirigieren. Die Glockenklaviere, von vier eifrigen Spielern bedient, durchwogten mit süßer Aufdringlichkeit das nervenaufpeitschende Spiel. Plötzlich hob der Feldwebel den Stock und grüßte freundlich nickend in alle vier Winde — das Spiel verstummte, und das ganze Bild verlor sich wie ein hinkender Spuk im Waldesdunkel. Gerade als Cyriak sich aus seiner starren Verblüffung lösen wollte, ritt dicht an ihm auf einem bescheidenen Maultier, in dessen Zaumzeug ein großer Palmzweig stak, ein weißgekleideter Greis vorbei. Er las in einem Brevier, sagte ohne anzuhalten »Betet!« und enttrabte. Doch hatte selbst dieser kurze Augenblick für Cyriak genügt, um den seltsamen Reiter zu erkennen: es war Rhadamenes Tschingelbock, der neue Religionsstifter von Cythera, Hanswurst oder

Prophet eines falschen Messias. Kopfschüttelnd sah Cyriak hinter ihm her.

Die Sonne stand im Zenit, als unser Wanderer von fern das windverwehte Bimmeln eines Mittagsglöckchens zu vernehmen meinte. Hoffnungsvoll ging er dem Klange nach, dachte am ehesten auf einen Weiler zu stoßen, die ja in diesen Gegenden, aus wenigen, eng zusammengedrängten Häusern bestehend, nicht selten zu finden sind. Indessen hing das Glöckchen, wie Cyriak alsbald entdeckte, an einem Baum und wurde von einem Einsiedler geläutet, der dabei intensiv in ein großes, buntbemaltes Buch blickte, als läse er daraus die Noten ab. Ein zweiter härener Geselle saß unter einem Strohschirm und schien friedlich zu schlafen. Das Heim der frommen Alten aber bestand aus den defekten Resten eines Waggons III. Klasse der k. k. priv. Südbahn. Während die freundlichen Anachoreten mit ihm das Mahl ihrer Armut teilten — Brot, Zwiebel, Käse und salzige Oliven —, konnte Cyriak nicht umhin, sich nach der Herkunft des unbeholfenen Wracks zu erkundigen, und wie es denn auf diesen Steinbockpfaden heraufgekommen sei? Da zirpten die weltabgewandten Greise etwas von einem Wunder des hl. Hyazinth zusammen mit St. Romuald und läuteten wieder das Glöckchen.

Ratlos und völlig im ungewissen, was gerade diese beiden Heiligen mit unverwendbaren Bahnwagen zu tun hätten, setzte Cyriak seinen Weg fort.

Zugleich mit der Dämmerung überkam ihn jähe Müdigkeit. Sie wurde so stark, daß er das Städtchen in der Talmulde unten, dem er sich auf der letzten Strecke seines Wegs kräftig genähert hatte, nun doch nicht mehr zu erreichen vermochte. In einer verwitterten Burgruine, vor der noch die alten Kanonenrohre aufragten, da und dort von rostigen Kugeln umgeben, bereitete er sich mit bleischweren Gliedern ein Nachtlager. Er fand keinen Schlaf. Allzu unheimlich gemahnten ihn die leeren Fensterbogen, durch die das Dunkel hereinrauschte, an jenen unseligen Turm des Ikaros. Endlich ertrug er es nicht länger, raffte sich zusammen, floh feig davon im grünlichen Mondlicht zur verfallenen Gotik des Städtchens hinab. Aus kleinen, maskenverzierten Fenstern, hinter denen rote Öllichter schwelten, grüßten und lockten bizarr geschminkte Dirnen. Eine von ihnen gewährte ihm gegen maßloses Entgelt in einem dunklen, dumpfigen Hintergemach die keuchend erbetene Unterkunft.

Der nächste Tag sah ihn wieder im Gebirge, ausschreitend ohne Plan, die unnatürlich scharfe Munterkeit des Übernächtigen in den Gliedern, die Sinne taumelig von angespanntem Lauschen, ob nicht der Ruf eines Jagdhorns ihm endlich hörbar würde. Über einen Jungwald hinweg drang ferner Schall an sein Ohr, verstärkte sich, nun klang's wie Bratschen und Tschinellen — vielleicht eine Jagdgesellschaft auf Rast — Cyriak hastete der Richtung nach — mit beiden Armen bog er Jungholz und Schlingpflanzen auseinander und trat hervor in die Lichtung, der rastenden Gesellschaft entgegen —: aber was war das für eine verwunderliche Gesellschaft! Harlekine und Policinelle lagerten um einen kristallenen Quell, mitten unter ihnen ein Männchen in gotischer Tracht, das sie ständig umkomplimentierten. Jetzt hatten sie Cyriak erspäht. Vom grünen Brighella wurde er artig eingeholt und dem kostbar gekleideten Anführer vorgestellt. Er erfuhr, daß die Herren aus allen Teilen der Welt hier zusammengekommen seien, an der Stelle, wo die Geschichte von Kephalos und Prokris sich zugetragen. Es gälte eine wichtige Beratung. Man müsse doch auch etwas beitragen zum Ende der Tage dieser Welt. Deshalb plane man eine Durchwebung der antiken Mysterien mit den Figuren der Commedia dell'arte. Cavallaciri, Fürst aller Harlekine, Yayadin, sein Finanzminister, und Prinz Düdelyüdüdel, der Prätendent des an die Ungläubigen verlorenen Policinellenreiches von Thyros, hätten soeben vor dem Herzog von Loussignan ihre Gratulationscour abgehalten — vor jenem zarten, alten Herrn dort, neben dem ein mit goldenen Dornen umwundener Helm lag. Der Herzog, rechtmäßiger König von Armenien, Cypern und Jerusalem, habe sich heute vermählt, sei aber von seiner Gemahlin, der Königin Iphimedia, sogleich verlassen worden ... und die Policinelle trösteten den weinenden König und führten ihre Possen vor ihm auf.

Cyriak riß sich los. Das war es nicht, was er suchte, ach längst nicht mehr. Traurig ließen die Harlekine ihn ziehen.

Die Luft lag still und sengend. Am Himmel, der von einem irisierenden Schleier überzogen war, mengte sich tiefes Blau mit grünlichen, kupfernen und purpurnen Flecken. Cyriak atmete schwer. Nie gesehenes Gewürm kreuzte seinen Weg, nie geahnte Pflanzen sandten ihm fremde Düfte zu. Plötzlich fühlte er sich von einer Lähmung befallen, die er sich nicht erklären konnte. Dann aber wußte er's: er hatte Angst. Zum erstenmal im Leben hatte er Angst, wie ein Kind im Finstern. Er begann zu laufen. Nur hinaus aus diesem Zauberwald, nur hinaus . . .

»So bleiben Sie doch stehen!« hörte er plötzlich eine Stimme hinter sich. »Man kommt Ihnen ja gar nicht nach!«

Cyriak erschrak, eilte noch ein paar Schritte weiter, ehe er sich anders besann. Zögernd hielt er inne und wandte sich um. Ein sehr distinguierter, aber durchaus nicht waldgerecht gekleideter Herr stand ihm gegenüber, in altmodischem Paletot und steifem Hut, das Gesicht von einer schwarzglitzernden Halbmaske verhüllt.

»Was — was wollen Sie?« Cyriaks Stimme klang ihm selbst unkenntlich vor Entsetzen. Lahm zuckte seine Hand nach der Pistole.

»Lassen Sie das«, sagte rasch und beiläufig der Schwarze. »Ihr Spiel ist bald zu Ende. Zu schnell abgelaufen, die Uhr. Der frühzeitige Tod Ihrer Herren Eltern war ein Regiefehler. Sieben Jahre sind bei Ihnen vor die Hunde gekommen. Ja, manchmal klaffen Lücken im transzendentalen Getriebe. Das macht sich dann besonders bei kleinen Kindern bemerkbar, die oft die seltsamsten Dinge aus ihrem letzten Leben babbeln. Da hatten die Nornen den Schleier nicht ganz vorgezogen . . . Wie? Ihrer Logik ist hier nicht ganz wohl? Macht nichts. Jetzt können Sie alles hören. *Sie* werden nichts mehr ausplaudern. Was schauen Sie mich denn so ungläubig an? Nein, ich bin kein Gespenst. Gespenster sind visuell immer ganz miserabel beieinander. Vogelscheuchen aus den Gefilden der Seligen . . . Grübeln Sie nicht, Herr. Sie hätten gar nicht anfangen sollen mit dem Grübeln. Sie sind registriert. Jeder ist registriert. Dazu genügen schon die untersten Organe, die natürlich noch sterbliche Menschen sind — wie auch ich die Ehre habe, ein kleiner Unterbeamter zu sein. Die Schlüssel zu den Mysterien sind freilich jedem gegeben. Hält jeder, jeder oft in der Hand. Haben Sie denn noch nie Tarock gespielt? Na, das ist jetzt schon egal. Ich wollte Ihnen nur sagen, daß Sie sich auf dem Weg zur Abbüßung befinden. Sie werden ja schon etwas davon gespürt haben. Sehr undeutlich allerdings, weil Sie leider ein Dämmerer sind. Mein Gott — ein Stixensteiner. So einer muß dann eben die Elementarklassen nachrepetieren ... nachrepetieren ... Vielleicht hätte es nicht sein müssen. Aber Sie wollten ja nicht hören. Jetzt sind Sie dran.« Er lüpfte freundlich den steifen schwarzen Hut, verneigte sich leicht zum Gruß und ging festen Schrittes davon, ab und zu mit seinem Spazierstock nach den Köpfen der Schwämme säbelnd.

»Aber um Himmels willen — wer sind Sie?!« Mit einem Satz war Cyriak hinter ihm her, kalten Schweiß auf der Stirne. »Wer sind Sie?!« brüllte er nochmals.

Der Angerufene wandte sich um und zeigte ihm ein leicht befremdetes Gesicht, das keine Maske trug, obschon Cyriak ihn nicht die leiseste Bewegung hatte machen sehen, die zur Abnahme der Maske nötig gewesen wäre.

»Wünschen Sie noch etwas?« fragte Nepomuk von Streysand. Cyriak stürzte zusammen. Das weiche, volle Moos linderte seinen Fall, unterfing ihn wie ein liebreiches Lager. Hinter seinen geschlossenen Augenlidern kreisten die roten Spiralen. Noch brannte es. Aber schon kamen die Elfen mit ihren Taukrügen, um ihm die brennenden Augen zu netzen. Hinter ihnen ein schneeweißer Elefant, auf der leuchtenden Kuppel seines Kopfes ein hohes Räuchergefäß. In sanften Wolken von Weihrauch schritt der Rüsselschwingende einher, machte halt und beugte ein Knie. Aus seinem goldenen Sattel glitt die schlanke Gestalt, einen Falken auf der Faust, trat an den Gebannten heran. Eine Woge von Rosenduft überflutete ihn.

»Cyparis ...?« fragte er tonlos aus den Tiefen seiner Bewußtlosigkeit herauf.

»Daß du alles beim Namen nennen mußt ...!« Mit lächelndem Vorwurf schüttelte sie die duftschweren Locken. »Warum nimmst du mich nicht als das Spiegelbild meiner Schwester? Oder als die

Herzogin selbst, die Fürstin Aphrodite? Nein, frag nicht nach ihrem Gefolge. Das Gold der Abendröte und das Silber des Mondes sind die einzigen Hofdamen, die meine Schwester begleiten. Dort kommt sie.«
Und die holde Erscheinung beschrieb mit dem Arm einen Bogen von unendlicher Anmut, auf dem sie entglitt.
Eine Rose von überirdischer Schönheit lag an der Stelle des Traumbildes, als Cyriak erwachte. Ungeheure Kraft durchwogte ihn. Klar wie noch nie war sein Denken. Heute noch würde die Entscheidung fallen, heute noch, bald, würde ihm die Vereinigung zuteil werden. Berauscht und beseligt begann er auszuschreiten, getragen von innerem Jubel, von einer unbestimmbar euphorischen Freude, die manche Menschen, so heißt's, kurz vor dem Sterben befällt.
Rasch jetzt und weiter und ihr nach, ihr nach. Klang nicht von ferne schon der Jagdzug heran, mit Waldhörnern und tobender Meute?
Triumph! Das Spiel war gewonnen.
Durch krachendes Unterholz stürmte Cyriak — strauchelte — konnte sich kollernd noch knapp am Rande eines jäh abschüssigen Hangs zurückreißen:
In der Felsschlucht tief unter ihm, aus goldenem Jagdhorn verhallende Signale schmetternd, zog rotbefrackt und hundeumtollt der Baron Puntigam dahin, ein Spuk am hellichten Tag.
Cyriak richtete sich mit verbissener Langsamkeit hoch und machte eine mißmutige Gebärde gegen die Felsschlucht zu, wie um die unwillkommene Vision zu verscheuchen. Es war nicht mehr nötig. Ein Blick überzeugte ihn: leer und leblos gähnte die Schlucht ihm entgegen.
Aufatmend setzte er seinen Weg fort.
Aber was war das? Sollte er in immer neuen Spuk hineingeraten? Lag da am Waldrand nicht der unglückselige Nockenbrenner, mit einem Gewand von phosphoreszierender Verwesungsfarbe angetan, ein Affenkäppchen auf der Brust? Und dort, an diesem seltsam glattgerillten Baumstamm dort: die Leiche Florestans von Püperitz, das unendlich dumme Gesicht zu forscher Grimasse verzerrt, den Körper von einem buntgefiederten Goldpfeil durch-

bohrt, an den Baum geheftet, grausig erstarrt. Das einzige, was sich in dieser Starre regte, war das Preiszettelchen, das am Ende des Pfeils im Winde baumelte.
Entsetzensbleich floh Cyriak, im Rücken den gebrochenen Blick, der ihm durch das gesprungene Monokel des törichten Toten folgte.
Doch schon nach ein paar Schritten erstarrte er aufs neue vor einem gräßlichen Bild: Philipp Edler von Hahn stand ausgestopft, ja, ausgestopft wie ein übergroßes Kinderspielzeug auf einem grünen Sockel, große graue Schweiffedern in einem fahlen Kamm auf verwittertem Römerkopf. Als Cyriak, die Hand auf das klopfende Herz gepreßt, genauer hinsah, war es nicht Hahn. Es war ein absurd verwitterter Baum auf grünem Alpenrasenfleck.
»Das ist das letzte Mal! Ich lasse mich nicht mehr täuschen!« Sinnlos besessen schrie es Cyriak in den Wald hinein.
Als hätte er ihn damit herbeigerufen, kam atemlos zwischen den Föhren hervor ein Herr im Frack gerannt, das klirrende Kommandeurkreuz am Hals, den Großkordon eines Phantasieordens an der Brust.
»Baron Schwimmer im Staub, wenn Sie gestatten«, keuchte er. »Bitte bewahren Sie Haltung in Ihren letzten Minuten, Herr von Pizzicolli . . .«
Kaum ein Atemzug lag zwischen diesen Worten und dem Aufschmettern der Jagdfanfaren, Fanfaren von einer Pracht, wie Cyriak sie noch nie vernommen.
Mit lautlosen Fittichen heben sich riesige Vogelschwärme in die Luft. Näher und näher die Fanfaren.
Alle die Policinelle von früher, von der Lichtung am Quell, rasen vorbei und werfen ihre Masken ab, die Augen in irrem Entsetzen geweitet.
Neue Schwärme phantastischer Vögel über ihm, glitzernde, rauschende Gleitbänder unter glutblauem Himmel, Flamingos, Seidenschwänze, die goldenen Fanfaren klingen ganz nahe. Von den Felsen schwingen sich feenhafte Wesen, Nymphen mit Speeren, verschleierte Dryaden. Ein Rudel Hunde, Molosser, um ihn her. Schon blitzt es durch die schwarzgrünen Zweige.
Mit namenlosem und dennoch wohligem Schrecken sieht Cyriak,

daß er plötzlich in antiker Tracht dasteht, einen Speer in der Hand, Hut und Gewänder von ehedem neben sich. Staunend läßt er den Blick an sich hinabgleiten.
Unter Garben von Licht, unter nie gehörten Tönen einer Symphonie allen Sommers bricht Hochwild mit blinkendem Geweih aus dem Tann hervor, von schabrackengeschmückten Rüden verfolgt. Und dichtauf die leuchtende Wundergestalt, vom edelsten aller Hengste getragen: Artemis.
Cyparis neben ihr, mit dem Pfeilköcher der Göttin, in blitzendem Panzer.
Durch Strahlenbündel unirdischer Schönheit stürzt Cyriak auf die Ersehnte zu.
Da wird ihn die Göttin gewahr, die Göttin Diana, die Herzogin, die ihn doch einmal schon aufgenommen hatte . . . Jetzt aber hebt sie gebieterisch den Arm:
»Aktäon . . . Aktäon . . . was wagst du, Sterblicher? Du bist ins Mysterium eingedrungen . . . hast das Geheimnis der ewigen Jugend belauscht . . . du mußt sterben . . .«
Noch ehe Cyparis sich mit flehender Gebärde zu Knien der Göttin werfen kann, sieht Cyriak sich verwandelt. Ein flüchtiger Hirsch rast er dahin. Schon haben die Hunde ihn erreicht. Schon schlagen sich ihre Fänge in sein Genick. Und schon ist alles versunken und die Lichtung leer.
Nur ein einzelner Köter steht noch da, verlegen, einen zerfetzten Girardi im Maul.
Denn damals — zur Zeit, da unsere Geschichte spielen wird — trugen manche Herren der Gentry schon wieder diese Art von Hüten.

NACHWORT

Es befriedigt und beglückt mich zutiefst, daß viele und, wie ich glaube, sehr kompetente Kritiker immer wieder mit großem Nachdruck und guten Beweisen auf das »Ungewöhnliche« im Werke meines Mannes hingewiesen haben.
Auch von allen denen, die Einblicke in das Manuskript des vorliegenden Buches hatten, vernahm ich immer wieder, wie »ungewöhnlich« sein Inhalt sei. Vielleicht kann ich hier einiges Aufhellende dazu sagen.
Für meinen Mann lag — und für mich liegt — nichts Ungewöhnliches in diesem Werk. Er lebte — und ich mit ihm — in einem sicheren Wissen um die hier geschilderte Welt, die er niemals als Erfindung, immer als eine Manifestation der Wirklichkeit empfand. Das hatte viele Gründe. Zuallererst war es wohl seine Abstammung, sowohl von der väterlichen wie von der mütterlichen Linie her — die Vorfahren beider Linien stellten Kreuzfahrer, die aus Griechenland nach Italien gekommen waren —, die ihn dazu anregte und befähigte, sich tief in eine noch lebendige Vergangenheit zu versenken. Dann galt, von frühester Jugend an, seine Liebe dem Studium der matriarchalischen Menschheitsepochen und ihren noch erhaltenen und wirksamen Kräften, wie er sie in Quellheiligtümern, in Kirchen und Kapellen erkannte. Aber auch die Vorstellungs- und Verwandlungskraft des griechischen Geistes, die vielfach das Menschliche zu den Göttern erhob, war ihm aufs genaueste vertraut. Er wußte, daß diese Geisteswelt mit ihrem Untergang nicht zerstört worden war, sondern sich im Gegenteil weiter verstreut und verbreitet hatte, in unzähligen Verästelungen neue Brennpunkte ältester Kultur schaffend. Es ist keineswegs Lokalpatriotismus, wenn er den Haupterben dieser Geisteswelt in Österreich erblickte und nicht etwa im modernen Griechenland oder Italien. (Nur Venedig noch ist Schatzhüterin urältester Weisheit, vielfach verdeckt und überlagert, aber überall durchbrechend wie altes Gold.)

Ungewöhnlich war allerdings die Persönlichkeit, deren es bedurfte, um alle diese verborgenen Kräfte zu erkennen und zu erfassen. Ungewöhnlich war die besondere Affinität, die ihn mit jenen verschütteten Gütern verband. Ungewöhnlich war seine Fähigkeit, diese Güter noch in ihren sonderbarsten und unwahrscheinlichsten Verkleidungen, in ihren modernen Verkörperungen von heute zu erkennen. Diese Fähigkeit eignete ihm mit einer manchmal fast beängstigenden Intensität. Er war ein Magnet, der nicht nur das Verborgenste ans Licht zu ziehen verstand, sondern überall die abstrusesten Menschen in seinen Bannkreis zog. Ob in Tirol (wir lebten seit 1917 in Meran, das nicht nur geologisch-klimatisch eine Sonderstellung in Europa einnimmt, sondern auch uralte geistige Strömungen und Kräfte bewahrt, die sich hier nicht einmal andeuten lassen) — ob in Wien, wo wir beide, nur auf Ortsnamensforschungen gestützt, wertvolle früh- und geistesgeschichtliche Erkenntnisse gewinnen konnten — ob im Südosten des ehemaligen Österreichs, ob in Ungarn oder Böhmen —: immer scharten sich um ihn die unwahrscheinlichsten Gestalten. Wenn er sie alle dann in seine erzählerischen und dramatischen Werke aufnahm, sie verwandelte, vertiefte und erhöhte, so tat er damit nichts anderes, als alle Dichter eh und je getan haben. Nur die Art und Weise, wie er es tat, kam bei ihm aus der Begabung eines medialen Schaffens, die ihn das Wirkliche in eine Welt des Unwirklichen und Unglaublichen hüllen ließ. Und damit konnte er über die wirkliche Welt mehr und Tieferes aussagen, als es in einer anderen Form möglich gewesen wäre.
Von hier aus betrachtet, hellt sich die persönliche Grundidee auf, die durch das ganze Werk geht: daß man sich nur durch die Hingabe an irdische Schönheit und Vielfalt vor dem Absturz in die furchtbare, zerstörerische Macht, die von der Göttin der Schönheit ausgeht, zu retten vermag. Es wird in diesem Roman gezeigt, wie verhängnisvoll es selbst für den Auserlesenen ist, die Grenzen des Irdisch-Menschlichen zu überschreiten und in die verschlossenen Bezirke des Göttlichen einzudringen, geschehe es auch mit der reinsten Absicht und mit dem erhabensten Gefühl, das es gibt: der Liebe. Die vollkommene Schönheit gebietet

ein letztes Halt. Sie ist der sakrale Endpunkt irdischer Möglichkeit, denn dem Menschen ist nur der *Weg* zur Gottheit gegeben, aber nicht, sie zu erreichen. So wird das »Maskenspiel der Genien« zu einem überhöhten Welttheater, dessen tiefere Inhalte eine ständige Frage an den Leser darstellen, eine Beunruhigung seiner »normalen« Existenz: er sieht fremde Welten erstehen, sieht längst überwunden geglaubte Kräfte und Gestalten lebendig werden, sieht, wie sich die Daseinsebenen verschieben und wie an ihren Bruchstellen Zeit und Raum ihre sichere Funktion, ihre gewohnten ordnenden Beziehungen einbüßen. Nach außen hin mag das Lächerlichste und das Lustigste, das Dümmste und das Verworrenste geschehen — aus allem tritt immer klarer die zwangsläufige Tragik im Schicksal des Helden hervor und vollzieht sich bis an ihr furchtbares Ende.
Mit der Arbeit an diesem Roman hatte mein Mann kurz nach dem Erscheinen des »Gaulschreck im Rosennetz« begonnen, der 1928 in einem seither längst eingegangenen Wiener Verlag (Arthur Wolf) erschienen war und der das einzige Werk bleiben sollte, das noch zu Lebzeiten meines Mannes im Druck vorlag. Oskar A. H. Schmitz hatte den Anstoß zur Publikation gegeben und bewog meinen Mann, auch weiterhin die Gedanken und Einfälle und Erkenntnisse, die er im täglichen Gespräch mit Freunden und Fremden so freigebig verschenkte, für ein neues Buch festzuhalten. So häuften sich, in seiner unleserlichen Handschrift und mit seiner schlampig-genialen Mißachtung jeder »Arbeitsmethode«, auf unzähligen Zetteln des verschiedensten Formats die Formulierungen und Notizen und Entwürfe, deren Gesamtheit dann dem Manuskript dieses Werkes zugrunde lag.

Und nun liegt der Roman als zweiter Band der Gesamtausgabe vor. Möge auch dieser zweite Band die gleiche Anteilnahme finden wie der erste — und das gleiche Verständnis für den tieferen Sinn, den das Publikum und die Kritik zu meiner großen Freude ja auch im »Gaulschreck« schon erkannt hat. Ich bin sicher, daß man bei der Lektüre des »Maskenspiels der Genien« noch weniger übersehen wird, wie sehr die Maske der

Narretei nur als Vorwand dient, um Wahrheiten aussprechen zu können.
Es liegt mir am Herzen, noch ein Wort des Dankes und der Anerkennung für die Bearbeitung zu sagen und die einzigartigen Verdienste zu würdigen, die sich Friedrich Torberg als Brückenbauer zwischen dem Werk meines Mannes und der Öffentlichkeit erworben hat. Er hat sich mit meinem Mann immer sehr gut verstanden — das weiß ich aus den persönlichen Begegnungen und der Korrespondenz so vieler Jahre. Ich weiß aber auch — und mein Mann wußte es ebenso —, daß nur ein dichterisch schöpferischer Mensch die nötige Einfühlungskraft für das Werk eines anderen aufbringen kann. Friedrich Torberg besitzt diese Kraft und hat sie so liebevoll in den Dienst dieses Werkes gestellt, daß jetzt die bestmögliche Druckfassung des allzu umfangreichen Originals vorliegt.
Ich wünsche seiner Arbeit und meiner Hoffnung, die ja beide dem künstlerischen Ansehen und Andenken meines Mannes gelten, weiterhin alles Glück.

Meran, im Sommer 1958

Maria-Carmen von Herzmanovsky-Orlando

LUSTSPIELE UND BALLETTE

Die Uraufführung von »Kaiser Joseph und die Bahnwärterstochter« fand am 10. Januar 1957 in den *Münchner Kammerspielen* statt. *Axel von Ambesser* und *Gertrud Kückelmann* gaben die beiden Titelrollen, in den weiteren Hauptrollen waren *Therese Giehse* (Witfrau Gackermaier), *Fritz Eckhardt* (Zwölfaxinger) und *Otto Schenk* (Teuxelsieder) beschäftigt. Regie: *Axel von Ambesser.* Bühnenbild und Kostüme: *Jörg Zimmermann.* Musik: *Karl von Feilitzsch.*

In der österreichischen Erstaufführung, die das *Burgtheater* am 13. Februar 1957 im Akademietheater besorgte, wurden die entsprechenden Rollen von *Josef Meinrad, Inge Konradi, Adrienne Gessner, Alfred Neugebauer* und *Hugo Gottschlich* dargestellt. Regie: *Leopold Lindtberg.* Bühnenbild: *Stefan Hlawa.* Kostüme: *Erni Kniepert.* Musik: *Alexander Steinbrecher.*

»Zerbinettas Befreiung« wurde vom Burgtheater am 13. Februar 1961 im Akademietheater uraufgeführt, mit *Johanna Matz* als Zerbinetta und *Boy Gobert* als Don Tiburzio. Weitere tragende Rollen gaben *Hans Thimig* (Pantalone), *Ernst Anders* (Brighella), *Michael Janisch* (Bambagiante), *Fred Liewehr* (Capitano Tartaglia), *Gusti Wolf* (Colombina), *Johannes Schauer* (Scapino), *Franz Böheim* (Giangurgolo), ferner *Lotte Tobisch, Richard Eybner, Karl Eidlitz, Emmerich Reimers, Viktor Braun* und andere. Regie: *Axel von Ambesser.* Bühnenbilder: *Stefan Hlawa.* Kostüme: *Erni Kniepert.* Musik: *Alexander Steinbrecher.*

Das Fragment »Sellawie oder Hamlet, der Osterhase« wurde im März 1970 vom »Theater am Belvedere« in Wien aufgeführt und stand einen Monat lang en suite auf dem Spielplan.

KAISER JOSEPH UND DIE BAHNWÄRTERSTOCHTER

Ein parodistisches Spiel mit Musik
in einem Akt

PERSONEN

Von Allerhöchsten Herrschaften

S. M. Kaiser Joseph II., in der Maske eines schlichten, doch vornehmen Reisenden, bisweilen unter dem Namen eines Grafen von Falkensteyn

Vom Hochadel

Gräfin Primitiva von Paradeyser, Obersthofmeisterin

Veronica von Marsilien*
Lucretia von Landschad*
Ottilie von Hatzfeldt*
} Comtesserln bei Hof

S. H. Wolf Dietrich Fürst Pfauenberg, k. k. Obersthofmarschall*

S. E. Ludwig Graf Cobenzl, geh. Staatsminister

Orpheus Graf Wumpsbrandt, Oberstküchenmeister von Kärnthen

Orpheus der Jüngere, dessen Herr Sohn

Von der Hofgesellschaft

Kreutzwendelin Graf Schaessburg*
Onophrius Freiherr von Laab im Walde*
Dagobert Pappelberg, Edler von Kaiserhuld und Pappelforst*
} Kammerherren

Verschiedene Kammerherren und Hofdamen

Zwei österreichische Pagen

Vom ausländischen Adel

LORD PERCY FAIRFAX FITZROY HOBGOBLIN, kgl. Britannischer Botschafter

SIR HUGH ALGERNON WHIMBHALL, dessen Sekretär

ZWEI ENGLISCHE PAGEN

Aus der zweiten Gesellschaft

IGNAZETTE FREIIN VON ZIRM, née Scheuchengast, aus dem Hause der Scheuchengast-Scheuchengast, fälschlich auch Eynöhrl genannt

Aus dem guten Mittelstande

ZAHLREICHE REISENDE, einem von der verkehrten Seite angekommenen Zug entsteigend

Hofbedienstete

ABDIAS HOCKAUF, kaiserl. erbländischer Hofzugs-Vorreiter

ZWEI LAKAIEN AM HOFWAGEN

Aus dem gewöhnlichen Mittelstande

GACKERMAIER LEOPOLDINE, eine beleibte Witfrau

Aus dem Volke

ZWÖLFAXINGER FRANZ, k. erbl. Bahnwärter

INNOCENTIA, genannt Nozerl, dessen ehel. Tochter

TEUXELSIEDER FRANZ, k. erbl. Hilfsheizerstellvertretersanwärtersubstitutengehilfe ohne Gebühren, Innocentias heimlich Verlobter

PIFFRADER FRANZ, k. erbl. Lokomotivführer

NEBELKETTINGER FRANZ, k. erbl. Verschieber

MUGELSCHUPFER FRANZ
TRUMMRUCKINGER FRANZ
ZWAXELHOFER FRANZ
WACHELBERGER FRANZ } k. erbl. Streckenarbeiter

ZWEI BAUERNBURSCHEN, Franz und Franz

FRANÇOIS, ein Lakai*

ZWEI LAVENDELWEIBER*
DREI BEHÖRDLICH KONZESSIONIERTE ZUGS-ANKUNFTS-WAHRSAGERINNEN

Figuren zweifelhafter Provenienz

ZWEI GNOMEN, auf einer Draisine

Aus dem Abschaum

RINALDO RINALDINI, ein Mörder, auf der sommerlichen Erholungsreise begriffen
BEPPO, dessen Adjutant

Aus der Hölle

RINALDINIS ARME SEELE*

Aus dem Reich der Täuschungen

EIN K. K. DOPPELADLER
WALDMANN, ein Dackel, als Zugmeldehund tätig
MEHRERE LÄMMLEIN
EIN PFEFFERFRESSER
} alle ausgestopft

ORT:
Vor dem Bahnwärterhaus in Wuzelwang am Wuzel
ZEIT: 1786

*Die mit * bezeichneten Rollen sind stumm, müssen bei Aufführungen nicht eigens besetzt werden und können aus dem Personenverzeichnis wegfallen.*
Die Charaktere dieses Spiels repräsentieren, nach dem Willen des Autors, die »mystische Stimme Österreichs« und sprechen für bzw. gegen sich selbst; billige Verzerrungen können getrost vermieden werden. Das burleske Element kommt in der Opernparodie, in den Kostümen und in der Handlung selbst hinlänglich zur Geltung.
Vor der Station Wuzelwang. Stilisierte Alpenlandschaft mit

grandiosen Gletschern (Prospekt). Rechts, ein wenig schräg gegen den Hintergrund, steht das Bahnwärterhaus. An seiner näher zur Rampe gelegenen Seite springt ein mit Knieholz bewachsener Felsabhang in die Bühne vor, an der andern Seite (Hintergrund Mitte) ragen aus einem imaginierten Abgrund einige Tannenwipfel herauf. Im Hintergrund links wird die Landschaft abermals felsig und gibt die Öffnung des Tunnels frei, aus dem sich das einspurige Bahngeleise hervorkrümmt; es führt über den Moos- und Wiesengrund, der die linke Hälfte der Bühne einnimmt (und von einigen ausgestopften Lämmern bevölkert sein kann), und verliert sich links in die Kulisse, aus der die Zufahrt erfolgt. Im Hintergrund rechts mündet ein steil gewundener Fußpfad, der gegen den Abgrund zu durch ein schwarz-gelbes Staketengeländer geschützt ist. Das Bahnwärterhaus selbst ist ebenerdig, in der Art eines schönbrunngelb gestrichenen Pavillons, und trägt die deutlich lesbare Fraktur-Aufschrift:

WUZELWANG AM WUZEL

Mit Allerhöchstem Privileg Rangir- und Haltestation der Kaiserlich Erbländisch Anticipirten Eisenbahnen. Seehöhe 2817 Fuß 32 Klafter

Auf dem Dach eine Signalglocke. Tafeln und Aufschriften ad libitum. Ruhebank seitlich vom Eingang.
Ein strahlender Gebirgsmorgen. Leises Herdengeläute von fern. Über den Mittelpfad kommt TEUXELSIEDER FRANZ *aufgestiegen, stellt keuchend seine Kraxen ab und beginnt ihren Inhalt in einen barock verschnörkelten Holzbehälter mit der Aufschrift »Brennmaterial« umzuschaufeln. Während seines Monologs verfällt er gelegentlich in ein gespreiztes Amtsdeutsch.*

TEUXELSIEDER: ... So ... Dös war die dritte g'wesen. Lauter Tannenzapfen. G'hört alles für d' Logomodiew. Nix schmeckt denen Logomodiewen besser als wie Zapfen. Dös wann s' haben, mögen s' nix anders. Und gar d' Pockerln! Freilich, die Kohlenhandler kriegen an Grant, wann sie's sehn. Nutzt nix — mir ham halt 's Sparsystem ... *Sortiert* ... Pockerln ... Zapfen ... morsche Dachbreder ... ab und zu an alten Schlapfen ... an krepierten Raben ... was ma halt so find't. Das siecht man höcheren Ortes gerne ... Aber i mach's ja net wegen an höcheren Ort. I mach's wegen meiner Innocentia. Wegen mein Nozerl ... So viel sauber is s'! So viel sauber! U n d ein Mistviech ... Gschpassig, daß die Saubern allweil Mistviecher sein ... Da heißt's eben aushalten. Im Dienst und in der Liebe! Der Dienst, dös is mei Brot. 's trockene Brot. Aber die Nozerl, die is der Schunken drauf ... No, und was ihr Herr Vater is, der is halt mei Vorg'setzter. Als Eisenbahner. Eigentli is er ja mehr a Ferschter. Das heißt: a ausg'sprochener Ferschter is er aa net. Halt mehr ... no ja ... alsdann mei Vorg'setzter is er jedenfalls. Ein Kaiserlich Erbländisches Bahnorgan ... da derf ich aus dienstlichen Gründen nix sagen. Und wann i sag, er is a Wilddieb, so is's gegen 's vierte Gebot, weil er doch amal mei Schwiegervatterl wird ... *Er verstummt. Aus dem Stationsgebäude tritt* VATER ZWÖLFAXINGER *auf den Perron, räkelt sich unternehmungslustig.*

ZWÖLFAXINGER: No, jetzt'n gehn mir's bald an ... Reich mir 'n Stutzen, Teuxelsieder Franz.

TEUXELSIEDER: Aha.

ZWÖLFAXINGER: Was?

TEUXELSIEDER: Nix.

ZWÖLFAXINGER: D o c h was!

TEUXELSIEDER: Na, nix. I hab nur zu meiner selbst g'redt. Dös mach i immer.

ZWÖLFAXINGER: Da hast aber a saudumme Ansprach ... Den Stutzen!

TEUXELSIEDER *öffnet einen kaschierten Verschlag und reicht den Stutzen* ZWÖLFAXINGER, *der ihn prüfend betrachtet.*

ZWÖLFAXINGER: Putzt g'hört er. Und dem deinigen wird's aa nix schaden ... *Lauter:* Wannst 'n putzt!

TEUXELSIEDER, *der ein wenig verträumt dagestanden ist, holt mit eilfertigem Ruck aus einem andern Versteck seinen Stutzen und setzt sich neben* ZWÖLFAXINGER *auf die Bank. Beide beginnen zu putzen.*

ZWÖLFAXINGER *singt:*

Das Zügerl, das pfeift,
Und 's Gamserl pfeift aa,
I kenn s' auseinander,
Die Pfiff alle zwaa!

Auf 's Zügerl, da grüaß i,
Auf 's Gamserl, da schiaß i,
Ja, der Dienst is mei Leb'n
Und d' Gamserln daneb'n!

Sakra! Der Stutzen is rosti! Und 's G'schloß tuat a nimmer. Rost ... nix wie Rost.

TEUXELSIEDER *wichtig:* Ja, ja, der Rost. Der is auch bei der Bahn der greßte Feind. Schaun S', so a Logomodiew. Wanns dich umdrahst — sag'n ma: du hast grad a Krügl Bier wo trunken in einer Starzion — wanns dich umdrahst: i s schon wo a bisserl rosti ... die Logomodiew ...

ZWÖLFAXINGER: Bleeder Kerl.

TEUXELSIEDER: Wos? Bleeder Kerl? Mi heißen S' an bleeden Kerl? Wo i d' Hoazerschul absolviert hab?

ZWÖLFAXINGER *geringschätzig, während er die Reinigungsarbeit wiederaufnimmt:* Was hast denn schon g'lernt in dera Hoazerschul ...

TEUXELSIEDER: 's Verrosten ham mir g'lernt, ein ganzes Jahr lang! Aber net sofort. In der erschten Klass' ham mir 's Fruhstuckholen glernt und in der zweiten 's Maikäfer-Zsammtreten. Und als Freigegenstand 's Weitspucken ...

Während sie weiter putzen und schmirgeln, kommt NOZERL *aus dem Haus, bleibt verdutzt stehen.*

NOZERL: Was tuats denn da?

TEUXELSIEDER: Grüß di Gott, Nozerl. Heut bist wieder amal sauber beinand.

NOZERL *streng:* Was da tuats, hab i g'fragt.

ZWÖLFAXINGER: No, halt die Stutzen putzen. Die brauchen mir heut. Is der deinige leicht schon sauber, Teuxelsieder Franz?

TEUXELSIEDER *durch* NOZERLS *Mißbilligung sichtlich in Verlegenheit gebracht, zerstreut:* Ja, leicht ... i moan ... dös schon ...

ZWÖLFAXINGER *herrscht ihn an:* Himmelsakra, is er's oder is er's net?! Könntst dir langsam ein urntlichs Antworten ang'wöhnen! Sonst bringst es nie zu nix und bleibst ewiglich ein Hilfsheizerstellvertretersanwärtersubstitutengehilfe ohne Gebühren. Daß di net schamst!

NOZERL: I schamert mi viel mehr, wann i —

ZWÖLFAXINGER: Dich hat keiner g'fragt. *Zu* TEUXELSIEDER: Und du geh und hol die andern von der Strecken ... hast g'hört?

ZWÖLFAXINGER *nimmt an seinem Stutzen die letzten Handgriffe vor, ohne sich um* NOZERL *zu kümmern.*

TEUXELSIEDER *eilig ab.*

ZWÖLFAXINGER *singt:*

D' Gams hoan an Wechsel,
Und auch 's Bahngleis hat an,
Und wann i auf d' Gamserln geh,
Pfeif i auf d' Bahn!
Juhu, juhu,
Dann pfeif i auf d' Bahn!

NOZERL: Vatter, Vatter! Wie kann man soliches sagen! Wo die Bahn unser höxter Stolz is! Wo doch unsre Inschiniere die Bahn derfunden ham! Natürlich mit Bewilligung von Seiner Majöstött und vom Hl. Vater. Der Herr Oberförster hat mir alles erzählt ... Wie damals der Kaiser Joseppf —

ZWÖLFAXINGER *unterbricht tadelnd:* Joseppf! Joseppf! Wannst unsere Majestät noch einmal Joseppf aussprechen tust, nachher ...! Hab ich dir nicht beim Schreibenlernen g'sagt, daß der Kaiser hinten weich ist ... Josefff ...

NOZERL *beschämt:* Ich will's gewiß nie wieder tun, Herr Vater ... Alsdann, wie also der Kaiser Joo-seff ... das Staubmeisteramt gegründet hat — das mit der Aufschrift: »Kaiser Jooseff für die gerechte Verteilung des Staubes« —, da haben s' eahm g'sagt: wenn er die Eisenbahn bauet, so tät's überhaupt nimmer stauben in Österreich ... und dessentwegen ist die Eisenbahn erfunden worden.

ZWÖLFAXINGER *uninteressiert:* Wird schon so sein ... *Er vertauscht seinen mit dem Doppeladler geschmückten Dienstschako gegen ein Jägerhütl.* Und jetzt bring mir die Schachtel umi ... die, wo die Treu im Herzen drauf gemalt is.

NOZERL *erschrickt:* Die Schachtel mit'n Ruaß drinnen? Herr Vatter, Herr Vatter!

ZWÖLFAXINGER: Röhr net a so. Ich muß mir das G'sicht einschmieren mit'n Ruaß, dös weißt eh ... No, wird's bald?

NOZERL *ab ins Haus.*

ZWÖLFAXINGER *singt:*

Die Gamserln, die laufen,
Die Zügerln, die schnaufen,
Und beide g'hör'n mein — *Juchzer*
Oh, Stationsvorstand sein!

NOZERL *kommt mit der Schachtel aus dem Haus, schaut gepeinigt zu, wie* ZWÖLFAXINGER *sich prustend das Gesicht einreibt.*

NOZERL: Wann S' Ihna lieber waschen täten, Herr Vatter! Sie wer'n ja im Dienst von selber schmierig g'nua ... Ihna Kopfpolster schaut eh schon aus, daß einer Sau graust ...

ZWÖLFAXINGER: Sei staad! Dös is bei alle Eisenbahner so! San halt kane Hofrät. Dafür riacht's bei die Hofrät schlecht. So viel müachteln tuat's — weil dieselben allweil in die Zimmer beinand hocken. Jo, jo, die hecheren Beamten ... *Er erhebt sich entschlossen.* Kimm, Waldmann!

Aus dem Haus wird ein unförmig ausgestopfter Dackel hervorgeschoben, der ZWÖLFAXINGER *aus gelben Glasaugen anglotzt und sich dann brüsk umdreht.*

ZWÖLFAXINGER *zornig:* Rabenbratl, verdächtigs ... Aber die Knochen kiefeln, dös war dir recht ... Laß di ausstopfen, du Hundsviech ... *Er tritt ihn in den Hintern. Der Dackel jault.*

NOZERL: Er weiß halt, daß er dienstlich in der Station gebraucht wird, zum rechtzeitigen Verbellen von die herannahenden Züge.

ZWÖLFAXINGER *äfft nach:* Gebraucht wird, gebraucht wird ... Und i braucherт eahm halt für die Gamserln!

NOZERL *verzweifelt:* Vatter! Vatter! Ach lasset doch vom Wildpretdiebstahl ab! Allweil denen Gamserln auffischiaßen!

ZWÖLFAXINGER *stolz:* Lauter Spiegelschüss'!

NOZERL: Dös is akrat so, als wenn S' unsrem guaten Herrn Kaiser auf'n Spiegel auffischiaßeten ... naa! Ins Herz treffeten! *Sie weint.*

ZWÖLFAXINGER: Plaaz net a so, sag i!

NOZERL: Vatter, Vatter! Tuan S' es nöt! Tuan S' es nöt! Denken

S', was der Herr Guardian von die Kappaziner unlängst so schön brödigt hat gegen die Wildpretschützen: daß der Kaiser an jeden Schuß g'spürt ... daß er beim Schreibtisch in d' Höh fahrt und selbst am geheiligten Thron allweil umiwetzen muaß, wann er grad regiert!

ZWÖLFAXINGER: Bleedsinn! Nacher möcht er ja in ganzen Tag umanand hupfen wiara Heuschröck.

NOZERL *beschwörend:* Vatter — an Heuschröck! Da müssert er ja als a Ganzer grean ausschaun! Und an greanen Kaiser kann's gar net geb'n. A richtiger Kaiser muß ganz schwarz-gelb an-g'legt sein, akrat wiara Schilderhaus. Daran kennert man eahm, wann er amal kämet ...

ZWÖLFAXINGER: Dumme Gans!

NOZERL: Wann S' mi aa a dumme Gans heißen, Vatter — Eahnare Tochter bin i do, und tua Eahna halt recht scheen bitten: bleiben S' z' Haus! *Singt:*

Schömt Euch vor dem Nepomuken
Auf der Brucken beim Tunöll!
Tuhet in den Dienst einrucken,
Waschet ab die Schwärze schnöll!

ZWÖLFAXINGER: Halt die Pappen.

Er hat sich einen schwarzen Spitzbart umgehängt, der ihm ein infernalisches Aussehen gibt. Fernes Donnergeräusch.

NOZERL: Höret Ihr nicht, Herr Vatter? Der Himmel zirnet Eurem Vorhaben!

ZWÖLFAXINGER: An Schmarrn. A Lawin' is abgangen.

Er nimmt das Signalhorn, geht gegen den Hintergrund und bläst. Andere Hörner antworten. DIE WILDDIEB-EISENBAHNER, *eine Gruppe verwegen aussehender Burschen mit geschwärzten Gesichtern, kommen, sich vorsichtig umschauend, über den Mittelpfad heraufgeschlichen und umringen ihr Oberhaupt.*

NOZERL *rutscht auf den Knien beschwörend von einem zum anderen:* Oh, die ihr vom Streckendienst seid — lasset ab von eurem deiflischen Vorhaben! Trummruckinger Franz ... Zwaxelhofer Franz ... Wachelberger Franz ... Nebelkettinger Franz ... Mugelschupfer Franz ... Oh, ihr grauslichen Fränze! *Mit einem Aufschrei bemerkt sie* TEUXELSIEDER, *der sich immer hinter den andern versteckt hatte.* Auch du, Teuxelsieder Franz? Du bleibst da!

ZWAXELHOFER: Hast leicht Angst, daß sich ein Gamsbock in sein Hosenfutter verhackeln tät und ihn wegtragert, den Schneider-g'sellen, den kralawatscherten?

MUGELSCHUPFER: G'halt 'n dir, dein Bäckenknecht mit sein blechernen Schiaßer!

TRUMMRUCKINGER: Is eh g'scheiter, du bleibst da, Teuxelsieder, und hilfst ihr beim Lamperlhüaten ...

NEBELKETTINGER: So viel tramhapert lauft er umanand, der Kitteldragoner der!

TEUXELSIEDER *will dem Widerstreit seiner Gefühle ein Ende machen und auf* NEBELKETTINGER *losgehen.* ZWÖLFAXINGER *sieht ihn mit furchtbarem Blick und gesträubtem Bart an.*

ZWÖLFAXINGER: Keine Raufhändel! So was derf unter Eisenbahnern niemals nicht vorkommen!

WACHELBERGER *mit verächtlicher Geste gegen* TEUXELSIEDER: Eisenbahner —!

TEUXELSIEDER *mannhaft:* Jawohl, Eisenbahner! Auch wenn ich vorläufig nur ein Hilfsheizerstellvertretersanwärtersubstitutengehilfe ohne Gebühren bin — meine Eisenbahnerehre laß ich mir von keinem streitig machen ... *Zu* NOZERL, *weich:* Schau, Nozerl, dös mußt verstehen. Dienst is Dienst, auch außern Dienst. Und ein Eisenbahner bleibt ein Eisenbahner, auch wann er zu Fuß geht.

NOZERL: Fragt sich nur, w o h i n daß er zu Fuß geht! Und wohin gehst d u ? Auf Gamserln gehst!

TEUXELSIEDER: Schau, Nozerl —

NOZERL: I brauch nimmer schaun. Is eh schon gnua, was i g'sehn hab. Und dich, Teuxelsieder Franz, will i gar nimmer sehn. Geh nur. Geh.

TEUXELSIEDER *reißt sich nach kurzem Zaudern los und folgt den andern, die über die Felsenkulisse im Hintergrund links verschwinden.* NOZERL *bleibt mit dem Dackel allein, der an den passenden Stellen ihres Monologs durch ungelenkes Schwanzwedeln, Bellen u. dgl. seine Anteilnahme bekundet.*

NOZERL: Da geht er hin, der aufgeblasne Kerl ... ah na, dös kummt ja erst später, im Rosenkavalier ... Und er is ja auch gar net aufgeblasen, mein Franzl. Bißl bleed is er halt, dös schon. Aber net schlecht. Grad so wenig wie der Herr Vatter. So viel ein guater Vatter könnt er mir sein, wann eahm net allweil die Gamserln verlocken täten. No ja. Er is halt mehr Mensch als Stationsvorstand. Is ja auch kein Wunder. Die Eisenbahn hat sich noch nicht so richtig durchgesetzt in den Kaiserlichen Erblanden, und dös bisserl Zugsverkehr kann einem Menschen keinen Lebensinhalt nicht abgeben. Da muß er sich halt nach einer Abwechslung umschaun. Und 's is mir no allweil lieber, er bleibt in der frischen Natur, als wie daß er zum Hundsknochinger Samiel hinunter gingert, in die Bahnhofswirtschaft von Schurkental, und über die Bolidik dischkuriert ... Wann s' eahm nur net derwischen, in Herrn Vattern! Und mein Franzl dazu! Wann s' es nur net derwischen ... Mir schwanet Übeles ... gelt, Waldmann? Dir auch? *Der Dackel gibt sonderbar weinerliche Töne von sich.* Weil, wann s' eahm derwischen tun, dann is aus. Dann verkaufen s' eahm nach Fenedig, auf die Galeere ... *Schluchzt.* I siech ihm schon rudern, in Herrn Vattern ... und wegen sein schwarzen G'sicht halten s' ihm für an Mohren ... Zwölfaxinger, der Mohr von Fenedig ...

Der Dackel jault stärker. Hinter der Szene werden kurze, trokkene Trommelschläge hörbar. NOZERL *horcht auf, zugleich sucht sie den Dackel zu beruhigen.*

NOZERL: Ja was is denn? Ja was hast denn? Ja was wär denn dös?

Von links über das Bahngeleise kommen drei Callotsche Fetzenfiguren, die DREI BEHÖRDLICH KONZESSIONIERTEN ZUGS-ANKUNFTS-WAHRSAGERINNEN, *die erste mit einem mächtigen Tirolerhut, die zweite völlig vermummt, die letzte mit venezianischem Dreispitz, Trommel und kurzem, buntlappigem Röckchen, das ihr zu leicht frivoler Tändelei verhilft. Die erste trägt einen Kasten umgehängt, auf dem ein farbig gefiederter Pfefferfresser hockt, der mit seinem riesigen Schnabel Wahrsagerzettelchen (sogenannte »Planeten«) zu ziehen abgerichtet ist. Die Vermummte trägt eine große Kaffeetasse in der Hand, die Kurzgeschürzte ein Paket Spielkarten. — Musik.*

ERSTE:

Kömmt herbei, ihr Leute, wir sind's!
Kömmt herbei in eilichten Scharen!

ZWEITE:

Für an luckerten Kreuzer Münz
Könnts das tiefste Geheimnis erfahren!

DRITTE:

Wir künden's getreu und geschwind
Mit übersinnlichen Sinnen.

ALLE DREI:

Kömmt herbei, ihr Leute, wir sind

ERSTE:

Die Zugs-

ZWEITE:

Ankunfts-

DRITTE:

Wahrsagerinnen.

ALLE DREI:

Die Zugs-Ankunfts-Wahrsagerinnen!

ERSTE:

Mein Paapperl so bunt und so schön,
Der zieht euch aus seine Planeten
Die Ankunftszeit von die Train
Und wie lang daß sie sich verspäten.

ZWEITE:

Ich hab an Kaffeesud im Häferl,
Brauchst nur a weng zuwischmecken,
Dann siehst, wie die Spur'n von an Käferl,
Gleich alle Züg auf der Strecken.

DRITTE:

Wer umsteigen will, der befragt
Zuerscht einmal meine Karten.
Da wird ihm die Wahrheit gesagt,
Sonst müßt er oft tagelang warten.

ERSTE:

Die Anschluß- und Abfahrts-Stund —

ZWEITE:

Die Zuschläg, die Zonen, die Zeiten —

DRITTE:

Wir tun's für an Kreuzer euch kund —

ALLE DREI:

Laßt euch nicht vom Fahrplan verleiten!

Abwechselnd

Denn wir sind die behördlich geprüften,
Landesbefugten und autorisierten,
Gerichtlich vereidigten, konzessionierten
Eisenbahn-
Zugsankunfts-
Wahrsagerinnen.

ALLE: Kaufts an Lavendel ...

NOZERL: Schauts, daß weiterkummts, ihr grauslichen Weibsbilder! I brauch euch net! I hab mein Dackel. Gelt, Waldl, du schmeckst die Züg, was kommen, schon von der weiten, gelt?

Die DREI WAHRSAGERINNEN *gehen ab, indem sie Flüche murmeln und böse Beschwörungsgesten gegen das unschuldige Tier machen.*

NOZERL: Bist a bravs Huntl, a bravs. Is auch ein Unglück, daß der Döllegraf no net erfunden is. Immer pantschen s' mit'n Kaffeesud umanand, die Gelehrten ... *Der Dackel knurrt.* Ja, was hast denn? Knurre nicht, Dackel. *Zu sich:* Was kann er denn haben? Wann ein Zug käm, tät er Laut geben. Der muß wo a Viech spür'n ... irgend a ganz hohes Viech, was daherkommt ... horch ... Pferdegetrappel auf der Strecke? *Sie schirmt die Augen mit der Hand.* Ein Vorreiter! Da schau! Gar ... einer ... auf ... an ... Apfelschimperl ... Das bedeutet einen Extrazug! Und wie hart er sich tut ...

Hinter der Szene wird das asthmatische Keuchen einer Lokomotive hörbar. NOZERL *nimmt die Signalfahne und stellt sich in Positur. Von links erscheint der* VORREITER *auf einem reich geschmückten, dicken und etwas zu kurzen Apfelschimmel (ausgestopft). Er springt ab und bindet das Roß mit den permanent irrsinnig geweiteten Augen an die Signalscheibe.*

VORREITER *salutierend:* Alsdann — da wären wir. Der Train muß gleich kommen.

Aus der Kulisse schiebt sich eine Lokomotive mit der verschnörkelten Aufschrift »Schönbrunn« und einem hohen, messinggekrönten Rauchfang. Sie zieht einen gelben, einfenstrigen, sänften-

artigen Wagen, über dem ein Straußenfederbusch wippt und der mit trompetenblasenden und paukenschlagenden Putten verziert ist. ZWEI LAKAIEN *springen hinten ab und öffnen, sich verbeugend, den Schlag. Heraus tritt ein* VORNEHMER HERR *in Uniform.*

HERR: Mich dürstet. Hast du Milch, liebes Mädchen?

NOZERL *macht eine erschrocken abwehrende Geste.*

HERR: Ob du Milch hast? Ein Glas Milch?

NOZERL: Ah so — im Glas. Sofort, bitte.

Während die LAKAIEN *sich diskret um den* VORNEHMEN HERRN *zu schaffen machen, läuft* NOZERL *ins Haus und kommt mit einem Glas Milch zurück, das sie mit einem Knicks überreicht. Der* HERR *trinkt in kleinen, vornehmen Schlucken.*

HERR: Das kühlt und labt. Ich danke dir, mein Kind. Wer bist du?

NOZERL: Ich tu die Bahn da hüten, und auch die Lämmlein hüte ich!

HERR: So jung und schon so viel auf deinen zarten Schultern? Ei, ei! Und heißen tust du?

NOZERL: Nozerl, zu dienen.

HERR: Nozerl? Das ist kein Name christlichen Bekenntnisses. Wie taufte dich der hochwürdige Herr Pfarrer?

NOZERL: Innocentia Walpurga Maria-Taferl Zell und am Gestade, Herr. Aber jetzt muß der Herr mich entschuldigen. Ich habe Dienst. *Will ins Wächterhaus.*

HERR: Wohin eilst du so eilig, Mädchen?

NOZERL: Den Trichter holen und die Pitschen.

HERR: Wozu?

NOZERL: Die Maschine muß ich auffüllen mit neuem Brennmaterial und Wasser. Sonsten derpfnaust sie's nimmer, wann s' weiter will!

HERR: Vortrefflich. *Zu den* LAKAIEN: Dreht die Maschine um!

Die LAKAIEN *und das übrige* PERSONAL *führen seine Weisungen aus. Sie nehmen die aus Watte bestehenden Dampfwolken herunter und drehen die Lokomotive so, daß sie mit der Stirnseite zum Sänftenwagen steht.* NOZERL *leert eine Kraxe voll Tannenzapfen in den Tender und schraubt mit einem Schraubenschlüssel den Kessel auf, aus dem der Dampf pfeifend entweicht. Dann will sie den Kessel füllen.*

HERR: Halt, mein Kind! Ein wenig Geduld. *Zu den* LAKAIEN: Fischet zuerst die Würstel heraus, die während der Fahrt im Kessel hingen. Ich will das zweite Frühstück.

Die LAKAIEN *befolgen den Befehl. Der* HERR *nimmt auf der Ruhebank Platz und bedeutet* NOZERL, *sich neben ihn zu setzen. Artig bietet er ihr ein Paar an.*

NOZERL: Bin so frei.

HERR: Senf?

NOZERL *kauend:* Nein.

HERR: Schmeckt's?

NOZERL: Ja. *Schluckt.* Hab so feine noch nie nicht 'gessen. Man merkt wohl, die sind weit her. Vielleicht aus der Hauptstadt? Oder gar aus Frankfurt? Wissen S', dort kriegt der Kaiser bei der Krönung die ganze Krone voll mit heiße Würstel!

HERR: Was du nicht sagst!

NOZERL: Die Frau Mahm hat mir's erzählt. Und auch die Herren Kurfürsten werden reich mit Würstel beschenkt. Aber alle gerecht — alle gleich —! Nicht daß einer a Paarl mehr krieget ... daß am Ende untereinand ins Streiten kämen, die Herrn Kurfürsten!

HERR *lächelnd:* Ganz so spielt eine Krönung sich denn doch nicht ab, mein Kind.

NOZERL: Nicht? Und warum heißt man dann die hochen Herrn, die was um den Kaiser herum sind, Großwürstelträger?

HERR *lacht:* Aber Kind! Groß w ü r d e n träger heißen sie.

NOZERL: Ah — so ...?! *Ehrfürchtig:* Wie Sie das alles wissen! Am End waren S' gar schon einmal in Frankfurt?

HERR: Hm ... allerdings ...

NOZERL: Jöh, sein Sie weit umma kimmen! *Verbessert sich:* Woit geroist, will ich sagen. Ja, so a Logomodiew is halt was Kommod's ... Aber jetzten muß ich den Kessel auffüllen.

Sie hat fertig gegessen und macht sich an die Arbeit. Der HERR *betrachtet die Szene mit Wohlgefallen.*

NOZERL: Is dös a scheene Gutsch'n! Die liaben Engerln drauf ... und der Federbuschen ... ja, wer da mitfahren könnt!

HERR: Führest du gerne mit?

NOZERL *verständnislos:* Führest — bitt schön?

HERR: Ob du mit so einem Zug gerne führest?

NOZERL: Ja, wann er mich führet, fahret ich schon gern mit ihm, o ja. Und lauter silberne Fünfzehnkreuzerstück tät ich außistreun — grad wie der Kaiser!

HERR *läßt einen milde nachdenklichen Blick auf* NOZERL *ruhen:* Muß adeliges Blut haben ... ja, ja, die Hofjagden ...

NOZERL *zuckt zusammen:* Uijeh ...

HERR: Was ficht dich an, mein Kind? Bist du dem edlen Waidwerk abhold?

NOZERL *betreten:* Naa ... i net ... es is halt nur, daß manche von die Jager ... *Stampft auf.* I mag's net dulden, daß sie unserm Herrn Kaiser allweil am Hintern auffischiaß'n. *Verschämt und erschrocken:* ... allweil am Spiegel auffischiaß'n, dö Lumpen.

HERR *mit einer nervösen Bewegung:* Wer — was — wieso denn mich — wieso auffischiaß'n?

NOZERL: No ja, i moan ... weil 's Land auf, 's Land ab gar so viel Wildpret g'schossen wird ... und da denk ich mir, unser Herr Kaiser muß dös akrat spüren, wann s' eins von seine liaben Gamserln trifft ... akrat so, als treffet s' ihn selber ... ins Herz ... und wo man s' halt sonst meist derwischt ...

HERR *gerührt:* Du bist ein braves Mädchen und eine treue Patriotin!

Er streichelt sie, was ihm sichtlich Vergnügen bereitet, auch während der folgenden Worte läßt er seine Hand auf NOZERLS *Haupt ruhen.*

HERR *zum* PERSONAL: Seid ihr fertig? Dann mögt ihr jetzt ein wenig die Lokomotive an der Gegend ausprobieren. Und die Gegend an der Lokomotive. Ich warte hier.

Der HEIZER *legt den Blasbalg weg und wischt sich die Stirne. Die* LAKAIEN *setzen die Hüte wieder auf, mit denen sie Luft ins Ofenloch gewedelt hatten.* NOZERL *tritt vor, richtet die Weiche, schwenkt die Fahne und stößt ins Horn. Die* LAKAIEN *haben den Zug angeschoben und springen auf, jeder an seinen Platz. Der Zug verschwindet ächzend im Tunnel. Der* VORREITER *bleibt zurück (was dem* HERRN *offensichtlich nicht ganz recht ist), hebt dem Gaul einen Huf auf und schlägt mit dem Schienenhammer einen Nagel ein.*

HERR: Abdias, gehe Er Bleamerln brocken! Ich wünsche hier zu rasten.

VORREITER *zögert, gestikuliert.*

HERR: Geh Er getrost. Von diesem wackern Landeskinde droht mir keine Gefahr ... Und nehm Er das Roß mit sich. Mach Er es mit der Strecke vertraut, die wir heute noch befahren werden. Scheuch Er probeweise das Vieh vom Geleise, damit uns nicht wieder ein störrischer Ochse eine halbe Stunde lang den Verkehr lahmlegt.

VORREITER *und* SCHIMMEL *ab. Der* HERR *zieht* NOZERL *mit sich zur Ruhebank. Sie setzen sich.*

HERR: Und jetzt erzähl mir von dir, du liebe Kleine. Wer ist dein Vater, sprich?

NOZERL: Zwölfaxinger schreibt er sich und ist Bahnwärter in des Kaisers Diensten.

HERR: So. Und warum ist er nicht hier?

NOZERL: Er — er holt grad was — zum Essen ...

HERR: Warum tut das nicht deine Mutter?

NOZERL: Die ist im Spital in der Stadt. Mit Frostbeulen. Noch vom Winter. Wir haben ein Sauklima hier!

HERR: Schau, schau, wie gebildet du daherredest! Du liesest wohl viel an den rauhen Winterabenden?

NOZERL: Ah na. Letzten Winter war i noch a Afn ... a Afanal ... naa! A Alfanafal ... a Analfaf ... *Sie schluchzt beinahe.*

HERR: Ach — du meinst: eine Analphabetin?

NOZERL *jubelnd:* Ja, dös war i ... so viel a schöns Wort: Alafam — böm — — i merk mir's net ... Aber der Kaiser will s' durchaus ausrotten, dieselben. Mit Stumpfel und Stingel!

HERR: Ei, hat er da nicht recht? Ist es denn nicht herrlich, wenn man die Trivialschule genossen hat?

NOZERL: Ja, ja, dös schon. Aber dös schöne Wort zu sein, is auch schön! 's klingt so vornehm ... An-al-pha-betin ... man is doch dann wer ... fast wie a Baronin.

HERR: Nun, dafür kannst du jetzt deinen Namen schreiben.

NOZERL: Ich kann jetzt alles, was der Dienst erheischt!

HERR: Vortrefflich. Dann führst du wohl den Dienst auf der Station?

NOZERL: Ja.

HERR: Nun, sprich — und kommt jetzt bald ein Zug?

NOZERL: Nein.

HERR: Wieso weißt du das?

NOZERL: Sonst hätt der Hund ang'schlagen. Der meld't an jeden Zug, genau eine halbe Stund früher. Ohne Dachshund keine Bahn! Bei die Vorreiter herentgegen knurrt er nur. Aber Vorreiter sein selten ... So nobel tun's wenige ... *Staunend:* Sagt — wer seid Ihr?

HERR: Wollen wir das lassen.

NOZERL: Der schöne Ring ... Ihr seid vom Hof ... ein Zwerg vielleicht ... als Großer bloß verkleidet?

HERR *konsterniert:* Ein Zwerg —?!

NOZERL: Halt in Kommodadjustierung. Auf'm Urlaub. Um unsern guten Kaiser rings herum sind ja ein Haufen Hofzwerg und sonst auch Minister und a Massa Böhm und Ungarn und Heiducken!

HERR: Also so stellst du dir den Hof vor? Nein, mein Kind, dort schaut's ganz anders aus, ganz, ganz anders ...

NOZERL: Wie S' das nur sagen ... Mit so einer Sicherheit in der Stimme ...

Sie tritt einen Schritt zurück und betrachtet ihn forschend. Auch der HERR *ist aufgestanden, blickt verlegen um sich, erspäht eine im offenen Hausflur lehnende Klampfen, holt sie erleichtert hervor.*

HERR: Da du mir just von Stimme sprichst, mein Kind — sicherlich hast du, wie alle Sennerinnen, eine schöne solche. Nicht wahr? *Er drückt ihr die Klampfen in die Hand.* Du, die du da dem Kaiser sennest auf deiner eisernen Alm — singe mir eins, mein Kind!

NOZERL *singt:*

Dem Kaiser sein Dirndl bin i,
Die Dirn von der eisernen Alm,
Ich hüt die Bahn und das Vieh,
Umwehet vom Eisenbahnqualm.

In aller Herrigotts-Fruah —
Die Glocken schlaget grad zehn —,
Da hat man vom Dienst schon ka Ruah,
Da kömmet der Mitternachtstrain.

Und wann er Verspettungen hat,
So pfnaust er noch g'schwinder dahin.
Er kommt aus der Kaiserstadt,
Aus *Juchzer* Wihaho — wohaha — Wien.

Drin sitzen viel noblichte Herrn,
Die feschesten Ungarn und Böhm,
Doch am meisten hätt man es gern,
Wann der Kaiser selbst einmal käm!

Sie hat das Lied beendet, läßt die Klampfen sinken und blickt den »Bravo« rufenden HERRN *schmachtend an.*

HERR: Zwölfaxinger Innocentia, du hast eine wunderschöne Stimme! Parole d'honneur! Um diesen natürlichen Schmelz könnte manche Diva dich beneiden.

NOZERL: Die Wah? Was ist das? Kann denn eine Wah so gut singen?

HERR *nachsichtig:* Nein, keine Wah. Eine Diva, weißt du. Das ist eine vom Theater.

NOZERL: Thiater! Muß dös schön sein! Ich habe noch nie keins nicht g'sehn. Aber Sie, Sie waren gewiß schon in einem drinnert ... Gelten S', da müssen die Herrn vergoldete Gamsbart anlegen, weil gar der Kaiser kommen könnt?

HERR: Wer hat dir denn d a s gesagt?

NOZERL: Der Vater. Er tut nämlich die Gamsbart ... *Sie stockt.*

HERR: Nun?

NOZERL *verwirrt:* Nämlich ... der Vatter ... der find't die Gamsbart ...

HERR: So?! Und wo findet er deren?

NOZERL *wieder gefaßt:* I wollt sagen, er find't die Gamsbart gar so schön. Er selber hat ja keinen — er hat überhaupt kan Bart — er geht ja rasiert — weil's ihm der Dienst so vorschreibt. Alle Eisenbahner müssen rasiert gehn. Mitsamt die Vorreiter. Nur was die Vorreiter von die ungarischen Züg sein, tragen langmächtige Schnurrbärt ... Die brauchen s' dort zum Umistechen gegen die Fliegen ... damit sie s' verscheuchen ... in Ungarn ... *Sie schweigt erschöpft.*

HERR *anerkennend:* Richtig! Du kennst das Reglement.

NOZERL *kokett:* No — und i, wann i Dienst mach — i brauch mi erscht gar net rasieren. Bin ganz glatt ... hab gar keine Haar! *Zeigt auf ihre Wange.*

HERR: Laß sehen, mein Kind. *Streichelt sie.*

Der Dackel schlägt plötzlich wie toll an. Auf einem Rollwägelchen kommen, sich mit Stöcken abstoßend, ZWEI GNOMEN *gefahren.* NOZERL, *wütend über die Störung, will sie mit der Fahne verscheuchen.*

NOZERL: Marsch zurück ins Tunnel! Was tuts da umanandertschundern am hellichten Tag? Schamts euch gar net? Was muß sich der fremde Herr denken, wie's bei uns auf der Strecken zugeht?

GNOMEN *durcheinander, mit hoher Stimme:* Wir lassen uns die Bahn nicht verbieten. Wir gehören dem Wirtschaftsverband an. Wir repräsentieren die österreichische Industrie.

NOZERL: Meiner Seel — i bind 'n Dackel los — könnts dann schaun, wie's mit ihm fertig werd'ts!

HERR *legt sich ins Mittel:* »Die Bahn frei für den Tüchtigen« — so steht's im Hofdekret. Laß die Kleinen schalten! Mein Neffe Franciscus ist ihnen zugetan. — He, Gnomen! Wer seid ihr?

ERSTER GNOM: Salniterkratzer, bittschön. Wir kratzen den Salpöter aus der Tunnele Wölbung.

ZWEITER GNOM: Und liefern ihn in die Pulvermühle, dem Vaterland zu dienen.

HERR: Recht so, ihr wackern Kleinen! Kratzet getrost fürs Vaterland Salniter, des Blitzes ei. Fahrt nur eilig fort, der Kaiser braucht sein Pulver.

GNOMEN *mit hämischem Gemecker ab.*

Und du — *zu* NOZERL — sei nicht so streng! Es kann nicht lauter Husarenleutnants auf der Strecke geben. Die Eisenbahn steht allen offen.

NOZERL: Das is's ja grad, daß s' allen offensteht! Daß ein jeder die kaiserlichen Schienenstränge mißbrauchen derf! Wie oft, wann der Vatter auf'm Gleis sein Schlaferl macht ... HERR *stutzt* ... um es zu bewachen, legt er sich hin. Damit die Zigeuner nicht die Schienen stehlen!

HERR: Die Zigeuner stehlen Schienen?

NOZERL: Die sein wie die Raben drauf! Und wann der Vatter auf den Schienen — also: wacht ... kommt da net auf an Roller 's Fetzenweib gefahren — der Powidlböhm — der Zwiefelkrowot — oder der Kohlenjud — und überfahren den Vattern.

HERR *lacht.*

NOZERL: Da lacherten S' net, wann S' dabei wären, wie der schimpft. Der röhrt Ihna, daß es Viech im Tal zu fressen aufhört!

HERR *begütigend:* Alterier dich doch nicht, mein Kind. Steht einem so hübschen Geschöpf nicht gut an ... *Er streichelt sie abermals.*

Gerade als NOZERL *zu schmelzen beginnt, taucht vom Fußpfad her schwer atmend die beleibte* WITFRAU LEOPOLDINE GACKERMAIER *auf, hinter ihr zwei Bauernburschen,* FRANZ *und* FRANZ, *mit einer Unzahl von Gepäckstücken, die sie sogleich abladen.*

WITFRAU *mit Keuchpausen:* So — da habts — zwoa Kreizer — kaafts enk — wos.

ERSTER FRANZ: Zwoa Kreizer? *Zum Zweiten:* Die gebert für alles z'samm zwoa Kreizer, Franz! Nimmst es du?

ZWEITER FRANZ: I nehmert's net, Franz. *Zur* WITFRAU: Zwoa Kreizer für drei Zentner vier Stund lang auffischleppen is z'wenig!

ERSTER FRANZ: Tua's ihr nur einisag'n, Franz!

WITFRAU: Z'wenig. So. Und was wollts denn nacher?

ZWEITER FRANZ: Was woll'n mir, Franz? Nacher?

ERSTER FRANZ: Jo mei, Franz — siebene nehmerten mir.

ZWEITER FRANZ: Guat is, Franz. *Zur* WITFRAU: Siebene nehmerten mir.

WITFRAU: Nehmerts ihr, so. Aber i gebert's euch net.

ZWEITER FRANZ: Sie gebert's uns net, Franz. Was tan mir jetzten?

ERSTER FRANZ: Wart, Franz. Laß mi füri. *Er tritt kampflustig vor die* WITFRAU *hin, weiß aber nichts zu sagen.*

ZWEITER FRANZ: Na, Franz. Laß m i. *Ebenso.*

NOZERL *dezidiert:* Für zwei Leut drei Zentner vier Stund macht fünf Kreuzer.

WITFRAU: Was mengt denn Sie sich drein, Sie schnippische Person, Sie?

NOZERL: Tun S' keine Eisenbahnamtsorganehrenbeleidigung im Dienst vornehmen, und zahlen S'!

WITFRAU: Ja wer is denn Sie, daß Sie mir Vorschriften machen will?

HERR: Hat Sie nicht gehört? Sieht Sie nicht, daß Sie ein Amtsorgan der Kaiserlich Erbländischen Eisenbahnen vor sich hat?

Unterdessen sind DIE BEIDEN FRÄNZE *nahe an die* WITFRAU *herangetreten und halten ihr drohend die offenen Hände hin. Die* WITFRAU *gibt unter mißmutigem Murren nach und klaubt aus ihrem Beutel umständlich die Münzen hervor, nach deren Empfang* DIE BEIDEN FRÄNZE *abgehen.*

WITFRAU: Unverschämt — was die Leut sich heuzutags — herausnehmen tun — möcht wissen, wie unsereins — dazukömmet — notiges G'sindel übereinand — — *Sie beginnt ihre Gepäckstücke nachzuzählen.* — — eins — zwei — drei — vier fünf — sieben — acht . . . wo ist der sechste? I siech den sechsten net! Eins — zwei — drei — vier — fünf — sieben — acht — neun — elf . . . acht — neun — elf . . . und den zehnten aa net! Die Taschen, wo die Flucht nach Ägypten aufg'stickt is — und die andre, wo die heiligen Siebenschläfer drauf san, wia s' grad aufwachen und in heiligen Ulrich anrufen . . . da war a recht a fettes Schweinernes drin. *Sie sucht verzweifelt und wirft dabei die Gepäckspyramide um, mault weiter.* Fünf Kreuzer . . . und Diebsbeutel aa no . . . *halb zu* NOZERL: Wo . . . is denn . . . der Zwölfuhrzug? Schon kummen — oder noch nicht? Wann kunnt er kummen tun? Wann er kummen kunnt, frag i?!

NOZERL *ungnädig:* Das kann man nie nicht wissen: Wie er's grad dermacht. Und wie er Vorspann findet bei die Bergeln. An ungrade Tag kommt er manchmal gar nicht. Heut wär so ein Tag. Gehn S' z' Haus — oder wo S' her sind. Und mieten S' Ihnen ein Fuhrwerk.

WITFRAU: Ah so was! Ah da schau her! Und zu was hätten mir eine Eisenbahn? Da sollte seine Römisch Kaiserliche Majestät einmal antreiben!

HERR *fährt empört auf.*

WITFRAU: Net sölber antauchen — beileib net — na. So ein zartes Mandl . . . *Blickt devot zum Himmel.* Aber ans Zepter eine Peitschenschnur binden und urntlich dreinschnalzen — das könnt net schaden . . .

Der VORREITER *kommt mit einem Strauß Alpenblumen zurück, bindet den Gaul wieder an und will das Bukett dem* HERRN *in den Arm legen.*

HERR: Tölpel! Schmeiß Er's weg! VORREITER *zögert.* So hau Er's um die Erd!

VORREITER: ... das Weibsbild da?

HERR: Nein! Die Blumen! Den Buschen!

Der VORREITER *begreift und gehorcht. Die* WITFRAU *hebt das Bukett auf und versucht es am Busen unterzubringen.*

WITFRAU *kokett:* Zu liab vom Herrn ... wölch sünnüge Aufmörksamkoit! Ich bin Blumistin, müssen wissen! *Sie watschelt dicht hinter dem nervös auf und ab Gehenden her, von* NOZERL *mit finsteren Blicken verfolgt.* Warten der Herr gleichfalls auf den Train? Sind gewiß aus der Stadt! Leicht aus Znaim? Hab einen Oheimb, der was dorten der reichste Metzger is. Oder leicht aus Zwettel? Sehen dem dortigen Notar ähnlich — wie aus'n Gesicht g'schnitten! *Vertraulich:* Soll hoches Blut in seinen Adern haben ...

HERR *wendet sich indigniert ab.*

NOZERL: Wo hat Sie denn das Büllet, das Sie berechtigt, sich hier auf der G'stetten aufzuhalten?

HERR *tadelnd:* G'stetten? Das heißt Perron, mein liebes Kind!

NOZERL *beschämt:* Ja natürlich. Baron. — Alsdann? Was berechtigt Sie, sich am Baron breitzumachen? Auf ihm umananderzusteigen? Das g'fallert einer jeden!

WITFRAU *wütend:* No, dann geben S' mir halt a Büllet.

NOZERL: Für'n Baron oder für'n Zug?

WITFRAU: Meinetwegen für'n Zug. Was gibt's denn überhaupt für Bülletter?

NOZERL: Ah, so einfach is dös net. Da muß i ja erscht die Personalien aufnehmen.

Sie schiebt von außen das Schalterfenster neben der Eingangstür hoch, setzt die Dienstkappe auf und tritt durch den Eingang hinter das Schalterfenster.

NOZERL *hinterm Fenster sitzend:* Alsdann. Sie heißen?

WITFRAU: Gackermaier Leopoldin.

NOZERL: Net so g'schwind — mir san im Gebirg! *Buchstabiert für sich.* G — a — Gacker ... maier ordinär g'schrieben? Wie ein ganz gewöhnlicher Maier? Alsdann. Taufname?

WITFRAU: Leopoldin! Hab's eh schon g'sagt.

NOZERL: Aber i hab's no net g'schrieben. *Schreibt.* Stand? Sein natürlich ledig. Wieviel Kinder? Und deren Geschlecht?

WITFRAU *empört:* I bin a kinderlose Wittib und Braut.

NOZERL *sarkastisch:* Na, da gratulier i. Und wo wollen S' hinfahren?

WITFRAU: Nach Powang. *Die Gepäckpyramide stürzt ein.*

NOZERL *blättert:* Powang ... Da hätt ich zwei — links und rechts voneinander. Eins im Kamptal und eins in den Kaiserlichen Erblanden ob der Enns.

WITFRAU: Ins Ob-der-Ennsische möcht ich ... *Schwärmerisch:* Ich heirat den dortigen Bürgermeister ... Woislhofer schreibert er sich, wann er schreiben könnt ...

NOZERL: Das interessiert uns im amtlichen Verkehr nicht ... hm ... Powang ob der Enns ... liegt zwischen Großklein und Kleinklein ... schmalspurige Nebenstrecke ohne Vorreiter. Und was für welche Klassen wollen S' denn haben?

WITFRAU: Was für welche gibt's denn?

NOZERL: Alsdann, da hätten mir zuerscht die erschte.

WITFRAU: Was kost' denn die?

NOZERL: Das is es ja, die kost' gewöhnlich gar nix. Da fahren so feine Leut drin, daß sie nix zahlen brauchen ... Und in der zweiten fahren wieder die staatlichen Funktionäre, die zahlen höchstens a halberte Hundskarten ... Für Ihnen kämert als erschte die dritte in Betracht.

WITFRAU: Gibt's sonst noch welche?

NOZERL: Ja freilich. Mir hätten noch eine vierte und eine fünfte. In der vierten gibt's kein Dach, in der fünften herentgegen keinen Boden. Da müssen S' zu Fuß mitlaufen.

HERR *verdutzt:* Hör ich recht? Das gibt's?

NOZERL *aufklärend:* Is erscht kürzlich probeweise eing'führt worden. Weil man nimmer g'wußt hat, wie man den Reisenden das billige Fahren in gerechter Weise recht unbequem machen soll ... Da zahlen s' ein Spottgeld, in der fünften, und brauchen net so hart sitzen auf die langen Strecken.

HERR *verdattert:* Ein Eisenbahnwagen ohne Boden ...

NOZERL: No, besser wie nix is schon. Die Leut ham halt doch das G'fühl, daß s' an Eisenbahnzug benutzen. Die Freud laßt man ihnen. Aber dafür sehen s' nix. Weil ja die Seitenteil da sein.

HERR *völlig ratlos:* Kein Boden — aber Seitenteile?

NOZERL: Die Seitenteil braucht man für die Türln, sonst könnt ja niemand einsteigen ... Von unten einsteigen ist natürlich strengstens verboten. Wegen der Kontrolle. Und kein Boden u n d kein Seitenteil — das wär ja die sechste. Die gibt's noch nicht. Aber vielleicht führen sie's noch ein, in der nahen Zukunft. Daß auch die Onkelkinder eine Freud haben ...

HERR *zusammenbrechend:* Mein Gott, mein Gott ... auf was die Fachleut alles draufkommen, wenn man sie laßt ...

NOZERL *zur* WITFRAU: Alsdann? Was für eine welche wollen S'? A fünfte?

WITFRAU: A dritte!

NOZERL *das Dokument ausfertigend:* Eine — dritte — nach Powang ... Unterschrift — in Vertrettung — des Vattern: Zwölfaxinger-Nozerl. *Sie schlägt sich auf den Mund* ... falsch: Nötzchen ... aa net. *Schreibt schief, mit ängstlichen Blicken auf den* HERRN, *der sie streng beobachtet* ... Nötzlein —?

HERR: Das ist ein amtliches Dokument! Also?

NOZERL *streicht aus und buchstabiert erleichtert:* Zwölfaxinger In-nox-xenx-i-a, Kaiserlich ... Erbländisches ... Hilfs ... bahn ... unter ... organ ...

Nimmt Sand vom Boden und bestreut das Billett, das sie dann abklopft und der Frau hinwirft.

So — und jetzt zahlen S' 7 Gulden 77 $^{1}/_{7}$ Kreuzer, 7 Gulden die Fahrt und 77 $^{1}/_{7}$ Kreuzer Mautgeld ... Siebentel Kreuzer ham mir no net, die kriegen mir erst bei der nächsten Münzverschlechterung ... macht abgerundet 78 Kreuzer, wo Sie $^{3}/_{4}$ Kreuzer herausbekommen ...

HERR: Brav! Sie hat die Tariffen im Kopf!

NOZERL: Gepäck is frei, wann S' es am Schoß nehmen, ebenso zwei Kinder ebenda ... aber Sie! Was wiegen S' eigentlich?

WITFRAU *flüstert ihr ins Ohr.*

NOZERL: Naa, meine Liabe! Mit d e n Lebendgewicht müssen S' zwei Bülletter nehmen. 's zweite is die Zuwaagkarten. Wann S' es net glauben, bring i Ihna gleich die Beförderungsbedingungen für dicke Leut und Mißgeburten ohne Begleitpersonen!

Sie beginnt im Hintergrund zu manipulieren.

WITFRAU *zum* HERRN: So ein freches Mensch! Sollt bei mir im Dienst sein! I, wann i die Bahn bin, lassert mir dös net g'fall'n! Die müssert bei mir die Schienen schmirgeln von hier bis Wien, zweimal die Wochen ... Oder mit Zinnkraut putzen. Die falsche Sennerin, die! Kommt bloß auf lüsterne Gedanken da in der Einschicht ...

HERR: Ich darf doch bitten —?

WITFRAU: No ja, weil's wahr is. So ein junger Fratz ... leitet womöglich den Zug in'n Wald — mitten hinein — wo er sich in die Baam verwuzelt, daß man ihn leicht a Wochen lang net find't! *Wichtig:* Soll heifig vorkommen ... heifig vorkommen ... mir hat's a Ferschter erzählt ... *Geheimnisvoll:* Z'erscht hat er's wo klagen g'hört ... allweil klagen ... im Wald ... und dann hat er'n g'funden ...

HERR *macht eine abwehrende Bewegung.*

WITFRAU *unaufhaltsam:* Das sein aber bloß die leichten Fälle! Sie sein auf Züge g'stoßen ... oft schon voller Schwammerln ... wo die Schgeletter von die verhungerten Passascheer aus die Fenster herausgeglotzt haben ...

HERR *unwillig:* Was redet Sie da für einen Unsinn? So was ist vielleicht im Anfang dann und wann passiert, aber doch jetzt nicht mehr.

NOZERL *tritt vor das Fenster hinaus:* Sie haben 3 Gulden 23 Kreuzer Übergewicht zu zahlen.

WITFRAU *erbost:* Das kann Sie jedem sagen! Was weiß Sie denn überhaupt von der Bahn? Ist denn kein Mannsbild da? Hat Sie kan Vattern? Was treibt denn der, daß er sein Mädel da in der Einschicht laßt? Wo auch junge männliche Passascheer durchkommen ... Lustreisende ... A saubrer Vatter! Is g'wiß ein Wilderer ...

NOZERL *springt zornbebend vor:* Nein! Übern Vattern laß i nix kommen ... Er is a ehrlicher Mann ...

Man hört einen Knall. Der Dackel bellt wie irrsinnig. Der Gaul bäumt sich wiehernd auf. Ein Gemsbock klatscht mitten in die Gruppe hinein. Der VORREITER *läuft entsetzt davon. Unter Poltern und Krachen kollern und rutschen die* WILDERER, *von Geröll begleitet und in eine Staubwolke gehüllt, von der vorspringenden Felswand herunter. Der Gaul geht durch.* VATER ZWÖLFAXINGER *faßt sich als erster.*

ZWÖLFAXINGER: Sakra — jetzt hab i wegen dem dalkerten Vorsprung net g'sehn, daß Leut da san.

HERR: Parbleu! Geschwärzte Gesichter? Ihr seid ja . . . Demaskiert euch sofort, Halunken! Wischt den Ruß ab — Bärte herunter —!

ZWÖLFAXINGER: No, no, no — net glei so gach! Nur weil sich unserans a bißl die Menasch aufbessert . . .

WILDERER *murmeln drohend.*

HERR: Malefizpersonen seid ihr! Schießt des Kaisers Wild ab in den Bergen! Diebsgesindel!

TEUXELSIEDER *springt vor, schwingt drohend den Stutzen:* Dös nimmst z'ruck, dös Wurt — oder . . .!

NOZERL *wirft sich vor den* HERRN: Halt! Zurück! Nur . . . über . . . meine Leich . . . *Sie sinkt ohnmächtig in die Arme des* HERRN.

TEUXELSIEDER: Ah, sooo is dees? Sooo?! *Verzweifelt*: I geh ins Wasser . . . i stürz mi in'n Gießbach . . . Aber zuvörderscht . . . *Gräßlich:* . . . zuvörderscht laß i dem Herrn da die Darm außa! *Er zieht das Messer.*

ZWÖLFAXINGER *tritt mit patriarchalischer Wucht dazwischen:* Teuxelsieder — dös tuast net! Mörder san mir koane . . . untersteh dich! Die Darm bleiben drinnert!

In diesem Augenblick wird aus der Kulisse das Ächzen und Pfeifen eines herannahenden Zuges hörbar, der sich gleich darauf von links auf die Bühne schiebt. Der DACKEL *hat der Wildererszene zugeschaut und die Ankunft nicht gemeldet.*

ZWÖLFAXINGER: Marandanna! Dös is ja der Zwölfuhrzug . . . Was fallt denn dem ein . . . wo erst neine vorbei is . . . und von der falschen Seiten kummt er aa no . . . auf das Rabenviech, den Waldl, is gar kein Verlaß mehr.

Er hat trotz falschem Bart und geschwärztem Gesicht den Dienstschako aufgesetzt, die Signalfahne zur Hand genommen und »Freie Einfahrt« geblasen.

Der Zug bleibt unter unheimlichen Tönen stehen. Lokomotive, erster Waggon und Anschnitt des zweiten nehmen die linke Hälfte der Bühne ein. Der HEIZER *springt ab und stellt ein*

Schafferl unter den tropfenden Kessel. Dann steigt er mit einem Rauchfangkehrerbesen zum Schlot und versucht ihn zu putzen. Ein livrierter KONDUKTEUR *ruft den Stationsnamen aus. Den Waggons entsteigen eine Anzahl* REISENDER *in Rokokotrachten. Ein* ZEICHNER *mit einem Netzdiopter skizziert die Szene von einem erhöhten Platz auf dem Felsvorsprung rechts. Im Vordergrund links haben sich aus der Gesellschaft zwei finstere, wild um sich blickende Gestalten mit Carbonarievollbart abgesondert: der auf einer sommerlichen Erholungsreise begriffene Mörder* RINALDO RINALDINI *und sein* ADJUTANT. *Sie tauschen verschwörerische Bemerkungen und gestikulieren vielsagend nach der Gestalt des* HERRN. RINALDINI *zieht seinen Dolch, prüft unzufrieden dessen Schärfe, schleift ihn zuerst an der Sohle seines* ADJUTANTEN *und benützt sodann den ärarischen Schleifstein im Vordergrund. Während die beiden von der wachsenden Menge der aussteigenden* REISENDEN *allmählich verdeckt werden, drängt aus dem Hintergrund der Staatsminister* GRAF COBENZL *(in Galauniform) nach vorne und auf den* HERRN *zu. Er trägt ein rotes Akten-Portefeuille und trifft Anstalten, es dem* HERRN, *der immer noch die ohnmächtige* NOZERL *im Arm hält, mit Kniefall zu überreichen. Die* HOFGESELLSCHAFT *beginnt einen Halbkreis um die erhabene Szene zu bilden, wodurch der Blick auf* RINALDO RINALDINI *und* TEUXELSIEDER *wieder frei wird. Sie stehen in gleicher Entfernung rechts und links vom* HERRN, *beide mit gezückter Stichwaffe, neben* RINALDO *sein* ADJUTANT, *dahinter die Schar der* HOFBEDIENSTETEN *und sonstiges Personal, neben* TEUXELSIEDER VATER ZWÖLFAXINGER, *dahinter die Gruppe der* WILDERER. *Aus diesem Arrangement entwickelt sich szenisch und musikalisch eine barocke Opernparodie, die in unaufdringlicher Weise zugleich die Handlung weiterführt. Während der kurzen Buffodialoge in den Orchesterpausen verharren die übrigen Mitwirkenden nach Art lebender Bilder in ihren zuletzt eingenommenen Stellungen und geraten erst wieder mit dem Einsetzen der Musik in Bewegung.*

COBENZL *vor Aufregung stotternd:* Maj ... Maj ... durchl ... Maj ...

HERR *winkt ab:* Meinen Namen soll man nie erfahren.

COBENZL *respektvoll bestürzt:* Nie erfahren ...?

HOFGESELLSCHAFT *flüsterndes Echo:* Nie erfahren ...

Musik. Der HERR *nimmt Gesangsposition ein und behält dabei die ohnmächtige* NOZERL *im Arm, so daß sie, wenn er gestikuliert, leblos mitschwingt.*

HERR:

Mit Beweisen meiner Huld will ich nicht sparen,
Streu sie aus mit volle kaiserliche Händ.
Meinen Namen aber sollt ihr nie erfahren —
Ich verlaß mich drauf, daß ihn ein jeder kennt.

CHOR:

Er verlaßt sich drauf, daß ihn ein jeder kennt.

HERR:

Noch von heut in vielen hundert Jahren
Bleibt's ein österreichisches Patent,
Niemals nicht um Gottes willen zu erfahren,
Wie man wen und wie man was beim Namen nennt.

CHOR:

Daß nur niemand nichts beim rechten Namen nennt!

HERR:

Insgeheim ist man sich zwar im klaren,
Wer was ang'stellt hat und wo es brennt,
Doch den Namen wird man trotzdem nie erfahren,
Weil sonst eine Mischkulanz entstehen könnt.

CHOR:

Eine fürchterliche G'schicht entstehen könnt.

HERR:

Mögen andere die Blicke auf sich zahren —
Die Bescheidenheit ist unser Element!
Kann man wo von wem den Namen nicht erfahren,
Ist's zumeist ein Österreicher dann am End ...

CHOR:

Ja, ein Österreicher ist es dann am End.

Der HERR *hat sein Lied beendet und schupft* NOZERL *an seine Brust zurück. Der* CHOR *verharrt in regloser Schlußpose. In die vollkommene Stille treten aus dem Hintergrund* IGNAZETTE FREIIN VON ZIRM *(schwerhörig, mit riesigem Hörrohr) und* GRÄFIN PRIMITIVA VON PARADEYSER *(kurzsichtig, mit ständig aufschnappendem Lorgnon).*

ZIRM: Ma chère Paradeyser! Hat Sie Worte? *Deutet auf* NOZERL. Wie das ordinäre Mensch sich aufführt!

PARADEYSER: Versteh den Cobenzl nicht. Schaut einfach zu — statt daß er den Trampel endlich von geheiligter Römisch-Kaiserlicher Majestät herunterklaubt!

ZIRM: Wird auch schon alt, der Cobenzl. Passen S' auf, jetzt ist er bald reif für'n auswärtigen Dienst.

PARADEYSER: Also in Wien ist er auf das hin un — mög — lich. Wenigstens herunterklauben müßt er s' doch.

Während das Kopfschütteln der beiden langsamer wird und schließlich erstarrt, belebt sich rechts die Gruppe um TEUXELSIEDER, *der aufs neue sein Messer zu schwingen beginnt und von* VATER ZWÖLFAXINGER *in rhythmischem Handgemenge gebändigt wird.*

TEUXELSIEDER:

Er halt' sie noch immer im Arm —
Mein Nozerl — ich kann's gar net fassen!
Jetzt laß ich s' eahm außa, die Darm!
Auslassen zum Außalassen!

ZWÖLFAXINGER:

In die Berg is kein Mord nie noch g'schehn,
Soweit sich die Menschheit erinnert.
Auch du wirst dich nicht unterstehn —
Sei staad, und die Darm bleiben drinnert!

CHOR DER WILDERER *dumpf:*

Die Darm, die Darm bleiben drinnert.

TEUXELSIEDER *ist immerhin um zwei Schritte näher an den* HERRN *herangekommen. Mit ähnlichem Vor- und Nachspiel belebt sich unterdessen die Gruppe links.*

RINALDINI:

Per bacco, jetzt mack ick ihn hin,
Das ist eine Tsans wie kein zweite!
Was denken sick sonst in Wien
Und zu Haus von Rinaldo die Leute?

ADJUTANT:

Es geht nick, das siehst du dock selb,
Hier sind sson zu viele, per bacco!
Und tragen alle swarz-gelb
Mit Doppeladler am Tsako.

CHOR DER HÖFLINGE *jubelnd:*

Mit Doppeladler am Tschako.

Die Gruppen erstarren wieder. Während BARONIN ZIRM *ihr Hörrohr ansetzt und* GRÄFIN PARADEYSER *ihr Lorgnon aufschnappen läßt, nähern sich ihnen* ORPHEUS GRAF WUMPSBRANDT DER ÄLTERE, *der an der Hand seinen apathisch dreinschauenden Sohn,* ORPHEUS DEN JÜNGEREN, *nachzieht.*

ORPHEUS D. Ä. *zur* PARADEYSER: Ah! Liebste Gräfin! Charmant, Sie zu sehen! *Handkuß. Zur* ZIRM: Oh — und Baronin sind auch da?

ZIRM *Hörrohr:* Wie bitte?

ORPHEUS D. Ä. *lauter:* Baronin sind auch da?

ZIRM: Wie? Ich versteh nicht.

ORPHEUS D. J. *schreit ihr ins Hörrohr:* Ob Sie da sind!!

ZIRM: Ah so ... Nein.

ORPHEUS D. Ä. *verlegen:* Darf ich meinen Sohn Schnopfi vorstellen, den zukünftigen Majoratsherrn? Heißt natürlich auch Orpheus, wie wir alle ... Orpheus Bogumil Sosianus ... wird deshalb zu Hause auch Soserl g'rufen ... aber meiner Frau g'fallt Schnopfi besser ... *Zum Sohn, leise:* Sag der Baronin, daß sie brillant ausschaut.

ORPHEUS D. J.: Wäääl cher denn?

ORPHEUS D. Ä. Der langen ... die was so gelb im G'sicht is, wie ein gratinierter Karfiol ...

ORPHEUS D. J. *zur kleinen, krebsroten* PARADEYSER: Nein — wie Sie g'wachsen sind, seitdem ich nicht mehr das Vergnügen hatte ...

ORPHEUS D. Ä.: Is heut ein bisserl distrait, der Schnopfi. Aber nicht immer. Hat Ihnen sonst eine présence d'esprit — also der Kaunitz is ganz weg von ihm. Sagt mir nix wie Flattusen, wann er mich sieht. »Gratuliere zum Sprößling«, sagt er mir neulich. »Glänzender Nachwuchs für die Diplomatie. So was von undurchsichtig!« Also einer wie der würde zum Beispiel sofort Großsiegelbewahrer werden, da oben in ... Dingsda ... äh, wie heißt man's denn ... dort wo die englische Krankheit herkommt ...

PARADEYSER: Meinen England?

ORPHEUS D. Ä. *nach einigem Nachdenken:* Ja. England. Wie S' das gleich erraten haben ... Von dort kommt aber auch n i e was Gutes.

PARADEYSER: Sagen das nicht. Hab erst ohnlängst beim britannischen Ambassadeur einen Sherry verkostet — einfach superb. Dort können den Herrn Sohn ru-hig Großsiegelbewahrer werden lassen.

ORPHEUS D. Ä.: No ja, hätt ja auch nix dagegen. Und als Österreicher bringt man's halt doch eher im Ausland zu was Rechtem ...

Unterdessen ist GRAF COBENZL, *der bisher dem* HERRN *in halb kniender Stellung das Akten-Portefeuille hingehalten hat, langsam aufgestanden. Musik.*

COBENZL:

Eines Österreichers Chance auf Karriere
Ist, wenn er zu Haus bleibt, nicht sehr groß.
Nur wer Sitzfleisch hat, der bringt's zu Ruhm und Ehre —
Der Erfolg ist eine Frage des Popos.

CHOR:

Man erwirbt ihn nicht, nein, man ersitzt ihn bloß.

COBENZL:

Wer Talent hat und wem noch zu raten wäre,
Soll ins Ausland Karriere machen gehn.
Kommt er wieder mit gemachter Karriere —
In der Heimat, in der Heimat gibt's dann kein Wider-wider-widerstehn!

CHOR:

In der Heimat, in der Heimat, da gibt's kein Widerstehn.

Aus ihrer Gepäckpyramide löst sich polternd die WITFRAU GACKERMAIER *und stürzt auf* COBENZL *zu, den sie mit liebestollen Blicken zu verschlingen droht.*

WITFRAU: Nein, so viel ein schöner Mann was dös is! Mich sieht Powang nimmer. Und meine Verlobung mit'n Woislhofer lös ich auf. Den oder keinen ... Öxlenz!

COBENZL *dreht sich unwillig um:* Was denn? Wer ist Sie?

WITFRAU: Gackermaier heiß ich und bin eine geborene Schunkengruber.

COBENZL *indigniert:* Das seh ich. Und was will Sie?

WITFRAU: Ihnen, Öxlenz.

COBENZL: Wie —?

WITFRAU: Ihnen will ich Herz, Hand und Haus anbieten. Das heißt: mehrere Häuser. Ich bin eine grade Frau — eine einfache Frau — wenn auch eine reiche, sehr reiche Frau.

COBENZL *blickt milder:* Und?

WITFRAU: Und da wären einmal die zwei Eckhäuser am Schottenfeld, das eine mit'n Schild: »Wo der gute Hirte es verlorene Lamm rettet«, und das andere: »Wo die Schlange nach'n Sündenfall den erschten Eltern Gutenacht winscht.« Und dann wär da noch das Haus am Strozzigrund ...

COBENZL *blickt interessiert.*

WITFRAU *jetzt schon näher und vertraulicher:* ... wo i die Selcherei hab, was vom meinigen Geschwisterkind sein Schwiegersohn betrieben wird, Schebesta schreibt er sich und hat nur ein Ohrwaschel, denn das andere —

COBENZL *unterbricht:* Gut, gut, liebe Frau, aber wozu erzählt Sie mir das alles?

WITFRAU *vorwurfsvoll:* So seid ihr, ihr Großen dieser Ôrde! Ob ein armer Mann aus dem Volke zwei Ohrwascheln hat oder drei oder gar keins — das is eich wurscht. Ja möhr! Es is eich ein Gegenstand des Spottes oder gar des Abscheis. Und dabei hat er sein Ohrwaschel auf dem Altar des Vaterlandes niedergelegt.

COBENZL *verständnislos:* Eh —?

WITFRAU: No ja, weil's ihm der Türk vor Mohatsch abg'hauen hat.

COBENZL *steht stramm:* Ein braver Mann. Aber jetzt komm Sie zum Ende! Sieht Sie nicht, daß ich vom Dienst überbürdet bin? Also — was will Sie?

WITFRAU: Ôxlenz — nimm mich hin als die deinige!

Sie tut einen dröhnenden Fußfall. Der HERR *erschrickt und läßt* NOZERL *aus seinen Armen gleiten, die gleichfalls mit Getöse zu Boden fällt. Die Szene belebt sich allseits, Unterhaltungsmusik setzt ein.*

NOZERL *schlägt die Augen auf:* Wo ... wo bin ich? Und die vielen Menschen? Is leicht ein Zusammenstoß g'wesen? Aber nein — das is ja der noblichte Herr von vordem ... und da ... was ist das ... da schauts ... ober seinem Haupt ...

Mit Staunen sieht man den doppelköpfigen Reichsadler über dem HERRN *schweben.*

NOZERL: ... das muß ja ... der Kaiser sein!

ALLE *ehrfürchtig raunend:* Der Kaiser ...

HERR: O je. Jetzten is es heraus.

Er setzt zu einem musikalischen Dementi an. Die Begleitinstrumente verwimmern schon nach den ersten Noten.

HERR: Meinen Namen aber ... *Für sich:* Nutzt nix ... *Laut:* Alsdann ja, ich bin's.

ALLE *wie zuvor:* Der Kaiser Joseph ...

Die ZIVILISTEN *sinken in die Knie, die* UNIFORMIERTEN *einschließlich des* ZUGPERSONALS *stehen stramm und präsentieren ihre Degen, Stutzen, Besenstangeln oder was sie gerade zur Hand haben.*

NOZERL *auf* RINALDINI *deutend, angstvoll:* Und der schwarze Mann dort mit'n Vollbart — der kommt g'wiß aus Fenedig ... von die Galeeren ... und hat schon den Frachtbrief für mein armen Vatter bei sich ... Jessas!!

Sie stößt einen schrillen Schrei aus, denn RINALDINI *hat sich von seinem* ADJUTANTEN, *der noch ein beschwörendes »Rinaldo!« hören läßt, soeben freigemacht und geht mit gezücktem Dolch und unter heiseren »Per-bacco«-Rufen auf den* KAISER *los.* NOZERL *springt auf, um den* KAISER *mit ihrem Leib zu decken, doch wirft sich im gleichen Augenblick auch* TEUXELSIEDER *dazwischen und beginnt zum Takt der immer wilder gewordenen Begleitmusik mit* RINALDINI *zu ringen.*

CHOR:

Ujegerl, ein Attentat
Auf unsern geliebten Kaiser.
Wie der Mörder die Augen verdraht!
Wie klingt seine Stimme heiser!

Vertilgt ihn, bevor es zu spat,
Und laßt in der Hölle ihn schnarchen!
Es wär nämlich wirklich schad
Um unsern geliebten Monarchen.

Zum Abgrund, zum felsigen Grat!
Hinab mit dem Attentäter!

Gepriesen sei Gottes Rat,
Und ein Hoch dem tapferen Retter!
Hoch! Hoch! Hoch!

TEUXELSIEDER *und* RINALDINI *haben sich in rhythmischem Zweikampf der im Hintergrund markierten Schlucht genähert, wobei* TEUXELSIEDER *immer deutlicher die Oberhand gewinnt. Jetzt versucht er zum Takt der dreimaligen Hochrufe, die mehr wie ein »Ho-ruck« klingen, den zappelnden* RINALDINI *emporzuheben, was ihm jedoch erst beim dritten »Hoch« gelingt. Sodann schleudert er ihn in den Abgrund, aus dem nach einigen Sekunden atemlosen Lauschens ein dumpfer Aufschlag hörbar wird.* BARONIN ZIRM *und* GRÄFIN PARADEYSER *fallen in Ohnmacht, jene in die Arme des älteren, diese in die Arme des jüngeren* WUMPSBRANDT.

WITFRAU *zutiefst bewegt:* Habts es g'hört, wie's »bum« g'macht hat? Jetzten hat's eahm dermatschkert ...

COBENZL *beugt sich über den Abgrund, nickt ernst:* Dermatschkert ... *Dann wendet er sich zu* TEUXELSIEDER *und klopft dreimal mit dem Zeremonienstab.*

COBENZL: Der Retter Seiner Majestät —

ALLE: Hoch, hoch, hoch!

Nach dem letzten »Hoch« bleiben alle mit der zum Jubelruf erhobenen Rechten stehen, bis auf DIE BEIDEN WUMPSBRANDT, *die sich um ihre bewußtlosen Damen bemühen.*

ORPHEUS D. Ä.: Is die deinige noch immer bewußtlos?

ORPHEUS D. J.: Ja. Deine auch?

ORPHEUS D. Ä.: Ja. — Du, Schnopfi, was ich dir sagen wollt: alle Männer mit schwarze Vollbärt sind Möörder. Merk dir das fürs Leben.

ORPHEUS D. J.: Ah, da dran kennt man s'! Interessant.

ORPHEUS D. Ä. *zur* ZIRM: Wachen auf, bitte ... nix is. — Weißt, also so was von einer Attentatserrettung is nicht mehr dag'wesen, seit was der Stojesbal von Standschlaf von der böhmischen Hofkanzlei — der mit die g'schwinden Augerln — damals am Hofball den Mörder entdeckt hat, der was unter der Krinolin von der Kaiserinmutter versteckt war und immer mitg'schleift is. Erinnerst dich?

ORPHEUS D. J.: Natürlich. Wie wann's gestern g'wesen wär. Ja ja, der Stojesbal. Zuerscht hat er geglaubt, Majestät geruhen ein Dessous zu verlieren — aber derweil war's ein Stückerl vom Mörder, was herausg'schaut hat. Und auffälligerweise hat's immer »bim-bim« g'macht. Der Kerl hat nämlich Tanzsporen ang'habt. Wegen Hofball.

PARADEYSER *seufzt.*

ORPHEUS D. J.: Du — meine hat grad an Seufzer auslassen ... Glaubst, daß die Polizei sich das merken wird?

ORPHEUS D. Ä.: Da kommt s' g'wiß gleich zu sich. Ob die Polizei sich w a s merken wird?

ORPHEUS D. J.: Das mit die Vollbärt. — Jetzten wacht s' auf.

PARADEYSER *hat sich mit einem nochmaligen Seufzer aufgerichtet.*

ORPHEUS D. J. *stellt die Schwankende ab.* Das is aber g'scheit, daß Gräfin wieder bei gräflichen Sinnen sind ... bin innerlich total derangiert von der Strapaz ...

Zieht einen Taschenspiegel hervor und macht sich zurecht.

ORPHEUS D. Ä. *die* ZIRM *schüttelnd:* Baronin noch immer ohnmächtig? Kommen Baronin doch zu Baronin!

ZIRM *wie oben* PARADEYSER.

ORPHEUS D. Ä. *wie oben* ORPHEUS DER JÜNGERE.

ZIRM *sich umblickend:* Mir scheint, wir haben eine ganze Menge versäumt. Wann ist denn die Leich?

PARADEYSER: Muß mich erkundigen. Aber dazu ist jetzt keine Zeit. *Deutet auf* NOZERL.

NOZERL *steht in Anlaufposition zum Kniefall, den sie jetzt dicht vor dem* KAISER *vollführt; dabei stößt sie sich, um besseren Schwung zu haben, vom* VATER ZWÖLFAXINGER *ab.*

NOZERL: Majestät! Lieber Herr Kaiser! Übet Gnade an diesen da ... *Mit Geste zu den* WILDERERN. Sind ja lauter treue Eisenbahner, die sonst immer brav ihren Dienst machen. Übet Gnade an meinem Vattern ... sowie an meinem Bräutigame ...

TEUXELSIEDER *verzweifelt:* Wann i denk, was i vorhin von die Allerhöchsten Därm g'sagt hab ... I bitt um Vergebung!

Er kniet neben NOZERL *hin.* VATER ZWÖLFAXINGER *ist mit reuig gesenktem Kopf hinter die beiden getreten. Der* HERR *betrachtet sie gerührt.*

HERR: Nicht des Vergebens ist meines Amtes, sondern des Dankens. Du, wackerer Bursche, warst mein Retter wider jenen Mordbuben — und du, holdes Mädchen, hast mich zuvor, als er es noch auf meine Därme abgesehen hatte, vor meinem Retter gerettet. Mein kaiserlicher Dank ergieße sich über euch. *Er winkt* COBENZL *heran:* Notieren Sie die Nobilitierung, lieber Graf. — Stehen Sie auf, Baronin Zwölfaxinger! Und Sie, Baron Teuxelsieder ebenfalls!

ALLE *applaudieren dem Gnadenakt.* ZWEI PAGEN *kommen gelaufen und halten* COBENZL *Schreibunterlage und Tintenfeldflasche hin.*

COBENZL *schreibend:* Ornamus — virtute — baronis — Franciscum — Xaverium — de et ab — Teuxelsieder — — haben keine andern Vornamen? Nein? — — et vi-vi-vi — — die Feder tut's nimmer lang — — virginem — Innocentiam — — is auch die erste Baronin, die eine Jungfrau wird — halt, herstellt — die erste Jungfrau, die — ah was — — de et ab — Zwellefaxinger — — sonst noch was, Majestät?

HERR: In der Tat. Notieren Sie weiter. COBENZL *schreibt.* Die dasige Stationskassa von ...?

COBENZL: Wuzelwang.

HERR: ... von Wuzelwang sei der jungen Baronin Mitgift für ihren Ehebund. Und Seine Liebden bekommt mit Mautabwurf die Bahn da als Lehen — von dieser Weiche *Geste* bis zum Nepomuk auf der Brucken.

COBENZL: U s q u e ad Nepomucenum aut c u m Nepomuceno?

HERR: Bis zum halben Nepomuk. Die andere Hälfte dieses böhmischen Heiligen bleibe kaiserlich.

COBENZL: Sehr wohl.

HERR: Haben Sie's? Geben S' her. *Er unterschreibt den Akt.*

CHOR DER HÖFLINGE:

Nein, die Gnad, nein, die Gnad,
Was der Kaiser h e u t tut.

CHOR DER WILDERER:

Seids schön staad, seids schön staad,
Schleichts euch, eh's ihm leid tut.

BEIDE CHÖRE:

Wieder einmal kann man sehn:
Majestät zu sein ist schön.

Die HÖFLINGE *retirieren in die Richtung zum Zug, die* WILDERER *in die Richtung zum Abgangspfad.* NOZERL *und* TEUXELSIEDER *haben dem Kaiser dankbar die Hand geküßt und sind zur Seite getreten, so daß jetzt nur noch* VATER ZWÖLFAXINGER *dasteht, mit unverändert gesenktem Kopf.*

HERR: Ja, was mach ich denn mit Ihm? *Zu* COBENZL: Nobilitieren kann ich ihn nicht — is ja auch weiter kein Anlaß...

COBENZL *zuckt hilflos die Achseln.*

HERR *hat einen Einfall; zu* VATER ZWÖLFAXINGER: Warten S' — möchten S' an Orden? Vielleicht den da? Noch kaum getragen...

Er nestelt einen Orden von seiner Uniform und heftet ihn an ZWÖLFAXINGERS *Brust.* ALLE *applaudieren und setzen sodann in gemessenem Rhythmus ihre Abgangsvorbereitungen fort.*

CHOR DER HÖFLINGE:

Die Geduld, die Geduld
Von der kaiserlichen Huld!

CHOR DER WILDERER:

Adelsregen, Ordenssegen
Um ein bisserl Mordens wegen!

BEIDE CHÖRE:

Ja, hier waltet hoher Plan,
Alles das wär nie getan
Ohne unsre Eisenbahn.
Hoch, hoch, hoch.

Im gleichen Augenblick, in dem beide Gruppen, zwar noch zur Gänze auf der Bühne befindlich, ihre Abgangspositionen erreicht haben, wird die Begleitmusik, die das Motiv der Kaiserhymne andeutet, von einem lauten Posaunenstoß unterbrochen. Die Gruppen halten jählings inne und wenden sich nach rechts, von wo jetzt ein zweiter Posaunenstoß ertönt: Auf dem Felsblock im rechten Vordergrund (über den zuvor die Wilderer heruntergekollert sind) erscheint auf einer unsichtbar eingebauten Treppe die KGL. BRITANNISCHE DELEGATION, *als erster ein posauneblasender* PAGE, *dann der britannische Botschafter* LORD HOBGOBLIN *mit seinem Sekretär* SIR HUGH ALGERNON WHIMBHALL *und zum Abschluß ein* PAGE *mit einer mächtigen Pergamentrolle. Sie bleiben am Ansatz des Felsens stehen, also um eine Kleinigkeit höher als die in regloser Erwartung ihnen entgegenblickende Menge. Die Musik, die in das Motiv von »God Save The King« übergegangen ist, bricht ab. In der spannungsgeladenen Pause zeigt sich* GRAF COBENZL *der überraschenden Situation vollauf gewachsen, tritt vor und klopft dreimal mit dem Zeremonienstab auf den Boden.*

COBENZL: Seine Exzellenz, der Königlich Britannische Botschafter Lord Percy Fairfax Fitzroy Hobgoblin.

Allgemeines »Aahh!«. Neuerlicher Posaunenstoß des ERSTEN PAGEN. HOBGOBLIN *stellt sich in Positur, als ob er reden wollte, läßt es jedoch bleiben.*

HOBGOBLIN *zu* WHIMBHALL: Lesen Sie.

WHIMBHALL *läßt sich vom* ZWEITEN PAGEN *das Pergament reichen und liest mit kaum hörbarem englischem Akzent:* Die Regierung Seiner Königlich Britannischen Majestät beehrt sich folgendes mitzuteilen: Bei einer von Seiner Königlichen Hoheit dem Prince of Wales vor kurzem veranstalteten Treibjagd haben Seine Königliche Hoheit anstelle des zum Abschuß vorgesehenen Rehbocks irrtümlich einen nicht zum Abschuß vorgesehenen Treiber namens Stephenson getroffen. Als Schmerzensgeld wurde diesem Treiber die königliche Bewilligung erteilt, einen Sohn namens George Stephenson herzustellen, der im Jahre 1829 die Eisenbahn erfinden wird. Die Regierung Seiner Majestät macht darauf aufmerksam, daß bis dahin alle derartigen Erfindungen zu unterbleiben haben und alle etwa schon gemachten Erfindungen ungültig sind. Im Namen der Regierung Seiner Majestät: der Königlich Britannische Ambassador Lord Percy Fairfax Fitzroy Hobgoblin.

Er rollt das Pergament wieder ein und reicht es dem ZWEITEN PAGEN *zurück. Nach einem abermaligen Posaunenstoß wendet sich* DIE BRITANNISCHE DELEGATION *zum Gehen und verläßt grußlos die Bühne. Kurzes Schweigen.*

KAISER JOSEPH: No ja. Lassen wir's halt denen Roastbeefischen. Mit der Eisenbahn hat man ja eh nix wie Scherereien . . .

Allgemeiner Jubel. Die Gruppen arrangieren sich zur Schlußapotheose.

ALLE:

Daß die Eisenbahnen längst erfunden waren
Hier bei uns, das wußten wir ja gleich.

Doch die Welt wird leider nie davon erfahren —
Ja so geht es schon einmal mit Österreich!

Während die Musik das Motiv von »O du mein Österreich« andeutet und die Lokomotive im Hintergrund mit wehmütigem Pfiff einige Dampfwolken entläßt, fällt der VORHANG.

ZERBINETTAS BEFREIUNG

Eine
venezianische Maskenkomödie

PERSONEN

PANTALONE, ein reicher Kaufmann und Vorsitzender des »Rates der Zehn«
ZERBINETTA, dessen Nichte und Mündel
DON TIBURZIO, ein Gelehrter und mehrfacher Ehrendoktor, dem Zerbinettas Hand bestimmt ist
BRIGHELLA, ein lustiger Geselle, dem Zerbinettas Hand nicht bestimmt ist
COLOMBINA, Zerbinettas Busenfreundin
BAMBAGIANTE, ein vornehmer Lüstling
CAPITANO TARTAGLIA, genannt »Der Schreckliche«
SCAPINO, sein treuer Diener
GIANGURGOLO, ein hartgesottener, weichherziger Mörder
MAFALDA MEZZANOTTE, eine Kupplerin
DONNA MISERONI, Zerbinettas Duenna
QUINTUS SEXTILIUS NOVOTNY, genannt Septimus, Eskader-Apotheker der Republik Venedig
DESSEN VIER TÖCHTER (stumm)
DEREN VIER VEREHRER (stumm bis auf einen)
TRUFFALDINO, SCARAMUCCIO – Mitglieder des »Rates der Zehn«
NARCISSO CIMADOLCE, im diplomatischen Dienst der Republik
DON PIMPIGLIONE, DON NABULIONE – die Gesandten Beider Sizilien
ZWEI USSIERI
DIE FÜRSTIN VON CYTHERA

Venezianische Sbirren. Zwei alte Klatschtanten auf dem Rialto. Eine dicke Dame in einer Sänfte. Straßenhändler, Mägde, Domestiken, Stutzer. Gefolge der Fürstin von Cythera. Volk von Venedig.

EIN VORSPIEL UND FÜNF BILDER
DAS GANZE DEM ANDENKEN GOLDONIS GEWIDMET

ORT DER HANDLUNG: Venedig

Vorspiel: Sitzungssaal im Dogenpalast
Erstes Bild: Zerbinettas Zimmer
Zweites Bild: Am Rialto
Drittes Bild: Garten auf der Giudecca
Viertes Bild: Ein Platz in Venedig (Nachmittag bis Nacht)
Fünftes Bild: Der gleiche (am folgenden Vormittag)

Das Vorspiel liegt drei Tage vor der eigentlichen Handlung, die an einem Spätnachmittag beginnt und am Vormittag des übernächsten Tages endet.

ZEIT:

Als die Pompadour noch an den Storch glaubte (etwa 1725)

VORSPIEL

Sitzungssaal des Rates der Zehn in Venedig. Die Szenerie ist sattsam bekannt. Warmer Sommerabend, ein Fenster im Hintergrund geöffnet, Kandelaber verbreiten mattes Licht. An der großen Türe links stehen Sbirren. PANTALONE, *wie alle anderen Ratsherren in schwarzer Maske, präsidiert der düsteren Versammlung. Er ist von seiner Wichtigkeit tief durchdrungen und äußert das teils durch gespreizte Redeweise, teils durch Kunstpausen, in denen er aus einer kostbaren Tabaksdose bedeutsam schnupft. Wenn der Vorhang aufgeht, bringt er das Geraune im Saal durch drei dumpfe Hammerschläge zum Verstummen und erhebt sich.*

PANTALONE:

Was schon vor Monden Messer Smecchia,
Der ehrenwerte Polizeiminister
Unsrer erlauchten Republik, des Nachts —
Sogar des tiefsten Nachts — als er geheim
Und schier bis zur Unkenntlichkeit vermummt
Mich aufgesucht — was er mir damals sagte —
Nein, flüsterte, denn schrecklich war's zu hören —
Daß dräuend sich ein neuer Krieg gebäre,
Von der Levante her mit Feuerzungen
Wider Venedig leckend —: dies, ihr Herren,
Wird nun, so scheint es, grause Wirklichkeit.

Bewegung und Geflüster. PANTALONE *schnupft. Eine große Fliege, etwa von der Dimension eines halben Backhuhns, summt quer durch den Saal.* PANTALONE *klopft Ruhe und fährt fort.*

PANTALONE:

Wohlan! Messer Narcisso Cimadolce,
Venetiens Ambasciatore, ward
Auf eiliger Fregatte hergerufen.
Er wartet in der Anticamera,
Behütend treu das Portofoglio
Mit den Berichten unsrer Attachés.
He, Sbirren! Führt den edlen Don herein,
Daß wir den Feinden alsobald die Spitze —
Oder die Stirn — kurz: irgend etwas bieten.

Lacht selbstgefällig.

ALLE: Hähähähä!

DIE SBIRREN *Bassisten:* Hohohoho!

PANTALONE *sieht sie strafend an:* So öffnet!

Er setzt sich. Die SBIRREN *reißen die Flügeltüre auf.* CIMADOLCE *tritt ein: unendlich geziert, riesige Allongeperücke, himmelblaues Schäferkostüm mit Anklängen an eine Diplomatenuniform. Er übergibt einem der* SBIRREN *seinen Schäferstab, sieht sich in den Spiegel, hüstelt und betupft sein Gesicht mit einem Seidenmouchoir, das einen Markuslöwen zeigt. Dann stäubt er sich die Spitzenmanschette ab und macht drei Komplimente.*

CIMADOLCE:

Erlauchte Zehn! Des Vaterlandes Väter!
Hüter des Löwen von San Marco — äh —
Ihr Löwenväter — äh — ich muß hinaus.

Bewegung im Rat. PANTALONE *kreuzt finster die Arme.*

PANTALONE: Sbirren, gebt ihm den Schlüssel!

Zwei SBIRREN *bringen einen Schlüssel an einem übergroßen Ring.* CIMADOLCE *sieht sie verwundert an.*

CIMADOLCE: Wie? Was soll's?

Die SBIRREN *flüstern ihm von jeder Seite etwas zu.* CIMADOLCE *stampft zornig mit dem Fuß.*

CIMADOLCE:

Welch ungeheurer Orkus tut sich auf,
Welch Abgrund düstern Mißverständnisses!
Hab ich mir d a s verdient? Hab ich d a zu
Die Diplomatenschule absolviert?
Zurückhaltung gelernt? Und mich geübt,
Die Stimme der Natur zu bändigen?
O frevelhafter Irrtum! Nein, Ihr Herrn,
Nicht so wollt' ich hinaus. Ich will hinaus,
Das Aktenportofoglio zu holen,
Das ich am Marmortisch der Anticamera,
Wo nackte Nymphen der Kalypso schmeicheln,
Vergaß und liegen ließ. So hol ich's denn.

Er geht ab. Die MITGLIEDER DES RATES DER ZEHN *versichern einander paarweise, den Irrtum von Anfang an durchschaut zu haben. Wieder im Saal, legt* CIMADOLCE *das Portefeuille feierlich auf den Tisch. Die Fliege summt sofort herbei und drängt sich vor* PANTALONE, *um Einsicht in die Akten zu nehmen.* PANTALONE *schlägt mit einer Fliegenklappe nach dem indiskreten Insekt,* SBIRREN *verscheuchen es mit einer Partisane.*

PANTALONE:

Ihr Herrn vom Rat, hier ist das Portofoglio.
Prüft nun das Siegel, ob es unversehrt!

Das geschieht. Posaunenstöße verkünden den positiven Befund. PANTALONE *öffnet das Portefeuille, nimmt das oberste Schriftstück heraus und liest.*

PANTALONE:

»Erminia! Du Wonne meiner Seele ...«

Er wirft das Papier zur Seite, nimmt das nächste.

»Mein zweites Ich, du frisch gebadetes
Im Mondlicht und im Tau des jungen Tages ...«

Er nimmt ein drittes Blatt.

»Wenn Sie, mein Herr, noch einmal sich erfrechen,
In tiefer Nacht vor meiner Tochter Loggia
Ihr klägliches Geklimper anzustimmen ...«

Er läßt das Blatt sinken und sieht den erbleichenden CIMADOLCE *zornig an.*

TRUFFALDINO *wichtig:* Das ist der Diplomaten Schlüsselsprache!

SCARAMUCCIO *ebenso:* Fein abgekartet, schwierig zu enträtseln!

Beifälliges Gemurmel ringsum.

PANTALONE *für sich:*

Sankt Macchiavelli, hilf! Der amouröse Bursche
Hat das Dossier verwechselt ...
Zu CIMADOLCE, *zischend.* Nun, was soll
Mit Euch geschehn? Bleikammer? Wüste Insel?
Verbannung auf den Lido?

CIMADOLCE *der nach jeder Strafandrohung zusammengezuckt ist, flehentlich:* Nein! Nur das nicht!

Lärm in der Anticamera. Seltsame Musik und Stimmengewirr, dann eigensinnige Paukenschläge. Die Tür fliegt auf, ZWEI USSIERI *stürzen herein.*

DIE USSIERI *im Duett:*

Kund und zu wissen einem Hohen Rat,
Daß Einlaß fordern die Gesandten.

PANTALONE: Welche?

DIE USSIERI: Beide.

PANTALONE: Was — beide? Sprecht!

DIE USSIERI: Beider Sizilien!

Der HOHE RAT *fährt auf. Erregtes Geflüster.*

PANTALONE *majestätisch:*

Sbirren herbei! Fanfaronelli, blast
Den Gruß des Löwen von San Marco!

Posaunengeschmetter. Aus der Anticamera antwortet wilde, bunte Musik. Die GESANDTEN BEIDER SIZILIEN *treten ein, in der phantastischen Adjustierung wandernder Orchestermänner — ein musiktechnischer Spezialfall, den die Sonne des Südens nie aussterben läßt. Für Gesandte ist diese Tracht überhaupt sehr zu empfehlen, da sie wie keine zweite einem gewiegten Diplomaten die Möglichkeit gibt, bei prekären Verhandlungen am grünen Tisch irgendeines der Instrumente zu stimmen und damit Zeit zur Vorbereitung eines neuen Schachzuges zu gewinnen. Bismarck, der auf diese im Norden denn doch nicht angängige Tracht verzichten mußte, fand Ersatz in seiner historisch gewordenen Zigarre, deren Rauch er an bedenklichen Stellen träumerisch vor sich hinblies.*

DIE GESANDTEN *mit scharf sizilianischem Akzent, abwechselnd:*

Wir, die Gesandte von Beide Sizilien —
Träger von die bourbonisse Lilien —
Uomini d'onore — keine Verräter —
Von unsere König gessickt als Vertreter —
Abbiamo documenti —
Volete vedere?

PANTALONE:

Wir schätzen die Ehre.
Doch, Exzellenzen, sagt: mit welcher Botschaft
Will uns des Dreiecks königlicher Herr erfreuen?

DIE GESANDTEN:

Wir sswei —
Don Salvatore Pimpiglione, ich —
Don Gracioso Nabulione, ich —
Sind gessickt von unsere Monarco —
Anssubieten die Löwe von San Marco —

Daß wir sollen sein vereint —
In Krieg was kommt gegen Feind!

Heftige Bewegung unter den RATSHERREN. *Die Fliege summt wie toll herum.*

DIE RATSHERREN *durcheinander:*
Wer ist der Feind ... Wir haben keine Ahnung ...
Jetzt soll uns Klarheit werden ... Freunde, sprecht ...
Wir möchten wissen, wer uns metzeln will ...
Oh, skandalöse Postverhältnisse des Südens!

DIE GESANDTEN *öffnen mit großer Geste das königliche Schreiben, müssen aber, bevor sie zu lesen beginnen, erst die herbeigesauste Fliege wieder verscheuchen.*

DIE GESANDTEN:
Hier steht:
Weil ruchlose Frevlerhand —
Hat gerissen das Friedensband —
Und hat entsendet zahllose Streiter —
Fußvolk und Reiter —
Und so weiter —
Kurz, weil gegen Venedig hat Krieg verkündet —
Das Volk von ... per bacco — von wo — von was?

DIE GESANDTEN *führen das Dokument abwechselnd nahe an die Augen, betrachten es durch eine Lupe, schütteln den Kopf.*

DIE RATSHERREN *aufgeregt:*
Wer ist gemeint?
Wie heißt der Feind?
Oh, sagt es schnelle!

DIE GESANDTEN *resigniert:*
Unleserlich ist diese Stelle.

DIE RATSHERREN *in enttäuschtem Chor:* Grad die?!

PANTALONE *dumpf:* O Teufelswerk der Hölle!

Er sinkt in seinen Sessel und schüttelt die Faust gegen die Fliege, die gerade durch ein offenes Fenster davonsummt. Die RATSHERREN *verhüllen ihre Häupter.*

VORHANG

ERSTES BILD

Der Palazzo Pantalone Vecchio in Venedig. Das Zimmer der Zerbinetta, als offene Loggia gegen einen gut sichtbaren Kanal gebaut. Das Mobiliar für damalige Verhältnisse etwas puritanisch: Lackmöbel, eine Rosenholzkommode, darüber vorhängend ein Venezianerspiegel in buntem Glasrahmen, an der anderen Wand das Gemälde eines frühen Meisters: Dido, die sich ersticht. Abenddämmerung. ZERBINETTA *sitzt gebeugten Hauptes auf dem steiflehnigen Sofa.* PANTALONE *geht wütend auf und ab.*

PANTALONE: Und merke dir, Zerbinetta: du hast in mir Vater und Mutter zu ehren. Beide zugleich, jawohl. Denn ich vertrete an dir, der Doppelwaise, Vater- und Mutterstelle. Und so ist es denn mein unbeugsamer elterlicher Wille, daß du demnächst, wenn du die Reife erlangt hast, meinen lieben Neffen, den hochgelehrten Don Tiburzio, heiratest.

ZERBINETTA: Aber —

PANTALONE: Kein Aber! Ich, der ich der Hauptstützpfeiler des Staates bin und Präsident des Rates der Zehn — ich, der ich mit Vetter Scaramuccio und Vetter Truffaldino sogar das niemandem bekannte Kollegium der Drei bilde — glaubst du, ich würde mir von dir kleiner, schmaler Glitzerschlange einen Widerspruch gefallen lassen? Du wirst mit dem fürtrefflichen Tiburzio demnächst ins Brautbett steigen, und basta.

ZERBINETTA *macht eine verächtliche Geste.*

PANTALONE: Gewiß, er ist kein Stutzer. Dazu, dem Himmel sei Dank, ist er viel zu tiefgründig. Ganz Padua blickt mit Stolz auf diesen seinen Sohn, diese Leuchte — was sage ich — diesen Kandelaber der Wissenschaft!

ZERBINETTA: Er ist langweilig wie ein Laubfrosch an Regentagen.

PANTALONE: Du hältst ihn für langweilig, weil er die Tugend übt und das Laster züchtigt. Und w i e er es züchtigt! Ganz Padua preist seine Doktordissertation: »Mit welchem Fuß hat die heilige Jungfrau der Schlange den Kopf zertreten?«

ZERBINETTA: Er hat zwei linke Füße.

PANTALONE: Das kommt dir nur so vor, du leichtfertiges Ding! Und überhaupt, was gehen dich Männerfüße vor der Hochzeit an?

ZERBINETTA: Er ist häßlich. Er riecht wie kranke Hühner, die vom Pips befallen sind.

PANTALONE: Dafür duftet sein inneres Wesen nach Weihrauch.

ZERBINETTA: Ich kann ihn nicht wenden lassen wie einen alten Domino.

PANTALONE:

Willst du wohl schweigen, frevle Sinnenmagd?
Er ist mit Schönheit förmlich angepfropft
Und er gebiert sie aus sich selbst heraus,
Den Pinseln schier des Tizian vergleichbar.
Auch weiß er wohl Bescheid in der Musik:
Den Sohn des Messer Papadopulos
Aus Saloniki lehrte er die Lyra
Und das Triangel schlagen gleich Apoll ... *Schwärmerisch*
Er aber meistert süß des Basses Geige
Wie Triton Schifkowitsch aus Cattaro,
Bei dessen Saitenspiel selbst Henker weinen ...
Gemälde auch verbessert Don Tiburz:
Erst jüngst hat er der Venus von Forini
Ein Lätzlein über ihre Scham gezaubert
Aus duft'gem Schwanenpelz, dazu ein Schweifchen
Vom Hermelin, und auf den drallen Busen
Malt' er ein Buch, daraus die Göttin betet.
Lach nicht, ruchlose Dirne! Denn der Rat
Der Zehn hat es gebilligt und die Klage
Des Malers kostenpflichtig abgewiesen.
Welch ein Triumph das für Tiburzio war!
Dies also ist der Mann, dem du bestimmt bist.
Manch eine wird's dir neiden, Undankbare.
So, und jetzt geh an deine Arbeit. Ich
Bin zu des Dogen Exzellenz befohlen
Und lieg mit ihm der Kriegsberatung ob.

ZERBINETTA: Pah, Kriegsberatung. Woher ihr das nur habt, daß es Krieg geben soll. Nichts als Tatarennachrichten.

PANTALONE: Wohl möglich, daß du in deiner Einfalt das Richtige getroffen hast. Vielleicht sind es wirklich die Tataren, die uns bedrohen. Vielleicht sind es die Türken. Vielleicht — aber was kümmert das dich, du naseweises Ding. Sei froh, daß Don

Tiburzio dir auch im Kriegsfall erhalten bliebe. Denn ein Kandelaber der Wissenschaft wie er wird im Hinterland gebraucht, um es zu erleuchten.

PANTALONE *ab.* ZERBINETTA *tritt seufzend ans Fenster. Nach einigen Sekunden schlüpft* COLOMBINA *ins Zimmer und umarmt die Freundin.*

COLOMBINA: Hat der alte Griesgram wieder gepoltert? Ich hab dir zum Trost etwas mitgebracht — hier — die neueste Schminke! Vom Florentiner Hof, letzte Mode aus Paris.

ZERBINETTA *setzt sich sofort vor den Spiegel und beginnt sich zu schminken. Dann liest sie das Etikett:* »Rouge de Lulu.« *(Spr. Lulu.)*

COLOMBINA *korrigiert:* Es heißt »Rouge de Luly«. *(Spr. Lüli.)*

ZERBINETTA: Als echte Venezianerin habe ich das Recht, alles falsch auszusprechen.

COLOMBINA: Tu dir nichts an! Auch ich bin eine echte Venezianerin, sogar vom Dorsoduro. Allerdings verkauft mein Vater keine eingesalzenen Ratten an die Marine wie dein Herr Oheim.

ZERBINETTA: Dafür gerbt dein Herr Papa gestohlene Seehundsfelle und verkauft sie als Gebetbucheinbände nach Rom.

COLOMBINA: Er sorgt eben für seine Tochter! Mein neues Zimmer sollst du sehen. Wir gehen mit der Mode. Aber dieses Loch hier ... *Sieht sich naserümpfend um.* Diese Dido an der Wand ... Brrr. Was für abscheuliche Formen. Nichts als Kanten und Ecken.

ZERBINETTA *entschuldigend:* Was willst du — ein alter Meister. Onkel Pantalone hat mir das Bild zur Aneiferung meiner Tugend ins Zimmer gehängt.

COLOMBINA: Papperlapapp! In ein Jungmädchenzimmer gehören ganz andere Bilder:

> Ein Vogelhändlermädchen, duftig leicht,
> Mit buntem Federvolk in vollen Bauern —
> Links Phyllis, wie sie just die Katzen scheucht,
> Die lüstern auf die kleinen Vöglein lauern —
> Und Schäferbuben rechts, mit Dudelsäcken,
> Die holde Cymbelschlägerinnen necken —
> Auch sieht man Mädchen, die mit grünen Kränzen
> Um einen Jägersmann zu Pferd scharwenzen —

Im Hintergrund lehnt lieblich Philomene — —
Das ist DIE KUNST. Im Volksmund auch DAS SCHÖNE.

ZERBINETTA *sehnsüchtig:* Ach, daß ich doch einmal an solchem Treiben teilhaben könnte!

COLOMBINA *unternehmungslustig:* Warum nicht? Gleich heute abend! Wir wollen zur Serenade hinausfahren — Pulcella, Civetta, Spiletta, Zurlana und ich. Der Goldfink Cigolo zahlt die Barke — er und seine Freunde haben uns eingeladen — da ist auch noch Platz für dich. Cigolo wird es bald mit dem großen Wüstling Bambagiante aufnehmen können, dem Hauptgalan der vornehmen Kokotte Ninoletta ... das ist ein Mädchen, sag ich dir! Von der können wir alle noch feine Lebensart und vornehme Sitten lernen! Dabei kommt sie aus einem miserablen Milieu — ihr Vater war Limonadenverkäufer bei den Hinrichtungen. Wir sind Nachbarskinder gewesen, und sie hat uns immer die besten Plätze verschafft. Ich durfte aber nie mit ihr spielen. Und jetzt hat die ein Leben ... na, man muß nicht allzu hoch hinauswollen ... Höre, Zerbinetta. Wenn Don Tiburzio dir gar so sehr zuwider ist, wüßt ich vielleicht einen, mit dem du dich abfinden könntest und der auch deinem Oheim recht wäre. Ein Vetter von mir.

ZERBINETTA:

Das klingt mir nicht geheuer, Colombina!
Wer mir gefällt, den mag mein Oheim nicht.
Und wen mein Oheim mag —

COLOMBINA:

Nun, zugegeben:
Mein Vetter ist nicht just, was sich ein Mädchen
Des Nachts erträumen mag. Das ist er nicht.
Doch führt er einen sanften Lebenswandel,
Wird dankbar sein, daß du ihn nimmst, und wird
Dir manche Freiheit lassen, die du hier —
Unterm gestrengen Auge deines Oheims
Und unterm eifersüchtigen des Don Tiburz —
niemals gewährt bekämest.

ZERBINETTA:

Hör ich recht?
Dein Vetter wohnt nicht in Venedig?

COLOMBINA:

Nein!
Er siedelt fern von diesem Wassersodom
Im Österreichischen.

ZERBINETTA:

Wie heißt er denn?

COLOMBINA:

Angelo Colombicchio nennt er sich.
Auf italienisch. Und das heißt zu deutsch
Soviel wie Engelbert von Taubenbichel.
Tarock-Akzisen heimst er für den Kaiser
Und haust im fernen Schlosse zu Gradiska.

ZERBINETTA:

Gradiska! Weh! Was soll ich denn dort oben?
Gibt's dort ein Leben, unserm hier vergleichbar?
Gibt's Arlecchini dort, Policinelli?
Die ganze bunte Maskenwelt San Marcos?

COLOMBINA:

Nun ja, zuzeiten gibt es das auch dort.
Der sechste Karl, Deutschlands großer Kaiser,
Wird jedes Jahr im Hornung schrecklich heiser.
Dann geht er nach Gradiska oder Görz,
Und zieht auch seinen Hofstaat mittagwärts.
Die Crème der Männerwelt kommt dann aus Wien
Und mancher trägt sich gern als Harlekin.
Ein Faschingswirbel ist's, ein ungeheurer.
Im Sommer tragen sie sich dann als Steyrer.

ZERBINETTA: Ich fürchte, Colombina, das ist nichts für mich. Dem widerwärtigen Tiburzio und der Aufsicht meines Oheims zu entrinnen, wäre ja sehr schön, und für diesen Preis würde ich sogar Venedig verlassen — aber gleich nach Gradiska? Und zum Herrn Taubenbichel? Nein, das ist kein Ausweg.

COLOMBINA *nachdenklich:* Hm ... Und Brighella ist wohl auch nicht der Richtige ...

ZERBINETTA *lächelnd:* Brighella ... Ein netter Junge, und ich bin ihm stets von Herzen gut gewesen. Aber selbst wenn ich ihn zum Mann nehmen wollte — mit einem solchen Springinsfeld und Habenichts wäre Onkel Pantalone niemals einverstanden.

Nein, um Tiburzio aus dem Feld zu schlagen, müßte schon ein rechter Zechinensack daherkommen.

COLOMBINA: Vielleicht findet sich heute abend unter Cigolos Freunden etwas Passendes? Halt dich bereit, Zerbinetta. Wir kommen dich holen. Wenn's siebenmal vor deinem Fenster miaut: das sind wir.

ZERBINETTA *traurig:* Ach, Colombina! Du magst den ganzen Abend lang miauen, und ich werde nicht mit euch kommen. Höchstens lockst du damit den Onkel Pantalone oder meine Duenna herbei, die abwechselnd Wache halten, damit ich mich nicht davonstehle.

COLOMBINA: Meine arme Zerbinetta ... Aber wir schaffen noch Rat, warte nur. Den Tiburzio nimmst du auf gar keinen Fall.

Sie geht ab mit einem unartigen »Bäh!« gegen das Bild der Dido. ZERBINETTA *bleibt reglos zurück. Es dunkelt.*

ZERBINETTA:

Die haben's gut, ob Base oder Vetter —
Ein jeder kriegt vom Leben, was er nimmt.
O weh mir unglückseliger Zerbinetta,
Dem Mottenfraße des Tiburz bestimmt.

Inzwischen ist der Mond aufgegangen. Auf dem Kanal kommt eine Gondel heran, in der ein Notenpult steht. DON TIBURZIO, *hager, dunkel gewandet, mit randlosen Brillen, bringt beim flakkernden Schein einer Fackel ein mühsames Madrigal zum Vortrag, das er auf einer überlangen schwarzen Flöte begleitet.* ZERBINETTA *hat sein Erscheinen mit gequälter Langeweile zur Kenntnis genommen.*

TIBURZIO:

Tiburz will dir was singen
Auf seiner Liebe Schwingen.
Tiburz will dir was dichten,
Doch wohlgemerkt: in Züchten.
Du Holde, Reine, Keusche,
Wenn ich mich in dir täusche,
Dann bist du wie die andern,
Dann muß ich weiter —

Er kann den Text nicht lesen, improvisiert ein Flötenzwischenspiel, setzt mehrmals an und findet endlich die Fortsetzung.

Dann muß ich weiterwandern.
Oh, daß ich dich schon sähe
Im Hafen unsrer Ehe!
Denn in der Ehe Hafen,
Da kann ich ruhig schlafen.

ZERBINETTA: Ja, was denn noch!

Sie schlägt das Fenster zu, hinter dem sich die schwarze Flöte DON TIBURZIOS *flehentlich hochreckt.*

VORHANG

ZWEITES BILD

Am Rialto. Buntes Treiben nach Wahl. Von links kommen PANTALONE, SCARAMUCCIO *und* TRUFFALDINO *in Ratsherrentracht, sichtlich gebeugt unter der Last des Schicksals.*

PANTALONE:

Nichts Neues. Dunkel ist der Zukunft Schoß.
Des Rates Sitzung schloß ergebnislos.
Mein Truffaldin — wie seht denn I h r die Lage?

TRUFFALDINO:

Ich seh sie gar nicht. Und das währt schon Tage.

PANTALONE:

Und Ihr, mein Scaramuzz?

SCARAMUCCIO:

Ich sage immer:
Wenn es nicht besser wird, dann wird es schlimmer.
Und wird's nicht schlimmer — nun, dann wird es besser.

PANTALONE:

Ein weises Wort. Euch mach ich zum Professer.

TRUFFALDINO:

Ob besser oder schlimmer, bleibt sich gleich.

PANTALONE:

Wie wahr. Euch schicke ich nach Österreich.
Doch ungelöst bleibt unser Hauptproblem:
Wir sind bedroht — und wissen nicht von wem.

ALLE DREI *gehen ab.* ZERBINETTA *erscheint in Begleitung ihrer alten* DUENNA, DONNA MISERONI, *die ständig nach Klatschpartnerinnen auslugt und nur wenig Interesse für die Schaustücke zeigt, auf die* ZERBINETTA *sie aufmerksam macht. Aus der Menge der Flanierenden löst sich der pompöse Wüstling* BAMBAGIANTE *und blickt bewundernd hinter* ZERBINETTA *her. Die Kupplerin* MAFALDA MEZZANOTTE *macht sich an ihn heran.*

MAFALDA: Messer Bambagiante — pst — Ihr sucht etwas? Verfügt über meine schwachen Kräfte. Mafalda Mezzanotte ist stets zu Diensten.

BAMBAGIANTE: Ach, du alte Kupplerin! Ich dachte, du seist im vorigen Herbst gehängt worden ... Sag mir, wer ist dieses über die Maßen anmutige Mädchen? Ja, die mit ihrer Duenna.

MAFALDA: Das ist die Nichte des reichen Pantalone. Man nennt sie Zerbinetta.

BAMBAGIANTE *pfeift durch die Zähne:* Die ist es?! Hab schon viel von ihr gehört! Ist sie nicht verlobt?

MAFALDA: Mit einem jämmerlichen Papierkorb namens Don Tiburzio. Von dem habt Ihr nichts zu fürchten.

BAMBAGIANTE: Um so besser. Dann will ich ihr jetzt gleich ein Biglietto schreiben, das du ihr zustecken sollst. Warte einen Augenblick, du lästerliche Sündenamme.

Er geht an die Balustrade rechts vorne und schreibt. Währenddessen kommt von links BRIGHELLA *angetänzelt, in grün-weißkariertem Kostüm, ein kleines Holzschwert an der einen und eine kleine Harfe an der andern Seite. Er sieht sich selbstgewiß um und bemerkt* ZERBINETTA.

BRIGHELLA: Sapperment, das ist ja die Zerbinetta! Beim heiligen Isidor von Zulianopoli, das Mädel wird immer hübscher. Jetzt bin ich doch nur wenige Wochen auf Wanderschaft gewesen — und schon hat sie sich wieder um ein ganzes Stück herausgemacht ... Ich nehm die Zerbinetta! Das ist die richtige Frau für mich! Meine Muhme Versiera und ihr alter Mops, der Cadimozzo, besitzen ein Häuschen im Furlanischen, das sie mir vererben wollen. Eine entzückende Gegend! Und gesund, gesund! Da kann man tausend Jahre alt werden. Ja, dort werden wir wohnen, meine junge Frau und ich, und werden eine Wirtschaft aufmachen. Nicht weit vom Dorf, an der Straße zur Wallfahrtskapelle am Luschariberg. Da hört man die Glocken bis zu uns herüber!

Diridum, diridum, diridumbumbum,
So tönt der Glocken Goldgebrumm.
Dann kommen die Waller, verstaubt und voll Durst:
»Herr Wirt, einen Wein! He, Frau, eine Wurst!
Mir Myrtensalat und rote Rüben!
Und denen da drüben
Kohlrabigemüs
Vom Grab des Sankt Sküs!«
Und die Wirtin schenkt ein,
Und das Täubchen ist mein,
Und spitz ist der Hut aus grünem Filz
Und breit die Krempe, breit wie ein Pilz,
Und rot ist das Kleid und weiß sind die Socken
Und schwarzbraun die Locken
Und die Händchen so zart und so fein,
Und alles, und alles ist mein!

Aber Brighella, Brighella! Das sind Träumereien. Denk lieber wie ein praktischer Venezianer! Also: Geld muß her! Aber wie! *Denkt angestrengt nach, tippt sich auf die Stirne.* Natürlich! Das Geld bringt sie mir in die Ehe mit! Einen so prächtigen Kerl wie mich und eine gutgehende Wirtschaft obendrein — das bekommt man nicht umsonst! Da muß die Zerbinetta auch etwas dazutun. Will doch gleich einmal sehen, wie es beim alten Pantalone um die Zechinen bestellt ist ...

Gerade als er davontänzeln will, fällt sein Blick auf BAMBAGIANTE, *der mit dem Schreiben fertig geworden ist und nach vorne kommt.*

MAFALDA *dicht bei ihm:* Habt Ihr das Briefchen, gnädiger Herr?

BAMBAGIANTE: Hier, du Satansbrut. Und hier der Schandlohn. *Er läßt ein paar Münzen in Mafaldas begehrlich aufgehaltene Hand fallen.* Aber gib acht, daß nicht am Ende die Duenna den Brief erwischt!

MAFALDA: Seid außer Sorge, mein Wohltäter. Auf die alte, ehrliche Mezzanotte könnt Ihr Euch verlassen.

Sie knickst, daß die Fetzen flattern, pirscht sich an ZERBINETTAS *Seite und drückt ihr — unbemerkt von der* DUENNA, *die eifrig mit* ZWEI ALTEN JUNGFERN *schwatzt — das Briefchen in die Hand.*

Ihre Geste der Verschwiegenheit wird von ZERBINETTA *mit einem Nicken quittiert.*

BRIGHELLA *beobachtet die Szene mit ungläubig geweiteten Augen. Dann, halb für sich, fassungslos:* Ja, aber Zerbinetta — wie kannst du nur? Hast du denn ganz vergessen, daß wir heiraten wollen?

ZERBINETTA *hat sich unterdessen von einer Sänfte, in der eine* DICKE DAME *getragen wird, abdrängen lassen und beginnt mit glänzenden Augen den Brief zu lesen.* BAMBAGIANTE *rückt in Stellung und stößt dabei mit dem gaffenden* BRIGHELLA *zusammen.*

BAMBAGIANTE: Signor?

BRIGHELLA: Signor?

BAMBAGIANTE: Wünschen Sie etwas, Signor?

BRIGHELLA: Ach nichts, was nicht auch Sie wünschen, Signor. Nur wünsch ich's mir schon länger.

BAMBAGIANTE *die Hand am Degen:* Was soll das heißen, Signor?

BRIGHELLA: Das soll heißen, daß ich mir's am längsten gewünscht habe . . .

Er wirft noch einen Blick nach ZERBINETTA *und entfernt sich kopfschüttelnd.* ZERBINETTA *hat den Brief zu Ende gelesen, verbirgt ihn im Busenausschnitt und verständigt sich durch Zeichen mit* BAMBAGIANTE: *sie würde der ins Geschwätz vertieften* DUENNA *ein paar Schritte folgen und dann wieder zurückkommen.* BAMBAGIANTE *möge hier auf sie warten.* DUENNA *mit den schwatzhaften* JUNGFERN *und* ZERBINETTA *biegen links ab.* BAMBAGIANTE *faßt wartend an der Balustrade rechts Posten. Die Szene leert sich. Nach einer Weile kommt* ZERBINETTA *zurück, allerdings nicht allein, sondern — wie schon aus der Kulisse hörbar wird — mit* BRIGHELLA, *der in komischer Verzweiflung auf sie einredet.*

BRIGHELLA:

. . . Und nur mit dir will ich durchs Leben gehn.
So hör doch, Zerbinetta! Bleib doch stehn!
Ach, hätte ich zur Hand ein Clavicembo,
Ich spielte jetzt »Die Liebespein« von Bembo.
Der Ärmste starb ganz ohne Ehgemahl,
Denn er war Komponist und Kardinal.
Und dieses Beispiel gebe dir zu denken:

Man soll sich nicht an äußre Würden henken!
So nimm doch mich zum Mann und sei kein Scheusal —
Das Glück, Geliebte, wohnt im kleinsten Häusal!

ZERBINETTA *die ihm lachend zugehört hat:*
Ich überleg's mir morgen, mein Brighella.
Für heut kamst du zu spät — der Herr war schnella!

BAMBAGIANTE *ist auf ihren Wink herangetreten:* Signor ...?

BRIGHELLA *kleinlaut:* Signor ...

BAMBAGIANTE *bietet* ZERBINETTA *mit pompöser Galanterie den Arm und führt sie zu seiner Gondel.* BRIGHELLA *sieht ihnen traurig nach.*

VORHANG

Die Verwandlung zum folgenden dritten Bild — Garten auf der Giudecca — kann auch so arrangiert werden, daß Zerbinetta und Bambagiante ihren Weg vor den fallenden Vorhang nehmen und dort den Dialog so lange weiterführen, bis der Umbau beendet ist, worauf das Spiel in die neue Szenerie übergeht.

DRITTES BILD

Prunkvoller Garten auf der Giudecca. Eine Marmortreppe im Hintergrund führt zum Wasser. Vergoldete Faunskaryatiden zwischen üppigen Rosenhecken. Balustraden und Statuen. ZERBINETTA *und* BAMBAGIANTE *kommen promenierend und lassen sich auf einer Marmorbank nieder.*

BAMBAGIANTE:
Wie preise ich das gnädige Geschick,
Das mir erlaubt hat, endlich Euch zu nahen!

ZERBINETTA: Endlich, Signor? Wie das?

BAMBAGIANTE: Fragt nicht, Madonna!
Ihr schlugt mich ja schon längst in Liebesfesseln
Und laßt mich schmachten, weil Ihr Eure Gunst
Unwürdigen Laffen schenkt und Possenreißern,
Wohl auch verkniffnen, dürren Schriftgelehrten.
Was wissen die vom Leben, von der Welt?

Von Liebeskünsten und Idyllen? Pah!
Ich, Bambagiante — *nah, in jähem Entschluß* — hört mich an,
Ihr müßt die meine werden! Flieht mit mir! [Madonna:
An meiner Seite blüht Euch ein Idyll
Nach holder Schäferart, im feinsten Styll.

ZERBINETTA *kokett abwehrend:*
Ihr schwärmt, Signor. Das mag ich gar nicht leiden.

BAMBAGIANTE:
Seid Ihr dem Schwärmen abhold denn?

ZERBINETTA:
Ich bin's.
Da faselt Ihr herum von Schäferfreuden —
Wo fänden wir sie denn?

BAMBAGIANTE:
Madonna — nur in Linz.
Linz ist die Stadt der Schäfer, glaubet mir!
Ich bin ein weitgereister Kavalier.
Der Städte Kronjuwel und stolzer Prinz,
Das ist Arkadiens bunte Hauptstadt Linz.
Die Donau kühlt die Füße ihrer Mauern
Und trennt die Stadt vom Knollenvolk der Bauern.
Am Tore harrt der Schäfer Corydon —
Weil er zu faul ist, bläst Willkomm sein Sohn.
Er bläst's auf goldnem Horn, dem Ohr zur Wonne,
Mild überstrahlt vom Licht der Abendsonne.
Betrittst du dann die katzenköpfigen Gassen,
Wird dich das Staunen nicht so bald verlassen.
Welch buntes Schäfertreiben Tag und Nacht,
Voll Busentüchellust, Gewänderpracht!
In goldnen Hauben und Florianiröcken
Wogt es ringsum von Mädchen und von Gecken.
Die Mesner selbst in blumigen Talaren,
Sie neigen sich im Tanzschritt den Altaren.
Die Lebewelt schwärmt für den Purpurhut,
Mit einem Gamsbart, der ihn zieren tut.
Und Hirtenstäbe tragen sie mit Bändern,
Daran sich je nachdem die Farben ändern.
In allen Schenken jubiliert und tost es,

Auf allen Herden prasselt es und glost es,
Und so wie anderwärts im Wald die Käfer,
So krabbeln auf dem Pöstlingberg die Schäfer.
Ihr seht, voll Kurzweil ist das Linzer Treiben —
Drum auf nach Linz, und laßt uns dorten bleiben!

ZERBINETTA, *von seiner verführerischen Rede fast zum Schmelzen gebracht, neigt sich ihm zu. Gerade als* BAMBAGIANTE *sie küssen will, kracht es hinter ihnen im Gebüsch, und hervor bricht wutschnaubend* CAPITANO TARTAGLIA, *genannt »der Schreckliche«.*

TARTAGLIA:

Ruchloser Wicht! Verdammter Mädchenschänder!
Lockst du die Unschuld in den Lasterpfuhl?
Mein Schwert wird dich zu Mortadella metzgen!

Er fuchtelt mit einem riesigen Holzschwert. BAMBAGIANTE, *der schon bei seinen ersten Worten erschrocken hochgefahren ist, beginnt zu retirieren.*

TARTAGLIA:

Allongeperückner Wüstling! Feister Wanst!
Steh deinen Mann, wenn du ihn stehen kannst!

Mit jeder der folgenden Drohrufe tritt TARTAGLIA *näher an* BAMBAGIANTE *heran, der im gleichen Takt immer um einen Schritt zurückweicht. Bei dem Wort »Bäuch'« ergreift er die Flucht, worauf* TARTAGLIA, *pausenlos weitersprechend, befriedigt kehrtmacht und sich zu* ZERBINETTA *wendet.*

TARTAGLIA:

Halt! Oder besser: fliehe!
Noch besser: fleuch!
Denn mein Mordstrahl, siehe,
Schlitzt am liebsten Bäuch'

oder noch besser Bäuche und, wenn es sein muß, auch Gurgeln. Und dieses Fräulein wirst du also nicht mehr belästigen, Bube. *Vor* ZERBINETTA, *beugt mit edlem Anstand das Knie.* Mein Fräulein, kennt Ihr vielleicht den Capitano Tartaglia? Nun denn — er steht vor Euch! *Abermaliger Gruß.* Und Ihr steht unter seinem Schutz!

ZERBINETTA *amüsiert:* Ich danke Euch, Capitano. Zwar hätte ich mich selbst zu schützen gewußt, aber es war eine gute Lehre, die Ihr mir erteilt habt.

TARTAGLIA: Euch, mein Fräulein? Das wäre mir nie in den Sinn gekommen! Diesem geleckten Fant wollte ich eine Lehre erteilen, diesem schändlichen Verführer, diesem — — ah!! *Er zieht das Schwert und schwingt es drohend in die Richtung, in die* BAMBAGIANTE *geflohen ist.*

ZERBINETTA: Eben. Das meine ich ja ... Ach, es gibt keine Männer mehr in Venedig ... Euch, Capitano, natürlich ausgenommen. Tartaglia heißt Ihr?

TARTAGLIA: Tartaglia der Schreckliche, mit vollem Namen. *Gruß. Von links erscheint der Eskader-Apotheker* NOVOTNY *mit seinen* VIER TÖCHTERN *und deren* VIER VEREHRERN. *Sie ziehen in stummem Gänsemarsch an der Bank vorbei und gegen den Hintergrund rechts, wo* NOVOTNY *von einem der vier auf eine Pflanze aufmerksam gemacht wird. Daraufhin gibt er einem andern die goldene Spritze mit dem Markuslöwen — das amtliche Zeichen seiner halbmilitärischen Würde — zum Halten, nimmt den Zwicker ab und untersucht die Blume; er spricht mit einem leicht böhmischen Akzent.*

EINER DER VIER: Herr Apotheker, bitte, was ist das für ein Pflänzchen?

NOVOTNY:

Camomilla ist es, Camomilla officinalis.
Beseitigt den Kitzel der Sinne, der ein Skandal is ...
Und hier die Rosen! Wie sie bliehn und die Hummeln [locken!
Auch sind sie bekanntlich ein heilsamer Tee, wenn sie trocken.

Die Gruppe macht ein paar Schritte weiter. Aller Hälse sind vornüber zu Boden gereckt, wo NOVOTNY *jetzt einen Pilz entdeckt hat.*

NOVOTNY:

Der Giftpilz hier heißt Leichenohr.
Er kommt zum Glück nur selten vor.
Den Melancholikern vor ihrer letzten Reise
Dient er, gedünstet, oft als Lieblingsspeise.

Er wirft einen tadelnden Blick auf die VIER JUNGEN HERREN, *die mit der Spritze allerlei Unfug treiben, und fährt fort.*

Seht, Kinderchen, hier des Keuschlamms verzweigte Kette.
Gern streun sich die Jungfraun das Heu seiner Blüten ins [Bette.

Tretet getrost herzu. Das Lamm, wie gesagt, ist keusch.
Aber es gibt auch Pflanzen, die fressen Fleisch.

Bewegung des Entsetzens unter der Begleitung.

Salami — kalte Hendeln — was gut und teuer ist.
Das ist eine Sorte, die nicht geheuer ist.

Manchmal vergreifen sich dieselben sogar an Lebewesen. Unter anderm haben diese Ludern dem heiligen Franziskus von Assisi, welcher bekanntlich ein bedeitender Tierfreind war, einen Zwergpinscher glatt von der Schnur heruntergebissen, was in jedem Lehrbuch der Kirchengeschichte zu lesen steht.

Ein Kanonenschuß rollt über das Meer. ALLE *zucken zusammen.*

ZERBINETTA *ängstlich zu* TARTAGLIA: Was war das?

TARTAGLIA *überlegen:* Die Galeeren üben bei Malomocco. Es soll ja demnächst Krieg geben, wie man hört. NOVOTNY *und sein* GEFOLGE *gehen in eilig formiertem Gänsemarsch ab.* Nun, mir kann's recht sein. Ich warte nur darauf! *Fuchtelt mit dem Schwert.*

ZERBINETTA: Was für ein wunderliches Schwert Ihr führt, edler Don!

TARTAGLIA *seinen Knebelbart streichend:* Tja, damit hat es eine besondere Bewandtnis. Ich bin im Zorn so schrecklich — so entsetzlich — so über alle Maßen schauerlich *Kanonendonner* — daß mir der Rat der Zehn, der Heilige Vater und alle übrigen Regierungen des Abendlandes nur dieses Schwert aus weichstem Feigenholz gestatten. Doch selbst mit dieser in anderen Händen harmlosen Waffe kann Tartaglia der Schreckliche, wenn er gereizt ist, in den Reihen der Feinde die fürchterlichsten Verheerungen anrichten! *Kanonendonner, etwas leiser.* Der Großtürke zum Beispiel, auf seinem goldenen Thron in Konstantinopel, zuckt angstvoll mit dem Schnurrbart, sobald man ihm auch nur flüsternd meinen Namen nennt. Dies ist demnach in Konstantinopel bei Todesstrafe verboten. *Verhallender Kanonendonner,* TARTAGLIA *legt die Hand ans Ohr.* Wenn mein kampfgestähltes Ohr mich nicht täuscht, haben die Galeeren ihr Manöver beendet. Auch sonst — *grimmiger Blick nach links* — dürfte die Luft rein sein. Euern Arm, holde Donna! Ich geleite Euch nach Hause.

ZERBINETTA *mit verschämtem Fächerschlag:* Wo denkt Ihr hin,

Capitano! Wenn ich mich mit einem Manne, wie Ihr es seid, in der Stadt zeige — stellt Euch vor, was es da gleich für ein Getuschel gäbe ...

TARTAGLIA: Und dieser Laffe hier, dieser Bambagiante —?

ZERBINETTA: Erstens, wie Ihr ganz richtig sagt: Laffe. Und zweitens: hier. Ihr versteht. Seid so galant, mir eine Gondel zu winken.

TARTAGLIA: Es soll geschehen, Signorina. *Tritt an die Balustrade, beugt sich vor.* He, Gondoliere! Süße Fracht ... Nein, du Ungeziefer der Lagunen, nicht ich! Hier! *Deutet auf* ZERBINETTA, *die unterdessen an den Treppenabsatz getreten ist.* Die schönste Jungfrau Venedigs! *Zu* ZERBINETTA, *mit ausführlichem Gruß.* Signorina —!

ZERBINETTA *verneigt sich lächelnd:* Capitano —!

Sie steigt die Stufen hinab und verschwindet. TARTAGLIA *sieht ihr mit verschränkten Armen nach, dann streicht er befriedigt seinen Knebelbart.*

TARTAGLIA: Das ist die dreiundzwanzigste Jungfrau, die ich in den letzten acht Tagen gerettet habe. Ich hätte nicht gedacht, daß es ihrer in Venedig so viele gibt, die der Rettung bedürfen ... Nun ja, wenn Kriegsgefahr droht, werden die Sitten locker ... Aber wie lange sollen die öffentlichen Anlagen für mich noch das Feld der Ehre bleiben? Mein Degen lechzt nach Blut ... *Aus der Kulisse nähern sich dumpfe Stimmen.* Ha! Was ist das? Dumpfe Stimmen? Wahrscheinlich Verschwörer! Ich will mich hinter diesem Rosenbusch verstecken und im geeigneten Moment hervorbrechen. Ich rette Venedig!

Er versteckt sich. BAMBAGIANTE *erscheint im Gespräch mit einem bedrohlich aussehenden Halunken, dem Mörder* GIANGURGOLO.

BAMBAGIANTE: Mach keine Faxen. Er hat meine Ehre gekränkt und muß zur Hölle fahren. Du wirst ihn zerstückeln.

GIANGURGOLO: Zerstückeln, Signor? Zu viel Arbeit! Und viel zu teuer! Ruiniert mindestens drei, vier Messer — die sind heute unerschwinglich. Englisches Fabrikat, müssen Sie wissen. Die Inglesi verwenden diese Messer für ihre Biftecca. Andere schneiden nicht. Nein, Signor, mit Zerstückeln kann ich nicht arbeiten.

BAMBAGIANTE: Also gut, erstich ihn. Bekommst auch dann deinen Dukaten.

GIANGURGOLO: E i n e n Dukaten? Sie meinen: pro Zoll? Billiger mach ich's nicht. Und bei Erwachsenen rechnet man durchschnittlich fünf Zoll. Bei Kindern drei. Fünf Dukaten, Signor. Es kostet mich selber mehr.

BAMBAGIANTE: Höre, Giangurgolo: ich gebe dir fünf Dukaten, aber dann mußt du mir auch noch ihren Verlobten aus dem Weg räumen. Don Tiburzio heißt er und ist ein so schwächlicher, knickriger Geselle, daß er dir gar keine Mühe bereiten wird. Wenn du im Vorübergehen mit der Spitze deines Dolches an ihn anstreifst, fällt er tot um.

GIANGURGOLO *großzügig:* Occasione! Wollen sehen, was sich machen läßt. *Hält ihm die Hand hin.*

BAMBAGIANTE *wirft ihm einen Beutel zu:* Hier. Und vergiß nicht: wichtiger ist mir natürlich der andre!

GIANGURGOLO: Sie werden zufrieden sein, Signor.

Er springt davon. BAMBAGIANTE *reibt sich die Hände und geht mit einem gräßlichen Lachen in die andere Richtung ab.*

TARTAGLIA *kommt aus dem Gebüsch und sieht beiden nach:* Oh, ihr Schurken, ihr doppelsohligen Schurken! Das soll euch übel bekommen! Zunächst muß ich den edlen Don Tiburzio warnen ... hm. Wenn ich nur wüßte, wer der andre ist ... *Denkt nach, und zwar ergebnislos.* Gleichviel. Euch beide, den feisten Lüstling und seinen jämmerlichen Bravo, will ich mit meinem Schwert so sorgfältig faschieren, daß selbst die ältesten, zahnlosesten Würmer ihre Freude an dem weichen Braten haben ... Aber vorher *blättert in einem Notizbuch* ... vorher ... muß ich noch nach Cypern, die Insel zu erobern und Venedig das Beutestück zu schenken. Wo fang ich nur an, wo fang ich nur an ... Nun: da ein Krieg droht, geht das Vaterland vor. Drum flugs zur See! *Tritt an die Balustrade.* He, Gondoliere! Sind Sie frei? Richtung Cypern! Und klappen Sie das Dach zurück, man sieht ja nichts! *Stürmt die Treppe hinunter.*

VORHANG

VIERTES BILD

Platz in Venedig. Verfallene Palazzi. Der eine (rechts) gehört Tartaglia, in einem andern (links) wohnt Colombina. Rechts vorne ein Kaffeehaus, geschlossen, mit deutlich sichtbarem Plakat: »OGGI — GIORNO DI RIPOSO / HEUTE RUHETAG.« *Aus dem Hintergrund rechts mündet ein schräges Gäßchen. Links vorne und schräg gegen den Hintergrund ein typischer Brückenbogen über einem kleinen Kanal.*

Es dämmert. Eine Gondel legt an. ZERBINETTA *entsteigt ihr und stößt im nächsten Augenblick mit* PANTALONE *zusammen, der griesgrämig aus dem Gäßchen rechts herangestapft kommt.*

PANTALONE:

Ha, Ehrvergeßne! Finde ich dich hier?
Wo warst du? Und wo hast du die Duenna?

ZERBINETTA *rasch gefaßt:*

Sie ist ... ertrunken ...

PANTALONE:

Heil'ge Mutter! Wo?

ZERBINETTA:

Im Wasser. Laßt es Euch berichten, Onkel.
Wir fuhren friedlich vom Rialto heimwärts
Und wohnten noch im Redentore-Dom
Der Vesperandacht bei ... Wie herzerwärmend
Hat Pater Tremolini heut gepredigt!
Kein Aug blieb trocken ...

PANTALONE:

Komm zur Sache! Was
Geschah mit der Signora Miseroni?

ZERBINETTA:

Ach ja, die gute Miseroni. Ach.
Sie spricht doch — nein, sie sprach — Ihr wißt es ja —
So gern von ihrem lang verschollnen Gatten,
Der sie schon wenige Wochen nach der Hochzeit
Verlassen hat und nie mehr wiederkam.
Man weiß nicht: Ist er tot? Ward er als Sklave
Nach Afrika verhandelt? Schmachtet er

Als Ruderer auf maurischen Galeeren,
In Ketten klirrend, seufzend: Miseroni...

Sie unterdrückt ein Schluchzen. PANTALONE *schnupft.*

Nun denn, wir fuhren also, sie und ich,
Und plötzlich, als wir vor San Giorgio sind,
Springt sie empor im Boot — springt auf die Poppa —
»Da!« ruft sie — »Da!« — und deutet irr ins Wasser —
»Oh, seht doch, mein Gemahl... Ippolite!«
Ruft sie noch aus (denn diesen Namen trug er) —
»Ippolite!« — und stürzt sich in die Flut.
Welch grauser Irrtum! War's doch nur ein Fisch,
Der aus der Tiefe glotzte, der vielleicht
Dem Gatten ähnlich sah — doch war er's nicht.
So hat ein Trugbild sie hinweggerafft.

Sie betupft mit einem Seidentüchlein ihre Augen. PANTALONE *hat erschüttert den Kopf auf die Brust gesenkt.*

Von links, vorsichtig um sich blickend, kommt die DUENNA, *stößt beinahe in die beiden hinein und bleibt mit einem leisen Aufschrei stehen. Der Aufschrei pflanzt sich ebenso leise zu* ZERBINETTA *fort, wird aber in* PANTALONES *Mund zu einem grauenhaften, langgezogenen Röhren. Dann reißt sich* PANTALONE *die Ratsherrenmütze vom Kopf, trampelt auf ihr herum, rauft sich den Bart und hebt fluchend beide Fäuste gegen* ZERBINETTA.

PANTALONE:

Mißratene! Mein elterlicher Fluch
Komm auf dein Haupt! Den Vater tötest du,
Die Mutter, die in Schmerzen dich gebar,
Bringst du ins Grab mit deinen Lügen —

ZERBINETTA *die ihm entsetzt ins Wort fallen will:* Ohm!!

PANTALONE:

Was, Ohm! Die Eltern tötest du in mir!
Und jetzt gesteh: mit wem hast du gebuhlt?

ZERBINETTA *sanft:*

Ich bitt Euch, lieber Oheim, nehmt Vernunft an
Und schreit nicht so. Wischt Euch den Schaum vom Mund.

Sie will das mit ihrem Mouchoir besorgen. PANTALONE *stößt sie von sich. Im ersten Stock des Hauses ist ein Fenster aufgegangen, an dem* COLOMBINA *erscheint und dem Auftritt eine Weile zuhört. Dann verschwindet sie und gesellt sich der Gruppe zu.*

PANTALONE:

Mit wem, du Schandgeschöpf? Sprich, Dirne, sprich!
Du willst nicht? Gut!

Da ZERBINETTA *seufzend die Achseln zuckt, wendet er sich in rasender Wut an die* DUENNA.

Dann redet Ihr, Duenna!
Was ist geschehn? Nun, wird's bald?

Die DUENNA *sinkt unter der Wucht seines Rasens ohnmächtig zusammen.*

Jaaa, das könnt ihr!
In Ohnmacht fallen, wenn's nicht weitergeht!
Wir müssen Plag und Mühsal auf uns nehmen,
Wir lassen Geist und Klugheit walten,
Wir erregen uns und denken, darben, schuften,
Daß ihr nur ja ein schönes Leben habt —
Und Ihr? Ihr fallt in Ohnmacht! Ecco-la.
O Weibsgezücht! O Teufelsbrut!

ZERBINETTA:

Mein Oheim,
Hört endlich zu! Es ist ja nichts geschehn.
Ich bin so unversehrt wie ein Dukaten,
Der aus der Münze kommt.

PANTALONE *mißtrauisch:*

Wie? Nichts geschehn?

ZERBINETTA:

Gar nichts geschehn.

PANTALONE:

Und das soll ich dir glauben?

COLOMBINA *mischt sich beschwichtigend ein:*

Ihr dürft es ruhig, Messer Pantalone.
Ich kenne meine Zerbinetta. Die
Tut Euch im Leben keine Schande an.

PANTALONE:

Hm. Und wenn nichts geschehn ist, Colombinchen,
Warum fiel die Duenna dann in Ohnmacht?

DUENNA *reglos, mit schwacher Stimme:*

Weil Ihr so nah mir kamt.

PANTALONE:

Das ist kein Grund.

DUENNA:

Weil Euer Atem mir ins Antlitz schlug.

PANTALONE:

Das ist kein Grund.

DUENNA:

O doch. Ihr riecht nach Knoblauch.

PANTALONE:

Verwünschte Vettel! Troll dich jetzt nach Haus.
Wir reden noch, du Pflichtvergessene!

Die DUENNA *hat sich mit erstaunlicher Eile aufgerichtet, knickst und trippelt über die Brücke im Hintergrund ab.*

PANTALONE *wendet sich wieder den beiden Mädchen zu, streicht seinen Bart:*

Hm. Und es wäre nichts geschehen, sagst du?

ZERBINETTA:

Ich kann's beschwören, Ohm.

COLOMBINA:

Ich schwör's mit ihr.

PANTALONE:

Hm. Nun: dann kann sich's noch zum Guten wenden.
Dann wirst du morgen Don Tiburzios Braut.

ZERBINETTA *faßt sich mit einem Aufschrei ans Herz.* COLOMBINA *stützt sie.*

PANTALONE:

Denn wenn ihm ruchbar wird, was vorgefallen:
Daß du, ob was geschehn ist oder nicht,
In Gondeln ohne Aufsicht dich herumtreibst
Und meines Hauses blanken Schild befleckst
Durch Lügen und durch öffentliche Szenen —
Wenn ihm das ruchbar wird, verschmäht er dich.
Und wenn selbst e r dich schon verschmäht, der Schnösel,
Zerfällt mein Wappenschild in lauter Brösel.
Ich sag's mit harten Worten dir, mit kurzen,

Denn vorgezeichnet ist des Schicksals Lauf:
Noch morgen reichst du deine Hand Tiburzen,
Sonst nehmen dich die Klostermauern auf!

Er wendet sich hoheitsvoll zum Abgang. ZERBINETTA *ist dem Zusammenbruch nahe.*

COLOMBINA: Messer Pantalone, auf ein Wort! *Sie eilt ihm nach.* Ihr habt ganz recht, Messer Pantalone, und ich will Euch helfen. Und will damit auch der guten Zerbinetta helfen und meinem Vetter Burzio — Ihr wißt doch, daß ich mit ihm verwandt bin? PANTALONE *gibt seine anfängliche Zurückhaltung auf und neigt* COLOMBINA *ein wohlgefälliges Ohr.* Meines Vaterbruders Muhme war seiner Mutterschwester Base. Ich darf ihn also ruhig meinen Vetter nennen. Und — offen gestanden — er dauert mich, mein Vetter Burzio. Bei all seiner Hochgelahrtheit dauert er mich. Den ganzen Tag kompiliert er mit trüben Augen aus tausend dicken Büchern die passenden Stellen, und abends beginnen aus seiner Seele, die vom harten Joch der Liebe wundgescheuert ist, Gedichte zu eitern, die er Zerbinetten weiht. PANTALONE *strahlt.* Davon weiß sie nichts, aber ich will's ihr sagen und will ihren Sinn ganz nach Euern Wünschen zurechtbiegen. Wir Mädchen können das. Laßt Zerbinetta heute Nacht bei mir — und tragt Sorge, daß Vetter Burzio morgen um die zehnte Vormittagsstunde hier auf diesem Platz promeniert. Dann wird sich alles finden. Ihr aber geht nach Hause und schlaft in guter Ruh.

PANTALONE *mit freudigem Einverständnis:* Vortreffliches Mädchen! Ich wünschte, Zerbinetta hätte deinen Verstand!

COLOMBINA: Ich will mein Bestes dazutun, Messer Pantalone!

Sie knickst hinter dem Entschreitenden her und eilt dann auf ZERBINETTA *zu, die sie kichernd ins Haus zieht.*

Die Szene bleibt leer. Es dunkelt. Glockenschläge. Der übliche Mond geht auf. Dann kommt, vorsichtig um die Ecke lugend, der Mörder GIANGURGOLO *und rührt den Türklopfer an Tartaglias Haus.* SCAPINO, *der Diener Tartaglias, öffnet zunächst nur halb und kommt erst später hervor.*

GIANGURGOLO: He, bist du der Diener des Capitano Tartaglia?

SCAPINO: Kann sein. Was willst du?

GIANGURGOLO: Kann sein? Weißt du's denn nicht bestimmt?

SCAPINO: Das hängt davon ab, was du willst. Wenn du Geld willst, bin ich's nicht. Wenn du was zu trinken willst, werde ich erst nachdenken, ob ich's bin. Und wenn du wissen willst, ob mein Herr zu Hause ist, dann bin ich's zwar, muß dich aber leider hinauswerfen.

GIANGURGOLO: Genau das ist es, was ich wissen will. Warum mußt du mich deshalb hinauswerfen?

SCAPINO: Weil mein Herr den Schlaf des Todmüden schläft. Er wollte heute nachmittag die Insel Cypern erobern, kam aber nicht sehr weit, denn der Wind war ihm nicht günstig und der Gondoliere auch nicht. Jetzt schläft er und hat mir strengen Auftrag gegeben, jeden hinauszuwerfen, der nach ihm fragt, und wäre es sein Mörder. Warum zuckst du? *Er tritt aus dem Haus und leuchtet* GIANGURGOLO *mit der Laterne an.* Seh ich recht? Heißt du nicht am Ende Giangurgolo?

GIANGURGOLO: Nicht nur am Ende — — — Scapino! Mein Milchbruder Scapino! *Umarmung. Sie setzen sich auf die Bank vor dem Haus.* Wie geht's dir immer, alter Kamerad?

SCAPINO:

Nun, wie's einem geht,
Der's nicht besser versteht.
Ich zünde den Span,
Steh auf mit dem Hahn,
Geh zu Bett mit den Hühnern,
So ziemt's braven Dienern.
Und du? Was m a c h s t du?

GIANGURGOLO:

Ich bin Mörder. Da lachst du.
Der Mord ist mein Brot.
Ich lebe vom Tod
Das tun gar nicht wenige —
Zum Beispiel die Könige,
Die Ärzte und Henker
Und Leichenwagenlenker.
Ich arbeit solide,

Bin niemals müde,
Schlachte Tante und Onkel
Im nächtlichen Dunkel,
Schlachte Nichten und Neffen,
Man muß sie nur treffen.
Sieh hier, dieses Messer,
Es nährt mich baß.
Gift nährt mich noch besser,
Ich bezieh's gleich im Faß
Und geb's in die Millich,
So kommt es mich billich.

SCAPINO:
Das tät ich nimmer- und nimmermehr.
Bin Herrschaftsdiener und halt auf Ehr!

GIANGURGOLO:
Ich rotte ganze Familien aus.

SCAPINO:
O Graus.

GIANGURGOLO:
Wobei es leider nicht immer klappt.
Hab erst unlängst Familienpech gehabt.
Blieben alle am Leben, vom Ahn bis zum Kindel.
Das Gift war ein Milaneser Schwindel.

SCAPINO: Welch ein Glück, daß es noch ab und zu einen unredlichen Gemischtwarenhändler gibt! Aber was willst du eigentlich hier? *Das Folgende sehr schnell.*

GIANGURGOLO: Falsch gefragt, Bruder. Frag lieber, was ich w o l l t e.

SCAPINO: Willst du es denn nicht mehr?

GIANGURGOLO: Nein.

SCAPINO: W a s willst du nicht mehr?

GIANGURGOLO: Was ich wollte.

SCAPINO: Und was w o l l t e s t du?

GIANGURGOLO: Halleluja! Deinen Herrn umbringen.

SCAPINO: Und das willst du jetzt nicht mehr?

GIANGURGOLO: Nein.

SCAPINO: Halleluja! Aber du wolltest es.

GIANGURGOLO: Ja.

SCAPINO: Und w a r u m wolltest du es?

GIANGURGOLO: Weil man mich dazu gedungen hat.

SCAPINO: Und warum w i l l s t du es nicht?

GIANGURGOLO: Weil ich dich nicht um dein Brot bringen will.

SCAPINO: Und bringst du dich damit nicht um d e i n Brot?

GIANGURGOLO: Das hab ich ja schon. Halleluja! *Er zeigt ihm den Geldbeutel.*

BEIDE *unisono, indem sie sich in die Arme fallen:* Halleluja!

Sie sind zum Schluß so laut geworden, daß TARTAGLIA *wütend das Fenster aufstößt.*

TARTAGLIA: Wer wagt es, vor meinem Haus zu lärmen? Schert euch fort, ihr Trunkenbolde, sonst mach ich euch solche Beine, daß ihr nur noch humpeln könnt!

SCAPINO: Gnädiger Herr —

TARTAGLIA: Du, Scapino? Bewachst du so meinen Schlaf?

SCAPINO: Verzeiht, gnädiger Herr, aber ich habe den Besuch eines alten Freundes bekommen, der Euch ermorden will.

GIANGURGOLO: Wollte, gnädiger Herr, wollte!

TARTAGLIA: Was?! Hör ich recht?!

SCAPINO: Ja, gnädiger Herr. Euer Mörder ist hier. Habt doch die große Gnade und kommt herunter!

TARTAGLIA *schnaubend:* Ich komme!!

Man hört ein ungeheures Gepolter, dann stürzt TARTAGLIA *mit geschwungenem Schwert aus dem Haus. Die beiden weichen in Abwehrstellung zurück.*

SCAPINO: Nicht so, gnädiger Herr, ich bitt' Euch. Steckt Euer Schwert in die Scheide — oder in die Tasche — oder was Ihr gerade zur Hand habt. Ihr braucht es nicht. Hier, mein vortrefflicher Freund und Milchbruder Giangurgolo —

GIANGURGOLO *macht einen grotesken Kratzfuß,* TARTAGLIA *tritt näher und faßt ihn ins Auge.*

TARTAGLIA: Ah! Dich sollt ich kennen, Bursche! Warst du nicht heute nachmittag im Garten auf der Giudecca?

GIANGURGOLO: Das war ich, gnädiger Herr.

TARTAGLIA: Und hast du dort nicht mit Bambagiante, dem feigen Wüstling, deine Schandgeschäfte besprochen?

GIANGURGOLO: Das hab ich, gnädiger Herr.

TARTAGLIA: Machtest du dich nicht erbötig, den edlen Don Tiburzio aus dem Weg zu räumen?

GIANGURGOLO: Das tat ich, gnädiger Herr.

TARTAGLIA: Und einen andern noch dazu?

GIANGURGOLO: Auch das, gnädiger Herr.

TARTAGLIA *läßt das Schwert sinken, nickt befriedigt:* Du siehst: ich weiß alles... Nur eines weiß ich nicht. *Mit einem plötzlichen Satz wieder auf* GIANGURGOLO *zu:* Wer ist dieser andere?!

GIANGURGOLO: Ihr selbst, gnädiger Herr.

TARTAGLIA *entgeistert:* Ich... selbst... *Packt ihn am Kragen.* Dann stich doch zu, Brigant, stich zu, wenn du kannst!

SCAPINO: Gnädiger Herr, Ihr tut ihm unrecht. Er könnte recht wohl, wenn er wollte — das heißt: er hätte können, wenn er gewollt hätte — er hätte, um es kurz zu sagen, nur zustechen können wollen müssen, und es wäre um Euch geschehn gewesen. Aber wiewohl er eigens dazu hergekommen ist, ist er wieder davon abgekommen und hat mir seinen Plan entdeckt. Dieser redliche Mann, Euer Mörder, verzichtet lieber auf seinen Lebensunterhalt, als daß er Profit aus Eurer Leiche zöge!

TARTAGLIA, *der längst von* GIANGURGOLO *abgelassen hat, ist jetzt vollends überwältigt und öffnet ihm gerührt die Arme:*

Oh, Mann des Volks! Mann mit der schwieligen Rechten!
Wenn alle doch wie du so edel dächten!
Komm an mein Herz! Hab Dank für dein Erbarmen!

Drückt ihn ans Herz.

Wie schön, den eignen Mörder zu umarmen...

GIANGURGOLO *verlegen:* Schon gut, gnädiger Herr. Ich hab's ja gern getan — will sagen: ich hab's n i c h t gern getan — und darum hab ich's eben nicht getan, das ist es. *Er schneuzt sich.*

TARTAGLIA:

Wie wollt ich deine Redlichkeit belohnen!
Doch fehlt's mir an Dukaten und Dublonen,
Auch an Piastern, Scudi und Zechinen.
Mein Diener muß mir längst schon gratis dienen.
Ist es nicht so, Scapino? Treue Seele!
Wenn ich dran denk, verschnürt es mir die Kehle...

Er kann nicht weitersprechen. SCAPINO *wischt sich die Augen.* GIANGURGOLO *schnupft heftig auf.* TARTAGLIA *kehrt trübselig seine Taschen nach außen, eine nach der andern.*

TARTAGLIA:

Hier nichts — und hier nichts — nur mein stolzes Schwert...
Ja, das ist alles, was noch mir gehört.
Ja, ja. So steh ich in der schnöden Welt:
Ein Ritter ohne Furcht und ohne Geld.

Allgemeines unterdrücktes Schluchzen. SCAPINO *kniet nieder und küßt seinem Herrn die Hand.* GIANGURGOLO *tritt nach hartem innerem Kampf vor* TARTAGLIA *hin.*

GIANGURGOLO: Gnädiger Herr, ich kann Euern Kummer nicht mitansehen. Hätte ich geahnt, welch große Seele in Euch wohnt — nie wäre ich dem verbrecherischen Bambagiante auf den Leim gegangen. Aber vielleicht kann ich's noch gutmachen. Hier, gnädiger Herr — mit Vergunst.

Er drückt ihm mit abgewandtem Gesicht den Geldbeutel in die Hand. TARTAGLIA *nimmt ihn männlich gefaßt entgegen.*

TARTAGLIA *mit Blick zum Himmel:*

Ihr wißt, daß ich es brauchen kann, ihr Götter!
O wackrer Mann — mein Mörder und mein Retter!
Führ ihn ins Haus, Scapino, und zum Dank
Labst du ihn wenigstens mit Speis und Trank.

SCAPINO *und* GIANGURGOLO *verschwinden unter Dankesbezeigungen im Haus.* TARTAGLIA *setzt sich auf die Bank und spielt versonnen mit dem Lederbeutel. Nach einer Weile kommt von links* BRIGHELLA *und blickt sehnsüchtig zu Colombinens Fenster hinauf, aus dem matter Lichtschein dringt.*

BRIGHELLA *für sich:* Hinter diesem Fenster wird sie heute schlummern, meine geliebte Zerbinetta. Ihre Duenna hat es mir verraten, als ich um das Haus des Pantalone herumschlich. Sie ist offenbar nicht gut auf ihn zu sprechen, die Duenna — aber auch sie wird das Unheil nicht abwenden können. Schon morgen, so sagte sie mir, soll Zerbinetta dem abscheulichen Don Tiburzio anverlobt werden, und dann ist alle meine Hoffnung dahin. Ich armer Brighella. *Er seufzt hörbar.*

TARTAGLIA: Heda, junger Fant! Warum so traurig?

BRIGHELLA: Ach, Signor, Ihr seht in mir den unglücklichsten Menschen der Welt.

TARTAGLIA: Seid vorsichtig mit diesem Titel. Den beanspruchen immer so viele gleichzeitig, daß man nie recht weiß, wem er gebührt. Begnügt Euch damit, daß Ihr unglücklich seid. Und warum seid Ihr unglücklich?

BRIGHELLA: Weil ich ein Mädchen liebe —

TARTAGLIA: Das ist schlimm —

BRIGHELLA: Und die ist einem andern versprochen —

TARTAGLIA: Noch schlimmer —

BRIGHELLA: Und dem muß sie morgen das Jawort geben —

TARTAGLIA: Sehr schlimm. Aber warum?

BRIGHELLA: Warum das schlimm ist? Weil ich sie liebe.

TARTAGLIA: Nein. Warum muß sie?

BRIGHELLA: Weil es ihr Oheim, der sie aufzieht, so will.

TARTAGLIA: Und wem gibt sie das Jawort?

BRIGHELLA: Ach, einem häßlichen, langweiligen Stubenhocker, den sie gar nicht liebt.

TARTAGLIA: Nun, dann ist es ja nicht so schlimm. Laßt einmal sehn. Wir wollen die Sache bereden. Seid Ihr so kräftig wie er?

BRIGHELLA: Ich dächte wohl, daß ich's mit ihm aufnehmen kann.

TARTAGLIA: Gut. Seid Ihr so klug wie er?

BRIGHELLA: Ein Gelehrter bin ich nicht, aber an Witz steh ich keinem nach.

TARTAGLIA: Gut. Wißt Ihr mit Frauen umzugehen wie er?

BRIGHELLA: Sagte ich Euch nicht, daß er ein Stubenhocker und Federfuchser ist? Ich aber — seht mich an!

TARTAGLIA: Gut. Was fehlt Euch dann überhaupt?

BRIGHELLA: Geld.

TARTAGLIA: Das ist schlimm. Sehr schlimm sogar. Da weiß ich Euch keine Hilfe ... Oder doch ein wenig? *Mit Würde.* Junger Freund, ich kann mir denken, wie Euch zumute ist. Gerade weil ich bei Frauen Glück habe, kann ich's mir denken. Erst heute gab mir ein reizendes Persönchen den Vorzug vor einem geschniegelten Gecken, der sie belästigt hatte ... *streicht seinen Knebelbart.* Ganz reizend war sie ... die würde Euch gefallen

... aber Ihr kennt sie ja nicht, und wer weiß, wo sie jetzt steckt ... Nun, jedenfalls trefft Ihr mich heut in königlicher Laune. Hier, nehmt diese Kleinigkeit. *Er wirft ihm den Beutel zu.* Kauft Eurer Liebsten ein Seidentüchlein oder ein Halsband aus bunten Perlen, oder macht ihr sonst ein Präsent, mit dem Ihr Euch in Erinnerung bringt. Vielleicht läßt sich das Jawort auf diese Art ein paar Tage hinausschieben. Damit wäre schon viel gewonnen. Und wenn's nicht glücken will — nun, dann ertränkt Euern Kummer in einem guten Valpolicella oder Orvieto, und leert ein Glas auf den Capitano Tartaglia, der Euch alles Gute wünscht. Lebt wohl — und kein Wort des Dankes. Es ist nicht der Rede wert.

Er verschwindet im Haus, ehe BRIGHELLA *etwas sagen kann.* BRIGHELLA *blickt abwechselnd auf den Lederbeutel und zu Colombinens Fenster.*

BRIGHELLA: Ach, was soll mir das. Und was soll mir die schöne Dame dieses Capitano. Nur dir, Zerbinetta, gilt meine Sehnsucht. Doch was hilft's. Für eine Wirtschaft im Furlanischen reicht dieser Beutel nicht hin — und mit einem Seidentuch kann ich den Tiburzio nicht ausstechen ... halt! Ausstechen kann ich ihn nicht, aber vielleicht anstechen? So, daß er hüpfen muß? Daß die Würde der Gelehrsamkeit aus ihm entweicht wie Luft aus einer Schweinsblase? *Er schüttelt resigniert den Kopf.* Auch dazu taugst du nicht, Brighella. Da müßte einer kommen, der sich auf derberes Handwerk versteht ...

In diesem Augenblick tritt GIANGURGOLO, *von* SCAPINO *verabschiedet, aus Tartaglias Haus, räkelt seine Glieder, wischt sich den Schnauzbart und setzt sich zufrieden in Bewegung. Er könnte ganz leicht angetrunken sein.*

GIANGURGOLO *erblickt* BRIGHELLA, *für sich:* Was wäre denn das? Wer wäre denn der? Zu so später Stunde? Muß mich in acht nehmen. *Laut.* Hollahe, was sucht Ihr da?

BRIGHELLA: Ach, guter Herr, ich suche, was ich nicht verloren habe, weil ich's nie besaß.

GIANGURGOLO *kommt gereizt auf ihn zu:* Drück dich gefälligst deutlicher aus, du ... *sieht* BRIGHELLA *von ganz nah, wird nach-*

sichtig, ach, du Milchgesicht. Wie war das? Du suchst etwas, das dir gar nicht gehört? W a s suchst du?

BRIGHELLA: Den Gegenstand meiner Liebe, guter Herr.

GIANGURGOLO: Nicht schlecht, um diese Zeit. Und wo steckt er denn, der Gegenstand, he?

BRIGHELLA: Dort oben, hinter dem Fenster.

GIANGURGOLO: Na, dann mach doch, daß du hinaufkommst! Dein Gegenstand wartet ja schon auf dich und wird dich ins Bettchen tun und dir den Schnuller geben.

BRIGHELLA: Da seid Ihr aber fein im Irrtum, Herr. Da käme ich so rasch herausgeflogen, daß Ihr mich noch auffangen könnt. Und außerdem ... *Er stockt.*

GIANGURGOLO: Na, was denn noch? Sprich dich aus, Bambino. Hab Vertrauen zu einem greisen Weis — zu einem weisen Gr — — kurz und gut: hab Vertrauen zu mir.

Er legt ihm gutmütig die Tatze auf die Schulter und stützt sich dabei auf ihn. Brighellas Plan kommt zum Reifen.

BRIGHELLA: Außerdem gibt's da noch einen andern Mann, der mir im Wege steht.

GIANGURGOLO: Im Wege steht. Dann schiebst du ihn eben beiseite.

BRIGHELLA: Ja, wenn das so einfach wäre!

GIANGURGOLO: Ist es ja auch.

BRIGHELLA: Glaubt Ihr —?

GIANGURGOLO *reckt sich mächtig auf:* Höre, Bambino! Der Mann, der sich nicht beiseiteschieben ließe, muß erst geboren werden. Den gibt's noch nicht. Nicht für Giangurgolo. Giangurgolo schiebt einen jeden beiseite.

BRIGHELLA: Wohin — beiseite?

GIANGURGOLO: Wohin immer.

BRIGHELLA *deutet auf die Brücke:* Auch ins Wasser?

GIANGURGOLO: Auch ins — he?! Soll das ein Vorschlag sein?

BRIGHELLA: Allerdings. Und wenn Ihr mir zuhören wollt —

GIANGURGOLO: Nicht so stürmisch. Laß dir nur gleich sagen, daß so etwas Geld kostet. Ich hatte heute einen ungewöhnlich schwachen Geschäftsgang und kann nichts umsonst machen.

BRIGHELLA *mit Grandezza:* Ach, daran liegt's? Hier, dieser Beutel ist Euer. Nun hört — was habt Ihr denn?

GIANGURGOLO *der den Beutel fassungslos angeglotzt hat:* Du sagst es, Bambino! Dieser Beutel ist mein. Hohoho! *Lacht dröhnend.* Und wenn jetzt der Mann, den ich *Geste* beiseiteschieben soll, noch Don Tiburzio heißt —

BRIGHELLA: Tatsächlich! Woher wißt Ihr das?

GIANGURGOLO *lachend:* Hoho! Hast du vergessen, daß ich ein greiser Weis bin? Das Leben, Bambino, ist voller Rätsel. Aber manchmal lösen sie sich von selbst, und dann kommt alles wieder auf den rechten Platz. Also. Den Don Tiburzio soll ich dir beiseiteschieben. Schön. Sonst noch was?

BRIGHELLA *hat Mut gefaßt:* Ja. Wenn's Euch keine allzu große Mühe macht, habe ich noch einen zweiten Klienten für Euch, einen reichen Stutzer, der meinem Mädchen nachstellt —

GIANGURGOLO *mit Selbstverständlichkeit:* Bambagiante.

BRIGHELLA *verblüfft:* Auch d e n kennt Ihr? Nun ja, bei Euch soll ich mich wohl über nichts mehr wundern.

GIANGURGOLO: Sollst du nicht, Bambino. Und sollst auch nicht zuviel von mir verlangen, weißt du. Des Bambagiante hat sich schon ein anderer angenommen, und mit bestem Erfolg. Der stört uns nicht mehr. BRIGHELLA *macht fragend die Geste des Halsabschneidens,* GIANGURGOLO *schüttelt den Kopf und gestikuliert einen Fußtritt.* Wir bleiben bei Don Tiburzio. *Jetzt macht* GIANGURGOLO *die Geste des Halsabschneidens, und* BRIGHELLA *gestikuliert den Fußtritt, wobei er zur Brücke hindeutet.* Schön, wie du willst.

Näher kommende Stimmen werden hörbar. BRIGHELLA *und* GIANGURGOLO *verständigen sich durch Gesten und verbergen sich hinter einem Häuservorsprung. Von links kommen* PANTALONE *und* TIBURZIO *im Gespräch.*

PANTALONE: Dies ist der Platz.

TIBURZIO: Hm. So so. Und was sagte sie?

PANTALONE: Sie sagte: Wenn Tiburzio morgen um zehn Uhr vormittag auf diesem Platz promeniert, so will ich mich ihm zugesellen und ihm das Jawort geben. Das sagte sie.

TIBURZIO: So so. Hm. Und warum gerade auf diesem Platz?

Er blickt mißtrauisch umher, tappt ein paar Schritte, setzt eine zweite Brille auf. BRIGHELLA *deutet lebhaft zu* GIANGURGOLO: *»Das ist er!«* GIANGURGOLO *will sich sogleich aus dem Versteck stürzen,* BRIGHELLA *hält ihn zurück.*

PANTALONE: Mädchenlaune, mein Tiburzio, Mädchenlaune. Wer wollte sie ergründen.

TIBURZIO *wie oben:* Hm. So so. Und wie soll ich sicher sein, daß ich diesen Platz morgen wiederfinde?

PANTALONE: Nichts leichter, als in Venedig einen Platz mit einer Brücke wiederzufinden, wenn man ihn einmal gesehen hat!

Jetzt löst sich, nach etlichem Gestikulieren, GIANGURGOLO *aus dem Dunkel und tritt dicht vor* TIBURZIO *hin, der während des folgenden immer ängstlicher in die Richtung zur Brücke zurückweicht.*

GIANGURGOLO: Solltet Ihr aber Schwierigkeiten haben, Herr — dann nehmt Euch, Herr, einen Fremdenführer — einen wie mich, der sich auskennt, Herr — *Er hat* TIBURZIO *an die Brükkenumfassung gedrängt, wo er ihm jetzt einen Stoß vor die Brust versetzt* — und schwupps, Herr, seid Ihr dort, wo Ihr hingehört.

TIBURZIO, *immer noch stumm vor Angst, platscht rücklings ins Wasser.* GIANGURGOLO *lacht dröhnend.* BRIGHELLA *vollführt in seiner Nische die tollsten Freudensprünge. Der bisher völlig erstarrte* PANTALONE *gerät in Bewegung, kann aber nur nach Luft japsen und mit den Armen fuchteln.*

TIBURZIOS STIMME *aus dem Wasser:* Zu Hilfe! Zu Hilfe! Au — eine Ratte! Abermals au — noch eine! Helft, helft!

GIANGURGOLO *lacht immer lauter,* BRIGHELLA *springt immer höher.* PANTALONE *ist herbeigeeilt und findet endlich seine Stimme.*

PANTALONE: Zetermordio! Zetermordio! Man meuchelt die Leuchte Venedigs! Herbei! Don Tiburzio ertrinkt!

Er hat sich so weit über die steinerne Brüstung gebeugt, daß GIANGURGOLO *nur ganz wenig nachhelfen muß, um ihn hinabzuschubsen.*

GIANGURGOLO *keuchend vor Lachen:* Da — rette ihn, deinen Tiburzio!

Vom Lärmen angelockt, öffnet COLOMBINA *das erleuchtete Fenster.*

COLOMBINA: Tiburzio?! *Sie winkt* ZERBINETTA *zu sich.*

ZERBINETTA: Tiburzio!!
Beide stimmen in das Lachen GIANGURGOLOS *und* BRIGHELLAS *ein, während aus dem Wasser die quäkenden Hilferufe* PANTALONES *und* TIBURZIOS *ertönen.*

VORHANG

FÜNFTES BILD

Der gleiche Platz, nur durch den hellen Vormittag verändert. Straßenhändler rufen ihre Waren aus. Eilige Mägde und Domestiken kommen vorbei. Flanierende Stutzer nehmen an den Tischen des Kaffeehauses Platz.

DIE STRASSENHÄNDLER:

Kauft Taschentücher, kauft Perlenketten ...
Kauft Wanzenpulver für Ehebetten ...
Mandragora für ältere Junggesellen ...
Für Schneidermeister zu kurze Ellen ...
Hier Flederwische ...
Hier Tintenfische ...
Wetzsteine hier für den Herren Briganten ...
Und Masken hier
Unkenntlich schier
Für bessere Intriga-hanten ...
Geweihte Korane,
Profane Turbane
Und andere Dinge, die Wunder wirken
Im Fall eines Krieges gegen die Türken ...
Wanzenpulver ... Perlenketten ...
Mandragora ... Ehebetten ...
Hier, hier, hier ...
Kauft bei mir, kauft bei mir!

Über die Brücke kommt TIBURZIO, *in einen Mantel gehüllt und noch unter den Nachwirkungen des unfreiwilligen Bades leidend, was sich in gelegentlichem Niesen äußert. Er beginnt würdevoll auf und ab zu stolzieren. Eine Turmuhr schlägt zehnmal.* TIBURZIO *zählt an den Fingern mit.*

TIBURZIO:

Es schlug, wenn mich nicht alles täuscht, zehn Uhr.
Hier steh ich. Aber wo ist Zerbinetta?

HÄNDLERSTIMMEN *sich entfernend:*

Korane ... Türken ... Intriganten ...

TIBURZIO:

Lästiges Volk. Unnütze Müßiggänger.

Zwei Stutzer verlassen das Café.

Da bin ich doch von gänzlich andrer Art. *Niest.*
Ob Zerbinetta das zu schätzen weiß?
Wenn sie jetzt nicht bald kommt ... dann wart ich noch.

Das Haustor links öffnet sich ein wenig. COLOMBINA *späht rasch hervor — dann erscheint, in der Kleidung eines jungen Edelmannes und mit Halbmaske,* ZERBINETTA. *Sie knöpft einen Handschuh zu, richtet den Degen an ihrer Seite und fixiert den ahnungslos herankommenden* TIBURZIO, *der dicht vor ihr stehenbleibt, weil er niesen muß. Die Szene hat sich geleert.*

ZERBINETTA *mit herausfordernder Ruhe:*

Tölpel.

TIBURZIO:

Ihr sagtet etwas?

ZERBINETTA:

Tölpel, sag ich.

TIBURZIO:

Ach so. Dann hab ich also recht gehört.

ZERBINETTA:

Tropf. Gimpel. Gauch. Ich hoffe, das genügt.

Da TIBURZIO *sie sprachlos ansieht, dreht sie sich scharf um und schlägt dabei mit der Degenscheide gegen seine Stulpen, worauf sie sogleich wieder herumfährt.*

ZERBINETTA:

Schlagt Eure Stiefel nicht an meinen Degen,
Sonst geht's Euch schlecht! Wer seid Ihr überhaupt?

TIBURZIO *nimmt mühsam Haltung an:*

Tiburzio Anselmo Bifferoni,
Doktor von Padua und Spilimbergo,
Auch an der Alma Mater von Bologna

Dekan honoris causa und somit
Spectabilis. Ich hoffe, das genügt.

ZERBINETTA *ringt scheinbar ungläubig nach Atem:*
W i e nennt Ihr Euch? Tibu- Tibu- Tiburzio?!
Dann seid Ihr ja der Frechling, der es wagt,
Die holde Zerbinetta, meine Braut,
Mit dreistem Liebeswerben zu umschnüffeln?!
Seid Ihr's? Ihr seid's. Das trifft sich gut, Signor.
Ihr müßt auf sie verzichten!

TIBURZIO *krampfhaft:*
Niemals. Niemals.

ZERBINETTA:
Nun wohl, dann müssen sich die Klingen kreuzen.
Die unsern. Und sofort. *Mißt ihn.* Ihr dauert mich.
Mein Arm ist jung und stählern. Ihr jedoch
Gleicht einem schlecht drapierten Kleiderständer.
Laßt ab davon. Ich mein's Euch gut. Laßt ab
Vom Zweikampf und von Zerbinetta.

TIBURZIO *mit größter Anstrengung:* Bube!

ZERBINETTA *geht in Positur:*
Na endlich! Zieh vom Leder, alter Schlauch!
Du willst nicht? Du verzichtest auf das Mädchen?
Auch das nicht? Nun, dann wehr dich deiner Haut...

TIBURZIO *niest.*
Du zögerst? Ah! Du brauchst wohl Sekundanten,
Damit der Ehrenhandel gültig sei...

Sie blickt sich suchend um. Während TIBURZIO *immer noch wie angewurzelt dasteht, kommt von rechts pfeifend* BRIGHELLA *angeschlendert.*

ZERBINETTA: Mein Herr, Sie kommen gerade zur rechten Zeit. Ich heiße Pasquariello Bacigaluppo, bin ein Edelmann aus Neapel und wurde von diesem Wicht, einem gewissen Tiburzio, auf das schwerste beleidigt. TIBURZIO *versucht zu protestieren.* Er weigert sich aber, mir Genugtuung zu geben, solange keine Sekundanten zur Stelle sind. Sie würden mich sehr verpflichten, mein Herr, wenn Sie ihm sekundieren wollten. Ich selbst brauche niemanden.

TIBURZIO: Ich auch nicht! Ich auch nicht! Ich will mich überhaupt nicht schlagen. Und ich habe diesen Herrn in keiner Weise beleidigt. Es handelt sich —

ZERBINETTA: Sie sehen: er beleidigt mich schon wieder. Er zeiht mich der Lüge. Es handelt sich —

BRIGHELLA: Um eine Dame, nehme ich an.

ZERBINETTA: Um meine Braut.

TIBURZIO: Um m e i n e Braut.

BRIGHELLA: Ist es ein und dieselbe?

ZERBINETTA: Versteht sich. Deshalb muß er ja auf sie verzichten.

TIBURZIO: Niemals.

ZERBINETTA: Dann muß er sich mit mir schlagen.

TIBURZIO: Das geht nicht. Ihr habt keinen Sekundanten.

BRIGHELLA: Dann sekundiere i c h diesem Herrn. Das ist mir ohnedies lieber.

TIBURZIO: Auch gut. Dann wird aus der ganzen Sache nichts, weil niemand da ist, der m i r sekundieren könnte.

Über die Brücke kommen der Apotheker NOVOTNY *und seine Angehörigen (wie im vierten Bild).* NOVOTNY *hat seine riesige Spritze unter den Arm geklemmt und hält eine langstielige Pflanze in der Hand, die er dozierend hochhebt, während sich die ihm im Gänsemarsch Gefolgten um ihn scharen.*

NOVOTNY:

Die Pflanze hier in meiner Hand
Heißt, wie ihr seht, der Stinkasant.
Getrocknet wird daraus ein Kraut,
Auf dessen Wirkung man im Kriegsfall baut.
Juckpulver heißt das Kräutlein wundermild
Und macht den Kriegersmann fuchsteufelswild.

ZERBINETTA *hat seinen Vortrag mehrmals zu unterbrechen versucht, kann sich aber erst jetzt Gehör verschaffen. Auch* TIBURZIO *will die ganze Zeit reden.*

ZERBINETTA *zu* NOVOTNY: Mein Herr, hättet Ihr wohl die Gewogenheit, diesem schlotternden Wicht eine kleine Dosis Eures Wunderkrauts zu verabfolgen, damit er endlich den nötigen Mut gewinnt, mit mir die Klingen zu kreuzen? Und würdet Ihr ihm bei diesem Ehrenhandel sekundieren?

TIBURZIO *drängt sich ängstlich vor:* Beruhigen Sie diesen Rasenden, mein Herr. Er verlangt, daß ich auf meine rechtmäßige und sauer erworbene Braut verzichte, obwohl sie Erbin eines unermeßlichen Vermögens ist und —

BRIGHELLA *unterbricht:* Ihr sagt immer: Braut? Hat sie Euch denn schon das Jawort gegeben?

ZERBINETTA: Ganz richtig. Hat sie das getan?

TIBURZIO *zu* BRIGHELLA: Was kümmert das Euch? *Niest:* Hatsieh.

BRIGHELLA: Hat sie oder hat sie nicht?

ZERBINETTA: Steht Antwort! Aber mit der Waffe! *Zu* NOVOTNY. Und Ihr seid so gut und sekundiert ihm.

TIBURZIO *in letzter Verzweiflung:* Er hat ja gar keinen Degen.

ZERBINETTA *zu* NOVOTNY, *ehe er antworten kann:* Soviel ich an Euren Insignien sehe, seid Ihr Eskader-Apotheker der Republik Venedig, also ein Mann von halbmilitärischem Rang. Eure Spritze ist so gut wie eine Waffe. Macht Euch fertig.

ZERBINETTA und BRIGHELLA auf der einen, TIBURZIO und NOVOTNY auf der andern Seite nehmen ihre Plätze ein. Etliche Neugierige sammeln sich an, darunter COLOMBINA. NOVOTNY, von seiner Rolle nicht wenig geschmeichelt, wendet sich unterdessen erklärend an seine Töchter und deren Verehrer.

NOVOTNY:

Was ihr hier seht, paßt nur für feine Herrn
Und ist ein sogenannter Ehrenhandel.
Als Pädagog hab ich das gar nicht gern.
Es zeugt von liederlichem Lebenswandel
Und ist im Grund ein Leichtsinn sondergleichen,
Denn oft gibt es bei so was tote Leichen.

ZERBINETTA *in Stellung:*

Genug der Worte jetzt! Und auf zum Kampf!

In diesem Augenblick ertönt hinter der Szene ein schmetterndes Fanfarensignal. ZERBINETTA hält mitten im Ausfall inne. TIBURZIOS mühsam gezogener Degen zittert in der Luft. Das Signal wiederholt sich, Stimmengewirr kommt näher, man hört Schreckensrufe.

STIMMEN:

Der Türk ist da ... Krieg ... Überfall ... Die Türken ...

Von allen Seiten drängt aufgeregtes Volk herbei. Auf der Brücke wird eine prunkvolle Cortège sichtbar: voran der FANFARENBLÄSER *(ein zierlicher Page), dann vier dicke türkische* DIENER *(pompös kostümiert, mit gezogenen Krummsäbeln) und dann die offene Sänfte, auf deren thronartigem Sitz die wunderschöne* FÜRSTIN VON CYTHERA *getragen wird. Während die letzten »Türken«-Rufe der von rechts Herandrängenden verstummen, bilden die links Angesammelten bereits ein Spalier für den fürstlichen Zug, der zwischen den beiden* DUELLANTEN *hindurch den rechten Teil der Bühne erreicht. Dort wird die Sänfte abgesetzt. Vor der lächelnd um sich blickenden* FÜRSTIN *verstummt die Menge vollends. Einige verneigen sich.*

FÜRSTIN *mit heiterer Überlegenheit:*

Hab ich dem guten Volk Venetiens,
Das mir so lieb ist, Schrecken eingejagt?
Das muß ein Irrtum sein und tut mir leid.
Ich frag mich nur, wie das geschehen konnte ...
Bin ich, die Fürstin von Cythera, hier
Nicht unter Freunden? Ist mein kleines Reich,
Mein Inselreich im Süden Griechenlands,
Denn nicht mit euch verbündet? Wunderlich ...

Sie läßt ihre Blicke kopfschüttelnd über die Umstehenden gleiten. Freudiges Gemurmel schwillt auf.

STIMMEN:

Die Fürstin von Cythera ... Unsre Freundin ...
Wie schön sie ist ... Seht sie nur an, wie schön ...
Die von der Liebesinsel ... uns verbündet ...

FÜRSTIN *deutet lächelnd auf einen Sprecher:*

»Die Liebesinsel« sagst du, guter Freund?
Ja, du hast recht. So nennt man wohl mein Reich ...
Ist d e s halb niemand hier, mich zu begrüßen?
Empfängt man s o die Liebe zu Besuch?

Während ihrer letzten Worte ist im Hintergrund links Bewegung entstanden. Über die Brücke kommt schnaufend PANTALONE, *gefolgt von* SCARAMUCCIO *und* TRUFFALDINO, *die in der folgenden Szene hauptsächlich damit beschäftigt sind, alles, was* PANTALONE *tut, eifrig nachzuahmen.* PANTALONE *seinerseits kann sich zwischen der* FÜRSTIN *und den beiden* DUELLANTEN *fürs erste nicht zurechtfinden.*

PANTALONE:

Fürstin, vergebt — Ihr seid noch hier, Tiburzio?
Verzeihung, Fürstin, das war rein privat — *Zu* ZERBINETTA.
Und wer seid Ihr? *Zu* TIBURZIO. Tiburzio, was soll der Degen?

Macht einen Kniefall vor ZERBINETTA.

Willkommen in Venedig. — *Springt auf, greift sich an den*
Oh, mein Kopf! *[Kopf*
Ich armer, vielgeplagter Mann!

Mit gleichzeitigen Gesten zu ZERBINETTA *und* TIBURZIO.

Hinaus!
Laßt mich in Ruhe meines Amtes walten!
Das ist ja schändlich, wie ihr euch benehmt!

Kniefall vor der FÜRSTIN.

Ich heiß Euch in Venedig, edle Fürstin —
Was heiß ich Euch — willkommen heiß ich Euch!
Das ist's. Das wollte ich schon immer sagen.
Und wollt für den verspäteten Empfang
Um Nachsicht Euch und um Vergebung bitten.

FÜRSTIN:

Sie ist Euch gern gewährt, mein edler Freund.
Mein edler ... Don. Mein edler ...

PANTALONE *begreift endlich:* Pantalone!
Das ist mein Name. Und im Namen auch
Des Dogen und des Rats der Zehn: Willkommen!

FÜRSTIN:

Habt Dank, hochedler Messer Pantalone.
Doch nun, wenn's Euch gefällig ist, erklärt mir —

PANTALONE *mit seinen Gedanken anderswo, unterbricht:*

Ich kann es mir ja selber nicht erklären!
Da steht Tiburzio, den ich hergeschickt,
Sich Zerbinettens Jawort einzuholen.
Und Zerbinetta ist — *besinnt sich.* Vergebt mir, Fürstin!

Kniefall.

Willkommen in Venedig heiß ich Euch.

FÜRSTIN *lächelnd:*

Habt Dank, hochedler Messer Pantalone.

PANTALONE *Kniefall:*

Vergebt mir den verspäteten Empfang!

FÜRSTIN *mit immer nachsichtigerem Lächeln:*

Gern, gern. Doch nun der Reihe nach. — Warum?

PANTALONE *nervös:*

Was denn: warum?

FÜRSTIN:

Warum war er verspätet?
Sanft. Ich meine den Empfang.

PANTALONE *schickt sich zu einem neuerlichen Kniefall an:*

Vergebt mir, Fürstin!

FÜRSTIN *rasch dazwischen:*

Schon längst vergeben. Aber nicht erklärt.

PANTALONE:

Ja, das kam so. Das kann ich Euch erklären.
Der Späherdienst der Republik Venedig,
Wohl ausgebildet —

TRUFFALDINO:

Exzellent —

SCARAMUCCIO:

Perfekt —

PANTALONE:

Erfuhr schon vor geraumer Zeit, es rüste
Der Türke sich zum Kriege wider uns.
Bestätigung war leider nicht zu schaffen,
Denn unser zyprischer Ambassadeur
Vertauschte die Dossiers, und die Gesandten
Beider Sizilien konnte man nicht lesen.
Und so geschah's. So kommt's, daß Don Tiburz
Noch immer dasteht, während Zerbinetta —

FÜRSTIN:

Eins nach dem andern, Messer Pantalone.
Wir sind erst beim Empfang.

PANTALONE: Ja. Beim Empfang.

Und so geschah's. Als Eure Barke anlegt'
Und unsre Späher all die vielen Türken
Entsteigen sahn — da schlugen sie Alarm.

Die FÜRSTIN *verbirgt ihr Gesicht, die* TÜRKEN *lachen lautlos, aber so, daß ihre Bäuche rhythmisch wackeln.*

PANTALONE:

So kam's, daß Schrecken unser Volk erfaßte,
So kam's zum Aufruhr —

TRUFFALDINO:

Ja, so kam's —

SCARAMUCCIO:

So kam's.

PANTALONE:

Und zum verspäteten Empfang.

Will abermals in die Knie gehen.

FÜRSTIN *in eiliger Abwehr:*

Vergeben!
Ich bin beglückt von Eurer Freundlichkeit

Erhebt sich, breitet die Arme aus.

Und fühl mich liebevoll von Euch empfangen.

Jubelnde Rufe und Tücherschwenken. Zwei PAGEN *helfen der* FÜRSTIN *aus der Sänfte.* ZERBINETTA *senkt grüßend den Degen.*

FÜRSTIN *zu* PANTALONE:

Jetzt wüßt ich gerne, was mit alledem
Der junge Edelmann zu schaffen hat.
Der einzige, der mir hocherhobnen Hauptes
Entgegensah. Venedigs einziger Mann.

TIBURZIO *drängt sich dazwischen:*

Ein feiner Mann! Ein Spitzbub! Ein Filou!

Er weicht ängstlich zurück, denn ZERBINETTA *hat einen Ausfall markiert. Die* FÜRSTIN *betrachtet sie wohlgefällig.*

PANTALONE:

So schweig, Tiburz!

FÜRSTIN:

Nun, Messer Pantalone?
Erklärt Ihr mir, was hier geschehen ist?

PANTALONE:

So sprich, Tiburz! Erklär, was hier geschehn ist!
War Zerbinetta hier?

TIBURZIO:

Nein, eben nicht.
Nur dieser Spitzbub.

ZERBINETTA *fällt aus,* TIBURZIO *verkriecht sich hinter* PANTALONE.

Da, Ihr seht ja selbst.
Er hört nicht auf. Ich laß kein Wort mehr hören.

NOVOTNY *tritt vor:*

Vielleicht kann ich's an seiner Statt erklären.

Die FÜRSTIN *und* PANTALONE *machen zustimmende Gebärden.* NOVOTNY *verneigt sich vor beiden, sein böhmischer Akzent beginnt stellenweise wieder kräftig durchzuschlagen.*

NOVOTNY:

Durchlaucht Frau Fürstin — löblicher Herr Rat —
Merkwirdig war die Sache in der Tat.
Ich tu mit meinen Kindern hier lustwandeln,
Erläuternd still das Pflänzlein Stinkasant,
Als plötzlich anfängt mit mir anzubandeln
Ein Duellant. Und noch ein Duellant.
Der eine will sich mit dem andern schlagen,
Der andre mit dem einen lieber nicht.
No das is scheen. Was soll man dazu sagen.

Mit durcheinanderfuchtelnden Handbewegungen.

D e r will, daß d e r auf s e i n e Braut verzicht',
Die d e r , sagt her' ich d e r , noch nicht zur Braut hat,
Weil sie ihm nicht das Jawort gab, sagt d e r.
Und kurz und gut: obwohl d e r d e n gehaut hat,
Setzt d e r sich gegen d e n da nicht zur Wehr.

Zu TIBURZIO, *tadelnd.*

Ihr wollt ein Edelmann sein, mein Verehrter?

TIBURZIO:

Ich will ja nicht. Ich bin ein Schriftgelehrter.

FÜRSTIN *zu* ZERBINETTA:

Und Ihr, mein Freund? Soviel ich sehen kann,
Habt Ihr gesiegt. So nehmt denn Eure Braut
Und kommt mit mir auf meine Liebesinsel.
Kommt nach Cythera! Seid mein Kriegsminister!
Marchese Seladon, mein Kammerherr,

Teilt sich mit Euch in Eure wenigen Pflichten.
Seid Ihr mit meinem Vorschlag einverstanden?

ZERBINETTA *stockend:*
Dank, Fürstin — doch — es geht nicht.

FÜRSTIN:
Und weshalb?

ZERBINETTA:
Ich kann nicht — kann mir meine Braut nicht nehmen.

FÜRSTIN:
Liebt sie Euch nicht? Das ginge seltsam zu!
Ah, ich verstehe ... Messer Pantalone!
Ihr seid doch einverstanden? Wie?

PANTALONE *verneigt sich zähneknirschend:*
Gewiß.

TRUFFALDINO:
Gewiß, gewiß! *Purzelbaum.*

SCARAMUCCIO:
Ja, wir sind einverstanden! *Ebenso.*

FÜRSTIN *zu* ZERBINETTA:
So gebt mir Antwort! Nun? Ich bin gespannt.

BRIGHELLA *tritt entschlossen vor:*
An ihrer Stelle spricht ihr Sekundant.

FÜRSTIN *verblüfft:*
Ihr Sekundant? Das soll wohl heißen: seiner?

BRIGHELLA:
Nein, ihrer. Denn sie ist —

ZERBINETTA *indem sie die Maske vom Gesicht nimmt und in halb gespieltem Zorn aufstampft:*
Du bist ein feiner —
Ein feiner Kerl bist du!

PANTALONE *taumelt:*
Zerbinetta!

STIMMEN:
Sie ist es selbst ... ein Mädchen ... alle Wetter ...
Seht nur Tiburzio an ...

NOVOTNY:
No das is scheen! *Zu* TIBURZIO:
Wenn ich jetzt Sie wär, mecht ich schleunigst gehn.

TIBURZIO *duckt sich und verschwindet unter dem Hohngelächter der Menge.* PANTALONE *wird von* TRUFFALDINO *und* SCARAMUCCIO *gelabt.* COLOMBINA *ist an* BRIGHELLAS *Seite getreten.*

ZERBINETTA *zu* BRIGHELLA:

Hast du es denn von Anfang an gewußt?

BRIGHELLA *lachend:*

Noch ehe du Tiburz beim Namen nanntest!

ZERBINETTA:

Ich war gewiß, daß du mich nicht erkanntest.

BRIGHELLA:

Ach, Zerbinetta! *Öffnet die Arme.* Komm an meine Brust!

PANTALONE *fährt geifernd dazwischen:*

Nichts da! Das duld ich nicht!
Zu BRIGHELLA: Du scher dich fort!

FÜRSTIN:

Wie das, mein Freund? Hab ich nicht Euer Wort?
Wart Ihr nicht einverstanden mit der Wahl?

PANTALONE:

Ja, vorher! Aber jetzt?!

TRUFFALDINO:

Fatal!

SCARAMUCCIO:

Fatal!

PANTALONE:

Zuvor, als es noch schien, daß dies ein Mann
Und daß die Braut noch Zerbinetta wäre —

FÜRSTIN *deutet lächelnd auf* ZERBINETTA:

Ist sie's denn nicht? Seht Euch die beiden an!
Und steht zu Euerm Wort als Mann von Ehre!

PANTALONE *gibt sich geschlagen:*

So beuge ich mich vor Cytheras Krone.

Die FÜRSTIN *reicht ihm die Hand zum Kuß,* ZERBINETTA *und* BRIGHELLA *fallen einander in die Arme, Gratulanten drängen heran.*

COLOMBINA *mit spöttischem Knicks:*

Ich gratulier Euch, Onkel Pantalone!

PANTALONE:

Mir aus den Augen, schnöde Heuchlerin!
Versprachst du nicht, zu biegen ihren Sinn?

COLOMBINA: Na und?

PANTALONE: Du hast mich schändlich angelogen!

COLOMBINA:

Das find ich nicht.

Mit Gebärde nach ZERBINETTA, *die in* BRIGHELLAS *Armen liegt.*

Sie ist ganz hübsch gebogen.

FÜRSTIN:

Kommt, meine Freunde! Auf zum Hochzeitsfeste!
Seid mir willkommen als Cytheras Gäste!

Zwei PAGEN *helfen ihr in die Sänfte. Der Zug entfernt sich über die Brücke. Jubel und Fanfarensignale, die allmählich verklingen. Ein paar Sekunden lang bleibt die Szene leer. Dann wird der hölzerne Laden vor Tartaglias Fenster wild aufgestoßen.* TARTAGLIA *erscheint und kommt unter ungeheurem Gepolter auf den Platz gestürzt, wo er sogleich das Schwert zückt.*

TARTAGLIA:

Der Sieg ist unser! Schon mein bloßer Anblick —
Was sag ich — meine bloße Nähe hat
Die Türkenhaufen in die Flucht geschlagen!
Ja, so ist's recht. Die Straßen sind befreit,
Und ganz Venedig eilt, den Sieg zu feiern...
Winkt gegen den Hintergrund.
Ich komme! Ich geselle mich zu euch,
Ihr braven Leute... Muß nur noch zuvor
Vom Publikum geziemend Abschied nehmen...

Glockengeläute setzt ein. Ein durchsichtiger Vorhang wird langsam vor die Szene gezogen und TARTAGLIA *tritt an die Rampe. Während seiner Schlußverse zieht hinter dem Vorhang der Hochzeitszug vorbei.*

Diridum, diridum, diridumbumbum,
So klingt der Glocken Goldgebrumm.
Ich lausch und ich schau
Und weiß nicht genau,
Weshalb sie eigentlich läuten:
Venedig ist frei —
Doch sind's auch die zwei,
Die jetzt zum Traualtar schreiten?

Werden Frau und Mann,
Und für sie fängt's erst an,
Und für mich ist's gleichviel,
Und für euch war's ein Spiel,
Und das Spiel ist am frohen Ende —
Drum rührt zum Applaus jetzt die Hände!

VORHANG

DAS TYROLER DRACHENSPIEL

Fragment

PERSONEN DES VORSPIELS

JANUAR OBEXER, Präsident der Academia Claudia Felicitas zu Innsbruck
DR. LUIS WELPONER, erster Vizepräsident
DR. LUIS FISCHNALLER, zweiter Vizepräsident
GALIMATIAS GSCHNOFERER, Schriftführer
GUIDOBALD GRAF THUN, KOSMAS GRAF SPAUNER, PETER VON TRUT – Gönner und Förderer
CHRYSOSTOMUS FEIGENBLATTERER, Abgeordneter von Schgums und Obmann des »Vereins zur Abtötung des fleischlichen Begehrens«
INGENUIN SCHRÖCKHENDAIFL, Ehrenmitglied obigen Vereines
IMPAVIDUS HÄUSELBERGER, fälschlich »Köschtensepp« genannt, ein namhafter Privatgelehrter und erster Hochradfahrer Tyrols
EUSEBIUS NOGGLER, ein bedeutender Redner
HADUBRAND MATSCHER, ein Konfusionsrat und bekannt, ja gefürchtet als »der Gackeletoni von Eyers«
KASPAR BARTLMÄ TÖPSEL, sein geheimer Sohn linker Hand
BOVIANUS KALBLMACHER, ein schwerfälliger Damenfreund
SEBASCHTIAN NOTDURFTER, Amtsdiener
ANNERL DEFLORIAN, Schreibkraft
MARIA JOSEFA VERGUTZ, Putzfrau
KRAWIESER AUS STULS, genannt »der Huschenvatter«
P. KASSIAN MITTERSACKSCHMÖLLER, ein Kapuziner
EIN STOCKTAUBER DR. WELPONER

Ein Dr. Fischnaller mit Hörrohr
Ein sehr bekümmerter Dr. Welponer
Ein Dr. Welponer, der seinen Bart in ein Buch eingeklemmt hat und fortwährend leise jammert
Mehrere Rudel Doctores Welponer
Mehrere Rudel Doctores Fischnaller
Ein sehr grober Dr. Welponer
Ein ebensolcher Dr. Fischnaller
Ein Dr. Welponer, der immer niesen will
Ein Schafhirt, der sich in die Sitzung verirrt hat

AUS DEM REICHE DES ÜBERSINNLICHEN

Die erlauchten Stimmen der Büsten Karls VI. und Maria Theresiens
Ein Tambour des Regimentes Esterhazy
Ein Cornet des Regimentes Wurmser
Zwei Teufel
Zwei arme Touristenseelen (aus dem Fegefeuer)
Cheledria } Salige Fräulein
Abarbanell }
Tänzerinnen aus dem Rosengarten
Zwei Zwerge mit Glockenspielen
Die Stimme des Innsbrucker Novemberwindes
Ein klirrendes Fenster

Ort:
Innsbruck

Zeit:
Der 3. November 1891 (der Tag Simonis und Judä)

PERSONEN DES DRACHENSPIELS

Venus

Die drei Grazien

Dejanira von Pfannberg Isolde von Puntweill Beatrix von Tarantsberg	Valandinnen und Fürstinnen im Reiche der Drachen
Fer Pantages Fer Abarbanell Fer Trifags Fer Cheledria Fer Aglay Fer Farfanell	Schlangen und Palastgirls am Hofe der Valandinnen
Ybelhör Mumelter	Nörgellen (Zwerge)
Cassandra von Montalbon Titania von Tschengels Agathe Fink von Katzenzungen	Damen von Tyrol
Danae von Mingenon Felicitas Vezzan Sybille von Telfs Diana von Trautson	Damen von Tyrol
Parsifal Kluibenschedl Jakob Hosenkhnopff Der von Wolkenstein Der von Schlandersperg Cyprian der Vintler Egno von Trautson	Herren von Tyrol

Agathe Tetzer, die unrechtmäßige Herrin von Stachelburg

Praxedis, ihre Tochter

Hartmann von Stufels, der Vogt der Stachelburg

Die Fräulein von Brigantina und Gilardon, wallisische Mädchen

Siegfried Bischof von Chur

Der Falkner von Völs

Paris von Hochalbions, Page des Ritters Kluibenschedl

Petrus Sermons von Burms, der Goldschmied

Simon Ybertrachter
Der Hundsmetzger von Afern
Der Blechdoktor von Ziriol

} bedenkliche Gesellen

ORDINÄRE DRACHEN

Nobuchodonosor Schweyffendonner, Augsburgischer Stiftsdrache zu St. Afra

Anton Dominik Verdross, meist genannt »Schgumser von Umms«

Ingenuin Pfurzschnöller, kaiserl. Burgdrache von Ramenuy

Hänsel der Züppel, Mistknecht bei den Drachen

ERSCHEINUNGEN IM ZAUBERWALD VON PONTYVES

Goethe

Das Fantasma der Ulrike von Levetzow

Baron Schwimmer im Staub, Bühnenmeister auf der Barke der Isis

Zwei Zwerge mit Glockenspielen

Mehrere distinguierte Stimmen

Ort:

Verschiedene Gegenden Südtyrols

Zeit:

Um 1200 (Die Szene im Zauberwald: zeitlos)

NUMERIERUNG UND NÄHERE BESCHREIBUNG DER HERREN DOCTORES WELPONER UND FISCHNALLER

1

Sehr neugierig. Interessiert sich lebhaft, wo es wimmert.

2

Düster und bucklig. Zitiert gerne Klassiker und ist daher bei Pater Kassian und dessen Kollegen als Freigeist verdächtig.

3

Ist ständig im Begriff zu niesen und geht jappend mit einem großen roten Sacktuch herum. Man weicht ihm nach Tunlichkeit aus. Besonders der Schriftführer verdeckt vor ihm das Protokollmaterial.

4

Immer anerkennend.

5

Grobian.

6

Sehr fromm. Beantragt stets, dem Hl. Vater zu telegraphieren.

7

Gerecht und tief bekümmert.

8

Sehr kirchlich eingestellt und ein Ordnungsmeier.

9

Stocktaub und, wie alle Hörrohrträger, durch Welponer Nr. 3 höchst gefährdet, da dieser die unglückliche Gewohnheit hat, in die ihm entgegengehaltenen Hörrohre hineinzuniesen.

10

Ebenfalls äußerst schwerhörig und krankhaft wissensdurstig bzw. neugierig, wie dies mit Ohrenleiden Hand in Hand geht. In seiner Zerstreutheit kostet er alles, wobei er bisweilen bitter draufzahlt. Wohlmeinende Freunde haben ihn schon öfter vor bemmerl-ähnlichen Gegenständen gewarnt. Lehnt mit Vorliebe am Präsidententisch, um die Akten zu behorchen, umschnofelt jede sich bildende Gruppe, sucht mit dem Vergrößerungsglas fremde Bärte ab etc.

11

Weiß alles und belehrt gern. Hat natürlich keine Ahnung, daß böse Kinder ihm eine grausliche Notiz auf den Rücken gemalt haben.

12

Aggressiv und grob.

13

Hat seinen Bart in ein Buch eingeklemmt, wimmert infolgedessen leise und verkriecht sich in seinem Schmerz. Wird bei der im Saal herrschenden Finsternis nur schwer gefunden. Den Bart, der jetzt zum Lesezeichen geworden ist und von scharfen Rechtsgelehrten auch als solches anerkannt wird, darf er aber erst auf Grund einer Abstimmung wieder aus dem Buche entfernen.

Nach Ansicht anderer juristischer Kapazitäten wäre hiezu ein Erlaß des k. k. Ministeriums für Kultus und Unterricht erforderlich, denn das Buch ist Staatseigentum, und der Bart gehört in seiner Eigenschaft als Lesezeichen dazu. Diese Ansicht vertritt u. a. Pius Freiherr von Frumbessel, ehem. Minister für Kultus und Unterricht in Wien.

14

Auch er ist eine Quelle des Wissens und belehrt gerne, spricht sich aber sehr hart.

15

Typischer Grübler, der bald etwas im Bart, bald etwas im Ohr findet und dann damit zum Lichte geht.

16

Stattlicher Mann mit mächtigem Vollbart. Stottert sehr stark und kommt dadurch leicht in die Lage, anstößig zu wirken.

Vom »Tyroler Drachenspiel« liegen nur wenige Bruchstücke vor: ein verheißungsvoller Titel, ein von Verheißungen geradezu strotzendes Personenverzeichnis (das es getrost mit dem des »Kaiser Joseph« aufnehmen kann), das »Lied der beiden kaiserlichen Büsten« und ein einziger, als »Vorspiel« bezeichneter Szenenentwurf: die »Sitzung der Academia Claudia Felicitas«.

Herzmanovsky kommt in seinen Briefen häufig auf das »Drachenspiel« zu sprechen, meistens mit dem Vermerk, daß es »geplant« oder »in Arbeit« sei. Über ein etwaiges Fortschreiten der Arbeit äußert er sich nirgends, und soweit seine brieflichen Angaben sich auf das Stück als solches beziehen, gehen sie über das im Nachlaß vorgefundene Material nicht hinaus.

Zu diesem Material gehört auch noch eine »Inhaltsangabe«, die für Herzmanovskys Arbeitsmethode und Arbeitsvorstellungen so aufschlußreich ist, daß sie hier im vollen, originalgetreuen Wortlaut wiedergegeben werden soll; auch Schreibweise und Interpunktion halten sich genau an das Originalmanuskript.

INHALTSANGABE ZUM »TYROLER DRACHENSPIEL«

1891. Der Liberalismus blüht. Man ist ganz auf die Reine Vernunft eingestellt. Der Fremdenverkehr steigt gewaltig — in dem Land ist kein Platz mehr für alten Aberglauben — für das Walten von Märchenfiguren wie etwa die Saligen Fräulein.

Also — besonders diese allerdings reizenden dämonischen Wesen müssen amtlich verschwinden — in einem Land, das Kunstbutter, Konserven, falschen Honig und ähnliche Produkte aufweist, dort ist kein Platz für Märchenfiguren. Und doch sind diese Ewigkeitswesen immer da und stets dagewesen. Nicht einmal das Konzil von Trient hat ihnen beikommen können — ebensowenig wie das begonnene Christentum die magischen Mächte vertreiben konnte. Sie haben sich natürlich von einer immer mehr durch Großindustrie etc. verdreckten Menschheit zurückgezogen — und diese Menschheit hat die bitteren Folgen zu tragen.

Das Vorspiel zeigt uns eine Sitzung — typisches Treiben der Mannesrechtswelt. Es wird der amtsgiltige Beschluß gefaßt, das Land Tyrol von allem dunklen Aberglauben gereinigt zu erklären.

Als der Beschluß verkündet werden soll, ist plötzlich die ernstbärtige Versammlung — ganz gegen jede Vorschrift — in rosiges Licht getaucht und drei Salige Fräulein erscheinen.

Die ernsten Herren sind ganz perplex — trauen ihren Augen nicht . . . bis einer den Bann bricht und erklärt: Da habts 100 Gulden, ös Faacken und kaufts Euch beim Obexer in der Mariatheresienstraße ein anständiges Gewand . . . so derf man nit einhergehen . . . ös Saumägen! Vor allem müßts Hosen haben! Die drei Dämoninnen lachen bloß und verwickeln die alten Trottel in ein Ballett, wo die steifen Herren mit rosenumwundenen Stäben mittanzen müssen und sich schließlich jammernd ins Publikum flüchten.

Der zweite Teil des Dramas spielt zur Zeit des vierten Kreuzzuges in Südtyrol. Jetzt greifen die Drachen ein. Die sind in zwei Teile gespalten. Die tragenden Drachenrollen sind die sehr schönen und sehr mächtigen Eingeweihten des dritten Grades. Die saligen Fräulein gehören nur dem zweiten Grad einer mystischen Hierarchie an.

Aus der Drehung wird das Feuer. Das sagen uns alle elektrischen Anlagen. Aber auch besonders dafür veranlagte schöne Wesenheiten können, ›angeheizt‹ durch die Tanzbewegungen, Kurzwellenströme senden: ›Aus der Drei wird die Vier‹ — ›die Draugh gebiert das Fyr.‹ Das ist die kurze Formel über den Drachengrad. Man bezeichnet diese Mädchen auch als Valandinnen.

In der Märchenzeit hatte man auch mit den ordinären, ganz erdgebundenen, grauslichen Drachenwesen zu rechnen. Hier erscheinen sie als der hundsordinäre Drache Nobuchodonosor Schweyffendonner und ähnliches magisches Gesindel.

Die Fabel setzt ein: die dämonisch verführerisch schöne Praxedis von der Stachelburg ist sehr von der Blüte der Ritterschaft umworben. Wenn einer um ihre Hand anhält, muß er in den Kreuzzug gehen, aber vorher all sein Hab und Gut der miserablen Praxedis verschreiben.

Sie hat aber Abmachungen mit verschiedenen Drachen, die so placiert sind, daß der Ritter ihnen auf seiner Fahrt ins hl. Land begegnen muß.

Klarerweise wird er gefressen, wenn er nicht höhere Hilfe hat.

Unser Held — der Ritter Parsifal Kluibenschedl — oder vielleicht schöner: von Ebion genannt — spricht bei der bildschönen, aber miserablen Praxedis auf der Stachelburg vor, wird aber nicht gleich vorgelassen.

Da taucht aus der Vertäfelung des Gemaches ein Nörgele (Wichtel) auf und warnt ihn vor der bevorstehenden, lebensgefährlichen Intrigue.

Durch Praxedis wird ein Ritter nach dem andren umgarnt ins Feld zu ziehen ... der Preis ist ihre Hand — doch muß er früher seinen Besitz ihr verschreiben. Unweit hausen in Erdlöchern drei Drachen — Nobuchodonosor Schweyffendonner, Blasius Pfurzschnöller etc. Diese Kanaillen werden vom Vogt Simon Ybertrachter vom Kommen der Ritter verständigt und fressen den Betreffenden dann auf.

Doch Parsifal beschließt das Abenteuer zu bestehen und schließt den Erbvertrag (seine Burg Boymunt) ab. Bevor er in den Drachenwald kommt, bemerkt er am tiefblauen Himmel ein näherkommendes weißes Wölkchen. Es ist eine fromme Taube in Mädchengestalt mit reizenden Dessous, die voranfliegt und ihm den Weg weist. Als es dunkel wird kommt er in einen Wald zu einer furchtbaren Balgerei mit Flammengeifer.

Er stößt auf den gräßlichen Pfurzschnöller, der gerade einen Ritter umbringt. Glühende Rüstungsteile fliegen herum — ein Edelknabe läuft auf ihn zu und ruft: ›I hab kan Hosenknopf mehr.‹

Parsifal tröstet ihn, daß man den Toilettefehler gar nicht bemerke. Wird aber belehrt, daß der gefressene Ritter Jakob Hosenknopff geheißen habe.

Um die Sache kurz zu machen, der Page: Paris von Hochalbions, schließt sich an Parsifal an. Bald kommen sie aus dem Kreuzzug heil zurück und Parsifal will in seiner Verliebtheit Praxedis mit seiner Ankunft unangemeldet überraschen. Trifft sie aber in den Armen des Egno von Trautsohn, den er umbringt. Er will auch Praxedis erstechen, wird aber vom Bischof Sigfried von Chur daran verhindert.

Parsifal flieht ins Hochgebirge und wird — eine Art Ritter Toggenburg — von Gram und unstillbarer Sehnsucht nach der Braut verzehrt.

Paris, der ihn nicht verlassen hat, kommt auf die Idee, die drei Grazien anzuflehen, ihn in ein schönes Mädchen zu verwandeln.

In einer nicht alltäglichen Ballettszene geschieht dies. Die Grazien führen Parsifal das verwandelte Mädchen zu, der tatsächlich in Liebe entbrennt. Aber bald kommen ihm schwere Bedenken. Er hält das Vorkommnis für einen Hexenspuk und sich für verworfen. In seiner Not kommt er schließlich an den Cour d'amour auf der Burg der Diana von Puntweil. Dort wird ihm abermals das verwandelte Mädchen, umgeben von ihren Hofdamen, den Fräuleins von Brigantina und Gillardon, entgegengeführt. Schließlich überzeugt er sich, daß alles in Ordnung ist. Auf Boymunt wird eine prachtvolle Hochzeit zugerüstet. Aber ... niemand von den geladenen Gästen erscheint. Drei Heroldsrufe sind schon erklungen. Da aber erscheint ... bloß eine Katze. Sehr groß, mit Brillianten behangen ... unbedingt muß was los sein mit dieser Märchenfigur voll Bedenklichkeit. Und es ist wirklich auch niemand anderer als Frau Venus und alles endet in Pracht und Herrlichkeit.

Schon früher hat es im Zauberwald von Pontyves ein schweres Traumabenteuer gegeben. Es ist eine apokryphe Reise Göthes, der mit einem Postillon, der plötzlich keinen Kopf mehr hat, in dieser bekannt unheimlichen, aber heute nur ungern besuchten Gegend angekommen ist. Göthe wähnt sich — nicht ganz ohne Grund — auf dem Blocksberg. Im Zauberwald hat er eine Begegnung mit seiner ewigen Psychagogin Mignon, die sich ja an seinem Lebensabend in die wunderschöne Ulrike von Lewetzow verkörpert hatte und ihm die letzte Weihe gab, — sie, das ewige Androgyn an Jugend und Schönheit. Erreichen kann er sein Traumbild nicht, da zu ihr nur die Brücke in die vierte Dimension führt, vor deren Betreten ihn verschiedene distinguierte Stimmen und Baron Schwimmer im Staub, der Leiter der Barke der Isis, warnen.

Soweit die Inhaltsangabe.

Auch die nun folgenden Szenen aus der »Sitzung der Academia Claudia Felicitas« bedürfen keines Kommentars — wobei es auf erquickliche Weise gleichgültig bleibt, ob sie tatsächlich (wie in der Inhaltsangabe verheißen) das »typische Treiben der Mannesrechtswelt« zeigen oder ob sie uns nur typisch Herzmanovskysche Einblicke in eine Männerwelt gewähren, die der Dichter stets mit besonderem Grimm verfolgt hat. Diese Männerwelt ist für ihn durch den Vollbart charakterisiert, in dem er schlechterdings das Symbol aller muffig-selbstgefälligen Humorlosigkeit erblickt; und die Vollbartträger müssen durchaus nicht immer Tiroler Gelehrte sein.

SITZUNG DER »ACADEMIA CLAUDIA FELICITAS«

OBEXER: Wer will noch das Wort haben?

GSCHNOFERER: Da wär einer, der was sich aber nicht getrauet, dasselbige zu ergreifen.

OBEXER: Lächer-leach. Sag demselbigen, er soll frei reden, wie es siach für einen aufreachten Diroller geziemet. Wer isch der sölle, und wia schreibt er siach?

GSCHNOFERER: Man rueft ihm in Huschenvatter, und schreiben tat er siach, wann er könnt, Krawieser.

OBEXER: Alsdann spreach. Wos willscht?

HUSCHENVATTER: Jo, i ... söll ... i meacht ... i moan ... daß man mir eh 's Maul verbieten werd. I bin achtasiebazig Johr bin i olt ...

OBEXER: A schön's Olter. Geh a weng weiter weg von mir. Dei Hosen — olles wos reacht isch. Bischt in a Senkhgruben gestirzet?

HUSCHENVATTER: Jo ... i ... i moan ... die stinketen Hölltuifel, d' Logomodiewen ...

Der KAPUZINERPATER *tritt mit gerunzelten Brauen näher. Auch mehrere der* GELEHRTEN *umringen den* HUSCHENVATTER.

OBEXER: Alsdann — fahr fort.

HUSCHENVATTER: I meacht an Eides-Höllfer!

OBEXER: Zweg'n wos?

HUSCHENVATTER *bockig:* I hoan 's Reacht, an söllenen zu verlangen.

OBEXER: Jetzt spreach endliach. Mir hoan ka Zeit nit. Tu nit so umanand gagezen. Hier isch a kaiserliche Akademie.

WELPONER NR. 7: Spreach klor. Sinscht, wann der Kaiser kimmt, haut er dich mitn Sabel am Orsch.

HUSCHENVATTER *duckt sich:* Na ... dös nit ...

MEHRERE GELEHRTE: Woll ... dös isch sei Reacht ...

ANDERE GELEHRTE: Na ... dös dulden mir nit ... daß Seine aboschdolische Majarschtött in unschuldigen Huschenvattern am Orsch haut.

MEHRERE FISCHNALLER: Wollts leicht Seiner aboschdolischen Majarschtött in Arm fallen? Dös war Refalution!

MEHRERE WELPONER: Ös seids Jakobiner! Ös gehts ja nur die Wochen zwoamal peichten! Eng kennt man schon ...

NOCH MEHRERE FISCHNALLER: Naa, die söll san mir nit!

SCHRÖCKHENDAIFL *bedeutend:* Der Kaiser derf in Huschenvattern am Orsch haun so oft als er will. Mecht den sehn, der siach gegen an Kaiser stöllet! *Sehr laut.* Schwegler! Spülts die Kaiserhymne! Holts die große grean-woaße Trommel, die was im Bissowar lehnt!

WELPONER NR. 8 *beiseite:* Er meacht an Orden ...

OBEXER: Jetzt spreach ober endliach!

HUSCHENVATTER *indem der* KAPUZINER *ihm souffliert:* Ich beontroge ... daß die stinketen Ludern, die Logomodiewen ... wann s' vor ein Pildstockh vorbeifahren ... laut pfeifen!

P. MITTERSACKSCHMÖLLER: Brafo! Der söll isch ein aufreachter, krischtliacher Mann!

WELPONER NR. 6: Sollt mir dös nit in Heiligen Vottern dölografieren, damit dös orme Hoschperle, das wo in der Gefangenschaft schmachtet, a weng a Freid hat?

Eine andere Phase der Sitzung. Man hört einen kurzen, harten Knall.

OBEXER: Oha. Was ischt dies?

GSCHNOFERER: Mir scheint gor, ein Bischdolen-Schuß ...

Einige GELEHRTE *beginnen nach ihren Hüten zu suchen.*

STIMMEN: Gehn mir lieber. 's ischt eh schon schpat. Man kann nit wissen. Wo ischt mei Huet? Es ischt ein greaner Zylinder.

Warum ischt der sölle grean? Er ischt grean, weil ich damit in denen Wäldern luschtwandelen tue.

Ein zweiter Knall ertönt. Eine leichte Panik setzt ein. Plötzlich geht die Tür auf. Herein stürzt weinend KASPAR BARTLMÄ TÖPSEL, *der sich die Wange hält und ins Vorzimmer hinausruft.*

TÖPSEL: I sag alles in Vattern ... Wo isch mei Vatter? Au wöh, au wöh ...

OBEXER: Wos hoscht denn, daß du gor so sehr rehrst?

TÖPSEL: Die Deflorian Annerl hot mir zweie gschmiert. Au wöh, au wöh. Weil i ihr grad a bisserl ... mehr bei die Wadeln ... zuwigriffen hob ...

BEIDE VIZEPRÄSIDENTEN: Dös derfst ninderscht nit tuen! Dös isch a Todsind!

KALBLMACHER: Da mueß i eahm in Schutz nehma. Bis zum Strumpfband isch es koane Todsind niacht. *Der* PATER *nickt ernst.* Nur eine läßliche.

PATER: Bisch du iebers Strumpfband kimmen? Spreach die Wohrheit! Schau, dort hängt 's Bildnis vom Hl. Aloysius von Gonzaga!

TÖPSEL: Naa ... gwiß nit!

Er blickt scheu um sich und huscht röhrend aus dem Saal.

OBEXER *zum* AMTSDIENER: Notdurfter, horch. Mach die Deflorian Annerl einikimmen. Aber gschwind. ANNERL *erscheint.* Deflorian Annerl, spreach: Wosch hot dir der Töpsel Bartlmä tan?

ANNERL *flüstert etwas kaum hörbar.*

OBEXER: Spreach deitliacher. Kein Mensch kann dich verstehn! Bischt verkiehlt?

ANNERL *kaum hörbar:* Nein.

OBEXER: Man versteht dich bei pestem Willen nit. Wos hosch denn fir ein Leiden?

ANNERL: I kriag koan Luft nit. Der Töpsel Bartlmä hot mirsch Strumpfband um en Hals gschlungen.

Eine andere Phase. BOVIANUS KALBLMACHER *kommt durch die jäh geöffnete Türe hereingesaust, wie von einer Furie gejagt von der Putzfrau* MARIA JOSEFA VERGUTZ, *die einen Klosettbesen in der einen Hand schwingt. In der andern trägt sie einen Eimer Wasser, dessen Inhalt sie dem wieder zur Türe hinaushuschenden* KALBLMACHER *nachschüttet. Sie keift ratternd unverständliches Zeug.*

PRÄSIDENT OBEXER *läutet und ruft sie zur Ordnung.*

OBEXER: Vergutz Maria Josefa! Red orntliach! Der Schriftführer kimmt ja ninderscht nit nach mitn Protokollieren... Denn das ischt eine Sitzung der Akademie der Wissenschaften, und alles, was eins im Saale spriacht, muß in Kaiser zum Nachprüfen vorgelegt werden... *Hinter der plötzlich abgehenden* PUTZFRAU *einher.* Wosch hosch gsagt? Mir kennen...?

NOGGLER: Kreächz, kreächz, kreächz!

NR. 4: Wohr ischt's. Jedes Wort kannsch unterschreiben.

NR. 3 *geht herum, den Mund halb offen, die Hände vorgestreckt, und will immer niesen.*

NR. 5: Jo, nit auf mich. Schau daß d' hoamkimmscht, du...

NOGGLER *zum Himmel drohend:* Kre — — ächzzz! Kre — — ächzzz!

NR. 7: Wohrhoftig, der hot die Gabe der Rede, der söll. Da kannsch was lernen! Zwar isch er itzt reacht weit gegongen...

MATSCHER: Nein, nein! Noch zu mild! Schärfer, schärfer!

NOGGLER *in wilder Ekstase:* Krreächzz... krreächzz... *Er verliert ein Röllchen, als er zum Himmel droht.*

NR. 4: Der wiedergeborne Zizero... hui, dees isch gseßn...

NOGGLER, *die Hände in die Hüften gestemmt, macht eine Kunstpause. Nr. 3 sieht ihn offenen Mundes irr an und tropft ein wenig, das rote Sacktuch in der Hand. Man hört ein leises Wimmern. Einige Herren blicken sich befremdet um. Dann bricht der Redner, heiser und furchtbar krächzend, von neuem los.*

NR. 4: Ein wohrer Hochgenuß. Ja, wer das Wort so behörrschen gelörnet hat... da kommsch nit mit, mei Lieber.

NR. 6 *wegwerfend:* Dös kann bold einer. Der söll isch ein fader Zipf.

NR. 7: Oha! Dös isch das Holz, aus dem man Bischöffe schnitzet!

NR. 5 *verklärt:* Jo, jo... Bischöffe...

NR. 10 *sticht mit seinem Hörrohr dazwischen:* Wos isch? Fische?

NR. 3, *der schon die ganze Zeit knapp am Niesen war und jappend herumgegangen ist, niest ihm ins Hörrohr, daß das Instrument herunterfällt.* NR. 10 *beginnt vor Schreck zu tanzen, röhrt und beutelt mit dem kleinen Finger verzweifelt im Ohr.*

NR. 6: Da hosch es. Weils du aber auch allweil umastreichen mußt. Gib a Ruh. Lies was Gscheites. Bleib dahoam.

NR. 14 *den Finger erhoben:* Da hohohohosch es! sisisi ... tacu ... taca ... tacucuissesch! *Blickt triumphierend herum.*

NR. 4: Pscht! Loset am Noggler!

NR. 15 *schaut intensiv etwas an, was er im Bart gefunden hat, nimmt auch noch eine Lupe heraus, schüttelt den Kopf und sagt: »Sakra ... Sakra ...«* NR. 1 *schaut ihm neugierig zu und richtet die Brille. Alles hört auf* NOGGLER, *der soeben mit gesträubtem Bart auf das Pult haut. Dann krächzt er noch einmal drohend und fürchterlich auf. Es ist zu Ende. Brausender Beifall belohnt seine Rede, die verschiedentlich von Rufen wie »Hört, hört! Woll, woll! Söll woll! Sehr riachtig!« unterbrochen worden war. Drei Rudel* GELEHRTE, *die der Rede* NOGGLERS *aus nächster Nähe gelauscht hatten, lichten sich wortlos und gehen auseinander.*

NR. 4: Goldene Worte sein dös gewesen ... goldene Worte.

NR. 10 *sein Hörrohr ausgießend:* Jeds einzelne eine Perle.

NR. 5: Sollten wir nit an den Hl. Vattern dölögrafieren, daß er auch eine Freid hat? Der orme Hl. Vatter?

OBEXER *mit Präsidentenwürde:* Mir danckhchen in Herrn Vorredner für seine klaren, allgemein verständliachen Ausfierungen, die wir pilligen und recht heißen tun. Gschnoferer, hat itzt noch wer das Wort?

GSCHNOFERER *gebückt, blitzschnell im Protokoll herumsuchend:* I such schon ...

OBEXER: Such halt.

NR. 2 *kommt vom hohen, kaum durchsichtigen Fenster zurück:* Simon und Juda ischt's. Drum stürmet's draußen. Es rast der See und will sein Opfer hoben.

NR. 5 *deutet auf den Schiller zitierenden* FREIGEIST, *neigt sich zu* NR. 8: Isch a Josefiner, der sölle! Liest lutherische Biecher!

PATER MITTERSACKSCHMÖLLER *sieht* NR. 2 *furchtbar an. Irgendwo aus einem Winkel hört man leise Klagerufe.*

NR. 1: Wo wimmert es hiazt?

NR. 4 *zu* NR. 7: Ja, fierwohl, stolz kann man sein auf so Männer wie am Noggler.

NR. 7: Wann man denkht, daß der sölle als Junger noch Mischt gefiehret hot!

MATSCHER *eifrig:* Wos? Immer nur schiane Worte? Nein! So einer g'heert auf die Tschultern gehoben! Jo, dös g'heert er. Im

Driumpf g'heert so einer umanandgetragen werden! Auff, auff!

Er bricht durch einen Rudel Vollbärte und sucht sein flüchtendes Opfer zu erhaschen. NOGGLER *wehrt sich vergebens und macht sogar Anstalten, auf den Monumental-Ofen hinaufzuflüchten. Ebenda ereilt ihn sein Schicksal. Vier kräftige* WELPONER *packen den strampelnden alten Herrn und heben ihn auf die Schultern. Zahlreiche Rufe: »Hoch — Vivat — Hellauf Tyrol!« Die Präsidentenglocke läutet Sturm.* NR. 3 *steht vorne in der Mitte, offenen Mundes, das große rote Sacktuch entfaltet, und niest donnernd. Nachdem das Echo zurückgekommen ist, nickt er befriedigt.*

NOGGLER: Mei Schuch ... Mei Schuch ...

NR. 11: Was rehrst denn so?

NOGGLER: I hoan mei Schuch nimmer ... I verkiehl mi ...

Tosender Applaus verschlingt seine Klagen, doch endet die Ovation sehr schlimm: einer der Herren stolpert, die ganze Pyramide bricht zusammen, und NOGGLER *stürzt.*

NOGGLER: Uijeh ... auwödl ... auwödl ...

STIMMEN *durcheinander:* Himmekreizteifi — itzt isch uns der Höllenzock auskemmen — wo isch er denn gor hin — wo steckhcht der söll — weil's aber auch so finschter isch!

NR. 7: Da krallt er!

GRAF SPAUNER: Wer ihn fangt, kriegt fünf Gulden.

GRAF THUN: Und von mir noch ein Bier.

VON TRUT: Den Kerl wern mir noch z'sammbringen!

NR. 7 *zu* NR. 14: Da hosch es! Was der Matscher anpackt, geht lötz aus.

NR. 9: Woll, woll. Der söll isch ein porner Böch-Vogel. Vier linke Fieß hat der söll.

NR. 7 *zu* NR. 11: Weisch noch, wie er in Brösidenten in die Bedirfnisanstalt hineingesperrt hat und mit der Sitzung nix war? Ninderscht nit gfunden hat man eahm! Und der Matscher hat den Schlissel eing'steckt g'habt und dann verloren.

P. MITTERSACKSCHMÖLLER: Schweiget! Nit immer alten Dröckh aufwärmen. Er ischt ein krischtliacher Mann, dessen Gesicht eben mehr aufs Himmlische geriachtet isch als wie aufs Irdische. Und sollicherart hat er Zeit zur Khontömplazion gewonnen, der Obexer. Außerdem isch ja dort wie gewehnliach die große Trommel g'standen, und da hätt er leicht ein Zeichen göben können. Hat's aber nit tan, weil er g'wiß ins Geböt versenket war.

Nr. 11: Jo, und dann hat der söll sich höheren Orts beschweret, daß er von böswilliger Hand ... *senkt sein Hörrohr und nickt ernst* durch Mißbrauch eines — salve venio — Häusels, der Freiheit beraubet worden ischt. Und dann ischt aus Wien ein Brief kemmen, daß die angeklagte Bedirfnisanstalt strafweise auf drei Monate gesperrt wird.

Nr. 7: Hart, aber nit ungerecht.

Nr. 9: Wann's nur nit grad zur Zwöschbenzeit gewesen wäre! Pitter war dös zum tragen. Ischt fast neamd bei die Sitzungen erschienen, dazumal. Ja, da haben die Wissenschaften schwer an die Zwöschben zu leiden gehabt.

Nr. 11: Aber was war das gegen Wien! Da ischt im Jahre 1866 einmal die ganze Akademie wegen der Rotzkrankheit suspendiert worden, weil der große Sportsmann Graf Sandor, der Ehrenpräsident, mitten in einer Sitzung diesem tödlichen Übel erlegen ist. Wollet ihr wissen, wie die Rotzkrankheit beginnet? Zuerscht hört man den Befallenen grundlos laut wiehern. Und man glaubt, daß er lacht. Und dann spannt der Befallene irgendwo auf der Straße einen Wagen aus und führt ihn spazieren. Und dann —

Obexer *schwingt die Glocke:* Meine Herren, die Sitzung schreitet fort!

Allmählich tritt Ruhe ein, aber es wimmert irgendwo leise.

Nr. 1: Horch! Es tuet wimmeren ...

Obexer *erregt:* Wos isch denn wieder?

Nr. 2: Zur Sache! Laßt es wimmern hoch vom Turm! Pater Mittersackschmöller *ballt die Faust.*

Nr. 4: Nein, das Wimmern kommt von hint.

Nr. 7: Von hint wimmert neamand niacht. Von hint —

Obexer: Ruhe! Ruhe! *Schlägt mit der Faust auf den Tisch.*

Nr. 9: Her-rein!

Nr. 12: Dich hat koaner gefragt. *Es wimmert schon wieder.*

Nr. 5: Isch dös heit wieder amal a Sitzung!

Nr. 16: *meldet sich zu Wort:* I ... i mecht aa ... was sagen.

Obexer: Du hascht es Wort.

Nr. 16: I sag ... isch heit ... wieder amal a Sitzung!

STIMMEN: Weil's wahr isch ... Mir finden in Zock nimmer ... Wo kann er nur hingeflichtet sein ...

NR. 10: Hier isch er eini! Unterm Ofen, ganz hint. *Zündet ein Streichholz an.* Da — seht's! Ganz hint, da liagt er!

STIMMEN: Kimm außi, Noggler! 's tiat dir koaner was! Der Frau sag ma aa nix!

MATSCHER *glühend vor Fanatismus:* Außi mueß er! Mueß weiter gefeiert werden! Du, Amtsdiener! Bring a lange Stangen her ... am Abort lehnt s', von die Kanalräumer ... a Besele isch dran'bunden ... mit der scheuchen mir eahm außi! *Die Stange wird gebracht und verwendet.*

STIMMEN: Ho-bui. Fescht g'schtoßen. Ho-bui. Und no amal fescht g'schtoßen. Ho-bui.

NOGGLER: Au wöh, au wöh. Laßts mi. I will mein Frieden.

OBEXER *nach leisem Wortwechsel mit* GRAF THUN: Noggler! Streib dich nit lang! Der Herr Grof zahlt dir a saure Löber, wannscht brav außi kimmscht ...

GRAF THUN: Alle Herren sind auf a saure Leber geladen. Beim Preinößl.

VON TRUT: Und i zahl 's Bier oder an Rötele — was oans begehrt.

OBEXER: Ein Hoch dem Grafen Thun-Welsberg!

GSCHNOFERER: Ein Hoch dem Grafen Spauner und dem Herrn von Trut!

ALLE *stimmen ein, auch* NOGGLER, *der mühsam hinter dem Ofen hervorgekrochen ist.*

OBEXER: Gschnoferer, laß die Schwegeln herholen und die große Trommel. Woascht, die, wonn der Kaiser einmal zur Sitzung käm! *Es geschieht.*

VIELE STIMMEN: Hellauf Thun-Welsberg! Hellauf Graf Spauner! Hellauf Peter von Trut! Hellauf Tyrol!

Trommelwirbel und allgemeiner Jubel. Man drängt zum Ausgang.

OBEXER *heftig die Glocke schwingend:* Noch nit! Noch nit! Erscht wann die Sitzung aus ischt!

ENDE DES FRAGMENTS

LIED DER BEIDEN KAISERLICHEN BÜSTEN

Während des ganzen Liedes wummert der Generalmarsch.

KARL VI.:

ICH bin des Römisch-Teutschen Reiches Kaiserliche [Majarschtett,
Die was allhie aus Güpps auf diesem Ofen stett.

MARIA THERESIA:

IHR irret EUCH, o hocher Herre Vatter MEIN.
WIR seynd nicht Güpps, nein, eyttler Marbel-Stein.

KARL VI.:

IHR werdts woll wissen, hoche Kaiserliche Frau.
WIR seynd schon alt und sehn nicht mehr genau.

MARIA THERESIA:

So ischt es, Majarschtett, und kann nicht anderscht seyn.
Die Marbel-Prockhen schenckt Eusebius Liechtenstein.

KARL VI.:

Warumb WIR hier in Innschpruckh stehen, weiß ICH nicht.
Das Land ischt pitter kalt, und plackt UNS sehr die Gicht.

MARIA THERESIA:

ICH werds dem hochen Herrn Vattern sagen:
IHR waret hier zu Landt am Fueß der Gletscherferner jagen!

KARL VI.:

WIR dancken EW. Kaiserlichen Majarschtett,
Daß HOCHDIESELB mit UNS so deitlich redt.

MARIA THERESIA:

Denkt der Herr Vatter woll noch auf den Weg nach Cuy?
Da stett eyn eynsam Piltstockh gleich hinter Ranuy.

KARL VI. *in freudiger Erinnerung:*

Ey woll da ham WIR eynen Adlervogel gschossen,
Eyn gantz eyn mächtig großen!
Doch traf der erste Khugelschuß ploß eynen Hof-Laquai,
Als welcher schtrampfte und dann wars mit ihm vorbey.
Eyne Toback-Traffick ham WIR ihm dann geschencket,
Daß die Familli ihres Glückes stets gedencket.

MARIA THERESIA:

Hernach seynd Dirndeln kommen, Plumen streun
Und EW. Majarschtett das Hertze zu erfreun.

KARL VI. *versonnen:*

Ja, ja. Sogar zuhinterscht in Ranuy,
Da gibt es saubre Gitschen gantz genuy.

MARIA THERESIA *sehr ernst:*

Heunte streun dieselben Rosmarin,
Moring seynd vielleicht genau dieselben hin.

KARL VI. *ebenso:*

Heute seynds noch frische junge Mädel,
Moring seynds schon nackte Totten-Schödel.

Die beiden kaiserlichen Büsten begeben SICH wieder auf IHRE Sockel zurück.

PATER MITTERSACKSCHMÖLLER *tritt vor:*

So ischts! Das Antlitz dient der Gitsch nur zum Verführen!
Drauß kann eyn jedermann des Teiffels Werckhe spüren.
Eyn Antlitz süß wie eytel Honigseym
Ischt gor nix andersch nit als ökler Tottenleym.
Das ischt der Teiffel, der die Masken schnizzet,
Für die ihr dann im Schwöfelpfuhle schwizzet.

Das »Lied der beiden kaiserlichen Büsten« wurde von *Bert Breit* (Innsbruck) vertont und im Rahmen einer von *Axel Corti* zusammengestellten und inszenierten Hörspiel-Montage aus den Werken Herzmanovskys (»Ihr könnt mich auch ernstnehmen«) vom Österreichischen Rundfunk gesendet.

APOLL VON NICHTS
oder
EXZELLENZEN AUSSTOPFEN — EIN UNFUG

Eine Gangsterkomödie aus dem Biedermeier
in 11 Bildern

Auszüge

PERSONEN

DER GENIUS ÖSTERREICHS
FERDINAND I., König beider Sizilien
LORD BYRON
APOLL VON NICHTS } Milchneffe und Milchnichte
RADEGUNDE VON NICHTS } des Staatskanzlers Metternich
JOSEPHINE FREIIN VON FEUCHTERSLEBEN, Kronprätendentin des Negerreiches Pangutsiglang
ROXANE PUYGPARADINEZ, Herzogin von Atlanta
GRAF KÖNIGSMAUL
VON QUACKENBUSCH
VON BASSUM
VON MÜFFLINGEN } Ehrenkavaliere beider Damen
DICKSCHITZ, genannt Dünnschitz, Herr auf Uschitz, ein südsteyrischer Grande
RUDI GRAF MONDPREYSS-IGELFING, bisweilen Heyttertanz genannt
HAUZENBERG
MÖNNICHGLEINZ
NECHENHEIMB } drei steyrische Barone
EINE NUR WENIG BEKLEIDETE BARONESSE
GENERAL HOPSETIC, der österreichische Kommandant von Neapel
GRAF SEDLNITZKY, der österreichische Polizeiminister
ZWITKOWITSCH, ein Sereschaner
SANTORINI, großherzoglich toskanischer Hofanatom

Ugolina Pampinelli, Inhaberin eines fragwürdigen Variétés in Neapel

Portiuncula, Stubenmädchen bei Nichts

Arbucle Hugh Clonmell, Lordlieutenant von Llanfairpwellgwyngyll, der taubstumme Freund Lord Byrons

Principe Fra Diavolo, Hofmarschall

Vier alpine Mädchen, zwei Mohren, zwei Flötenbläserinnen, eine Schellentänzerin, ein buckliger Kellner, ein Büchsenspanner, ein hagerer Engländer mit Fernrohr.

Hofgesellschaft, Maskenfiguren, Angestellte einer Lasterhöhle, Mädchen, Lakaien.

Orte der Handlung:

Wohnung Apolls in Wien. — Ein Wald in den steyrischen Alpen. — Schloßpark zu Uschitz.

(Vom 5. Bild an: Neapel) Sirenenpalast. — Zimmer Apolls. — Spelunke. — Festsaal im Königsschloß.

Zeit: 1821.

Einige der nachfolgend wiedergegebenen Szenen wurden 1954 unter der Regie *Jörg Mauthes* vom Radio Rot-Weiß-Rot und 1958 unter der Regie *Theodor Grädlers* vom Österreichischen Fernsehen gesendet. Mitwirkende waren *Inge Konradi, Susi Nicoletti, Karl Eidlitz, Richard Eybner, Alfred Neugebauer* †, *Otto Schenk, Friedrich Torberg, Robert Werner* und *Philipp Zeska.*

Das Stück existiert in mehreren Fassungen mit verschiedenen Titeln, ja sogar mit verschiedenen Autorennamen. Es heißt abwechselnd »Apoll von Nichts«, »Welch ein Unfug, Exzellenzen auszustopfen«, »Lord Byrons letzte Liebe« und »Apoll von Nichts oder Exzellenzen ausstopfen — ein Unfug«, im Untertitel entweder »Eine Gangsterkomödie aus dem Biedermeier« oder »Ein skandalöses Begebnis aus dem alten Wien«; als Verfasser zeichnen »F. R. v. Herzmanovsky«, »Friedrich von Orlando« und »R. v. Braiten-Landenberg« (ein nur für den »Byron«-Titel verwendetes Pseudonym).

Umfang und Inhalt der einzelnen Fassungen weichen nur unerheblich voneinander ab. Die Anzahl der »Bilder« ist überall mit 11 festgelegt und erscheint in zwei Manuskripten durch einen gereimten »Prolog« vermehrt, den »Der Genius Österreichs« zu sprechen hat. Der Prolog erzählt von einem Bruder oder Halbbruder des Staatskanzlers Metternich, der einer mißglückten Liebesgeschichte wegen nach China ausgewandert ist, wo er den Kaiser von China zum Christentum bekehren und eine nach österreichischem Muster organisierte Polizei einführen will.[1] Da er mit beiden Unternehmungen kein Glück hat, verfällt er in geistige Umnachtung, wird zum Koch, hinterläßt eine Sammlung völlig abstruser, im Detail nicht wiederzugebender Rezepte und macht seinen Lieblingsneffen Apoll und dessen Schwester Radegunde zu Universalerben — unter der Bedingung, daß beide sich ausschließlich von jenem pseudochinesischen Schlangenfraß nähren.

Ohne Zweifel hat sich damit ein Drama angekündigt, auf dessen Lösung man gespannt sein dürfte. Doch wirkt dieser Auftakt sich lediglich dadurch aus, daß Apoll und Radegunde im ersten Bild ausführlich über die Qualen ihrer Zwangsverpflegung konversieren. Gleich darauf sind sie bereits auf Reisen und haben vom erzbischöflichen Ordinariat eine Dispens der ihnen auferlegten Speisevorschriften erwirkt... Gleichviel: der wirkliche Reiz des Stoffes liegt ohnedies in einem andern Motiv, nämlich in dem des Exzellenzen-Ausstopfens. Es beruht — wie so viele der von Herzmanovsky verwendeten Motive (und meistens gerade die unglaubwürdigsten) — auf historischer, aktenmäßig nachprüfbarer Grundlage: ein im Wien des Biedermeier zu hohen Würden gelangter Mohr wurde nach seinem Tode tatsächlich ausgestopft und dem Kaiserlichen Naturalienkabinett einverleibt; ja er war, um gleich die ganze unglaubwürdige Wahrheit zu sagen, tatsächlich ein Vorfahre (wenn auch nicht der direkte

[1] Die Einführung der österreichischen Polizei in China scheint auf Herzmanovsky eine besondere Faszination auszuüben; auch in der Pantomime »Abduhenendas mißratene Töchter« (S. 427) klingt etwas davon an.

Großvater) des österreichischen Dichters Ernst von Feuchtersleben.[2] Dieses »skandalöse Begebnis aus dem alten Wien«, wie Herzmanovsky es in einem Untertitel nennt, hat schon verschiedentlichen literarischen Niederschlag gefunden und ist Gegenstand einer sorgfältig dokumentierten Monographie von Dr. Wilhelm A. Bauer, die 1922 unter dem Titel *»Angelo Soliman, der hochfürstliche Mohr«* bei Gerlach & Wiedling (Wien) erschienen ist. Herzmanovsky hat Bauers Arbeit vermutlich nicht gekannt, sondern wird wohl eher auf Grund seiner eigenen Forschungen und seiner eigenen schöpferischen Bedürfnisse vorgegangen sein (was ja bei ihm durchaus üblich war). Daß er mit der Geschichte eines gesellschaftlich arrivierten Mohren, dem seine posthume Bestimmung, auf Grund eines Allerhöchsten Irrtums ausgestopft zu werden, schon zu Lebzeiten bekannt ist und der sie vergebens von sich abzuwenden sucht — daß er mit dieser Geschichte einen einmaligen, unvergleichlich ergiebigen Stoff in der Hand hatte, muß ihm klar gewesen sein (sonst hätte er nicht Titel und Untertitel darauf abgestellt). Uns wiederum ist klar, daß Herzmanovsky nicht durch Zufall auf diese Geschichte verfallen ist, daß sie in ihrer abseitigen und abgründigen Skurrilität geradezu danach schreit, von Herzmanovsky gestaltet zu werden. Leider gibt er sich damit zufrieden, sie von einem der Mitwirkenden erzählen zu lassen, und daß die Erzählung gelegentlich durch ein paar Handlungsrudimente unterbrochen wird, fällt ebensowenig ins Gewicht, wie daß es zufällig Apoll ist, dem die Geschichte erzählt wird.[3] Weder er selbst noch die übrigen Personen und Vorgänge treten in eine Wechselbeziehung zu ihr. Nur die Melancholie der Freiin von Feuchtersleben, einer Enkelin der ausgestopften Exzellenz, wird mit dem traurigen Schicksal ihres Großvaters erklärt. Ähnlich geringfügig sind die Stützpunkte, die für den Titel »Lord Byrons letzte Liebe« beigebracht werden. Wir erfahren nicht einmal, ob es sich bei dieser »letzten Liebe« um Apolls Schwester Radegunde handelt oder um jene rätselhafte, der Freiin von Feuchtersleben attachierte Dame, die auf den Namen »Roxane Puygparadinez, Herzogin von Atlanta« hört. Lord Byron — der nur in einem einzigen Bild auftritt, im Sirenenpalast

[2] Von *Ernst von Feuchtersleben* (1801—1848) stammen einige sehr schöne Gedichte — u. a. das zum Volkslied gewordene »Es ist bestimmt in Gottes Rat« — und die höchst bemerkenswerte, manche Erkenntnis der modernen Psychologie vorwegnehmende Schrift »Zur Diätetik der Seele«. Nach der Niederwerfung der 48er-Revolution beging er Selbstmord.

[3] An der betreffenden Stelle heißt es im Manuskript: »Die Musik hört auf. Die Anwesenden gruppiert ab. Apoll und Quackenbusch bleiben zurück. — Apoll: Erzählen Sie mir Solimans Tragödie zu Ende. — Quackenbusch: Gerne.« (4. Bild.)

zu Neapel[4] — scheint sich für beide Damen zu interessieren, ohne daß sein Interesse ein praktisches Ergebnis zeitigt; er wird, nachdem er von der Bildfläche verschwunden ist, nur noch gesprächsweise erwähnt.

Inwieweit Roxane — die Herren ihrer Suite bezeichnen sie als »superbes Prinzeßchen« oder als »Amazone«, der Autor beschreibt sie bei ihrem ersten Auftreten als »reizendes Mädchen in Panierröckchen und Höschen aus Alençonspitzen bis zu den Knöcheln, mit silbergestöckelten Atlasschuhen, daran zierliche Sporen« — inwieweit dieses Wunsch- oder Traumbild mit einer andern Erscheinung verwandt ist, die im ersten Akt ebenso plötzlich wie nackend in Apolls Papierkorb auftaucht und sich als »Freifräulein von Fyrdraugh«[5] vorstellt; inwieweit solche Verwandtschaft, falls sie gegeben wäre, einen Durchblick in die von Herzmanovsky so gern heraufbeschworenen Gefilde einer phantastischen Amazonen-Erotik, ja vielleicht einer Amazonen-Weltordnung eröffnen soll; und inwieweit dies alles mit dem Ausstopfen von Exzellenzen, mit Apoll und Radegunde von Nichts, Lord Byron, dem Eingreifen Englands in die österreichische Politik, den Zuständen im Königreich Neapel und den sonstigen hier angeschlagenen Motiven und hier auftretenden Personen zusammenhinge: dies abzuschätzen, entzieht sich dem Vermögen des Bearbeiters. Ebenso entziehen sich die szenischen Perlen, die in das Auf und Ab des Geschehens verstreut sind, einem kontinuierlichen Arrangement; sie können nur herausgefischt und aufgereiht werden.

Erstes Bild. Speisezimmer der Geschwister von Nichts, die gerade über ihrer (chinesischen) Mahlzeit sitzen.

Das Stubenmädchen PORTIUNCULA *stürzt aufgeregt herein: in Apolls Arbeitszimmer stehe »eine splitternackte Fräulein« im Papierkorb und habe ihren Sonnenschirm »am Gnäherrn seinen Schreibtisch« gelehnt.*

APOLL *entsetzt:* Am Metternichschen Schreibtisch ein nackerter Sonnenschirm!

RADEGUNDE *streng:* Apoll! Solltest du ... einen Besuch bekommen haben? Aus der Gosse?!

PORTIUNCULA: Naa, eine von die schlimmen Madeln is nit. Die woaß i alle vom Bierholen. *Eine Uhr schlägt.*

RADEGUNDE *schreit auf:* Zwölf Uhr! Es ist das Mittagsgespenst!

[4] »Das Fest im Sirenenpalast« ist der Titel einer Prosafassung des Stücks, in der die Dialoge fast wörtlich übernommen und die Regiebemerkungen zu einer Art verbindender Erzählung erweitert sind.

[5] Über die Bewandtnisse, die es — zumindest bei Herzmanovsky — mit dem Namen Fyrdraugh hat, vgl. das »Tyroler Drachenspiel« (S. 227).

PORTIUNCULA *verkriecht sich kreischend unter den Tisch:* Der Teufel ... der Böse in lüsterner Weibsgestalt ... dös hat er gern ... Nit einigehn! Nit einigehn! Holen S' an Kapuziner! Da derf nur a Kapuziner eini!

APOLL: Ach was. Ich möchte doch wissen —

RADEGUNDE: Bleib hier, Apoll!

APOLL: Aber wer kann's denn sein? In der Toilette? So legère Leut kennen wir nicht ... *Nachdenklich.* Vielleicht die Trutscherl Siebenaich, der's immer so warm is ... Ich glaub, wir müssen nachschaun.

RADEGUNDE *verhüllt* APOLLS *Gesicht mit der Serviette und führt ihn zur Tür. Verwandlung (Drehbühne). Ein etwas altjüngferliches Zimmer mit Portrait der strengblickenden Tante. Allerdings ist ein mächtiger Diplomatenschreibtisch vorhanden. Im großen Papierkorb daneben steht ein nur wenig bekleidetes, auffallend hübsches Fräulein und mustert die Eingetretenen stumm mit dem Lorgnon.*

RADEGUNDE, APOLL *an der Hand führend, tonlos:* Das — ist — nicht — die — Trutscherl — Siebenaich.

DER LEGÈRE BESUCH *klappt das Lorgnon zu und spricht sehr hochmütig:* Aretusa Freifräulein von Fyrdraugh mein Name. Vor zehn Minuten verordnete mir ein dressierter Zeisig, der, Eigentum eines blinden Werkelmannes, gegen geringes Entgelt Zettelchen zieht und sie artig überreicht — ich bin etwas abergläubisch —, Fußbäder in Papierschnitzeln. Das Ungewöhnliche an diesem Planetenzettelchen bewog mich, dem Auftrag Folge zu leisten. Ich erkundigte mich beim nächsten Polizisten, wo es in der Nähe reichlich Papierschnitzel gäbe, womöglich adeliger Provenienz. Man nannte mir Ihre Adresse. Ein Schlosser öffnete — hier bin ich.

»Die Geschwister«, so heißt es in der anschließenden Regiebemerkung, »schweigen zuerst wie versteinert.« Aber auch als sie sich gefaßt haben, findet der rätselhafte Besuch keine Aufklärung. Hingegen kommen — »unvermutet«, wie Herzmanovsky ausdrücklich anmerkt — »zwei stutzerhafte Herren ins Zimmer getänzelt«, denen sich alsbald ein dritter zugesellt. »Sie umschnattern das Fräulein, ohne die geringste Notiz von den Geschwistern zu nehmen« und sind, wie es scheint, schon seit längerem hinter der rätselhaften Erscheinung her, die schließlich doch dem Papierkorb entsteigt — »nicht ohne vorher ein vom Schreibtisch gerissenes Schriftstück zur Ergänzung ihrer rudimentären Toilette zu verwenden«. Unglückseligerweise erwischt sie das Testament Apolls, was ihn zu dem nicht unberechtigten Ausruf veranlaßt: »Ich bin indigniert ... Ich grolle ernstlich ... *groß* Ein letzter Wille ist kein Feigenblatt!« Radegunde, deren Sinn mehr aufs Praktische oder doch aufs Diskrete gerichtet ist, hat unterdessen der Magd geklingelt: »Portiuncula, stellen Sie einen Paravent um die Dame, und helfen Sie ihr beim Ankleiden.« Während das geschieht, »treten die drei Herren ans Fenster und starren hinaus«.

NECHENHEIMB: Schau. Tauberln.

HAUZENBERG: Wo?

MÖNNICHGLEINZ: Siebene.

NECHENHEIMB: Schau, wie s' schnäbeln. Die lieben Viecherln.

HAUZENBERG: Ja, Schmarrn. Schnäbeln!

MÖNNICHGLEINZ: Werds aufhören ... Ludern ...

APOLL *klopft wütend an den Paravent:* Wissen Sie auch, daß an diesem Schreibtisch, wo jetzt Ihr frevelhafter Schirm lehnt, der Kaiser Franz gesessen is und dreimal Kaffee gejausnet hat? Mit einbrockte Kipfel? Sechs Tassen jedesmal? Ja? Das ist ein Nationalheiligtum! Eine Pilgerstätte ist das!

DER LEGÈRE BESUCH *hinter dem Paravent:* So. Jetzt die Hafteln.

Der legère Besuch und die drei Kavaliere — sie tragen, detaillierter Anweisung zufolge, Fräcke in »resedagrün, abendrot und königsblau« nebst »Zylinderhüten aus feinstem Florentinergeflecht« — verlassen das Haus, ohne dessen Besitzer eines Wortes gewürdigt zu haben. Gleich darauf erscheint »ein vierter Kavalier, marillenfarben, mit Straußfederndreispitz«, um sich zu erkundigen, ob nicht »soeben drei steyrische Barone dagewesen« sind. Die anschließende Regiebemerkung stellt sachlich fest: »Das ist zuviel«, und schildert die weiteren Ereignisse wie folgt:

Gurgelnd vor Wut weist APOLL *mit der Feuerzange auf das Testament und wirft das Eisen sodann auf den jungen Eindringling, der mit dem näselnden Ruf: »Du hast den letzten Mondpreyß-Igelfing gemordet!« zusammenbricht.* RADEGUNDE *steht zitternd am Schreibtisch. Ihre Hand irrt vom Riechsalz zum Rosenkranz.* APOLL, *dessen Haar sich gesträubt hat, preßt unter irrem Lallen den Handrücken gegen die Stirn. Das klagende Bimmeln eines Glöckchens ertönt, wird immer lauter, greller. Schluchzend beugt der Mörder sein Knie und schlägt sich mit der Faust auf die gefältelte Hemdbrust. Der Sterbende stöhnt noch einmal auf.* APOLL *macht gegen den einen Handschuh, der mit ausgestrecktem Finger auf ihn weist, eine Gebärde entsetzter Abwehr. Da — ein dumpfes Pochen an der Türe.*

RADEGUNDE *ächzend:* Die Häscher! Fleuch von hinnen, Apoll!

PORTIUNCULA *steckt den Kopf durch den Türspalt:* Gnä Freil'n, der Mistbauer ist da!

RADEGUNDE *atmet befreit auf und läßt den Rosenkranz aus der Hand klirren. Auch* APOLL *ist mit einem Ruck wieder der unnahbare Weltmann.*

APOLL: Was geht das uns an? Über den Müll haben Sie zu entscheiden, Portiuncula!

Schon will sich das Mädchen eingeschüchtert zurückziehen, da wird sie des Leichnams gewahr.

PORTIUNCULA *kreischend:* Heilige Mutter Anna! Was is denn da g'schehn? So a scheener Gnäherr! Noch a halbertes Kind und schon maustot!

APOLL *eisig:* Die jungen Leut, die vorhin auf Besuch bei uns waren, haben die Leich da vergessen. Räumen Sie's weg oder geben Sie's meinetwegen dem Mistbauer.

PORTIUNCULA *über den Toten gebeugt, jubelnd:* Er lebt noch a bissel! Grad noch a bissel! Geben S' ihn mir, i glaub, i kann da was machen!

APOLL: Also behalten S' ihn. Kommt er auf, is gut. Und den Kaffee servieren Sie im Rosenzimmer.

Tatsächlich ist »der letzte Mondpreyß-Igelfing« in keiner Weise tot. Er wird alsbald wieder am Geschehen teilnehmen — wenngleich zu völlig unergründlichem Behuf. Aber darin unterscheidet er sich weder von den drei anderen Kavalieren noch von den übrigen Mitwirkenden, und darin unterscheidet sein erster Auftritt sich weder vom nächsten noch vom übernächsten. Wir werden nie erfahren, was den seltsamen Begebenheiten der beiden ersten Bilder zugrundelag und wo sie etwa hingeführt hätten, wenn ihnen der Autor auf der Spur geblieben wäre. Wir müssen sie nehmen, wie sie sind: als ein farben- und bewegungsfrohes Durcheinander (in dem der Maler und Ballettliebhaber Herzmanovsky nicht selten vor den Dichter tritt), als einen Wirbel von nahezu surrealistischen Einfällen, bei deren Niederschrift Herzmanovsky — um eine Formel zu gebrauchen, die Alfred Polgar auf ihn gemünzt hatte — »offenkundig unter Diktat« stand, unter jenem glückseligen Diktat, das ihn, wenn es nur lange genug vorhielt, zu genialisch unverwechselbaren Schöpfungen befähigte (und dessen »Aussetzen« sich fast auf die Zeile genau konstatieren läßt). Manchmal reicht es nur zu einer blitzhaft sich erhellenden Situation, zu einem Kurzschluß im Dialog, zu einer fülligen Wortprägung; und manchmal — wie im folgenden — zu ganzen Szenen.

Wald. Finstere Nacht. Der Sturm heult. Fahles Wetterleuchten. Ein Postwagen kommt angefahren, drei schlafende, vermummte Postillione auf dem Bock. Ein Ruck, ein Krach: der Bock mit den Schlafenden fährt davon, der Wagen bleibt stehen. Ein Fenster öffnet sich. Heraus schaut APOLL, *dem sofort der Hut davonfliegt.*

APOLL: Scheußlich! Mein Hut! *Er steckt den Kopf noch weiter heraus und erschrickt.* Ja, aber — was soll das bedeuten? Wo sind die Pferde? Postillon! Postillon!

RADEGUNDE *aus dem Innern des Wagens, verschlafen:* Sind wir wo?

APOLL: Nein. Wir sind nirgends.

RADEGUNDE: Warum stehen wir dann?

APOLL: Die Rösser sind weg.

RADEGUNDE: Was sagt denn das Fahrpersonal?

APOLL: Die scheinen zu schlafen. *Er steigt aus.* Nein, die sind auch weg. Samt dem Bock. Alles weg. Der Bock hat sich selbständig gemacht. Ich weiß nicht — im Kursbuch ist davon nichts erwähnt.

RADEGUNDE *erscheint am Fenster:* Wo hast denn dein' Hut?

APOLL: Weg.

RADEGUNDE: Der schöne neue Hut!

APOLL: Weiß der Himmel, wo der sich jetzt herumtreibt. Den hat der finstre Tann verschlungen. Vielleicht nisten bald die Eichhörnchen drin.

RADEGUNDE: Mir wäre lieber, wenn Nachtigallen darin brüteten. Ob es deren hier geben mag?

APOLL: Überzeug dich selbst! Komm, Schwesterchen, steig aus!

RADEGUNDE: Nein, nein, nein! Gewiß sind Räuber da oder Totengebeine! Denn in jedem Wald wird weibliches Dienstpersonal erschlagen von ungetreuen Verehrern. Wegen der Sparkassabücheln, die sie im Busen tragen.

APOLL: Ach, Unsinn. Komm nur.

RADEGUNDE: Du mußt erst gut nachschauen ... Huh, dort! Ein leuchtender Totenkopf! Und ein Gerippe!

APOLL: Das ist doch nur faules Holz.

RADEGUNDE: Schieß hin, Apoll! Sofort!

APOLL *zieht ein riesiges Terzerol hervor und schießt, während* RADEGUNDE *sich die Ohren zuhält.*

RADEGUNDE: Ist es weg?

APOLL: Was denn?

RADEGUNDE: Ob das Skelett weggelaufen ist.

APOLL: Aber Schwester! Was kömmt dich an?

RADEGUNDE: Wenn ich's doch weiß, Bruder. Du kannst es ja in allen Romanen lesen, daß im Wald Skelette herumirren, besonders die unerlösten, und bei den Eremitagen anklopfen! Die frommen Einsiedler, die in solchen Waldzellen oder bloß in hohlen Bäumen hausen, werden oft stundenlang von ihnen herumgejagt ... Darum bringt mich auch kein Mensch auf die jetzt so modernen Landpartien. Ich setz kein' Fuß am Kahlenberg. Kennst du denn nicht den Roman von der Gespensterquadrille im Krapfenwaldl? Du liest aber auch gar nichts außer der »Adeligen Hunde-Zeyttung« ...

RADEGUNDE *verläßt den Wagen und schmiegt sich an* APOLL, *der seinen Reisemantel schützend um sie schlägt. Es wird heller. Aus der Ferne ertönt der zarte Klang von Jagdhörnern. Pferdegetrappel kommt näher und hält inne. Man hört Rufe wie »Haltet die Rosse!«, »Absitzen!« usw. Dann erscheinen im Hintergrund der Waldlichtung die* FREIHERREN VON MÜFFLINGEN *und* VON QUACKENBUSCH *und überblicken erstaunt die Lage.*

MÜFFLINGEN: Wie sonderbar! Der Hinterteil einer kaiserlichen Postkalesche! Und zwei Reisende!

QUACKENBUSCH: Personen von Distinktion.

MÜFFLINGEN: Sie gleicht einer Elfe im Kapotthut.

QUACKENBUSCH: Und er! Fürwahr, ein klassisch Angesicht! Wie man aus Gips oft die Antiken sieht.

MÜFFLINGEN: Das leere Aug ... ja, das ist echt antikisch.

QUACKENBUSCH: Er würde — als Büste, wohlverstanden — einem jeden Zimmerofen zur höchsten Zierde gereichen.

MÜFFLINGEN: Die angeborene Haltung verläßt den Standesherrn auch unter mißlichen Umständen nicht.

QUACKENBUSCH: Wollen wir uns den Herrschaften nicht vorstellen?

MÜFFLINGEN: Ja ... eigentlich schon. *Sie kommen nach vorne.*

QUACKENBUSCH: Gestatten: von Quackenbusch.

MÜFFLINGEN: ... von Müfflingen.

APOLL: ... von Nichts. Und hier meine Schwester Radegunde. — Meine Herren, Sie sehen uns in einer, wenn auch nicht direkten Bredouille, so doch prekären Situation. Auf unerklärliche Weise kam uns der kaiserliche Bock samt Personal abhanden. In finsterer Nacht, bei Sturmesbrausen, hat er sich verkrümelt.

MÜFFLINGEN *nachdenklich:* In finsterer Nacht ... verkrümelt ... Hatten Sie Streit mit dem kaiserlichen Bock?

APOLL: Keineswegs.

MÜFFLINGEN: Hm. Seltsam. Bin auf meinen vielen Reisen noch nie einem verirrten Postbock begegnet ... Hm. Da werden Sie jetzt sicherlich Appetit haben?

APOLL: Es läßt sich nicht leugnen.

RADEGUNDE: Wird's doch allmählich Frühstückszeit!

QUACKENBUSCH: Lakaien! Mohren! He! Heran! Nestelt vom dritten Packpferd — ja, vom Schimmel Alois — Teppich und Fauteuil herunter! Wir wollen frühstücken! *Im Hintergrund werden zwei geschlossene Tragsänften sichtbar.* Ich sehe unterdessen nach, ob die Baronin schon soweit ist. Entschuldigen Sie mich. *Ab.*

MÜFFLINGEN *geheimnisvoll:* Wir eskortieren die Freiin von Feuchtersleben. Die medizinischen Autoritäten haben ihr dringend eine Reise nach dem Süden angeraten. Sie leidet an Schwermut, und wir hoffen, daß sie am lustigen Hofe zu Neapel Zerstreuung finden wird. Dort werden Skaramuze und Policinelle sie umgaukeln, und munter drehn sich dort im Tanz die Exzellenzen mit den Colombinen ... Minister in Federhüten hüpfen umher ... nun ja, unernste Schnurrpfeifereien des Südens ...

APOLL: Ein heiteres Völkchen, das sich am Abhang des Vesuves tummelt! Auch unser Hausarzt, Primarius Zwetschgenfeind, hat uns zur Luftveränderung geraten und ordinierte uns denselben Aufenthalt.

RADEGUNDE: Die milde Luft ... die wohligen Lavadünste ... Orangen gucken in die Fenster ...

MÜFFLINGEN *verträumt:* Auch Briganten und Carbonari ...

APOLL: Am Abend klingen Serenaden ...

MÜFFLINGEN: Und der Vesuv speit ... Doch halt, hier kommt von

Quackenbusch mit der Baronin, unserem siechen Sorgenkind. — Guten Morgen, Baronin!

Baronin *seufzend vor Müdigkeit und Schwermut:* Guten Morgen.

Quackenbusch: Das sind die beiden Herrschaften, die wir hier in einer etwas peinlichen Situation vorgefunden haben.

Baronin *tadelnd:* Peinlich?

Müfflingen *ihre Bedenken zerstreuend:* Es sind Bruder und Schwester. Apoll Baron von Nichts und die Baronesse Radegunde.

Apoll: Wir bitten um Verzeihung. Der Wind entführte uns den Vorderteil unserer Kalesche.

Baronin *freundlich:* No ja, so was kann leicht passieren ... Also der Scirrocco hat Sie uns beschert ... Nein, das wäre zu südlich. Es war wohl eher der Boreas, der Sie vom Norden brachte, nicht?

Apoll: Halb und halb. Wir sind aus Wien.

Baronin *müde:* So, so ... Vom Stephansturm gesäugt ... oder vom Backhuhn ausgebrütet ... wie? Gleichviel — *in schwermütigem Sinnen* — der Gedanke an ein Backhuhn regt meinen Appetit an ... Junger Mann, wenn ich Sie so betrachte ... man müßte Sie, mit Würsteln reich umrandet ... und mit Kren bestreut ... servieren ... natürlich auch mit einer Zitrone im Mund ...

apoll *lauscht dieser anthropophagischen Träumerei mit schreckhaft geweiteten Augen.* quackenbusch *nimmt ihn ein wenig beiseite und flüstert beruhigend auf ihn ein.*

Quackenbusch: Fürchten Sie nichts. Manchmal schlägt eben doch die Abstammung durch. Ich erklär's Ihnen später ... Hussein!! *Er wendet sich drohend an einen der Mohren, der mit dem Herrichten der Tafel beschäftigt ist und soeben ein Frühstücksmesser an seiner Stiefelsohle schärft.* Immer der Hussein. Sonst ist er ja sehr brav — aber das kann man ihm nicht abgewöhnen. Das — und die Hirtenmädchen ...

Im Verlauf des Frühstücks, an dem auch die rätselhafte Roxane teilnimmt, necken die beiden Freiherren einander mit der Anschuldigung, in heimlicher Liebe zu dieser »parfumierten griechischen Wildkatz« entbrannt zu sein. Müfflingen hält Quackenbusch vor, er schwinge »die Fahne der Freiheit am falschen Platz, Schönbrunn im Herzen des Parthenon suchend«, und Quackenbusch behauptet im Hinblick auf Müfflingen: »Der alte Tepp glimmt wie ein Vollbart, in den man eine Pfeife ausgeklopft hat.« Und dann erfolgt der angekündigte Bericht über die seltsame Wesensart der Baronin Feuchtersleben, dann erzählt Quackenbusch jene historisch untermauerte Tragikomödie, die eigentlich den Inhalt des Stücks bilden müßte.

QUACKENBUSCH: Es ist ein trauriges Los, unter dem unsere anmutige Baronin leidet. Ein Familienkummer, wie kaum ein anderes freiherrliches Haus ihn aufzuweisen hat. Interessiert es Sie?

APOLL: Nein.

QUACKENBUSCH: Dann hören Sie zu. Vor vielen Jahren wurde im innersten Afrika ein ganz junges Knäblein, der Sohn eines Mohrenkönigs, von Sklavenhändlern geraubt. Sein Vater fiel im Kampfe, und damit war das Söhnchen automatisch zum Thronerben des Königreiches Pangutsiglang geworden.

APOLL: Ich verstehe. Eine Art Monarchenfrischling. Ein — soi disant — Spanferkel unter den gekrönten Häuptern.

QUACKENBUSCH: Unterbrechen Sie mich nicht, und bleiben wir bei der Sache. Das unglückliche Kind wurde durch eine Marseiller Firma nach Messina verschachert. Dort gewann es der in Sizilien kommandierende Feldmarschall Fürst Georg Lobkowitz gelegentlich einer animierten Partie Tarock, verlor es aber wieder an einen anderen Matador dieses Spiels, den Prinzen Wenzel Liechtenstein, der ihm einen angesagten Pagat ultimo auf heimtückische Weise abstach. Der beneidenswerte Gewinner nahm den kleinen Soliman — so hieß der hohe Herr Knabe — auf seine Güter mit, ließ ihn an der Militärakademie studieren und machte ihn zum Erzieher der fürstlichen Söhne. Soliman, ein Zwitter aus einem Spielgewinn und einem pensionsberechtigten Würdenträger, kam nach Wien. Hier erregte der schmucke, leider noch heidnische Jüngling das Wohlgefallen Maria Theresiens und gelangte im Tausch gegen ein Porzellan-Service in Allerhöchsten Besitz. Es war der sehnlichste Wunsch der frommen Monarchin und des ganzen Hofes, Soliman dem Schoße der alleinseligmachenden Kirche zuzuführen. Nach langem Widerstreben gab der schwarze Königssohn nach und empfing in der heiligen Taufe den Namen Angelo, genauer: Wenzel Angelo, natürlich auf Alois abgekürzt. Dies geschehen, setzte die Kaiserin alles daran, ihrem Schützling, der alsbald zum Kammerherrn avanciert war, eine passende Lebensgefährtin zu suchen. Sie fand eine solche in der Person einer ihrer Hofdamen, einer emigrierten polnischen Aristokratin, deren Urgroßvater einmal dreiviertel Stunden lang König von Polen gewesen war — also gewiß first set, wie Sie mir zugeben werden. Der Bund wurde mit einer Tochter gesegnet, die später den Freiherrn von Feuchtersleben heiratete — und dieser Ehe ist unsere liebe Reisegefährtin entsprossen, die jetzt wieder in ihrer Sänfte schlummert.

Soweit wäre alles schön und gut. Leider sollte sich später ein wahrer Strom von Wermut über die angesehene Familie Solimans ergießen.

Nachdem die gütige Kaiserin gestorben war, eröffnete man ihr hohes Testament und fand unter den zahlreichen Kodizillen von höchsteigener Hand auch eines, über das man allgemein erschrak. Verfügte es doch klipp und klar, daß Soliman nach seinem Tode auszustopfen und dem kaiserlichen Naturalienkabinett einzuverleiben sei. Offenbar hatte die alternde Monarchin das Testament lange nicht mehr gelesen, so daß dieses Kodizill, das noch aus der Service-Tauschzeit stammte, ihrem Gedächtnis entschwunden war — und da stand es nun, ein Kaiserwort, dran sich nicht drehn noch deuteln ließ. Auch der eitle, verwöhnte Höfling Angelo erfuhr davon und setzte alle Hebel in Bewegung, um das ihm zugedachte Fortleben nach dem Tode von sich abzuwenden. Er reiste vom Reichskammergericht in Wetzlar zum Heiligen Stuhl — vom Heiligen Stuhl zum Reichsdeputations-Hauptausschuß in Regensburg — umsonst. Man hatte überall nur ein mehr oder minder teilnahmsvolles Achselzucken für ihn. So starb er nach einem verbitterten Lebensabend in tiefem Gram und warf sich noch auf dem Totenbette ruhelos hin und her. Als dann die betrübten Hofärzte, zusammen mit dem Hofschinder und assistiert von den Obmännern der Gerberinnung in Trauerflor, ihr schmerzliches Amt beendet hatten, wurden die kunstvoll ausgestopften Überreste Solimans — im Kammerherrnfrack und mit allen Orden geschmückt — dem Naturalienkabinett übergeben. Doch wehrte sich der Direktor desselben, ein gewisser Eberle, gegen diese Neuakquisition, die durch ihr Kostüm die Einheitlichkeit der Sammlungen störte. Er ließ den Verewigten durch den Hofbildhauer Thaller auf eine mehr das nationalafrikanische Element betonende Art umpräparieren ... und der ehemals gefeierte, geistreiche Mann, der Intimus eines Sonnenfels und Lessing, schmückte nunmehr — den Bogen in der Hand, mit Federschmuck und Lendenschurz angetan — die zoologische Abteilung.

Die Proteste der angesehenen Familie Solimans gegen dieses pietätlose Vorgehen blieben vergebens. Stellten sich doch alle rechtlich Denkenden streng auf die Seite der Erfüllung eines letzten Willens, und selbst wenn Recht und Gerechtigkeit gebeugt worden wären — die Amtsstelle hätte sich niemals von ihrem Standpunkt abbringen lassen. Zudem hatte der Direktor die ganze Gelehrtenwelt für sich; sogar ein Brief Humboldts bestärkte ihn, das Richtige getroffen zu haben. Und alljährlich am Allerseelentag konnte man beobachten, wie die dicht verschleierte Witwe am Sockel ihres ausgestopften Gatten zwei angezündete Kerzen befestigte. Man brachte es höherenorts denn doch nicht übers Herz, ihr diesen feuergefährlichen Totenkult zu verbieten, und gab ihr später stillschweigend zwei Hofpompiers bei, die mit umflorten Spritzenmundstücken der stillen Feier beizuwohnen hatten ...

Bis eines Tages etwas geschah, was enormes Aufsehen machte und die maßgebenden Stellen in lebhafte Unruhe versetzte. Man schrieb genau das Jahr 1800, als aus dem Novembernebel des Allerseelentages eine glänzende Kavalkade auftauchte und sich dem Gebäude des Naturalienkabinetts im spanischen Schritt näherte. Es war eine Abordnung des polnischen Adels, der inzwischen festgestellt hatte, daß der schwarze Königssproß mit einem ihrer Königshäuser versippt gewesen war. Bald erfüllte der Hufdonner einer Fantasia den stillen Josefsplatz. Dann drangen die Herren ins Naturalienkabinett und exekutierten, die entblößten Säbel mit schwarzem Krepp umwickelt, einen feierlichen Trauer-Krakowiak vor der hohen Mumie ... Seine Majestät Franz II. nahmen jedoch diese Huldigung vor dem Abkömmling eines fremden, von ihm nicht anerkannten Fürstenhauses sehr ungnädig auf und verordneten durch Hofdekret die Überstellung des staatsgefährlichen Präparates in eine Bodenkammer der Hofbibliothek.

Und dort, in dieser Bodenkammer, trieben im Jahre 1809 französische Soldaten ihre Allotria mit der unersetzlichen Reliquie und vernichteten sie vollends. Die Witwe, Polin von königlichem Geblüt, konnte die Schmach nicht überleben. Sie stürzte sich aus dem Fenster. Und noch auf ihrer Enkelin, die Sie jetzt kennengelernt haben, lastet das melancholische Schicksal, eine ausgestopfte Exzellenz zum Großpapa zu haben.

Damit endet der Bericht. Zwischendurch treten »vier halbwüchsige Landmädchen« auf, die im Chor ihre Waren (Topfen, Beeren, Fische) anpreisen und sich alsbald mit der Reisegesellschaft zu einem vehementen, von Tamburinen und Kesselpauken begleiteten Tanzreigen zusammenfinden. Diesem Tanz schließt sich noch ein weiterer Neuankömmling an, der von Herzmanovsky mit aller Pracht und Plastizität eingeführt wird.

Unerwartet erscheint ein fast kugelförmiger dicker HERR *im blauen Frack mit großen Talerknöpfen, rehfarbener Hose und hohen Stulpenstiefeln. Ein dichter Vollbart, der erst unter den Augen haltmacht, bedeckt sein Antlitz. Zur Stütze dient ihm ein als Spazierstock eingerichtetes Fagott. Begleitet ist er von einem* BÜCHSENSPANNER, *der eine Saufeder oder Jagdpartisane trägt und ganz verdattert dasteht. Der Ankömmling setzt seinen struppigen Zylinder auf den Boden, beginnt das Fagott zu blasen und mischt sich als komische Zentralfigur in den Waldcancan. Nach Beendigung des Tanzes bläst er ein Jodlermotiv und stellt sich vor. Es ist* ZEPHYRIN VON DICKSCHITZ, *genannt* DÜNNSCHITZ, *Herr auf Uschitz, ein steyrischer Grande.*

Dickschitz erweist sich als umgänglicher und humoriger Geselle, der nie um ein Scherzwort – oder was er dafür hält – verlegen ist und dem sich dieserhalb auch die Sympathien der Gesellschaft zuwenden.

Man lacht artig. Plötzlich lacht auch der BÜCHSENSPANNER *laut heraus.*

DICKSCHITZ: Wirst aufhören, du Tepp! Tritt nit ins herrschaftliche Glachter eini! Da, da, da! *Er haut ihn mit dem Fagott, dann probiert er, ob's noch geht.* Dideldideldi ... Schon wieder a Klappen hin. *Zum* BÜCHSENSPANNER: Schau, daß d' abfahrst! Lauf ins Schloß und meld uns an! *Zu den anderen:* Denn, meine hochverehrten Herrschaften, mein Schloß ist gar nicht weit von hier. Machen Sie mir die exquisite Freude, Sie auf Uschitz begrüßen zu dürfen.

Das folgende Bild spielt dann auch auf Schloß Uschitz und bringt wieder eine Reihe verwirrender Figuren auf den ereignisreichen Plan, darunter eine konzertierende Laokoon-Gruppe (mit einem »gipsernen Pudel, der verklärt das Triangel schlägt«), zwei weitere, schon im Wald eingeführte Kavaliere (Graf Königsmaul und Freiherr von Bassum) und schließlich den berühmten Anatomen und Schaubudenbesitzer Santorini, dem seine auseinandernehmbaren, mit allen Innereien versehenen Wachsfiguren den Spitznamen »Beuschel-Santorini« eingetragen haben. Zwischen ihm und einigen Mitgliedern der Reisegesellschaft kommt es zu Zwischenfällen, für die dem Schloßherrn jedwedes Verständnis abgeht (»Dickschitz schaut drein wie ein intelligenter Säugling, der das erste Wort formen will«). Roxane will Santorini erdolchen, Dickschitz verspricht, ihn in den steyrischen Urwäldern auszusetzen, und sonst passiert nicht mehr viel.

Desto turbulenter geht es im nächsten Bild zu. Es spielt bereits in Neapel, im »Ruinenpalast der Donna Anna am Posilipp«, und bringt neben dem einzigen Auftritt Lord Byrons auch das Entree des Königs beider Sizilien, das unter nicht gerade majestätischen Umständen erfolgt: »Zwei schlecht rasierte, halunkenhafte Lakaien mit brennenden Kandelabern stürmen herein, mit der einen erhobenen Hand platzmachende Gesten vollführend.« Der König selbst — »ein gurkennasiger Greis mit vielen Cotillonorden, am ehesten einem Quadrille-Arrangeur vom Wiener Wäschermädelball vergleichbar« — weiß übrigens vorzüglich in der Genealogie seiner Gäste Bescheid: »Quackenbusch? Ein Name von Klang! War es nicht ein Quackenbusch, der Aladins Wunderlampe raubte? Das nenne ich Familie! Kommt nicht nur im Gotha vor, sondern in Tausendundeiner Nacht ... Von Bassum? Alter Adel! Der erste Bassum schwamm Hand in Hand mit einem Rohan der Arche Noah nach, weil ihnen die Gesellschaft darin zu jung nobilitiert war ...«

Selbstverständlich — man ist ja schließlich im Süden — wimmelt es in diesem Bild von »Maskenfiguren, Bajazzos, Colombinen, Harlekinen und Pieretten«, die sich in den üblichen Tänzen und Gesängen ergehen. Auch die vier steyrischen Kavaliere aus dem ersten Akt tauchen auf: der wiedererstandene Graf Rudi Mondpreyß-Igelfing und die Barone Hauzenberg, Mönnichgleinz und Nechenheimb, der seinen Namen von einem altsteyrischen Flußgott namens Nechilo ableitet (»Wir führen auch einen silbernen Kropf in der Helmzier«). Das Erscheinen der vier erfährt sogar eine Art Motivierung: die festlichen Darbietungen gipfeln nämlich in einer »Apotheose der Luna«, und die Darstellerin der Luna ist identisch mit der zu Beginn des Stücks von den vier Kavalieren verfolgten Papierkorb-Nudistin. Nechenheimb, der sich sogleich auf sie stürzen will, wird zwar von Hauzenberg zurückgehalten: »Ich bitte dich, derangier keine Apotheosen! So etwas tut man nicht! Du bist nicht in Leoben!« Aber als sich auch Lord Byron einmischt, ist der Tumult nicht mehr aufzuhalten. Er endet damit, daß Radegunde entführt wird — von »zwei schlammbedeckten Kobolden«, wie Apoll gesehen haben will, von »einem großen Hummer aus einer Neptungruppe«, wie andere behaupten. Auf dem Höhepunkt des Getümmels erscheint der Kommandant der kaiserlichen Truppen in Neapel, General Hopsetic, ein Kroate, begleitet von seiner polnischen Ordonnanz namens Zwitkowitsch und »flankiert von zwei Sereschanern, deren einer wild trompetet«. Es ist also klar, daß er Ruhe stiften will. Allmählich gelingt ihm das auch, obwohl er anfangs »nicht ein Wärtlein verstähet«. Die Proklamation der wiedereingetretenen Ruhe kleidet er in die einem staatlichen Ordnungshüter wohl anstehenden Worte: »Es ist aalles in Ordenung. Seied zufrieden und preiset den Chiemmel!« Und als er zum Schluß noch den in Ohnmacht gesunkenen Apoll daliegen sieht, erteilt er seinen Sereschanern einen Befehl, der von großer Umsicht zeugt:

HOPSETIC: Wegtraget den Zivilisten da, und gebet acht, daß nicht auch dieser gestohlet werde. Zwitkowitsch! Wenn du ins Meer ihn fahllen lässest — acht Tage Einzelarrest!

Der Transport entfernt sich. Ein hagerer, kotelettenbärtiger Engländer, mit einem Fernrohr vor dem Auge, geht schweigend vorbei.

Im Krankenzimmer Apolls, dem Schauplatz des nächsten Bildes, herrscht eine entsprechend gedämpfte Atmosphäre, wie schon aus den einleitenden Regieanweisungen hervorgeht:

Krankenzimmer. Durch ein hohes geöffnetes Bogenfenster sieht man den Vesuv. Medizinflaschen und eine Spritze auf einem niedrigen Tischchen. Auf dem Fußboden in malerischer Unordnung verschiedene Musikinstrumente, darunter eine Trommel, ein Tamburin, eine Pansflöte, ein Schellenbaum, eine Posaune und ein Hackbrett. QUACKENBUSCH, *der den Kranken musikalisch aufzuheitern trachtet, steht an einem Notenpult und kratzt auf einer Violine, immer nach jedem Ton die nächste Note kurzsichtig mit dem Finger suchend.* APOLL, *jetzt mit kümmerlichem Spitzbärtchen und unnatürlich langer Nase, liegt im Bett und ist in lautlosem Jammer erstarrt. Nur von Zeit zu Zeit faltet er die Hände, wäh-*

rend seine Lippen unhörbare Worte murmeln. BARONIN FEUCHTERSLEBEN *und* ROXANE *stehen mit wild funkelnden Augen daneben. Hinter* QUACKENBUSCH *sieht man* VON BASSUM, *die wutgeballten Fäuste erhoben, in stiller Raserei schäumen.* QUACKENBUSCH *hat soeben die Teufelssonate von Tartini beendet und schickt sich an, eine eigene Transkription des Minutenwalzers zu spielen.* APOLL *schlägt die Hände zusammen und fällt stumm aus dem Bett. Dann rutscht er in dürftiger Nachttoilette (Bandelunterhosen) zu einem Madonnenbild, wo er händeringend knien bleibt.* VON BASSUM *rauft sich die Haare. Der verlorene* QUACKENBUSCH *bemerkt von all dem nichts und zertritt Colophonium für den Geigenbogen.*

ROXANE: Ich fürchte, Quackenbusch, die Musik irritiert unsern Patienten.

QUACKENBUSCH: Sollte mein Spiel am Ende zu wild gewesen sein? Ja, die Teufelstriller verträgt nicht ein jeder ... Dann also ein weniger leidenschaftliches Stück. Etwas Sanftes, Beruhigendes ... Ich hab's! Chopins Nocturno in B-moll auf dem gestopften Bombardon! Wo ist ein wenig Schmutzwäsche?

VON BASSUM *brüllt gräßlich auf und stürzt sich aus dem Fenster.* APOLL *verkriecht sich unters Bett.* ROXANE *und die* BARONIN FEUCHTERSLEBEN *sind ans Fenster geeilt, um* VON BASSUM nachzusehen.

BARONIN: Gottlob, es ist ihm nichts geschehn. Da rennt er. Sein Schutzengel ist natürlich auch mit ihm weg. *Man hört fernes, irres Geschrei.* So. Jetzt hat er die alte Obstfrau umgeworfen ...

Nachdem Apoll sich ein wenig erholt hat, empfängt er den Besuch der Grafen Königsmaul und Mondpreyß sowie des offenbar direkt aus der Steyermark herbeigeeilten Herrn von Dickschitz, der ihm gesteht, daß er sich mittlerweile unbändig in Radegunde verliebt habe (»'s dritte Fagott hab i schon zerpfiffen in die Mondnächt«). Als er erfährt, daß seine Angebetete unter geheimnisvollen Umständen — vermutlich von sizilianischen Verschwörern — geraubt worden ist, beginnt er zu toben.

DICKSCHITZ: Waa-as? Geraubt haben s' mein Radegunderl?! Na wart's nur! *In furchtbarem Schwur zwei dicke Finger erhebend:* Ich schwör's, daß ich sie dem Gesindel wieder abjagen tu! Ich schwör's! Den ganzen steyrischen Adel hetz ich denen auf die Fersen. Von Ober- und Untersteyr, aus 'm Windischen und aus 'm Jogelland ... Nix da! Nix will i hören! Jetzt'n bin i a Bluthund ... A Viech bin i ...

Und er stürzt davon, noch ehe man ihm beibringen kann, daß Radegunde sich mittlerweile des Interesses Lord Byrons erfreut. Tatsächlich kommt es dann zwischen den beiden Herren zu einem Zusammenstoß, von dem aber nur berichtet wird und der sich auf das übrige Geschehen nicht weiter auswirkt.

Auch der nun folgenden Szene bleibt solche Auswirkung versagt. Aber sie ist eine von jenen — und leider die letzte des vorliegenden Manuskripts —, bei deren Niederschrift Herzmanovsky wieder ganz unverkennbar »unter Diktat stand«.

Apolls Zimmer, am Abend desselben Tages. APOLL, *bereits im Vollbesitz seiner Kräfte, geht unruhig auf und ab.*

APOLL: Wo nur Hopsetic bleibt ... Ich habe ihn hergebeten, weil er mir vielleicht schon Auskunft über das Schicksal meiner armen Schwester geben kann ... *Es klopft.* Herein!

HOPSETIC *tritt ein, gefolgt von zwei* SERESCHANERN, *die rechts und links an der Türe Posten fassen. Der eine von ihnen ist der als ständiger Begleiter des Generals fungierende* ZWITKOWITSCH, *die Identität des andern verbirgt sich hinter einem Schnauzbart von ungeheuren Dimensionen.*

HOPSETIC: Guutten Abend, junger Freund. Da bin ich. — Zwitkowitsch!

ZWITKOWITSCH *wie stets vor Diensteifer berstend:* Zu Befäll!

HOPSETIC: Du hast das schärfere Gehär. Wenn einer lauscht, hinausspringe und packe ihn.

ZWITKOWITSCH: Ich werde ihm das Ohr aabschneiden.

HOPSETIC: Gutt. Das kann nicht schaden.

ZWITKOWITSCH: Das Ohr ich schicke dann meiner Mutter.

HOPSETIC: Das ist scheen von dir. Du bisest ein braver Sohn.

ZWITKOWITSCH: Zu Hause in Krzsiwopolje sie werden zu der Gusla tanzen um das Ohr.

HOPSETIC: Wenn der Gemeindeälteste mittanzt, sie dürfen. Es ist feindliches Ohrr. Aber paacke es gut ein in Tabakblätter. Nichts schimpelt leichter als abgeschnittene Ohren.

ZWITKOWITSCH: Zu Befäll!

HOPSETIC: Rruht. *Zu* APOLL: So. Das Dienstliche wäre erledigt. Nun zu Ihnen. Halbamtlich und streng reservate: gegen wen Sie habben geschöpfet Verdacht?

APOLL: Ich schöpfe überhaupt nicht. Ich habe keine Ahnung, wer oder was —

HOPSETIC *scharf:* Sie wissen nicht, wer könnte haben fortgestohlen Ihre Schwester?

APOLL: Nein! Das hoffe ich ja von Ihnen zu erfahren!

HOPSETIC *nach einer Pause, eiskalt:* Vielleicht es stäcket der Kenig dahinter.

APOLL *fassungslos:* Was sagen Sie da?!

HOPSETIC: Der Fisch, er stinket vom Kopfe. Man kann nie hooch obben genug anfangen mit Verdacht.

APOLL: Der ... König ... ein Verschwörer?

HOPSETIC *aufklärend:* Nicht als Kenig! Nurr wenn er frei hat. Dann, aus Zeitvertreib, er ist Carbonari wie alle anderen.

APOLL *völlig gebrochen:* Der König ...

HOPSETIC: Wissen Sie so genau, daß er i s t der Kenig? Vielleicht er ist als Kind ganz kleines — wie sagt man — als Säugerich — vertauschet worden? Amme hat ihn hergeborget zum Bätteln — gegen kleines Trinkgeld — warum nicht?

APOLL *ermannt sich:* Unmöglich. Der König kann kein Carbonari sein.

HOPSETIC: Er kann. Wir es wissen. Einmal er hat so gefährlich gegen sich agitiert, daß er sich dann hat selber verhaftet. Als Kenig er kann sich auch verhaften. — Nicht wahr, Exzellenz?

Er wendet sich höflich an den zweiten SERESCHANER.

APOLL *verblüfft:* Wieso Exzellenz? Dieser Herr mit dem Schnurrbart ...

HOPSETIC: ... ist unser esterreichischer Polizeiminister Graf Sedlnitzky. Er besitzet wie kein andrer das Ohrr des Kaisers. Bildlich gesprochen. Zwitkowitsch, merke dir dieses!

ZWITKOWITSCH: Zu Befäll!

SEDLNITZKY *auf* APOLL *zutretend; er spricht mit stark böhmischem Akzent:* Graf Sedlnitzky mein Name.

APOLL: Von Nichts der meine. Bitte nehmen Exzellenz Platz. Wollen nicht den Handschar ablegen?

SEDLNITZKY: Jetzt schon. Ibrigens Schnurrbart auch. Geniert bei der Hitze.

Er entledigt sich des riesigen spitzgedrehten Schnauzbarts, den

APOLL *mit dem Ärmel abstaubt und auf einen Kleiderrechen hängt.*

APOLL: Ich bewundere Ihre Camouflage, Exzellenz.

SEDLNITZKY: Primitivste Vorsichtsmaßregel. Wie anderswo Galoschen.

APOLL: Dann scheint es also doch wahr zu sein.

SEDLNITZKY: Was denn?

APOLL: Freunde haben mich bei Antritt meiner Reise gewarnt, daß in diesem von Verschwörern durchsetzten Land auch das Konfidentenwesen zu ungeahnter Blüte gelangt sei. Nicht einmal den Vogelscheuchen dürfe man trauen. Und es gebe sogar als harmlose Düngerhaufen verkleidete Spitzel.

SEDLNITZKY: Stimmt wortwertlich. Man kann nicht genug aufpassen ... No, das ham S' ja am eigenen Leib erfahren. Reschpektive an dem vom Freilein Schwester, wenn ich so sagen darf.

APOLL: Aber was hat denn die arme Radegunde mit dem allen zu tun!

SEDLNITZKY: No ja, hätt sich halt nicht mit dem hatscherten Lord einlassen sollen, mit dem gewissen Büron. Da interessiert sich natierlich die Maffia dafier — und da laufen dann gleich die Fäden zum griechischen Freiheitskampf hinieber und wieder zurick ... *Seufzt.* Ja, ja, mein Lieber. Sie sind in eine eiropäische Darmverschlingung erschten Ranges verhaschpelt!

APOLL: Aber da muß man doch etwas unternehmen! Sollte man nicht den englischen Ambassadeur verständigen?

SEDLNITZKY *tauscht einen mitleidigen Blick mit* HOPSETIC: No da mechten Sie staunen, wie die Engländer sich nicht riehren. Bei denen is das alles ganz anders.

APOLL *verstummt hoffnungslos. Einige Sekunden lang herrscht düsteres Schweigen.*

HOPSETIC: Die Engelländer gutt es haben. Auf feuchter Insel sitzen — Tee trinken — und dazu sie essen Zibebenpogatschen mit Unschlitt abgeschmalzen.

ZWITKOWITSCH: Plem-Pudjing.

HOPSETIC: Das, es schmeckt ihnen. Und monatelang miteinander sie reden kein Wort. Das, sie nennen es Club. Aber auf einmal pletzlich, niemand weiß warum und wieso, sie haben angezettelet Verschwerrung, und wir Esterreicher können Ordnung machen bis hinunter nach Asien. Wenn Esterreich nicht wäre —

kein Mänsch in Londonland hätte mehr ein Ohrwaschl. Zwitkowitsch! Ist es so?

ZWITKOWITSCH: General, wenn du schwerst, dann ich glaube.

HOPSETIC: Ich schwerre beim heiligen Mirko von Gospic.

ZWITKOWITSCH: General, ich melde gehorsamst: jetzt ich glaube.

HOPSETIC: Rruht!

ZWITKOWITSCH: Zu Befäll!

SEDLNITZKY *wendet sich an* APOLL: Also da sehn Sie, daß wir von denen Engländern nix zu erwarten ham. Müssen wir uns alles selber machen. Dabei ham wir den gewissen Büron schon ganz hibsch unter Kontrolle gehabt. Das war noch in Wennedig. Durch eine Pogatschen-Bäckin am Rialto, was für uns gearbeitet hat. Aber dann hat uns der Lackel von Pogatschenbäck, was ihr Mann war, einen Strich durch die Rechnung gemacht, daß sie gar nicht mehr zum Arbeiten kommen is. Und wir können jetzt einen Haufen Kinder im k. k. Polizeifindelhaus aufziehn.

APOLL: Ich verstehe ... aber wieso gleich einen Haufen?

SEDLNITZKY: No bitt Sie, in knapp anderthalb Jahren zweimal Drillinge! Weil s' a Iglauerin g'wesen is, und das ham wir vorher nicht gewußt. Alsdann die Buben kommen später zur Marine und die Madeln ins Opernballett. Aber eins kann ich Ihnen sagen: nie mehr beschäftigen wir a Iglauerin im ... also im diplomatischen Außendienst.

APOLL: Und Lord Byron hat sich jetzt völlig Ihrer Überwachung entzogen?

SEDLNITZKY: Unsrer Überwachung — völlig? So was gibt's nicht, junger Mann. Aber er wird jetzt von die verschiedensten Mächte als deklamierende Schachfigur umanandg'schoben und weiß nix davon. Immer die alten Scherereien. Belieben sich an die Kreizziege zu erinnern, wie damals die esterreichische Orientpolitik — seit der Zeit ham wir sowieso keine mehr — mit die Engländer zusammengestoßen is. Denken gefälligst an Akko.

HOPSETIC *stolz:* Sibben Brieder Hopsetic damals waren dabei und haben zwei Haareme geraubet. *Verbessert sich.* ... gehaaschet. Aus diesen ist Banjaluka gezeuget worden und aus den Resteln noch etliche Städtlein, als zum Beispiel Gospic, Vrcic, Vrbic, Skrinjavova und Petrinja. — Stimmt, Exzellenz?

SEDLNITZKY: Stimmt. Ich hab allerdings mehr an Richard Leewenherz gedacht, was bekanntlich vor Akko die esterreichische Flagge in den Kot getreten hat. Wenn Sie mich fragen, hat die Firma Cook die ganzen Kreuzzüge am Gewissen. Ham halt ieberall ihre teiflischen Pratzen drin, die Waterproofzigeuner. Bis auf den heitigen Tag. Rein als ob man mit die eigenen, hausgemachten Verschweerungen nicht schon genug zu tun hätt! *Zu* APOLL: Wie Ihnen das damals im Wald mit der Kalesche passiert is — und wo wir den durchgegangenen Bock noch immer in ganz Esterreich herumsuchen — — wissen S', wer die drei Burschen da drauf waren?

APOLL: Nun, Postillone?

SEDLNITZKY: Ja — trara! Das waren ... kann ich Ihnen gleich sagen. *Zieht das Dienstbuch heraus* ... a gewisser Kossuth Lajos ... a gewisser Mazzini Joseph ... und a gewisser Marx Karl.

APOLL: Noch nie gehört, die Namen. Bis auf Marx. Sind die drei am Ende Verschwörer?

SEDLNITZKY: Erst Verschwerer-Akzessisten. Werden aber amal sehr gefährlich werden.

APOLL: So, so. Kann leider mit keinem Signalement dienen. Die Burschen waren dicht vermummt.

SEDLNITZKY: Da ham Sie's! Verschwerer sind immer vermummt. Daran kennt man s'.

APOLL: Warten S', den Marx hab ich doch schon auf Bildern g'sehn. Der is doch mehr klein und dick — mit so an Vollbart und an Schnauzbart, wie wann er Eichkatzeln g'schnupft hätt. Alle drei Postillione waren aber lang und mager!

SEDLNITZKY: No was glauben S', wie sich speziell der Marx verstellen kann ... Ja, junger Herr, das ist eben die Geschichte! Grad die Gefährlichsten schaun immer ganz anders aus wie im Steckbrief. Das ist geradezu der Beweis dafür, daß sie's sind ...

So beleuchtet diese Szene zumindest ein paar rare Aspekte der damaligen Weltpolitik und des österreichischen Polizeiwesens — auch wenn sie nichts dazu beiträgt, das Rätsel um Radegundens Verschwinden einer Lösung näherzubringen. Das ist auch gar nicht notwendig. Denn schon im nächsten Bild, in einer zweifelhaften Spelunke mit Programmdarbietungen, zu deren Besuch Herr von Dickschitz den zerstreuungsbedürftigen Apoll animiert hat, wird Radegunde von den beiden entdeckt und aus ihrer trüben Umgebung (die weiterhin im Dunkel bleibt) gerettet. Auf Grund eines plötzlich aufgetauchten kaiserlichen Handschreibens stellt sich auch noch heraus, daß Apoll und Radegunde in Wahrheit keine Geschwister sind, so daß der Rest des Geschehens sich auf die Zurichtung der Hochzeits-Paarungen konzentriert: Apoll und Radegunde, Dickschitz und Josephine von Feuchtersleben, Mondpreyß und Roxane. Lord Byron bleibt verschwunden, Graf Königsmaul, die drei steyrischen Barone sowie die Herren von Bassum, von Müfflingen und von Quackenbusch sind mehr oder weniger vorhanden, Neapels Carbonari-König führt den Hochzeitszug an, und das Stück ist zu Ende.

SELLAWIE oder HAMLET, DER OSTERHASE

Eine Gesellschaftskomödie
aus den feinsten Kreisen Böhmens und Mährens

(Auszüge)

PERSONEN

DURCHLAUCHT ZDENKO WALLENSTEIN, fürstliche Gnaden und Herzog von Přelouč

BARBARA EUSEBIA, geb. Prinzessin von Gonzaga, seine Gemahlin

THEKLA, genannt Baby, beider Tochter

CLARA EUGENIA GRÄFIN TERZKY, geb. Herzogin von Caravayal

HEINZ ZWONIMIR ARBOGAST GRAF TERZKY, ihr Sohn

VISCOUNT TEDDY BUTTLER, tit. Ehrentambour zu Pferd der Royal Yorkshire Artillery und britischer Militärattaché in Prag

TÖHÖTÖM GRÓF ÜLLÖ }
ELEMÉR GRÓF IZSO-LÁNYI } Theklas Lieblingsoheime

PROF. DR. WENZEL SENI, Privatdozent aus Prag

JUDASZ TADEUSZ GRAF JAROSZINSKY, Adelsmarschall von Zambor

RUDI LALLMAYER, ein hohlröhrender Mime und Aspirant des Burgtheaters

ULTIMUS HOWNITSCHEK, Wallensteinischer Hofrat und Leibkammerdiener

VOPICE, Groom in Üllö'schen Diensten

WETTI ZWÖSCHBENFLÖCK, eine unermeßlich reiche Witwe

DR. ENGELBERT BLAHA, Oberlandesgerichtsrat

VANILIUS KREPETZ, Kerkermeister

ARABELLA, eine Zigeunerin

KODAKOWSKY, Kriminalphotograph

KWAPIL, eine stumme Figur im Landesgericht

Der Kellner mit der Henkersmahlzeit
Ein düsterer Polizeikommissär
Zwei Polizisten

PERSONEN DES ÖSTERLICHEN ZWISCHENSPIELS

Hamlet, Prinz von Dänemark	Rudi Lallmayer
Ophelia	Contess Thekla Wallenstein
Polonius	Graf Terzky
Der König	Gróf Izso-Lányi
Die Königin	Gräfin Terzky (aus besonderer Liebenswürdigkeit)

STIMMEN

Die erregte Stimme eines Herrn aus Kladrup
Salongeflüster der vornehmsten Kreise Böhmens und Mährens
Eine zerbrochene Damenstimme mit Hörrohr
Mehrere »Jeschischmarja« rufende Stimmen bei der Opheliaszene

GERÄUSCHE AUF SCHALLPLATTEN

Fernes Rüdengeläute in den Zwischenakten
Pferdegetrappel der Wiener Polizei
Chor der Untersuchungshäftlinge des Wiener Landesgerichts

Orte der Handlung:

Der Wladislawsaal auf Schloß Humpoletz. — Eine einsame Partie im Schloßpark. — Eine Partie im Wiener Stadtpark. — Die Armesünderzelle im Wiener Landesgericht.

Zeit:

Um 1930, zu Ostern.

Schon der Titel »Sellawie« — unschwer als eine angeböhmelte Transkription von »C'est la vie« erkennbar — bekundet das doppelte Vorhaben des Stücks: er weist sowohl auf die gesellschaftliche Atmosphäre hin, in der es spielt, als auch darauf, daß es des Lebens ganze Fülle umfassen will. Mit »Leben« ist allerdings nicht das Alltagsleben gemeint, sondern eben jenes, dem der Ausruf »C'est la vie!« zu gelten pflegt. Denn wo immer die Feststellung »So ist das Leben« gemacht wird, darf man sicher sein, daß es keineswegs »so« ist, daß man bestenfalls einen pathetischen oder sentimentalen Reflex vor sich hat. In solchen Fällen sagt man also: »C'est la vie.« Oder, wenn man den feinsten Kreisen Böhmens und Mährens angehört: »Sellawie.«
Auf zwei Äußerungsformen des Lebens trifft diese Definition in höchstem Maße zu: auf die Geschichte und auf das Theater. Genauer: auf die Geschichtslegende und auf das verlogene Theater. Und das war es wohl auch, was Herzmanovsky bei der Konzeption seiner »Gesellschaftskomödie« im Auge hatte. Allem Anschein nach wollte er eine Vielzahl der beliebtesten historischen und dramatischen Kitschmotive zusammenfassen und durcheinandermischen, wobei ihm Shakespeare und Schiller genauso willkommen waren wie der aus Märchen und Courths-Mahler kombinierte Liebeskonflikt zwischen der standesbewußten Tochter des Hochadels und dem armen Schauspieler, der sich zum Schluß (selbstverständlich mit Hilfe einer Zigeunerin) als weggelegtes Fürstenkind erweist; oder wie der polnische Pseudo-Graf, der durch seine Gewinne am Kartentisch in den Liebeskonflikt eingreift und noch rechtzeitig als Falschspieler entlarvt wird; wie das amouröse Geflüster im abendlichen Schloßpark und die makabre Untergangsstimmung im morgendlichen Stadtpark; wie die reiche Witwe, die aus nicht ganz altruistischen Gründen zur Rettung des armen Schauspielers bereit wäre; und wie die beiden ungarischen Aristokraten, von denen der eine das sogenannte »Magnatenlied« vorzutragen hat — »eines jener unglaublich seltsamen Sprechlieder, die das ungarische Volk sonst immer vor den Europäern sorgfältig geheimhält; das Lied vereinigt alle sozialen, seelischen und folkloristischen Elemente, sowohl wehmütiger als auch heroischer Art, die sich irgendwie zum Absingen durch Köchinnen, heimwärtsziehende Schnitter, Freiheitskämpfer oder Moritatensänger eignen«. So heißt es in einer (brieflichen) Erläuterung Herzmanovskys, und was er hier in bezug auf das Lied andeutet, mag ihm in größerem Maßstab für das ganze Stück vorgeschwebt haben.

ERSTES BILD

Wladislawsaal auf Schloß Humpoletz. Redner-Estrade mit Tischchen. RUDI LALLMAYER *— ein junger, hohlröhrender Mime, der an Gedankenflucht und Neigung zum Wortsalat leidet — beendet soeben einen dramatischen Vortrag. Das Publikum muß in der Kulisse gedacht werden und macht sich zunächst nur akustisch bemerkbar.*

RUDI *nach einer offenbaren Kunstpause, mit einer Stimme, in der das Grauen zittert:* Daa! Haa! Waas ist daas!! Entsetzt sah der Graf sich um. Jäh sträubten sich seine Haare, die er der Sitte der Zeit gemäß bis auf die Schultern herabwallen ließ. Jaa, kerzengerade hatten sie sich in die Höhe gerichtet. *Man hört beklommene Töne aus dem Auditorium.* Ein ungeheures, tintenschwarzes Totengerippe kam langsamen Schrittes auf ihn zu. »Der Tod von Komotau«, ächzte tonlos der Graf. *Aus dem Publikum wird der Ansatz eines riesigen Hörrohrs sichtbar; eine zerbrochene Damenstimme fragt: »Von wo?«* Das Gerippe war dicht an ihn herangetreten und klopfte ihm auf die Schulter. *Rufe des Entsetzens.* Dann sprach der Besucher aus der Hölle dumpf und auf deutsch: Popiel von Lobkowitz, erbleiche!

RUDI *schließt die Vorlesung und verharrt einige Sekunden in abwesendem Sinnen. Seine Linke, die das Buch hält, ist schlaff heruntergesunken. Donnernder Beifall ertönt.* RUDI *hebt das Haupt und fährt sich über die Stirne. Aus dem Auditorium stürmt ein bildhübsches Mädchen auf die Estrade und stülpt dem Verdutzten ein leichtes Lorbeergewinde auf die Stirn. Es ist* THEKLA, *genannt Baby, die Tochter des Hauses. Sie betrachtet glühenden Blickes den jungen, verwirrten Mimen. Das Stimmengebraus schwillt immer mehr an.* FÜRST *und* FÜRSTIN WALLENSTEIN *folgen ihrer Tochter auf das Podium. Es wird ruhiger.*

FÜRST: Lieber Freund, das haben S' wirklich aus-ge-zeichnet gebracht. Der Schluß ... also man muß 'n Lobkowitz kennen. *Zur* FÜRSTIN: Weißt, das war der Wenzel Eusebius — der erste Herzog von Sagan — der Raudnitzer, weißt — den was der graus-liche Lamberg anno ... anno ... is ja egal ... also gestürzt hat. *Zu den Umstehenden, lauter:* Ich betone, es ist n i c h t der Bubi Lobkowitz, den ihr alle kennts — der hat keine Haar zum Sträuben. Sondern das war der Onkel der bildschönen Eleonore Pfalz-Neuburg, die was der Lamberg hat heiraten wollen. Aber da, eines Nachts, erscheint plötzlich auf Schloß Raudnitz — wer glaubts ihr? Der Kaiser Leopold selber, der mit der enormen Lippe. War grad zum vierten Mal Witwer und verliebt sich am nächsten Morgen Knall und Fall in die Eleonore. Aber der Lamberg ...

FÜRSTIN *seufzt:* Wenn mein Mann einmal ins Erzählen kommt, wird's urfad.

THEKLA: War das der Lamberg, nach dem die jetzigen Salzkammerguthüteln heißen?

FÜRST: Weiß ich nicht. Jedenfalls hat damals der Montecuccolli —

TERZKY: Der was dem Maxl Hohenlohe die Briefmarkensammlung geschenkt hat? Und der hat sie dann dem Mommerl Deinhardtstein dreimal um den Kopf gehaut?

FÜRST: Ich bitt dich, wärm keine alten Fachés auf. Du ahnst nicht, wie schwer die Deinhardtsteinischen damals wieder auf gleich zu bringen waren. D r e i Familientäg haben s' braucht ... und der arme Bub, der Mommerl, hat an den Folgen von dem Briefmarkenalbum so schwer zu leiden g'habt, daß er wegen dem in die Diplomatie gangen is ...

Der Kammerdiener HOWNITSCHEK *reicht Erfrischungen.* THEKLA *nimmt ihm Limonade ab und gibt* RUDI, *der vor einem Spiegel im Hintergrund herumstolziert, ein Glas. Die* FÜRSTIN *beobachtet den Vorgang kritisch durch ihr Lorgnon.*

FÜRSTIN *zu* GRÄFIN TERZKY: Paßt mir g a r nicht ...

FÜRST *zu dem düster neben ihm stehenden* SENI: Und was das Gerippe betrifft, so hat's ihm die Hofkamarilla g'schickt. Dem Lobkowitz. Damals. Noch wie ich bei die Viererdragoner war, hat man davon g'redt. Angeblich war's ein Diurnist aus der Hofkanzlei. Wenn ich nicht irre, hat sich ein Nüsslingen-Rillenburg deswegen sogar mit'n ... na ... momentan entfallen ... also g'schossen. Interessant, was?

SENI *blickt düster auf; er hat mit Sprachschwierigkeiten zu kämpfen, die er nur durch starkes Böhmakeln überwinden kann:* Ich sinniere ieber die vorhin erwähnten Briefmarken, respektive — *deutet auf* RUDIS *Kopf* — ieber die Zusammenhänge zwischen Briefmarken und Lorbeer.

FÜRSTIN *das Stichwort aufnehmend:* Ich find die Garnitur viel zu groß für ihn. Und überhaupt — Thekla!

THEKLA: Mama?

FÜRSTIN: Nimm deinem Helden das Grünzeug vom Kopf. Und vergiß nicht, daß er ein Bürgerlicher ist. Das sind die ersten Spatenstiche, um dem Bolschewismus den Weg zu ebnen.

THEKLA: Aber Mama. Laß ihm doch die Freude.

TERZKY *lenkt ab, Geste zu* SENI: Seine Magnifizenz scheint an einer Äußerung zu würgen ... *Halblaut.* Schaut aus wie der Fliegende Holländer, wann er zu speiben anfangt. Gleich wird's draußen sein — da!

SENI: Ad vocem Lorbeerkränze. Haben Durchlaucht jemals feststellen können, ob sich gekreente Heipter dieses Schmuckes auch im Allerheechst engsten Familienkreise bedienen?

FÜRST: Ich versteh nicht recht ...

SENI: Dem Philatelisten fällt nämlich auf, daß sogar zeitgenessische Monarchen ... also zum Beispiel Kaiser Franz Joseph I. Hochderselbe zeigt sich in den Serien von 1858 bis 1865, ja noch von 1867 bis 1883 in einem Lorbeergewinde mit hinten herabhängende Bandeln. Und Napoleon III. in der Serie von 1863 bis 1870 —

FÜRST: Wann ich bitten dürft, dieses Tuilerien-Schlieferl beiseite zu lassen. Immerhin sind Lorbeerkränze eine ehrwürdige Überlieferung aus dem alten Rom.

TÖHÖTÖM GRÓF ÜLLÖ: Also bitte k a n n mir nicht helfen — wenn ich höre »Julius Cäsar«, muß ich immer an große Regenwurm denken. Bei Julius.

THEKLA: Ich bitte dich, Onkel —

ÜLLÖ: Julius. Julius. Pfui Teufel.

FÜRST: Jedenfalls sind heimkehrende Feldherren und Triumphatoren ohne Lorbeerkranz undenkbar.

SENI: Neieste Forschungen auf dem Gebiet der Insektenkunde haben ergeben, daß diese Lorbörkrönze eigentlich aus hügüönüschen Grinden getragen wurden. Bitte sich vorzustellen: heimkehrende Feldherren — ieberdies Siedländer —, was die alles zsammklaubt ham! Wanzen, Fleehe, Zecken, Blattleise ...

ÜLLÖ: Ekelhaftes Pedant.

SENI *unbeirrt:* Und um sich während der pomphaften Handlung nicht immer kratzen zu müssen — weil wie mecht das ausschaun —, ham sie sich das Triumphgemiese aufgesetzt, wo sich die lieben Tierlein heislich einrichten konnten. Daraus ist dann ein mißverstandener Appendix der Eitelkeit geworden. Genau wie die Triumphbeegen.

FÜRST *leicht indigniert:* Also ich muß schon sagen ...

SENI: Oder können sich Durchlaucht etwas Bleederes vorzustellen geruhn als einen Triumphbogen? Rechts ham s' herumkönnen, links ham s' herumkönnen, aber nein, durch die Mitte ham s' gehn missen. *Allgemeine Zeichen der Unruhe.* Eine tippische siedliche Clownerie. In nerdlicheren Gegenden kennt man dieses Requisit nur aus'n Zirkus, wo sich der dumme August ein kleines Gartentürl in die Manege mitnimmt und nicht durchkann, weil er den Schlüssel vergessen hat.

Wachsende Empörung unter den Umstehenden. RUDI LALLMAYER, *den Lorbeerkranz immer noch auf der Stirn, tritt vor.*

RUDI *groß:* Genug! Sie wühlen mit ruchlosen Füßen in unsern heiligsten humanistischen Gefühlen!

ÜLLÖ: Recht hat er! Verfluchter Julius!!

Das Gespräch droht in einen Tumult auszuarten, der von den besonnenen Mitgliedern der Gesellschaft nur mühsam hintangehalten wird. Vollkommene Ruhe tritt allerdings erst ein, als Elemér Gróf Izso-Lányi, von Üllö animiert, das Magnatenlied zum besten gibt. »Vorher werden« — einer ausdrücklichen Regieanweisung zufolge — »die Zuhörer vereidigt, über den Inhalt des Liedes Stillschweigen zu bewahren, weil es militärische Geheimnisse enthält.« Illustrations-Musik nach Angaben des Verfassers.

MAGNATENLIED

An einem Tisch sich
Haben gesessen
Mehrere
Offizie-
Re.

Flöte, kriegerisches Cymbalmotiv, etwas Sporenklirren

Ein blonder, sommersprossig von Gesicht Mann
Hat geblickt von draußen, bitte, in Zimmer.

Augenglas
Hat ge-tra-gen.
Sanfte Hirtenflöte
Wie er hat gehineinblickt schnell, so geblitzt hat
Die zwei Augenglas der Lichterglanz in,
Als möchte ein feueräugiger Gäschpänst
Blicken würde herein. So geblitzt hat, bitte.
Unheimliches Violoncello
Das Kind bewunderte
Den kalten Blut der Männer.
Sein Kopf war von dummes
Tanzmusik betäubt.
Wilder Cymbal, Joj-Rufe
Derselbe Kind wünschte bei sich, daß
Ferne Weihnachtsglocken
Das kleine Oberlaitnant möge
In Kartenspiel gewinnen.
Einige Takte Rákoczy-Marsch
Das kleine Oberlaitnant schneller
Fertig ist gewesen worden
Als Majór von Honvéd.
Verwehte Regimentsmusik, Schüsse
Schön gute Nacht hat gewünscht ihm, weil war zufrieden,
Daß Majór hat ge-verspielt habt
Eigene Löhnung und ganzes
Furázsgeld von Regiment.
Vergatterungsmotiv
Und so kaufte sich dann, was er wünschte:
Ein Schild, ein großes, rotes, wie Czinóber, bitte.
Hát Czinóber!
Hej Czinóber!
Joj Czinóber! } *Wilder Csárdás*
Hajuk Czinóber!
Éljen Czinóber!
Ein Schwert er hatte, Gott von weiß wo,
Vielleicht gekauft von Jud, in der Hand.
Zwei Drehorgeln, Jahrmarktsgeräusche
Und auf Arader Landtag

Hat lassen Gattin
Bélas des Blinden
Jammerndes Fagott
Achtundsechzig Magnaten
Niedermetzeln.

Nach Beendigung des Liedes geht es eine Zeitlang eminent ungarisch zu. Izso-Lányi, von der Rührung über seinen eigenen Vortrag übermannt, stöhnt auf und schlägt die Hände vors Gesicht. Üllö umarmt ihn schluchzend. Auch die übrigen Zuhörer sind tief beeindruckt. Viscount Teddy Buttler, mit dem Brauchtum der Puszta nur mangelhaft vertraut, richtet an Izso-Lányi die deplacierte Frage, ob er dieses Lied selber gemacht habe.

IZSO-LÁNYI *empört:* Selber gemacht?! Das kann kein irdener Mensch nicht machen! Solche Lieder macht nur Fußboden — heiliger Fußboden, wo wachst Getreide. Das ist Hymnusch von unsere Komitát. Ganze Gespanschaft singt es. Auch Stuhlrichter hat schon während Verhandlungen es gesungen.

ÜLLÖ: Nicht nur Stuhlrichter! Bis hinauf zu Gróf Tisza gottselig. War sein Lieblingslied. Is oft und oft, wie schon Ministerpräsident war, dazu um Schreibtisch getanzt, mit verschränkte Arme, daß Sporen geklirrt haben. Und da hat niemand gehineindurft zu ihm! Niemand! Nicht einmal Kriegsminister!

IZSO *nickt wehmütig:* Ja, Tisza-bácsi. Ein eiserner Mann. Alter Husar! War bei Kecskemét-Husaren, so wie ich. Du weißt: Kecskemét-Husaren haben als einziges Regiment verbrieftes Recht gehabt, daß dürfen Schnurrbärte mit Eichkatzelschweife verlängern. Natürlich vorher mit Schuhwichs schwarz gefärbt.

ÜLLÖ *der ihm zum Schluß nicht mehr recht zugehört hat, bricht in erneutes Jammern aus, als käme ihm die Magnatentragödie erst jetzt zu vollem Bewußtsein:* Achtundsechzig Magnaten! Hatvannyólcz! Lauter Gentry! Stellts euch vor, bitte: Werden eingeladen auf Souper — kommen voller Freude — denken sich: mit blinde Mann wird dann sein bequem hazardieren — küssen Hausfrau die Hand — die sagt »schon gut«, und so gewisse Blicke — immer schaut auf elektrischen Drucker — gefallt ihnen s c h o n nicht — und richtig entpuppt sich Dame des Hauses als Beschtie miserable sadistische —

IZSO-LÁNYI *fällt enragiert ein:* Hab ich g a n z ähnliche Fall gehabt in mein nächste Bekanntschaft! Da war in Kommunikationsministerium ein sehr hübsche Stenotypistin, was hat einen königlichen Notär aus Beregsás so gefoltert, daß krummbeinig geworden is. Und in ganz Budapest man behauptet, daß sie mit Nachtstrom gemacht hat. Kommt billiger.

ÜLLÖ *nickt wissend:* Solche Weiber hat Teufel ausgebrütet, wie is mit Sekundärbahn in Urlaub gefahren ... *Mit wildem Aufschluchzen:* Achtundsechzig Magnaten! Umgebracht wie nix! Und dabei haben sich alle bestimmt neu equipiert für Landtag ... mit neue Federbüsche und Attila ... und vergoldete Stiefel frisch besohlen lassen, daß bei Csárdás mehr Lärm macht ...

IZSO-LÁNYI *finster:* Wahrscheinlich hat Jud dann Galauniform chemisch putzen lassen und weiterverkauft ...

TERZKY: Aber geh. Damals hat's doch noch gar keine Fleckputzereien gegeben.

ÜLLÖ: Sag das nicht. In Ungarland i m m e r hat gegeben. Ungarische Geschichte ist so blutbefleckt, daß hat geben m ü s s e n ... Achtundsechzig! Kommen zu Mulatság und werden gehinrichtet, statt daß können bißl ein Kartenspiel machen ...

Das ergäbe einen verhältnismäßig zwanglosen Übergang zu der ohnehin geplanten Kartenpartie, für die auch Graf Jaroszinsky angesagt ist — doch muß zuvor noch jene dramatische Einlage abgewickelt werden, der das Stück seinen Untertitel verdankt.

Der pedantische Seni hat nämlich erforscht, daß in der Schlegelschen Hamlet-Übersetzung das Wort »Ei« ganz besonders häufig vorkommt (in Sätzen wie »Ei, das ist eine spitzbübische Munkelei« zählt er es gleich zweimal mit) — und da Ostern vor der Türe steht, wird beschlossen, diese Entdeckung zu einer Improvisation unter dem Titel »Hamlet, der Osterhase« auszuwerten. Rudi Lallmayer gibt den Hamlet, Thekla die Ophelia, als »Könich« liest man auf dem rasch entworfenen Programmzettel den Grafen Izso-Lányi und als »Könichin« die Gräfin Terzky (»Charmant, daß sich die Jenny die Plag antut, wo s' doch das Theater nicht schmecken kann«, bemerkt Durchlaucht die Hausfrau anerkennend). Im übrigen dient das Zwischenspiel hauptsächlich dazu, daß Thekla und Rudi ihren Flirt handgreiflich ausgestalten (was die im Personenverzeichnis vorweggenommenen »Jeschischmarja«-Ruf auslöst) und daß der mittendrin erscheinende Graf Jaroszinsky an Thekla Feuer fängt.

Das nächste Bild sieht Rudi »bei Mondschein in einer einsamen Partie des Schloßparks«, wo er, nimmermüd monologisierend, Thekla erwartet.

Der Monolog enthält neben Shakespeare und Schiller auch eine Prise »Ahnfrau« — vielleicht Jaroszinskys wegen, dessen Ähnlichkeit mit Grillparzers Jaromir allerdings rein phonetischer Natur ist. Jaroszinsky belauscht zuerst Rudis Monolog, der ihm sichtlich mißbehagt: »Er fährt sich in den Kragen, verzerrt das Gesicht und steht im grünlichen Dämmerlicht als grauenhafte Grimasse da«; an einer andern Stelle »japst er nach Luft und geht erbittert in die Hocke«. Noch schlimmer wird es, als Thekla erscheint und sich mit Rudi dem Schmieden süßer Zukunftspläne hingibt.

THEKLA: Sag, kannst du ein Weib ernähren?

RUDI: Heut nicht. Aber im Herbst bin ich Eleve am Burgtheater (JAROSZINSKY *ächzt)* und beziehe zehn Schilling Spielhonorar. Der Mimenstand wird vielerort dort greis. Hofräte werden sie. Ich aber steh erst am Beginn.

THEKLA: Es wird schon gehn. Pappi hat gesagt, mein Zukünftiger bekommt als Mitgift das Schloß Popovec, und später Hostivář und Kobylis. Ja, und Hustopec. Da sollen wir wohnen.

JAROSZINSKYS *bebende Hand knirscht mit dem Gebiß, das ihm vor Wut aus dem Mund gefallen ist.*

RUDI: Horch — es knorsch.

THEKLA: Was?

RUDI: Ich hörte knirschen.

THEKLA: Da kiefelt irgendwo ein fremder Hund an einem Knochen.

JAROSZINSKY *ballt hilflos die Fäuste.*

Aber erst als Rudi gegangen ist, wagt Jaroszinsky sich hervor, um Thekla seine Liebe zu gestehen. Er erleidet eine fürchterliche Abfuhr. Auch seine Drohungen machen auf Thekla keinen Eindruck: »Mit Ihnen«, sagt das selbstbewußte Mädchen, »werde ich noch fertig. Vergessen Sie nicht, daß ich eine Friedland bin. Wir sind es gewohnt, Kretins und Schurken als Gegenspieler zu haben. Und jetzt verschwinden Sie, sonst lasse ich Sie von meinen ungarischen Onkeln zu Gulaschfleisch zerhacken. Das sind Hunnen im Frack. Und ich werde Ihre zuckenden Resteln mit Paprika bestreuen. Ich habe kochen gelernt.«

Damit verläßt sie hocherhobenen Hauptes den Wutschnaubenden, der sich unter fürchterlichen Racheschwüren an den Kartentisch zurückbegibt. Schauplatz des nächsten Bildes ist wieder das Schloß, ungefähr zwei Stunden später. Die beiden ungarischen Herren kommen gerade aus dem Spielzimmer, um eine kleine Pause einzuschalten. Sie sind erschöpft und mißgelaunt.

ÜLLÖ: Armer Zdenko. Verliert katastrophal.

IZSO-LÁNYI: Noch größere Katastrophe ist, daß Jaroszinsky alles gewinnt.

ÜLLÖ: Ganze Sache gefallt mir nicht.

IZSO-LÁNYI: Mir auch nicht.

ÜLLÖ: Kann nicht mit rechten Dingen zugehn.

IZSO-LÁNYI: Du meinst — Gespenster und so?

ÜLLÖ: Auch. Manche Örter haben das in sich.

IZSO-LÁNYI: Ischl. Keine zehn Rösser bringen mich nach Ischl. Da is so verwunschene Stätte. *Mit Betonung:* Sophiens Doppelblick! Wenn etwas nur so h e i ß t, hab ich genug. *Zündet sich eine Zigarre an, gibt* ÜLLÖ *Feuer.*

ÜLLÖ: Man merkt das schon auf Zufahrt. Gestern in Donauwörth drüben hat mich Grenzpolizei mit so durchdringende Blick angeschaut und hat Wagennummer aufgeschrieben, wie wenn ich gestohlen hätt.

IZSO-LÁNYI: Du vielleicht nicht, aber ein Urahn von dir. Kommt häufig vor, daß Polizei so was merkt. Geh zum Beispiel auf Bahnhof in eine große Stadt. Taschendieb is avisiert, mit genaue Signalement. Zwei Detektiven warten, natürlich als Hirten verkleidet, mit Bergstock und Schneereifen, jeder ein Zither umgehängt, damit nicht so auffällt. Zug fährt ein — Taschendieb steigt aus — Detektiven vergleichen Photographie — und verhaften ganz andern. Alten Professor mit Augengläser. No, und was kommt heraus? Jemand in seine Familie, ganz oben — wo Stammbaum schon so verästelt is, daß sich Affen herumjagen von Zweig zu Zweig — hat in dritte Kreuzzug geweihte Gulaschkanone gestohlen ...

ÜLLÖ: Also wenn da bei u n s jemand gestohlen hat, dann höchstens diese Falott von Jaroszinsky. Und n i c h t in Vorleben ... Komm, probieren wir noch einmal.

Die beiden Herren verfügen sich ins Spielzimmer zurück. Von links erscheinen, in sichtlich gedrückter Stimmung, FÜRSTIN WALLENSTEIN, MUTTER *und* SOHN TERZKY *und* VISCOUNT BUTTLER.

FÜRSTIN: Ich weiß nicht ... heute ist alles so sonderbar ... als ob uns Schlimmes bevorstünde ...

GRÄFIN: Ja, find ich auch. Rasend ungemütlich ...

FÜRSTIN: Vielleicht liegt's daran, daß heute der Jahrestag von der armen, armen Meidling ist.

BUTTLER: Sie erwähnen den Namen der Herzogin so oft. Was war denn das Schicksal der hohen Dame?

FÜRSTIN: Es war ein tragisches. Ihr Gatte verließ sie, weil ihre Kunstbegeisterung ihm auf die Nerven ging — sie war ja auch ein bißerl exzentrisch, die gute Meidling, alles was recht ist. Sozusagen ein Opfer des Burgtheaters. Zuerst ist ihr jede Nacht der Geist des großen Lewinsky erschienen — selbstverständlich im Frack —, dann hat sie dramatische Visionen kriegt — und dann hat sie ang'fangen, Dichtungen in einer unbekannten Sprache zu deklamieren. Erst nach langem Forschen sind die Leuchten der einschlägigen Fachwissenschaften draufgekommen, daß sie völlig unbekannte Shakespearedramen von hinten aufsagt: Richard IV. und die Schwarzenbergs, König Lear in Marienbad, und so weiter.

BUTTLER: Gewiß befremdlich, aber noch kein Unglück. Schließlich hat ja Shakespeare selbst —

GRÄFIN: Das wirkliche Unglück kam ja erst. Ihr einziges Kind wurde im Park von einer Zofe verlegt — die gewissenlose Person konnte die Bank nicht mehr finden — und der Knabe, der schon in den Windeln zu den schönsten Hoffnungen berechtigte, blieb verschwunden. Das hat den Geist der seltsamen Frau endgültig umnachtet. Sie starb bald darauf.

Beide DAMEN *tupfen mit batistenen Mouchoirs je eine Träne aus ihren Augenwinkeln.*

FÜRSTIN: Und heute, wie gesagt, ist der Jahrestag ihres Todes. Der zwanzigste ... Wer weiß, was mittlerweile aus dem kleinen Meidling geworden ist ...

Um alle etwa möglichen Zweifel zu bannen, läßt Herzmanovsky an dieser Stelle den Mimen Rudi Lallmayer »quer durch den Saal« gehen und »ein geziertes Kompliment« machen. Die Damen entfernen sich bald darauf. Dann öffnet sich die Tür des Spielzimmers — man hört Jaroszinskys Stimme: »Hopp das Ganze!« — und die beiden ungarischen Grafen treten heraus, noch nervöser als zuvor.

ÜLLÖ: So. Polnische Gauner hat mich komplett ausgesackelt.

IZSO-LÁNYI: Mich auch. Und arme Zdenko verliert ein Wallensteinisches Majorat nach andern. BUTTLER *tritt interessiert näher.*

ÜLLÖ: Kerl spielt falsch.

IZSO-LÁNYI: Glaubst?

ÜLLÖ: Schau dir sein Visage an. Und im Zambor, oder von wo er kommt, gibt überhaupt kein adelige Kammer ... *Er hält im Auf- und Abgehen inne, denkt nach, bellt kurz durch die Zähne:* Joj! Jetzt fällt mir ein! Unverschämte Schwindler hat vorhin fünf Asse in Blatt gehabt!

BUTTLER: Und da haben Sie nichts gesagt?

ÜLLÖ: No ja, bitte, beschwören kann ich nicht. So mitten in Leidenschaft des Spieles — wer kann da Asse in fremde Blatt genau nachzählen? Das is sehr schwer ... Du erinnerst dich, Elemér, wie wir damals in Jockeyclub jahrelang nicht draufgekommen sind, wieso diese hervorragend eingeführte Gast — nenn ich, bitte, keine Namen — immer hat zweiten Sküs gehabt.

BUTTLER: Aber gleich fünf Asse? Da muß man doch sofort —

ÜLLÖ: Nicht sofort. Wenn lieber Besucher fünf As hat, so ist bei uns in Ungarn Kavaliersgepflogenheit, daß man nicht bemerkt. Allerdings ... *Drohend:* All-er-dings: wenn auch nur S p i t z e l von sechste As hervorschaut — also dann wird ihm Nasenbein gezerschmettert.

Unruhe im Nebenzimmer. Die Türe wird aufgerissen. FÜRST ZDENKO WALLENSTEIN *wankt bleich herein und bricht in einem Klubfauteuil zusammen.*

FÜRST: Es ist ... aus ... Wir sind ... ruiniert ...

Die ANWESENDEN, *verstärkt durch die von rechts herbeigeeilten* DAMEN, *umstehen ihn in tragischer Gruppe.*

FÜRSTIN: Du hast ... verloren?

FÜRST: Alles. Unser ganzes Vermögen.

FÜRSTIN *mit wildem Schrei:* Wie konntest du!!

FÜRST: Ich wollte meine Verluste wieder hereinbringen ... aber Jaroszinsky ...

FÜRSTIN *nach einer Pause:* Gibt es denn keine Rettung ...

FÜRST *gepreßt:* Eine einzige. Jaroszinsky deutete mir an, daß er ... als Schwiegersohn ...

FÜRSTIN: Nein! *Verbirgt das Gesicht in Händen.*

FÜRST *mit Fassung:* Und aber nein! *Er erhebt sich zu adeliger Größe.* Eh daß wir ihm die Hand unsrer Tochter geben, verjage er uns lieber von Haus und Hof, von Küche und Keller. Dann wollen wir eben als Bettler ...

THEKLA *stürzt vor:* Nicht doch, Vater! Das leid ich nicht! Ihr sollt nicht elend werden um meinetwillen! Lieber werfe ich mein Lebensglück von mir und will einem Manne angehören, den ich hasse. Das bin ich dem Glanz unsres Namens schuldig.

FÜRST: Mein Kind —

FÜRSTIN: Meine Tochter —

Erschüttertes Schweigen ringsum. Von links kommt leicht beschwingt und ahnungslos RUDI LALLMAYER *mit einem Blumenstrauß, den er* THEKLA *übereichen will.*

THEKLA: Ich darf diese Blumen nicht annehmen. Unser Traum ist zu Ende.

RUDI *verblödet in Sekundenschnelle, stotternd:* Soho — haha — so hast du mich belohoho — belogen hast du mich, du Greislerische — du Gleisnerische —

THEKLA *sanft und entschieden:* Nein, nicht so. Furchtbares ist geschehen. Mein Vater ward all seiner Güter beraubt und ist zum Bettler geworden. Ich aber, um meine Eltern vor Elend, Kälte und Ernährungsschwierigkeiten zu retten, muß nunmehr einem ungeliebten Freier, dem Räuber unsres Glücks, die Hand zum Bunde reichen. Das Schicksal will es so. *Wendet sich ab.*

RUDI *nach einigen Sekunden Starre, tragisch:* Lebwohl. Du niest mich sie — du siehst mich nie mehr wieder.

Er macht scharf kehrt und entschreitet. Stummes, schicksalsschweres Tableau, das sich nur langsam belebt.

FÜRST: Alles verloren ...

FÜRSTIN: Wirklich alles?

FÜRST: Nur eins ist uns geblieben ...

FÜRSTIN *stolz:* Unsre Tochter!

FÜRST: Wieso? Grad die doch n i c h t.

FÜRSTIN: Stimmt. Also was?

FÜRST: Das Haus in Budapest.

FÜRSTIN *zuckt zusammen.*

ÜLLÖ: Du hast noch Haus in Budapest? Wo?

FÜRST *gequält:* In der Trommelgasse.

IZSO-LÁNYI *mit hochgezogenen Brauen:* Dub-utca? Das is aber kein sehr feine Gegend ...

FÜRST: Deshalb hat's ja der Jaroszinsky nicht als Einsatz akzeptiert, wie ich's ihm angeboten hab.

IZSO-LÁNYI: Haus in der Trommelgasse ... Welche Nummer?

FÜRST *kaum hörbar:* Sechsunddreißig.

ÜLLÖ *und* IZSO-LÁNYI *in entgeistertem Duett:* Sechsunddreißig!

IZSO-LÁNYI: Das wo diese bekannte ... also Mädchenpensionat drin is? FÜRST *nickt stumm.* No dankschön.

ÜLLÖ: Hast du dort wenigstens, wo du wohnen kannst?

FÜRST: Eine Dachwohnung. Drei Zimmer.

ÜLLÖ: No is doch nicht so schlecht ... *Zupft* IZSO-LÁNYI *beiseite; eindringlich:* Nicht sei geringschätzig gegen Haus! Is sehr gute Lösung. Drei Zimmer — für jeden eins — Zdenko-bácsi wird Hausmeister bei sich selbst, geht Nachmittag schon in Volkscafé, ein Schwarzen trinken — Mädel kommt vielleicht zum Ballett — und wenn is Jour fix, kauft die Durchlaucht um fünf Kreuzer Hundsfutter bei Selcher — kriegt s o ein Haufen — und kann mit Paprika rot färben — glaub du mir: w i r k l i c h gute Gesellschaft lebt heutzutag nicht anders. Also wenn Zdenko-bácsi wenigstens Haus in Trommelgasse behält ...

Er verstummt, da aus dem Spielzimmer soeben JAROSZINSKY *eingetreten ist. Auch im ganzen übrigen Raum breitet sich eisiges Schweigen aus.*

JAROSZINSKY: Störe ich die Konversation?

IZSO-LÁNYI: Nein. Wir haben nur grade gewundert, daß Sie um Hand von Thekla anhalten können. Wieso sind Sie nicht verheiratet?

JAROSZINSKY: Leider bin ich Witwer. Meine Gattin, die geborene Erbgräfin von Podwoloczyska —

ÜLLÖ: Ich bin oft in ihr umgestiegen, wenn ich hab zu tun gehabt in Warschau. Buffet war ganz gut.

IZSO-LÁNYI: Das ist doch dort, wo die großen Wanzen sind? Joj, Mama! Wie die Backhendeln.

JAROSZINSKY: Ich sehe, daß Sie Podwoloczyska kennen. Unsere Familie war schon früher liiert damit. Es war ursprünglich eine Jaroszinskysche Herrschaft. Übrigens: Arpád und die sechs andern Fürsten, denen die Landnahme Ungarns zugeschrieben wird, haben anno 820 auf der Flucht vor den Chinesen im dortigen Schloß übernachtet.

ÜLLÖ: Also i c h würde n i c h t.

JAROSZINSKY *zuckt die Achseln und wendet sich an* WALLENSTEIN: Durchlaucht, ich bin gekommen, um Ihnen noch eine Chance zu geben. Sie sollen sehen, daß Sie einen Kavalier vor sich haben. Ich setze meinen ganzen bisherigen Gewinn gegen Ihr Haus in der Trommelgasse.

Bewegung und aufgeregtes Flüstern. Der FÜRST, *in schwerem innerem Kampf, sucht mit den Blicken seine Gattin, die ratlos die Hände hebt.*

ÜLLÖ *halblaut:* Gefallt mir nicht. Ich an seiner Stelle ...

IZSO-LÁNYI: Muß er machen. So ein Offert kann unmöglich ablehnen.

ÜLLÖ: Weißt was? Kiebitzen wir und geben acht, daß kein Blödsinn passiert.

JAROSZINSKY: Wenn es Ihnen recht ist, Durchlaucht, können wir das gleich hier erledigen. Es ist ja ein jeu á deux.

FÜRST *zur* FÜRSTIN: Der Hownitschek soll die Karten hereinbringen.

ÜLLÖ *mit Betonung:* Frisches Paket Karten, bitte! *Zu* WALLENSTEIN: Und Plan von Haus, laß dir auch bringen.

FÜRST: Ja? Is recht. Aber warum eigentlich?

HOWNITSCHEK, *von der* FÜRSTIN *flüsternd instruiert, bringt ein Paket Karten und eine rotlederne Mappe mit aufgeprägtem Wappen. Man placiert sich.*

ÜLLÖ: Warum? Weil du mußt vorsichtig pointieren. Stockwerk für Stockwerk. Nicht alles auf einmal setzen.

FÜRST: Meinst?

ÜLLÖ: Is besser. Wannst im Parterre anfangst und alles verlierst, kannst du noch die Dachwohnung behalten. *Entfaltet den Plan.*

FÜRST: Also gehn wir's an. Zuerst das Souterrain, wo das Zigeunerlokal drin is.

Währenddessen wurde gemischt, abgehoben und geteilt. Das Spiel hat fiktiven Charakter und soll möglichst rasch abgewickelt werden. WALLENSTEIN *verliert den ersten Gang.*

ÜLLÖ: Zigeunerlokal is weg. Macht nix. Jetzt kommt Parterre. *Nachdem er den Plan konsultiert hat:* Zwei Geschäfte. Bitte jedes extra. Rechts Goldfüllfederkönig. WALLENSTEIN *verliert.*

Hin is er. Und links ... koschere Geflügelhandlung. Auch kein Schad ...

IZSO-LÁNYI: Sag das nicht, Töhötöm! So ein Gansleber mit Mandeln ...

FÜRST *hat abermals verloren:* Tja, und jetzt wär's soweit. Erster Stock.

JAROSZINSKY: Was ist drin?

ÜLLÖ *sachlich:* Pensionat. WALLENSTEIN *verliert.*

FÜRST: Zweiter Stock.

JAROSZINSKY: Was ist drin?

ÜLLÖ *wie oben:* Pensionat. WALLENSTEIN *verliert.*

FÜRST: Dritter Stock.

JAROSZINSKY: Und was ist da drin?

ÜLLÖ: Noch immer Pensionat. WALLENSTEIN *verliert.*

FÜRST: Vierter Stock.

ÜLLÖ: Betriebsleitung von Pensionat. WALLENSTEIN *verliert.*

FÜRST: Und jetzt ... die ... Dachwohnung.

FÜRSTIN *vor den* FÜRSTEN *hinstürzend:* Zdenko — ich beschwöre dich — halt ein — rette uns das Letzte!!

JAROSZINSKY: Durchlaucht, ich biete Ihnen eine Chance, wie sie Ihnen kein Kavalier der Erde bieten würde: alles — hören Sie — alles, was ich bisher gewonnen habe, gegen die Dachwohnung.

FÜRST *keuchend:* Ich ... muß! Topp!

Er teilt. JAROSZINSKY *deckt sein Blatt auf und hat gewonnen. Einige Sekunden Totenstille.*

JAROSZINSKY *erhebt sich:* Es tut mir außerordentlich leid, Durchlaucht. Ich habe es gewiß nicht an der nötigen Noblesse fehlen lassen. Zum Unterschied von ... *mißt* ÜLLÖ *verächtlich* ... Ihrem Berater.

ÜLLÖ *duckt sich zum Sprung:* Was sagst du da, du Halunke? Noblessefehlung du wirfst mir vor?

IZSO-LÁNYI: Elmér, moderier dich!

ÜLLÖ: Nix da! Halunke muß sich bei mir entschuldigen! Sofort! Sonst herausbeutel ich ihm alle Eingeweide!

Er hat JAROSZINSKY *am Revers gepackt und schüttelt ihn. Zur allgemeinen Verblüffung fallen aus* JAROSZINSKYS *Taschen verschiedene Reservekarten, größtenteils Asse. Die* ANWESENDEN *sind auf-*

gesprungen und starren gebannt auf das Schauspiel. ÜLLÖ *stößt einen durchdringenden Jubelruf aus, der selbst einem tauben Pusztahirten das Blut in den Adern gerinnen ließe.*

ÜLLÖ: No also!! Hab ich mir ja gleich gedacht! Ist das schon dein ganze Noblesse, oder hast du noch welche in Tasche? Komm schön! Gib her! Wo ist Geld, was du dir zusammengegaunert hast? Alles! Gib schön!

JAROSZINSKY *schlägt eine höhnische Lache an:* Sie sprechen von meinem Spielgewinn in bar? Den werden Sie vergebens bei mir suchen. Ich habe ihn sofort, als Durchlaucht das Spielzimmer verließ, durch einen meiner Vertrauten in Sicherheit bringen lassen. D a s Geld sehen Sie nicht mehr.

FÜRST *noch taumelnd vor unverhofftem Glück:* Laß doch, laß doch. Spielt ja keine Rolle ...

ÜLLÖ: Für dich vielleicht nicht. Für mich spielt. — Wo ist das Geld hingekommen, du Wanzenbaron verfluchter?

JAROSZINSKY *schaut auf die Uhr:* Aller Wahrscheinlichkeit nach befindet es sich in diesem Augenblick bereits jenseits der Grenze.

ÜLLÖ: Hownitschek! Papier und Feder! *Zu* JAROSZINSKY: Du wirst jetzt sofort Telegramm aufsetzen und Gelder zurückberufen.

JAROSZINSKY: Ich denke nicht daran. Und bis zur Verhandlung ist alles schon so verschoben, daß kein Mensch mehr draufkommt.

ÜLLÖ *fürchterlich:* Ver-hand-lung? Du glaubst, es wird sein Verhandlung? So mit Gerichtssaal und Advokat und so? Töhötöm — was sagst du zu diese Blödling?

IZSO-LÁNYI *lacht gellend.*

JAROSZINSKY: Was haben Sie mit mir vor?

IZSO-LÁNYI: Wirst du gleich sehen, wenn du gefesselt bist.

HOWNITSCHEK *und der* ÜLLÖ'SCHE GROOM *haben Stricke gebracht, mit denen* JAROSZINSKY *gefesselt wird.*

ÜLLÖ *zu* WALLENSTEIN, *der mit* THEKLA *in intensivem Gespräch ist:* Zdenko-bácsi, hast du noch funktionierenden Burgverlies?

FÜRST: Wie? Selbstredend. Der Hownitschek wird's dir zeigen — ich muß jetzt stantapé nach Wien. *Zärtlich:* Das hat sich die Thekla ausgebeten, weißt. Daß ich ihrem Rudi die gute Nachricht bring. Damit er sich nicht vielleicht was antut.

FÜRSTIN: Ist das unbedingt notwendig?

THEKLA: Mama! Wenn du bedenkst, daß ich noch vor einer knappen Stunde bereit war, mich diesem Unhold preiszugeben —!

GRÄFIN *zur* FÜRSTIN: Bist nicht bös, Liebste, aber ich glaub, daß die Kleine wirklich bisserl einen Anspruch drauf hat. Jetzt, wo doch alles —

ÜLLÖ: Möchte auch darum gebeten haben.

FÜRSTIN *widerstrebend:* No ja — bitte —

FÜRST: Also servus, Kinder. Muß schaun, daß ich noch zurecht komm. *Besinnt sich am Abgehen, tritt rasch auf* ÜLLÖ *zu.* Ja richtig, lieber Freund — ich hab mich ja noch gar nicht für deine Hilfe bedankt! War wirklich sehr fesch von dir! Wirklich! *Deutet auf* JAROSZINSKY. Und mit dem da machts jetzt, was wollts. *Ab.*

JAROSZINSKY *bereits in Fesseln:* Ich frage Sie nochmals, was Sie mit mir vorhaben.

ÜLLÖ *mit freundlichem Zähnefletschen:* In Burgverlies kommst du, und gefoltert wirst du. Solange, bis du gestehst, wo Geld is.

JAROSZINSKY *wankt:* Gefoltert?

ÜLLÖ *immer freundlicher:* Ja. Aber nicht wie du glaubst. Viel, viel ärger. Töhötöm und ich werden dir abwechselnd vorsingen ungarische Lieder!

Die DAMEN *stoßen leise Schreie des Entsetzens aus.* JAROSZINSKY *bricht lautlos zusammen.*

Der Vorhang fällt.

Wallenstein kommt leider zu spät, um Rudi zu retten. Am Beginn des folgenden Bildes erscheint der verschmähte Ehe- und Burgtheater-Aspirant im »Mimengehrock und Zylinder mit wehendem Trauerschleier« frühmorgens im Wiener Stadtpark, gefolgt von zwei Dienstmännern, die »ein schweres Paket unter der Bank verstauen«. Das Paket enthält eine Marinegranate, mit der sich Rudi der Einfachheit halber in die Luft sprengen will. Zum Text eines pompösen, um Thekla klagenden Monologs richtet er die Zündschnur her und wartet gramversunken auf sein Ende. Aber noch ehe er die letzten Vorkehrungen treffen kann, bekommt er die Gesellschaft »einer abnorm dicken Dame mit einer Flasche Bitterwasser unterm Arm«. Es ist Wetti Zwöschbenflöck, eine »unermeßlich reiche Witwe« (und eine unverkennbare Blutschwester der Witfrau Gackermaier aus dem »Kaiser Joseph«).

WITWE *betrachtet den Gramversunkenen:* Ein sehr ein fescher junger Mann. Muß von einer Leich kommen. Aber so früh am

Morgen? Gschpaßig. *Ihr dämmert was auf.* Am End is er a Ziviloffiizier von die Bumfüneberer? Oder gar vom Leichenbestattungsverein »Nährvatter Joseph«? Ja! Beim Nährvatter Joseph haben s' Zylinderhüt statt Dreispitz! *Sieht genauer hin.* Schultern wie ein Henderl! Noch keine zwanzig Jahr ... *Genießerisch:* Dös wär was aufs Nachtkastl ... *Setzt sich neben den Teilnahmslosen.* Mit Verlaub! Hier is doch frei? RUDI *nickt abwesend. Die* WITWE *prüft still seinen Schleier.* Krepp. Wird immer gschpaßiger. I waß net, die Bumfüneberer haben doch nie keinen Schleier nicht an ... Aha! Ein Ausländer! Werden wahrscheinlich einen Kongreß der Leichenbestattungsvereine haben. Bei uns is halt in die Festwochen immer was Unterhältliches und Fesches los! *Schnüffelt zu ihm hin.* Wie das schmeckt! Tuberosen. Da ham wir's ... Tschuldigen schon, Herr — waren S' bei einer Leich? RUDI *schüttelt den Kopf.* Oder gehn S' zu einer solichen?

RUDI: Nein. Ich bin die Leiche selber. *Versinkt wieder in gramvolles Brüten.*

WITWE: Tschuldigen — Sö san doch keine Leiche nicht! Schmecken ja noch ganz frisch!

RUDI *düster:* Nein, noch bin ich's nicht ... Aber warte nur, balde ...

WITWE: Um Himmels willen! Wollen S' am End Hand an sich legen?

RUDI: Und wenn dem so wäre?

WITWE *halb für sich:* Gut anzogen is er ... Not kann's nicht sein ... Haltaus! Unglücklich verliebt is er! RUDI *nickt.* Hab mir's denkt ... Wissen S' Herr, mich geht's ja nix an — aber wie kann man so blöd sein? Ja, blöd sag ich! Wegen an Madel!

RUDI: Ach, wär's doch nur ein Mädel ...

WITWE *entsetzt:* Ver ... wurfener!

RUDI: Beruhigen Sie sich. Es ist kein Mädel — es ist eine Contesse. Eine gefürstete Gräfin ... eine Herzogin ...

WITWE *reißt den Mund auf:* Eine gefürschtete ... eine Herzogin ... aha. Und Hochdieselbe blückt nücht hünab auf denjenigen, welcher zu ühren Füßen schmachtet. Ja, dös kummt heifig vor. Man liest's ja in die Zeitungen. *Nimmt einen Schluck Bitterwasser.* Brr.

RUDI: Was ääkelt Euch, Frau? Mein Schicksal? Es ist das Schicksal einer Rose, die der Sturm entblättert hat. Emil Galotti müßt ich heißen ...

WITWE: Jessas, wie schön als Sie daherreden! Sein S' leicht ein Tschauspüller, der Herr?

RUDI: Sie werden demnächst sagen dürfen, daß ich's gewesen bin.

WITWE *verzückt:* A Tschauspüller! Und da wollen S' zum Verwelken anheben? Wo S' doch a jed's Madl haben können? RUDI *macht eine abwehrende Geste.* Freilich! Glauben S', ich weiß nicht, wie's bei die Bühnentürln zugeht? Und daß schon die Zehnjährigen sich den Busenhalter mit Sägspän ausstopfen, damit s' fürig'lassen werden? *Großer Schluck Bitterwasser.* Aber ... es gibt auch ernste, völlig erwaxene Üdöalistinnen, wo deren Begeisterung, da gereift, das Licht der Nacht nücht zu scheuen braucht ... Oh, wie ich für die Tschauspülkunst schwärme ... Und Sie weinen so einer Flitschen nach — jawohl Flitschen —, auch wann s' a Fürschtenkrone in der begehrlichen Unterwäsch hat! Da schaun S' her! *Sie streift ihre Zwirnhandschuhe ab und bringt an allen Fingern unwahrscheinlich strahlende Juwelen zum Vorschein.* Sofort möcht ich a Mezzänin von an Thiater werden, wann ich nur an Fachmann an der Seiten hätt, der mir sagt, wie man's anfangt ... und mir auch sonst a bissel unter die Arme greifert ... Meiner Söll, wann ich noch ein zweit's Mal heirat — mein Seliger is am Schleimschlag ölendiglich verblichen —, ich heiratert nur noch an Tschauspüller. Und lang und moocher müßt er sein! Glauben S' mir, ein reifes Weib kann Liebe spenden ... Was hat einer schon von so ein grauperten jungen Fratzen, wo er sich — mit Verlaub — in der Finster anhaut ... wie's leider heut Mode is ... Wissen S' was? Gehn wir zum Sacher auf a fesches Fruhstuck! Auf a Salonbeuschel mit Schampanja! Mögen S'? Plauscht sich besser wie da im Freien. Schaun S', da kommen schon d' erschten Leut ...

In diesem Augenblick wirft ein Passant achtlos einen glimmenden Zigarettenstummel weg. Die Lunte, die RUDI *schon die ganze Zeit mit dem Fuß wegzuschieben versucht hatte, fängt zischend zu rauchen an.* RUDI *springt entsetzt auf.*

Rudi: Fort von hier! Augenblicklich fort!

Witwe: San S' teppert worden? Ich lad Ihnen zum Sacher ein, und Sie schrein zum Dank mit mir umanand? Justament bleib i sitzen.

Rudi *verzweifelt:* Fort! Fort! So wahr Ihnen Ihr Leben lieb ist!

Witwe: Ah, da hört sich alles auf! Gefährliche Drohung auch noch ... Glauben S', i fürcht mich? Und jetzt bleib i erscht recht! *Da* rudi *sie fortzuzerren versucht:* Zu Hiiilfe! Zu Hiiilfe!

rudi *hält ihr mit der trauerbehandschuhten Linken den Mund zu, mit der Rechten reißt er sie von der Bank weg, daß sie hinfällt. In einer großen Staubwolke kollern beide von der Szene. Gleich darauf erfolgt die Detonation. Unter einem Regen von Gezweig und Kieselsteinen fällt der Vorhang.*

So geschieht es, daß das letzte Bild in einer Zelle des Landesgerichts spielt, denn Rudi ist im Standrechtsverfahren der politisch gespannten dreißiger Jahre wegen eines Sprengstoffattentates zu einer schweren Kerkerstrafe verurteilt worden. Die Wallensteinischen mußten alle Hebel in Bewegung setzen, um seine Freilassung zu erwirken. Just zur gleichen Stunde, da Thekla in Begleitung ihrer Eltern ihn abholen kommt, meldet sich beim Kerkermeister Krepetz ein Zigeunerweib und legitimiert Rudi als das seinerzeit im Park abhanden gekommene Baby, als den letzten echtblütigen Herzog von Meidling. Nun steht einer standesgemäßen Eheschließung mit Thekla überhaupt nichts mehr im Wege. Da auch die Witwe Zwöschbenflöck mit ihrem neu akquirierten Bräutigam sich einfindet — es ist niemand andrer als der geldgierige Üllö —, wird der Kellner, der sonst die Henkersmahlzeiten bringt, rasch in die nahe Selcherei geschickt, um eine gehörige Menge der schmackhaften Armen-Sünder-Würstel zu holen. Noch in der Zelle findet unter großem Jubel ein improvisierter Festschmaus statt. Thekla und Rudi auf der einen, die Witwe Zwöschbenflöck und Üllö auf der andern Seite füttern einander zärtlich und verliebt, der Kerkermeister Krepetz dirigiert den von melodischem Kettenklirren untermalten Chor der Untersuchungshäftlinge, Wallenstein wirft der Zigeunerin mit den Worten: »Da! Ein Fürst weiß zu belohnen!« mehrere Schillinge hin, und seine Gattin, eine Träne der Rührung zerdrückend, spricht leise, doch innig das Schlußwort: »Sellawie!«

DIE ENTFÜHRUNG DER EUROPA

Pantomime in drei Bildern

PERSONEN

ZEUS, König der Götter, in der Maske eines Stiers
HERMES
HYMENÄOS
GANYMED
MERKUR
AGENOR, König von Phönizien
AGRAULE, seine Gemahlin
PRINZESS EUROPA, später Königin von Kreta } ihre Kinder
PRINZ KADMOS, später König von Theben } ihre Kinder
MEGALOPOMPOS, Zeremoniendirektor } am Hofe des Agenor
KYPSELOS, wirkl. geheimer Obereunuch } am Hofe des Agenor
HYPSELOKNOSSOIOS, geheimer Obereunuch und Plenipotentier von Kreta
KORINNA } Jugendgespielinnen der Europa
LOXIAS } Jugendgespielinnen der Europa
IPHIANASSA } Jugendgespielinnen der Europa
HELIONE } Jugendgespielinnen der Europa
AMYMONE } Jugendgespielinnen der Europa
LEAINA } Jugendgespielinnen der Europa
PALLENE } Jugendgespielinnen der Europa

Bobos Briareus Typhon Kakus Melamp Morpheus Gygax, ihr Anführer	Die sieben Stutzer und Busenfreunde des Kadmos

Eine Palastdame von Tyros

Radaukles, königl. Hoftrommler von Tyros

Zawadil Tschundra	zwei federbuschgeschmückte Mohren

Ein Affe

Drei ehrfurchtgebietende Greise, vier atlantische, dem Olymp zugeteilte Ballerinen, Clowns und Harlekine auf der Barke des Zeus, Schiffsjungen, Tänzerinnen, weiße und schwarze Mägde am Königshof von Tyros und Knossos, zwei Kammermusikzwerge, Putten.

Orte der Handlung:

Der erste und zweite Aufzug spielen in und bei Tyros in Phönizien, der dritte in Knossos auf Kreta.

Zeit:

Im Tauruszeitalter.

ERSTES BILD

DAS KÖNIGLICHE FRÜHSTÜCK UND WAS DARAUS WIRD

Saal im Königspalast des Agenor, Königs von Phönizien. Über seinem Hochsitz hängt ein bekränzter Ochsenschädel. Auf dem Zimmerofen steht eine Apollobüste aus Gips.

AGENOR und seine Gemahlin AGRAULE sind gerade im Begriff zu frühstücken. Eine junge PALASTDAME bringt den Kaffee. Ihr Auftreten ist eine Kette klassischer Posen, die der voranschreitende ZEREMONIENDIREKTOR genau kontrolliert. Der König trommelt vor Ungeduld auf den Tisch und knabbert an einer alten Brotrinde. Königin Agraule nimmt ihm streng die Rinde weg. Endlich wird das Frühstück vom knienden Palastfräulein auf den Tisch gestellt, und die Majestäten beginnen glucksend aus großen Vasen zu saufen.

Der Zeremonienmeister hebt seinen Goldstab. ZWEI SCHWARZE MÄDCHEN in bunten Seidenfetzen und goldenen Turbanen überreichen dem hohen Paar die Zeitung: einige dünne, gesetztafelförmige Dachziegel mit Keilschrift.

Eine MAGD bringt ein Paar aus Bronzeblech getriebene Füße heran — die Ausgehschuhe des Königs. Mit gekreuzten Armen huscht sie scheu davon. Der Zeremoniendirektor empfiehlt sich und läßt RADAUKLES eintreten, dem zwei tückisch aussehende ZWERGE das Schlagwerk nachtragen. Die bedenklich aussehenden Musik-Liliputaner verschwinden nach dreimaliger zeremonieller Verbeugung. Der König sieht ihnen unter Bartgewackel mißbilligend nach. Er droht mit einem Kipfel. Radaukles stimmt seine Lärminstrumente. Die Tür fliegt auf. Klirrend tritt KADMOS, über dem Panzer eine Löwenhaut, ins Gemach. Die Keule lehnt er an den Tisch. Nach lässigem Gruß nimmt er Platz, blickt grimmig umher und zerreißt ein Brathuhn. Die Keule fällt mit starkem Krach um. Agenor verschüttet vor Schreck den Kaffee. Zornig haut er die Zeitung auf den Tisch, so daß sie zerbricht. Er will zu schimpfen anfangen. Man sieht, wie sich sein Schnurrbart sträubt. Radaukles donnert dumpf dazu. Agraule nimmt eine klassische, stark hieratische, klagende Pose an.

Jäh verändert sich die Situation in der günstigsten Weise. Denn es fliegt, sich graziös vor dem Publikum verneigend, der Eltern Liebling herein, PRINZESS EUROPA. Sie küßt Mama die Hand, gibt dem Bruder einen Klaps, geht dem sofort besänftigten Alten um den Bart und liest mit ihm aus den Trümmern der Zeitung. Hierbei macht sie auch die Mutter auf irgendeine Notiz aufmerksam. Dann besieht sie sich den Modeteil, von dem aber nur noch der Rest einer nackten Figur im Halbrelief vorhanden ist. Den neugierigen Bruder stößt sie weg.

Nach der Zeitungslektüre beginnt das Morgenkonzert. Europa greift zur Lyra, die eine der Mohrinnen hereingetragen hat. Kadmos bläst die Hirtenschalmei, und der alte Herr fingert auf einer schrillen, winzigen Flöte, die fast unterm Bart verschwindet. Radaukles begleitet diskret. Eine schwarze Magd blättert die Ziegelsteine um, aus denen der König spielt, eine andre deutet nach den Rhythmen des Radaukles verstohlen das Bruchstück eines Bauchtänzchens an. Agraule, die das zum Glück nicht gesehen hat, wischt sich eine Träne der Rührung aus den Augen und füttert den recht unruhigen AFFEN im Käfig.

Der Affe pfeift laut auf zwei Fingern und macht wiederholt Gesten gegen die Tür, die dann auch aufgeht, von den zwei Buckelzwergen geöffnet.

Herein tritt abermals der Zeremoniendirektor, jetzt aber in großer Gala, und verneigt sich tief. Er ist der Typus eines Assyrerfürsten mit schwarzem Lockenbart und kann bei besonders feierlichen Anlässen hinten zwischen den Frackschößen einen Pfauenschweif entfalten, wobei es »Prr« macht; mit einem leise fauchenden Geräusch fällt dann der Schweif wieder zusammen.

Der prunkvolle Herr führt einen Tschinellentanz auf, was angesichts seiner langen Schleppe gar nicht so leicht ist. Zu Ende gekommen, weist er mit tiefem Kompliment gegen seinen königlichen Herrn nach der Tür, die auf sein Händeklatschen auffliegt.

Es erscheinen DIE SIEBEN STUTZER, die Freunde des Kadmos. Sie tragen Sportgeräte: Fußball, Diskus, Golfschläger, Schabeisen für den Ringkampf, Springschnur, Reifen und Speere. Große zeremonielle Begrüßung zwischen Agenor und den jungen Herren, die von ihrem geistigen Oberhaupt, dem zierlichen GYGAX, geführt und vorgestellt werden. Artig küssen sie Agraule die Hand und stehen vor der Prinzessin stramm. Gygax kann sich an einschmeichelndem Benehmen der Königin gegenüber nicht genug tun. Er überreicht der hohen Frau ein Veilchensträußchen und bietet ihr Bonbons an. Auch die Königin ihrerseits bevorzugt ihn deutlich.

Als echte künftige Diplomaten bewundern die jungen Stutzer den Apoll am Ofen und den Ochsenschädel, die ihnen der eitle König zeigt; desgleichen ein Modell des Trojanischen Pferdes und seine Rüstung aus dem gleichnamigen Krieg.

Briareus stößt Morpheus, der stehend eingenickt ist und geschäftig auffährt, um sich nach der andern Seite zu verbeugen. Agenor sieht ihn bös an, zeigt dann aber in verzeihlicher Eitelkeit noch ein Gruppenbild vor Troja mit dem Pferd, wo er auch sich selbst herausfindet. Er gibt das durch Deuten kund. Einige der jungen Herren applaudieren.

Hinter der Türe wird helles Mädchenlachen hörbar. Herein stolpert, offenbar durch einen Stoß befördert, der Obereunuch, der seinen Strickstrumpf eingeklemmt hat.

Der Zeremonienmeister tritt streng blickend zu dem Verlegenen. Beide Herren flüstern miteinander. Der Obereunuch weist mit eindringlich erklärenden Gesten zur Türe. Während der Zeremonienmeister sich umdreht, um — vor Würde förmlich aufgeplustert (Pfauenschweif!) — zum König zu schreiten, macht der Obereunuch Miene, die Türe, an der heftig gerüttelt wird, zu öffnen. Der Zeremonienmeister hascht mit dem goldenen Stab nach ihm. Finster mißt er den vor Verlegenheit sichtlich Einschrumpfenden, der scheu zu stricken beginnt.

Nun stellt der Zeremonienmeister die sieben Stutzer im Hintergrund auf, wobei Morpheus konfus auf einen andern Platz chassiert. Dort schläft er alsbald ein, wacht später jäh auf und macht entschuldigende Gesten, als ob man ihn ganz ohne Grund zurechtgewiesen hätte, was sich in der Folge einige Male wiederholt und dem Zeremonienmeister zu tadelnden Blicken Anlaß gibt.

In der Antichambre herrscht ständige Unruhe. Dem Eunuchen wird das zu dumm. Nach einem huldigenden Zeichen gegen den König will er den Türspalt öffnen, nur um sein Garnknäuel zu befreien. Da aber fliegt die Türe auf, der Eunuch wird zu Boden geworfen, und über ihn stürmen die sieben Gespielinnen der Europa herein,

alle mit den Attributen des Frühlings: Blumenkörben, Sonnenschirmen, Fächern, Tennisrackets etc.
Sonnenlicht flutet durch die Türe, Schmetterlinge gaukeln ins Gemach. Europa umarmt ihre Freundinnen. Der König ist sichtlich animiert und will sich seinem Töchterchen anschließen. Agraule blickt ihn mißbilligend an und verweist ihn auf die Brösel seiner Zeitung.
Die Mädchen knicksen artig vor Agraule und bewundern deren Handarbeit, eine Stickerei über das Thema »Die Furien verfolgen den Orestes«. Mimisch bitten sie um Erlaubnis, daß Europa sich mit ihnen am Meeresstrand ergehen dürfe. Sie weisen in die Ferne, weisen gegen den Himmel, machen Schwimmbewegungen etc. Europa schließt sich ihren Bitten an, bis Agraule Gewährung nickt.
Der eingeschlafene Morpheus wird vom finstren KAKUS angestoßen: er solle aufhören zu schnarchen. Morpheus fährt empor, klatscht wie rasend Beifall und beginnt blöde zu lachen. Dann sieht er sich verwundert um.
Europa und die Mädchen drängen jubelnd zur Türe hinaus. Die schlauen Stutzer wollen folgen. Auch Morpheus ist plötzlich ganz aufgekratzt und macht eine fahrige Geste des Jubels. Dabei rollt sein Diskus scheppernd unter die aufkreischenden Mädchen.
Als Europa die Absicht der Stutzer merkt, sagt sie Kadmos etwas ins Ohr und gibt ihm durch Gesten zu verstehen, er möge die Stutzer um sich scharen. Kadmos haut auf die Trommel und beordert die sieben zu sich. Europa stellt sich auf die Fußspitzen, küßt ihn zum Dank und läuft nach einem Knicks vor dem Publikum ihren Freundinnen nach.
Kadmos, von den Stutzern umringt, läßt seine Muskeln spielen und nimmt verschiedene monumentale Speerwerferstellungen ein, jede vom Gedröhn des Radaukles und den Bombardonen der Musikzwerge begleitet. Der König sieht interessiert zu.
Allmählich bringt es Kadmos soweit, daß die Stutzer eine malerische, nach allen Seiten dräuende Speerwerfergruppe bilden. Nur BOBOS mit dem Bogen bildet eine Ausnahme und zielt nach verschiedenen Richtungen. Der König versteckt sich jedesmal.
Auch der wieder eingetretene Zeremonienmeister trägt dazu bei, das Bild dieser Männerpracht zu bereichern. Er begleitet aus freien

Stücken die Übungen der schmucken Jünglinge mit einem feierlichen Tschinellentanz, wobei er ganz nieder am Boden hupft, in einer Art antiken Krakowiaks.
Dieser leidenschaftliche Tanz steigert die Wildheit und Kampfeslust der tapferen Stutzer. Es wird direkt ungemütlich. Agraule, die besorgt mit dem Matronenschnurrbart wackelt, bangt es um das Kaffeegeschirr. Und sie hat recht! Haut doch Gygax — sicherlich der Dümmste von allen — mit dem Speer die Apollobüste herunter und trifft mit dem nächsten Hieb Agenor, der jammernd zur Unheilstätte gestürzt ist, krachend aufs Haupt. Der Greis bricht in den Klageruf »Oimé, oimé« aus. Händeringend kommt ihm Agraule zu Hilfe, was der Bogenschütze Bobos dazu benützt, ihr richtig das Kaffeegeschirr in Trümmer zu schießen.
Mit einemmal wimmelt es von dienenden MÄGDEN, die dem Jammerkönig Kompressen auflegen. Die armbandklirrenden Hände in malerischen Attitüden erhoben, besudeln sie dem bedauernswerten Opfer des Waffensports aus goldenen Salbgefäßen das Gewand und was sie sonst gerade treffen. Der König, der offenbar etwas sehr Bitteres in den Mund bekommen hat, wälzt sich spukkend auf dem Boden, wobei der erschrocken aufgewachte Morpheus sich mit dem Fuß in seinem Gewand verfilzt und der Länge nach hinfliegt.
Agraule irrt kreischend umher. Bald will sie dem Gemahl helfen, bald richtet sie empört den beiden schwarzen Mädchen, bei denen eine kokette Wildheit ausgebrochen ist, die allzu gewagten Retroussées. Natürlich bekommt auch sie einen Guß aus der Kompressenschüssel ab, so daß ihre Frisur völlig derangiert wird. Die Stutzer belästigen klarerweise die helfenden Mädchen. Um das Durcheinander noch zu steigern, stürzt auch der KOCH herein, sieben rauchende Hühner am Spieß. Er brennt damit den Morpheus an, der aufrauchend den eben auf die Beine gekommenen König in jähem Schmerzenssprung wieder umwirft.
Morpheus nimmt unter Schmerzensgrimassen die Kompresse des Agenor an sich, der — eine große blaue Beule auf der Glatze — zu toben anfängt. Radaukles und die Musikzwerge wüten auf ihren Instrumenten. Vom siechen Vater angeeifert, wirft Kadmos zuerst einmal den Morpheus und dann den Koch hinaus. Ein rauchendes Huhn zwischen den Lippen, sucht er nach weiteren Opfern

für seinen Grimm. Das nächste ist nun Bobos, der Schütze, der noch geschwind einen Pfeil in die Handarbeit abschießt. Nach und nach sind alle hinausgeflogen bis auf Gygax, den die Mutter Agraule zu schützen sucht. Aber Agenor gibt keine Ruhe, bis auch Gygax fliegt.

Plötzlich deutet der wunde Greis unter lautem Stöhnen auf die Scherben der Apollobüste, die ihm vielleicht der Gott selbst in vertrauter Stunde vor Troja gegeben haben mochte. Ein wahrer Wutparoxysmus bricht bei dem unbeherrschten alten Herrn aus. Gesträubten Bartes und grauenhaft schielend (Maske) will er sein Gewand zerreißen, wie dies im Orient bei heftigem Jammer geübt wird.

In seinem planlosen Zorn bekommt er das aber nicht recht fertig, verheddert sich in die zerfetzten Teile, kugelt auf dem Boden herum, erhebt sich, von den Fetzen schlangenhaft umflattert, in fahrigen Windungen und wird schließlich zu einer abscheulichen Karikatur der Laokoongruppe. Die beiden gleichfalls recht derangierten Afrikanerinnen mit den goldenen und silbernen Lockenperücken assistieren ihm getreu nach dem Original. Es ist ein Jammer und eine Schande. Der Affe im Käfig tobt vor Lust. Die um ihr Kaffeegeschirr betrogene Königin tanzt in irrem Entsetzen um das Schauspiel herum, erwischt für einen Moment sogar eine Schellentrommel — die einer der Stutzer mitgebracht hatte, um der Prinzessin zu imponieren — und rasselt einige Takte, den klagenden Mund weit zu den Göttern aufgerissen. Dann wirft sie das Instrument, sonst nur der Lust geweiht, voll Verzweiflung weg, ringt die Hände bodenwärts und wird gleich darauf von ihrem Unstern ereilt. Denn als sie die Arme in Jammergebärde erhebt und vor dem wüsten Gruppenbild zurückweicht, kommt sie dem Käfig mit dem tobenden Affen zu nahe. Das Untier reißt ihr den falschen Zopf vom Haupt, entwischt aus dem Käfig, bemächtigt sich, vor Vergnügen jodelnd, der Schellentrommel und beginnt sie wild zu bearbeiten. Schließlich verbeugt sich der Affe, für den Applaus dankend, mehrere Male vor dem Publikum und weist bescheiden auf die anderen Akteure. Das Mädchen mit der goldenen Perücke steigt für einen Moment von ihrem Brotherrn ab und knickst, gegen eine Loge eine Kußhand werfend.

Als der Affe nach einigen neuen Applaussalven und enthusiastischen Zurufen abgeht, sind seine Hinterbacken bald blau, bald rot beleuchtet. So endet das harmonisch begonnene Familienbild. Bloß Kadmos frißt ruhig sein Huhn.

ZWEITES BILD

PRINZESS EUROPA BELUSTIGT SICH AM MEERESSTRAND UND WAS DARAUS WIRD

Blumige Wiese am Meeresstrand. Strahlendes, buntes Licht. Die Mädchen stürmen heran, mitten unter ihnen Europa. Sie vergnügen sich am Reigentanz und winden Blumengewinde.
Da deutet Europa aufs Meer. Alle Mädchen umringen sie. Musik ertönt. Eine prächtige Barke mit goldenem Takelwerk naht. In der Mitte des Decks ein purpurgestreiftes, verschlossenes Zelt, von einem Bündel goldener Blitze bekrönt. Halbnackte MARITIME GIRLS sind als Schiffsjungen in dem goldenen Tauwerk beschäftigt. Auf Deck treiben sich buntgefleckte HARLEKINE und andere wunderliche MASKENFIGUREN herum. Die Barke trägt offenbar einen antiken Wanderzirkus. Voll Jubel weisen die Mädchen auf die lustigen Ankömmlinge.
Zuerst steigen die buntfleckigen Harlekine und Zirkusclowns aus, einem Pfeifensignal des Hochbootclowns folgend. Man naht sich mit zierlicher Grandezza der königlichen Mädchenschar, man verbeugt sich mit edlem Anstand, man fordert zum Tanze auf. ZWEI MOHREN, federbuschgekrönt, blasen dazu goldblinkende Buccinen, die in tückisch verzerrte Drachenmäuler enden. Zwei Tanzmädchen mit phantastischem, buntleuchtendem Federnschmuck spielen kniend auf Glockenklavieren dazu, zwei andere wirbeln mit Tamburins herum. Die Schiffsjungen schlingen sich mit einem Trommelreigen durch das sonnenüberflutete Tanzbild. Schließlich bildet alles eine Huldigungsgruppe vor der Prinzessin Europa.
Auf ein Pfeifensignal des *clown en chef* öffnen vier Harlekine in tiefer Hofverbeugung das Zelt auf Deck. Vier andere halten brennende Kandelaber. Heraus tritt ein herkulischer JÜNGLING, mit einem Fell drapiert. Befremdlicherweise trägt der sonst unleugbar elegante Ankömmling das Haupt eines Stieres, und zwar eines

prachtvollen Zuchtexemplars. Eine Art Generalmarsch wird getrommelt. Der Hofstaat der Europa betrachtet verdutzt den ungewöhnlichen, man könnte fast sagen: leicht abstrusen Besuch.
Nachdem die Mädchen sich zuerst um ihre Herrin geschart haben, bekommen sie es mit der Angst und laufen davon. Nur die Prinzessin ist wie gelähmt stehengeblieben und lutscht an ihrem Finger. Der stierköpfige Jüngling macht seine Reverenz vor ihr, die — immer noch den Finger im Mündchen — ein wenig zurückweicht. Dann hebt sie den Fächer, um ihr Antlitz zu bergen.
Inzwischen haben die Harlekine, denen man übrigens die gute Kinderstube deutlich ansieht, die Mädchen eingeholt. Der vornehme Stier grüßt manierlich nach allen Seiten. Man wird lokkerer. Auch die glitzernden atlantischen Mädchen, denen von den Gespielinnen der Europa etwas ins Ohr geflüstert wurde, zerstreuen gewisse Bedenken ihrer zagen Geschlechtsgenossinnen.
Der Stier klatscht in die Hände, worauf sein Gefolge goldene Kannen, Füllhörner und herrliches Obst in silbernen Körben herbeibringt. Ein Teppich wird ausgebreitet. Man nimmt Platz. Die Schiffsjungen klettern in die Äste eines Riesenlorbeerbaumes. Auch ihnen reicht man Konfekt hinauf und Körbe voll Blumen, mit denen sie dann die Mädchen bestreuen. Der fesche Stier flirtet gehörig mit der hübschen Prinzessin und hängt ihr schließlich eine unwahrscheinlich große Brillantkette um. Das gefällt ihr. Alle Mädchen umringen sie und bewundern den herrlichen Schmuck.
Europa reicht dem Stier gnädig die Hand zum Kuß und schlägt mit dem Fächer nach seiner grotesken Maske. Der Stier macht einige Kapriolen, dann legt er sich ins Gras. Nun werden auch die Mädchen zutraulicher, zupfen ihn am Fell, kraulen ihm den Kopf. Die kecke Loxias setzt sich sogar auf ihn drauf. Der Stier schüttelt sie ab, kniet vor Europa nieder und hebt sie auf seinen Rücken. Aus dem Lorbeergeäst ertönt süß und sehnsüchtig eine Flöte.
Der Stier trägt Europa auf allen vieren schaukelnd herum, von den Tyrsos schwingenden Mädchen umjubelt. Schließlich hebt er die Prinzessin hoch auf seinen Nacken. Europa, mit ausgestrecktem Arm, hält den Stier an Rosenketten, die ihm die Mädchen umlegen. Aus dem Lorbeerbaum werden Blumen geworfen. Musik ertönt von der Barke, auf die sich während der vorhergehenden

Szene die Harlekine und Maskenfiguren diskret zurückgezogen haben.
Die Schiffsjungen und die atlantischen Mädchen bestürmen die Gespielinnen der Europa mit Zärtlichkeit, und alle schlingen ihren Huldigungsreigen um die schöne Prinzessin. Sie und der Stier werden zum monumentalen Zentrum der Gruppe.
Gebietend weist Europa auf das Meer. Alle laufen zum Strand.
Plötzlich besteigt der Stierhäuptige mit seiner schönen Beute die Barke. Die Mädchen der Prinzessin bleiben händeringend zurück. Aus dem goldenen Netzwerk der Wanten winken die in graziöser Akrobatik verteilten Schiffsjungen zärtlichen Abschied. Das Purpurzelt schließt sich, und die Harlekine rudern das Prunkschiff davon. Die Melodie der goldenen Buccinen verhallt.

DRITTES BILD

AUF KRETA BEGINNT DIE HOCHZEIT DER PRINZESSIN EUROPA UND WAS DARAUS WIRD

Palasthalle auf Kreta. Hermes erscheint als Vorläufer großer Dinge. Er schwingt den Stab nach allen Richtungen. Dienende Mädchen kommen herbeigelaufen und schmücken den Saal mit Girlanden. Andere Mädchen streuen Rosenblätter aus goldenen Füllhörnern aus.
Von der Seepforte tönen die Buccinen. Unter Vorantritt der Harlekine, der atlantischen Tänzerinnen und der Schiffsjungen, die jetzt Pagendienste verrichten und kostbare Geschenke tragen, erscheint das Liebespaar. Zeus trägt noch die Stiermaske.
Eppichbekränzte Greise in weißer Toga empfangen höchst zeremoniös das hohe Paar und lesen aus bald zu weit, bald zu nah gehaltenen Pergamenten unhörbar eine Huldigungsrede. Dann bilden sie in tiefer Verbeugung ein Spalier. Vier leierschlagende Greise gehen in feierlichem Schritt dem Liebespaar voran. Ein Vorhang öffnet sich. Das mit prunkvollen Stoffen verhüllte Brautbett wird sichtbar.
Tänzerinnen schweben heran und exekutieren vor dem Liebespaar einen Reigen, der sich zum Schluß im Halbrund öffnet. Hymenäos

tritt den Liebenden mit rosenbekränzter Fackel entgegen. Geflügelte Putten flankieren ihn.
Zwei grazile Mohrinnen mit reihergeschmückten Turbanen, die Agraffen juwelenfunkelnd, ziehen die Vorhänge des Brautlagers zurück. Die Liebenden nehmen Platz. Pagen reichen ihnen Erfrischungen und Wein aus goldenen Kannen.
Der Gott in der Stiermaske winkt den Buccinenbläsern. Auf ihr Signal entfernen sich alle. Ein vereinzelter Greis, der aus einem Pergament mit großer Geste zu deklamieren scheint, wird unsanft wegbefördert.
Als auch dieser letzte Störenfried verschwunden ist, schmiegt sich Europa an die Brust des Geliebten. Zeus nimmt die lächerliche Maske ab, und Europa ist entzückt, einen schönen Jüngling vor sich zu sehen. Zwei Putten mit bunten Flügelchen schleppen die schwere Maske davon.
Zeus klatscht in die Hände. Begleitet von den Negern, die jetzt gewaltige Kontrabaßinstrumente blasen, tritt gemessenen Schrittes der geheime Obereunuch und Plenipotentier Hypseloknossoios herein. Er hebt sein Zepter. Das Gefolge und der ganze Hofstaat erscheint. Zeus erhebt sich majestätisch und setzt Europa den Kronreif von Kreta auf, den Hymenäos lächelnd gebracht hatte. Dann winkt der Gott dem Hofstaat, der neuen Königin von Kreta zu huldigen.
Die Harlekine werfen Togen um, legen wallende weiße Bärte an und bekränzen sich mit Eppich. Dann beginnen auch sie, die Pergamente zu nah oder zu weit gehalten, bartwackelnd und unter großen Gesten, nicht vernehmbare Reden vorzulesen. Schließlich beugen sie das Knie vor der Königin.
Von Hymenäos geführt, hebt der höfische Reigen vor dem hohen Paar an. Der Festjubel hat seinen Höhepunkt erreicht.
Da schwebt eilig Merkur heran, deutet gegen die Seepforte und flüstert Zeus etwas ins Ohr. Der ist sichtlich unangenehm berührt und nimmt, plötzlich sehr ernst geworden, auf einem marmornen Thronsessel im Hintergrund Platz. Europa schmiegt sich verschreckt an ihn.
Man hört näher kommendes Stimmengewirr. Hypseloknossoios geht den Eindringlingen mit quergehaltenem Zepter entgegen, wird aber von einem Greis in Reisekostüm und mit furchtbar gesträub-

tem Bart zurückgestoßen. Es ist leider niemand anders als Agenor, König von Phönizien, der in Begleitung seiner hohen Gemahlin Agraule gekommen ist, um seine geraubte Tochter zu suchen und gegebenenfalls nach derselben zu heischen. Eingetreten, verschränkt er die Arme, nickt traurig bestätigend mit dem Kopf und stampft schließlich etliche Male in finsterstem Grimm auf. Kurz, er benimmt sich wie ein typischer père noble, mit dessen eben mannbar gewordener Tochter irgendwas angestellt worden ist.

Jetzt tritt er vor den Thronsessel und mißt den undurchdringlich dasitzenden Zeus von oben bis unten. Agraule hat ihre finsterste Miene aufgesetzt und zittert mit dem Schnurrbart.

Die falschen Greise kratzen sich bedenklich und machen einander flüsternd auf das beginnende Drama aufmerksam.

Agenor ruft: »Ha!«

Es donnert dumpf. Der Zeremoniendirektor schnippt mit den Fingern.

Durch die Gruppe der Tänzerinnen und Pagen geht eine leise Bewegung angenehmen Gruselns. Der Donner murrt abermals, noch dumpfer. Der Hintergrund des Thronsessels verschleiert sich allmählich. Als es zum dritten Mal donnert, zieht Agenor aus seiner Reisetoga einen Schirm hervor und vermißt sich soweit, dem Vater der Götter damit zu drohen. Europa schluchzt laut auf und wehrt in großer Geste verzweifelt dem Vater. Hypseloknossoios kracht ohnmächtig zu Boden.

Plötzlich tut sich die Erde auf, und der dreiköpfige Hund KERBEROS taucht empor, wild gegen den Frevler knurrend. Alles ist rot beleuchtet. Überall dampft es. Aber Agenor schlägt mutig mit dem Schirm auf das Untier ein, daß es dröhnt. Der Höllenhund verschwindet. Die Anwesenden bilden klassische Gruppen des starren Entsetzens.

Jetzt endlich fällt die Königsmama Agraule, die schwer atmend dagestanden war, ihrem vermessenen Gatten in den Arm. Europa eilt auf sie zu und umschlingt dankbar die Erzeugerin. Einige Greise zeigen einander schluchzend das rührende Bild. Zwei, drei verhüllen das Haupt. Dann schmiegt sich Europa wieder an ihren Geliebten, der ihr lange traurig in die Augen sieht und sie noch einmal innig küßt.

Hymenäos verlöscht gesenkten Hauptes seine Fackel. In tiefer

Trauer berühren die atlantischen Mädchen mit der Stirne den Boden. Schwarze Flammen lodern auf.

Agraule macht ihren Gemahl, der finster und bartkauend dasteht, auf das Ergreifende dieser Szene aufmerksam. Von ihrem Gefühl übermannt, stürzt sie auf den schönen, thronenden Jüngling zu und will ihn küssen. Doch der wehrt finster und majestätisch ab. Merkur drängt, den Schlangenstab erhoben, die tolldreiste Schwiegermutter zurück. Der Höllenhund faucht aus einer Seitenkulisse. Es wird jählings dunkel. Ein furchtbarer Blitz zuckt hernieder. Getümmel erhebt sich.

Als es wieder hell wird, sieht man, daß sich der thronende Jüngling in ein steinernes Monument des Zeus verwandelt hat. Auch der unweigerlich dazugehörige Adler schwebt, die steinernen Blitze in den Krallen, auf seinen abgepaßten Sockel nieder, wo er mit hörbarem Krach Platz nimmt. In einer rosa Lichtwolke erscheint GANYMED, schupft gegen Europa verächtlich die Schulter und rougiert die Lippen.

Europa flüchtet schluchzend an den wogenden Busen der Mutter. Die Statue des Zeus rumpelt davon; auch die perfide Erscheinung des Ganymed löst sich in einer der Blumenpyramiden auf.

Europa wirft sich dem zürnenden Vater zu Füßen. Sie ist tief unglücklich.

Mama Agraule tritt mit verschränkten Armen vor ihren königlichen Gemahl und sieht ihn lange reglos an, was ihm sichtliches Unbehagen verursacht. Endlich weist die Mutter des unglücklichen Kindes auf das Häufchen Elend, das ihm zu Füßen kauert, und deutet sodann unmißverständlich zum Thronsitz des entschwebten Gottes hin. »Du Rindvieh«, scheint sie ihrem Gemahl sagen zu wollen. »So eine Partie zu verscheuchen! Na warte, bis wir wieder in Tyrus sind!« Und sie schlägt die Hände überm Kopf zusammen.

Agenor zuckt grimmig mit dem Bart. Nach einigen Augenblicken seufzenden Nachdenkens flüstert ihm Agraule mit dezidierter Miene etwas ins Ohr. Agenor schüttelt heftig den Kopf. Agraule geht zu ihrem Töchterchen und spricht auf die starrsinnig Abwehrende ein. Man sieht, sie hat was für ihr Kind ... ein passables Pflaster für das wunde Herzchen.

Währenddessen sieht sich der königliche Vater scheu um und versucht in einem unbeobachteten Moment, den Schirm hinten in der Toga zu verstecken.

Europa weint noch immer ein bißchen am Busen der Mutter, die plötzlich schlau blickend nach hinten winkt.

Zierlich und siegesgewiß, von zwei zart auf Doppelflöten zirpenden Figürchen begleitet, tänzelt der schöne Gygax heran. Mama präsentiert ihn der Tochter, die sich wie ein unartiges Kind dagegen sträubt.

Im Hintergrund hat Agenor mit dem wieder erschienenen Hypseloknossoios eine heftige, von Schirmdrohungen begleitete Unterredung, der auch Merkur interessiert zuhört. Schließlich bringt Agenor seinen pompösen Partner, der sich fortwährend den Schweiß der Entrüstung abwischt, zu einem Entschluß.

Hierauf hatscht der greise König zu seiner Tochter, die sich mit dem vor ihr knienden Gygax noch immer nicht abgefunden hat, legt beider Hände energisch ineinander und erteilt den Kindern seinen väterlichen Segen. Dabei hat er das Haupt vor lauter Feierlichkeit so erhoben, daß man nur seinen keilförmig nach oben gerichteten Bart sieht.

Allmählich versammelt sich die ganze Hofgesellschaft. Hypseloknossoios beugt auf die ungeduldigen Winke des alten Königs etwas widerwillig sein Knie vor dem jungen Paar. Agenor deutet auf das noch leere Haupt des Gygax: man soll ihn zu irgend etwas krönen. Leider ist kein entsprechender Kronreif vorhanden. Doch da rettet, verbindlich lächelnd, Merkur die Situation. Mit eleganter Gebärde holt er einen schimmernden Kronreif aus der Luft herbei, und der ob des Wunders perplexe Hypseloknossoios kann die Krönung vornehmen.

Die stolz geblähten Eltern umarmen und küssen ihre hohen Kinder. Von Merkur mit dem Schlangenstab dirigiert, wird vor dem jungen Königspaar ein goldklirrendes Ballett aufgeführt, und unter allgemeinem Jubel fällt der

VORHANG

DIANA, TONERL UND ENDYMION

Ein Ballett in drei Bildern

PERSONEN

DIANA, PALLANX, PYRRHE – Sylphiden, Hofdamen der Göttin
DER GOLDGEHÖRNTE GROSSE PAN
BATHYLLES, HYAKINTHOS – Pagen am Parnaß
ZWEI ÜBERIRDISCHE STRASSENKEHRER
ENDYMION, der schöne Schläfer
KALYKE, seine Mutter
PROTOGONAIA, deren Base, Gemeindehebamme von Grinzing
ANTONIA (genannt Tonerl), ein tugendhaftes Wäschermädel, deren Nichte
KASSIAN KAIBL, DER KOHLRABI-SCHACKERL – Endymions Jugendgespielen
TRETTENHAHN, Bürgermeister von Grinzing
SCHODERBÖCK DER DÜNNE, ONUPHRIUS BIER DER DICKE – Gemeinderäte
DR. PSYCHEPOMPEWITSCH, Gemeindearzt
TRITSCHELHUBER, Feuerwehrhauptmann
FRÄULEIN KUNIGUNDE STRIKOWSKY, die ältliche Lehrerin
FRÄULEIN AGLAIA FEDERSPIEL, die bildschöne Lehrerin
FANNI, WETTI – Mägde der Kalyke und aus Linz gebürtig
DER ALTE HARFNER
SEINE ENKELIN MIT DEM TRIANGEL

Drei Salzburger Milchmädchen
Eine Tube Universalkitt
Turner, Bürgerkapelle, Männergesangverein, Pompiers, ein Gottscheer, ein Salamucci, ein Laternenanzünder, ein Brezelbub, ein Zuckertürke, ein Gefrorenesmann, ein Spielzeugkrowot, ein Peregrinikipfelhändler, heimkehrende Zecher, mehrere düster blikkende Herren, Nymphen, Oreaden, Sylphiden, Panisken, Faune.

Orte der Handlung: 1. und 3. Bild: Grinzing, 2. Bild: Parnaß
Zeit: Wiener Kongreß (1815)

ERSTES BILD

Kleiner Platz in Grinzing. Rechts das Haus der Kalyke, links das der Gemeindehebamme Protogonaia und ihrer Nichte Tonerl. Ein strahlend schöner Morgen.

Mama Kalyke, die Hand vorsichtig wegen Regenverdachtes ausstreckend, kommt aus dem Haus. Von zwei Mädchen mit Linzer Goldhauben unterstützt, beginnt sie den Geburtstagstisch zu dekken, wobei sie die Mägde nervös umherjagt.
Hinter einer Efeuwand taucht neugierig der Kohlrabi-Schackerl auf und pfeift seinen Kumpan Kaibl herbei. Beide schauen sich die Vorbereitungen eine Weile an, schnupfen zufrieden und offerieren der fahrigen Mama eine Prise. Aber Kalyke hat keine Zeit. Sie befiehlt den Mädchen, die Haustür weit zu öffnen und zu beiden Seiten in tiefer Verbeugung stehen zu bleiben.
Endymion, ein wenig Typ Schubert, tritt gähnend ins Freie und setzt sich apathisch an den Tisch; er nimmt kaum Notiz von den kordial grüßenden Freunden, die zwischendurch versuchen, die abwehrenden Mägde in die Waden zu kneifen.
Die verklärt blickende Mutter vergeht in Zärtlichkeit für ihr Herzbinkerl. Sie bindet ihm eine Serviette um und läßt durch die Mädchen 21 Kerzen am Gugelhupf anzünden. Der Kohlrabi-Schackerl will mithelfen, wird aber von Kaibl daran gehindert, was fast zu einem Streit führt.
Mama tritt etwas zurück. Sie ist mit ihrem Werk zufrieden und beginnt ihren verzogenen Liebling zu füttern. Dann erklärt sie ihm mimisch: Das Beste kommt erst, er möge nur warten! Sie wirft noch einen liebevollen Blick nach ihm, droht den kokettierenden Mägden und eilt, von den Freunden neugierig beobachtet, zum Hebammenhaus. Dort nötigt sie Tonerl, an den Tisch ihres Sohnes zu kommen. Inzwischen kokettieren die Mägde resultatlos mit dem gefräßigen Endymion.
Tonerl tritt linkisch und kichernd an den Geburtstagstisch und überreicht dem gleichgültig dankenden Fresser ein prachtvolles Bauernblumenbukett in großer weiter Papierkrause. Mama tupft eine Rührungsträne aus dem Auge. Die Gratulationscour beginnt. Erst kommen blumenstreuende Mädchen unter Führung der bei-

den Lehrerinnen, dann die Feuerwehr, dann der Bürgermeister. Er schwenkt den übergroßen Zylinder und hält eine pantomimische, durch näselnde Holzblasinstrumente, gestopfte Trompeten und gedämpfte Paukenschläge markierte Rede, die von einem Tusch abgeschlossen wird.

Alles klatscht Beifall und würdigt die oratorische Meisterleistung. Die beiden Freunde des Geburtstagskindes werfen die Hüte in die Luft und schütteln ihm so kräftig die Hände, daß er sich verkutzt, was Kaibl geschickt ausnützt, um ein Paar Würstel an sich zu raffen, die er mit seinem Spießgesellen teilt.

Jetzt produzieren sich mit gewaltig gereckter Brust die Turner. Ein melancholisch aussehender Gesangverein markiert ein Ständchen, wird aber von den Schulkindern abgedrängt und klagt im Hintergrund weiter, bis man ihn gänzlich verscheucht. Die Kinder beherrschen die Szene. Je 4 kleine Mädchen und Buben mit Papiertschakos reiten rechts und links, ihre Holzsäbel präsentierend, auf den niederen Barrieren vor Endymions Vorgärtchen auf und ab. Die beiden Lehrerinnen — Fräulein Strikowsky, die ältliche, und Fräulein Federspiel, die bildschöne — dirigieren dieses Ballett der Allerkleinsten, dem Endymion nur geringe Aufmerksamkeit schenkt. Er sucht überall das entwendete Würstelpaar.

Es folgen Reifenspiele und Federballproduktionen, während eine dritte Kindergruppe kniend Blumenbögen schwingt. Schließlich überreicht das kleinste Mäderl einen Blumenstrauß und spricht einige verlegene Worte, die ihr die ältliche Lehrerin von einem Zettel souffliert.

Mama ist gerührt, küßt das kleine Mädchen und schenkt allen Kindern Knallbonbons.

Die Bürgermusik marschiert heran und läßt ihre Weisen hören. Am Schluß verbeugt sich der Dirigent tief vor Endymion. Dann schaut er streng auf den Bombardonbläser, der allein weitergespielt hat.

Der Platz hat sich mit plaudernden, animierten Gruppen gefüllt. Ein Gottscheer, ein Brezelbub und ein Salamucci bieten ihre Waren an. Stark umjubelt wird ein Händler mit riesigen Peregrinikipfeln. Auch ein Flugdrachenverkäufer erscheint.

Kaibl und der Kohlrabi-Schackerl treten eurythmisch und fesch grüßend an Endymion heran und bringen ihm ihre Gaben: eine

Pfeife und eine Schnupftabakdose. Endymion nimmt sogleich eine Prise. Die beiden Freunde folgen seinem Beispiel. Alle drei Herren niesen eine kleine Kindergruppe auseinander, deren Mitglieder sich verschreckt den anderen Kindern zugesellen, die im Hintergrund Blindekuh und Drittabschlagen spielen.

Ein alter Harfner mit grünem Augenschirm schiebt einen falschen, ausgestopften Hund vor sich her, tappt zu einem Eckstein und läßt seine Kunst hören. Seine Enkelin meistert das Triangel.

Endymion entwickelt weiterhin gewaltigen Appetit, da er gute Sachen in Tonerls Körbchen fand. Mama und die Mägde freuen sich, daß es ihm schmeckt. Abermals marschieren die beiden Freunde eurhythmisch und fesch grüßend vorüber und machen sich gegenseitig auf das Triangelmädchen aufmerksam. Mama schiebt eifersüchtig die allzu sorglich bedienenden Goldhauben zurück und wird böse, als die eine im Übereifer das Geburtstagskind von oben bis unten mit Schlagobers bekleckst. Die Festgäste merken es kichernd. Sogar die Musik setzt ein wenig aus und betrachtet neugierig den Bekleckslen.

Tonerl rast ins Haus und kommt mit einer Riesenflasche Fleckwasser zurück.

Der kauende, widerwillig aufstehende Jüngling — nunmehr ein Gegenstand allgemeiner Aufmerksamkeit — wird gereinigt, wobei Tonerl erbost den Mägden auf die Hand schlägt. Endymion ist indigniert. Ihm schmeckt nichts mehr. Er schiebt die Speisen zurück und lümmelt zahnstochernd am Tisch.

Nach und nach beginnt ihn die Musik des Harfengreises zu fesseln. Er dirigiert träumerisch mit, ja es scheint, als wäre durch die Musik ganz leise die Liebe in ihm erwacht. Er streicht sich den Magen und schaut Tonerl nun erst genauer an, tätschelt ihr sogar die Wangen und betrachtet wohlgefällig ihr Profil.

Tonerl schlägt den Blick voll auf und weist verschämt auf ihr Bukett, an dem er gnädig riecht. Zögernd und errötend zieht sie dann noch ein Präsent aus ihrem Körbchen hervor: ein Schneuztüchel mit ihrem Porträt (Silhouette). Es ist ihr sichtlich unangenehm, daß gerade jetzt Endymions Jugendfreunde mit den Damen Federspiel und Strikowsky eine feurige Tarantella zu exekutieren beginnen, an der voll Leidenschaft auch der Salamucci mit dem

rasch engagierten Triangelmädchen teilnimmt. Zum Glück ist der Tanz bald zu Ende.
Endymion bewundert das Schneuztüchel immer wieder und wird merklich pensiv. Das Lied des alten Harfners, das sich aus dem Lärm des bunten Treibens immer wieder hervorhebt, wirkt stark auf sein Gemüt. Eine kokette Tändelei beginnt zwischen ihm und Tonerl. Mama winkt den Mädchen, eine Efeuwand für das beginnende Idyll heranzuschleppen, was sie jedoch sabotieren. Die Freunde tun es an ihrer Statt. Dann geben sie sich ein Zeichen und führen quadrillenmäßig einen Tanz mit dem Triangelmädchen vor. Die Gemeinderäte Bier und Schoderböck werfen dem bisher so unscheinbaren Mädchen, deren Tanz recht aufreizend wird, empörte Blicke zu.
Die Tändelei zwischen Endymion und Tonerl wird durch eine plötzliche Unruhe im Publikum gestört. Auch der Festtrubel, der gerade seinen Höhepunkt erreicht hat, gerät ins Stocken.
Tonerl blickt ängstlich gen Himmel. Der Platz verfinstert sich — offenbar das Werk einer heranräuenden Wolke. Das Harfenmädchen hat wieder ihr Triangelspiel aufgenommen. Mama läuft ins Haus, kommt mit Shawl, Schirm, Pulswärmern und Galoschen zurück und wickelt ihren Liebling besorgt ein.
Die Triangelspielerin wirft plötzlich einen Blick nach oben, gickst und läuft davon. Die Wolke kommt näher.
Zum allgemeinen Staunen erweist sie sich als duftige Rosenwolke, auf der zwei reizende Sylphiden einherschweben. Sie tragen schottische Reisekäppchen, Feldstecher und Frühstückskörbchen, trotz ihrer leicht antiken Tracht.
Kaibl und der Kohlrabi-Schackerl sind die ersten, die sich fassen. Sie grüßen die fremden Damen, verbindlich die Zylinderhüte schwenkend. Die schönen Besucherinnen steigen auf das Trittbrett der Wolke, ähnlich wie bei altmodischen Kutschen, lassen an Endymions Kragenschlinge einen Seilkarabiner einschnappen oder werfen ihm eine Art Hundegeschirr mit Glöckchen um, hissen das zuerst schreckerstarrte, dann aber heftig strampelnde Geburtstagskind auf die Wolke, befestigen an dieser eine Tafel: »WIEN — PARNASS«, blasen ein Abfahrtstrompetchen — und Endymion entschwebt mit ihnen in die Lüfte.
Die Gemeinderäte ringen die Hände. Die Pompiers irren über den

Platz und drehen beim Begegnen groteske Touren miteinander. Der falsche Hund bellt, fällt dabei um und bellt weiter. Pauker und Tambour der Bürgerkapelle trommeln den Generalmarsch.
Einige der entsetzten Festbesucher wollen den unglücklichen Endymion an den Füßen zurückhalten, aber nur seine unmäßig großen Galoschen bleiben ihnen in den Händen. Dann bildet sich eine Pyramide der Turner, die sofort zusammenbricht, weil mit dumpfem Knall der Zylinderhut des bereits unsichtbaren Endymion auf sie herabfällt. Die Pompiers blasen kläglich. Die Feuerwehr will auf die Entführerinnen hinaufspritzen, hat jedoch kein Wasser. Abermals hört man falsch geblasene Signale. Einige Leute gießen Bierkrügel in die Spritze. Auch Kaffeekannen und Blumenvasen werden herangeschleppt. Der Generalmarsch dröhnt dumpf während der ganzen Szene.
Weitere Kleidungsstücke und Utensilien des Entführten hageln auf die Bühne: die Pulswärmer, ein angebissenes Kuchenstück, zwei Indianerkrapfen, der Schal, eine große Taschenuhr, Halsbinde, Frack und Weste. Schließlich schwebt der offene Schirm nieder, dem mit Getöse die Stiefel folgen. Mama fällt in Ohnmacht und wird gelabt. Die Freunde weinen in große, bunte Sacktücher hinein. Man sucht sie zu trösten, jedoch vergebens; sie deuten verzerrt raunzend gen Himmel und strampeln wie unartige Kinder. Tonerl macht drohende Gesten gegen die olympischen Luder. Plötzlich läuft alles auf die erregt wirkenden Helferinnen der Kalyke zu: das Haar der unglücklichen Mutter ist vor Schreck schneeweiß geworden. Kaibl, der gleichfalls hinlaufen wollte, hat sich mit dem Fuß in die umgeworfene Efeuwand verhaspelt, was ihn sehr geniert. Die Pompiers blasen wie besessen, der Generalmarsch rumpelt und wummert weiter.
Zwei berittene Polizisten auf scheckigen Holzpferden sind unerwartet aufgetaucht und versuchen Ordnung zu schaffen.
Jetzt deuten alle Hände aufwärts in dieselbe Richtung — ein stummer Schrei des Entsetzens — Endymions Hose klatscht auf die Bühne nieder.
Kalyke fällt neuerdings in Ohnmacht, ebenso Fräulein Strikowsky und einige alte Jungfern. Fräulein Federspiel wendet sich frivol kichernd ab. Die anderen verhüllen die Augen oder ringen die Hände. Tonerl kreischt wiederholt wortlos ins Publikum. Der

Bürgermeister und drei schwarzbebrillte Herren, die düster mit den Köpfen nicken, starren auf die Hose, die schließlich ein Polizist mit angeekelter Miene auf den Säbel spießt.

ZWEITES BILD

Waldlichtung am Parnaß. Kupfergrüner Abendhimmel. Nur der Stern Venus schimmert in strahlendem Glanz.

Die ankommende Rosenwolke gibt den schlummernden Endymion ab, der jetzt wie eine antikisierende Gipsfigur aussieht. Zwei Dienstmänner, von den beiden Sylphiden herbeigepfiffen, heben den Ankömmling aus der Wolke, helfen dann auch den Sylphiden herunter und schieben die Wolke ins Waldesdunkel. Aus dem dunklen Zedernhintergrund sind zwei grazienhafte Pagen aufgetaucht, die den Vorgang durch allerlei Schabernack behindern. Sie umtanzen den gipsernen Passagier, den die Dienstmänner malerisch auf dem Moosboden arrangiert haben, tippen ihn mit den Fußspitzen an und amüsieren sich über ihn.
Die Sylphiden übergeben den Pagen ihre Körbchen, Kappen, Feldstecher und eine Plaidrolle. Dann pudern sie sich die Näschen und verschwinden rechts und links in den hieratisch wirkenden Myrtenbosketts, die von den Pagen graziös geöffnet werden; drinnen sieht man Toilettetischchen stehen. Nachdem die Pagen sich tief verbeugt haben, werfen sie die Reiseutensilien spitzbübisch ins Gebüsch. Dann legen sie einen bebänderten Hirtenstab und einen Schäferhut neben den reglosen Schläfer und betrachten zufrieden ihr Werk. Der eine tippt sich auf die Stirne, als ob er etwas vergessen hätte, läuft weg und bringt klimpernd eine Apolloleier, die er den übrigen halbgöttlichen Attributen beigesellt. Der andere schleppt eine große Parfümvase herbei. Beide parfümieren den Schläfer unter ausführlichem Zeremoniell und streuen ihn noch ein wenig mit Silberstaub ein, ehe sie mit einer Kußhand verschwinden.
Vorsichtig kommen Panisken, Oreaden und goldgehörnte Faune aus dem Wald. Triangel, Pansflöten, gedämpfte Tamburins und silbrige Becken lassen sanfte Musik ertönen, die sich allmählich

steigert. Der Mond geht auf. Seine Sichel bildet ein großes, diamantfunkelndes Schiff. Auf der duftigen, fluoreszierenden Aura der Mondscheibe gewinnen leuchtende Gestalten immer plastischere Wirklichkeit. Man sieht Diana mit den beiden Sylphiden als Hofdamen. Die Musik erhebt sich zu feierlicher Pracht.

Unter dem Artemismotiv und den Jagdfanfaren der Olympier steigt die Göttin vom Mondschiff, dem Schiff der Wiedergeburt, und betrachtet den schönen Schläfer.

Die bunten Gestalten der Panisken und Oreaden beginnen einen funkelnden Reigen, der indessen auf Endymion keine Wirkung übt.

Die Hofdamen, links und rechts von der Göttin stehend, feuern die Tanzenden an. Der Tanz der Nymphen setzt ein, wird immer gewagter und verführerischer. Doch weder sie noch die zu Pauken und Beckenklang tanzenden Faune vermögen den Schläfer zu erwecken.

Gebärdenreich erklären die Sylphiden, es gebe nur noch ein Mittel: Diana müsse Endymion wachküssen! Sie machen es der keuschen, unnahbaren Göttin pantomimisch vor. Die Göttin tritt zu dem Schlafenden. Alle übrigen olympischen Erscheinungen beugen sich tief zur Erde und verhüllen das Angesicht. Diana beugt sich nieder und küßt Endymion. Er erwacht, reibt sich schlaftrunken die Augen und blickt, halb hochgestützt, die Göttin offenen Mundes an. Dann springt er auf und macht sein Kompliment, das er dreimal wiederholt. Dabei bemerkt er mit Entsetzen seine dürftige Olympierdreß. In komischer Verlegenheit reißt er einen Zedernzweig samt dem darauf sitzenden, buntschillernden Vögelchen ab und sucht sich damit zu verhüllen. Man lacht und neckt ihn.

Diana winkt ab und nötigt ihn neben sich auf eine Moosbank. Pagen und Elfen kredenzen Nektar in goldenen Bechern, den ihm die Göttin selbst reicht.

Sein Appetit erwacht. Eine Hofdame sagt Diana etwas ins Ohr. Endymion bekommt einen funkelnden goldenen Gugelhupf. Jetzt wird er, mit vollem Munde bampfend, zutraulich und bietet Diana seine gerettete Schnupftabakdose an, die ihm aber der große Pan aus der Hand schlägt. Das ärgert Endymion. Er schiebt den leckeren Gugelhupf weg und trommelt mit dem Zeigefinger. Diana tröstet den schmollenden Grinzinger. Auf ihren Wink bringt man ihm einen Königsmantel, mit Halbmonden reich bestickt, sowie ein Diadem und einen goldenen Herrscherstab. Die Pagen legen ihm den Mantel an. Der ganze Hofstaat tanzt ihm zu Ehren eine Huldigungspolonaise.

Endymion ist hocherfreut und lacht über das ganze Gesicht. Schließlich beginnt der aufgeräumte Gast sogar zu paschen und schickt sich an, einen Jodler auszustoßen. Aber der erste Ton erstirbt auf seinen Lippen, als der große Pan ihn droht. Er duckt sich und bemerkt bei dieser Gelegenheit zu seinem Mißvergnügen, daß die Pagen aus diesem feierlichen Tanzzug ausgesprungen sind und mit seiner Tabakdose Fußball spielen.

Die Polonaise ist zu Ende. Die Pagen überreichen Endymion in tückischer Artigkeit die Apolloleier, einem Wink der Göttin folgend. Dann schweben sie in graziösestem Zeremoniell davon und holen sich Gugelhupfstücke.

Diana und der Hof legen Endymion nahe, etwas zu spielen. Vielleicht einen Walzer? Man tanzt ihm einige Takte vor. Oder einen Schuhplattler? Zwei gefällige Faune produzieren die ersten Pas eines Watschentanzes, während sich zwei Panisken um ihre eigene Achse drehen.

Endymion überlegt. Einen Finger im Mund, blickt er nachdenklich auf die Apolloleier. Es will ihm nichts einfallen. Er kratzt sich hinterm Ohr. Endlich kommt ihm eine Erleuchtung. Er intoniert das Lied des alten Harfners.

Rührung übermannt ihn. Er legt die Leier versonnen weg.

Aber das Motiv des Liedes tönt immer wieder durch die olympische Musik an sein Ohr. Tiefbewegt will er sich schneuzen. Er greift in den Bausch seines Gewandes und zieht das Schnupftuch mit Tonerls Silhouette hervor.

Endymion fällt dem Widerstreit der Gefühle anheim. Denn auch die Göttin hatte ihm recht gut gefallen. Bald sieht er Diana an, bald das Bild Antoniens. Diana stutzt.

Der Hofstaat ist beklommen und gibt deutliche Zeichen der Angst von sich. Es donnert leise. Fahles Wetterleuchten.

Jetzt geht Endymion soweit, das Bild der Geliebten zu küssen. Er verschmäht die letzte gnädige Geste der Göttin, die ihm immer wieder ihr Profil hingehalten hatte, und vergräbt sein Antlitz ins

Schneuztüchel. Das heiße flammende Rot eines donnerlosen Blitzes hüllt ihn in gespenstiges Licht.

Diana erhebt sich empört, winkt zwei Pagen und befiehlt ihnen, Endymion seiner königlichen Insignien — Diadem, Zepter und Mantel — wieder zu entkleiden. Der eine Page nähert sich dem Liebesgramversunkenen und weist mit keck befehlender Gebärde auf das Schnupftuch. Der andere geht daran, den Befehl der Göttin auszuführen.

Endymion will das Diadem partout nicht hergeben. Er setzt sich zur Wehr, muß aber vor der Übermacht fliehen. Der ganze Hofstaat setzt ihm nach und jagt ihn zweimal über die Bühne. Blitz auf Blitz zuckt, Donner rollt unaufhörlich.

Schließlich ist Endymion in der Bühnenmitte vollständig umringt. Man sieht nur noch den Purpurmantel als Trophäe über der Menge, die sich allmählich zerteilt.

Endymion steht wieder gipsfarben wie am Anfang da. Diana schreitet zürnend auf den Erstarrten zu, mißt ihn von oben bis unten und gibt ihm plötzlich eine Ohrfeige, daß die Sterne wegblitzen. Das Firmament verändert sich furchtbar. Im Vordergrund sieht man die dunklen Silhouetten des entsetzten Hofstaates.

Endymion zerfällt in Trümmer, denen jetzt alles die kalte Schulter zeigt. Diana geht majestätisch ab, wobei sie mit dem Fuß ein paar hinderliche Gipsstücke zur Seite spitzelt. Das Hochgewitter vermurrt.

Beim Besteigen des Mondschiffes wendet sich Diana noch einmal um und winkt den beiden Straßenkehrern, die Trümmer wegzuräumen.

Die überirdischen Straßenkehrer erscheinen tanzend, drehen ein paar grotesk-komische Figuren und führen den Befehl aus. Die Bühne leert sich.

Jetzt kommen die verklärten Dienstmänner angetanzt, werfen den Straßenkehrern ihre Scheibbandeln zu, so daß sie ein »moulinet« exekutieren können, schlagen einige Räder und gehen auf den Händen ab.

Mit Hilfe einer Riesentube Universalkitt, die in der Andeutung eines Ammenkostüms in schwerfälligen Drehungen einherkommt, picken die Dienstmänner Endymion wieder zusammen und schieben sodann die Rosenwolke aus der Kulisse hervor. Zugleich er-

scheinen die beiden Pagen und kostümieren sich in kokettem Tanz als Schiffsjungen.
Die reparierte Gipsfigur wird mit einem großen Gepäckzettel versehen und in die Wolke verladen, auf der die Schiffsjungen eine Tafel mit der Aufschrift »PARNASS — WIEN« befestigen. Der eine zündet mit einem am Hosenboden angeriebenen Streichholz die Positionslichter an, der andere setzt sich an den Bug und spielt Ziehharmonika. Dann steigen die Dienstmänner ein und rudern die Wolke weg.
Im Hintergrund geht die Tür einer Heurigenschenke auf. Verwandlung.

DRITTES BILD

Wieder in Grinzing.

Es ist noch Nacht, aber die Sterne verblassen bereits. Ein Laternenanzünder in weißem Kittel löscht die letzten Laternen aus. Aus der offenen Tür der Heurigenschenke im Hintergrund klingen die Töne eines Wiener Lieds. Ein paar heitere Zecher kommen singend heraus und verschwinden. Ihr Gesang verhallt in der Ferne. Statt dessen werden taktmäßige »Ho-Ruck«- und »Öha«-Rufe vom Himmel hörbar. Ein Scheinwerfer leuchtet den Platz ab.
Die Wolke mit den emsig rudernden Dienstmännern senkt sich nieder, bleibt in Baumhöhe stehen, läßt zischend Dampf aus und knallt ein paarmal. Der Scheinwerfer spielt Regenbogenfarben ins Publikum. Die Dienstmänner werfen eine Strickleiter aus und seilen Endymion, der wieder eine Art Hundegeschirr trägt, vorsichtig ab, von den Schiffsjungen lediglich durch eine leise Berceuse auf der Ziehharmonika unterstützt. Dann legen sie Endymion, nachdem sie die Hausnummer mit dem Frachtbrief verglichen haben, vor Kalykes Haustür nieder.
Um sich zu erwärmen, tanzen Dienstmänner und Schiffsjungen einen ungarisch-schottischen Tanz und trinken hierauf einen Schnaps.
Die Dienstmänner wischen sich die Schnauzbärte, spucken in die Hände und steigen ein, gefolgt von den Schiffsjungen. Unter emsigem Rudern verschwindet die Wolke mit blauem Schlußlicht.

Eine Frühglocke bimmelt. Verhallende Orgelklänge. Es wird heller und heller. Sonnenaufgang. Man hört ein entferntes, dann immer näher kommendes Singen. Es sind drei Milchmädchen in Salzburger Tracht, die nach einer kurzen Sarabande zu ihren Kunden gehen.

Die eine klopft bei Kalyke an, ohne Endymion, der nach wie vor fest schläft, zu bemerken. Erst als sie die Milch in das Gefäß schöpft, das Kalyke ihr reicht, wird sie des Schlafenden gewahr und schreit auf.

Mama ist außer sich, rüttelt ihren Liebling, daß eine Mehlwolke aufsteigt, schießt irr herum, stürzt ins Haus, aus dem ein Fensterflügel und Blumentöpfe herunterfallen, kommt wieder hervor, zerrt die beiden Mägde hinter sich her und weist mit ausgestreckten Armen auf den mehlfarbenen Sohn, worauf sofort Leben in die verschlafenen Mädchen kommt. Auch sie befühlen Endymion und versuchen ihn zu erwärmen. Jede will seinen Kopf an ihren Busen drücken, was aber die andere und vor allem Kalyke immer verhindert. Obwohl Endymion auf diese Weise gehörig hin und her geschüttelt wird und kräftig staubt, erwacht er nicht. Es ist zum Verzweifeln.

Der Platz füllt sich mit Menschen, die den Vorgang hämisch kommentieren. Die beiden Grundwachter zu Pferd haben Mühe, Ordnung in die Menge zu bringen. Kohlrabi-Schackerl und Kaibl durchbrechen das Gewühl. Kaibl reißt so kräftig an einer Hausklingel, daß sie ihm in der Hand bleibt. Die Mägde schleppen Wärmflaschen und heißen Kaffee herbei, den sie Endymion einzuflößen versuchen. Mama ist zum Hebammenhaus hinübergesprungen, wo auf ihr verzweifeltes Klopfen Protogonaia erscheint. Unterdessen trinken die beiden Freunde den für Endymion bestimmten Kaffee aus und versuchen die Mägde zu fassen, die jedoch unentwegt Kußhände nach Endymion werfen.

Kalyke und Protogonaia eilen herzu und verscheuchen die dreisten Mägde, die gerade im Begriff sind, den gipsernen Sohn des Hauses mit dem Federwisch abzustauben.

Schmollend drücken sich die Mägde ins Haus, bleiben aber in der Einfahrt stehen, worauf beide Damen sie mit ausgestrecktem Finger ins Innere verweisen. Der schlaue Kohlrabi-Schackerl huscht ihnen nach. Man hört eine Ohrfeige knallen, der Zudringliche fliegt

aus dem Haus und hält sich die Wange, worüber Kaibl eine Riesenfreude hat. Er entwischt glucksend. Schackerl verfolgt ihn.
Protogonaia öffnet eine Holzschachtel mit der Aufschrift »Olmützer Quargel« und hält sie Endymion unter die Nase. Resultat gleich Null.
Schackerl, der wieder aufgetaucht ist, steht kopfschüttelnd dabei, die Hände in die Hüften gestützt. Protogonaia denkt scharf nach. Dann, mit erhobenem Finger, flüstert sie der beklagenswerten Mutter etwas Wichtiges ins Ohr. Kalyke schlägt entsetzt die Hände überm Kopf zusammen. Mit nervös durch die Luft flatternden Händen versucht sie Protogonaia, die streng mit der Brille funkelt, von ihrem Vorhaben abzubringen. Aber die Hebamme setzt noch eine zweite Brille auf und beginnt in ihrer Tasche zu kramen, bis sie eine große Klistierspritze zum Vorschein bringt. Kalyke fällt ihr verzweifelt in den Arm. Ihre Haube ist ganz verrutscht.
Protogonaia hält drohend die Spritze hoch. Sie kümmert sich nicht um die händeringende Mutter, die kniend zum Himmel fleht, und weist die Mägde an, eine Wärmeflasche aufzuschrauben, aus der es heftig dampft. Die Kirchenglocken läuten.
Just in diesem Augenblick taucht wieder das kleine Mädchen mit dem Bukett und einer Papierrolle auf und will einen Glückwunsch aufsagen. Mama schiebt das Kind erbittert weg.
Jetzt füllt Protogonaia die Spritze, wobei sie die Zähne zusammenbeißt. Der Kohlrabi-Schackerl mümmelt vor Aufregung und mahnt den neben ihm stehenden Kaibl, nur ja recht aufzupassen. Es wird kritisch.
Zu Kalykes Entsetzen kommt die Triangeltänzerin herangeschwebt und umkreist verführerisch bimmelnd das daliegende Opferlamm. Drei schwarzbebrillte Herrn, die Arme verschränkt, blicken düster und mißbilligend auf die taktlose Künstlerin.
Tritschelhuber, der Feuerwehrhauptmann, kommt interessiert näher. Als er merkt, was Protogonaia vorhat, will er ihr ritterlich beispringen und sucht ihr die dampfende Spritze zu entwinden. Seine Gesten besagen: »Gnäfrau, lassen S' mich das machen ... werden sich doch nicht selber bemühen ... zu was bin denn ich ein gelernter Fachmann ...« Während des sanften Ringkampfes mit der zähen Wehemutter spielt die Spritze den neugierigen Zuschauern übel mit und zersprengt u. a. den ganzen Gesangverein.

Jetzt erteilt der umsichtige Hauptmann zweien seiner Leute Anweisung, den schönen Schläfer zu ergreifen. Verächtlich legt er die Klistierspritze weg, rollt den Schlauchhaspel ab, ergreift das Schlauchmundstück, das er mit dem Sacktuch putzt, und läßt ein Signal blasen, das in der Ferne erwidert wird.
Die Erregung der Menge steigert sich zur Siedehitze. Die Grundwachter wissen nicht, wo sie mit dem Einschreiten beginnen sollen. Einer von ihnen stürzt vom sich bäumenden, irreblickenden Roß, das die beiden Freunde mit Mühe bändigen.
Aber da naht der Umschwung. In einem Pas-de-deux, bei dem sie einander immer wieder den Vortritt lassen wollen, kommen der Bürgermeister und der Gemeinderat herbeigetänzelt. Der alte Arzt, eine Erscheinung von Paganini-Format, schüttelt den Kopf, als er sieht, was hier vorgeht. Er verweist Protogonaia ihr Beginnen und blickt den Feuerwehrhauptmann, der ganz klein wird, so lange vernichtend an, bis dieser langsam in den Erdboden versinkt. Scheu drücken sich Kohlrabi-Schackerl und Kaibl aneinander.
Der Doktor nimmt eine Prise und sagt Kalyke etwas ins Ohr. Die verhärmte Mutter entfernt sich unter allen Anzeichen freudiger Erleichterung.
Der Doktor pufft unwillig zwei Feuerwehrmänner weg, die gerade eine Schlauchlinie fertiggelegt haben.
Jetzt erscheint Kalyke wieder. Sie schiebt die scheinbar widerstrebende Tonerl vor sich her, die verschämt die Augen niederschlägt und zugleich kokett mit den Achseln schupft.
Mama deutet auf den Gipssohn und macht Bewegungen der Ungeduld. Der Doktor weist Tonerl an, Endymion zu küssen. Als sie sich ziert, stampft er wütend auf.
Tonerl erschrickt und küßt Endymion. Im selben Augenblick hört man den alten Harfner. Endymion erwacht. Er reibt sich die Augen und trinkt gierig den Kaffee, den die verklärt blickende Geliebte ihm darbietet.
Dann zieht er das Mädchen auf seinen Schoß und ißt mit ihr zusammen ein Stück Gugelhupf, wobei er auf einer rasch herbeigereichten Zither verloren das Liebesmotiv klimpert.
Seligen Blickes segnet Mama die Kinder, während die Mägde ins Haus laufen und Endymions Frack holen, in den ihm die beiden

Freunde hineinhelfen. Allgemeiner Jubel, Böllerschüsse, Hüteschwenken und Fanfaren, die in ein paar Walzertakte übergehen, nach denen das Brautpaar den Verlobungswalzer tanzt. Zwischen den Frackschößen des beneidenswerten Bräutigams sieht man den großen Gepäckszettel flattern.

Die fröhliche Menge beteiligt sich am Walzer, den Schackerl und Kaibl anführen. Die Grundwachter salutieren, die Feuerwehr stellt heisere Huldigungssignale bei.

An der Spitze seiner Gemeinderäte erscheint der Bürgermeister und hält abermals eine durch gestopfte Blasinstrumente markierte Rede. Dann schwenkt er den struppigen Zylinder. Böllerschüsse. Kinder streuen Blumen.

Mama legt Tonerls und Endymions Hände ineinander und nötigt die Verschämten, sich als Brautpaar vor dem Publikum zu verneigen. Unter dem verklingenden Lied des alten Harfners fällt der

VORHANG

ABDUHENENDAS MISSRATENE TÖCHTER

Groteske in 4 Bildern,
getanzt, gesprochen und gesungen

PERSONEN

ABDUHENENDA, ein reicher ostindischer Handelsherr

KOKOSINE, ABDUSHAMED } seine Töchter

VESCHSAMABANANDA, SOZWAWYMIRZWA } ein siamesischer Zwilling und glänzende Partie, deren Freier

FAAD VON HOHENTUMPBERG, der östereichische Militärattaché am chinesischen Hof

FOFO VON RAUBERSTORFF, ein Kunstfreund aus Wien

POLIFKA, Oberpolizeiorgan der österreichischen Botschaft in der Stadt der Porzellantürme

ANNERL, ein als Kanari vermummtes geraubtes Wienerkind

DIE KUPPLERISCHE AMME

DER SOUFFLEUR

EIN ALTÖSTERREICHISCHER LATERNENANZÜNDER

EIN CHINESISCHER PFÄNDUNGSKOMMISSÄR

DER FAKIR ANSCHMYRMA ALI

SEIN HELFERSHELFER

HELFERSHELFERS LEHRBUB

Polizisten, Zivilagenten, Vertraute, Speichellecker des Zwillings, Eunuchen, Sklavinnen, Volk, Stimmen.

Ort der Handlung:
Die Stadt der Porzellantürme

Zeit:
Kaiser Hunkquangs des Gütigen

ERSTES BILD

Vor dem Hause Abduhenendas (Terrasse). Aufzugstanz der Dienerschaft, von einem gelben Eunuchen dirigiert. Die Diener treffen Vorbereitungen zum Empfang von Teegästen. Ein großer, verdeckter Vogelkäfig — schön chinesisch stilisiert — wird hereingeschoben und so gestellt, daß er nicht zu sehr auffällt. Im Hintergrund öffnet sich der Vorhang zum Garten, der in farbiger Nachmittagssonne daliegt und einen Springbrunnen zeigt, auf dem ein irisierender Ball tanzt. Die Dienerschaft zieht sich zurück.

Aus der linken Kulisse erscheint der steife, starr blickende österreichische Gesandtschaftspolizist POLIFKA, *ein Aktenportefeuille wie ein Allerheiligstes auf erhobenen Händen tragend. Er geht unter gemessenen Tschinellenklängen und dem Quäken einer gestopften Klarinette ernst über die Bühne und verschwindet in der Kulisse rechts.*

Der österreichische Militärattaché BARON FAAD VON HOHENTUMPBERG, *in weißem Waffenrock und roter Hose, kommt unterdessen gelangweilt schlenkernd von links.*

KOKOSINE, *eine der beiden Töchter Abduhenendas, ist an die Balustrade getreten, schlägt beim Anblick Faads in freudiger Bewunderung die Hände zusammen und winkt ihre Gespielinnen herbei.*

FAAD *geht weiter, ohne Notiz von den hübschen Mädchen zu nehmen, die ihm Kußhände nachwerfen. Gerade als er die rechte Kulisse erreicht hat, beginnt der* KANARI *im verdeckten Käfig zu singen, und zwar »Das Lercherl von Hernals«.*

FAAD *wendet sich erstaunt um und versucht herauszufinden, wo der Gesang herkommt.*

Mittlerweile haben DIE MÄDCHEN, *da sie Faad schon verschwunden glaubten, über ihn zu sprechen begonnen und den Käfig abgedeckt, den ein Sonnenstrahl trifft.*

FAAD *schüttelt den Kopf. Endlich bemerkt er, daß es der große Kanari im Käfig ist, der »Das Lercherl von Hernals« singt. Es will ihm nicht in den Kopf, daß der Vogel Deutsch kann.*

Die Mädchen sind plaudernd von der Terrasse abgegangen.

FAAD *steht ratlos und mutterseelenallein vor dem Haus. Plötzlich erblickt er in einer Proszeniumsloge zu seiner größten Freude einen Bekannten, den Wiener Ballett-Habitué* FOFO VON RAUBERSTORFF, *der angelegentlich den Theaterzettel studiert.*

FAAD: Nein, so was ... der Fofo Rauberstorff! Wirklich ein Glück, daß er da is. Du, Fofo! Kannst du mir vielleicht sagen, wieso das Viecherl da Deutsch kann? Ein Wiener Kanari in China — also ich bin ganz konsterniert. Geh, tu mich aufklären.

FOFO: Ausg'schlossen! Siehst denn nicht, daß ich ein Zuschauer bin? Da darf ich mich doch nicht ins Stück mischen.

FAAD: No geh! Is ja niemand andrer da, an den ich mich wenden könnt! Sein ja lauter Stummerln. Und noch dazu auf chinesisch.

FOFO: Frag doch den Souffleur da im Häuserl drin.

FAAD: Glaubst?

FOFO: Natürlich.

FAAD: Du, aber beim Ballett haben s' doch auch einen stummen Souffleur?

FOFO: Ein Souffleur is n i e stumm. Den hörst bis auf die letzte Galerie, wann er halbwegs ein guter Souffleur is.

FAAD: Nein, beim Ballett sein s' stumm. Die Pipsi von der Oper, mit der was der Schnaxi Pfnausenberg so lang gangen is, hat's mir selber g'sagt.

FOFO: Geh bitt dich — für einen stummen Souffleur braucheten s' keinen Souffleurkasten.

FAAD: Erlaub du mir? Ein Theater ohne Souffleurkasten wär doch überhaupt kein Theater. Daran kennt man's ja vom Parlament auseinander. Und außerdem brauchen s' den Souffleurkasten wegen der Hetz.

FOFO: Was für a Hetz?

FAAD: Weißt, da hat einmal ein Pferd mitg'spielt und is mit die Hinterhaxen in 'n Souffleurkasten hineing'rutscht ... und da hat's so an Angst g'habt, daß ihm von hinten schlecht worden is ... no, und da war alles am Kasten drauf. Und da hat die hochselige Majestät, der Franz, s o g'lacht — der Lothringer, weißt —, und da hat man halt immer gehofft, daß so was wieder einmal passieren wird. Und dessentwegen hat man die Souffleurkästen beibehalten.

FOFO: No um so besser. Da kannst ja jetzt den Souffleur fragen.

FAAD *weinerlich:* Aber wenn er doch stumm is!

FOFO *wütend:* Stumm! Mit 'm Ballett darf er halt nicht reden.

Aber mit dir, wannst ihn schön bittest und vielleicht ein Zigarrl gibst.

FAAD: Glaubst?

FOFO: No probierst es halt.

FAAD *flüstert in den Souffleurkasten:* Herr Souffleur! Möchten S' mir bittschön erklären, wieso der Kanari Deutsch kann? Was? Ha? ... Nix is. *Richtet sich auf.* Ganz wie ich's g'sagt hab, Fofo. Der Souffleur is stumm.

FOFO: Woher weißt denn das?

FAAD: No weil er mir keine Antwort gibt.

FOFO *mit überlegenem Hohn:* Der gibt dir keine Antwort, weil's du mit ihm auf deutsch g'sprochen hast — und das versteht er nicht. Er ist ja ein Chines.

FAAD: Ah ja. Das stimmt ... Sag, Fofo! Hast du das schon vorher gewußt?

FOFO: Was denn?

FAAD: Daß er ein Chines is.

FOFO: Natürlich.

FAAD: Du, da fallt mir ein: ich hab's ja a u c h gewußt! Hm ... Da hätt' ich ihn gar nicht erst fragen brauchen?

FOFO: No ja, wie man's nimmt. Sicherer is's schon.

FAAD: Also da hast wieder einmal ab-so-lut recht! Fragen is immer gut. Wer nicht fragt, erfährt nix ...

FOFO: Ab-so-lut.

Während FOFO *sich wieder in den Theaterzettel vertieft, tritt* FAAD *an den Käfig heran und beginnt ein stummes Annäherungsspiel mit dem* KANARI. *Der* KANARI *— gelbe Plumage, sogar gelbe Biedermeierhoserln, am Kopf ein Federkrauserl — reagiert schüchtern.*

FAAD: Sehr fesch. Sehr fesch. So ein liebes Vogerl.

Im Hintergrund der Terrasse erscheinen DIE BEIDEN TÖCHTER *Abduhenendas, um dem* KANARI *die Jause zu bringen (Kaffee und Gugelhupf).*

FAAD *tritt ein wenig verlegen zur Seite.* DIE MÄDCHEN *sehen ihn, sind entzückt und werfen ihm Kußhände zu, wobei eine die andere zu verdrängen sucht. Gerade als* FAAD *das Getändel zu erwidern beginnt, ertönen ehrfurchtgebietende Gongschläge:*

Unter Vorantragung eines Räucherturms und zum Klang von

näselnden Riesenposaunen, Vibraphonen und einem Glockenspiel wird die Sänfte mit dem reichen SIAMESISCHEN ZWILLING *hereingetragen, der die beiden Mädchen heiraten will. Diese aber strecken ihm die Zunge heraus und kehren ihm den Rücken.*

FAAD, *aus seinem stummen Flirt aufgeschreckt, wendet sich um. Die ungewohnte Erscheinung des Zwillings ist zuviel für ihn. Er lehnt sich an die Vorderwand des Hauses und trocknet mit einem weißen Taschentuch seine Stirn.* DIE MÄDCHEN *beugen sich zu ihm herunter, versuchen ihn zu streicheln und fächeln ihn verliebt. Als der reiche* ZWILLING *das sieht, gerät er außer sich und beginnt aus Wut wie ein Affe zu zwitschern. Seine beiden Hälften behindern sich dabei gegenseitig und werden immer ägrierter.* FAAD *beobachtet die Streitszene gespannt mit der Lorgnette.*

Die SPEICHELLECKER DES ZWILLINGS *tun ihm schön, suchen ihn abzulenken und drängen ihm eine Zeitung auf. Die eine Zwillingshälfte fängt zu lesen an, die andere Hälfte ist noch bös und haut dem braven Teil das Blatt aus der Hand.*

FAAD *zu* FOFO: Fofo, hast g'sehn? Die eine Hälfte reibt auf!

FOFO *winkt unwillig ab:* Jetzt gib schon endlich eine Ruh.

FAAD: Merkwürdig. Ich hab glaubt, du interessierst dich für die schönen Künste ... *Zum* OBERLECKER: Wem gehört denn der — also die Herren? Ich meine: die Sehenswürdigkeit da?

Der OBERLECKER *mißt ihn streng und schweigend. Die* ÜBRIGEN SPEICHELLECKER *beginnen einen Glöckchentanz, um die Mißgeburt zu beruhigen.*

FAAD: Fesch. Wirklich eine elegante Mißgeburt. Müßt im Frack glänzend ausschauen. So ein Frack hätt nämlich vier Schösseln ... wann nicht mehr ... nein, doch nur vier. Jeder Fuß ein Schössel, so merkt man sich's am leichtesten.

DIE TÖCHTER *haben dem* KANARI *als Dessert einen halben Zuckerhut zwischen die Stangen des Käfigs gereicht und machen jetzt verächtliche Gesten in die Richtung zum* ZWILLING *(»Schleckerpatzl«, »Rübchenschaben«).*

ABDUHENENDA *ist unerwartet aus dem Haus getreten, weist seine* TÖCHTER *streng zurecht und begrüßt artig den* ZWILLING, *der daraufhin auf die Terrasse getragen wird.* ABDUHENENDA staubt einen *Sessel ab und nötigt den* ZWILLING *zum Sitzen.* DIE MÄDCHEN *müssen ihm Tee bringen und dazu Flöte spielen.*

FAAD *lorgnettiert aufs neue mit dem* KANARI, *der ihn kokett ermuntert.*

FAAD: Sie, Fräulein Kanari!

KANARI *sehr wienerisch:* I derf net reden, i bin a stumme Person ...

Sie lutscht am Zuckerhut, der zwischen den Käfigstäben steckt und plötzlich mit einem Krach auf die Straße fällt. FAAD *macht einen erschreckten Hupfer. Ein* HUND *stürzt herbei und läuft mit dem Zuckerhut im Maul weg.* ZWEI EUNUCHEN *verfolgen ihn unter hohem Gequäk.*

ABDUHENENDA *heißt seine* TÖCHTER *in den Garten vorangehen und lädt den* ZWILLING *durch Verbeugungen ein, ihm zu folgen. Der* ZWILLING *gibt den Sänftenträgern ein entsprechendes Zeichen.* ALLE *bis auf den Käfig ab. Der Gartenvorhang schließt sich.* FAAD *bleibt vor dem Haus zurück. Es dunkelt.*

DIE BEIDEN MÄDCHEN, *mit Papierlaternen in der Hand, tauchen auf der Terrasse auf, lauschen vorsichtig, eilen über die kleine Treppe auf die Straße hinunter und beginnen* FAAD *mit großer Vehemenz zu umbuhlen, was jedoch keinen Eindruck auf ihn macht. Er schmachtet nur den* KANARI *an. Angesichts dieser Entwicklung geht die Verliebtheit der* BEIDEN MÄDCHEN *allmählich in Ärger und schließlich in Haß über. Da sie sich um des* KANARI *willen verschmäht sehen, decken sie den Käfig zu und geben* ZWEI EUNUCHEN *den Befehl, ihn wegzutragen.*

FAAD: Haltaus ... Lassen S' ihn stehen ... *Während die* EUNUCHEN *den Käfig zum Abtransport herrichten:* Diese Burschen ... no ja: Burschen ... wie nennt man denn so was? Burschauner? So wie Kapauner? *Zu* FOFO: Du Fofo, wie tituliert man eigentlich diese — äh — diese Rudimentärfiguren?

FOFO: Der offizielle Titel lautet nach dem Sachsenspiegel »Hämmlinge«.

FAAD: Äh? Hämmlinge? Auch gut. *Zu den* EUNUCHEN: Also bitte die Herren Hämmlinge den Käfig da stehnzulassen! Verstehn S' mich nicht? Wie heißt das g'schwind auf chinesisch ... nerozumíte?

FOFO: Aber das ist doch Böhmisch!

FAAD: Besser wie nix. Woher soll denn ich Chinesisch können?

Is schon Böhmisch für einen Diplomaten ein Unglück. Aber so Leut' wie die da haben das zu verstehen. Wo doch Böhmisch das Sprungbrett nach dem Osten is ... zu die Panslawisten und so ... Ich sag dir, Fofo: was d a noch alles herauskommen wird ...

Die beiden EUNUCHEN *haben den Käfig abtransportiert und verschwinden mit ihm in der Kulisse.*

DIE STIMME DES KANARI *aus dem Käfig, mit lyrischem Schmelz:* Geliebter, lebe wohl!

FAAD *fährt herum, starrt dem Käfig entgeistert nach, knickt zusammen und läßt sich auf eine Bank nieder, wo er die Hände vors Gesicht schlägt und binnen kurzem einschläft.*

DIE BEIDEN MÄDCHEN, *die sich während des ganzen Vorgangs im Hintergrund der Terrasse gehalten haben, kommen jetzt teuflisch nach vorne getrippelt, winken den* ZWEI EUNUCHEN *und erteilen ihnen einen von lebhaften Gesten begleiteten Befehl.*

DIE ZWEI EUNUCHEN *enteilen verständnisvoll, bringen einen zweiten Käfig, heben* FAAD *vorsichtig hinein und stellen ihn auf die Balustrade.* MÄDCHEN *und* EUNUCHEN *ziehen befriedigt ab. Der Mond geht auf.*

Ein Huschtanz von kleinen Negern mit bunten Papierlaternen um den schlafenden FAAD.

Der Gesandtschaftspolizist POLIFKA, *der am Beginn der Handlung vor* FAAD *einhergegangen ist, kommt von rechts, in sichtlich verzweifelter Suche nach* FAAD *begriffen. Er stochert mit dem Kommiß-Säbel unter der Bank herum, wendet seine Blicke überall hin, nur nicht zum Käfig mit dem eingeschlafenen* MILITÄRATTACHÉ, *und verschwindet kopfschüttelnd, um mit* DREI ZIVILAGENTEN *wiederzukommen. Die Herren tragen sehr hohe Zylinder und Hornlaternen und öffnen ihre Gehröcke taktmäßig, so daß man ihre Geheimpolizisten-Abzeichen sehen kann.*

Da FAAD *unauffindbar bleibt, ruft* POLIFKA *Verstärkung herbei. Von einem kleinen Tambour rückwärtsgehend angeführt, marschieren* VIER UNIFORMIERTE *auf die Bühne. Die Wege der beiden Formationen kreuzen sich mehrmals, doch entdecken beide im Halbdunkel nichts als einander.*

Es schlägt zehn. Der Zapfenstreich ertönt. Die TRUPPEN *marschieren ab.*

DIE BEIDEN MÄDCHEN *kommen nach vorne und geben ihrem Triumph durch hämische Gebärden Ausdruck.*

FAAD *erwacht, sieht die beiden grinsenden* MÄDCHEN *dicht vor seinem Käfig und erkennt sofort die grauenhafte Situation, in die er geraten ist.*

FAAD: Rauberstorff, jetzt wird's Ernst! Diese Bestien im Flügelkleide wollen mich vergewaltigen!

DIE BEIDEN MÄDCHEN *beginnen zu kichern und kitzeln ihn mit ihrem Reiher. Der Vorhang fällt.*

ZWEITES BILD

Das Zimmer der beiden Töchter, mit orientalischer Üppigkeit eingerichtet. Rechts und links knien EUNUCHEN, *in der Mitte steht der Käfig mit dem wieder in Ohnmacht gesunkenen* FAAD, *um ihn herum* DIE BEIDEN MÄDCHEN *und ihre kupplerische* AMME.

AMME: Schaut's, wie herzig er daliegt. Wie ein Marzipanschweinderl in Uniform.

Auf einen Wink der MÄDCHEN, *die sich zum Tanz bereit machen, beginnt leise orientalische Musik.* FAAD *bleibt ohnmächtig. Sie fächeln ihn vergebens. Zum* KAPELLMEISTER *deutend, lassen die* MÄDCHEN *einen österreichischen Militärmarsch intonieren, in den sich die Melodie des Kaiserliedes mischt.* FAAD *wacht sofort auf, will die Ehrenbezeigung leisten, stößt aber im Käfig oben an; er sinkt in die Knie, Hände an der Hosennaht, und salutiert.*

Jetzt geht die Musik wieder in orientalische Tanzthemen über. DIE MÄDCHEN *beginnen ihr pantomimisches Verführungsspiel.* FAAD *wendet sich ab, um ihrem Anblick zu entgehen, aber sie wissen es so einzurichten, daß sein Auge auf sie fallen muß.* SKLAVINNEN *bringen ihnen fast pausenlos neue Kostüme, die sie auf offener Bühne wechseln.*

FAAD: Skan-da-lös. Nur ein Glück, daß unser guter Kaiser nicht sieht, wie man seine Attachés behandelt. Wenn s' in der Kabinettskanzlei erfahren, was ich da für eine Rolle spiel — also den Metternich trifft der Schlag. Und was für politische Verwicklungen das geben wird! Die Franzosen, obgleich sie's nix angeht, werden Sanktionen fordern ... ganz bestimmt ... mindestens werden s' haben wollen, daß die Preußen Berlin räumen ... Wär ja net schlecht, aber anderseits ... Und gar die Engländer! Komplikationen über Komplikationen. Wo wir doch grad erst mit Ach und Krach in China ein bisserl Fuß gefaßt haben ... *Deutet auf die tanzenden* MÄDCHEN. Also s o was von indezent. Jetzt versteh ich, warum die Kaiserin-Mutter hochselig immer verlangt hat, daß s' beim Ballett Barchenthosen tragen bis zu die Knöchel herunter. Natürlich sorgfältig geschlossen. Is aber nicht durchgedrungen damit ... *Wieder mit Bezug auf die* MÄDCHEN. Scheußliche Situation für einen Militärattaché, muß ich sagen. Wenn das meinem englischen Kollegen passiert, lauft denen ihre halberte Kriegsflotte aus. Aber eins — zwei! No ja, mir san halt immer zu gemütlich ... Wo nur der Trottel steckt, der Polifka ... Und überhaupt, i will zu mein' Kanari!

Das Wort »Kanari« übt eine lähmende Wirkung auf DIE BEIDEN MÄDCHEN *aus. Zornig brechen sie ihren Verführungstanz ab und drohen gegen den Käfig. Die* AMME, *eine Art gespenstischer* HANNAKIN, *nähert sich ihnen als das böse Prinzip.*

AMME: Kinder, Kinder! Das wird bös enden. Eure Reize sind an Österreichs goldenem Kragen abgeprallt. Der fremde Krieger muß verschwinden. Sonst gibt's fürchterliche diplomatische Verwicklungen, die dann unser Gnäherr ausbaden muß.

DIE MÄDCHEN *machen fragend die Geste des Halsabschneidens.* FAAD *schließt einen Moment nervös die Augen und stöhnt.*

AMME: Nein. Schafft ihn auf den Sklavenmarkt! Verkauft ihn ins Innere des Landes, wo nie ein Europäer oder ein Österreicher hinkommt. Das wirft euch noch ein hübsches Taschengeld für neue Seidenkleider ab ... und vielleicht auch für mich eine Kleinigkeit.

DIE MÄDCHEN *tanzen vor Freude und klatschen in die Hände, was für die* EUNUCHEN *ein Zeichen ist, den Abtransport des Käfigs vorzubereiten. Während sie ihn nach vorn schieben, wird der Vorhang zugezogen. Der Käfig bleibt in der Nähe der Rauberstorffschen Loge stehen, wo sich die* EUNUCHEN *an ihm zu schaffen machen (Tragstangen etc.).*

FAAD: Du, Fofo, du mußt mir helfen. Hast ja gehört, was die Ludern mit mir vorhaben. Geh, telephonier um die Polizei. Im

Foyer is ein Automat. Vielleicht funktioniert er. Is gar nicht ausg'schlossen. In solchen Sachen sind s' ja groß, die Chinesen. Mit Erfindungen und so ...

Während der letzten Worte haben die EUNUCHEN *den Käfig zugedeckt, so daß* FAAD *unsichtbar weitergesprochen hat. Jetzt wird er abtransportiert.* FOFO *erhebt sich in seiner Loge und setzt nachdenklich den Chapeau claque auf.*

FOFO: Was soll ich? Ah ja. Telephonieren soll ich. Werden wir gleich haben ... Telephonieren ... Wenn das nur gut ausgeht ... *Er verläßt die Loge.*

DRITTES BILD

Im Bazar. Lärm und pantomimisches Durcheinander. Buden und Pagoden. Eine Buddha-Statue. Gaffer, Käufer und Handelsleute. Chinesen, Mandschuren und Sibiraken. Polnisch-chinesische Juden, mit großen falschen Händen gestikulierend. In der Mitte, zwischen einer Lampion- und Geschirrbude und einem Geflügelstand mit ungeheuren ausgestopften Hühnern, sieht man den Käfig, davor DIE BEIDEN MÄDCHEN, *als Bäuerinnen verkleidet. Im Käfig hockt der apathische* FAAD, *zum Verkauf aufgeputzt.* DIE MÄDCHEN *bieten ihn den Vorübergehenden an, zunächst ohne Erfolg. Das Interesse der Menge richtet sich auf die Geflügelhandlung, wo ein schwarzbebrillter Herr — Typ Franz Liszt mit Künstlermähne und zahlreichen Warzen — den Mantel zu malerischer Draperie umwirft und die Ärmel hinaufstülpt, daß die Gummimanschetten um seine Gelenke schlottern. Sodann beginnt er auf einer Reihe gerupfter Hühner, die quaken können, den Ungarisch-Schottischen Tanz aus »Fausts Verdammnis« von Gounod virtuos zu spielen. Der Tanz wird von 4* MÄDCHEN *und 4* BURSCHEN *(Chinesen) csárdásmäßig exekutiert.*

POLIFKA *und einige* POLIZISTEN *kommen von rechts, auf feierlicher Suche nach* FAAD. DIE MÄDCHEN *decken rasch den Käfig zu. Die* POLIZISTEN *stochern überall herum, ohne etwas zu finden, und marschieren links ab.*

Während DIE MÄDCHEN *das Tuch vom Käfig wegziehen, wird zum Klange des schon bekannten Leitmotivs die Sänfte mit dem* SIAME-

SISCHEN ZWILLING *von rechts hereingetragen. Die* SPEICHELLECKER *machen ihn auf den Käfig aufmerksam. Der* ZWILLING *beginnt mit den* MÄDCHEN, *die er infolge ihrer bäuerlichen Verkleidung nicht erkennt, zu feilschen.* FAAD *gibt durch heftiges Geruder zu erkennen, daß es ihm unangenehm wäre, seinem Todfeind ausgeliefert zu werden.*

Plötzlich werfen DIE MÄDCHEN *wieder das Tuch über den Käfig, da* POLIFKA *und die* POLIZISTEN *aufs neue heranmarschiert kommen, diesmal von links; nach abermaliger vergeblicher Suche marschieren sie rechts ab.*

Ein kleiner, links im Vordergrund kauernder JUNGE *scheint nur darauf gewartet zu haben: es ist der Helfershelfer-Lehrbub des* FAKIRS ANSCHMYRMA ALI. *Er springt in die Mitte der Szene und macht nach links in die Kulisse lebhafte Zeichen, daß die Luft rein ist.*

Von links kommt der HELFERSHELFER *des Fakirs. Der Vorgang des Zeichengebens wiederholt sich, dann hält die* GAUKLERTRUPPE, *mit dem* FAKIR ANSCHMYRMA ALI *an der Spitze, ihren Einzug durch das Spalier der Gaffenden.*

HELFERSHELFER *tritt vor und spricht mit leicht böhmischem Akzent:* Meine hochverehrten Herrschaften sowie auch Damen und Herren! Ich habe die Ehre mich vorzustellen als der Herr Assistent vom großen Fakir Mahatma Anschmyrma Ali und erlaube mir dem Pö Tö Publikum bekanntzugeben, daß unser Unternöhmen nunmehr das weder in Eiropa noch in Amerika jemals gesehene Mangobaumwunder vorführen wird. *Ah-Rufe im Publikum.* Das Ganze beruht, bitte, auf keiner Teischung und trägt der Baum bei uns sogar Frichte, in Indien dagegen einen Schmarrn. Die Frichte können von jödermann schmerz- und geruchlos, also gewissermaßen ohne Berufsstörung genossen werden. Namhafte Fachgelöhrte haben sogar versucht, daraus Mango-Powidl zu gewinnen. Leider ist diese Wissenschaft noch nicht ieber das Versuchsstadium heriebergekommen. *Ausrufe des Bedauerns.* Dem belösenen Teil des Publikums dirfte das Mangobaumwunder bekannt sein. Mein Herr Chef wird jetzt bisserl Ŏrde aus einem Gartenscherberl aufhäufeln, den abgekipfelten Mangokern einlögen und auf seiner Fleete bissel was pfeifen. Alsbald wird das erste Reis grienen, worauf der Herr Kapellmeister die Giete haben wird, fest anzutauchen und das Beimchen mit die Bombardone herauszukitzeln. Meine Herrschaften — bitte Achtung! Der große Fakir Herr Mahatma Anschmyrma Ali wird jetzt eigenhändig ins Publikum heruntersteigen. Abgesammelt wird nicht, außer nachher die Kerne. Der kleine Rotzbub, was dabei is, is eigentlich ein Freilein, was Sie gar nix angeht, und führt den Herrn Mahatma nur umanand, weil der nicht Deitsch kann und ieberhaupt a Analphaböt is.

Unterdessen wurde eine praktikable Brücke gelegt, über die der FAKIR *hinabsteigt. Er bietet dem Publikum trockene Zwetschgen an, läßt den* LEHRBUBEN *die Kerne absammeln, entleert ein Säckchen Erde auf die Bühne und pflanzt einen Kern ein. Dann läßt er das Häuflein Erde von einem »Vertrauten« untersuchen, der mit dem Säbel hineinsticht. Der* FAKIR *deckt ein rotes Sacktuch darüber, das er von einem dicken Herrn im Mittelgang ausgeborgt hat, und unter Flötenbegleitung des* FAKIRS *beginnt das Mangobaumwunder. Die Musik wird vom Orchester übernommen.*

HELFERSHELFER: Schaun S' nur, wie scheen daß er wachst! Die Musik is aber auch der reinste geblasene Kunstdünger!

Der Baum wächst knarrend empor. Der LEHRBUB *holt das Sacktuch aus den obersten Zweigen herunter und verteilt die am Baum hängenden trockenen Zwetschgen unter das Publikum.*

HELFERSHELFER: Einmal hat ma beim Wachsen a bissel was aus der »Verkauften Braut« von Smetana 'blasen — und da hat der brave und gescheite Baum sogar vereinzelte Quargeln getragen. Möhr kann man wirklich nicht verlangen von so einem zweifelhaften, eigentlich auf Schwindel beruhenden Produkt der allgietigen Mutter Natur.

Aus der beifallspendenden Menge löst sich ein finster blickendes Amtsorgan.

PFÄNDUNGSKOMMISSÄR: Im Namen Seiner Majestät des Kaisers Hunkquang, Sohnes des Himmels, pfände ich diesen Baum im vorhinein, um die mit Sicherheit nicht bezahlt werden wollende Lustbarkeitssteuer sicherzustellen.

Er befestigt einen Pfändungszettel an einem der Zweige. Im gleichen Augenblick vollführt der FAKIR *mit seinem Zauberstab ein paar geheimnisvolle Bewegungen, worauf der Baum unter Donner und Blitz versinkt. Der* PFÄNDUNGSKOMMISSÄR *steht verdutzt, der*

FAKIR *triumphierend; auf seinem nach oben gesträubten Bart flammt noch ein kleines Elmsfeuerchen. Gesteigerter Beifall der Menge, wobei sich besonders der* SIAMESISCHE ZWILLING *durch ökonomische Ausnützung seiner vier Handflächen hervortut. Der* FAKIR *verneigt sich, der* PFÄNDUNGSKOMMISSÄR *macht sich aus dem Staube, der* ZWILLING *beginnt mit den beiden vermeintlichen* BÄUERINNEN *wieder wegen des Käfigs zu unterhandeln.*

Das Auftauchen von POLIFKA *samt* TRUPPE *unterbricht die Verhandlungen wie zuvor.* DIE BEIDEN MÄDCHEN, *keck geworden, können sich nicht enthalten, die vergeblichen Such-Aktionen der österreichischen Polizei nachzuäffen. Mit einem Mal verfangen sich die aufgepflanzten Bajonette zweier Polizisten in den Bäuerinnen-Perücken* DER BEIDEN MÄDCHEN, *die daraufhin vom* ZWILLING *erkannt und unter wütendem Gezwitscher bedrängt werden. Da sie sich nach Überwindung ihres ersten Schreckens sogleich wieder ablehnend zeigen, übt der* ZWILLING *fürchterliche Rache, indem er die Aufmerksamkeit* POLIFKAS *auf den noch immer verdeckten Käfig lenkt.* POLIFKA *versteht ihn nicht. Der* ZWILLING *läßt nicht locker. Durch Imitations-Gebärden, die das Orchester mit entsprechenden österreichischen Motiven unterstützt, versucht er dem Amtsorgan klarzumachen, daß sich der gesuchte* MILITÄRATTACHÉ *im Käfig aufhält.* SPEICHELLECKER *und* SÄNFTENTRÄGER *imitieren nachdrücklich mit, einige aus der Menge schließen sich an, bis unter Führung des* ZWILLINGS *eine Art chinesisches Deutschmeister-Ballett um sich greift.*

Endlich geht POLIFKA *ein Licht auf. Er erteilt seiner* TRUPPE *den Befehl, den Käfig zu umstellen. Der* ZWILLING *reibt sich schadenfroh alle vier Hände.* DIE BEIDEN MÄDCHEN *erschrecken und wenden sich verzweifelt an die Umstehenden um Hilfe, aber niemand wagt es, einem österreichischen Polizeiorgan in die Amtshandlung zu pfuschen. Gerade als* POLIFKA *sich anschickt, unter ernsten Tschinellenklängen das Tuch vom Käfig wegzuziehen, tritt der* FAKIR ANSCHMYRMA ALI, *bei dem die* MÄDCHEN *ein hilfreiches Ohr gefunden haben, mit großer Geste dazwischen. Sein Zauberstab berührt den Käfig, aus dem sogleich eine Sopranstimme »Das Lercherl von Hernals« erklingen läßt.*

POLIFKA *stürzt auf den Käfig zu und reißt das Tuch weg. Im Käfig sitzt der* KANARI. *Allgemeines Erstaunen und Beifall, den der* FAKIR *mit Verbeugungen quittiert.* DIE BEIDEN MÄDCHEN *fallen einander erleichtert in die Arme.* POLIFKA *ist wütend und will den* ZWILLING, *von dem er sich genasführt glaubt, zur Verantwortung ziehen. Der* ZWILLING *ist noch wütender und lehnt jede Verantwortung ab, was sich dadurch äußert, daß die eine Hälfte es auf die andere schiebt und umgekehrt. Schließlich richtet sich ihre gemeinsame Wut auf* DIE BEIDEN MÄDCHEN, *die ja an allem schuld sind. Die* MÄDCHEN *versuchen zu entfliehen, stolpern, werfen zuerst den Geschirrstand und dann den Geflügelstand um, so daß die ausgestopften Hühner wild durcheinanderflattern.* POLIFKA *erteilt wirre Befehle, die zur Folge haben, daß die österreichischen* POLIZISTEN *einander zu verhaften beginnen. Der Wirbel ist allgemein.* DIE BEIDEN MÄDCHEN, *von dem wutgackernden* ZWILLING *verfolgt, fliehen nach links.* EUNUCHEN *entführen den Käfig mit dem unbeirrt drauflosschmetternden* KANARI *nach rechts. Langsam leert sich die Szene.*

Nach einer kleinen Weile kommt hinter der Buddhafigur FAAD *hervorgekrochen, etwas derangiert und hinterwärts noch mit einem falschen Vogelschweif behaftet, aber im übrigen gefaßt. Er tritt auf die Loge zu und zupft* FOFO, *der durch den Operngucker gebannt auf den langsam fallenden Vorhang starrt, am Arm.*

FAAD: Also du, Fofo, dank dir schön. Das war schon sehr fesch von dir.

FOFO: Was denn?

FAAD: Daß du die Polizei verständigt hast.

FOFO: Ich? Wieso?

FAAD: Ja hast denn nicht telephoniert?

FOFO: Telephoniert schon. Aber ich hab absolut keine Verbindung gekriegt.

FAAD: Geh. Hat sich niemand gemeldet?

FOFO: Es hat gar kein Signal 'geben.

FAAD: Vielleicht hast du ein falsches Numero gehabt?

FOFO: Du — das hab ich mir auch gedacht! Und da hab ich halt ein approximativ ähnliches Numero gewählt.

FAAD: Wer hat sich denn da gemeldet?

FOFO: Niemand.

FAAD: Dann war's das richtige Numero. Und wie is's weiter'gangen?

FOFO: Also hochinteressant, sag ich dir. Ich hab dann im Büchel nachg'schaut, dort wo s' die dringlichen Numeros beinand haben, so mehr für Dringlichkeitsfälle ... Einbruch und Feuersbrunst und so ...

FAAD: Interessant ...

FOFO: Sag ich dir ja. Also paß auf, wie ich mir das alles gedacht hab.

FAAD: Ja? Ich bin schon ganz aufgeregt.

FOFO: Also paß auf. Einbruch is nix, hab ich mir gedacht. Das g'hört der Polizei, und die meld't sich nicht. Aber Brunst is gut, weil das g'hört der Feuerwehr.

FAAD: Aha. Hast die Feuerwehr ang'rufen.

FOFO: Tschapperl. Damit's mir so geht wie bei der Polizei? Natürlich n i c h t.

FAAD: Sondern?

FOFO: Halt was Ähnliches. Aber diesmal kein ähnliches Numero, weil das ja nix nutzt, sondern was Ähnliches aus 'n Büchel.

FAAD *brennt vor Ungeduld:* Also was?

FOFO *überlegen:* Also nicht die Feuer we h r, sondern ... wart, ich hab's mir aufnotiert ... *Blättert im Notizbuch.* »Feuerfresser, Schwarzkünstler und Prestidigitateure, Fachverband der —.« Hab ich ang'rufen.

FAAD: Du — also direkt ingeniös. Aber wieso is dann doch der Polifka gekommen mit der Polizei? Wannst es gar nicht gerufen hast?

FOFO: Frag nicht so dumm. Erstens kommt die Polizei n u r dann, wann man s' nicht ruft, und zweitens bist ja nicht von der Polizei gerettet worden, sondern vom Fachverband der —.

FAAD: Den hab ich aber gar nicht g'sehn, den Fachverband der —.

FOFO: Es war ja auch nicht der ganze Fachverband da, sondern nur ein einzelner Schwarzkünstler, in Vertretung.

FAAD: Den hab ich aber a u c h nicht g'sehn.

FOFO: Natürlich hast ihn nicht g'sehn. Dafür is er ja ein Schwarzkünstler.

FAAD: Aha. — Nein, du. Das stimmt nicht.

FOFO: W a s stimmt nicht?

FAAD: Daß ich ihn d e s halb nicht g'sehn hab.

FOFO: Weshalb?

FAAD: Weil er ein Schwarzkünstler is. Das stimmt nicht. Ich hab ihn nicht g'sehn, weil ich zugedeckt war. Mit an Tuch. Deshalb.

FOFO: No da hast du's ja. Schwarzkünstler tun immer was mit an Tuch zudecken.

FAAD *nach kurzem Nachdenken, überzeugt:* Ja. Jetzt stimmt's.

FOFO: Absolut.

FAAD: Also jedenfalls hast die Sache in Ordnung gebracht. War sehr wichtig, sag ich dir. Grad jetzt, wo wir in China bissel einen festen Fuß fassen, können wir keine Verwicklung brauchen.

FOFO: Absolut nicht.

FAAD: Ich werd dich in Wien für eine Dekoration eingeben.

FOFO: Geh laß doch.

FAAD: Nein, nein. Du verdienst es. Außerdem hast du mir ja schon ein paar Mal aus verzwickten Situationen herausgeholfen. Erinnerst dich, wie s' mir damals die Uhr ang'hängt haben, die nach hinten 'gangen is? Weißt, das Fehlwerk. Aus der staatlichen Manufaktur in Leitomischl. Und dann haben s' den ganzen Posten nach 'n Orient exportiert und ich hab noch ein Allerhöchstes Anerkennungsschreiben gekriegt für meine Initiative. Das werd' ich dir nie vergessen.

FOFO *geziert:* Bitt dich, is ja nicht der Rede wert ... Du sag einmal, was hast denn du da hinten Blödes herunterhängen?

Er entfernt den falschen Vogelschweif aus dem Hinterteil von FAADS *Uniform.*

FAAD: Blödes? Erlaub du mir. *Er liebkost die Pleureuse.* Wo's doch vielleicht ihr gehört ... meinem süßen Kanari ...

Während der Vorhang sich langsam hebt, wird wieder die schmelzende Sopranstimme hörbar, die »Das Lercherl von Hernals« singt.

VIERTES BILD

Abduhenendas Villa im Mondschein. Der Kanarikäfig steht auf der Terrasse. Lied aus.

POLIFKA *erscheint in steifem, stockendem Rhythmus unter abgehackten Tschinellen, mit demselben Motiv wie im ersten Bild, diesmal eine Leier tragend, von der die österreichischen Landesfarben flattern.*

FAAD *nimmt die Leier dem tief sich Verbeugenden aus der Hand, läßt sich aus dem Orchester ein leichtes Notenpult heraufreichen und beginnt mit Spiel und Gesang, nachdem ein altösterreichischer* LATERNENANZÜNDER *neben ihm einen Lampion angezündet hat. Dann kommen noch verschiedene Papierlaternen an die Reihe.*

FAAD:

Aus Käfig und aus Banden
Befreiet steh ich da.
Ich bin in fremden Landen
Und bin dir doch so nah.
Und bin dir doch so nah.

KANARI:

Ach darf ich wieder schauen
Die Stern' am Kragen dein!
Ich sah dich schon voll Grauen
Zerhackt auf Leutnantsklein,
Zerhackt auf Leutnantsklein!

FAAD:

Hiezu gehören zweie,
Grad so wie zu der Lieb.
Ja, ja, die wahre Treue
Pariert den schärfsten Hieb!

BEIDE:

Ja, ja, die wahre Treue
Pariert den schärfsten Hieb!

FAAD *gibt* POLIFKA *die Leier zurück und weist ihn an, das Pult wieder ins Orchester zu reichen.*

KANARI: Du, wie ich dich das erste Mal gesehen hab, hab ich gleich gewußt, daß du ein Tenor bist.

FAAD: Geh! Wie hast denn das wissen können? Begreif ich nicht.

KANARI: Hab i net recht?

POLIFKA *der sich in militärischer Haltung nähert:* Wenn ich mir die submisseste Bemerkung erlauben darf, so wäre jetzt langsam Zeit, das Befreiungswerk an diesem unrechtmäßig geraubten Landeskind da oben zu beginnen.

FAAD: Ja, richtig. Geraubte Landeskinder müssen befreit werden, das is schon so ... Wenn das nur nicht zu diplomatischen Verwicklungen führt. Grad jetzt, wo wir in China ... No, riskieren wir's halt.

Er ersteigt mit POLIFKA *die Terrasse, öffnet den Käfig und hilft dem* KANARI *heraus. Zu dritt kehren sie wieder in den Vordergrund der Bühne zurück.*

FAAD: Gestatten Gnädigste: Eustachius Anton Maria Faad von Hohentumpberg. *Verbeugung, Handkuß.* Und das da ist mein Freund, der bekannte Wiener Ballett-Liebhaber Fofo von Rauberstorff.

FOFO *verbeugt sich so tief, daß er beinahe über die Logenbrüstung fällt. Der* KANARI *hat jedesmal artig geknickst.*

KANARI: Annerl heiß ich. Wie denn sonst. Und schreiben tät ich mich Polifka, wann ich schreiben gelernt hätt. Aber ich bin als zu Kleines geraubt worden.

POLIFKA: Je, je! Polifka! Und geraubt! No mir scheint, das is meine verschollene Nichte aus Favoriten, was die Zigeiner vom Laaerberg im behmischen Prater gestohlen ham. Nein, so was! Komm an mein Herz, Antscherl!

Die gefühlvolle Musik, von der diese Szene untermalt wird, geht mit unvermittelter Schärfe in das »Zwillingsmotiv« über: dicht hinter den beiden fliehenden MÄDCHEN, *die mit aufgelösten Haaren dem rettenden Vaterhaus zustreben, folgt in seiner Sänfte der kreischende, gackernde* SIAMESISCHE ZWILLING *samt Suite und stört das kaum begonnene Idyll.* FAAD, ANNERL *und* POLIFKA *retirieren seitwärts.* DIE BEIDEN MÄDCHEN *erklimmen die Terrasse, wo sie sich wieder in Sicherheit fühlen und die Zornausbrüche des* ZWILLINGS *mit hämischen Gesten beantworten.*

Durch den Lärm herbeigelockt, erscheint im prunkvollen orientalischen Nachtgewand ABDUHENENDA, *hinter ihm die* AMME. *Er überblickt die Bescherung, hält seinen* TÖCHTERN *eine Standpauke und versucht gleichzeitig, durch besonders devote Begrüßungs-Bücklinge den* ZWILLING *freundlich zu stimmen. Schließlich befiehlt er den* BEIDEN MÄDCHEN, *sich dem* ZWILLING *in versöhnlicher Absicht zu nähern. Sie tun es widerstrebend.*

Der ZWILLING *will von ihnen nichts wissen und wendet sich heftig ab. Dabei stoßen seine beiden Stirnen gegeneinander, was lautes Wehklagen auslöst und seine Laune noch weiter verschlechtert.* DIE BEIDEN MÄDCHEN *kichern,* ABDUHENENDA *rauft sich den Bart.*

AMME *achselzuckend:* Ja, da laßt sich nix mehr machen. Eine Mißgeburt, wann man s' einmal beleidigt hat, is gar so viel nachtragerisch.

ABDUHENENDA *verzweifelt:* O über meine mißratenen Töchter! So eine gute Partie kommt nie wieder! Ich bin blamiert vor ganz Nanking, Peking und Penzing!

AMME: Aber Gnäherr, bewahren doch bitte Ihren fernöstlichen Gleichmut. Is ja noch nicht alles verloren. Da, schaun S' ...

Unterhalb der Terrasse hat sich mittlerweile ein Stimmungsumschwung angebahnt. DIE BEIDEN MÄDCHEN *verziehen sich vor den zornigen Ausfällen des* ZWILLINGS *immer mehr zu* FOFOS *Loge hin, wo sie mit kokett flehenden Gebärden um* FAADS *Hilfe buhlen. Der* ZWILLING *seinerseits ist bei diesem Positionswechsel auf* ANNERL *aufmerksam geworden, die sichtlich sein Gefallen erregt. Seine beiden Hälften deuten mit abwechselnder Begehrlichkeit nach dem feschen Wienerkind.* ANNERL *nimmt die Avancen geschmeichelt zur Kenntnis.*

FAAD *von den* BEIDEN MÄDCHEN *umbuhlt:* Also bitte, das is natürlich ein Unterschied. Wann man an meine Ritterlichkeit appelliert, so is das was andres, wie wann man mich in einen Käfig einsperrt und mich vergewaltigen will. Find'st nicht auch, Fofo?

FOFO: Absolut.

FAAD: Möchst nicht vielleicht herunterkommen und mir ein bissel behilflich sein bei der Ritterlichkeit? Wo ich dich schon für eine Dekoration eingib?

FOFO *erhebt sich, setzt sein Chapeau claque auf und blickt ratlos um sich, da er nicht weiß, wie er auf die Bühne gelangen soll.*

Aus der Kulisse erscheint der FAKIR ANSCHMYRMA ALI *und bläst einige Takte auf der Flöte, worauf sich von der Logenbrüstung eine Strickleiter entrollt, über die* FOFO *zur Bühne hinabsteigt. Der* FAKIR *verschwindet.* DIE BEIDEN MÄDCHEN *klatschen vor Freude in die Hände.* ABDUHENENDA *und die* AMME *nicken einander bedeutsam zu.*

FAAD: Fesch, daß du da bist. Brauch dich schon dringend. Allein reich ich ja gar nimmer aus für die gelbe Gefahr.

DIE BEIDEN MÄDCHEN, *über* FOFOS *Hinzukommen gleichfalls hocherfreut, wagen sich bereits mit deutlichen Liebesbekundungen hervor. Zur Unterstreichung ihres Notstandes weisen sie in geeigneten Momenten nach dem* ZWILLING, *dessen eine Hälfte sich immer mit drohenden Gebärden zu ihnen wendet, während die jeweils andere mit* ANNERL *schäkert.*

FOFO: Mir is' recht. Aber was g'schieht denn mit dein' Kanari?

FAAD: Hab ich mir auch schon überlegt. Weißt, als Kanari hätt ich's glatt heiraten können — so ein Vogerl is ja schließlich keine Mesalliance. Aber jetzt, wo sich herausgestellt hat, daß sie mit einer untergeordneten Rangsklasse verwandt is — also ausg'schlossen. Das siehst doch ein, nicht wahr. Und s i e auch, wann du mich fragst.

ANNERL *hat unterdessen mit dem* ZWILLING *bedeutende Fortschritte gemacht. Die* SPEICHELLECKER *holen auf einen Wink des* ZWILLINGS *aus riesigen Etuis glitzernde Schmuckstücke hervor und übergeben sie dem* ZWILLING, *der sie* ANNERL *umhängt. Während die eine Hälfte dieser zärtlichen Tätigkeit obliegt, hält die andere den* BEIDEN SCHWESTERN *höhnisch das nächste Geschmeide hin, um ihnen zu zeigen, was sie sich verscherzt haben.* DIE MÄDCHEN *reagieren mit »langen Nasen« und sonstigen Unmanierlichkeiten. Das hat neuerliche Zornausbrüche des* ZWILLINGS *zur Folge, vor denen sich* DIE MÄDCHEN *wieder zu* FAAD *und* FOFO *flüchten.*

FAAD: Also, bitte, die Damen. Können sich selbstverständlich auf den Schutz der österreichischen Militärmission verlassen. Wann vielleicht noch die Gewogenheit hätten, sich auf mein k. k. ärarisches Schuhwerk zu postieren, dann sind sogar exterritorial!

Er verdeutlicht das durch entsprechende Gesten. DIE BEIDEN MÄDCHEN *machen je nach den Drohgebärden des* ZWILLINGS *von ihm und* FOFO *Gebrauch, worauf sich allmählich ein heiterer Tanz ent-*

wickelt. Zugleich erliegt ANNERL *immer williger den Werbungen des* ZWILLINGS.

POLIFKA: Je, je, kaum daß ich mein geraubtes Geschwisterkind gefunden hab, wird's mir schon wieder von einer andern Mißgeburt entfiehrt. No das is eine scheene Geschichte ... *Zu* FAAD: Bitte gehorsamst, könnt man da nicht vielleicht offiziell einschreiten?

FAAD: Ja wegen was denn? Is ja eh alles in bester Ordnung! *Er deutet auf* ANNERL, *die sich dem* ZWILLING *auf die Schöße gesetzt hat und sich mit beiden Hälften ausgezeichnet verträgt.* Was ein echtes Wienerkind is, nimmt's auch mit einem siamesischen Zwilling auf, und wir — *er deutet auf* FOFO, *sich selbst und die* BEIDEN SCHWESTERN — *wir fassen halt ein bissel Fuß in China.*

FOFO: Absolut.

Sie fassen Fuß. ABDUHENENDA *erteilt von der Terrasse aus seinen väterlichen Segen, während sich die* AMME *ein paar dicke hannakische Tränen aus den Augen wischt. Die* SÄNFTENTRÄGER *heben die Sänfte mit dem winkenden* ANNERL *und dem* ZWILLING *zum Abgang hoch, wobei* ANNERL, *über und über mit gleißendem Geschmeide bedeckt, noch einmal schmelzend »Das Lercherl von Hernals« anstimmt. Ein Transparent mit dem österreichischen Doppeladler auf der einen und dem chinesischen Drachen auf der andern Seite wird aufgezogen.* POLIFKA *salutiert.*

VORHANG

ERZÄHLUNGEN UND ANEKDOTEN

CAVALIERE HUSCHER

oder

DIE SONDERBARE MEERFAHRT DES HERRN VON YB

Die nachfolgende Geschichte wird manchem Leser vielleicht ein wenig absurd erscheinen und strahlt an einer ganz bestimmten Stelle sogar eine unangenehme Dämonie aus. Dennoch ist sie unendlich lehrreich, besonders für die heranwachsende Jugend; ruht doch deren geistiges Fundament auf dem trügerischen Sand logischer Lehrsätze, welche hoffnungslos veraltet sind und für die kosmische Spannungsperiode, in der wir leben, längst nicht mehr ausreichen. Meiner Meinung nach gehört eine Geschichte wie diese in die Lesebücher der oberen Mittelschulklassen, wo sie zwischen den Säulen solider Heimatprosa und den Gipsbrocken behördlich anerkannter Lyriker nur desto wirksamer zur Geltung käme. Daran, daß sie wahr ist, darf im übrigen nicht gezweifelt werden. Denn mein Freund Achatius von Yb, dem die hier geschilderten Erlebnisse in immerhin reifen Jahren zustießen und der sie mir in einer stillen Stunde anvertraut hat, war ein höchst honoriger, wahrheitsliebender und — wie eben diese Geschichte zeigen wird — geradezu übertrieben korrekter Mann.

Das Schicksal hatte ihn in eine prunkvolle Goldwiege gelegt, oder, da wir uns möglichst genau ausdrücken wollen: in eine Wiege aus Ebenholz, die mit falschen Elfenbeininkustationen aufs tollste und unübersichtlichste verziert war, wie es die damals herrschende Mode des *Deuxième Empire* tyrannisch verlangte. Trotz dieser Elfenbeinpracht und trotz dem stilvoll darauf abgestimmten Nachttöpfchen mit Musikeinlage war der spätere Lebensweg unseres Helden von — wir übertreiben nicht — haushohen Disteln umwuchert. Weiß der Teufel, in was für Aspekten die großen Himmelslichter zueinander standen, die im Augenblick seiner Geburt empordonnerten! Damals fiel es noch niemandem ein, Horoskope zu verfassen. Die Leute, die das heute tun, beschäftigten sich damals teils mit dem Vertrieb von Wanzentinkturen und Hühneraugenmitteln, teils versprachen sie in überdeutlichen illustrierten Annoncen einer begierigen Klientel je nachdem üppige

Büsten oder meterlange Schnurrbärte. Aufklärung und Liberalismus blühten, Gummizugschuhe galten als letzter Chic, und jeder, der ein bißchen was auf sich hielt, war stolz, vom Affen abzustammen, was eine triumphierende Wissenschaft täglich aufs neue kristallklar bewies. Angesehene Familien zerkrachten sich in leidenschaftlichen Diskussionen über die Möglichkeit und den Nutzen von Pferdebahnen, und manch ein himmelstürmender Sohn wurde bei derartigen Gelegenheiten mit feierlichem Fluch aus dem Vaterhaus verstoßen, so daß er sein Heil fortan in Amerika oder anderen wilden Ländern suchen mußte.

Aber selbst in dieser lichtvollen Zeit gab es noch immer wahrsagende Zigeunerinnen. Eine solche drang bis zu Ybs wöchnernder Mutter vor, schob die Hebamme beiseite und verkündete mit seherischer Stimme, daß das Kindlein sich vor Wasser in acht nehmen müsse ... vor viel Wasser ... und vor Mist ... ja, auch vor Mist ... und was mit Mist zusammenhinge, setzte sie, starr in die Ferne blickend, hinzu.

Frau von Yb erschrak fürchterlich, war überdies wütend, daß in ihrem feinen Hause von so ordinären Dingen wie Wasser und Mist gesprochen wurde, und verweigerte der Hexe den Lohn. Unter gurgelnden Verwünschungen verschwand die schmutzige Tochter eines fragwürdigen Sanskrit.

Alsbald zeigte sich, daß ihrer Rede Samen dennoch auf fruchtbaren Boden gefallen war. Aufklärung hin, Aufklärung her — man berief den Familienrat ein, dem Onkel Doppelhör präsidierte (ein Mann von stadtbekannter Vorsicht, der sogar am Zylinder einen kleinen Blitzableiter mit nachschleifender Silberkette trug). Zwei Dinge, darüber war man sich einig, müßten für die Zukunft des kleinen Achaz völlig ausgeschlossen bleiben: er dürfe niemals Admiral und er dürfe niemals Großgrundbesitzer werden. Onkel Doppelhör empfahl für das Knäblein statt dessen den trockenen und garantiert müllfreien Beruf, an den Brüsten der Wissenschaft zu saugen. Die Damen sprangen empört und schamglühend auf ... aber nach etlichem Hin und Her stand es fest, daß Achatius von Yb ein namhafter Privatgelehrter werden sollte.

Ich hatte das Vergnügen, ihn auf dem Kongreß der Akademie der Wissenschaften kennenzulernen — nebenbei einer der leidenschaftsdurchwühltesten Sitzungen, die diese überaus vornehme Körperschaft je zu verzeichnen hatte. Irgend jemand mußte mit der Frage, ob Archimedes oder Raimundus Lullus als Erfinder der Geduldspiele anzusehen sei, in ein wahres Wespennest gestochen haben. Wütendes Geschnatter hob an, Glatzköpfe hieben staubkrachende Schmöker voreinander auf den Boden oder hielten sich, vor Erregung zitternd, gegenseitig an den Gehrockknöpfen fest, manche spuckten sogar voreinander aus. Erst ein plötzlich auftauchender Gelehrtenkopf mit eisig funkelnder Brille brachte Licht in die trübe Wirrnis. Es war Ernst Mach, der große Physiker, den ich bei dieser Gelegenheit ehren und bewundern lernte. Neben mir krähte ein Herr vor Begeisterung. Wir schüttelten uns die Hände — und damit hatte ich Achatius von Yb kennengelernt, den ich Jahre später unter so traurigen Umständen wiedersehen sollte.

Zur Zeit unseres ersten Zusammenseins mochte er Anfang der Dreißig gewesen sein, sah aber ganz unbestimmbar alt aus. Sein schütteres, seidendünnes Haar war von fahler Farbe, seine Haltung etwas vorgebeugt, seine Kleidung nachlässig, und obgleich sie allerbeste Qualität verriet, wirkte sie, schon wenn sie vom Schneider kam, verlegen und verschossen. Die Eltern, die ihm frühzeitig — noch zur Zeit seiner Universitätsstudien — gestorben waren, hatten eine vornehmdunkle Wohnung in einem monumentalen Stadtviertel innegehabt und hatten ihrem Sohn den Hoftrakt angewiesen. Dort, in seinen düsteren Junggesellengemächern, blieb von Yb auch nach dem Tode seiner Eltern wohnen, in unentwirrbare Studien und absonderliche Betrachtungen versenkt. Dabei war er durchaus kein Menschenfeind. Zweimal im Jahr gab er große Soiréen, bei denen sein Haus im Glanz unzähliger Kerzen strahlte und die sonst nie betretenen Salons sich für wenige Stunden mit rauschendem Scheinleben füllten. Dann war wieder alles totenstill um ihn, der seine Zimmer oft monatelang nicht verließ. Niemand hätte ihm damals zu prophezeien gewagt, daß er einmal scheu zwischen fünfzig Absteigquartieren würde hin- und herhuschen müssen — einer kleinen Dummheit wegen, zu der ein unscheinbares Moment den Anstoß gab.

Eines Morgens nämlich verließ Herr von Yb seine dunkelgetäfelte

Studierstube, in die nur ab und zu während der ersten Sommertage von irgendwoher ein vereinzeltes Goldlicht fiel (und dann allerdings ein zauberhaftes Spiel von melancholisch kurzer Dauer aufführte); er begab sich in seine Bibliothek, ein schmales Gemach mit arkadenartigen Bogenfenstern, die in einen halbdunklen Lichthof hinaussahen. Plötzlich fiel dem versponnenen Gelehrten auf, daß mehr Licht als sonst in dem bücherdufterfüllten Gelasse sei. Er trat an eins der Bogenfenster und sah hoch oben, im schmalen Spalt des Lichtschachts, juwelensprühendes Sonnenlicht, sah eine wahre Orgie von Strahlengeglitzer, sah einen kristallklaren Himmel von jener dunklen Bläue, die es sonst nur über Gletschern gibt, und sah — wie schneeige Engelsscharen in raschem Fluge — leuchtend weiße Wolken vorüberziehen, immer und immer wieder. Tief unten am Grunde des Hofs, neben einigen moosigen Stellen an der schweren Rustika, zwitscherte ein armseliges Vögelchen in seinem Käfig. Gerade von Yb gegenüber befanden sich die Fenster eines Glasganges, in den das Kofferzimmer einer hochherrschaftlichen Wohnung des Nachbarhauses mündete. Dort, in dem mit Gepäckstücken aller Art gefüllten Raum, brannte Tag und Nacht eine offene Gasflamme in einer Milchglasschale; von Yb hatte das schon des öfteren bemerkt, wenn auch ohne besonderes Interesse.

Diesmal aber geschah es, daß das Zusammentreffen all dieser Umstände ihn mit suggestiver Gewalt überkam und eine noch nie gekannte Sehnsucht nach den Schönheiten der Welt in ihm weckte. Mit einem Gefühl von so süßer Wonne, wie sie nur Kinder am Vorabend der Ferienfahrt empfinden, ging er daran, die Eingebung dieses Augenblickes zu verwirklichen. Er wollte eine Reise machen, eine große Reise, die ihm zum ersten Male das Meer zeigen sollte.

Er entschied sich für Genua als den Ort des großartigen Schauspiels, das ihm da bevorstünde. Ihm unbewußt mochte zu diesem Entschluß der Umstand beigetragen haben, daß sein Großvater 1849 unter Radetzky in Oberitalien gekämpft und dort den Heldentod gefunden hatte. So war das Land auch mit seinem Blut verbunden, und so machte nun er, der Enkel, sich auf den Weg, dämonisch angezogen von dieser bizarren und dabei doch wieder philisterhaft betriebsamen Provinz, dieser transalpinen Spiegelung Sachsens.

Nach angenehmer Fahrt im schwachbesetzten Nachtschnellzug erblickte er die Frühnebel Kärntens. An großen Seen jagte der Zug vorüber, durch herrliche, tiefdunkle Wälder, vorüber endlich an frisch beschneiten, ins Gigantische getürmten Bergreihen, um am Frühnachmittage die italienische Grenze zu erreichen. Hart abgeschnitten begann hier eine andere Welt: verstaubte Steinhäuser, auffälliger Holzmangel, flatternde schmutzige Wäsche, Eselskarren in öden Gassen, und über dem Ganzen ein Geruchgemisch aus Öl, essigstichigem Wein, Rauch und dem fad-süßlichen Brodem, wie er Leichenzimmern anhaftet. Nach unnütz langem Zollaufenthalt — von Yb konnte sich leicht überzeugen, daß er jetzt bereits der einzige Passagier war — ging es weiter. Der Zug ratterte in wahrhaft beängstigendem Tempo an den steilen Felswänden dahin, war umtost von immer sich steigernden, unerklärlichen Donnerschlägen in den zahllosen Tunnels und sprühte um die Kurven, daß man sich ducken mußte.
In einer kleinen Station machte er mit Klirren und Krachen halt. Eine einzelne, überelegante Dame stieg ein, setzte sich von Yb gegenüber und starrte ihn aus rätselhaft großen Augen reglos an. In der nächsten Station verließ ihn die Erscheinung wieder und wurde von einem schwarzgekleideten Herrn abgelöst, auf dessen hagerer Gestalt ein ganz kleines, olivgelbes Vogelköpfchen saß, schwer durchfurcht und die Furchen wieder ausgefüllt mit einer tiefschwarzen Patina, wie man solche bei frisch ausgegrabenen Antiken zu finden pflegt. Dieser Mann zog nach einiger Zeit dumpfen Brütens eine Dose hervor, schnupfte, und ließ aus seinem Kleinod ein Preislied auf den längst verschollenen General Palafox, den Helden von Saragossa, erklingen. Dann flogen noch zwei große Fliegen davon, die er wohl mitgebracht haben mußte. Er aber, der wußte, was sich gehört, begann sie mit einem blauen Schnupftuch zu jagen, wobei er mit den Schnallenschuhen seinem Gegenüber heftig auf die Füße trat. Daraus ergab sich wie von selbst eine Konversation: er sei Spanier, erzählte der Dunkle, und sei nun zum viertenmal bis knapp an die Grenze Österreichs ge-

kommen, das Sehnsuchtsziel seines Lebens, müsse jedoch abermals aus Geldmangel umkehren. Während von Yb noch über das befremdlich hohe Organ des alten Mannes staunte, berichtete dieser, er sei Priester gewesen und trotz seines erhabenen Berufs dreimal durch Messerstiche schwer verwundet worden, am schlimmsten das letzte Mal, bei den Lamentationen am Gründonnerstag des verflossenen Jubeljahres.

Von Yb gab seinem Bedauern lebhaften Ausdruck und fragte ihn, warum er denn sein hohes Amt zurückgelegt habe. Daraufhin murmelte der andere etwas von kanonischer Unvollkommenheit, zuckte die Achseln und sah fortan stumm zum Fenster hinaus. Dabei blieb es, bis der Zug in Udine einfuhr.

Gellendes Leben erfüllte die Bahnhofshalle. Allenthalben brannten grelle Lichter, und übermäßig viel Volk drängte auf dem Perron herum, den Bediensteten offensichtlich im Wege und gelegentlich auf schlummernde Kinder tretend, die hier ihre gewohnten Schlafstätten haben mochten. Man nötigte unsern Reisenden in den Speisesaal, wo auf einem vergoldeten, altarartigen Buffet in schreiend bunten Farben leuchtende Flaschen mit eiskaltem Schwefelwasser und gallbitteren Likören standen. Prunkvoll kostümierte Generäle und fächelnde dicke Damen mit schwarzbehaarten Warzen promenierten im Saal. Auch auffallend hübsche Mädchen, buntgekleidet, manche mit hohen Kämmen und Spitzenschals, durchzwitscherten die Menge.

Ein Kellner mit einem unheimlichen, starren Glasauge pries Herrn von Yb, während er ihm eine südländische Schüssel vorsetzte, die Reize eines jungen Mädchens an, das sich einer nicht alltäglichen Anomalie rühmen durfte. Von Yb wehrte indigniert ab. Solcherart um seinen Hauptverdienst gekommen, versuchte der Garçon sich durch Herausgabe nicht gangbarer Kupfermünzen einigermaßen schadlos zu halten: Soldi des letzten Dogen von Venedig, eine Notmünze des von Voltaire besungenen Königs Theodor von Korsika, ja selbst die reichverschnörkelte Kontrollmarke eines Neapeler Bordells aus Casanovas Tagen. Darüber war von Yb so entzückt, daß er fast das schrille Glockenzeichen zur Abfahrt überhörte.

Der Zug brauste in die Nacht hinaus. Aber schon nach kurzer Zeit wurde er langsamer, blieb nach minutenlangem, jammervoll steigendem und fallendem Pfeifen stehen und fuhr schließlich wieder in den Bahnhof zurück.

Kaum war er dort angelangt, hasteten die Stationsbeamten und alles sonst verfügbare Personal sogleich zur Lokomotive, wo unter heftigem Laternenschwenken eine von allen Seiten laut und gleichzeitig geführte Debatte begann. Von Yb gesellte sich hinzu, konnte jedoch dem in friaulischem Dialekt abgewickelten Streitgespräch nur so viel entnehmen, daß man »Es« gesehen habe, ganz deutlich, und nun würde es genauso gehen wie damals vor siebzehn Jahren. Unter keinen Umständen führen sie weiter, weder er, Cesare, der Maschinist, noch Pompeio, der Heizer.

An wen immer von Yb sich wandte: ihm gegenüber schwieg alles wie ein Grab. Erst ein alter Träger, dem er ein überwältigend hohes Trinkgeld zugesteckt hatte, gestand ihm endlich, daß es der »Gnomenleichenzug von Verona« gewesen sei, den man noch nie so nahe bei Udine gesehen habe und der sehr Böses ankündige. Und der gnädige Herr solle ihn um Himmels willen nicht verraten und brotlos machen, bat der Alte, denn diese Geistererscheinung werde als tiefstes Amtsgeheimnis vor Fremden sorgfältig verborgen. An eine Weiterfahrt auf dieser Strecke sei natürlich nicht zu denken. Tatsächlich wurden die Passagiere in einen andern Zug umquartiert, der aus ganz veralteten Waggons der ersten Eisenbahnepoche bestand und alsbald, nur matt beleuchtet, mit leisem Schaukeln in die laue Sommernacht hinausfuhr.

Von Yb begann sich in seinem Coupé umzusehen. Ein so anheimelndes Gefühl vormärzlich großmütterlicher Stimmung umfing ihn, daß ihm ganz weich ums Herz wurde. Die Decke war mit bunten Arabesken bemalt, die Wände sorgfältig mit graugesternter Wachsleinwand überzogen, die Sitze tief und behaglich, die Fenster, wie bei alten Kutschen, unten abgerundet und mit bequemen Armschlingen in Perlstickerei versehen. Träumerisch wollte er sich zurücklehnen — da fiel sein Blick auf eine Tapetentüre, die er in dem engen Raum gar nicht vermutet hätte und die seinen immer wachen Forscherdrang unwiderstehlich reizte. Er betrat das Nebencoupé.

Zu seiner nicht geringen Überraschung mußte er feststellen, daß es dem Vorraum eines Boudoirs glich: Damenkleider und Wäschestücke lagen herum, und ein feines Parfüm erfüllte die Luft. Am andern Ende gab es wieder eine Türe; von Yb — nun schon ein wenig zaghafter — öffnete sie und hatte Mühe, einen Ausruf des Entzückens zu unterdrücken:

Inmitten des Raumes, von einer Ampel rosig beleuchtet, erhob sich ein Himmelbett, auf dem in malerischer Attitude ein wunderschönes, schwarzlockiges Mädchen schlummerte.

Nach einer Weile hingerissener Betrachtung zog sich von Yb, auf Zehenspitzen und äußerst verwirrt, in sein Coupé zurück. Zum Glück dauerte es nicht lange, bis er des an den Laufbrettern heranturnenden Kondukteurs habhaft wurde. Auf seine Frage nach der Dame nebenan erfuhr er, daß es die jüngste Enkelin der berühmten, 1854 an Cholera verstorbenen Tänzerin Taglioni sei, daß ihr das Operntheater in Port Said gehöre und daß sie diesen Waggon — einen ausrangierten sardinischen Hofwagen — für sich gemietet habe. Der Herr befände sich im Kammerherrengemach, fügte das schäbig uniformierte Amtsorgan hinzu und hielt von Yb eine affenartig behaarte Hand hin.

Kaum war der Schaffner, um dessen Lippen ein faunisches Lächeln zu spielen schien, verschwunden, als eine nie gekannte Abenteuerlust von Yb übermannte. Aus seinem Gepäck eine große Tüte Pralinés nesteln und die Tür zum Heiligtum der holden Schläferin gewinnen, war eins. Sein Herz schlug im Takt zum dumpfen Rollen der Räder. Schon lag er vor ihrem Lager auf den Knien, hauchte einen flüchtigen Kuß auf ihre im Schlummer halb geöffneten Lippen — und merkte, daß damit seine ganze Klugheit bereits erschöpft war.

Gerade als er sich aufrichten wollte, um auf leisen Sohlen wieder zurückzuschleichen, schlang die Schöne in halbem Erwachen ihren Arm um ihn und flüsterte: *»Oh . . . momognone mio . . .«*

Beseligt schloß von Yb die Augen. Er wähnte sich im Paradies. Doch schon im nächsten Augenblick war das halbe Erwachen der Schläferin zum ganzen geworden: ein Schrei der Entrüstung riß den Verzauberten aus seinen Traumvisionen, und eine wogende Flut italienischer Schimpfworte brach über ihn herein. Von Yb wußte sich aus seiner begossenen Verlegenheit schließlich nur dadurch zu retten, daß er der Zürnenden stumm die Bonbonnière überreichte. Und wirklich — das half. Schmollend verschlang das holde Mädchen den wohlschmeckenden Inhalt, ward ruhiger und fragte in einem vom Hauch der Levante reizvoll gefärbten Dialekt, was der Herr in ihrem Coupé eigentlich wünsche?

Von Yb beteuerte, nur den Durchgang zum Speisewagen gesucht zu haben, um sein gewohntes Abendsüppchen zu schlürfen, als er sich dank einer gnädigen Fügung der Götter hierher verirrt hätte und — bewußt oder unbewußt, er könne es nicht genau sagen — anbetend niedergesunken sei. Ach, wenn er auf Erhörung hoffen dürfte! Wie gerne würde er der Angebeteten sich selbst und seine Reichtümer zu Füßen legen! Und hingerissen vom eigenen, ungewohnten Feuer neigte er sich vor ihr.

Abermals ward ihm eine grausame Ernüchterung zuteil. Mit kräftiger Hand stemmte ihn die Holde von sich, sah ihm sekundenlang forschend in die Augen, stieß ihn dann vollends weg und schüttelte die duftenden Locken. Was ihm denn einfiele! Niemals! Eine jungfräuliche Priesterin der Kunst sei sie und wolle nichts von Männern wissen. Das Geschlecht kenne man! Obendrein sei er nicht einmal ein Künstler, das sehe man ihm an. Weder Tenor, noch Tierbändiger, noch sonstwie vom Fach.

Ob es denn gar keine Hoffnung für ihn gebe? fragte von Yb. Wenn schon die Hand zum Bunde nicht, dann vielleicht ein Plätzchen in ihrer Nähe . . .?

Da aber hatte er sich verrechnet. Mit solcherlei, wurde ihm zornig bedeutet, möge er sich an andere Adressen wenden, zum Beispiel ans Ziziniatheater in Alexandrien, Rue de la Porte, oder an das »Palais de Danse« in Damaskus, oder an die »Friponnière« in Port Sudan! Und jetzt — adieu!

Es schnitt von Yb ins Herz, daß er nichts Ordentliches gelernt hatte — Operngesang, Mimik oder wenigstens Feuerfressen. Traurig brach er auf, noch einen sehnsuchtsvollen Blick zurückwerfend auf die Schöne im Bette, die, einen Silberspiegel in der Hand, bereits damit beschäftigt war, eine Stelle ihres Zahnfleisches zu schminken, die ihre Unzufriedenheit erregt zu haben schien. Seufzend taumelte er in sein Coupé zurück, wo er die Nacht allein

mit seinen Seelenqualen und vielen verhungerten Flöhen — wohl Eigentum der italienischen Staatsbahnen — zubrachte.
Während einer zweistündigen Mittagspause in Mirandola konnte von Yb seine spröde Reisegefährtin bewundern, wie sie, von Parfümwolken umschwebt, in großer Toilette ihre Mahlzeit einnahm, bedient von einem zähnefletschenden Araber in weißem Burnus und einem halbwüchsigen levantinischen Mädchen mit Bernsteinteint.
Ein zaghafter Versuch, sich ihr aufs neue zu nähern, scheiterte an verschlossenen Verbindungstüren. Dann machte sich der gefällige Kondukteur erbötig, den Zug zu einer leichten Entgleisung zu bringen, wobei der Herr das schöne Mädchen retten könnte; das käme aber billigst auf 500 Lire. Von Yb schüttelte ablehnend den Kopf.
Knapp nach Sonnenuntergang schwebte wieder der Schaffner durch den bunten Abend heran und verlangte jetzt nur noch 300 Lire, stieß jedoch auf die gleiche kalte Abweisung wie zuvor. Nicht besser erging es ihm mit einem letzten Angebot zu 100 Lire, kurz vor der Einfahrt in den berüchtigten Montegiovetunnel, wo düstere Öllämpchen vor modernden Heiligenbildchen von zahllosen Unglücksfällen zeugten.

In tiefer Nacht kam von Yb endlich in Genua an. Todmüde, allein in einem übermäßig hohen, zweirädrigen Omnibus mit rasselnden Glasfenstern, fuhr er durch die von finsteren, hohen Häusern eingeengten Straßen. Ein zerlumpter Junge mit einer buntfarbigen Laterne auf hohem Stock lief dem Fuhrwerk voran, das von Yb in ein altmodisches, ihm jedoch warm empfohlenes Hotel mehr bürgerlichen Charakters brachte.
Dort begab er sich sofort in den von einigen summenden Gasflammen beleuchteten Speisesaal. Schon halb schlummernd nahm er ein Nachtmahl zu sich und bemerkte, von heißen Schlafwellen immer wieder fast ums Bewußtsein gebracht, daß einige müde Kellnergestalten sich von dem ins Dunkle verlorenen Hintergrund des Saales gespenstisch abhoben.
Als er das Mahl beendet hatte, winkte er den Ober herbei und

fragte schlaftrunken, ob er noch schnell das Meer sehen könne. Der Kellner nickte schweigend und beauftragte einen Pikkolo, den Herrn zu führen. Es ging durch einige düstere Korridore zu einer Tür, die der Junge nicht ohne Mühe öffnete. Zu von Ybs Verwunderung — denn er hatte erwartet, auf die Straße hinauszutreten — befand man sich in einem ziemlich weiten Gewölbe, wo Grünzeug, leere Weinflaschen und allerlei sonstiges Gerümpel aufbewahrt waren.

Wohin man nun gehen werde? erkundigte sich von Yb bei dem Jungen, der Licht angezündet hatte

Er bekam die seltsame Antwort, daß man zur Stelle sei. Und der befrackte Knabe führte ihn zu einer kleinen Kiste mit einem Deckel.

Von Yb agnoszierte sie sofort als »Misttrügel«, wie man in Wien die Müllbehälter zu nennen pflegt. Der junge Führer hob den Deckel ab, und als von Yb ihn fragend ansah, wurde ihm bedeutet, daß sich in dieser Kiste das Meer befände.

Ein elektrischer Schlag durchzuckte von Yb. Er glaubte ganz deutlich eine Verschiebung der Persönlichkeit, der Umwelt oder der realen Daseinsebene überhaupt zu erleben. Denn das was er sah, entzog sich jeder Beschreibung. Aus dem bescheidenen Behälter strahlte ihm die tiefste, durchleuchtetste Bläue eines unendlichen Abgrunds entgegen.

Kein Zweifel, das war das Meer. Begriffe wie Poseidon und Thetis drängten sich ihm auf, auch Medusa in schwermütigem Klange. Gerade als er »Thalatta, Thalatta!« rufen wollte, donnerte die innere Stimme ihm zu: »Humanist, kusch! Das ist ja Irrsinn! Das kann doch nicht das Meer sein! Bedenke, die Unendlichkeit im Misttrügerl!« — »Das gibt's, das gibt's«, flüsterte aber der Satan, dessen Telefon in jedes Menschengehirn mündet. »Horch nicht auf die Stimme der sogenannten Vernunft, die doch nie etwas gelernt hat und dir nur das Banalste als sicher erscheinen läßt, du Wurm . . .«

Verwirrt sah sich der Zweifelnde um und gewahrte den alten Oberkellner mit den geteilten Bartkoteletten, der ihm auf stillen Plattfüßen nachgegangen war und jetzt, unter diskretem Hüsteln und fast verlegenem Schwenken der Serviette, wie folgt anhob:

»Ja, Euer Gnaden, es ist das Meer. Ich weiß genau, was in Euer Gnaden Seele vorgeht, obwohl ich nur ein einfacher Kellner bin. Es ist das Meer, das richtige Meer. Nicht der ordinäre Kitsch, den man den dummen Reisenden als Meer aufschwatzt. Ich würde es ja nie wagen, Euer Gnaden mit so etwas zu betrügen — ich, der ich die Auszeichnung hatte, anno 49 unter Euer Gnaden hochseligem Herrn Großvater in der Armee Radetzkys zu kämpfen! Ich war Eskadronskoch bei der Division Freydenplitz. Lauter lebfrische Kärntnerbuben. Wir alle hätten gern das Leben für unsern gnädigen Herrn Oberst hingegeben. Aber das Schicksal wollte es anders . . .«

Der alte Kellner wischte sich mit der Serviette eine Träne aus dem Auge, ehe er weitersprach: »Eine piemontesische Kugel durchbohrte Ihren hochseligen Herrn Großvater bei Mortara. Mir zerschmetterte sie den Fuß, als ich gerade hoch zu Roß, mitten im Kugelregen, auf dem umgehängten Brett eine Veronesersalami als Labsal für die Verwundeten aufschnitt. Die Kugel tötete mein Handpferd, den zweimal mit der silbernen Tapferkeitsmedaille dekorierten Eisenschimmel Schackerl, der auf seinem breiten Rücken die sogenannte reitende Kaffeeküche trug . . . Und als Invaliden hat man mir dann zum Abschied das Meer geschenkt. Hat doch ein jeder etwas bekommen: der eine ein Ringelspiel, der andre eine Drehorgelkonzession, der dritte eine Tabaktrafik oder einen dressierten Affen in französischer Generalsuniform. Ja. Und ich halt das Meer. Dasselbe, das einmal der Römische Kaiser Rudolfus gehabt haben soll und das dann lang in der Mariazeller Schatzkammer gewesen ist. Dort haben sie's aber nicht mögen.«

Von Yb wirbelte es im Kopf; er hatte Mühe, sich aufrecht zu halten.

»Bitte«, fuhr der Kellner fort, »belieben nur ein wenig am Strand zu spazieren.«

Dabei führte er den Willenlosen einige Male um das Müllkistchen herum, aus dem jetzt eine frische, würzige Brise so heftig wehte, daß von Yb unwillkürlich nach seinem Hut griff.

»Schauen sich's gut an, Euer Gnaden«, sagte der Mann mit den eisgrauen Koteletten. »Da drauf hat der Admiral Tegetthoff als Bub gelernt.«

Von Yb spürte, wie die seltsame Beklemmung, die ihn schon die ganze Zeit zwischen Traum und Wachen festgehalten hatte, ihm langsam die Kehle umschnüren wollte und ihm den Atem benahm. Nur hinaus von hier, nur rasch hinaus! Nichts mehr hören von diesem bedenklichen Meer, nichts mehr sehen von dem dämonisch blauen Abgrund im scheinbar so harmlosen Gewand eines Mistrügerls ...

Wie ein Besessener riß von Yb sich los und floh aus dem unheimlichen Gewölbe auf die finstere Straße. Tegetthoff ... Mortara ... Kaiser Rudolf ... Mariazell ... blauer Abgrund ... so raste es in seinem erschöpften Gehirn durcheinander. Oder war es nur er selbst, der da durchs nächtliche Genua raste, zwischen hohen dunklen Häusern hindurch?

Ein schattenhaft brodelndes Getümmel hielt ihn auf, zwang ihn zum Stehenbleiben und in die Rolle eines widerwilligen Zuschauers: aus einer Gruppe lautlos raufender Matrosen löste sich plötzlich ein riesengroßer Kerl mit der Silhouette eines dunklen Herkules, ergriff einen chinesischen Heizer, schwang den Zappelnden an einem Bein durch die Luft und schmetterte ihn gegen eine im Mondlicht ehern funkelnde Türe, die unter trockenem Krachen zersplitterte; ein gähnend schwarzes Loch verschlang den Bedauernswerten. In einer spärlich beleuchteten Küche hörte von Yb Fett aufsieden und sah durch ein Fenster einen buckligen Schreiber mit grünem Augenschirm die Feder eintauchen und emsig draufloskritzeln. An einem andern Fenster übte eine gealterte Sängerin in großer dramatischer *Madre-nobile*-Pose eine Arie, während im obersten Stockwerk graue, triefnasse Wäsche zum Trocknen aufgehängt wurde, offenbar in Fortsetzung einer unterbrochenen Tagesarbeit. Plötzlich ertönte hysterisches Schreien, Poltern und Fluchen, ein Knäuel halbbekleideter Gestalten entquoll der aufgesplitterten Tür, und noch ehe von Yb sich aus seiner Erstarrung lösen konnte, hatten zwei hübsche, drallbusige Mädchen mit funkelnden Augen ihn ergriffen und zerrten ihn mit sich.

Was dann mit ihm geschehen war, wußte von Yb niemals genau anzugeben. Er habe nur das Gefühl gehabt, daß es ihm gar nicht übel erging. Auch erinnerte er sich eines hartnäckig immer wiederkehrenden Traumes, in welchem er sich als sanftgerittener, mittelalterlicher Damenzelter auf blumigen Auen voll lustig sprudelnder Wässerlein sah.

Es schien ihm, als wäre es ein mehrtägiger Schlummer gewesen, aus dem er schließlich in dem fremden Haus erwachte. Er fühlte sich noch immer ein wenig mitgenommen, beschloß aber, sofort aufzubrechen, um nicht nur das schöne Genua zu sehen, sondern auch ... sondern auch ... Wieder sauste es in seinem Kopf, und nur mit Mühe entsann er sich, was es eigentlich war, das er zu sehen verlangte: das Meer.

Doch dazu kam es nicht. Die beiden Mädchen wollten ihn erst fortlassen, wenn er eine bestimmte Summe gezahlt hätte, die sie ihm mit hurtigen Fingerbewegungen auf Heller und Pfennig vorrechneten. Eine Summe, die ihm ein wenig hoch erschien.

Er suchte nach der wohlgefüllten Brieftasche in seinem Rock, suchte in allen Taschen und fand nichts darin vor, rein gar nichts. Die lächelnden Mienen der beiden Mädchen verdüsterten sich. Sachlicher Ernst trat auf ihre Züge.

Als der korrekte von Yb aufbrechen wollte, um aus seinem Hotel Geld zu holen, sah er sich zu seinem Entsetzen von den beiden graziösen Geschöpfen, die auf einmal Riesenkräfte entwickelten, gepackt und festgehalten. Mit aufgekrempelten Ärmeln schleppten sie den Fassungslosen eine dunkle Stiege hinab und sperrten ihn in ein dumpfes Kellergelaß, in dem es ganz infam nach kranken Hühnern roch. Und was sie ihm in sein Gefängnis nachriefen, klang wie »Zechpreller« und noch Schlimmeres. Nicht eher, so riefen sie, käme er wieder ans Tageslicht, als bis er an seinen Wiener Bankier den Brief geschrieben habe, den sie ihm diktieren würden! Damit verschwanden sie.

Eine Zeitlang versuchte von Yb seinen düsteren Gedanken dadurch zu entrinnen, daß er Goethes unsterbliches Gedicht vom Land, wo die Zitronen blühn und im dunklen Laub die Goldorangen glühn, in verschiedenen Tonfällen vor sich hin deklamierte. Auf die Dauer muß aber selbst den korrektesten Privatgelehrten in einem aufgelassenen Hühnerstall die Verzweiflung packen, und so starrte Achatius von Yb mit irrem Blick die

klobige, schimmelbedeckte Türe an, die ihn von den Herrlichkeiten Italiens trennte.
Eines Tages, als er besonders lange gestarrt hatte, geschah das Wunder. Die Pforte öffnete sich, und herein trat, anmutig wie die Liebesgöttin selbst, seine holde Reisegefährtin aus dem verträumten Salonwagen. Mit lieblichem Lächeln kam sie näher, betrachtete den armen Gefangenen durch ihr Lorgnon von oben bis unten und lächelte schweigend weiter.
Blutrot vor Scham suchte von Yb nach einem Vorwand, sein Hiersein — vielleicht mit dem Hinweis auf architektonische Forschungen — zu erklären. Doch die reizende Operndirektrice aus Port Said nahm ihm das Wort vorweg: sie befände sich auf der Suche nach neu zu engagierendem Chorpersonal, hätte zu ihrem tiefsten Bedauern von der mißlichen Lage eines distinguierten Fremden gehört und durch das Schlüsselloch ihren Reisegefährten von damals erkannt. Sie sei gekommen, ihn zu befreien, ja mehr: ihm den heißesten Wunsch seines Lebens zu erfüllen. Nein, nicht die Hand zum Bunde, das nicht, aber das Plätzchen in ihrer Nähe, um das er so innig gebeten. Und kurz und gut — sie engagiere ihn. Hier sei der Kontrakt, er brauche nur zu unterschreiben. Dann allerdings gehöre er ihr für den Rest seines Lebens.
»Dein bin ich!« rief von Yb in stürmischer Begeisterung und ließ sich auf ein Knie nieder. »Aber wie, Holdeste, kann ich dir dienen? Ich bin Privatgelehrter, hoch angesehn und sogar mehrfacher Ehrendoktor, aber weder Sänger noch Mime.«
»Ich habe auch nichts dergleichen für Sie vor«, lautete die freundliche Entgegnung. »Es ist etwas anderes. Sie wissen, bei uns im Süden liebt man es, die Zwischenakte bluttriefender Tragödien mit heiteren Intermezzi auszufüllen. In meinem Opernhaus wird zum Beispiel die Folterszene in *Tosca* auf die offene Bühne verlegt, was jedesmal jubelnden Beifall hervorruft und *da capo* verlangt wird. Natürlich muß dann wegen der Kontrastwirkung etwas Lustiges her ... Also reden wir nicht lange herum: Sie sollen mir die Zwischenakte als sogenannter *Agostino stupido* beleben.«
Von Yb erstarrte. Er glaubte, nicht recht gehört zu haben. »Dum-

mer August«, murmelte er mühsam. »Nein, das geht nicht. Bedenken Sie doch: Privatgelehrter ... mehrfacher Ehrendoktor ...«
»Schön«, replizierte ungerührt der feenhafte Besuch. »Dann bleiben Sie eben bis ans Ende Ihrer Tage hier. Oder richtiger: bis ans Ende Ihres Vermögens. Denn sobald man alles Geld aus Ihnen herausgepreßt hat, wird man Sie sowieso verschwinden lassen, wie es in dieser Stadt, die voll von finsteren Geheimnissen steckt, schon manchem Lustreisenden passiert ist. Ich hätte Sie ausgelöst und mitgenommen. Aber da Sie nicht wollen — adieu!« Und sie wandte sich zum Gehen.

Was konnte der unglückliche von Yb anderes tun, als die erbarmungslose Opernchefin zurückrufen und das Papier, das sie ihm lächelnd hinhielt, unterschreiben.

Als er die Feder absetzte, zerriß so etwas wie ein innerer Donnerschlag sein Gehirn. Dummer August! Dummer August ein ganzes Leben lang! Ohne Avancementmöglichkeiten — keinen Oberaugust gab es, keinen Kammeraugust! Wenn das sein Großvater wüßte, Arbogast Caspar Ferdinand von Yb, Herr auf Ober- und Unteryb, Herr und Landstand in Krain! Achatius nagte die bleichen Lippen.

Unterdessen hatte seine Vertragspartnerin mit langgewimperten Mandelaugen das Dokument überprüft, nickte zufrieden und reichte dem Neuengagierten eine größere Banknote hin. Das Handgeld. Dann bedeutete sie ihm, ihr zu folgen. Es ginge sofort aufs Schiff.

Von Yb betrat die Straße — trotz allem mit einem Seufzer der Erleichterung — und hielt sich dicht hinter der schnellschreitenden Schönen, die ihn durch obskure Winkel und Gäßchen dem Hafen zuführte.

Plötzlich durchzuckte es ihn, daß er nun auf diese Weise das Meer sehen würde. Sekundenlang wollte er an eine tröstliche Schicksalsfügung glauben. Aber war es wirklich das Meer, dem er da zustrebte? War es das wirkliche Meer? Ihn schwindelte wie damals, als der Ober mit den eisgrauen Koteletten ihn in seine Obhut genommen.

Seine Gefährtin beschleunigte den Schritt. Schon drang das Heulen der Sirenen an sein Ohr, das Rasseln der Krane. Höch-

stens eine schmale Häuserkulisse konnte ihn noch vom sogenannten Meer trennen.
»Flieh!« blitzte es durch von Ybs zerquälte Gedanken. »Vertrag oder nicht — flieh!«
Das Heulen und Rasseln wuchs ins Unheimliche, während er der jetzt noch schneller Ausschreitenden folgte. Schon schickte sie sich an, um das letzte Eck zu biegen.
Da schlug der sonst so peinlich korrekte Mann einen jähen Haken und raste davon, das Handgeld, das ihn vertraglich band, fest in die Faust geknüllt. Von allen Furien gehetzt, jagte er straßauf straßab, stand, ehe er sich's versah, vor dem Bahnhof, stürzte auf den Perron, auf den Wiener Wagen des wartenden Schnellzuges zu, verkroch sich ins Klosett und war gerettet.
Das Handgeld reichte gerade aus, ihn nach Wien zu bringen. Dort angekommen, hastete der durch die unangenehme Fahrt ziemlich verbogene Gelehrte (der ja die ganze Zeit hinter dem Klosett gekauert hatte) auf raschestem Weg in seine Wohnung. Es dauerte tagelang, ehe er wieder halbwegs zu sich selbst fand.

Dann aber begann erst die Hölle. Bei jedem Klingelzug fuhr der Unselige zusammen — wähnte er doch den Schritt der Häscher zu hören, die nach ihm fahndeten, nach ihm, dem Betrüger, dem Veruntreuer des Handgeldes. Denn bei Vertragsbrüchen, das wußte er aus der traditionsgesicherten Erfahrung einer langen Ahnenreihe von Beamten, bei Vertragsbrüchen gab's keinen Spaß. Auf Anraten seines Rechtsfreundes, eines schwarzbebrillten, düsteren Herrn, der ihm den Ernst der Lage ohne jede Schönfärberei klarmachte, verließ von Yb seine alte, prächtige Wohnung und mietete eine Reihe weit auseinanderliegender Absteigquartiere, in die er wechselte wie ein furchtsames Wild.
Er hatte kaum noch Privatverkehr. Nur die Nachtwächter und die verspätet heimwärtsschwankenden Angehörigen der Lebewelt blickten dem scheu Einherhuschenden sinnend nach und schüttelten den Kopf.
Bald nannte man ihn ganz allgemein den »Huscher«, und weil es sich herumsprach, daß er in Italien gewesen war, den »Cavaliere Huscher«.

Ganz Wien, vom letzten Maronibrater bis hinauf zum Kaiser, wußte von der entsetzlichen Lage des einst so angesehenen Mannes. Und nicht nur die Millionenstadt nahm innigen Anteil an seinem beklagenswerten Los, auch in Brünn, Graz und Olmütz war er Gegenstand mitleidiger Kommentare, ja sogar vereinzelter Tränen. Da er nach wie vor über große Geldmittel verfügte, konnte man nicht gut für ihn sammeln. Aber die führenden Juristen Österreichs begannen sich immer systematischer das Hirn zu zermartern, wie man diesem Sonderfall eines vertragsbrüchig gewordenen Dummen August beikommen könnte. Fachmänner auf den Gebieten des Völkerrechts, der internationalen Gegenseitigkeitsverträge, der Auslieferungsbegehren und des Theaterwesens kamen hinzu, und unter dem Druck der öffentlichen Meinung wurde dieser Korona illustrer Köpfe einer der leerstehenden Säle in der k. k. Akademie der Wissenschaften angewiesen, wo man täglich über von Ybs Misere und hoffentliche Rettung beraten konnte.
Nach und nach gehörte es für jeden, der in Wien etwas gelten wollte, zum guten Ton, gegen vier Uhr nachmittags scheuschlürfenden Fußes den herrlichen Barocksaal zu betreten, diskret mit dem Diener zu flüstern und sich dann einer der Gruppen beizugesellen, denen das Schicksal von Ybs am Herzen lag. Da und dort brütete ein weißsträhniger Greis, an einen Globus gelehnt. In der Mitte des Saales saßen mehrere Gelehrtenköpfe versunken um einen Tisch, auf dem sich in schwarzen Einbanddeckeln die einschlägigen Dossiers stapelten. In der Ecke war ein zerfurchter Fachmann gerade dabei, ein dem Ohre entnommenes Wattestück kopfschüttelnd in einem Bernsteinspitz anzuzünden. Und fast in jeder Fensternische standen, den Rücken zum Saal, je vier Gehröcke und starrten auf die düstere Straße, wobei sie hinter dem Rücken mit den Händen stumm Klavier spielten. Das allein ergab schon vierundzwanzig erstklassige Denker. Aber es waren ihrer insgesamt noch um viele mehr, die sich tagtäglich hier versammelten. Unter leisem Trinkgeldgeklingel und zerquetschten Hustenansätzen verließ man dann den stucküberladenen Prunkraum, in dem außer bitteren Streitigkeiten über verwechselte Schirme leider nichts zustande kam.

So ward dem armen Cavaliere Huscher das düstere Los, sein Leben in verschwiegenen Kabinetten zu fristen, ja manchmal, wenn er die Furien des Vertragsbruchs sich allzu dicht auf den Fersen wähnte, sogar in Stundenhotels, wo man dem scheu Heranhuschenden mitleidig nickend das gewünschte Zimmerchen anwies.

Freudlos welkte er dahin, und war sein Kopf schon einmal etwas freier von Sorge und Angst, dann quälte ihn erst recht die große, ungelöste Frage seines Lebens: hatte er nun eigentlich das Meer gesehen oder nicht?

Mit dieser Frage wurde er, der zu keinerlei Hoffnungen mehr berechtigte, niemals fertig. Denn dem damaligen Stand der Raumerkenntnisse entsprechend, wußte er noch nichts davon, daß eine kosmische Dimension genau auf Armeslänge in die andere hereinragen kann.

Auf dem Totenbett bot Achatius von Yb, genannt Cavaliere Huscher, einen höchst absonderlichen Anblick: die Augen unter der erstaunlich gerunzelten Stirn hatte er weit geöffnet, und den vergilbten Zeigefinger der rechten Hand, der mit dem alten Familiensiegelring geschmückt war, hielt er in stechender Stellung starr vorgestreckt — wie jemand, der aus tiefstem Erkennen »Aha« sagt.

DER MANN MIT DEN DREI SCHUHEN

Wendelin Piwonka hieß das seltene Viech von einem Schuhkünstler, der meiner guten Großmutter manche traurige Stunde bereitet hat.

Er war ein kleines, leicht erregbares Männlein und der vielbeneidete Inhaber eines k. k. Privilegiums. Dazu besaß er eine mächtige Glatze und auf dieser, schon mehr nach hinten, ein fast hahnenkammartiges Gewächs, das in der Erregung feuerrot werden konnte. Weiß der Himmel, wer meiner Großmutter, die keinem Menschen jemals etwas Böses tat, den Piwonka zugebracht hatte. War es die alte Frau Knirsch, die sich so krankhaft vor dem Weltuntergang fürchtete? War es die berühmte Dichterin

Marie von Ebner-Eschenbach, die aussah wie ein distinguierter, obschon bedenklicher Bulldogg auf einer verdächtigen Fährte und die stets mit dem Schnurrbärtchen waberte, wenn man den Namen Piwonka erwähnte? Und, traun! sie hatte allen Grund zu wabern. Nicht nur, daß Meister Piwonkas Schuhe unverschämt teuer waren — er machte sie auch prinzipiell immer etwas zu klein. Vor allem aber insinuierte er seinen Kundinnen, sogenannte »wechselseitige« Schuhe zu tragen (er nannte sie Schtiwletten): »Die kennen S' auch im Finstern anziehn — mitten in der Nacht — der von links paßt Ihnen auch tadellos an rechte Fuß, wann S' noch an haben. Ich hab schon Kundin gehabt, wo ihr die Tramway an Fuß abg'führt hat. Da gibt's ka Klag nicht. Fragen S' nur die Baronin Ebner von Eschenbach, der hab ich für Howball Schucherln aus rosa Moaräh gemacht. So Schuch darf nur ich machen, weil ich k. k. Privilegium drauf hab. Das is nämlich hauptsächlich für Damen mit Hammerzehe — wo nämlich der Fußdaumen über Fußzeigefinger hinieberragt.«
Meine Großmutter lehnte es ab, dieses Übel zu besitzen. »No was wollen S' denn? Sowas muß man sehr ernst nehmen. Bei Mannsbild, wann's vorkommt, wird er militärfrei. Wenn sowas wirklichen Patrioten trifft, kann schwermietig werden. Aber zum Beispiel bei die polnischen Juden gibt's eigene orthopädische Anstalten, was Hammerzehen fabrizieren. Die greeßte is in Krakau. Auch die in Rzezow hat a guten Namen. Und in Kakolowka gibt's herich einen Wunderrabbi, der was Hammerzehe und sogar Klumpfuß durch Beschwerungen herstellen kann ... No ja, brauchen nicht so schaun. A guter Schuster muß ieber alles informiert sein.«
Als er wieder einmal zu meiner Großmutter gekommen war, hörte ich einen erregten Disput ausbrechen und schwindelte mich in das geliebte Eckzimmer, wo man über die verkehrswimmelnde Wienzeile bis zur Oper und auf die Karlskirche mit den Sonnengoldreflexen auf der grünpatinierten Kuppel einen so herrlichen Blick hatte.
»Ich habe Ihnen doch ausdrücklich gesagt«, begehrte die alte Dame auf, »daß ich normale Schuhe haben will und nicht diese Futterale für Mißgeburten, die Sie mir immer andrehen wollen!«

»Wos? Andrehen? Wo das doch mein k. k. Privileg is?! Keine andre Schuster derf sich unterstehen und so Linksrechtsschuhe machen! Da tät der Kaiser scheen schimpfen. Auf meine Privileg paßt er Tag und Nacht auf wie a Haftelmacher ... Und da« — er zog etwas aus seiner Reisetasche — »is noch a kleine Ieberraschung. Dritte Schuh!«

»Wa ... was?« Meine Großmutter starrte den Mann mit den drei Schuhen an und hob die Hand, offenbar um ihm die Türe zu weisen.

Meister Piwonka bemerkte das ganz gut. Denn obgleich den Schustern ein charakteristisches Odium von klobiger Ordinärheit anhaftet — was ihre Standesehre betrifft, sind sie von butterweicher Empfindlichkeit. Wer ihnen schmeichelt, der ist ihr Mann. In jeder Aufführung der »Meistersinger« wimmelt es von Schustern, die gefühlvoll tief aufschniefen und in der großen Pause gedankenvoll mit den Bierkrügeln in der Hand dastehen. Dann nicken sie wohl noch lange, seufzen befriedigt, blicken kritisch auf die Schuhe des promenierenden Publikums, und scheinen überhaupt nur deshalb zu trinken, um sich hernach den triefenden Schnurrbart wischen zu können ... Auch tragen sie bei feierlichen Anlässen immer ganz eigentümliche, viel zu kurze Gehröcke — die drollige Kostümierung einer unbewußten Geheimgesellschaft durchwegs düsterer Männer.

Da stand nun also Wendelin Piwonka und zitterte mit dem dritten Schuh in der Hand. Auch seine Stimme bebte: »Ich hab schon heimlich welche für den Papst machen wollen, zum Konzil, reschpektive daß er's bei Seligsprechungen tragen derf. Aber ich kann nicht und kann nicht die Fußmaße von Seiner Heiligkeit auftreiben. Das is a Kreiz. Wo er doch den Fuß nur mit Ruß einreiben brauchet und dann am Briefpapier abdricken ... Was hab ich mich dadrum schon bemieht! Ich bin zum Fischt-Etzbischof von Olmitz, wo ich den Licht der Welt erblickt hab, in Audienz 'gangen: Eminenz mechten den Gnade haben und an Seine Heiligkeit um die Fußmaße schreiben, und ob Hammerzehe hat oder an eing'waxenen Nagel. Umsonst. Ich war beim Kardinal Grusche hier in Wien. Nix. Dann beim Nuntius, dem Grafen Scapinelli. Wieder nix. Vielleicht viermal war ich dort. Beim finftenmal hat er mich durch den dortigen Portier — a gewissen Zawadil — hinausschmeißen lassen. No, dem hab ich das nicht weiter iebelgenommen. Schließlich is er a Herrschaftsportier und weiß, was sich geheert. Aber daß er mir g'sagt hat: ›Behmischer Pechdraht, verdächtiger‹ — das verzeih ich ihm nie ... So, und jetzt nehmen S' schon amal den dritten Schuh. Soll Ihnen Freide machen!«

»Um Himmelswillen«, stöhnte meine Großmutter, »was soll ich denn mit dem dritten Stiefel da anfangen?«

»No, wann S' zum Beispiel auf Spaziergang einen verlieren. Das kommt jeden Moment vor. Wann S' amal bei kotige Wetter in Stadtpark promenieren gehn. Schaun S', der Gräfin Dufour-Walderode mach ich immer dreie. Sie is eine bekannt mildtätige Dame, da hat s' dann immer was zum Verschenken. Kein Armer göht jö unbeteiligt von ihrer Schwölle. Es gibt doch Situwazionen, wo ein Geldgeschenk taktlos wär ... bei verschämte Arme, die was amal bessere Täge gesehen haben ... Und damit S' nur wissen: dem hochseligen Kaiser Ferdinand, der was 1875 in Prag gestorben is, dem hab ich so ein Paar von drei ungarische Reitstiefel in der Audienz veröhrt, aus gölben Leder, mit silberne Sporne. Erscht hat er a Riesenfreid damit g'habt und hat sie gestreichelt. Aber pletzlich — er war doch geistesgesteert, bitte — hat er sie mir um den Kopf gehaut, was sagen S' dazu?«

»Ich weiß nicht — ich glaube, er war eigentlich ganz normal!« unterbrach mit letzter Kraft meine Großmutter, die ich noch nie so verzweifelt gesehen hatte.

Um ihr zu helfen, stimmte ich in meiner Ecke ein Liedchen an, das wir Kinder damals gerne sangen: »Schuster, Schuster — Niest er nit, so hust' er — Niest er nit und hust' er nit — Ist er kein rechter Schuster nit!«

Meister Piwonka wandte sich langsam um. Sein rotes Stirnmal war wie eine Basiliskenhaube angeschwollen. Weinerlich bat er meine Großmutter: »Bittscheen, Gnäfrau, sagen S' dem jungen Herrn Enkelbuwerl, daß er das nit singt. Das tut mir zu wöh. Das kränkt mich teedlich. Wie oft muß unsereins das heeren, wann er Stieweln austragen geht. Deshalb hab ich selbige auch immer in Reisetasche drinnet, wie Wöhömutter die Spritzen.

Und mir tut doppelt wöh, weil ich doch Besitzer von k. k. Privileg bin . . . Wissen S', wie ich den kriegt hab?«
Und obwohl meine gute Großmutter ihm händeringend bedeutete, daß sie das nur allzu gut wisse, ließ er sich nicht abhalten, die Geschichte zum soundsovielten Male zu erzählen:
»Deshalb bin ich ja so nervees. Weil mir damals vergoldetes Howewibasch-Radel direkt iebern Kopf is gangen. Ich bin nämlich ausgeglitscht ieber sowas von Pferd, was nie achtgeben kann und keinen Verantwortungsgefiehl nicht hat. So ausglitschen tut man leicht, wenn man nicht weiß, ob soll man vurwärts oder rickwärts gehn. No, hat's mich halt beim Ewibaschgrießen nach vurn hingehaut. Und die Schtiwletten ham's mir noch während dem Hinfliegen in der Luft gestohlen, wie ieberall in Wien, a paar Glücksritter anwesend waren. Und Rad hat knirscht, und Wagen hat geschwankt, und k. k. Howkutscher hat sich noch mit genauer Not am Bock halten können. Aber was der Howlakai war — Dostal hat sich der geschrieben, ich hab ihm kennt —, is vom Bock geschleidert worden. Und die Frau Etzhezogin, was mit ihrer Howdame in Ewibasch g'sessen is, hat aufgeschrien vor Schröck. Es war die durchlauchtigste Frau Etzhezogin Sophie Clementine Maria Anna Isabölla Epiphania Gabriöle . . .«
Großmamas Versuche, den Redefluß zum Stillstand zu bringen, wies Meister Piwonka mit dozierend erhobenem Zeigefinger unerbittlich zurück und fuhr fort: ». . . Josöfa Franzüska Pia Gerhardina Severina Ignazia Stanislawa Policarpa Siebenschmerzen Maria . . .«
Großmama schnappte nach Luft.
»Jawohl«, erläuterte der teuflische Pechdraht. »Den Namen ham s' von die Braganza her, und zwar von der zweiten, ehemals regierenden Familie von Portugal, bittscheen. Und von Brazzilien.«
Bleich und schwer atmend war meine Großmutter in ein Fauteuil gesunken.
»Und geboren war die hohe Dame als zweite Tochter von Etzhezog Josef Karl Ludwig, Kommandant von zweiten Armeekorps in Preßburg, was war ihm unterstellt — bitte ausreden lassen — königlich preußisches Infanterieregiment von Stülp-

nagel. Als Chef. Und die hohe Frau war später vermählt mit Firschten Thurn und Taxis. Erlaucht. Jawohl. Und was die Howewibasch war, so hat mir die Kaiserliche Hoheit durch die mitfahrende Palastdame zwanzig Kreizer Schmörzensgeld ieberreichen lassen, und die verschiedenen Behm, was umanandg'standen sind, haben gierig auf die zwa Schestak geglotzt. Ich hab aber, blietig wie ich war, dankend abgelöhnt. Und die Palastdame hat sich geheißen . . .«

Das war zuviel. Meine sonst so sanfte Großmutter hob drohend alle drei Stiefel zugleich: »Jetzt aber Schluß! Hinaus mit Ihnen! Und kommen Sie mir nie wieder unter die Augen!«

»Aber, Gnäfrau, wer wird so ungerecht sein? Nicht amal einen Karpfen kann man das Maul verbieten. Sie strafen S' Ihnen ja sölbst. Finden S' vielleicht in Wien noch so einen Schbezialisten mit Privileg, der was Ihnen solche Stiwletterln macht? Wo man 's in der Finster anziehen kann, wann's wieder amal bei Ihnen brennt? Jawohl bitte, mitten in der Nacht können Sie's anziehen, im Bett, untern Plimoh. Brauchen sich gar nicht aufsetzen . . . Aber das missen S' noch heeren. Die bewußten zwanzig Kreizer ham mich also beleidigt. Denn auch ein Sterbender hat noch eine Art Öhrgefühl. No, hab ich's abgelehnt und hab um den Franzjosefsorden einkommen wollen. Wegen der tödlichen Kopfverletzung. Schaun S' nur den Geschwulst an, was ich seitdem hab. Lauter ausgetretenes Gehirn — wie Nabelbruch am Kopf oben. Das is sehr selten. Und auf der Klinik ham s' g'sagt, das kann man nicht operieren, sonst weiß ich nimmer, wie ich heiß. Alsdann bin ich zum Herrn Baron Wenzel Alarich Weber gangen . . . was wundern sich ieber Namen? Lesen denn bitte nie im Amtskalender? Weber von Ebenhof, k. k. Sektionsrat in k. k. Kabinettskanzlei und Truchseß. Aber der sagt mir: ›Guter Mann, da göhen Sie ürre. Das göhet meinen Herrn Bruder an, auf Tür 17 im zweiten Stock.‹ No, bin ich halt zu seinem Herrn Bruder hingangen, was Ernst geheißen hat und Wappenkeenig war vom Franzjosefsorden. Und der hat was mit der Nasen geschnöfelt und hat gesagt: ›Diesen Orden kann man nur für blutige Verletzungen vor dem Feind bekommen, aber nicht wenn man mitten im Frieden über einen Roßknödel ausglitscht. Da käme man weit.

Wissen S' was? Nehmen S' ein k. k. Privilegium. Das wird Ihnen der Kaiser in seiner Huld und Giete geben. Und da können S' dann so viel Stiefel machen, wie S' wollen. Alsdann, bin ich halt in die Audienz gegangen und hab ...«

An dieser Stelle ließ meine Großmama ein gutturales Aufgurgeln hören, wie ich es von dieser zarten, zurückhaltenden Dame noch nie vernommen hatte. Mit drohendem Ruck erhob sie sich, und mit einer unwidersprechlichen Geste wies sie dem tollgewordenen Schtiwlettenerzeuger die Tür. Dann wandte sie sich zu mir:

»Du kannst das Lied singen, sooft du willst.«

Und sie schenkte mir ein silbernes Zehnkreuzerstück.

DAS FAMILIENBILD

Für mich war es jedesmal ein Festtag, wenn meine Großmutter mich zu den Watzkas mitnahm. Denn die Familie Watzka und besonders deren Oberhäuptin, die dicke Mutter Pepi, waren von Geheimnissen umwittert, die sich nicht enträtseln ließen und statt dessen immer neue, unwahrscheinliche Seiten hervorkehrten. Es war über alle Maßen aufregend.

Selbst der Ursprung des vertraulichen Du, das zwischen meiner Großmutter und Frau Watzka in Gebrauch stand, blieb mir ewig unklar. Stammte Josephine wirklich aus böhmischem Provinzadel, wie sie gern behauptete, und war ihre jetzige, mehr kleinbürgerliche Tenue nur die Folge ihrer Eheschließung mit Herrn Watzka (der übrigens, ungeachtet seines tschechischen Namens, aus Ungarn kam)? War sie seinerzeit, als junge Pepi, im Haushalt meiner Großeltern beschäftigt gewesen? Oder gar meiner Urgroßeltern, als Kinderfrau meiner Großmutter? Ich weiß es nicht und habe es nie erfahren. Wenn ich eine zaghafte Erkundigung wagte, trug mir das einen strafenden Blick meiner guten Großmutter ein, während die dicke Mutter Pepi sich den Anschein gab, als ob sie mich gar nicht gehört hätte. Ihre Geisteseinfalt schien ihr ohnehin schon quälende Schmerzen zu bereiten, aber in solchen Momenten nahmen ihre unsäglich dummen Glotzaugen einen geradezu höllisch gepeinigten Ausdruck an. Dabei zog sie die

Brauen verzweifelt hoch und begann mit nervösen, wenn auch dicken Fingern an dem ständig verschwitzten Perlenkollier zu klimpern, das sie direkt unterm Kinn trug, denn einen Hals hatte sie nicht.

Den Watzka, der in seiner Jugend ein typischer magyarischer Feschak mit leichten Mephisto-Zügen gewesen sein muß, sah man nur selten und die übrigen Familienmitglieder nur unregelmäßig, so daß man nie genau wissen konnte, wer dazugehörte und wer nicht.

Das große, pompös eingerahmte Familienbild hingegen — eine aus mehreren gelblich angestochenen Fotografien zusammengefügte Monstrosität, die an der Stirnwand des Salons prangte — bekam man nicht nur zu sehen, sondern bekam es von Mutter Pepi auch sehr oft erklärt:

»Alsdann die Dame mittendrin in der großen Balltoilette bin ich. Wann ich vielleicht einen etwas entteischten Gesichtsausdruck hab, is das die Schuld vom Fotografen, weil der g'sagt hat, ich soll immer in die Glaswirtschaft da hineinschaun, es wird gleich a Vogerl herausfliegen. Hab ich g'schaut, is kein Vogerl kommen. Es war eine Fliege.«

Sie seufzte auf und griff rasch nach ein paar Süßigkeiten, die sie in ständiger Reichweite hatte; am liebsten waren ihr die sogenannten Buchteln, aus flaumigem, oben und unten knusprig gebräuntem Teig gebacken und mit jener unnachahmlichen Abart von Zwetschgenmarmelade gefüllt, die man in Böhmen und den angrenzenden Kronländern »Powidl« nennt. Durch solche Stärkung über die Lügenhaftigkeit der Menschen getröstet, deutete sie mit bröselbestäubtem Zeigefinger auf die männliche Gestalt, die mit ihr die Mitte des Bildes einnahm und an deren Knien ein überaus häßlicher Knabe in Röhrenstiefeln lehnte:

»Der mit'n Spitzbart und die stechenden Augen is selbstredend der Watzka, und der Bub is unser Jingster, der Zdenko. Gleich daneben die Ada, unsre Älteste, was bekanntlich den Keckeis geheiratet hat, den da. Nein, *den.*«

»Und wer ist der, den du zuerst für den Keckeis gehalten hast?« fragte meine Großmutter.

»Jaa, wenn ich das nur wißte! Wir zerbrechen uns eh schon seit Jahren den Kopf drieber. Auch der Watzka kann sich nicht erinnern, ob es ein unsriges Kind is ... Mit die Fotografen is a Kreiz. Sie meinen's ja nicht schlecht, aber sie haun halt immer die Bestellungen durcheinander, besonders die Idealisten, die mit Samtjackerl und Kinstlermähne. Nachher will man ihnen natierlich nicht die Schand antun und das Bild refisieren, obgleich es einen jedesmal vom frischen wurmt, wenn man's anschaut. Laßt man's halt in Gottes Namen im Salon hängen ... Also das da is dann die Mizzi, da war s' grad krank. Und a alte Frau, was uns immer den Reibsand bringt, hat ihr a Hundsfetten geben zum Einreiben. Ich sag dir, g'stunken hat s' nicht zum Aushalten. Aber g'sund is worden.«
Mizzi hatte eine konkave Brust und eine auf dem Bild völlig schwarz wirkende Nase, die einem verrunzelten Schwammerl bedrückend ähnlich sah. Meine Großmutter lenkte rasch ab, indem sie sich nach dem angrenzenden Mädchen erkundigte.
»Jene hier? Das is die Wilma.« Mutter Pepi nickte wehmütig. »Das war damals die Braut vom armen János, weißt ja eh. Er hat s' aber nicht g'heirat, weil man ihr auf was draufkommen is. Nix wie Ärger ham wir wegen derer g'habt. Sogar die Polizei war bei uns im Haus, nachschaun. Und da hat er dann das Verleebnis rickgängig gemacht. Aber da im Bild, das siehst ja, da schaut er noch ganz frehlich drein, der Jancsi. In Uniform. Das war kurz vor'n Unglick. Bevor s' ihn wegen dem entsetzlichen Foppa bein Maneever erschossen ham ...«
Daß »Foppa« Mutter Pepis Version von »faux pas« war, wußte ich schon. Die angebliche Erschießung ihres Lieblingssohnes János gehörte jedoch zu den unergründlichen und unberührbaren Geheimnissen des Hauses. Deshalb überraschte es mich sehr, als meine Großmutter einwarf: »Aber der Jancsi lebt doch noch? Ich hab's erst neulich wieder gehört!«
Mutter Pepi zog schmerzerfüllt etwas Luft ein. Die Augen glotzten wie bei einem herzkranken Frosch, und die Brauen standen ungefähr dort, wo bei anderen Damen die Frisur beginnt. Dann hatte sie sich wieder gesammelt und überhörte mit gewohnter Meisterschaft, was sie nicht hören wollte.

»Derschossen ham s' ihn, den Ärmsten, weißt ja eh. Weil er damals bein Maneever den Erzherzog Albrecht irrtiemlich in' Dreck g'schmissen hat. Auf dem Altar des Vaterlandes. No ja.« Noch einmal schnupfte sie auf und war schon wieder bei der Erklärung des Bildes. »Die Wilma ham wir trotzdem im Bild gelassen. Es macht es reicher ... Hier wiederum sind unsere zwei verstorbenen andern Sehne, bevor der Zdenko kommen is. Den linken hat der Fotograf ein bißl zu klein gemacht, deswegen ham wir auch ka rechte Freid mit dem. Alois hat er g'heißen. Und in Wirklichkeit war er grad so groß wie der Jancsi gottselig ... Das da muß ich dir nicht sagen, das is mein guter Vater, der Ritter Horniembsch von Horniemschau aus Kolin. Die Damen rechts und links sind meine beiden seligen Stiefmitter. Und dahinter, wo er noch a bißl wie a Teifl ausschaut, is der Watzka als Junger.«

»Und wie kommt ihr zu dem Lohengrin, in den sich dein seliger Vater einhängt?«

»Das is doch sein Löbtag kein Lohengrün nicht, das is doch der Keckeis. Der hat sich nur so kostimiert, wie er einmal Theater gespielt hat, beim Feierwehrball im ›Auge Gottes‹. Das war ja damals, wie sich die Ada in ihn verliebt hat. Und da hat s' dann keine Ruh geben, bis wir ihn ins Familienbild hineingenommen ham. Eigentlich is er nur zweiter Direktor von der Dampfmölkerei, aber er is a Kinstlernatur. Und die Ritterristung is nur aus Stanniol. Seit was amal beim Ahnenfest am Kahlenberg der Blitz in einen Lohengrin eing'schlagen hat, dirfen die Kostiemleihanstalten nur noch stanniolene Lohengrine herborgen. Der vom Blitz Geteetete war ein k. k. Statthaltereikonzipist, a g'wisser Votruba von Kaiserhuld. Wegen diesen sind jetzt die blechernen Lohengrine strengstens verboten ...«

Die Unterhaltung begann sich anderen Dingen zuzuwenden und interessierte mich nicht mehr. Mich interessierte das tragische Ende des seligen János bei den Manövern. Aber meine Großmutter hatte für die Nachforschungen, die ich auf dem Heimweg anzustellen versuchte, nur ein Kopfschütteln und ein verschmitztes Lächeln als Antwort. Auch mit ihrer Mitteilung, daß der abgängige Jancsi ja nicht nur Soldat und Reserve-Unteroffizier gewesen sei, sondern im Hauptberuf eigentlich Kassier bei der Unionbank,

wußte ich nichts anzufangen. »Die Pepi leidet halt an verschlagener Romantik«, setzte sie hinzu. »Also lassen wir's dabei.«
Mir blieb das alles vollkommen unverständlich; aber ich genoß es sehr, als bei unsrem nächsten Besuch die Rede abermals auf János kam und von seiten der Mutter Pepi eine Aufklärung seines tragischen Endes erfolgte, wie sie es sah. Wer weiß, vielleicht hatte meine gute Großmutter das Datum unsres Besuchs mit Absicht so gewählt. Es wäre ihr zuzutrauen. Jedenfalls empfing uns Mutter Pepi in einem desolaten Zustand tiefster Niedergeschlagenheit, der sich schon darin äußerte, daß um ihren Sitz herum eine Menge kalter Buchteln verstreut waren, viele davon zertreten; auch weiter im Zimmer führte eine schüttere Piste dieser Leckerbissen bis zum Hauptdepot neben dem Kachelofen.
»Damit s' nicht ganz derkalten«, sagte Mutter Pepi tonlos und starrte trüb vor sich hin.
»Was ist denn los mit dir, Pepi?« fragte meine Großmutter mit inniger und, wie mir schien, ein wenig heuchlerischer Anteilnahme.
»Ja weißt denn nicht, was heit fir ein Jahrestag is?« kam vorwurfsvoll die Gegenfrage. »Heit vor einem Jahr ham s' doch den armen Jancsi derschossen, Gott hab ihn selig.«
»Um Himmels willen, richtig«, bemerkte meine Großmutter artigkeitshalber. »Und warum eigentlich?«
»Das fragst noch? Wo's alle Spatzen, ich bitt dich, von denen Dächern pfeifen?«
»Aber was hat er denn angestellt? Er war doch immer so brav und anständig?«
»Marandjosef, das is es ja gerade! Wegen seiner Pflichttreie!«
Die kugelrunde Matrone versuchte aufzustehen, fiel aber sofort mit einem Krach in den schwer überlasteten Lehnstuhl zurück. Immerhin konnte man in dem kurzen Augenblick feststellen, daß sie auf mehreren zerquetschten Buchteln gesessen war, die ihren Powidl zur Gänze von sich gegeben hatten. Zum Glück trug sie ein braunseidenes Kleid. »Sitzt du nicht ein bißchen feucht, Pepi?«
»Wie soll ich heit dran denken, ob ich feicht sitz oder nicht! Wo s' grad heit vor einen Jahr meinen Jancsi auf der Schmelz z'samm-g'schossen ham, den armen Buben... und nur wegen seinen

patriotischen Iebereifer ...« Die fette Dulderin machte den Mund der Niobe, aber so, als ob ihn der Höllenbreughel aus dem Gedächtnis kopiert hätte. »Bei die Herbstmaneever, daß ich dir amal die Wahrheit sag. Da hat der arme Bub, weil s' ihn doch als Reserve-Unteroffiziersleitnant zur Waffeniebung eingezogen ham, einen Horchposten ausieben missen. Mit der neichen Uniform, vom Zymbler in der Mariahilferstraßen, schad' ums Geld. Kannst dir denken, was er da fir einen schwierigen Dienst gehabt hat, durch die Gebische ... ich bitt dich, auf alle viere hat er missen kriechen ... bis ganz nah zum ...Ježišmarja ... Feind. No, und wie er in denen Gebischen herumg'schloffen is, sieht er dir nicht auf einmal einen hochen Generalen, was an grienen Föderbusch am Kopf g'habt und mit'n Ricken gegen seiner ganz unentschlossen umanandsteht. In der einen Hand hat er a Landkarten und die andre haltet er ans Ohr. War halt mißtrauisch wie alle hochen Generale, wegen Intrügen von Hofkakarilla ... No, und wie er so Hand an Ohr haltet, ob wer kommt, denkt sich der Jancsi: Aha, der hat herausgekriegt, wo unsre Truppe steht, no das is scheen, no wart nur, das versalz ich dir, der wird g'fangt. Erschtens gewinnen wir dann die Maneever, und zweitens wird mein Hauptmann, der Chládek, a Mordsfreid ham, wann ich ihm den Generalen bring. Vielleicht hat sich der Bub ... mein Gott, er war ja schließlich Bankbeamter ... hat er sich auch noch denkt, daß er vielleicht a Leesegeld kriegt fir an gefangenen Generalen, man kennt das ja aus Romanen ... No, unter dem sieht er schon, wie der General ... aber ich bitt dich: sag's niemanden nie nicht weiter, um alles in der Welt ... also wie der General die Hosen herunterlaßt und die Landkarte zerreißt und weichrippelt. Ieberlegt sich der János nicht mehr lang, springt aus'n Gebisch und brillt: ›Im Namen Seiner Majestät unseres Allerheechsten Kriegsherrn sind Sie verhaftet!‹ Und wie der alte Herr vor Schreck nach hinten fallt und den grienen Buschen verliert, sieht der Bub ... ich bitt dich, schweig drieber ... daß es der Durchlauchtigste Herr Erzherzog Albrecht war, der Onkel vom Kaiser ...«
Mutter Pepi hielt inne, rötzelte tiefbekümmert und stierte zu Boden. Der Kanari, sonst immer für ein Stummerl gehalten, begann fröhlich zu zwitschern.

»Ja, Hansili, du hast leicht singen«, seufzte die überfressene Niobe. »Du hast kan Sohn nicht, was mit'n Pelonton fisiliert worden is und wo die arme Mizzi jetzt kan Bruder nicht mehr hat zum Aufpassen, damit sie nicht um achte auf die Nacht denen Wiestlingen zum Opfer fallt ...« (Daß dies gerade »um achte auf die Nacht« geschehen müsse, war eine von Mutter Pepis Marotten. Vielleicht erschien ihr die Entheiligung der Nachtmahlstunde als ein besonders verabscheuungswürdiges Delikt. Im übrigen stieß ihrer unbeschreiblich reizlosen Tochter die Schande niemals zu.)

»Alsdann stell dir vor«, wandte sich die schwergeprüfte Matrone zum Abschluß an meine Großmutter. »Den Erzherzog Albrecht, den Oberstkommandierenden von der ganzen Armöo, hat mein unglicklicher Sohn fangen missen ... beim Kacken, ich bitt dich ... an Generalen mit lauter ruhmvolle Siege an den Fahnen ... sowas laßt der Himmel zu. Da ham s' natierlich nix andres machen kennen als ihn derschießen. Aber ich beschweere dich nochamal, bewahr das bei dir bis aufs Totenbett! Es ist das greeßte Staatsgeheimnis von Esterreich! Wann das der Kaiser erfahrt ... Bis jetzt hat noch niemand gewagt, es ihm zu sagen ... nicht amal flisternd ... so ein Unglick, so ein Unglick ...«

Laut aufröhrend sank die beklagenswerte Frau hintüber in den Lehnstuhl. Dann, wohl um ihrem Schluchzen Einhalt zu gebieten, stopfte sie sich gleichzeitig drei Buchteln in den Mund und barg das Gesicht in Händen.

Meine Großmutter machte mir ein Zeichen. Wir entfernten uns auf Zehenspitzen.

PATER KNJAKALS ERBAULICHE PREDIGT

Die Fürsten Auersperg, Erbmarschalle in Krain und auf der Windischen Mark, eines der vornehmsten Adelsgeschlechter Österreichs und den Habsburgern ebenbürtig, besitzen unweit der nie zur Gänze erforschten Friedrichsteiner Eishöhle ein Schloß, an das sich eine romantische, gleichfalls nicht ganz erforschte Geschichte knüpft: die Geschichte ihrer Ahnherrin, der bildschönen Gräfin Veronica von Cilly.

Diese graziöse Traumfigur aus der Goldbrokatzeit der Gotik, verehelicht mit einem der mächtigsten Dynasten des Reiches, wollte die düstere Kaiserin Barbara, die Gemahlin Sigismunds, beseitigen und Kaiserin von Deutschland werden. Barbara starb an der Pest, und damit schien der Weg zum erhabensten Thron Europas für die bezaubernde Veronica offen. Doch auf einem Zug nach Ungarn geriet sie durch Verrat in Gefangenschaft und wurde schließlich auf der Burg Hochosterwitz in einer Zisterne ertränkt. Nur im Lied der Minnesänger lebte sie weiter, geheimnisumwoben wie jene Sage, daß die unheimliche Eishöhle aus ihrem Besitz den Eingang zum Tartaros der Antike bildete, in dem auch Helena und die Helden von Troja verschwunden waren.
Den Auerspergs gehören überdies ausgedehnte Güter im Tyrol, wo sie Herren auf Matray und Sprechenstein sind, und in Böhmen, wo unter anderm Nassaberg, Kralowitz und Slatinan zu ihren Liegenschaften zählen. Das letztgenannte Schloß liegt in einer besonders schönen, waldreichen Gegend, inmitten meilenweiten fürstlichen Besitzes. Einem Vetter meines Vaters, Auerspergischem Hofrat und Generaldirektor, unterstand dieses ganze weite Land, und einmal verbrachten wir einen Sommer bei ihm und seiner jungen Gattin. Hans Canon hatte sie als »Beauté am Hofe Karls I. von England« gemalt und hatte ihrem Bildnis den Timbre der englischen Renaissance gegeben: sie stand neben einer mit flachen Reliefs geschmückten Marmorsäule, an eine Balustrade gelehnt, und fern im Hintergrund zog eine Jagd vorüber, leicht verschleiert im letzten Tageslicht.
Ich mit meinen sechzehn Jahren war sehr verliebt in meine schöne junge Tante und empfand die ganze herrliche Entourage als etwas nur für sie Geschaffenes. Was für Köstlichkeiten brachte der damals so üppige Reichtum Böhmens auch hervor! Wie bog sich die Tafel unter den Rebhühnern und Fasanen! Und beim Souper immer das goldene Licht unzähliger Kerzen in silbernen Kandelabern. Alles war dem Glanz des Fürstenhofs angepaßt. Sogar in den Stallungen gab es alte Delfter Kacheln zu bewundern.
Aber mich interessierten auch die Ausflüge, die sich vom Schloß aus machen ließen — etwa in die uralte Stadt Chrudim mit dem Renaissancepalast des großen Astronomen Tycho de Brahe, oder

nach Kuttenberg, dem Zentrum des alten Silberbergbaues mit der berühmten Barbarakirche, einem der glänzendsten gotischen Bauwerke der Welt, 1388 von Peter von Gmünd geschaffen. Dort steht ein vielfiguriger Brunnen, in dessen unheimlich tiefen Schacht brennende Pechkränze geworfen wurden, die man noch lang als kleine, glühende Punkte entschwinden sah...

Zu all dieser Pracht und zum Liebreiz der dudelsackdurchklungenen böhmischen Landschaft gehörte ein Satyrspiel, das sich einige Jahre später zutrug und von dem ich hier berichten will: die im höchsten Grad erbauliche Predigt, die der ehrwürdige Pater Knjakal in der Kirche von Kalk-Podol gehalten hat.

Pater Eusebius Knjakal trug den Titel eines Domherrn und war vom Heiligen Geist mit vielen Dingen begnadet worden, zu denen auch ein dicker Bauch, eine daraus resultierende Atemnot und ein unheilbares Böhmakeln gehörten. Mit zunehmendem Alter bestieg er immer seltener die Kanzel und brachte so die fromm lauschende Welt um manch unersetzlichen Blütenstrauß aus Gottes Predigergärtlein. Sein ehrwürdiges Alter, seine leiblichen Gebreste, zu denen harmonisch auch die und jene geistige Ramponiertheit trat, erheischten Schonung — die ihm von seiten des verständigen Episkopats glatt zuteil wurde. Denn schon wenn Pater Knjakal während der hl. Messe niederzuknien hatte, wie es die Liturgie vorschreibt, konnten die peinlichsten Begleiterscheinungen auftreten. Der ehrfurchtgebietende alte Herr schlief bei solchen Gelegenheiten gerne ein, mußte vom Ministranten durch Zupfen am Meßgewand geweckt werden, und da er regelmäßig vom Tarockspiel träumte, fand er beim Erwachen stets böse, bitterböse Worte für seine vermeintlichen Partner. Doch tat all dies seinem Ansehen keinen Abbruch. Er war nicht nur eine anerkannte Leuchte der Predigerkunst, er war auch mit dem berühmten Prager Selcher Chmel nahe verwandt, und niemand im damaligen Böhmen wollte sich es mit einem solchen Manne verderben.

Eines Tages verbreitete sich im Auerspergischen Schloß die frohe Nachricht, daß Pater Knjakal morgen nach Kalk-Podol kommen und predigen würde. Sofort begann der Telegraf zu spielen, um die Eingeweihten im nahen und weiteren Umkreis von dem zu

erwartenden geistlichen Fest in Kenntnis zu setzen. Zusagen funkten zurück, und am nächsten Vormittag trafen im Schloß zahlreiche Equipagen und vereinzelt sogar Herren zu Pferde ein. Nachdem man einen vorzüglichen Imbiß genommen und dazu den blumigen Melniker Wein getrunken hatte, ging es korporativ in die schöne alte Barockkirche, die bald zum Bersten voll war. Es herrschte drückende Hitze, die Knjakals Hirn erfahrungsgemäß zum Phosphoreszieren brachte. Man durfte sich also auf einen besonders erbaulichen Ohrenschmaus gefaßt machen.
Mäuschenstill saß die fromme Gemeinde. Nur ab und zu wurde das Rauschen eines Fächers oder ein verhaltenes Räuspern hörbar. Jetzt gab der Mesner diskret ein Zeichen. Selbst die Fliegen hörten zu summen auf und stießen sich erwartungsvoll an.
Rumpelnde Schritte, ein schweres Keuchen — dann sah man Pater Knjakal der Kanzel zustreben. Sein frommes, fettwattiertes, unendlich ausdrucksloses Antlitz, das schon leicht ins Gesäßhafte hinüberspielte und die winzigen, weit auseinanderstehenden Äuglein kaum noch erkennen ließ, war rot wie eine Pfingstrose. Reichlichen Schweiß von der Stirne wischend, über der ein viel zu kleines Jesuitenbarett wackelte, schnaufte er immer wieder deutlich hörbar »Esch, esch«, und hielt sich fest, wo etwas zum Festhalten war. Schließlich verschwand er im Stiegenraum der Kanzel, dessen Türlein der Mesner — eine verkniffene, mit Schnupftabak gepuderte Intrigantenfigur — lautlos hinter ihm schloß.
Die Gemeinde hielt den Atem an. Auf der schmalen Holztreppe zur Kanzel hinauf rumpelte und trampelte es — plötzlich ein Poltern, gefolgt von einem dumpfen Krach und unartikulierten Klage- oder Schimpflauten: der fromme Mann war, wie so oft, gestürzt. Alles nickte befriedigt. So mußte es an guten Tagen kommen. Nach wahrhaft entsetzlichem Stöhnen und Geschlegel dicker Füße am sommertrockenen Holz tauchte es wie ein glühender Kürbis über dem Kanzelrand auf.
Der hochwürdige Herr jappte nach Luft, wischte sich den Schweiß aus dem Gesicht, sah giftig auf das Kruzifix, das ein geschnitzter Arm aus der Kanzel in das Gotteshaus hinausstreckte, und ließ noch einen langen, abgestochenen Blick über seine Schäflein schweifen, ehe er begann:

»Geliebte in Christo. Esch. Andächtige Gemeinde, fromme Firschtlichkeiten und hoher Adel. Esch, esch. Wir feiern heite das Andenken an den heiligen Erzmärtyrer Sebaschtian, der was eigentlich, könnt man sagen, ein k. k. reemischer Offizier gewesen is. Klarerweise war er heimlich getauft, weil war er einziger anständiger Mensch in ganzen hundsgemeinen reemischen Offizierskorps, miserablichten. Esch, esch. Und war natierlich beste Offizier von alle. Die anderen waren heechstens qualifiziert zu Gewölbwache im verschitteten Pompeji oder als Kondukteere bei der Affentramway in Egypten oder als Kutscher für Kamelkomfortabeln ebendaselbst. Heitzutage weiß kein Mensch mehr, wie die G'schicht von seiner heiligen Taufe herausgekommen is. Vielleicht hat ihn wer vernadert, oder Oberleitnant Sebaschtian hat sich selber bei Offiziersmesse verplauscht, oder bei an Liebesmahl, weil hat zu viel getrunken ... esch, esch ... jedes Falles, meine andächtige Gemeinde, hat ihn Oberscht zum Rapport bestellt, hat ihn priefend ang'schaut, Klachel verdächtige reemische, und hat ihm g'sagt: Herr Oberleitnant, morgen gehn S' ab zu die Herbstmaneever. Unser geliebter Heiliger hat daraufhin Hacken z'sammg'schlagen und hat heeflich, aber bestimmt erwidert: Melde gehorsamst, Herr Oberscht, das is unmeeglich, weil morgen muß ich auf Wallfahrt nach Mariazell. Esch. Hat ihn Oberscht nochamal bees und priefend ang'schaut und hat g'sagt: Mariazell, was plauschen S' da. Das is ja noch gar nicht erfunden. Mir scheint, Sie sind a Christ. Sagt drauf der heilige Oberleitnant: Jawohl, und ich leigne es nicht. Ich bin kein so ein heidnischer Lump wie iebriges Offizierskorps. Oder glauben S' vielleicht, ich bin der Sau vom Hintern g'fallen? Kriegt der Oberscht a teiflisches Lächeln ins G'sicht und sagt: Esch, esch, alsdann jetzt treten S' amal in Offiziersmesse an und opfern S'! Dabei ziehte aus hintern Togataschl a kleines Schkarnizel mit k. k. Weihrauch und sagt: So, da opfern S' jetzt gefälligst a Prise voll — nicht in die Nase, sakra nochamal — vor'n Bild von seiner Majestät dem Kaiser!« (Sonderbarerweise standen an dieser Stelle ein paar Herren im Auditorium auf und verließen das Gotteshaus.) »Hat ihn unser Heiliger nur so von oben herunter ang'schaut und hat g'sagt: An Schmarrn! Dem heidnischen Fallotten da? Der kriegt von mir nicht amal für zwei Kreizer Wanzenpulver als Opfer!«

Ein Murmeln der Befriedigung ging von der andächtigen Gemeinde aus, verschiedentlich wurde mit dem Kopf genickt, und wie zur Bestätigung ertönte ein lauter Knall: ein eingeschlafenes Kind war aus der Bank gefallen.

Pater Knjakal schnupfte, um sich für den Abschluß zu stärken, mit einem kleinen Hornlöffel mächtig auf, schneuzte sich dröhnend in ein riesiges rotes Sacktuch und erhob seine Stimme:

»Wos? brillt der Oberscht. So aner sind S'? No, das wemme gleich haben! Erschossen werden S', jetzt sofort schtantapeh, damit S' es nur wissen! Richtig is auch schon Auditor kummen, hat Todesurteil gefällt, und verfluchte Reemer ham unsern lieben heiligen Oberleitnant Sebaschtian mit lauter Fidschipfeile so lange durchgebohrt, bis is tot umg'fallen als Märtyrer.«

Beklommene Laute wurden hörbar, auch Schluchzen auf tschechisch und deutsch, das immer mehr anwuchs.

Pater Knjakal war sichtlich überrascht von dieser gefühlvollen Wirkung seiner Predigt. Er schnupfte abermals und dampfte jetzt so, daß er deutlich nach heißen Würsteln roch.

»Weinet nicht, Geliebte in Christo!« rief er. »Weinet nicht, fromme Gemeinde, firschtliche Gnaden und hoher Adel! *Wer weiß, ob's wahr is . . .!«*

Ein allgemeiner Seufzer der Erleichterung schwebte aus der frommen Gemeinde empor und vermischte sich mit den Geräuschen eines ebenso eiligen wie wohlgelaunten Aufbruchs zur Jause, die man im »Schwarzen Adler« einnahm. Pater Knjakal wurde diesmal besonders ausgiebig freigehalten.

WO KOMMEN DIE WASSERTROMPETER HER?

Vor vielen Jahren bestieg ich an einem träumerischen Spätsommerabend einen lässig dahinrollenden Personenzug der böhmischen Westbahn, der — wohl zu seiner eigenen Unterhaltung — viel und melodisch pfiff. Der Zug warf lange Schatten auf smaragdene Waldwiesen, und im letzten Waggon sang eine füllige Frauen-

stimme ein böhmisches Liedchen, vielleicht das vom gestohlenen Lebkuchenherzen oder sonst was mit verdächtigem Einschlag.
Hörnerklang antwortete. Es waren Jäger mit Fanfaren. Auf etwas zu hohen und dabei zu kurzen Rossen tauchten sie alsbald aus einem Wäldchen auf. Die Lokomotive, die sich nicht spotten lassen wollte, versuchte schneller zu fahren, als der Hirsch lief. Das gelang ihr aber nicht, obgleich die Räder wie toll klapperten und »Křivoprd, Křivoprd« machten, was mir später ein approbierter Linguist getreu übersetzte (es eignet sich nicht für den Druck).
Dann nieste das Dampfroß und verkutzte sich ein paarmal, ehe ihm endlich ein klarer Pfiff glückte. Wir fuhren in eine Station ein, wo eine grünbeschirmte Harfenistin und ein Tambour, der auf einer Trommel mit schlaffem Kalbsfell wütete, den Zug empfingen. Dazu bimmelte unaufhörlich ein elektrisches Glöckchen. Zwei mittelgroße Greise in sehr sauber gebürsteten Anzügen stiegen gemessen grüßend in mein Coupé. Der Zug fuhr wieder los.
Die beiden Greise brüteten still vor sich hin, und zwar — wie ich zur Steuer der Wahrheit versichern kann — resultatlos. Der eine von ihnen schien mit der Zunge links oben im Mund nach einem Brösel zu suchen. Im übrigen benahmen sie sich ganz einwandfrei nach Art gelangweilter Provinzreisender.
Da sprang, als der Zug einen Ruck machte, dem Zungengeschäftigen der etwas zu kleine *chapeau melon* vom Kopf und mir auf die Zeitung, von wo er mit leisem Knall zu Boden fiel.
Der nunmehr hutlos Gewordene sah mich einen Moment verstört an. Dann sagte er mit milder Stimme: »Kratochvil.«
Ebenso mild und ebenso klar antwortete ich: »Nováček.«
»Ježišmarja«, ließ daraufhin der andre reisende Greis sich vernehmen. »Nováček? Sind S' am End' aus Kladrup der Herr k. k. Gestütsfotograf? Was die scheenen Bilder von die kaiserlichen Sprunghengste macht?«
Ich mußte beschämt verneinen, und da uns allen nichts mehr einfiel, stockte das Gespräch.
Gewissensbisse folterten mich wegen meines usurpierten Namens. Um die Falschmeldung auszugleichen, bemerkte ich schließlich,

daß ich mit dem genannten Sprunghengstfotografen schon deshalb nicht identisch sein könne, weil ich Wiener sei. »Und was sind die Herren?« fragte ich aufmunternd.
Die beiden wurden sichtlich verlegen und gestanden erst nach einigem Räuspern, sie seien Wassertrompeter.
»Aha«, erwiderte ich artig. »Also beim Zirkus. Ein schöner, aber anstrengender Beruf. Wassertrompeter, hm. Machen Sie das beim Schwimmen?«
»Herr!« brauste mein Gegenüber auf. »Für was halten S' mich? Für einen Klowen? Ich bin k. k. Notar! Ham S' schon amal an Notar g'sehn, was blast? No bitte ... Wie geföllt dir das, Vančura?« wandte er sich formsteif an seinen Gefährten. »Der Hörr glaubt, wir schwümmen! Als möhrfache Familienväter!«
»Ježišmarja, schwimmen ...«, lautete die Antwort.
Ich kannte mich nicht mehr aus und fragte, ob die Herren sich in einem Konservatorium zu Wassertrompetern ausgebildet hätten.
»Konservatorium? Wer braucht Konservatorium? A Wassertrompeter is man doch von Geburt! Schon als Seigling! Ja schon im Mutterleibe!«
Jetzt war ich völlig verwirrt. Welch quälende Vorstellung: ein Embryo, vielleicht sogar mit einer (sei's auch noch so kleinen) Zugposaune ... Ich mußte mir Klarheit verschaffen.
»Gibt es außer Ihnen noch mehr Wassertrompeter?«
»Gottlob, daß ja. Wir sind im ganzen deren 1651, momentan. Darunter auch hochgewachsene Perseenlichkeiten, wie zum Exempel ein Domherr, sechs Kapuziner, ein Gemeindearzt, vier Selcher, verschiedene Nonnen ... no und schließlich ... die Welt is schon amal so ... den Bedirfnissen entsprechend ... drei gefallene Mädchen, was bei uns die Mode angeben und über die feinen Manieren wachen. Ja. Und leider ham wir auch einen Kretin ... Weißt, Vančura: den teppeten Alois.«
»Ježišmarja«, bestätigte der andre Greis.
»Und kann der auch blasen?« erkundigte ich mich.
»Was ham S' denn immer mit'n Blasen?!« empörte sich mein Gesprächspartner. »Das wär ja noch scheener, wann a jeder Wassertrompeter blasen mecht! Glauben S', wir sind zum Blasen auf der Welt?«

»Ja, aber ... wieso ... warum nennen Sie sich dann Wassertrompeter?«
»Nennen? Was meinen S' schon wieder mit nennen? Wir *sind's*, gefälligst!«
»*Was* sind Sie, um Himmels willen?«
»Einwohner von Wassertrompeten! Gebirtige Wassertrompeter! Domizilierend und polizeilich gemeldet in Ortschaft Wassertrompeten! Verstehn S' jetzt endlich oder sind S' schwerheerig auch noch, Sie Klachel? Ich bitt dich, Vančura: was sagst zu sowas von Begriffsstitzigkeit ...«
»Ježišmarja«, sagte Vančura.
Entgeistert sank ich zurück. Ich verstand. Aber geglaubt habe ich's erst, nachdem ich mich bei nächster Gelegenheit in einem landesamtlich befugten Ortsverzeichnis für das Kronland Böhmen überzeugt hatte: Wassertrompeten, Gerichtsbezirk Bischofteinitz, Gemeinde mit eigenem Statut in Westböhmen.
Von dort kommen die Wassertrompeter her.

EINE MEYRINK-ANEKDOTE

Zur Zeit, da Gustav Meyrink[1] noch als Bankier in Prag wirkte, mußte er Geschäfte halber regelmäßig nach Dresden reisen. Die häufigen Fahrten des arrogant aussehenden Herrn mit dem vornehmen Handgepäck erregten das Mißtrauen der Grenzbehörden, und jedermann wird es nur recht und billig finden, daß Meyrink am Zollamt von Tetschen-Bodenbach immer aufsässiger kontrolliert wurde. Als ihm das lange genug auf die Nerven gegangen war, setzte er sich auf seine Weise gegen die »Zollzwockeln« zur Wehr. Er ließ in Dresden — denn der heimischen Technik hätte das damals unüberwindliche Schwierigkeiten bereitet — in seine kleine Handtasche einen Stahleinsatz einbauen und unter hydraulischem Druck eine überraschend große Anzahl feuchter Handtücher hineinpressen. Dann machte er sich frohgemut auf die Rückreise.

[1] Neben Alfred Kubin, Oscar A. H. Schmitz und Sir Galahad zählte auch Gustav Meyrink zum Freundeskreis Herzmanovskys. (Anm. d. Herausgebers.)

Als der Zug an der Grenzstation hielt, trat der Beamte ein und stellte die übliche Frage:
»Nix zu verzollen?«
Meyrink, wie gleichfalls üblich, verneinte hinter seiner Zeitung hervor.
Dem Beamten, seiner grünen Uniform wegen auch »Spinaterer« genannt, stach das neue, hochelegante Lederköfferchen in die Augen, das noch dazu die erlaubten Maße um gute zweieinhalb Zentimeter überschritt, was er sogleich mißbilligend zu schätzen in der Lage war.
»Was ham S' da drin?«
»Wäsche.«
»Was fir welche?«
»Nur ein paar Handtücher für eigenen Bedarf. Ich komme aus dem Sanatorium Lahmann.«
»Handtiecher? A ganzer Koffer voll? Effnen S'!«
Meyrink erwiderte artig, daß die Wäsche in der Eile der Abfahrt noch ein wenig feucht eingepackt worden sei und daß der Koffer dann vielleicht nicht mehr zugehen würde. Übrigens verpfände er sein Ehrenwort als Reserveoffizier, daß die Wäsche wirklich —
»Tut mir leid«, unterbrach ihn der Zöllner. »Geben S' die Taschen gefälligst herunter.«
Meyrink zuckte die Achseln:
»Kann ich nicht. Sie ist mir zu schwer.«
Der Beamte, zusehends gereizt, legte selbst Hand an und stutzte. Das unwahrscheinliche Gewicht dieses kleinen Handgepäckstücks schraubte seinen Verdacht in lockende Höhen. Und auf der anderen Seite waren, wie er tastend konstatierte, auch noch Vorhängschlösser dran!
Er maß den immer bedenklicher werdenden Fahrgast mit stechenden Blicken, wie solche in den Kursen für Untersuchungsrichter und verwandte Organe gelehrt werden, und ließ das verdächtige Gepäckstück von zwei Trägern in die Zollhalle abschleppen, wohin er Meyrink persönlich eskortierte.
Mit dumpfem Krach setzten die Träger das Köfferchen auf den Zolltisch und wischten sich die Stirn.
Als nächstes erschien ein durchaus spinatfarbener Finanzrat, von

tuschelnden Zollbeamten aus einem Glasverschlag hervorgeholt. Da er gerade im »Bösen Geist von Zuckmantel« gelesen hatte, war er über die Störung sehr ungehalten. Er blickte längere Zeit mit verschränkten Armen auf den fromm dastehenden Meyrink, dann tippte er das ihm bereits als zweideutig geschilderte Reisegut an, versuchte es zu bewegen und fragte süffisant:

»No, was hätt' man denn da drin?«

Meyrink wiederholte seine Angaben, denen er entgegenkommend hinzusetzte: hier seien die Schlüssel, und er bäte, selbst zu öffnen — aber auf Verantwortung der Amtsstelle. Er sei in wichtigen Bankgeschäften unterwegs, müsse zu einer Konferenz mit dem dortigen Finanzgewaltigen noch vor drei Uhr in Prag sein und wolle nicht an einer Zugverspätung schuldtragen, die ihn selbst aufs unangenehmste träfe. Nochmals mache er darauf aufmerksam, daß die Wäsche bestimmt nicht mehr in den Koffer hineingehen würde. Anderseits könne man ihm aber nicht zumuten, mit feuchten Handtüchern unterm Arm weiterzureisen, um so weniger, als er die reinste Wahrheit gesagt habe.

»Das wird sich ja gleich zeigen!« replizierte mit galligem Hohn der Finanzrat. »Bißl schwer fir Wäsche kommt mir das vor! Vielleicht, daß die alten Ritter so a Wäsche g'habt ham, wann s' auf Kreizzug gefahren sind ... Binden S' mir keinen Bören auf, Hörr! Wissen S', was da drin is? Ödelmetalle sind da drin, damit Sie's wissen ... Stojesbal! Nehmen S' die Schlissel und tun S' das Zeig da aufsperren!«

Kaum aber hatte der mit Recht als Stojesbal angeredete Zöllner das eine Schloß geöffnet, als das andre sich selbsttätig losriß, so daß der Koffer aufsprang und ein nicht endenwollender Strom von Handtüchern leise summend hervorquoll. Der grüne Finanzrat und einige gestikulierend herbeigeeilte Amtsorgane stürzten sich auf das unheimliche Gepäckstück und versuchten den Deckel niederzudrücken. Umsonst. Die Hydraulik war stärker.

Eine halbe Stunde später dampfte Meyrink, flankiert von zwei rasch irgendwo aufgetriebenen Fässern, in denen es noch immer leise summte, der Landeshauptstadt zu.

Das Zollamt von Tetschen-Bodenbach ließ ihn seither ungeschoren.

KÖNIG SONNENTHAL UND DAS KIND

Zu jener Zeit, da ich in Wien die Hochschule besuchte, fühlte sich die Studentenschaft noch bemüßigt, Jahr um Jahr ein klassisches Stück aufzuführen, immer ein andres. Aus Entgegenkommen für die Theaterbegeisterung der akademischen Jugend — eine Begeisterung, die Augen rollen und Hände schwitzen macht — stellte abwechselnd eines der großen Theater dem Unfug seine Bühne zur Verfügung.

Schon längst war uns aufgefallen, daß die Schöpfungen unsrer dramatischen Genies sich durch ungeheure bewaffnete Haufen oder Pilgerchöre auszeichneten, die im Grunde gar nicht dazugehörten. Deshalb hätten wir es gerne gesehn, wenn im »Hamlet«, den wir diesmal spielen wollten, der Geist des sel. Vaters noch einige Bekannte aus der Unterwelt mitgebracht hätte. Es schwebte uns ungefähr ein Dutzend vor. Aber trotz größter Beredsamkeit konnten wir dem uns beigegebenen Regisseur des Burgtheaters die Erlaubnis dazu nicht abringen. Mit Hilfe von hochgestellten Verwandten versuchten wir es direkt bei Direktor Schlenther, schraubten unsre Forderung nach und nach auf sechs, auf vier und schließlich gar nur auf drei Geister herab — umsonst; auch Schlenther blieb hart.

Verstimmt ging das Komitee auseinander, und besonders ein glutäugiger Ungar, Tivádár de Nagy és Nagyhaza, trotz seiner mangelhaften Beherrschung der deutschen Sprache ein fanatischer Schauspieler, machte sich in langrollenden Flüchen Luft. Er spuckte sogar vor dem Monumentalbau des Burgtheaters am hellichten Tage aus.

Da uns die ganze Freude am »Hamlet« verdorben war, sahen wir uns nach einem Ersatz um und fanden ihn im »Don Carlos«. Der »Don Carlos« gehört, wie man weiß, zu den gefährlichsten Stücken. Gewiß, auch »Wilhelm Tell« hat seine Tücken, etwa wenn der väterliche Pfeil mitten am Weg zum Apfel in der Luft schweben bleibt. Gewiß, auch Lohengrin kann unerwartet vom Schwan herunterfallen. Und wenn der tote Siegfried, wie das z. B. in München üblich ist, von einer reizenden, als Walküre kostümierten Ballerina nach Walhall überstellt wird, so kann er leicht verlorengehen und mit einem Höllenkrach wieder auf der Erde landen, wobei dann aus der Kulisse gerne der Ausruf »O bluatiger Heahnerdreck!« ertönt. Aber bei »Don Carlos« passieren noch ganz andere Sachen. Und bei uns passierten sie sogar schon vor der Aufführung.

Das Komitee, bestehend aus vierundzwanzig Herren, hatte sich von der Direktion des k. k. Hofburgtheaters die Mitwirkung Adolf von Sonnenthals erwedelt und feierte diesen ungewöhnlichen Triumph mit einem Frühschoppen, der sich bis in die späten Nachtstunden hinzog.

Adolf Ritter von Sonnenthal, der vielbewunderte Tragöde und Meister der klassischen Burgtheater-Sprache, stammte aus Ungarn. Das merkte man an seinen K-Lauten, die von sonderbar »gewürgten«, irgendwie an Kecskemét gemahnenden Partialtönen flankiert waren. Wer ein bißchen was von Rhetorik verstand, erschauerte in tiefster Ehrfurcht vor diesem kecskemétalen Beiklang. Das Ganze klang unendlich vornehm und verwöhnt, weshalb Meister Sonnenthal auch immer Nobelrollen zu spielen bekam: Kaiser und Könige, oder mindestens hohe Militärs wie Wallenstein. In seiner Gegenwart griff unwillkürlich eine gewisse »Habt acht«-Stellung um sich.

Der erlauchte Mime, der etwas von einem verklärten, höchst distinguierten Nilpferd an sich hatte, zeichnete uns bald darauf durch seinen persönlichen Besuch aus, und zwar im Deutschen Volkstheater, wo unser Schauspielkomitee tagte. Die Burgtheaterdirektion hatte uns wissen lassen, daß Hofrat Ritter von Sonnenthal unbedingt den Tisch zu sehen wünsche, auf den er sich als König Philipp in der Szene mit dem Großinquisitor aufzustützen liebte. Auch das Kind, die Infantin Clara Eugenia, sollte ihm vorgeführt werden. Hinter diesen beiden Objekten, so gab man uns zu verstehen, lauere die Tücke des Schicksals in bedrohlichem Maß, und Meister Sonnenthal hätte da schon die schlimmsten Erfahrungen gemacht. Sei doch einmal bei einem Gastspiel in der Provinz, angeblich sogar in Kecskemét, der Tisch unter seiner majestätisch aufgestützten Hand zusammengebrochen; ein andresmal wiederum habe das Kind seiner Aufregung — seiner höchst begreiflichen Aufregung — an Ort und Stelle freien Lauf gelassen, direkt aufs königliche Parkett ... kurzum: der Meister war vor Tisch und Kind besonders auf der Hut.

Das vor Devotion beinscharrende Komitee erwartete ihn korporativ. Bei seinem Eintritt stürzten sich alle Vierundzwanzig auf ihn, wollten ihm gleichzeitig aus dem Pelz helfen und warfen dabei den alten Herrn beinahe um. Dann umringten sie ihn, in tiefer Verneigung seiner Wünsche harrend.

»Woo ist ... derr ... Tisch!!« hörte man die Stimme des Gewaltigen.

Stumme, in Ehrfurcht ersterbende Gesten wiesen auf das zur Inspektion bereitstehende Requisit.

»Derr Tisch ... ist ... scheußlich!! Ich k-kann diesen Tisch ... nicht schp-pielen!!«

Tatsächlich, genauso sagte er es. Die Devotionsbeine knickten ein.

»Woo ist ... das K-kind!!«

Eine kleine, entzückende Infantin Clara Eugenia löste sich aus dem Hintergrund, trat mit kokett niedergeschlagenen Augen vor den Erlauchten hin und machte einen tadellosen Hofknix. Erst dann wagte sie einen vollen Blick in das berühmte Nilpferdantlitz.

Sonnenthal — ganz Güte und *père noble* — beugte sich huldvoll zu ihr herab, deutete eine segnende Gebärde an und ließ die folgenden Worte auf sie niederrollen:

»Wirst du auch braav ... schp-pielen? Wenn du braav bist ... bek-kömmst du ... ein Bonbon!!«

Und die Brauen über den Nilpferdaugen wölbten sich verheißungsvoll.

Das Mädchen sah ihn überquellend vor Dankbarkeit an, senkte dann demütig die seidenen Wimpern, knixte abermals und entzog sich seinen Blicken in den Hintergrund.

Nach einer meisterhaft ausgewogenen Pause wandte sich der Gewaltige an die vierundzwanzig beklommen scharrenden Komiteeherren:

»Das K-kind ... ist ... scheußlich!! Ich k-kann ... dieses K-kind ... nicht schp-pielen!!«

Damit ließ er sich in den Pelz helfen — was diesmal infolge der

allgemeinen Lähmung keine Umwerfgefahr mit sich brachte — und verschwand.
Das K-kind sah mit großen, kristallklaren Augen hinter ihm her. Dann sagte es:
»Ein Bonbon will er mir schenken. Mir. Von so alten Thaddädeln bekomm' ich immer zehn Gulden.«

DIE GROSSE NAIVE

Eine Erinnerung an Stella Hohenfels

St. Wolfgang ist ein wunderschönes Städtchen an einem grünen See, in dem sich reizende alte Ortschaften spiegeln. Wohl jede besitzt ihre Sehenswürdigkeit, St. Wolfgang jedoch besaß deren zwei: den berühmten gotischen Altar von Michael Pacher und die berühmte Naive des Wiener Burgtheaters, Stella Hohenfels, die *auch* sehr schön war, aber an Alter nicht zu vergleichen mit dem eben genannten Altar.
Ihr Gatte, Alfred Freiherr von Berger, nachmals Direktor des Burgtheaters, spielte im Kunst- und Geistesleben Österreichs eine große Rolle. Die Villa in St. Wolfgang, wo Baronin Stella sich gerne aufhielt, gehörte seinem Bruder, Wilhelm Freiherrn von Berger, der im österreichischen Herrenhaus viele goldene Worte fand, obgleich er ein wenig pfnofelte — das heißt, daß er in bestimmten Abständen ein hörbares »Pfnof-Pfnof« ins Gespräch einschaltete. Die Parlamentsstenografen, amtseidlich verpflichtet, alles Gesprochene genau festzuhalten, waren trotzdem (und gewiß nicht ohne Allerhöchste Bewilligung des krankhaft gewissenhaften Kaisers) übereingekommen, die wiederholten Pfnöfe auszulassen. Einfach auszulassen.
Dem geschätzten Staatsmann hatte seine Gattin drei hübsche Töchter geboren, die alle fürs Theater schwärmten und denen man zu den Jours der Familie meist junge Herren aus der Diplomatie einlud, welche dazu bestimmt schienen, späterhin das Reservoir der Grafen Bobbys zu ergänzen und aufzufrischen.

Aber es fanden sich auch sonst bemerkenswerte Leute ein, und einmal sah ich dort sogar den Fackel-Kraus, fabelhaft steif und angeschirrt wie ein Lord, der den Buckinghampalast auf Hofluft prüft. Ich erinnere mich noch, wie der Hausherr ihm die Hand auf die Schulter legte und ihm folgendes sagte: »Lieber Kraus, ich habe soeben mit Interesse die neue Fackel gelesen. Sehr interessant. Pfnof, pfnof.«

Meinem Vater, einem einflußreichen Mann im Ackerbauministerium, war es einmal gelungen, Stella Hohenfels von einem sie schrecklich drückenden Reblausverdacht zu reinigen; ihr waren Lorbeerkränze, die sie im Ausland erworben hatte, zollamtlich beanstandet worden. Daraus hatte sich ein gewisser Kontakt zwischen unseren Familien ergeben.

Als die Baronessen Berger noch sehr jung waren, pflegte Tante Stella, die damals gerne eine Gretchenfrisur trug, ihnen ein kleines Kinderlied aufzusagen. Dazu setzte sie sich einen Kranz von Vergißmeinnicht auf, ließ die Zöpfe baumeln, sah die Kinder verklärt an — mit Augen wie in einer Mondscheinnacht vom Zuckerbäcker gebosselt — und deklamierte inbrünstig:

»Ich bin dloß un du bist tlein.
Willtu Fitzebutze sein?«

Worauf sich unbeschreiblicher Jubel erhob.

Ich selbst lernte sie als Sprachkünstlerin von dramatischer Größe bewundern, als sie eines sonnigen Augustvormittags, ganz Ophelia, in weißem Gewand und das Haar gelöst, in ihren Gemächern lustwandelte. Mit deliziös gedämpfter Stimme sprach sie, halb träumend, vor sich hin:

»Petersilie, Suppenkraut
Wächst in unsrem Garten.
Übers Jahr, da bin ich Braut,
Muß so lang noch warten.«

Hier seufzte sie. Dann ging es animiert weiter:

»Mein Liebster ist ein Jägersmann
Mit einem grünen Hut.
Sein Aug ist scharf, sein Büx-arl knallt,
Das Hütchen steht ihm gut.«

Jetzt schien die Baronin, die gegen Schluß sehr energisch geworden war, auf etwas zu lauschen. Tatsächlich wurde sie vom Stubenmädchen unterbrochen:

»Frau Baronin, der Dorftrottel wär da.«

»Was will der rüde Geselle?« hörte man Ophelia fragen.

»Edelweiß hätt er bei eahm, und Almrausch.«

»Laß ihn eintreten, Bärbel!«

Der Tepp — ein gewisser Hippesroiter Sepp — kam hereingestolpert und warf den Lieblingssitz der Baronin um.

»Ei, Sepp, was bringst du da?« Die Anrede wurde ihm im Tonfall einer französischen »Papa-Mama«-Puppe zuteil.

»I . . . halt ja . . . an Almrausch hätt i halt . . .«

»Hast du ihn selber gebrockt?« Sie sprach es voll Süße.

»Jo . . . freili hoan i eahm selber . . . brockt . . .«

»Und als du, Sepp, nun höre wohl«, ertönte das Rokokostimmchen wie aus himmelblauer Seide heraus, »als du den Almrausch brocktest: was hast du dabei gedacht? Sprich, Sepp!«

»Joo . . . daß i a Trinkgeld kriag' . . . zwoa Sechserln . . .«

»Hast du nicht auch an mich gedacht?« Verführerisch und graublau blitzte sie ihn an. »Nicht auch an mich, Sepp?«

»Naa . . . i mag koan Weibsbild nit . . . i mag zwoa Sechserln ham . . .«

»Banause«, sagte der verwöhnte Bühnenliebling Wiens und brachte die Blumen in einer Vase unter, an die gelehnt der Trompeter von Säckingen blies. »Erzherzöge würden schuhplatteln, wenn sie Almrausch für mich brocken dürften . . .«

»Stella!« erklang da von der Türe her die tadelnde Stimme Baron Bergers. »Stella, bedenke, daß du die Schwägerin eines Herrenhausmitgliedes bist! Bedenke, daß dich der Kaiser hören könnte . . .! Wie weit ist es schon nach Ischl?«

ONKEL TONIS VERPATZTER HEILIGER ABEND

Zu München lebte der Hofrat P., in weiten Kreisen bekannt und beliebt als »Onkel Toni«, einer der merkwürdigsten Käuze, die mir je begegnet sind.[1] Er verfügte über einzigartiges Wissen auf allen Gebieten des Antiquitätenwesens, besonders auf den abwegigen, war selbst ein bedeutender Sammler und wurde gerne von ähnlich verschrobenen Repräsentanten der Gelehrtenwelt aufgesucht, wenn sie auf verzwickte Fragen Antwort haben wollten — etwa ob es im Rokoko schon Flugschriften über Wanzenvertilgung gegeben habe, ob die ersten Meister der Klistierspritzenerzeugung in Nürnberg oder Augsburg gesessen seien, und dergleichen noch mehr. Auch stießen ihm immer wieder die seltsamsten und peinlichsten Dinge zu. So wurde er einmal von einem entlassenen Hausmeister auf dem Denunziationsweg des Lustmordes an einer uralten Bettlerin beschuldigt, weil er angeblich auf deren Umhängtuch gespitzt hätte, das er der hl. Thekla zuschrieb. Ein andresmal geriet er in den gleichfalls unberechtigten Verdacht des mehrfachen Kindesmordes, was mit seinem Versuch zusammenhing, mehrere Spiritusbehälter mit barocken Embryos, die er auf dem Salzburger Fetzenmarkt erstanden hatte, bei Nacht über die Grenze zu schmuggeln.

Von einem nicht ganz so schwerwiegenden, aber noch immer recht unangenehmen Erlebnis soll im folgenden die Rede sein.

Ich war nach längerer Pause wieder einmal nach München gekommen, und natürlich galt einer meiner ersten Besuche dem verehrten Onkel Toni. Als seine alte Haushälterin, die Frau Mizzi, mir öffnete, schlug sie in der üblichen Wiedersehensfreude zuerst die Hände überm Kopf zusammen und stieß mehrere »Jessas!« hervor, dann aber senkte sie plötzlich ihre Stimme:

»Sagen S' um alles in der Welt nit, daß derselbige schlecht aus-

[1] Wie auch in seinen Briefen wiederholt bezeugt ist, hat Herzmanovsky aus Onkel Toni eine seiner köstlichsten Gestalten gemacht, die unter wechselndem Namen in allen größeren Prosawerken auftritt: im »Gaulschreck im Rosennetz« als Rochus Großkopf, der Kunstmäzen aus St. Pölten, im »Maskenspiel der Genien« als der Münchner Raritätensammler Xaver Naskrückel, und in »Scoglio Pomo« als der gelehrte Rat Blasius Großwachter aus Linz. (Anm. d. Herausgebers.)

schaut! Lassen S' Ihna fei nix anmirken, gell? Dös waren heuer Weihnachten, sag i Ihna! Weihnachten waren Ihna dös ...«
Was es denn gegeben habe, fragte ich, noch rückwirkend aufs äußerste besorgt.
»Eing'spirrt ham s' denselbigen! Am Heiligen Abend! Im Kotter hat derselbige geschmachtet. I derf gar nit dran denken ...« Und die beleibte Weibsperson — eine emeritierte Pfarrersköchin — erstickte in Rotz und Tränen.
»Eingesperrt? Ja warum denn?«
»Wögen an öfföntlichen Örgernüß«, röhrte die Frau Mizzi auf und befliß sich dabei jener überreichlichen Verwendung von Umlauten, zu der biedere Menschen immer dann ihre Zuflucht nehmen, wenn sie — sei's auch nur mittelbar — in amtliche Zusammenhänge geraten. »Wögen Errögung der Süttlichkeit! O mei, o mei ...«
Damit geleitete sie mich ins Wohnzimmer, wo Onkel Toni, den berüchtigten Fez des seligen Nietzsche (eine seiner kostbarsten Erwerbungen) auf dem Haupt, gerade mit einem beinernen Ohrlöffelchen in einer Tintenflasche herumrührte und als Begrüßung zunächst nur ein stummes, gramgetränktes Nicken für mich erübrigte, ohne mit dem Rühren aufzuhören.
»A rechter Dreck«, brummte er dabei. »Wie alles heutzutag. Alles. Auch wann's du's erst vorgestern um zwoa bluatige Zehnerln kauft hast. Jo, jo, so ist's.« Dann wandte er sich endlich an mich. »Daß d' aa wieder amal kemma bist. Daß d' dich überhaupt noch schierst um an armen alten Onkel Toni. Weil er gar so im Dröckh sitzt ...«
Meiner Beteuerung, daß ich erst gestern angekommen sei, begegnete er mit einem traurigen Blick voll Zweifel.
»So, so. Und vor vierzehn Täg bist g'sehn wor'n, wie's d' mit einer stadtbekannten Schönheit, einer stadtbekannten, im Oanspänner die Ludwigstraßen auf und ab g'fahren bist. Oane vom Ballett is's g'wesen. Vom Ballett. — Mir wär's z' mager«, setzte er mit unvermittelter Schärfe hinzu und mümmelte wegwerfend.
Vergebens suchte ich ihm die Falschmeldung auszureden.
»Jo, jo«, beharrte er. »Weil i a armer alter Mann bin, den 's Schicksal wieder amal schön z'sammprackt hat. Jawohl, z'samm-

prackt. Dessentwegen find'st nit zu mir. Fahrst lieber mit an Balledschmötterling. Oane mit nackerte Haxen, dös schon. Aber daß d' amal mit'n armen, alten, gränklichen Onkel Toni ausfahrst, dös fallert dir nit ein. Wo i frische Luft so nödig hätt.«
»Warum gehst du denn nicht spazieren, Onkel Toni?«
»Spazieren! Daß die mich am End wieder haschen ... naa, naa ... a prennt's Kind firchtet es Feier!«
»Wieso haschen, Onkel Toni?«
Er sah mich lange an und wackelte vorwurfsvoll mit dem Schnurrbart. Dann kam es langsam heraus, wenn auch zu Beginn ein wenig verworren.
»Daß d' mich überhaupt noch fragst, du mit deine mopsnaserten Madeln! Dös waren Weihnachten ... dös waren ihrer ... wo ich meine ganze freie Zeit dem Gemeinwohl opfere ... dem Vaterland ...«
Er hob das Gesicht zum Himmel, und eine Träne glänzte in seinem Auge, ehe er fortfuhr:
»Meine ganze freie Zeit, jawohl. Noch am 24. Zember war ich im königlichen Kupferstichkabinett und frag an Herrn Direktor: Hätten S' nit an Arbeit für mich, über d' Feiertäg? Was zum bestimmen, oder so?
Ja, schon, sagt der Direktor und winkt am Adlatus, Schröckenfux Kaspar schreibt sich der, ein sehr ein hoffnungsvoller junger Mann. Horchen S', sagt er dem, geben S' an Herrn Hofrat es Bordefeuille mit denen erotischen Lithographien ... woaßt, so Biedermeiersacherln, vom Hans Bassaguet, dös war dir schon a Saumagen war dir dös ... Alsdann, sagt der Direktor, sowas liegt Ihnen, da sein S' ein Fachmann.
Is recht, sag i. Geben S' her die Bildeln. I fang gleich an. Was du heite kannst besorgen.
Ja was denn noch, sagt er. Was Eahna nit einfallt. Das geht hier nicht zu machen. Der Saal hier ist ein öffentlicher Ort, und da beinhaltet Eahnere Arbeit eine Verlötzung der öffentlichen Süttlichkeit!
Jo mei, sag i, dann nimm i's halt mit zu Haus und arbeit an Heiligen Abend durch. Gibt für mich eh koan Christkindl mehr, seit mein oarm's Mutterl nimmer is.

So? fragt derjenige. Die Frau Mama is g'storben? Dös tut mir aber leid. So a ristige Frau was die war. Wie is denn dös passiert?

Jo, sag i, schwerheerig is s' halt g'wesen, schon lang. Und in unsern Hausflur ham mir doch ein Fenster von an Ausschank, wo die alte emsige Frau immer bersehnlich ums Bier gangen is. No, und einmal hat s' es Hörrohr hing'halten, weil s' glaubt hat, der Schankbursch will ihr was sagen, und da hat ihr der b'soffene Lackel, der b'soffene, da hat er ihr 's eiskalte Bier ins Hörrohr einig'schütt. Und davon iss' nimmer genesen ... nimmer genesen ... der Mörder, der.

Mittlerweil, unterm Reden, hat der Adlatus die Bildeln verpackt, i nimm 's dicke Paket, wo mit an königlich bayerischen blauweißen Babierschbagat z'sammbunden war, und geh. Wie i in der Gabelsbergerstraßen bin, kimmt dir nit a Windstoß, ganz a firchterlicher, und reißt mir nit's Wummerl vom Kopf, das seltene Stückl, was der Duluhs-Lodreck immer tragen hat. Mir war's ja bißl z'kloan, dös Luder, aber die wahren Kenner ham mich pidderlich drum beneidet. An Kleiderpracker von der Lola Montez hab i dafür in Tausch geben, wo s' damit immer an Keenig Ludwig ... aber pscht, sonst kimmt's in die Soziblätter. Heutzutag mußt ja fürchterlich aufpassen bei sowas ... Der Ranzoni hat's mir damals verschafft g'habt, woaßt eh, der von der Firma Schmirgelberger, was für die Waisenkinderüberraschungen die falschen Ostereier aus Gips fabriziert ... no ja, sagen derfen die oarmen Haschperln eh nix, nur stumme Tränen derfen s' in die Augen haben, weil das für die Patronessen so rührend wirkt ... aber daß i net abschweif. Alsdann i geh und hab's königlich mir anvertraute Gut fest untern Arm druckt, untern rechten, und mit der freien Hand will i's Wummerl schnappen, eh's zu weit wegfliegt. Jo, dös glaubst! A zwoater Windstoß reißt mir 's königliche Paket aus der Hand — und: huidla! zerstreut's die seltenen Bildeln auf der Straßen. I ruf um Hilfe ... kimmt dir nit eine Mädchenschule daher, alle paarweis, was von zwoa Nonnen spazieren g'führt wer'n. Gleich sein s' ausg'schwarmt, die Fratzen, und sein denen Blatteln nachg'rennt ... und bein Zuwibringen waren s' ganz derrötet wie die Paradeiser und ham s' mir nur langsam in die Hand geben ... Was moanst, wie i mi g'schamt hab ... Aber's Publikum is über mich her und hat g'rufen: Wöndet Lünchjustiz an! Saumagen, verdöchtiger! Schizzet unsere Jugend! Verfiehrer! Bazi, ausg'schamter! Noch dazu am heuligen Abend! Hauts den Schweinkerl, den alten! Und: hauts eahm, hauts eahm! is gangen, und: schmeißts 'n in Schbringbrunnen ... aber der war zum Glück eing'freert. No, derweil is auch die Bolizei schon dag'wesen und hat mich denen Händen vom Mobf entrissen und mich in die Weinstraßen bracht. Dort ham s' freilich kein Brodogoll mehr aufnehmen wollen, weil's schon ins Dämmern ang'fangt hat, und ham mich gleich bein Eingang in'n Kotter g'spirrt, mitsamt die Bildeln. Aber dös hat mir gar nix g'nutzt. 's war ja finster.

Glaub mir, so was von an verpatzten Heiligen Abend hab ich noch nie nicht g'habt. Und alles nur, weil man seine freie Zeit für die Kunst und fürs Vatterland opfert.«

FRAGMENT ÜBER DAS DUELL

Das distinguiert-schauerliche Zeremoniell eines Ehrenhandels ist hoffentlich jedem Leser aus eigener Anschauung bekannt. Wo nicht, müßte er nämlich heute hübsch weit reisen, um dieses Glücks teilhaft zu werden.

In Frankreich zum Beispiel geht das noch ganz gut. Da kannst du einem der zahllosen Deputierten, die sich zu allen erdenklichen Stunden um die Buffets drängen, aus heiterem Himmel eine Ohrfeige verabfolgen. Dabei unterlasse aber ja nicht, etwas wie »Salaud!« zu zischen. Das hört man in Frankreich immer gern, und du bist *reçu*.

Da dein Partner ein Politiker ist, werden die anderen Herren natürlich glauben, es sei alles herausgekommen und du würdest schon wissen, warum du ihn geohrfeigt hast. Jedenfalls wurde die Affäre durch deine Watschen brillant angekurbelt, und ihr könnt, den einen Arm elegant gekrümmt, mit dem andern tückisch ausfallend, stundenlang graziös im Bois oder sonstwo herumhüpfen. Denn Deputierte müssen sich schlagen.

Hat man weniger Zeit und Geld, besorge man sich eine Einreisebewilligung nach Ungarn, wo ebenfalls noch ritterliche Sitten herrschen.
Du kennst dort niemanden? Macht nichts. Ein Dienstmann — ein sogenannter »hordár« — weist dir gegen geringes Entgelt ein Luxuscafé, in dem lauter Gentry verkehren. Glutäugige Elegants sitzen rudelweise herum. Die Geigen schluchzen. Die Elegants schnalzen mit den Fingern und tanzen im Sitzen ein ganz kleines bißl Csárdás; nur den »Lassutakt«, bei dem man bekanntlich nicht aufzustehen braucht. Da — einer der Elegants winkt dem Ober und läßt sich in den Stadtpelz helfen. Der Pelz, du siehst es von weitem, ist innen mit echtem Sealskin gefüttert. Der Mann darf also als satisfaktionsfähig gelten. Aber wird er dir auch die erforderliche Chance geben?
Du hast mehr Glück als Verstand! Der junge Feschak bleibt einen Moment sinnend an deinem Tisch stehen, kratzt sich mit deiner Hors-d'œuvre-Gabel den Kopf oder, noch besser, netzt die Fingerspitzen in deinem Trinkglas; hat er doch in Journalen geblättert.
Dein Weizen blüht. Schon ist ein Wortwechsel im Gang — die süßen Zigeunergeigen hören jäh zu schluchzen auf — zwei, drei charmante Bácsis (Staatssekretäre oder gar Minister) eilen herbei und bringen die Sache ins richtige Fahrwasser. Einer stellt sich dir zur Verfügung, und wenn du Hungarisch kannst, hörst du, wie der andere zu deinem Gegner sagt: »Siehst du, Pista« (oder Töhötöm, oder Sándor, oder wie der Elegant eben heißt), »das kommt von dem verfluchten Händewaschen! Wie oft hab ich dir gesagt . . .«
Am nächsten Morgen schießt ihr euch im Stadtwäldchen, schüttelt euch nachher die Hände, frühstückt hervorragend bei Sziksay — und du hast entzückende Freunde fürs Leben gewonnen.

Schade nur, tausendmal schade, daß das Duell in Italien nicht mehr gepflegt wird! Wie schön, wie erhaben war es dort!
Ein bleigrauer Morgen auf der Via Appia. Grabmäler zu beiden Seiten. Auf hohen Gigs kommen die Gegner angerollt, und mit genießerischer Langsamkeit vollzieht sich das Ritual des Aus-

steigens. Schwarze Mäntel über die Schulter geworfen, schreiten die feindlichen Gruppen aufeinander zu. Auch jetzt, angesichts des nahen Todes, trällern einige Herren Arien vor sich hin. In düsterem Baß antwortet der Arzt, über sein Instrumentarium gebeugt, in dem es stahlhart klirrt und klappert.

Boitos unsterblicher »Mefistofolo« ertönt. Der schneeweiß bebartete Arzt hebt eine schimmernde Geburtszange gen Himmel, verhüllt das Haupt und schleudert das unnütze Instrument krachend zu den übrigen.

Hinter dem Grab der Cecilia Metella winken einige verhärmte Frauen, ob man sie nicht als verzweifelte Mütter brauchen könne, die sich wehklagend über eine etwaige Leiche zu werfen hätten; natürlich nur für den Fall, daß der eine oder andere Duellant ein Waisenkind wäre.

Finstere Männer losen, wer den Pistolenkasten zuerst berühren darf. Doch ha! was ist das blutig Rote da . . .?

Nur etwas Mortadella, die den Pistolen beigepackt war.

Wermut wird gereicht. Die Gegner schmettern die Gläser zu Boden. Jetzt geht's zum Tod.

Grimmig messen einander die unversöhnlichen Feinde, spucken noch einmal furchtbar zur Seite . . . dann krachen die Schüsse . . . blutrote und giftgrüne Feuergarben züngeln aus den Pistolen . . . man schießt wieder, wieder, wieder . . . Blitz, Krach, Blitz, Krach . . .

Die Kugeln — graues Amalgam — zerstieben an den Frackhemden, denn jeder Schuß saß. Der Ehre ist Genüge geleistet.

SCOGLIO POMO
oder
BORDFEST AM FLIEGENDEN HOLLÄNDER

INHALT

Was ich hier schildere, soll als der letzte, unwirkliche Goldhauch über dem Aspekt eines versunkenen Österreich genommen werden, dessen geheimnisvoll dynamische Potenz dazu angetan war, die Welt zu erobern — und von dem heute, als Hymne erschütternder und beklemmender Schönheit, eigentlich nur noch Schuberts »Unvollendete« übriggeblieben ist.

Darum nehme man das Buch, bitte, nicht allzu leicht, obschon zahlreiche ein bisserl defekte »Bobbys« darin vorkommen, aber auch bürgerliche Trottel, kaiserliche Räte, krowotische Skalp-Akademiker, eine Guanokönigstochter aus Rotterdam, ein Linzer Antiquitätensammler, mährische Großindustrielle und ähnlich dubiose Figuren.

Ebenso ersuche ich, das Buch nicht um die Erde zu hauen, wenn gegen Schluß, vom fahlen Schwefellicht der Hölle umflackert, die in einem soignierten Seebadeort gewiß recht unerwünschte Erscheinung des Fliegenden Holländers auftaucht. Die neuere Physik beweist, daß gerade die grauslichsten Phantasmagorien, die den Menschen das Mittelalter zur Qual gemacht haben, ganz ernsthaft passiert sind. Und was nur wenige wissen: bestimmte Phänomene, die ruhig in die vierte Dimension gehören, sind sogar patentamtlich geschützt. (Z. B. engl. Patent Nr. 544501: »Die Molekularresonanz als Katalysator«; oder ein andres: »Magische Quadrate als Schwingungsplatten«.) Da man zur Zeit der Romanfabel — beiläufig 1912 — von diesen Dingen noch keine Kenntnis hatte, befanden sich alle handelnden Personen, die über die angedeutete Gespenstererscheinung ein Urteil abgaben, im Irrtum. Streng wissenschaftlich wäre sie als »Pseudovirtuelle Attrappe der Chimäre« zu analysieren, womit wir das Gebiet der modernsten Kurzwellenphysik betreten. Zu genaueren Auskünften bin ich nicht ermächtigt, da hier eine Sache berührt wird, über die Patente in Vorbereitung sind.

Neben dieser Art von Physik, die sich etwa durch den Satz: »Physik ist die Darstellung der Naturgesetze in differentialen Gleichungen« charakterisieren ließe, gibt es allerdings auch etwas, das man als »Biophysik« bezeichnen kann. Auf diese Ebene gehört das Bild der durch gewisse Tanzzeremonien angeheizten »Erdnabel«, worunter magnetische Wirbelfelder zu verstehen sind. Im Roman wird beim Namen der Koryfaia (die als Adenaide Malfilatre auftritt) der Hexenberg des langverschollenen westgotischen Königreiches Arelate erwähnt. Von hier aus wurde die Welt in den Zeiten der Gotik durch eine sehr junge und sehr hohe Dame von außerordentlicher Schönheit — die Zentralfigur des geheimnisvollen Troubadour-Ordens — derart umgekrempelt, daß Europa nur dank der sofort einsetzenden Inquisition in den gegenwärtigen Zustand seiner Zivilisation und seines Glückes herübergerettet werden konnte.

Verzeichnis der wichtigsten Personen auf der Insel Scoglio Pomo

Baron Leo Baliol
Michelangelo Freiherr von Zengg
Prinz Maximilian Eschenlohe
Areanus van den Quabbels, Guanokönig von Rotterdam
Hortense, dessen Tochter
Charles Borromé Howniak, ein junger, geistig nicht überragender Diplomat
Rabenseifner, ein Hochstapler und Pseudo-Mahatma
Wilhelm Dodola, ein kaiserlicher Rat mit Zornesadern auf der Stirn, nebst Gattin
Cleopatra Klicpera
Bébé Klicpera, ein überernährter Backfisch, ihre Tochter
Klärchen Tümpelfinke, Bébés Gespielin
Herr Franz Horsky und Frau
Fehlwurst, Grollebier, Hühnervogt – Professoren aus Deutschland
Geheimrat Harnapf
Veverka, Vyskočil – zwei böhmische Leuchten der Wissenschaft
Gospodar Bogdan Gakovac, ein Geistesriese vom Balkan
Frau Gakovac
Graf Oilenhoy, Hofmarschall eines Duodezfürsten
Gräfin Oilenhoy
Wenzel Danubius Kwapil Edler von Wasserwehr, k. u. k. Oberst i. P.
Adenaide Malfilatre, Geraldine Montgomery, Comtesse Danae Fennberg – die ihren Séjour mit Freuden als Fragonard-Gruppe verleben
Escamillo Šindelář, ein Nervenbinkel
Smrdal, Großindustrieller und Ehrenritter bei den Maltesern
Baron Eichfloh, kgl. bayerischer Oberhofjägermeister
Graf Palaversich, Graf Mandrilewski – Elegants

SCHIONOTULANDER TATTERER VON TATTERTAL, k. k. Hofstotterlehrer mit Frau und sieben Töchtern
BLASIUS GROSSWACHTER, ein Antiquitätensammler aus Linz
BARON UND BARONIN QUALBRUNN
DR. SCHIMPELZÜCHTER } Advokaten
DR. LYON
DR. LYONS TÖCHTERCHEN, das die Insel als Paniske verziert
LORD EARTHQUAKE
VULCANUS, dessen Sohn
LAZZARO DANDOLO-TREO, Baliols Oheim
ZWEI OBERUNGARISCHE BITTERWASSERKÖNIGE
DR. S. M. ESZKELESZ, ein altbiblischer Dermatologe aus Budapest
MEHRERE VORNEHME ISRAELITEN ZU PFERD
VIER MÄHRISCHE GROSSINDUSTRIELLE, die als Johannesse auf Patmos den Sommer exquisit zubringen
EIN ASKETISCHES EHEPAAR
EIN SONDERLING, der als falscher hl. Franziskus einem Goldfisch predigt
DREI STRUPPIGE HERREN, die als Einsiedler in einer Grotte hausen
EIN DISTINGUIERTER HIRTE
THEOPHILAKTES SIMOKATTA, ein später Grieche
ČERVENKA, k. k. dislozierter Hafenkommissär
MAURICE KORITSCHONER, Chef de Réception
SKRABAL, Hühneraugenoperateur
STANKOWITSCH, Lakai
EIN SONNGEBRÄUNTER ROMEO
EIN GROSS-MESERITSCHER HERZENSBRECHER
ZWEI KURZBEINIGE JOURNALISTEN
EIN BOTE UNBEKANNTER HERKUNFT, später als Chordirigent
KURGÄSTE, SOMMERFRISCHLER, PERSONAL, DIV. UNHEIMLICHE ERSCHEINUNGEN

ERSTES KAPITEL

Zur Geschichte des Hauses Dandolo-Treo und seiner unauffindbaren Insel

Prunkvolles Sonnenlicht lagerte über Dalmatien. Wie ein Riesenspiegel von Saphir blaute die See, beryllfarbig die Säume an den Küsten, in langen Zügen von schwanenweißen Schaumkronen durchfurcht. Da und dort erhoben sich Inseln, deren Berge und Klüfte purpurne Schatten warfen. Sie glichen Marmorschnitzereien, eingefaßt vom Opalgeäder der Brandung. Ganz leicht vermischte sich der poseidonische Duft des Meeres mit den Wohlgerüchen des Rosmarins und der würzigen Kräuter, die auf den Inseln und auf den steilen, hinter dem Küstensaum leuchtenden Alpenmassen wuchsen.

Erstaunlich, daß ein so betriebsamer Kontinent wie Europa solch märchenhaft verträumtes Küstenland überhaupt sein eigen nennen kann. Nirgends ist das Verglühen Venedigs, ja des antiken Rom und der Turbanzeit so spürbar geblieben wie hier.

Einen der verträumtesten Punkte des Landes bewohnte die Familie Dandolo-Treo, venezianischer Provinzadel, aus dessen Stamm die Republik von San Marco unzählige Kapitäne, perückengeschmückte Providitori, liebreizende Donzellen und scharfmodellierte Matronen bezogen hatte. Die Geschichte des Hauses war durchweht von Teerduft und Pulverdampf, von Modergeruch und orientalischen Essenzen. Manch ein Vorfahr war in damastenem Bett der Pest erlegen, manch ein anderer auf brennenden Galeeren untergegangen oder als Rudersklave der Türken elend verkommen. Denn so vollzogen sich die Schicksale in jener Zeit, zwischen dem Ende von Byzanz und dem wogenden Prunkreigen der Barocke, die ihre sinnverwirrenden Märchenschlösser fast zu den Göttern emporzutürmen schien ... bis die Französische Revolution die trüben, krätzehalsigen Nachtvögel des Fortschritts losließ und dem Zaubermärchen ein Ende machte.

Damals verarmten die Treos vollkommen und behausten seither einen verfallenen venezianischen Prachtbau in Porto Palazzo,

einem kleinen Hafen, der in die Trümmer einer weitläufigen Palastanlage eingebaut war.
Seltsam ging es in diesem Hause her. Feconda, die Ahne, verwendete tagsüber — sparsam wie sie war — statt der Haube eine Dogenkappe, die ihrem Vorfahr mütterlicherseits gehört hatte, dem großen Dandolo. Und wenn sie bei brennendem Sonnenglast in den golddurchfluteten Garten ging, wo zwischen zerfallenen Marmorgöttern, Seeungeheuern und edlen Vasentrümmern starkduftende Suppenkräuter blühten, trug sie einen verschlissenen, breitkrempigen Kardinalshut aus weißlich gewordenem Purpur. Zwischen den Rosen und Pelargonien, von denen der Feengarten überwuchert war, huschten Lazerten, die aussahen wie Juwelierarbeiten Circignanis oder Benonis; sie führten glitzernde Tänze auf, so hold, daß man meinte, im nächsten Augenblick das Lachen der Nymphen zu hören. Doch die erschienen nicht, noch auch bockfüßige, feistbackige Panisken mit frivolem Lächeln. Es erschienen bloß die ewig hungrigen Enkel, große und kleine. Da waren die Mädchen: Kallirrhoë und Thetis, Fillide und Gioconda, Omphale, Roxane, Panychis, Argentina, Polyxena, Praxedis; und die Rotte der Buben: Triptolem, Triton, Polifemo und Triphon, Adamanto, Simeone, Asdrubale und Giacinto. Sie vollführten einen maßlosen Lärm und fraßen, was reif und unreif war, Blumen und Früchte, Meerspinnen und lebende Schnecken, schreiende Geckos und Tausendfüßler. Einmal naschte die kleine Kallirrhoë sogar etwas vom Dynamit, das Retirato, der alte einäugige Chioggiot, zum Fischen in fremden Gewässern gebrauchte. Das leichtsinnige Kind wurde während der Inkubationszeit wie ein rohes Ei behandelt. Niemand durfte es stoßen oder gar schlagen. Es war Kallirrhoës überseligste Zeit. Nur eines beeinträchtigte ihr Glück: daß sie allein im Garten schlafen mußte. Sie pflegte nämlich häufig aus dem Bettchen zu fallen, und das ließ ihren Aufenthalt in der ohnehin wackeligen Palastruine nicht ratsam erscheinen.
Die Kinder lernten blutwenig — war es doch mit dem Schulwesen auf der Insel gar elend bestellt. Dafür trieben sie sich gerne in den Wäldern voll Zedern, Zypressen und knorrigen Rieseneichen herum oder tauchten wie glänzende Fische durch die azurblaue Flut bis auf den antiken Marmorboden, der sich am Grund

des Hafenbeckens befand. So floß ihnen das Leben sorglos dahin, während graue Sorgen immer öfter ihre Eltern und Feconda beschlichen. Denn das Schreckgespenst der modernen Zivilisation kam näher und näher an die Idylle heran.

Abends versammelte man sich zur gemeinsamen Mahlzeit, die aus großen Kupferkesseln im Saale des Palastes eingenommen wurde: köstliche Meerkrebse und Polypen, goldgelb in Öl gebacken, oder Gerichte aus Melanzanen und Kalbskaldaunen, reich mit Käse versetzt. Buntes Obst und Honigwaben krönten das Mahl, herber Rotwein brachte das erregte Lärmen bei Tisch zu immer tollerem Crescendo. Und aus großen, verwitterten Gemälden blickten unbekümmerte Götterbilder auf die Nachkommen derer herab, die diese Meisterwerke in den Glanztagen der Renaissance erworben hatten. Da umarmte Pluto auf üppigem Lager Proserpina, und zwei Amoretten hielten den heftig bellenden Cerberus zurück, aus dessen Mund ein Spruchband flatterte: *»Se uuoi che entri nel letto pluto mio.«* Dort sah Juno aus geteilten Wolken zu, wie Jupiter die Io in Gestalt einer Kuh karessierte, einen Silbereimer mit dem Kampf der Lapithen und Kentauren in der Hand; dieses Bild schmückte die zürnende Inschrift: *»Io ti uueggio marito mi ribaldo!«* In einer finsteren Ecke endlich hing ein düsteres Gemälde, auf dem Saturn ein Stück einer Statue des Ulysses fraß; die holde Calypso reichte dem offenbar sehr Hungrigen zur Ablenkung den üppigen Busen, den er jedoch unfreundlich ablehnte. *»Uuoi ingosare stuffato qesto marmo«*, stand darunter geschrieben.

Ja, die Treos waren einst reich, sehr reich gewesen. Was mochte allein die Brosche mit dem Jüngsten Gericht gekostet haben, die der berühmte Goldschmied Burcellono Scannabecchi, genannt Pozzoserrato, für die schöne Dichterin Zuzzeri, Dalmatiens Elektra, eine der Ahnfrauen der Familie, vor Hunderten von Jahren gefertigt hatte, die Engel aus blassen Korallen, die Seelen der Verdammten hingegen aus schwarzem Achat ... Längst war der sagenhafte Reichtum der Treos dahin. Nach dem Sturz der Republik hatten sie ihre Schiffe eingebüßt, ihre Besitzungen in der Levante waren enteignet worden, und nichts war ihnen geblieben

als der Scoglio Pomo, den sie vom großen Dandolo während des vierten Kreuzzuges zum Lehen bekommen hatten.
Aber wo lag die rätselhafte kleine Insel? Das wußte natürlich kein Mensch. (Unter dem Übelstand unauffindbarer Erbschaften haben viele vornehme Familien Italiens zu leiden; so könnte sich jeder ein schönes Stück Geld verdienen, der z. B. die Ulaminischen Inseln auffände.) Alle Aufzeichnungen über Scoglio Pomo waren verschwunden. Umsonst durchstöberte man die Tagebücher venezianischer Marineure aus verflossenen Tagen, umsonst durchforschte man die alten Seekarten der Familie, die mit artigen Vignetten kunstvoll verziert waren. Zumal das farbenfrohe Bild, auf dem eine Meernixe einen ertrinkenden Admiral notzüchtigte, wurde von den Kindern immer mit glänzenden Augen verschlungen. Aber zu praktischen Resultaten gelangte man nicht. Selbst Bonaventura Zemonico und Lius Deo Pactor, zerfurchte Kapitäne und langerprobte Freunde des Hauses, wußten keinen Rat. Böse Zungen behaupteten allerdings, daß die beiden sich auf hoher See nie recht ausgekannt hätten und oft wochenlang herumgekreuzt wären, um Triest zu finden.
Nun hatte es zwar im engsten Kreis der Familie Treo einen tüchtigen Nautiker gegeben, den Onkel Lazzaro, einen Bruder Fecondas. Doch war auf den Wackeren leider nicht mehr zu zählen. Ein harter Schicksalsschlag hatte ihn seinem Berufe entfremdet und seinen Lebensabend in ein schiefes Licht getaucht. Die unglückselige Affäre ging auf einen Karneval in Neapel zurück, als Onkel Lazzaro seine einzigen Zivilkleider in einer Maskenleihanstalt gegen das Kostüm eines Skaramuz in Pfand ließ und nach durchschwärmter Nacht das Lokal von Banditen glatt ausgeraubt fand. So mußte er sein Leben fortan schlecht und recht als Skaramuz weiterfristen, und seine sehr auf Reputation bedachte Familie war deshalb jahrelang mit ihm entzweit. Jetzt aber, da die Zeit Gras über die Wunden hatte wachsen lassen und da man ihn in der Sache Scoglio Pomo um Rat anging, war er beruflich so verblödet und seine möglicherweise sachlich gemeinten Auskünfte waren so skaramuzesk verzerrt, daß man den stark nach Käse duftenden, mit wilden Schriftzügen und sonderbaren Hieroglyphen bedeckten Brief seufzend wegwerfen mußte... Eine herbe

Enttäuschung, besonders wenn man an die vielen unversorgten Kinder dachte. Was sollte nur aus denen werden! Ja, früher — da kam alle paar Jahre die Pest, oder es wurden wenigstens die Mädchen von den Barbaresken geraubt, wenn sie sich nach dem Bade nackt in den Lorbeerhainen tummelten. Aber heute?
Noch zwei weitere Onkel, Salvatore Baucolich und Spiridion Papadacchi, ebenfalls pensionierte Kapitäne, kramten im reichen Schatz ihrer maritimen Erinnerungen, ohne je etwas Greifbares an den Tag zu fördern. Dabei hätten sie der Familie schon deshalb gerne geholfen, weil Großmutter Proserpina Papadacchi, deren Mann ein florierendes Geschäft mit Fliegenklappen sein eigen nannte, einer Verbindung ihres Enkels Charmeleon Papadacchi mit der drittjüngsten Tochter des Hauses Treo, Klytemnestra, durchaus nicht abgeneigt war. (Es handelte sich hier um den »krummen« Papadacchi, nicht um seinen Bruder, den sogenannten Adonis von Krzivopolje, der später, als zahmer Gorilla verkleidet, einen förmlichen Siegeszug durch die Pariser Salons angetreten hatte und beinahe Präsident der Republik geworden wäre.) Locusta Bunjevac, die intimste Freundin der alten Feconda, sprach sich jedoch gegen die geplante Verbindung aus, die sie als nicht standesgemäß bezeichnete. Onkel Baucolich wiederum gedachte die kleine, leider nicht zum besten gehende Fensterputzanstalt, die er in Orsera betrieb, nach seinem Tode dem jungen Paar zu vererben, aber das machte auf die stolze Großmutter Treo keinen Eindruck. Sie behauptete, daß es in dem verfallenen Ruinenstädtchen ohnehin keine Fenster gäbe, und damit hatte sie nicht ganz unrecht. Überhaupt war sie gegen Ehen mit Geschäftsmännern. Sonst könnte ja auch sie, Feconda Dandolo-Treo, heute eine reiche Frau sein, mit Equipage und Leibabbate; sie hätte seinerzeit nur den Werbungen des bürgerlich-ordinären Guiseppe Pepperoni nachgeben müssen, eines reichen Gemüsehändlers aus Girgenti, oder des Großspediteurs Elephante aus Tarent mit dem blauen Frack und den geräumigen Nankinghosen um die kurzen Beine, der ihr Nacht für Nacht, vermittels eines mauleselgezogenen Orchestrions, Ständchen gebracht hatte.
Manchmal, um der Suche nach Scoglio Pomo ein wenig Auftrieb zu geben, holte man auch den alten, halbverschollenen Marine-

maler Abraham Casembroot herbei, der vor vielen Jahrzehnten mit einem Rotterdamer Käseschiff bei Messina gestrandet war. Bereitwillig studierte der verwitterte Holländer mit den anderen abgetakelten Kapitänen auf den großen Planigloben herum, die mäusezerfressen und wurmzernagt im Palazzo standen. Zum Abschluß starrten die fünf alten Herren meist ein Weilchen trüb vor sich hin, dann gingen sie an den Strand und tanzten als gespenstische Silhouetten nach Bergamasker Art zum Klange der buntfarbigen Lieder, die Papadacchi seinem Dudelsack zu entlocken wußte. Oder Baucolich zeigte den jungen Damen den von seinem gottseligen Vater verfaßten Taifunkatalog mit den graziösen Schäferszenen in feinstem Kupferstich. Waren die Herren aber einmal guter Laune, so verloren sie sich wohl in langen Seegeschichten, erzählten von den wundertätigen Zoccoli des hl. Franziskus, mit denen der fromme Mann, als er von Neapel nach Spanien segelte, das wildeste Meer beruhigte, oder von der blutigen Seeschlacht bei Paros, wo drei Brüder Pactor den Kapudan Tahabiti Bey erschlugen, als er gerade auf dem vergoldeten Heckbalkon des Admiralschiffes seinen schwarzen Kaffee schlürfte. Der norwegische Seeheld Kurt Sievertsen führte damals die Venezianer zum Siege; sein Porträt hing noch im Palazzo, und die kleine Kallirrhoë war ihm wie aus dem Gesicht geschnitten . . .
Bei solchen Gelegenheiten hörten die Kinder zu fressen auf und hingen gespannt an den Lippen der salzigen Rhapsoden.

ZWEITES KAPITEL

Die unauffindbare Insel wird aufgefunden

Nahe dem Adriatischen Meer, von dem es nur durch den schmalen Streifen der Grafschaften Görz und Gradiska getrennt ist, erhebt sich das Herzogtum Krain, reich an stolzem Hochgebirg, dunklen Wäldern und unermeßlichen Höhlen. Auch anmutige Seen, fruchtbares Obstland und zahlreiche Wallfahrtskirchen auf waldigen Gipfeln dienen ihm zum Schmuck. Mancherlei originelle, ja sonderbare Herren hausen dort, die nicht recht in das plattfüßige Getrampel der modernen Schwerkultur passen wollen. Ab und zu — allerdings schon recht selten — soll es vorkommen, daß blitzartig Ritter auftauchen, die einen Wucherer ins Verlies werfen oder rasch einen Handlungsreisenden überfallen; sie nehmen ihm aber nie etwas weg, da sie, möglicherweise unterbewußt, nur nach Pfeffersäcken und Nürnberger Tand suchen, und der heftig Gestikulierende wird für den Schrecken oft noch beschenkt und reichlich geatzt. Dem Ausland gegenüber werden diese Vorkommnisse allerdings sorgfältig unterdrückt. Glaubt man doch schon bemerkt zu haben, daß das Haus Baedeker die feuerroten Ohren spitze. Und die Macht dieses Hauses ist groß. Man konnte mit ihr selbst dem blutigen Tyrannen Abdul Hamid derartig drohen, daß er weinend zu Bett ging.

Mitten in der wildesten Krain hauste auf einsamer Burg der junge Baron Baliol, auch Vetter Leo genannt. Er war ein eleganter junger Herr und trug zum Smoking mit Vorliebe ein verwittertes Jägerhütl mit der »Schneidfeder« daran. Mehrmals im Jahr fuhr er nach Wien, wo er in der Bristol-Bar zu treffen war, die er dem alten Stadtpalais seiner Tante, der Gräfin von Cilly, bei weitem vorzog.

Dieser alten Dame, deren *crève-cœur* Leo war, bereiteten er und seine zwei Brüder vielen Kummer. Dem ältesten, dem Husarenoberleutnant, hatte die Tante des öfteren seine bedeutenden Schulden gezahlt. Mit den 100 Gulden, die ihm beim letzten Mal übriggeblieben waren, nahm er einen Extrazug von Oberlaibach nach Laibach — man bedenke: wegen einer einzigen Station! — und blieb fortan verschollen. (Daß er sich nach Kalkutta gewendet habe und heulender Derwisch geworden sei, durfte man der überfrommen Chanoinesse natürlich nicht erzählen.) Auch Leo, das Nesthäkchen, hatte einmal eine böse Geschichte angerichtet, und die alte Dame erlitt einen veritablen Anfall von »Bockerlfraß« — einer außerhalb Wiens unbekannten nervösen Erkrankung —, als sie vernehmen mußte, daß Leo bei Beginn des Burenkrieges »seiner entarteten Tante von England« den Fehdehandschuh hinwarf (er glaubte sich als Pair von Schottland und ehemaliger König der Hebriden zu dieser intimen Anrede berechtigt).

Damals kam Lord Goshen, der britische Botschafter in Wien, mit wehendem Trauerflor am hellgrauen Zylinder ins Stadtpalais der Gräfin geeilt und gab ihr händeringend zu verstehen, daß die alte Queen Victoria zum erstenmal im Leben völlig ernüchtert sei, was die bedenklichsten Folgen haben könnte. Leo jedoch blieb unerbittlich und exerzierte Tag für Tag seine Freischaren ein. Endlich steckte man sich hinter seinen besten Freund, Dillon des Grieux, dessen Schloß mehr gegen das Steyrische zu lag. Er war ein Deszendent der berühmten Manon Lescaut und warf Unsummen hinaus, um zu erforschen, wie der schurkische Steuerpächter G. M., der am Ruin seiner entzückenden Vorfahrin schuld war, mit vollem Namen geheißen hatte. Der Traum seines Lebens bestand darin, G. M.s Rechtsnachfolger im ritterlichen Kampf zu spießen und damit der Seele Manons, die er sich drüben in Guatemala als zierlichen Kolibri dachte, endlich Ruhe zu verschaffen.

Des Grieux lud Leo auf Auerochsen ein, womit er sich gleichzeitig für die Steinbockjagd bei den Baliols revanchierte. Leo nahm an und war damit fürs erste kaltgestellt, wurde aber nach der Saison sofort wieder trübsinnig, weil er seine Ehrenpflicht, für die Unterdrückten ins Feld zu ziehen, versäumt zu haben meinte. Er begann in den finsteren Felsendomen Grottenolme zu fischen oder strich durch die Steinwüsten des Hochgebirgs, wo er in schwärmerischer Verzückung die Heilige Jungfrau um Vergebung anflehte: vielleicht könnte er irgendein gutes Werk verrichten, um seine Fehl zu büßen.

Und da geschah es einmal, daß Leo, der sowieso schon vor Kälte zitterte, plötzlich noch von einem andern, nie verspürten Gefühl überkommen wurde, einem Gefühl aus Wonne, Jubel und Grauen, wie es nur dem Unfaßbaren gegenüber entstehen kann. Er warf sich zu Boden, glaubte in lauter gleißenden Lichtgarben zu schwimmen und war von sanften Fanfarenklängen umtönt, aus denen sich schließlich der überirdische Wohllaut einer Stimme hervorlöste, die also zu ihm sprach: »Leo! Weil du immer fromm und gut warst, soll deiner Familie geholfen werden ...« Der Baron hob den Kopf, mußte ihn aber gleich wieder senken, während ein Engel von unbeschreiblicher Schönheit ihm zuflüsterte: »Seekarte

XVII-1o3 ... Verlag Hölder & Tempsky, Wien ... Pomo ... Pomo ...« Dann erfolgte ein Donnerschlag, und alles zerriß.
Stundenlang blieb Leo bewußtlos liegen. Wie er wieder nach Hause gekommen war, wurde ihm niemals klar. Er fand sich jedenfalls auf dem großen Bärenfell vor dem Kamin in der Halle, mit zerfetztem Smoking und blutigen Lackschuhüberresten — war er doch die ganze Zeit in Gesellschaftsdreß durch die steinigen Einöden gestreift, um für jede überirdische Begegnung gerüstet zu sein. Was »Pomo« bedeuten sollte, wußte er freilich nicht. Er fastete und betete acht Tage lang um Erleuchtung, suchte das rätselhafte Wort in allen Reisehandbüchern und telegraphierte sogar an die Firma Hölder & Tempsky nach Wien, die ihm jedoch bedeutete, daß erst vorige Woche die fremden Attachés alle Seekarten aufgekauft hätten, weshalb er sich auf unbestimmte Zeit gedulden müsse.
Jetzt gab es nur noch eins. Und Leo wandte sich, wie immer in schweren Fällen, an das einzig reale Mitglied der Familie, den Vetter Michelangelo bei der Landesregierung in Laibach.
Michelangelo III., Freiherr von Zengg, ließ zuerst seine Verbindungen zur k. u. k. Kriegsmarine spielen, um die mit visionärer Präzision namhaft gemachte Seekarte herbeizuschaffen. Dies getan, erschien er bei Leo und sprudelte heiser vor Erregung hervor, was für eine eminente Bedeutung der Fund habe. Leo bot dem Vetter süße Zigaretten an, die ihm sein Bruder, der heulende Derwisch, zum Nikolo geschenkt hatte, und im satten, blauen Rauch des schwerduftenden Krauts begannen Zenggs Pläne Gestalt anzunehmen. Die überglücklichen Treos wurden verständigt, an Hand der Seekarte XVII-1o3 wurde Pomo, wenn auch nach stürmischer Fahrt, gefunden — und binnen kurzem hatte es der praktische Baron Zengg, der sofort in Pension gegangen war, zu einem der prächtigsten südadriatischen Badeorte umgestaltet, wo sich im Sommer die Creme der Gesellschaft einfand und ein jeder auf individuelle, ja bizarre Art seine Zeit verbringen konnte, solange noch Zeit war.

DRITTES KAPITEL

Charles Borromé Howniak auf Brautsuche

Damals geschah es, daß sich der junge Charles Borromé Howniak auf Reisen begab.

Charles Borromé Howniak war von eher kleinem, etwas schiefem Wuchs, rothaarig und sommersprossig. Beim Sprechen pfiff er ein wenig durch die Nase, was den an und für sich fatalen Eindruck seiner Äußerungen noch verstärkte. Er war ganz seiner Mutter nachgeraten, wie dies bei Söhnen nicht selten vorkommt. Auch sonst hatte Papa Howniak nichts zu lachen, denn seine Gemahlin Hekuba, eine nervöse Dame mit stets erregt bebenden Nüstern, ließ durch ihr bald steifes, bald unsicheres Benehmen immer wieder erkennen, daß sie aus dürftiger Kinderstube kam. Für ihre kleine Abkunft sprach auch der Umstand Bände, daß sie eifrige Leserin des »Salonblattes« war. Meldungen wie: »Sicherem Vernehmen nach hat Ihre Durchlaucht, die Herzogin von Choiseul, soeben den siebenten Kapuzineraffen für die Volière auf ihrem durch die reichen Boiserien weltberühmten Manoir angekauft«, erfüllten Frau Howniak mit andächtiger Begeisterung. Und vollends traten ihr Freudentränen in die Augen, wenn sie die Abbildungen von Bräuten aus der Hocharistokratie sah, die oft so häßlich waren und so blöde dreinschauten, daß jeder gefühlvolle Mensch aus Verlegenheit für die Dargestellten am liebsten unter den Sesseln durchgekrochen wäre.

Der junge Borromé wollte hoch hinaus. Das hatte er von der Mutter. Schon als Knabe — man brachte ihn nach unsäglichen Mühen im hochexklusiven Theresianum unter — suchte er seinen aristokratischen Kameraden einzureden, daß er einer französischen Emigrantenfamilie entstamme: die Howniaks, ursprünglich Hovnac geschrieben, seien eine Seitenlinie der Duc de Cognac und verwandt mit den Grafen de Polignac. Leider machte der Ordinarius der Klasse — ein gebürtiger Tscheche, wie fast alle Deutschprofessoren an österreichischen Lehranstalten — dem Traum ein vernichtendes Ende. Mit der wahrheitsgetreuen Übersetzung des Familiennamens (die so unschön ist, daß wir sie aus ästhetischen

Gründen nicht wiedergeben können) riß er dem stolzgeblähten kleinen Pfau die schönsten Schweiffedern aus. Nach diesem Debakel litt es den Jüngling nicht länger in dem vornehmen Institut. Fortan studierte er aus Hochmut überhaupt nichts mehr, was seine Mutter lebhaft unterstützte, da sie es für eine garantiert aristokratische Attitude hielt. Aus dem gleichen Grund — nämlich weil Ehen in jungen Jahren als standesgemäß galten — beschloß Charles Borromé, bald zu heiraten. Er dachte an etwas ganz, ganz Exquisites. Es sollte womöglich eine Königstochter sein.

Als er das entsprechende Alter erreicht hatte, ging er entschlossen auf die Suche. Seine gothaisch orientierte Nase führte ihn an den Traunsee, wo längs des ganzen Gestades depossedierte Herrscherfamilien herumsaßen. Aber wie sehr auch der alte Baron Harmusaky, der mit Howniak père befreundet war, sich bemühte — eine Einführung wollte nirgends glücken. Charles Borromé verzagte und ließ die Unterlippe in einer Weise hängen, die ihn erst recht der Lächerlichkeit preisgab: man insinuierte ihm, eine Verwandtschaft mit dem Hause Habsburg vortäuschen zu wollen ... Was blieb ihm übrig, als das Feld zu räumen und sich anderswo umzusehen?

Schon saß der Tiefgekränkte bei seinen fertig gepackten Koffern im Hotelzimmer und döste trüb vor sich hin, als gänzlich unerwartet ein Herr Rabenseifner sich bei ihm melden ließ.

Selbst der stockdumme Howniak konnte sich eines unbehaglichen Gefühls nicht erwehren, als er des Besuchers ansichtig wurde: ein überlanger, noch ziemlich junger Mann in nicht ganz einwandfreiem Gehrock tänzelte eckig herein und machte eine Art beschwörender Bewegung, ehe es ihm gelang, den Zylinder unter einem Stuhle zu verstauen. Dann ließ er ein hohles, gequetschtes Lachen hören, überzeugte sich nochmals mit leicht drohendem Blick, daß der Hut schön unbeweglich dalag, setzte sich Howniak gegenüber und fixierte ihn aus stechenden Augen:

»Rabenseifner mein Name. Vertrauen Sie sich mir vollkommen an, ich weiß alles. Professor Sherlock Drumsteak Rabenseifner, Magister of Christian Science«, fügte er mit wahrhaft infernalischem Grinsen hinzu. »Noch nie von mir gehört? Fall Strahlenberg — Ujhazy? Nein? Wiederherstellung des Familienglücks

Dulemba-Vancierovac ... nichts? Ich weiß alles! Howniak — Cognac — Polignac ... aha!«
Denn Charles Borromé begann plötzlich zu strahlen und zeigte sichtliches Interesse für den fatalen Magister — der jetzt aufsprang, sich blitzschnell nach seinem Zylinder bückte und, ihn fahrig schwenkend, ruckweise das folgende hervorstieß: »Prinzgemahl heil, heil! Hören Sie! Ihre kühnsten, anderseits jedoch selbstverständlichen Träume werden sich erfüllen! Garantiere schriftlich für Königstochter aus guter Familie, fehltrittfrei. Nicht etwa schwarze, nein, europäische Königsfamilie. Ohne Buckel et cetera. Keine Balkanware. Sofort greifbar. Fünfundzwanzig Prozent jetzt, Rest in Akkreditivform bei beliebiger Bank, Gesamtbetrag 100 000 Franken in Gold. So.« Tief aufatmend lehnte er sich zurück und fletschte mit gelben Zähnen nach dem Heiratslustigen.
»Mir kolossal unverständlich«, murmelte dieser. »Viel zu schnell ... wieso eigentlich ... und nicht einmal Balkanware ...« Plötzlich fuhr er hoch und pfiff wie toll durch die Nase. »Herr! Was unterstehen Sie sich! Ware! Spricht man so von einer Kö-Kö ... nix-nix ...« Er stotterte vor Wut, verschluckte sich und ruderte mit den Armen.
Damit aber war, wie sich zeigte, sein gesamtes Widerstandsvermögen auch schon erschöpft. Rabenseifner hatte ihn alsbald beruhigt, ließ ihn einen bindenden Vorvertrag unterschreiben, steckte die Anzahlung ein und nahm das weitere Arrangement in seine tabakfingrigen Hände. Sie müßten sogleich nach Salzburg, bedeutete er dem willenlosen Prinzgemahl in spe, um den Nachtzug nach Triest zu erwischen, würden am nächsten Morgen von Triest abdampfen und noch am gleichen Abend in Pomo landen, wo Hoheit soeben zum Sommerséjour eingetroffen seien. Man dürfe keine Minute verlieren.
Und er schob den leise durch die Nase pfeifenden Charles Borromé zur Hoteltüre hinaus.

VIERTES KAPITEL

Begegnung in Salzburg und Abfahrt nach Scoglio Pomo

Howniak und Rabenseifner waren nicht die einzigen Reiselustigen, die via Salzburg der Insel Pomo zustrebten. Auch die seit kurzem verwitwete Madame Klicpera mit Fräulein Tochter hielt sich in Salzburg auf, wo sie vor der Weiterreise noch ein wenig die Schönheiten der Umgebung genießen wollte. Den Gatten und Vater hatte vor wenigen Monaten ein Schleimschlag endlich dahingerafft, nachdem er ihn schon zweimal vergebens gestreift. Herr Klicpera war ein korpulenter, rotgesichtiger Herr gewesen, der es liebte, eine kleine Tube Senf in der Westentasche bei sich zu tragen, um im Theater zu den obligaten Zwischenaktswürsteln immer ordentlich versorgt zu sein. Gleich ihm hielten auch die beiden Damen viel auf Theaterbesuche und Bildung. Verfeinerte Menschen, die sie waren, ertrugen sie Schicksalsschläge natürlich doppelt schwer und mußten eine Erholungsreise nach dem Süden antreten, auf der sie in Salzburg eine erste Zwischenstation machten.

An einem stahlend sonnigen Tag wählten sie Hallein und dessen Salzbergwerk als Ausflugsziel, sausten in schwarze Löcher und tschunderten den ganzen Tag tief im Erdinnern herum, um endlich gegen Abend, als die ferne Hohensalzburg sich wie ein sanft schimmerndes Amethystgeschmeide vom Himmel abhob, wieder das Freie und einen Gasthof zu erreichen.

Mama Klicpera placierte sich in eine Laube, bestellte für sich und Töchterchen Bébé zunächst ein kühlendes Bier und sodann ein ländliches Versperbrot aus Salami und Käse.

Gerade als sie mit der Mahlzeit begannen, räusperte es sich nebenan sehr vernehmlich. Sänger.

Ein Männerchor setzte so mächtig ein, daß die Brosamen pickenden Spatzen schwirrend davonstoben. Etliche der Freunde Apolls taten sich zwar recht hart und ließen das Holz ihrer Kehlen mit wuchtigem Knarren auf den Altar der Kunst fallen, aber im ganzen war der Genuß groß, wenn nicht sogar herrlich. An besonders rührenden Stellen stocherte Mama in den Zähnen, wobei sie bestätigend nickte. Die Tochter hingegen saß in stummer Versunkenheit da, machte von Zeit zu Zeit nervöse Hasenaugen und kaute stirnrunzelnd an einem eingebildeten, übergroßen Salamihappen.

Nach einer Weile rief Madame Klicpera die Kellnerin, die in der himbeerfarbenen Abendröte sonderbar unwirklich aussah, und fragte sie, wer die trefflichen Sänger wären.

»Die bürgerlichen Arschledererzeuger von Hallein!« lautete die Antwort des wahrheitsliebenden Mädchens.

Bébé errötete brennend und schluckte imaginäre Knödel, indessen Mama mit einer unruhigen Rutschbewegung auskam.

»Der Herr Kapellmeister — der mit dem großen Gamsbart und dem Kropf, was immer wie ein Apferl auf und ab geht —, der is halt gar so viel schön!« fuhr die Kellnerin schwärmerisch fort und wurde im selben Moment durch eine mächtige Flut rosafarbenen Lichtes so verklärt, daß sie, die sonst eher hellblond war, plötzlich einem halbzergangenen Marillengefrorenen glich.

Angesichts der Bildhaftigkeit ihrer Erscheinung wären Phantasiebegabtere als Frau Klicpera zweifellos von der traurigen Vorstellung befallen worden, daß die äußere Hülle dieses quabbligen Idols dem Durchsickern seines eisigen Inhalts nicht mehr lange Widerstand leisten könnte und daß man schließlich — wie in einer anders gewendeten Daphne-Fabel — an Stelle des servierenden Mädchens nur noch eine süße Lacke gesehen hätte, auf der, gleich einem Gnomenschiff mit geblähtem Segel, eine formengeweitete Barchenthose herumgeschwommen wäre. Doch von solch mythologischer Sehkraft war Frau Klicpera nicht. Da sie dem Mittelstande angehörte (der den Manifestationen überirdischer Schönheit mit Bedenken und instinktiver Abwehr gegenübersteht), wußte sie mit der ungewöhnlichen Erscheinung nichts anzufangen, das Hexenlicht gefiel ihr sowieso nicht, und deshalb beschloß sie, lieber zu zahlen und zu gehen. Die von hysterischen Knödeln förmlich geschüttelte Tochter wurde zusammengepackt, und man verfrachtete sich nach Salzburg zurück.

Beim Souper machte man die interessante Bekanntschaft eines am Nebentisch sitzenden Ehepaars; es bestand aus einer matronenhaft in sich ruhenden Dame und einem dicken, aufgeregten Herrn von

schlagtrefferischem Aussehen, der abwechselnd die Augen rollte oder mit den Zähnen knirschte und dessen Stirn der Schauplatz eines nicht alltäglichen Naturschauspiels war: In den Momenten höchster Erregung bildeten seine geschwollenen Zornesadern ganz deutlich das inhaltsschwere Wörtchen »Wauwau«.
Als Bébé ihre Mutter auf das seltsame Ereignis aufmerksam machte, wandte sich die matronenhafte Dame kalmierend zum Tisch der Klicperas: »Sie müssen schon entschuldigen, daß man meinem Gatten, dem kaiserlichen Rat Dodola aus der Siebensterngasse, die Aufregung so ansieht. Wissen Sie, was ihm heute früh passiert ist, als er in Sankt Gilgen den Rock anziehen wollte? Flattern ihm da nicht zwei Totenköpfe entgegen und summen um ihn herum, daß ihm vor Schreck die Haare zu Berg gestanden sind. Die Ludern haben nämlich in den Ärmeln geschlafen!«
Schweratmend preßte Mama Klicpera die Hand aufs Herz. Bébé, die sich vor Entsetzen den halben Spinat auf die Nase geschmiert hatte, glotzte dergestalt, daß man sich an mehreren Tischen flüsternd anstieß.
»Oh, Sie brauchen nicht zu erbleichen«, entschuldigte sich abermals die Matrone, die jetzt erst richtig in Schwung kam. »Wegen der Totenköpfe, meine ich. Es waren ja nur Nachtfalter. So etwas passiert einem im Salzkammergut jeden Tag. Dodola, sag ich zu ihm, das mußt du begreifen. Im Salzkammergut ist es regnerisch, die armen Viecherln frieren und suchen sich am Abend ein Obdach in der menschlichen Kleidung, weil die noch warm ist. Als Tierfreund drückt man da ein Auge zu. No ja. Und jetzt hat mein Mann, er ist übrigens auch Armenrat, halt ein bisserl Angst, daß ihm morgen früh wieder etwas Ähnliches zustößt. Mit Viechern oder so. Und am End' sind's dann gar junge Aasgeier. Man kann ja nie wissen. Wenn man wenigstens auf was Neues draufkäm', wo man im Sommer hingehen könnt'. Mit den Sommerfrischen ist es schon ein Kreuz. Baden möchte man doch auch, nicht wahr? Es ist ja richtig, der einzige Ort im Salzkammergut, wo man baden kann, ist der Lido. Aber dort sind gar so viel — no, sagen wir: Ungarn und andere Ausländer. Und der Dodola liebt die Ausländer nicht.«
Das »Wauwau« erschien mit erschreckender Deutlichkeit auf der

Stirn des kaiserlichen Rates. Madame Klicpera, von tiefem Mitgefühl für die schwierige Lage des Ehepaars gepackt, empfahl den Unschlüssigen, es doch mit Pomo zu versuchen: absolut staubfreie Lage, vorzügliche Küche, und von Triest mit eigenen Dampfern bequem zu erreichen. Begeistert stimmten die Dodolas zu, und schon am nächsten Morgen saß man beim gemeinsamen Frühstück in einem bunten Hafencafé in Triest, um sich gemeinsam des leuchtenden Meeres, der frischen Salzluft und des bewegten Treibens ringsum zu erfreuen. Nur der Dampfer nach Pomo, der punkt neun vom Molo Mandracchio abging, jagte der Gesellschaft zunächst einen gelinden Schrecken ein.
Es war aber auch ein seltsames Schiff, das da im strahlenden Morgenlicht vor ihnen lag. Ein Eindruck traumhafter Verschollenheit ging von den riesigen, grünbemalten Radkästen aus, deren jeden ein Arion auf vergoldetem Delphin schmückte. Der in Messingblech ausgezackte Rauchfang glänzte stumm, dafür quoll aus allen erdenklichen Löchern Dampf hervor, und im Kesselraum rumorte es, daß das ganze Bauwerk heftig zitterte. Der wenig vertrauenerweckende Laufsteg zitterte mit, so daß es einige Minuten brauchte, ehe unsere Reisenden den Mut faßten, ihn zu betreten. Sie hatten es nicht zu bedauern. Als sie erst einmal an Bord gelangt waren, wurden sie von überraschend nett uniformierten Stewards in Empfang genommen und zu ihren Kajüten geführt, wo sie sich indessen nicht lange aufhielten. Sie versammelten sich an Deck, um das Schauspiel der Abfahrt nicht zu versäumen. Schon erstieg der Kapitän die Kommandobrücke, der Hafenkommissär und einige Briefträger verließen das Schiff, die Taue wurden gelöst, am Molo drängten Polizisten die Schar der Gassenbuben, Sodawasserverkäufer, Bettelmönche und spazierengehender Pensionisten zurück, Befehle erklangen, der Maschinentelegraph klingelte, im Kesselraum erhob sich ein Getöse wie von einem zusammenstürzenden Haus — und nach einigen fehlgeschlagenen Versuchen setzte sich das Gefährt tatsächlich in Bewegung. Unter dem gräßlichen Heulen der Dampfpfeife, das wie der Husten eines mutierenden Ichthyosaurus klang, schlingerte es möwenbegleitet hinaus auf die blaue See.
Nun ging man allmählich unter Deck, bewunderte auf den Kabi-

nentüren einige Gemälde zu den Romanen Walter Scotts, etwa einen glotzäugigen Robin Hood in kariertem Kittel oder eine Lady Rovena mit glattem, blauschwarzem Scheitel, denn das Schiff war altschottischen Ursprungs und erst neuerdings umgetauft worden. Es hieß jetzt »Maria von Egypten«.

Andere Mitreisende stellten sich vor, darunter ein junger Dichter namens Meliboeus Memmbamm, zwei funkelbrillige Gelehrte, die Universitätsdozenten Hühnervogt und Fehlwurst, und endlich ein altes Ehepaar, Professor Grollebier und Frau, beide ganz in Jägerwäsche gekleidet; sogar der Spielhahnstoß am Hütchen war aus demselben Material gefertigt.

In angenehmer Atmosphäre senkte sich der Abend, gemächlicher Seegang förderte die Nachtruhe, und ein strahlender Morgen zeigte den Ankömmlingen das ersehnte Ziel in seiner vollen halbtropischen Schönheit.

Scoglio Pomo ... Wie eine antike Traumlandschaft hob sich das steil ansteigende, zerklüftete Felseneiland grauweiß und rosenrot aus der dunkelblauen Tiefe empor. Vor schwarzgrünen Myrthenwäldern leuchtete in nobler Barocke eine marmorne Villegiatur, deren vergoldete Kuppeldächer im Sonnenlicht festlich glitzerten. Die hohen, bis zum Boden reichenden Bogenfenster ließen die Luft ungehindert in die Zimmer strömen. Überallhin drang ein Wohlgeruch, gemischt aus der würzigen Seebrise und dem Duft verschwenderisch reicher Blumenbeete. Der süße Gesang zahlreicher Singvögel lieh dem luxuriösen Bild eine bukolische Note. Zartgefärbte Flamingos stolzierten umher, und zum Gaudium der Kinder wurden in vergitterten Waldparzellen Strauße und Affen gehalten. Im amphitheatralisch geformten Strandbad, das in den Felsen eingesprengt war, ergötzte man sich — zumeist am Vormittag — in der blauen Kristallflut. Oberhalb der Badekabinen verliefen die weiten Terrassen der Hotelanlage, wo sich zur Nacht unter sternenbesätem Himmel ein erlesenes Publikum versammelte, um an den mit Blumen und buntbeschirmten Lampen geschmückten Tischen zu speisen und zu plaudern. Die minder dekorativen Sommergäste wurden vom weltgewandten Baron Zengg, dem Schöpfer und Lenker des ganzen Märchenbetriebs, auf taktvolle Weise in Dependencen abgeschoben und unter dem

Vorwand, daß es auf der großen Hotelterrasse zöge, in gemütlichen Trinkstübchen und ähnlichen Enklaven unschädlich gemacht.

FÜNFTES KAPITEL

Die Mißgeschicke des Charles Borromé Howniak

Mit allen Sinnen stürzte sich Charles Borromé Howniak in das neu erschlossene Paradies, nicht achtend der zahlreichen blauen Flecke, die er sich bei dieser Tätigkeit immer wieder zuzog. Als erstes hatte der adelssüchtige Jüngling die Kurliste verlangt. Sie enthielt eine ganze Reihe illustrer Namen, doch von einer königlichen Prinzessin fand er keine Notiz. Rabenseifner beruhigte ihn: die hohen Herrschaften seien selbstverständlich inkognito hier, um unerwünschten Huldigungen, Attentaten und ähnlichen Behelligungen zu entgehen. Er würde ihm aber — obgleich man die Angelegenheit mit unendlicher Delikatesse behandeln müsse — noch heute beim Diner Gelegenheit geben, die erlauchte Dame zu sehen. Borromé verbrachte daraufhin den ganzen Tag beim Friseur, mit Maniküre, Massage und Kompressen, um seine Aufregung zu meistern. Zwischendurch machte er Gymnastikübungen und nahm so viel Brom, daß er die Augen kaum offenhalten konnte, als er am Abend in den Speisesaal kam.

Während die Ochsenschwanzsuppe serviert wurde, puffte Rabenseifner den stur Dasitzenden und nickte in die Richtung zum Eingang: Ein dicker, etwas ängstlich dreinblickender Herr im Smoking, mit brillantfunkelnden Hemd- und Manschettenknöpfen, betrat den Speisesaal; an seinem Arm führte er eine junge Dame, die ihre tatsächlich auffallende Schönheit ebenso selbstsicher zur Schau trug wie ihren kostbaren Perlenschmuck.

Howniak riß Mund und Augen auf und pfiff — ohne daß er es wollte — leise durch die Nase. Das also war seine künftige Lebensgefährtin!

»Bemerken Sie«, flüsterte Rabenseifner, »wie gut dressiert das Publikum ist und mit welch erlesenem Takt man das Inkognito der hohen Herrschaften achtet!«

Stumm nickte Borromé, der vor lauter Faszination keinen Bissen mehr hinunterbrachte.
Nach dem Diner erfuhr er gegen eine angemessene Bestechung vom Oberkellner, daß die beiden im Gästebuch als »Mijnheer Areanus van den Quabbels mit Frl. Tochter Hortense aus dem Haag« eingetragen seien, und mußte abermals Brom nehmen, ehe er es wagte, einen Blick in den Salon zu werfen, dessen Riesenspiegel das Bild einer animierten Gesellschaft glitzernd vervielfältigten. Strahlendes Licht, das vom reich skulptierten Kuppelgewölbe zwischen die honiggelben Marmorpfeiler herabflutete, legte einen leichten Opalflimmer durch den bläulichen Zigarettenhauch. Endlich erspähte er seine Angebetete auf einem weißgoldenen Fauteuil, wo sie, von kleinen Seidenkissen graziös gestützt, mit sicherster Bewegung und anmutigem Spiel der Hände sich gerade einer diensteifrig aufgeklappten Tabatiere bediente.
Da der Bromverblödete jedoch Angst hatte, in dem überfüllten Saal etwas anzustellen, flüchtete er in das Halbdunkel eines eichengetäfelten Raums mit grünverhüllten Lampen, die spärliches Licht auf zwei flandrische Gobelins warfen. Dort, in einem weichen Klubfauteuil, schlief er nach einigen Minuten ein.
Am nächsten Morgen warf er seine Karte bei Baron Zengg ab, sagte ihm einige Artigkeiten über das schöne Eiland und das glänzende Publikum und gratulierte ihm vor allem zu der Königsfamilie, die den Kurort schon in der ersten Saison durch ihre Anwesenheit auszeichnete. Als Michelangelo ihn fragend ansah, äußerte Howniak seine Bewunderung für soviel diplomatischen Takt und versicherte ihm, daß eine derart auf die Spitze getriebene Diskretion unter Kavalieren denn doch nicht nötig sei.
Michelangelo — immer darauf bedacht, den Marotten seiner Gäste nach Möglichkeit entgegenzukommen — lächelte konziliant, erkundigte sich, womit er dienen könne, und machte den jungen Ehrgeizling, der etwas von »gesellschaftlichem Anschluß« murmelte, noch am selben Vormittag mit der uralten, schwerhörigen Gräfin Ségur née Rostopschin bekannt. Howniak war selig. Er rückte der alten Dame den Liegestuhl zurecht, schlug dem servierenden Kellner im Übereifer das Servierbrett aus der Hand, so daß sich eine Ladung schwarzen Kaffees schrapnellartig über die

Umsitzenden verteilte, und war nahe daran, heiße Milch in das Hörrohr der Greisin zu gießen, die erschrocken mit dem Schnurrbart zitterte. Dann lenkte sie das Gespräch auf ein anderes Thema und fragte ihren eifrigen Galan nach Neuigkeiten aus der Wiener Gesellschaft; sie habe Pauline Metternich noch auf den Knien gewiegt, und was denn aus ihr geworden sei?
Howniak behauptete kühn, deren Lieblingsneffe zu sein, und hätte wohl noch weiter drauflos schwadroniert, wenn nicht im gleichen Augenblick ein lässig aufgeschossener Herr von unverkennbar hocharistokratischem Zuschnitt herangetreten wäre, der zuerst der Gräfin die Hand küßte und sich sodann dem Neuankömmling mit müdem Näseln als »Eschenlohe« vorstellte. Beim Klang dieses Namens pfiff Borromé vor Begeisterung so laut durch die Nase, daß ein vorüberlaufender Bully heranpreschte und sich der Gruppe lechzend anschloß.
»Wo haben S' denn das gelernt?« fragte herablassend der Prinz.
»Oh, das macht sich von selber«, stotterte Howniak. »Das ist eine Gabe der Vorsehung. Bei uns alten Familien passiert ja so was sehr leicht!«
Maximilian Eschenlohe sah ihn mit gewölbten Brauen an und wandte sich dann ohne ein weiteres Wort an das Hörrohr der alten Gräfin:
»Apropos Vorsehung, Tant' Ségur — denk dir nur: der Leo Baliol hat schon wieder seine Visionen. Kommt aber nix G'scheites dabei heraus. Ja, und die Helen hat mir g'schrieben, daß der Wumsi Lobkowitz beim Rennen in Kladrup g'stürzt is. Hat mit seiner Stirn dem Roß den Schädel eing'schlagen. Also ich bitt' dich . . .«
Howniak kam nicht länger um die Erkenntnis herum, daß er hier überflüssig wurde, und empfahl sich.
An den folgenden Tagen war er fortwährend um die schöne Hortense her, bei jeder Gelegenheit und hauptsächlich bei den Mahlzeiten schmachtete er sie an, die aber immer kühl und hochmütig über ihn hinwegsah. Nichts, was mit den beiden Quabbels zusammenhing, entging ihm, auch nicht, daß täglich eine auffallend unordentlich und veraltet gekleidete Weibsperson sowohl Vater wie Tochter bissig murmelnd fixierte und sich jedesmal brüsk

abwandte, wenn sie das Paar lange genug angestarrt zu haben glaubte.

Besorgt erkundigte sich Borromé bei Baron Zengg, ob man hier nicht vielleicht eine russische Nihilistin vor sich habe. Aber Michelangelo zerstreute seine Bedenken: Die häßliche Alte sei völlig harmlos und genieße eine Art Narrenfreiheit. Es handle sich um die bekannte polnische Freiheitshelden-Waise Bohumila von Paproczka, deren Lebensinhalt darin bestehe, unterdrückte Völker mit aufmunternden Spenden zu versorgen. So habe sie beispielsweise den Iren einen Wäschekorb voll verbogener Kavallerietrompeten aus Weißblech geschenkt und für den malaiischen Stamm der Bugis Spucknäpfe gesammelt, damit dieses arme Volk den tyrannischen Holländern deutlich seine Verachtung bekunden könne. Und da die Quabbels hier die einzigen Holländer wären, müßten sei das tägliche Quantum Haß der alten Paproczka allein konsumieren.

Howniak, wiewohl er um die wahre Identität der Quabbels besser Bescheid wußte, gab sich mit dieser Erklärung zufrieden — ohne daß er dadurch seiner Angebeteten, die ja von seiner tatkräftigen Besorgnis nichts ahnte, irgendwie nähergekommen wäre. Jedoch entmutigte ihn das in keiner Weise. Er blieb ihr auf den Fersen, wo er konnte. Wo er nicht konnte, vermied er mit geradezu demonstrativer Sorgfalt die Gesellschaft von Personen weiblichen Geschlechts, die auch nur annähernd als reizvoll gelten konnten (und deren gab es auf Scoglio Pomo nicht wenige). Vorzugsweise hielt er sich an den Kreis um die alte Gräfin Ségur née Rostopschin.

Aber auch hier ließ der über seinem ganzen Dasein stehende Unstern alsbald eine Schnuppe nach ihm fallen.

Eines Vormittags saß man friedlich beisammen, die betagten Aristokratinnen mit Strickereien beschäftigt, was damals gerade in Mode kam.

Es begann damit, daß der servile Howniak einem davonrollenden Wollknäuel nachlief und dabei mit den Bullys der vielumschwärmten Soubrette Malfilatre in Konflikt geriet. Man hörte unverkennbares Kampfgetöse hinter einem Boskett, Geraschel von Zweigen und das taktmäßige Gequake der erregten Doggen.

Unterdessen bewegte sich die Ségursche Strickerei, dem Faden folgend, auf das Gebüsch zu. Vergeblich suchte die erschreckte Eignerin das fliehende Gewebe mit ihrem Krückstock zu haschen. Nach wenigen Minuten erschien der keuchende Borromé mit einem im Winde flatternden Hosenbein und blutendem Ohr, jedoch ohne Knäuel. Die taube alte Dame machte ihn unverzüglich für den Verlust verantwortlich und wollte nichts von seinen stotternd vorgebrachten Entschuldigungen hören. Immer wieder verlangte sie ihren Wollknäuel, böses Mißtrauen in den verkalkten Augen. Es sei Mohair gewesen, murmelte sie eigensinnig. Mohair.

Der zu Unrecht Verdächtigte, schwitzend über das Hörrohr gebeugt, verteidigte sich nach Kräften und begleitete seine Argumente mit stechendem Zeigefinger.

Die Bullys, die inzwischen wieder erschienen waren, standen lechzend da und hefteten ihren blutunterlaufenen Blick auf das noch intakte Ohr des Pseudodiplomaten.

Eine der Damen stand auf und reichte der gräflichen Greisin eine Bonbonniere, um durch diese taktvolle Ablenkung der peinlich werdenden Szene ein Ende zu setzen. Umsonst. Die alte Ségur ließ nicht locker, und Howniak, durch ihre halbausgesprochenen Insinuationen immer aufs neue gereizt, bewies haarscharf die Schuld der Hunde, die ab und zu mit ihren dicken Köpfen kampflustig gegen seine Beine stießen. Als er sich endlich aus seiner über das Hörrohr gebückten Stellung aufrichtete, war er überzeugt, jeden Zweifel an seiner Ehrlichkeit zerstreut zu haben. Er gab sich den Anschein, erst jetzt sein defektes Hosenbein zu bemerken, und verschaffte sich dadurch einen für seine Verhältnisse erstklassigen Abgang, der von den meisten der strickenden Damen mit erlöstem Nicken quittiert wurde. Nur die alte Ségur schüttelte, Verwünschungen murmelnd, ihren Krückstock hinter ihm her.

Mit wieder instandgesetzter Toilette nahm Charles Borromé auf einer der Gartenterrassen Platz, in der verzehrenden Hoffnung, hier endlich der schönen Hortense ansichtig zu werden. Aber sein Pech blieb ihm treu. Nicht sie, sondern ein dicker, in der Hitze des frühen Nachmittags fast zu Gallert zerfließender Herr in Hemdärmeln ließ sich an einem der Nebentische nieder und begann unter hörbaren »Pfui-Teixel«-Rufen die Getränkekarte zu studieren. Zwischendurch klatschte er mit einem ärgerlich blauen Sacktuch nach zwei verschiedenen Fliegen gleichzeitig. Als er keiner von ihnen habhaft werden konnte, stand er ingrimmig auf und setzte sich, ohne viel zu fragen, an Howniaks Tisch, wo er bei dem allmählich doch erscheinenden Kellner einen »G'spritzten mit Gieß« bestellte. Mißmutig auf die leicht moussierende Flüssigkeit deutend, erläuterte der kaiserliche Rat Dodola (denn dieser war es) seinem Tischnachbarn, daß man in Lokalen, die man nicht durch und durch kenne, zum G'spritzten nur Gießhübler nehmen dürfe — um Himmels willen kein Siphon, denn dieses würde, wie jedermann wisse, häufig den Scheintoten in die Nase gespritzt, um sie wieder zum Leben zu erwecken. Man sollte gar nicht glauben, wie rasch dieselben aufsprängen und was für erstaunlich grobe Redewendungen man dann oft von ihnen zu hören bekäme, auch von solchen, die schon mit halbem Ohr das Jauchzen der Seligen vernommen hätten.

Howniak glotzte einigermaßen ratlos und war von Herzen froh, als Prinz Max, beiläufig die langen Beine setzend, am Tisch vorbeikam und haltmachte, um den Darlegungen Dodolas zu lauschen.

»Warum bestellen S' dann nicht lieber ein Bier?« fragte er schließlich mit leutseligem Interesse und nahm Platz — gut berechnet im Luv des dünstenden kaiserlichen Rates, der plötzlich ganz infam nach Einmachhuhn zu riechen begann.

»Weil's viel zu lau ist, das Bier, was die hier verkaufen«, murrte Dodola. »Schon fast mehr ein Warmbier. Brr.«

»Ganz richtig. Ich kann mich Ihrem Brr nur anschließen. Ja, Ihnen ist die Gabe der Rede gegeben. Aber dann sollten Sie halt ein bisserl ein Eis ins Bier geben. Haben Sie es schon einmal mit Eis versucht? Im Bier, meine ich?«

»Nützt auch nix.« Die Zornesader auf Dodolas Stirn schwoll bedenklich an. »Wann's wenigstens ein richtiges Donaueis wär, wie man's früher gehabt hat. Dieses gepanschte Kunsteis kühlt ja gar nicht.«

»Wie recht Sie doch haben, Sie biederer Mann mit der fertig gekauften Krawatte!« bestätigte wohlwollend Prinz Max. »Aber so ist es nun einmal im Süden. Daran müssen Sie sich gewöhnen.« Er erhob sich und hatte nichts dagegen, daß auch Charles Borromé diese Gelegenheit wahrnahm, um sich der unfrohen Gesellschaft des kaiserlichen Rates zu entziehen: von fern, im opalisierenden Oval des Strandbads, glaubte er die Umrisse der schönen Hortense erspäht zu haben. Verzückt lehnte er sich über die Balustrade. Der Tag war gerettet.

Beim Diner machte ihn Rabenseifner auf die besonders brüske Kopfwendung aufmerksam, mit der Hortense ihn diesmal übersah. So übersehe man nur jemanden, behauptete Rabenseifner, dem man zu verstehen geben wolle, daß man ihn in Wahrheit sehr wohl gesehen habe ...

Glücksversunken saß Borromé des Nachts auf seinem Balkon und starrte in die reglos verträumte Landschaft. Ihm gegenüber hob sich im grünen Mondlicht das venezianische Rokoko des Pavillons Dandolo-Treo aus der Dunkelheit. Das weit ausladende Kranzgesims ruhte auf Säulen aus porösem Muschelkalk, die an den glatten Stellen mit allerlei Fabelgetier verziert waren. Kupfern patinierte Vasen schmückten das geschweifte Dach, unter dem sich aus offenen Fenstern breitstreifige Marquisen spreizten. Das Parterre war sorgfältig verschlossen.

Borromé spitzte die Ohren. Durch die perlende Stille der blütenduftschweren Nacht wurde ein Summen vernehmbar, das immer mehr anschwoll. Kein Zweifel, es waren Stimmen. Sie führten mit staunenswerter Zungenfertigkeit einen erregten Disput, der von kurzen, pistolenschußähnlichen Detonationen unterbrochen wurde. Schon wollte Borromé, Schlimmes befürchtend, aufstehen und dem Hausknecht Ercole läuten, als ihn ein merkwürdiges Schauspiel auf seinen Sitz bannte:

Die Stimmen waren allmählich undeutlicher geworden, dafür erstrahlte hinter den schwergerafften Seidenrollos der Parterrefenster gedämpftes Goldlicht. Dann wuchs der Disput aufs neue zur Heftigkeit eines Maschinengewehrknatterns an, eine Tür öffnete sich, und in großem Bogen flog ein weißer, wie ein Harlekin gekleideter Herr in das Blumenparterre, wo er mit jammervoll geöffnetem Mund eine Zeitlang sitzen blieb. Plötzlich sprang

er gummiballartig auf, rang in niederträchtig verlogener Weise die Hände und verschwand radschlagend in den Rosenbüschen.
Borromé erhob sich, schüttelte den Kopf und schaute fragend in den Spiegel. Aber der zweite dumm aussehende Herr, der ihn aus der andern Welt des Scheins leicht grasgrün anglotzte, war nicht imstande, ihm eine vernünftige Erklärung zu geben.

SECHSTES KAPITEL

Ein Gentleman hat nicht interessant zu sein

Nicht von ungefähr hatte Prinz Max der alten Ségur über die neuerdings auftretenden Visionen Leo Baliols berichtet; näherte sich doch der Jahrestag jener merkwürdigen Erscheinung, die der hart geprüften Familie Dandolo-Treo aus der Misere geholfen und dem internationalen Publikum eine märchenhafte Erholungsinsel geschenkt hatte.
Der junge Baron Baliol verbrachte die letzte Woche mit Fasten und frommen Exerzitien. Von so interessanter Blässe war er noch nie gewesen. Alle Mädchenherzen schlugen ihm stürmisch zu, und Vetter Michelangelo fragte ihn nicht ohne Tücke, ob er vielleicht Säulenheiliger werden wolle? Er würde damit für den Kurort glänzende Reklame machen und vielen asketisch veranlagten Luxusmenschen als elegantes Vorbild dienen. Ein Strom ganz neuer Besucher — die natürlich etwas mehr zahlen müßten, aber spottbillig unterzubringen und zu verpflegen wären — würde sich nach Pomo ergießen. Warum sollte man nicht dem Beispiel der großen Sanatorien folgen und einigen extravaganten Tröpfen Gelegenheit bieten, für leichte Mißhandlungen, die sonst in Hotels nicht üblich wären, auch noch Geld auszugeben? Man könnte dann einen Teil der zusätzlichen Einnahmen dazu verwenden, den alten, herabgekommenen Onkel Lazzaro in ein ländliches Erziehungsheim für verwahrloste Mittelschüler oder in ein Kadetteninstitut zu stecken, wo sich vielleicht doch noch ein nützliches Mitglied der menschlichen Gesellschaft aus ihm machen ließe . . .
Leo, um dessen Familiensinn es sowieso nicht zum besten stand,

zeigte sich diesen hochfliegenden Plänen seines Vetters durchaus abgeneigt.

Dann möge er gefälligst aufhören, sich interessant zu machen! forderte Michelangelo ihn auf und ließ erkennen, wo das Gespräch eigentlich hinzielte.

Er »mache« sich nicht interessant, bockte Leo. Das klinge ja beinahe so, als ob er daran »arbeite«, interessant zu sein. Er verbitte sich das.

»Du, Leo«, sprach da der Baron Zengg mit letzter Selbstbeherrschung. »Du, jetzt horch zu. Ein wahrer Gentleman hat daran zu arbeiten, *nicht* interessant zu sein! Bist du ein Zigeunerprimas? Fehlt nur noch, daß du dir eine Paderewskifrisur z'sammwachsen läßt! Bitte merk dir: ein verwöhnter Frauenliebling ist fast so eine gesellschaftliche Mißfigur wie ein Nasenbohrer. Du entwickelst dich ja zu einem Schandfleck der Familie, mit deinem Interessantsein! Vielleicht wirst du dir nächstens beim Bisenius oder in einem andern Zauberartikelgeschäft ein aufstellbares Pfauenrad machen lassen, für hinten zwischen die Frackschößeln?«

»Aber wenn ich Visionen hab!« raunzte der interessante Vetter.

»Ein anständiger Mensch *hat* keine Visionen zu haben! Schau dir einmal die Leut' an, die über so was klagen! Meistens Trinker im fortgeschrittenen Stadium. Zuerst sehen sie doppelt und bitten zwei Meter neben dir um Feuer. Dann kommen die weißen Mäuse und die Millionen Schwabenkäfer am Kaffeehaustisch. Und dann —«

»Aber Mischi, ich seh ja nicht doppelt, ich —«

»Du hast Visionen, ich weiß. Als ob du ein unfähiger Konzeptsbeamter wärst, der auf diese Art avancieren will. Glaub mir: wenn du einmal so anfängst, kommt alles weitere von selbst. Wie bei die Trinker. Das nächste ist dann der okkulte Karfiolverein mit innerer Versenkung. Jeden Mittwoch und Samstag mystische Bruderkette. Und einmal in der Woche kannst du mit einem Fakir Mariage spielen. Der läßt sich während der Abrechnung die Hand an die Klosettür nageln, ohne daß er schreit. Was hast du davon? Der Ober ärgert sich, weil der Lack hin ist, und du kannst den Anstreicher zahlen, weil du ein Trottel bist. Du sinkst immer tiefer, fangst mit blöden Geistern zu plaudern an und duzt dich mit allen möglichen Idioten aus dem Jenseits — denn wer redet schon mit dir? Laß dich warnen, Vetter! Denk an den Tassilo Seehundsheimb, den Bruder vom Majoratsherrn. Und an den alten Beatus Attila von Ambossegg, der als einziger den Titel eines Reychs-Erbtrompeters von Breysach führen durfte. Der hat auch Spiritismus getrieben. Und was war die Folge? Zum Schluß hat's auf seinem Schloß so gespukt, daß es unverkäuflich geworden ist.«

»Mischi, ich will mein Schloß nicht verkaufen. Und die ganze Mystik ist mir urfad.«

»Um so schlimmer für dich. Dann schlägt's nämlich ins Gegenteil um. Ballett. Zirkus. Akrobatinnen. Über kurz oder lang gehst du mit Schlangenmädchen soupieren. Und schon steckst du mitten drin im Manegemilieu, wie so viele verfallene Aristokraten. Stolperst zwischen Roßknödeln umeinand. Durchzechst deine Nächte mit johlenden dummen Augusten, die nicht einmal abgeschminkt sind — du, ein Baliol, auf den der Thron von Schottland heimlich wartet! Gähnend hält er die Hand vor den Mund, wenn's niemand sieht, aber: er wartet. Er weiß: einmal kommt seine Stunde. Und das wäre ein Glück für dich. Da würdest du sparen lernen, auf dem schottischen Thron. Deine Untertanen würden dir eine Zivilliste aussetzen, daß du den ganzen Tag als dein eigener Gardekorporal herumlaufen müßtest, damit dir die Köchinnen etwas zu essen geben ... na, lassen wir diese Träumereien. Ein aufgewärmtes Sauerkraut ist sowieso besser als ein aufgewärmter Monarch. Kehren wir zur Wirklichkeit zurück, zu den dummen Augusten, die jetzt deine Freunde sind. In den obskuren Beiseln sitzt du mit ihnen herum. Deine arme Mutter läßt sich gegen ein Trinkgeld ins gefrorene Fenster ein Guckloch kratzen — nur um dich zu sehen, nur um in ihr Tüchlein zu schluchzen. Aber am drüberen Fenster hat sich der ›Verein Katholischer Edelleute‹ ein andres Guckloch kratzen lassen, seufzt tief, huscht weg und steckt die Geschichte brühwarm deinem Regiment. Erbleiche, Cousin! Der schneidige Korporal, der in der folgenden Nacht neben dir am Schanktisch steht und seinen Riesenschnurrbart zwirbelt — trau ihm nicht! Der Schnurrbart ist falsch, und der Korporal ist kein Korporal. Er ist ein Rittmeister, den du nicht kennst. Aber *er*

kennt *dich!* Und der Invalide mit dem Pflaster überm Aug und dem Stelzfuß, der auf ein kerngesundes Bein geschnallt ist — jedes Kind muß ja lachen —, das ist der Auditor. Zwei Chargen um diese Stunde: so etwas sollte dir zu denken geben. Aber du denkst nicht. Du hast zwei Zirkuselevinnen auf den Knien, morgen werden es drei sein, übermorgen vier ... und deine nächste Waffenübung machst du nicht mehr als Sechserdragoner in Enns mit, nein, als ganz ordinärer Trainleutnant. Peitschenknallend mußt du mit dem Fahrküchenpark in Krummnußbaum um einen angenommenen Biwakpunkt herum Karussell fahren, Trab — kurzer Galopp — Trab — kurzer Galopp. Mit siedendem Powidl. Das spricht sich natürlich herum, und in Wien bist du daraufhin unmöglich. Also gehst du nach Paris ... verkehrst mit geflüchteten rumänischen Bojaren ...«
Leo hörte ihn nicht mehr. Er war lautlos aufgestanden und davongeschlichen. Hatte er doch ganz deutlich eine Träne in Michelangelos Bart glitzern gesehen.

SIEBENTES KAPITEL

Einige Arten, auf Pomo selig zu werden;
und deren Repräsentanten

In solchen Augenblicken echter Depression war es immer Prinz Max, an den sich Leo am liebsten anschloß und mit dem er ausgedehnte Spaziergänge kreuz und quer durch die Insel unternahm. Diese Spaziergänge boten Abwechslung und Ablenkung der unverhofftesten Art, da ja auf Scoglio Pomo jeder nach seiner Fasson selig werden konnte und da man niemals wußte, welche neue Fasson inzwischen wieder kreiert worden war.
Auch diesmal hatte sich Eschenlohe zu dem von Leo erbetenen Spaziergang sofort bereit erklärt. In weiser Erfassung des Seelenzustandes seines Freundes steuerte er zunächst einer Waldlichtung zu, auf der preziös kostümierte Herren und Damen sich ihren harmlosen Spielen hingaben. Falter gaukelten in den schrägen Streifen des einfallenden Sonnenlichts. Eine junge, anmutige

Rokokoschäferin wurde von einem kardinalrot gekleideten Kavalier geschaukelt. Zu Füßen einer Cupido-Statue lag zwischen farbigen Blumen ein zweiter junger Kavalier und genoß den holden Anblick der duftig auf und nieder schwebenden Gespielin. Eine andere Gruppe erging sich auf dem blumendurchwebten Grasteppich der Waldlichtung, wo weiße Schafe in Sanftmut grasten. Dort spielte man Haschen.

»Das g'fallt mir, das g'fallt mir!« hörte man den entzückten Baliol. »Meiner Seel', so möcht ich auch leben! Ich glaub, die Leute sind glücklich.«

Maximilian Prinz zu Eschenlohe hob zweifelnd die Hände: »Glücklich? Glaubst du? An denen ihrem Glück nagt der Schindelarsch.«

»Der — wer?« Brüsk fuhr Leo herum.

»Ja, das ist was Fürchterliches. Ich wünsche meinem Todfeind nicht, daran zu leiden. Schindelarsch spricht er sich aus. Geschrieben Sindelář. Und in der heiligen Taufe empfing er auch noch den Namen Escamillo.«

»Ja, aber —«

»Der Mann ist ein Unglück. Und der Michelangelo kann ihn weder abschaffen noch verscheuchen, weil er ja nichts weiter anstellt. Er schmachtet nur. Und wenn die Glut in ihm überhandnimmt, fängt er zu singen an. Manchmal geht dazu der Mond auf. Ich sag dir, da kann einem anders werden. Dieser Schin — also kurz und gut: der Besagte ist nämlich bis zum Irrsinn in die eine von den zwei Grazien verliebt, die sich da hutschen. Geraldine Montgomery heißt sie. Nein, nicht von der Hauptlinie. Ihre ebenso reizende Freundin, die Comtesse Danae Fennberg — Tyroler Hochadel, weißt — die läßt er in Ruh. Aber von der Montgomery küßt er sogar die Fußspuren. Dabei sind schon häufig alte Leut über ihn gefallen. Auch ihre Zigarettenstumpferln hat er schon aufgefressen und hat dann beim Nachmittagskonzert öfters gespieben. Oder er schießt ihr mit einem Fidschipfeil Liebesbriefe zu. Was die beiden Rokokokavaliere ihn schon gehaut haben, das glaubt man nicht. Manchmal wirst du plötzlich wo im Wald laut aufschimpfen hören — dann ist richtig wer über ihn gestolpert, wie er grad eine Spur von seiner Angebeteten verfolgt hat. Ein-

mal ist er zwischen die Herrschaften von einem Baum heruntergefallen, mitten in die Jause. Schad' um das schöne Sèvres. Und wenn die Montgomery badet, verdoppelt er sich förmlich. Da hat man den Eindruck, es tauchen neben ihr gleich zwei oder drei Schin — also Dingsda auf. Man könnt' sich direkt fürchten.«
Das Gespräch wurde durch das Erscheinen eines Herrn in einem rosa Chenilleanzug unterbrochen, der, einen kleinen Goldzylinder auf dem Kopf, mit kakaduhafter Würde einhergeschritten kam und rastlos Tschinellen schlug, die wildfunkelnde Sonnenreflexe warfen. Ein andrer, in taubengrauen Hosen und kaffeebraunem Frack, dessen Flügel aus Straußenfedern bestanden, tänzelte ihm zur Seite und blies dabei sanft auf einer Schalmei. Beide bildeten die Eskorte einer verfetteten, brillantglitzernden Matrone in Erbsengrün; auch sie meisterte ein Tschinellenpaar, aus dem bei jedem Schlag eine opalisierende Puderwolke aufstäubte. Neben ihr hüpfte ein pagenlockiger Bub in weißseidenem Kostüm und balancierte einen Sonnenschirm viel zu hoch über dem Haupt seiner Herrin. Ein asthmatischer Mops folgte, dem ein ungeheures Straußenfederntoupet auf dem schnarchenden Köpfchen saß.
Beim Anblick dieser Gruppe flüchteten die verfeinerten Fragonards verstimmt in eine kleine Klausnerei aus Baumrinde, von wo alsbald, auf einem Glockenklavier gespielt, die »Klage Andromedas« von Abondio erklang.
Und da — war's Zauberei, war's ein Spuk am hellen Tag? Deutlich ertönten Fanfaren, deutlich ein Hifthorn durch die flirrende Sonnenluft.
Als die letzten Töne verhallt waren, schlängelte sich eine bizarre Kavalkade aus dem Tann: zahlreiche Israeliten in goldenen Rüstungen, ausladenden Renaissancehelmen oder hohen gotischen Kappen im Stile Karls des Kühnen von Burgund ritten vorbei, große Kurszettel aus Seidenpapier in den gestikulierenden Händen.
Eschenlohe zupfte den verdutzt starrenden Baliol am Rockzipfel und erklärte ihm die einzelnen Herren, die — einer wohlgeplanten historischen Fügung zufolge — die Namen stolzer Adelsgeschlechter trugen, denen ihre Vorfahren botmäßig und zinspflichtig gewesen sein mochten.

»Der an der Spitze heißt Fürstenberg. Der dort, der sich mit dem Bolzen im Ohr kratzt, ist ein Lichtenstein. Hier auf dem Pony: Adolf von Nassau, vor dem ganz Proßnitz zittert. Dort der krumme Schönfeld auf feurigem Renner. Und dort die beiden Bitterwasserkönige, die halb Oberungarn beherrschen . . .«
Der Zug entschwand, und es dauerte nun doch ein paar Minuten, ehe die Insel den beiden Wanderern mit einer neuen, wieder völlig anders gearteten Attraktion aufwartete:
Ein alter, bebrillter Herr mit einem wallenden, zwischen weiß und nikotingelb spielenden Vollbart marschierte an der Spitze von sieben unendlich reizlosen Mädchen, durchwegs Brillenträgerinnen und wie große Mücken gekleidet. Während des Marschierens vollführten sie eine Art gymnastischer Bewegungen mit den Armen.
Der professorenhaft adjustierte Greis, dessen Vollbart taktmäßig zuckte, ließ plötzlich ein »Halt!« ertönen und machte den glotzäugigen Mädchen einige andere Schwingungen vor. Dann wandte er sich völlig unaufgefordert an den Prinzen und sagte unter strengem Brillengefunkel:
»Ich bi-bi-bin gl-gl-sofort zu Ihrer Ververververfügung!«
Hilfesuchend sah Leo seinen Begleiter an, der ihn willig aufklärte:
»Brauchst nicht erschrecken. Das ist der Professor Tatterer von Tattertal, der berühmte Hofstotterlehrer, mit seinen sieben Töchtern. Alle stottern. Jeden Nachmittag macht er Freiluftstotterübungen mit ihnen, aber es hilft nicht das geringste. Das Merkwürdige an dem Mann ist, daß er manchmal auf einem falschen Buchstaben stottert. Wenn's ihm zu blöd wird, wechselt er zu einem andern Wort hinüber. Hast ja gehört: erst hat er ›gleich‹ sagen wollen, dann hat er sich's überlegt und hat ›sofort‹ gesagt. Wär' übrigens besser, wenn wir weggingen. So was steckt an. Zwei von den Mädeln waren angeblich ganz gesund und sind vom bloßen Zuhören infiziert worden.«
Eine ältere, mausgraue Dame trat traurig nickend an den Prinzen heran:
»Wui, wui, Scherpräns«, begann sie in einem etwas gewollt klingenden Französisch. »Ich bin nämlich die Mutter von denjenigen

sprachgestörten Mädchen. Scherpräns haben ganz recht. Jedoch mein Mann gibt keine Ruhe nicht. Derselbe ist die Gewissenhaftigkeit selber. Dem seine Schüler beziehungsweise Jünger haben nichts zu lachen. Seine Erfolge grenzen allerdings ans Wunderbare! Alles kann er heilen, mit Ausnahme der Zuzler, der Hölzler und der sogenannten Kletscher, die was kein K nicht aussprechen können. Das sind die Ärmsten der Armen. Viele von ihnen gehen ins Wasser. Herentgegen die Schnofler sind operativ heilbar. Es gibt sehr geschickte Schnofelstecher, besonders in Böhmen. Da haben wir vorigen Winter einen hochinteressanten Fall in Leitomischl gehabt. Ein liebreizendes junges Mädchen aus allerbester Bürgerfamilie, eine gewisse Pfnauflinger. Aber ein schlimmer, ein nahezu verzweifelter Fall. No, die hat sich dann beim Professor Chmel auf der Prager Klinik mit bestem Erfolg stechen lassen, und die Nachbehandlung, also den schwierigsten und so überaus verantwortlichen Teil, hat dann mein Mann eigenhändig geleitet. Heute kann sie ihren auch für Gesunde gewiß nicht einfachen Namen schon recht deutlich sagen. Ist bloß noch ein bisserl vom Wetter abhängig ... Aber wie oft muß mein Mann unglückliche Hölzler-, Zuzler- oder gar Kletschermütter abweisen, die weinend seine Knie umklammern! Das zu übernehmen, verbietet ihm seine Ehre. Er ist ja alles andere als ein Pfurkuscher — nein, Kuschpflurer — Kurzpfluscher — also bitte. Da sehen ja selbst.«

Die völlig aus dem Konzept geratene Matrone japste sekundenlang nach Luft, ehe sie sich sammeln konnte. »Als junger Mann hat mein Mann unter seinem Leiden schrecklich zu leiden gehabt, müssen wissen. Noch wie er um meine Hand anhalten gekommen ist, hat er vor lauter Stottern so geschielt, daß man nur das Weiße von seinen Augen gesehen hat. Und geschwitzt hat er dabei — ich sage Ihnen: ganze Lacken. Aber jetzt geht's schon ganz gut. Rein alles kann er aussprechen, wenn auch mit Mühe. Rein alles. Nur sein dummer Vorname — mit dem will's nicht und nicht klappen. Warum muß er aber auch Schionotulander heißen. Damit hat er halt immer noch viel Arbeit. Da dampft er wie ein Roß, bevor er's herauskriegt. Und dabei zieht er Mund und Nase so schaurig in die Höhe, daß unser alter Bulldogg, der Schnaxi, ihn ganz wild anknurrt, weil er glaubt, sein Herrl macht sich lustig über ihn.

Immer wieder fällt ihm das dumme Viech hinein und hat ihn manchmal auch schon kräftig gebissen. No ja, ist eben nur ein Hund ...«

Damit wandte sie sich bekümmert zum Gehen.

Die beiden Freunde schlugen vorsichtshalber die entgegengesetzte Richtung ein und gelangten zu einem ihnen schon von früher her bekannten Felsengetrümmer, in dem sich vier mährische Großindustrielle als »Johannesse auf Patmos« eingerichtet hatten, Einsamkeitssucher und mystische Archaiker, die ab und zu verklärten Blickes goldene, hieroglyphisch verzitternde Schriftzeichen auf seidenglänzendes Japanbütten schrieben. Aber sie konnten auch stundenlang nichts andres tun, als auf dunkelpolierte Scheiben orientalischer Edelhölzer blicken. Abends spielten sie mit schweren, prunkvoll bemalten und von Edelsteinsplittern verzierten Karten Tarock. Der Felswinkel hieß Abadessa, das wolkenhohe, brandungsumjubelte Kap wurde Baffavento genannt.

Allmählich begann rosiges Licht den Abendhimmel zu überfluten. Wie Goldstaub lag es auf der dunkelblauen See oder brach sich mit zartem Violett zu levkojenartigem Hauch. Pfirsichfarbene und purpurne Flecken grenzten an zartes Grün, milchweiß und rosenrot eilten Wolken vorüber, Boten der schaumgeborenen Göttin, die sieben Segeltage von hier, zwischen Aufgang und Mittag, vor zerwehten Jahrtausenden auf ihrem Muschelwagen erschienen war, von posaunenden Tritonen und korallengeschmückten Amoretten bedient.

Stumm traten die beiden Freunde den Rückzug an, näherten sich einer Gruppe von Riesenzypressen, deren Zweige schon nahe vom Boden die formschönen Linienspiele ihres feinen Geäders vorwiesen. Durch Rhododendren- und Azaleengestrüpp hindurch erspähten sie einen köstlichen Marmortorso, um den das Abendrot zitterte: glattwogige Hüften und das obere Ende der jugendholden Schenkel einer geborstenen Eros-Statue. Eine bebänderte Schrifttafel wiegte sich leicht im Wind.

Unweit davon blies ein distinguierter Hirte auf der Doppelflöte fremdartige und langverschollene Weisen voll lullender Schnörkel. Rauch von Olivenholz wehte bläulich aus einer Schlucht, über der silbern ein erster Stern auffunkelte. Der Rauch kam aus einer kleinen Klause, durch deren niedrige, spitzbogige Doppelfenster wilde Rosen wucherten. Dort predigte ein heiliger Franziskus einem Goldfisch, der in einem Kelch von venezianischem Glas umherschwamm und bei strengen Stellen besonders dumm glotzte. Oben auf einem Hügel stand ein Kirchlein in herber, früher Gotik. Ein Herr und eine Dame — strenglinierte, geschlechtslose Wesen in steifen Brokatgewändern — bedienten eine dünnpfeifige Orgel. Draußen, auf blumigem Rasen, drehte sich allerlei struppiges Volk zu den abgehackten Klängen eines nicht näher festgelegten Psalters. In einem bronzenen Kessel, der an einer Stange hing, kochte man ein antiquiertes Abendsüpplein.

Der letzte Teil ihres Weges führte die beiden Freunde an jenem mittlerweile schon berühmt gewordenen Zelt vorbei, das ein geheimnisvoller Kurgast aus Budapest bewohnte. Ein stiller, ernster Herr in anscheinend besten Jahren, hatte er sich im Meldezettel befremdlicherweise als hundertjährig eingetragen — ohne damit auf Schwierigkeiten zu stoßen, da man dergleichen kleine Schrullen diskret zu übersehen gewohnt war. »Lassen wir ihm die Freud'«, hatte Michelangelo dem lautlos gleitenden Chef de Réception, Maurice Koritschoner, zugeflüstert. »Setzen wir ihm dafür einen zehnprozentigen Zuschlag ein. Das Alter muß man ehren!« Und damit war die Sache erledigt.

Dr. S. M. Eszkelesz — so hieß der von ganz leiser Dubiosität umwitterte Patriarch aus dem Lande der Paprikahendeln, wo der Csárdás blüht und die Hunnenvanille, der Knofel, traumhafte Wälder bildet — ließ zunächst aus ein paar Fuhren Sand etwa 100 Quadratmeter Wüste vor dem Zelt aufschütten, ehe er sich ans Auspacken seiner Sommerfrischen-Utensilien machte, die in großen Kisten zugestreift worden waren. Die eine enthielt eine Harfe (Augsburger Arbeit des Frühbarocks, also ganz was Veraltetes), die andre ein ausgestopftes Kamel, das aber aus zwei Hälften bestand, die Rückseiten durch Sperrholzplatten solid verkleidet. Mit Befriedigung las man auf dem Holz den Namen der Möbelfirma »Járay Sándor & Cie.« Diese Attrappe, die mit dem wie beleidigt zurückfliehenden Haupt nicken konnte, wurde unweit des Zeltes aufgestellt und mit Staffeleibeinen gestützt.

Erst dann erschien, auf feierlichen Plattfüßen watschelnd, Doktor

Eszkelesz in der Tracht des Alten Testaments, nahm mit abwärtsgezogenen Mundwinkeln Platz und entlockte seiner phantastisch gebogenen Harfe ein paar langsam verschwebende Töne von sonderbar dumpfem Timbre, das in Fachkreisen als »Czernowitzer Arpeggio« bezeichnet wird. Dann begann er, im Sitzen sich emsig wiegend und die schwermütig ledernen Augendeckel halb geschlossen, auf diesem übrigens von Wunderrabbinern bei Beschwörungen gern gespielten Instrument eine klagende Weise zu harfen, deren Melodie von gurgelnden, schlappseidigen Trillern durchwebt war. Bisweilen wischte er sich mit dem weiten Ärmel die lang herabgebogene Schafsnase, die infolge seines leidenschaftlichen Musizierens zum Nässen neigte.

Um den biblischen Charakter des an sich schon eindrucksvollen Bildes noch zu verdeutlichen, trat aus dem Zelt ein indigniert aussehendes Fräulein mit überscharfem Profil und pechschwarzem Scheitel, jedoch ohne jeden Hinterkopf. Auf der linken Schulter einen trostlosen Tonkrug haltend, wandelte sie gemessenen Schrittes auf und nieder, wobei sie sorgsam darauf achtete, dem fanatischen Harfenschläger den Rücken zu kehren.

Kein Zweifel, es war der selige König David, wie er leibte und lebte.

Nach und nach erfuhr man, daß er im Nebenberuf eine gutgehende Praxis für Hautkrankheiten betrieb, und da er als erfahrener Arzt wußte, wie enorm der Gesang das Leben verlängert, zumal wenn er mit Wiegemassagen der Leber Hand in Hand geht, hatte er sich ganz jenen frommen, ja erhabenen musikalischen Übungen verschrieben, denen er auf Scoglio Pomo nach Herzenslust obliegen konnte.

Dr. Eszkelesz bildete alsbald das gern besuchte Ziel zahlreicher Spaziergänger. Sie hielten sich natürlich in diskretem Abstand, nickten gelegentlich im Takt ein wenig mit dem Kopf und dirigierten besonders gern die gurgelnden Triller mit, um sich dann auf ehrfurchtsvollen Fußspitzen zu entfernen. Einige Lebemänner hatten wohl auch verstohlen mit Operngucker die Amphorenträgerin aufs Korn genommen, aber ausnahmslos das Glas sofort wieder versorgt.

ACHTES KAPITEL

Bogdan Gakovac aus Banjaluka

Zu den originellsten und angesehensten Gästen der Insel zählte ohne Zweifel der Gospodar Bogdan Gakovac aus Banjaluka. Die Originalität brachte er mit, das Ansehen stellte sich erst später ein. Denn sein Entrée auf Scoglio Pomo war zunächst mit einer wenig respektgebietenden Episode verbunden. Als er nämlich, den örtlichen Usancen folgend, dem Herrn der Insel seine Aufwartung machen wollte, endete diese gesellschaftliche Prozedur, die dem kroatischen Skalp-Akademiker ohnehin nicht recht geläufig war, mit einem regelrechten Hinauswurf, noch ehe sie begonnen hatte. Und das kam so:

Michelangelo Baron Zengg hatte sich an jenem Nachmittag ein kleines Schläfchen vergönnen wollen und lag, den tiefschwarzen Bart wie einen gewaltigen Rabenbürzel emporgestreckt, auf dem Sofa seines Empfangzimmers. Er, der Allbeliebte, durfte getrost bei offenem Parterrefenster schlafen. Und so ruhte er denn, am Kopfe den Fez und an den Füßen die Saffianpantöffelchen (sie endeten in echten Fuchsköpfen, deren gelbe Glasaugen boshaft funkelten). Ungefähr dreißig Polster, mit artigen Sprüchen bestickt, umgaben ihn — Geschenke von Damen an den heimlich angebeteten Würdenträger aus Illyrien. Ja, die Ruhe war dem Vielgeplagten herzlich zu gönnen.

Da aber geschah es, daß im offenen Fenster der Kopf eines gerupften Aasgeiers auftauchte. Es war Gakovac, der nach alter Komitadschija-Sitte erst einmal das Terrain seines Vorstoßes rekognoszieren wollte. Jetzt tupfte er den Schlummernden vorsichtig mit dem heißen Tschibukkopf an die Nase, um beim Wecken keinen Lärm zu machen. Der getupfte Standesherr schrie auf und schlug wild um sich, was zur Folge hatte, daß eine gefüllte Venezianervase ihren Inhalt über ihn ergoß und daß er den mittlerweile eingetretenen Gakovac in geradezu überwachem Zustand empfing. Die vom Getöse Herbeigelockten vernahmen noch ein kurzes, unheimlich anschwellendes Brüllen — dann öffnete sich die Tür, und Gakovac flog im Bogen in die Halle. Für einen Augenblick war auch Michelangelos Fuß sichtbar geworden.

Geraume Zeit brachte man aus dem beleidigten Gospodar, der leise staubte, kein Wort heraus. Nach und nach aber legte sich der Staub, und die Verstocktheit des Krummnasigen lockerte sich. Mürrisch und mißtrauisch begann er zu erzählen, was ihm so unerwartet zugestoßen war.

»Gähnzlich uhnerwahrtet«, wiederholte er mit schmerzlich gedehnten Vokalen und schüttelte den Kopf. »Uhnter Fraanken, biitte.« Das letztemal hätte ihn Seine Heiligkeit, der Patriarch Rajačić von Semendria, über die Stiege geworfen — das wäre verständlich gewesen, denn da hätte es sich um eine schwierige kirchenslawische Lesart aus den Schriften des Johannes von Cesnice gehandelt. »Ich spreche die Wahrheit«, sagte Gakovac mit Nachdruck (eine Wendung, die er häufig ins Gespräch zu flechten liebte). »Der Patriarch, er darf. Laasset mich beriichten.« Gakovac rieb sich nachdenklich das Gesäß und entzündete seinen Tschibuk, den er vor Betreten der Zenggschen Kanzlei vorsorglich in einem Schirmständer untergebracht hatte. Lange rauchte er mit ernster Miene. Dann hob er an:

»Höret! Als ich damals kame zum Patriarchen, wir waren zuerst voller Gelehrsamkeit und haben gepichelt Kaffee, schwarzen. Fienfzehn Taassen, zwaanzig Taassen. Hierauf Schlibowitz, viele Gläslein. Hierauf, ich habe ihn beim Barte gezauset. Dieses ist wichtig. Denn, aus den Haaren des heiligen Maannes ich habe machen gelaasset Ohrwaschelringel für Neda, mein Töchterchen jüngstes. So sie kann nie bekommen Stoockschnupfen. Wenig willkommen war dieses dem Patriarchen.«

Abermals rauchte er eine Weile, in Schweigen versunken. Aus dem Büro hörte man das Getöse eines umstürzenden Bücherschranks. Gakovac fuhr fort:

»Der Patriarch, er noch hat laange die Stiege hinunter geschiimpfet, hat meine Grooßmutter verfluuchet und sogar die Steinkohlen von Zug, welcher mich heimführet. Es nutzete ihm nicht. Sonst, er verwinschet sehr gut. Bauersfrauen oft zahlen acht bis zehn, sogar zwelf Kraizar für Fluch einzigen. Auch

hinter mir hergespucket er hat im Zorne. Aber der Mann, den er hat getroffen, war nicht ich. Es war ein fremder Gospodar in Gala. Dieser Gospodar ist sogleich die Stiege hinaufgeeilet und hat den Patriarchen mit Spazierstock gepriegelt. Dann erst er hat sich hingeknieet und ihn um Segen gebittet. Solches kann geschehen. Ich spreche die Wahrheit. Aber unter Fraanken« — ein jäher Gedankensprung führte ihn zum Anlaß seiner Erzählung zurück — »ist solches gähnzlich uhnerwaartet.«
Damit verließ Gakovac kopfschüttelnd die einigermaßen betretene Runde. Beim Ausgang der Halle mußte er aufs neue anhalten, weil ihm die alte Ségur née Rostopschin den Weg zur Drehtür verstellte. Nachdem er ein Weilchen vergeblich gewartet hatte, klopfte er ihr mit dem tropfnassen Tschibukmundstück — nicht mit dem heißen Kopf, war sie doch eine Dame — ein paarmal sanft auf den Nacken.
»Greisin, zerbräächliche«, apostrophierte er die erschrocken mit dem Schnurrbart Mümmelnde. »Die du vor dem Nahen des Todes zitterest — mache dich klein und gering. Wie schnell huschet der Tod! Er voll Eifer huschet, glaube mir. Ich spreche die Wahrheit.«
Zum Glück verstand die taube Gräfin kein einziges Wort, weil sie vor Schreck vergessen hatte, ihr Hörrohr anzusetzen. Gakovac schob sie beiseite und hatschte endgültig von dannen.
Es ließ sich nicht leugnen, daß manches an diesem außerordentlichen Manne — der immerhin den Titel eines »Geisteswojwoden der Akademie der Wissenschaften von Petrinja« führen durfte — fürs erste ein wenig rätselhaft wirkte und daß man sich an manches erst gewöhnen mußte. Beispielsweise wurde er beim Herannahen kleiner Kinder, die er auf Grund äußerer Merkmale oder falscher Informationen für Sprößlinge seiner engeren Heimat hielt, von ängstlicher Unruhe befallen, verkroch sich in einem dichten Brombeergestrüpp und kam oft erst nach Stunden wieder zum Vorschein, nachdem ihm zur Gewißheit geworden war, daß das betreffende Kind nicht etwa einer Familie angehörte, mit der er in Blutrache lebte. (Befremdete Leser mögen sich gesagt sein lassen, daß in manchen Gegenden Südosteuropas selbst heute noch die Brombeerdickichte voll von Leuten stecken, die dort aus ähnlichen Motiven Zuflucht suchen, weil ihnen die Vorsicht als

besserer Teil der Weisheit gilt; nicht wenige von ihnen zählen zu den ersten Kreisen des Landes.)

Mit anderen Eigenheiten des krummnasigen Gospodars wurde man nach und nach aus seinen eigenen Erzählungen vertraut, in denen er immer wieder durchblicken ließ, daß seine mißtrauische Wesensart auf gewisse unerquickliche Erlebnisse während eines längeren Aufenthaltes in der Reichs-Haupt- und Residenzstadt Wien zurückging. Falsche Freunde — die gleichen, deren Vorfahren schon seinen Großvater mütterlicherseits gelegentlich einer stillen Schachpartie zuerst verstümmelt und dann gänzlich umgebracht hatten — waren mit trügerischen Ratschlägen an dieser Reise beteiligt.

Gakovac hatte in dem von ihnen empfohlenen Hotel »Matschakerhof« mit seinem Töchterchen Neda, die er in einem der feinen hauptstädtischen Institute unterbringen wollte, Quartier genommen. Und was widerfuhr ihm dort gleich am ersten Tag?

»Im Hotele es war Sommer«, wußte Gakovac zu erzählen. »So ich sage zu meiner Neda: Töchterchen, es machet heiß. Bringe Glas Wasser. Sie es brachte schweigend. Ich es tranke aus. Es schmeckete frisch eißerst. Niemals noch im Leben hat Wasser mir so gemundet gut. Darum, nach einiger Zeit ich sprach: Anhöre meiner, Neda. Abermals mir bringe so einen Glas Wasser. Sie kam schweigender. Ich tranke, schnalzte mit Zunge und rief: Beim heiligen Mirko von Gospić, dieses ist Wasser gutes! Noch mir bringe einen Glas voll jenem. Nach einiger Zeit kam Neda. Glas war leer. Ungehorsame Tochter, spreche ich. Warum habest du keinen Wasser? Sie blickete ernst und schnupfete auf. Denn, sie noch immer hat Stockschnupfen und es rinnet ihr. Erzeiger, sprach sie, ich nicht konnte Wasser schepfen. Fremder Franke sitzet auf Quelle.«

Schon das war kein guter Beginn. Und es wurde nicht viel besser, als Gakovac sich zur üblichen Entgegennahme von Ratschlägen an den Altvorderen des Gremiums seiner in Wien ansässigen Landsleute wandte, sozusagen an den Obergakovac, der im bekannten »Griechenbeisel« am Fleischmarkt residierte, einem finstern Haus der alten Innenstadt, dem gleichen übrigens, wo sich der liebe Augustin seinen Kanonenrausch für den Gang zur Pestgrube geholt hatte. Dorthin also pilgerte Gakovac vertrauensvoll um Auskunft, was er wohl tun müßte, damit er sich in Wien heimisch fühle.

Ein nicht besonders gewaschener Greis namens Cvetko, mit flachem Vogelschädel, scharfer Nase und einem dünnen, überlangen Schnurrbart empfing ihn, von sieben düsteren Figuren umgeben. Einigen der Herren fehlte ein Auge, zwei von ihnen besaßen nur je ein Ohr. Nachdem der Vogelköpfige den Neuankömmling schweigsam angehört hatte, räusperte er sich, spuckte weit aus und begann mit Grabesstimme:

»Sohn des Gako! Zuerst in Wien gehe zur Witfrau Anna Sacher. Es ist bestes Wirtshaus in ganzer Stadt und Umgebung. Die Witfrau immer hat Zigarre ein Stück im Munde. Daran du kennst sie.«

Die sieben Greise bestätigten diese Worte durch stummes Nicken, dann spuckten auch sie weit von sich, und der Älteste sprach weiter:

»Heische von ihr mit aller Macht und Kraft des Mannes ein Lamms-Pilaf. Das alte Weib wird leugnen, daß sie es hat. Denn, es kostet zu billig. Deshalb lege Handschar auf Ladenpudel und ziehe Pistole halb heraus. Sie wird Andeutung verstehen. Sodann, sie soll dir braten Huhn in Schöpsenfett, welches nicht mehr ganz frisch ist. Aber, höre! Du mußt Huhn selber auswählen. Gehe mit ihr auf Abtritt, wo sie Geflügel haltet, wie das in großer Stadt schon ist. Auch der Kaiser schießet dort ab und zu einen Fasanen.«

Die Greise nickten. Cvetko hob seinen dünnen Zeigefinger bedeutsam hoch und fuhr fort:

»Schlage Huhn mit Handschar Kopf ab, aber nicht auf Ladenpudel oder bei der Kassa. Auch nirgends sonst im Lokal, weil oftmals Huhn totes ohne Kopf noch hüpfet umher und machet Schmausende blutig. Glaube mir und merke dieses genau. Vor dem Lokale ist gut Hühner töten, wo stehen Stühle wie Körbe und wo Blut versickert, so daß niemand merkt. Huhn du mußt ausnehmen. Kopf und Gedärme wirfe in Briefkasten gelben. Füße jedoch lege in Telefonbuch, so daß man glaubt, es ist Lesezeichen, und jeder wird dich segnen. Hierauf, du reichest Huhn dem Oberkellner, daß er es rupfe mit Sorgfalt. Er auch verdienet gerne fünf oder zehn Kraizar. Dazu du issest gelben Bohnensalat mit Knoblauch vielem. Sehr vielem.«

Der Anhauch eines verzückten Lächelns legte sich über die faltigen Gesichter der jetzt mit besonderem Nachdruck nickenden Greise, die inbrünstig an Cvetkos Lippen hingen.

»Bier dazu trinke. Lasse aber vom kleinen Buben jenes holen aus dem Geschäfte, wo es nicht kostet so teuer. Im Gastzimmer sitze bei Tisch à la franka, nicht mit Beinen untergeschlagen. Vergisse auch Schleifstein nicht, worauf du eifrig spuckest. Denn die Messer des alten Weibes sind stumpf. Dem Kellner du gibst beim Niedersitzen zwei Neukraizar. Er wird dir dienen mit Beflissenheit. Wenn anhebt Tafelmusik, nicht mittanze du. Dieses, es ist in Wien noch nicht Sitte. Weiter anhöre meiner! Schneuze dich nicht in Tischtuch. Auch in deine Serviette nicht. Sondern in Serviette von Nebentisch. Aber falte sie nachher zusammen ordentlich, daß Gast neuer, welcher niedersitzet, Freude hat über schön aufgedeckten Tisch. Zum Schluß, wenn Zahlkellner kommet, wieder herauslege Handschar, damit er sich nicht verrechne. Sohn des Gako, gehe in Frieden!«

Überflüssig zu sagen, daß Gakovac bei dem Versuche, die weltmännischen Ratschläge seines Altvorderen in die Tat umzusetzen, über den ersten Schritt nicht hinauskam. Schon als er in der Tür des Restaurants mit knarrender Stimme anhob: »Weib, gealtertes! Mit mir zum Abtritt komme, auszuwählen ein Huhn feistes!« — schon da brach die Katastrophe über ihn herein. Die allseits beliebte Witwe, der die Zigarre aus dem verblüfft aufgerissenen Mund gefallen war, machte dem in tatendurstigem Rudel aufgetauchten Personal ein stummes Zeichen, und während zwei betagte Baroninnen mit zu großen Nasenlöchern in Ohnmacht sanken, wurde der blatternarbige Balkansproß kurzerhand an die Luft gesetzt.

Nochmals versuchte er's, wandte sich nochmals an den würdigen Cvetko um Rat, wie er es anstellen sollte, in Wien Fuß zu fassen. Diesmal fand er den Altvorderen inmitten seiner greisen Jünger schlafend vor. Flüsternd fragte man einander: »Wie alt mag er wohl sein? Achtzig? Neunzig?« Selbst der Zweitälteste vermochte lediglich anzugeben, daß der friedlich Schlummernde dreißig Jahre im Zuchthaus von Bjelovar gesessen wäre, aber schon bei seiner Einlieferung keine Papiere gehabt hätte. Höchstwahrscheinlich sei er ursprünglich ein gestohlenes Kind gewesen. Das war alles, was Gakovac herausbekommen konnte. Dann breitete sich langes Schweigen über die Runde.

Als der ehrfurchtgebietende Greis endlich aufgewacht war, hörte er Gakovac ohne Überraschung an und blickte lange einer Fliege nach, ehe er folgendes sprach:

»Sohn des Gako! Damit du dich fühlest in Wien wie zu Hause, du mußt üben Blutrache!«

»An wem muß ich üben und wie?« fragte Gakovac.

»Indem du dich lässest beleidigen tödlich«, lautete die von allen bewunderte Antwort. »Sorge dafür, daß werde geschändet deine Schwester, wenn auch nur ein bißlein.«

Gakovac gestand kleinlaut, daß er keine Schwester habe.

»Dann gebiete Weib deinigem, herbeizukommen in Eile.«

Gakovac senkte die Augen, und seine Stimme klang hohl:

»Nirgends ein Mensch wird sich finden, um nahezutreten dieser, welche mein Weib ist. Ich spreche die Wahrheit. Und so, es wird mir niemals gelingen Beweis meiner Ehre. Und ohne Ehre ich werde nicht können verweilen.«

Ratlos schwiegen die Greise und spuckten still vor sich hin. Dann kam Erleuchtung über den Ältesten:

»Miete einen von jenen, welche obwalten den Mädchen auf dem Striche bei Nacht, und es grauset ihnen vor nichts. Strizzi sie heißen im Munde des Volkes. Ein solcher wird dir gefällig sein. Aber unter sechzig Kraizar wirst du keinen bekommen.«

»So viel es ist mir nicht wert«, sagte Gakovac.

»Dann, wir Landsleute müssen durch Scherflein es zusammenbringen. Stimmet ab!« Der Antrag wurde verworfen.

Dämmerung senkte sich über den Raum.

»Hast du Base eine?« fragte aus dumpfem Brüten der Altvordere.

Mit einer Base konnte Gakovac aufwarten.

»Führe sie, wenn es wird finster, in den Prater, wo fließet Donau. Warte, bis einer kommet und sie hineinziehet in Gebüsch. Ruhig verharre daneben, bis wieder erscheinen beide. Dann, stürze herbei

und betrachte Base. Sie wird haben rot im Gesicht aus Scham, welche sie quälet. Dann, nachgehe jenem und bitte ihn um Adresse, damit du wissest, wo du ihn kannst töten.«
Gakovac aber schüttelte das Haupt und sprach:
»Scham wird sie nicht quälen. Sie ist schon gewöhnt.«
Lange starrten die Herren ins Leere. Dann seufzte der Älteste resigniert auf und sagte abschließend:
»Sohn des Gako, keine Hilfe für dich ist. Du wirst immer bleiben ein Fremder in Hauptstadt. Verlasse diese.«

NEUNTES KAPITEL

Ankunft Professor Harnapfs. Gelehrte Diskussionen

Für einen der folgenden Tage war auf Scoglio Pomo das Eintreffen des allseits geschätzten deutschen Archäologen Professor Harnapf angekündigt, der das Netz seiner scharfen Beobachtungsgabe über die kleine, noch unerforschte Insel zu spannen gedachte und dem die anwesenden Leuchten der deutschen Gelehrtenwelt — die Professoren Fehlwurst, Grollebier und Hühnervogt — in prickelnder, vollbartvibrierender Erwartung entgegensahen.
Sie wurde nicht getäuscht. Vollzog sich doch schon die Landung des Wirklichen Geheimen Rats unter nicht alltäglichen Begleitumständen. Der eifrige, aber unbeaufsichtigte Gelehrte war dem sich nähernden Eiland auch seinerseits an Deck entgegengegangen, immer das Zeissglas vor den trüben Augen. Sein Schutzgenius, an den er als strenger Wissenschaftler natürlich nicht glaubte, führte ihn richtig an die einzige Lücke im Geländer des Vorschiffes. Ein Unisono-Schrei des Entsetzens ertönte am Ufer — dann war der Unglückliche, gerade als die Maschine zum Rücklauf stoppte, in den Fluten verschwunden.
Namenloses Durcheinander entstand. Die italienischen Matrosen riefen mit irrem Wehklagen alle Heiligen an und fanden die Rettungsringe nicht. Die Mitglieder der englischen Kolonie, die von der Kurhausterrasse zusahen, schlossen — ihre Pfeifen in

gelangweilten Mundwinkeln — Wetten über die Bergung der Leiche ab. Die Malfilatre rief ihre Bullys zurück, die sich ins Wasser stürzen wollten. Frau von Horsky, der es vor Schreck schlecht geworden war, mußte mit einem recht heißen Kaffee gelabt werden. Charles Borromé Howniak trompete den Ablauf der Ereignisse in das Hörrohr der alten Gräfin Ségur née Rostopschin, wurde jedoch in dieser langatmigen, auf immer neue Wiederholungen angewiesenen Beschäftigung von den Tatsachen überholt: denn plötzlich — niemand wußte woher und wieso — tauchten an einer seichten Stelle nahe dem Ufer die Füße des Gelehrten auf, und wenige Augenblicke später befand sich der kostbare Gast zur Gänze an Land.

Notdürftig getrocknet, wollte der Übereifrige sogleich mit seiner Forscherarbeit beginnen. Schon damit erwies er sich als der bedeutende Wissenschaftler, der er war. Zu den führenden Köpfen der modernsten Schule der Archäologie gehörig und ein genauer Kenner nicht nur der altgriechischen Mysterien, sondern auch der ägyptischen und orientalischen Kulte, ging Professor Harnapf bei seinen Forschungen von der ganz richtigen Voraussetzung aus, daß alle sogenannten »Fabelwesen« sich auf reale Existenzen zurückführen ließen. Es stimmte zwar, daß sie heute nahezu ausgerottet wären; aber das eine oder andere mochte sich auch jetzt noch, gut versteckt, da oder dort erhalten haben.

Am weitesten in unsere Zeit reichten begreiflicherweise die Märchengeschöpfe des Meeres herein, weil ja im Reiche Neptuns bis zum Beginn der Dampfschiffahrts-Epoche das reinste Mittelalter geherrscht hatte. Dies gilt vor allem vom Mittelmeer, das zumindest in seinem griechischen Teil als das Fruchtwasser abendländischer Kultur angesprochen werden darf. Hier tummelten sich die unserem Ideenkreis und unserer Vorstellungswelt besonders adäquaten Erscheinungen am liebsten. Aber die Schiffskanonen der Venezianer, Genuesen und Spanier, vielleicht im Dienst einer frühen maritimen Konservenindustrie stehend, hatten arg unter ihnen gehaust und hatten im Lauf der Jahrhunderte eine erkleckliche Anzahl von Meermännchen, Nixen und Sirenen zur Strecke gebracht. Kein Wunder! Schoß man doch auf diese dämonischen Wesen mit geweihten Kettenkugeln oder mit Kartätschen, denen nach strengem Reglement auch Eisenfeilspäne vom Roste des hl. Laurentius beigegeben waren. Damit buchte man schöne Erfolge, über die allerdings auf Grund eines Geheimerlasses der Kirche niemals etwas verlautet wurde; man wollte das Vorhandensein einer den Heidengöttern so nahestehenden olympischen Cousinage nicht auch noch amtlich bestätigen. Es ist eine bis heute stillschweigend unterdrückte Tatsache, daß der venezianische Seeheld Morosini einer Lederhose wegen auf die unangenehmste Weise mit der Inquisition zu tun bekam. Im Verlauf der Seeschlacht von Paros war nämlich ein neugieriger Triton — heute würde man ihn als Schlachtenbummler bezeichnen — erschossen worden, und das begeisterte Offiziers-Corps ließ seinem vergötterten Admiral bei dem damals berühmtesten Schneider Venedigs (Tullius Bombastus Giovanercole Biffi, mit Künstlernamen Troppomeno genannt) aus den gegerbten Überresten des Halbgottes eine Hose anfertigen, auf die Morosini unsinnig stolz war. Der Heilige Vater, der ständig über ein kaltes Gesäß zu klagen hatte, und ein venezianischer Nobile aus dem Hause Rezogno mißgönnten dem Admiral das kostbare Stück ... »Aber ich will da keinen alten Kohl aufwärmen«, pflegte sich Professor Harnapf zu unterbrechen, wenn er in seinen Darlegungen an diese Stelle gekommen war. »Dergleichen wird ja doch nur von jenen ausgenützt, die stets an Thron und Altar nagen!« Und mit einer vielsagenden Geste wandte er sich einem andern Aspekt seines Themas zu.

Weit schlimmer als um die Erscheinungen aus Neptuns Reich, so führte er aus, stünde es um die vom Hauch der Poesie umwobenen Fabelwesen zu Lande. Die holden Nymphen und Dryaden seien längst der Profitgier jener Ausschuß-Völker zum Opfer gefallen, die heute die klassischen Stätten bewohnen und gemeinsam mit den ihnen so gemütsverwandten Ziegen die heiligen Wälder kahlfegen. Der allgemeinen Deroute entgingen lediglich die Faune, die nach der neuesten, auf vergleichende Photographie gestützten Forschung gar keine Fabelwesen waren, sondern verwilderte phönikische Hausierer ...

Kein Zweifel: Professor Harnapf brachte neues, beachtliches Leben in die kleine Gelehrtenrepublik, die sich allabendlich auf den Terrassen des märchenschönen Eilands zusammenfand und das lässig-vornehme Bild durch einen reichen Blumenstrauß des Wissens verzierte. Da unterschied man deutlich den Geißbart der Altphilologie, die blühende Distel der Mathematik, den Stechapfel der Jurisprudenz, das Hundsveigerl der Anatomie. Ein wahres Florenz an der Adria war hier im Entstehen begriffen, ein neues mediceisches Zeitalter schien auf Scoglio Pomo anzubrechen. Siehe, wer gesellt sich soeben zu den lebhaft diskutierenden Geistesheroen? Professor Hühnervogt ist es, dieser Riese des Denkens, der bisher still bei einer Portion Lakritzengefrorenem saß. Wie schon der Titel seines letzten Buchs (»Die Reiher — von einem schimpflichen Vorurteil gereinigt«) klar erkennen läßt, gilt sein Wirken der Ehrenrettung grundlos verdächtigter Tiere, insbesondere unserer gefiederten Sänger. Für das bahnbrechende Werk, das er der dankbaren Mitwelt bereits vor mehr als einem Jahrzehnt geschenkt hat: »Die Wiedehopfe — wieder in guten Geruch gesetzt«, war ihm sogar der vielbegehrte »Johann Maria Farina-Preis Gegenüber« zuteil geworden. Jetzt, so erzählte der wotanbärtige Mann mit den buschigen Brauen seinen aufhorchenden Kollegen, jetzt halte er eine Koppel Gerberhunde, um sich durch Autopsie zu überzeugen, ob deren sprichwörtliche Neigung zu schweren Nausea-Erscheinungen den Tatsachen entspreche oder nicht. Und gewissermaßen nebenbei habe er während seiner Forschungen auf Pomo einen Hahn beobachtet, der »Papiä poudrä« krähte; auch das Wort Nicaragua und sogar den Namen der Altwiener Patrizierfamilie Luckeneder wollte er aus männlichem Hühnermund deutlich vernommen haben.

Ihn drängte alsbald Professor Grollebier zur Seite, um seine neueste Broschüre herumzureichen, betitelt: »Friedrich von Schiller — ein Tapetenschlecker?« und zweifellos dazu angetan, riesiges Aufsehen hervorzurufen. Denn noch kein ernstzunehmender Wissenschaftler hat jemals an das Ammenmärchen geglaubt, daß Schiller, der sich bekanntlich durch eine schon wild zu nennende Leidenschaft für grüne Tapeten auszeichnete, durch das bloße Einatmen der Schweinfurtergrün-Dämpfe gestorben sei.

Sinnvoll an die Klassizität des bewährten Klassikers anknüpfend, lenkte Geheimrat Harnapf das Gespräch auf sein Lieblingsthema, die antiken Mysterien. Der treffliche Fehlwurst erklärte daraufhin mit großer Bestimmtheit, daß man hierüber niemals Genaues erfahren würde. Mit dieser Lücke im erhabenen Tempelbau unseres Wissens müsse man sich abfinden, zumal seit auch das einzige noch erhaltene Werk, das uns vielleicht gewisse Aufschlüsse über die mit dem Dionysoskult eng verbundenen »triterischen Nächte« hätte vermitteln können — die »Rhodochairokrismata« des Mascalzonius Lopodytes —, vor einiger Zeit aus dem Verkehr gezogen und vernichtet worden sei.
Hier sekundierten ihm zwei anwesende böhmische Leuchten der Wissenschaft, die Professoren Veverka und Vyskočil von der Universität Humpoletz. Ihnen war es als letzten vergönnt gewesen, Einblick in ein Exemplar dieses Werkes zu nehmen, dessen Inhalt selbst Animiermädchen in minderklassigen Nachtlokalen zum Erröten gebracht hätte. Beide Gelehrte beklagten es zutiefst, daß der kostbare Codex dem Jesuitengeschnüffel zum Opfer gefallen sei. Er wäre seinerzeit aus dem Morgenland nach dem goldenen Prag gekommen, unter der Herrschaft jenes unauffälligen, von der Geschichtsforschung so gern übergangenen Königs Wenzel, den seine Mitwelt »Wenzel den Stillen« nannte. Dieser bedeutende Monarch, dem Böhmen so manches Kleinod zu danken hat, erwarb das erwähnte Literaturjuwel mit Hilfe des sogenannten »Caslauer Griffs«, in dem die erste Epoche der Altböhmischen Schule ihre Krönung fand.
Sportliebenden Lesern diene zur Kenntnis, daß es sich hier nicht um einen Griff beim Ringkampf handelt.

ZEHNTES KAPITEL

Auftauchen eines schwarz-gelben Tritons

»Du, Maxl«, wandte sich eines golddurchfluteten Morgens der animierte Baron Zengg an seinen prinzlichen Freund. »Wir haben eine Riesenattraktion. Vorgestern hab ich den kleinen Marmorteich — weißt, den hinterm Pavillon — der so lieb von Zitronenbäumen umstanden ist und links die fesche Trauerweide hat — also den hab ich an einen neuen Kurgast mit voller Pension vermietet.«

»Den Teich hast vermietet?« Der Prinz bekam vor Staunen leichte Fischaugen. »An wen? G'wiß ein passionierter Angler!«

»Keine Spur. Der Herr ist ein alter Oberst, heißt Kwapil Edler von Wasserwehr, war bei den Pionieren in Klosterneuburg und ist nach vierzigjähriger Dienstzeit in den Ruhestand getreten. Von seinem seligen Vater hat er noch dazu den Taufnamen Wenzel Danubius mitbekommen. Infolgedessen war seine Freizeit schon seit jeher mit dem leidenschaftlichen Studium der Wasserfabelwesen ausgefüllt, und jetzt hat er sich bei einem einschlägigen Unternehmen einen Fischschweif mit Uhrwerkbetrieb anmessen lassen. Ein Prunkstück, sag ich dir. Direkt ein Theaterschweif. Gleich gestern in der Nacht hat der Herr Oberst, wie alles geschlafen hat, geprobt. Ich weiß es vom Skrabal, vom Hühneraugenoperateur. Den hat er nämlich als technische Hilfe herangezogen, natürlich gegen ein angemessenes Trinkgeld. Der Skrabal hat mir auch erzählt, wie das alles funktioniert. Also paß auf. Der Oberst hat hinten einen eisernen Bürzel, wo die Kurbel angesetzt wird. Und drüber, damit man 's Loch nicht sieht, eine Epaulette. Raffiniert, was? Die Epaulette sitzt zwischen zwei Schösseln, mit so ungarischen Goldverzierungen, wie's die Husaren am Waffenrock tragen. Und das Ruderleiberl geht dir so diskret in die Schösseln über — man möcht' gar nicht glauben, daß er ein Klosterneuburger ist. Muß von einer ersten Firma gemacht sein. Komm, schaun wir's uns an. Er will heut gegen elf die Eröffnungsfahrt machen.«

Am Marmorteich angelangt, konnten die beiden Freunde tatsächlich feststellen, daß ein alter, jedoch offenkundig sehr rüstiger Herr, den Oberkörper in einem schwarz-gelben Leibchen, flott im Bassin herumschwamm, elegante Wendungen vollführte und von Zeit zu Zeit mit wirbelndem Schwanz stoppte, um auf einem Muschelhorn altösterreichische Armeesignale zu blasen.

»Das ist rüüh-rend schön!« Prinz Max war ganz ergriffen. »Auf was nicht alles ein pensionierter österreichischer Offizier draufkommt! Und die vielen Dekorationen, was der am Ruderleiberl trägt! Sie sind zwar lauter Schnapskreuze — ich bitt' dich, Klosterneuburg —, aber wenigstens hat er nicht mit Sidol gespart. Schau nur, wie sie glänzen... Da, jetzt fahrt er wieder... Also das macht uns keine Armee der Welt nach!«

Auch andere Zuschauer hatten sich mittlerweile angesammelt, und alles war hell begeistert. Nur Gakovac, der kroatische Skalp-Akademiker, der gemessenen Schrittes herangewandelt kam, fand Worte des Tadels:

»Eines ernsten Kriegsmahnnes es ist uhnwürdig, Tschinakel zu fahren mit falschem Hintern, wie Fisch hat! Dieses tuet kein Oberst, welcher einstmals durfete verteilen Schnjaps an Wojaken, damit sie aufschlietzen Feind mit Handschar Bauch und Sonstiges. Es ehret ihn nicht. Tanzen sollte dieser, wenn schon in Sommerfrische ist. Ja, dieser, wo ohne Unterlaß rundherum schwimmet. Tanz ist würdig eines Kriegsmahnnes, welcher nichts hat zu tun. Aber mit wildfremdem und noch dazu falschem Arsche zieret man sich nicht. Weit besser man zieret sich mit Orden, wo auch aus Metall sind. Deren wie viele hätte man machen können aus jenem Arsche...«

Und grimmig murmelnd entfernte sich der blattersteppige Gospodar.

Auf der andern Seite des Bassins aber stand die Gräfin Oilenhoy und starrte verzückt auf den tutenden Triton (so durfte man den neuen Kurgast sehr wohl nennen — hatte er sich doch selbst im Meldeschein unter der Rubrik »Titel und Charakter« als Triton eingetragen). Die Art, wie die Gräfin nervös mit dem Sonnenschirm spielte, hätte Seelenärzten zu denken geben müssen. Aber es befand sich kein Seelenarzt unter den leichtsinnigen Genießern, die sich jetzt allmählich in den Vormittag zerstreuten.

»Schön ist das... schöön!« flüsterte Prinz Eschenlohe ein übers andre Mal. »Wann nur nix passiert, Mischi! Mir kommt das alles vor wie ein Abendrot. So melancholisch schön, weißt du?«

Damit hatte er als erster einem wehmütigen Vorgefühl Ausdruck gegeben, das bei den empfindsameren Persönlichkeiten Pomos in der Folgezeit immer häufiger auftrat und gegen Ende des Sommers die denkbar schauerlichste Bestätigung erfahren sollte.

Aber bis dahin war es noch weit. Noch lag der gnädige Glanz eines göttlichen Lächelns ungetrübt über der Märcheninsel.
Nur die malfilatrischen Zwergbullys beobachteten vom Bassinrand her mit schiefen Köpfen, die Stirnen ungewöhnlich gerunzelt, den emsigen schwarz-gelben Schwimmer und folgten zungenlechzend jeder seiner Bewegungen.

ELFTES KAPITEL

Professor Grollebiers gestörte Sprache;
Bébé Klicperas gestörte Nerven;
und Madame Gakovac' gestörtes Nationalgefühl

Auf Professor Grollebiers Bitten hatte ihn Prinz Max der alten Gräfin Ségur née Rostopschin vorgestellt, doch wollte keine rechte Unterhaltung zustande kommen. Der Professor, verlegen und wortkarg, beschränkte sich darauf, mit großen Knochenhänden seinen Zylinder gegen den Strich zu bürsten oder mit seinen Gummizugdopplern unterm Stuhl zu scharren. Außer einem gelegentlichen Räuspern brachte er nichts halbwegs Artikuliertes hervor.
»Was hat nur Ihr Mann?« fragte Prinz Max nach der verunglückten Entrevue die Gattin des Professors. »Er war so eigentümlich gedrückt. Ist er etwa leidend? Sturz vom Katheder? Kann böse Folgen haben.«
»Ach nein, fürstliche Gnaden, ach, das ist es nicht!« Die Angesprochene gab mit erschreckender Bereitwilligkeit Auskunft. »Sondern vielmehr — o denken Sie nur — o Hochlaucht —« (jetzt weinte sie) »— das Lebenswerk meines armen Mannes ist verloren! Die zarte Pflanze, die er mit seinem Herzensblut gedüngt hat — verdorrt! Der Acker, auf dem er unser Familienglück wirklich fuhrenweise abgelagert hat — brach und steinig! Es ist eine Tragödie, eine wahre Tragödie!«
Der Prinz wickelte nachdenklich eine Mandarine aus und wandte sich in seiner kalmierenden Art an die Schluchzende: »Da haben

Sie ein Stück Seidenpapier und trocknen Sie Ihre Krokodilstränen. Was ist los?«
»Ach Hochdieselben, hören Sie! Grollebier hat in zwanzigjähriger ununterbrochener Arbeit die Ilias und die Odyssee in eine von ihm erfundene Sprache übertragen, eine Sprache, die etwa in Brobdingnag, das jedermann aus Gullivers Reisen kennt, hätte können gesprochen worden sein dürfen. Eine entsetzlich schwere Sprache. Mit unendlichem Fleiß hat Grollebier alles Leichtverständliche ausgemerzt und ein Werk geschaffen, das — rein grammatikalisch betrachtet — die kompliziertesten chinesischen Dialekte weit in den Schatten stellt. Siebenhundertsiebenundsiebzig Geschlechter hat er drin vorgesehen, nur das männliche und weibliche nicht. Er ist gegen alles Laszive. Und zweiundsechzig Zeitstufen, zum Beispiel das Minusquamimperfuturdefectum ... Wenn Sie sich das vorstellen, haben Sie den ganzen Vormittag zu tun.«
Der konsternierte Prinz nickte in stummer Bestätigung.
»Und jetzt belieben die Tragik zu bedenken, daß kein Mensch die Werke meines Mannes versteht! Er selbst ist der einzige. Und sogar er muß täglich sieben bis acht Stunden tüchtig lernen, damit er nicht aus der Übung kommt ... Apollodor!« rief sie dem traumverloren an der Balustrade entlangwandelnden Sprachschöpfer zu. »Deklamiere doch etwas, Apollodor! Die beiden Herren hier interessieren sich aufrichtig für dein Lebenswerk!«
Der Gerufene trat näher, nestelte eine kleine, messingne Apollo-Lyra aus einem Wachstuchfutteral, das er unter seinem ins Grünliche verschossenen Gehrock hervorzog, und begann mit krächzender Stimme zu singen, den wehenden Bart und den glasigen Blick in die Ferne gerichtet. Es waren außerordentlich mißtönende, in Hexameter gepreßte Worte. »Der Anfang der Ilias — hören Sie nur, wie erhaben!« flüsterte verklärt seine Gattin.
Aber weiter als bis zum achten Vers kam er nicht. Bei einem Wort, das wie »Wudlwudlwudl« klang und nach der Berechnung der beiden Herren »Unzählige« bedeuten mußte, schlug ihm ein plötzlicher Windstoß das Gummivorhemd gegen den Mund, und die See, die schon beim Stimmen der Leier einen drohenden Ausdruck angenommen hatte, entsandte eine Riesenwoge, die schaum-

gekrönt herangerollt kam. Der schofel gekleidete Sachwalter Homers konnte sich nur durch einen jähen Bocksprung retten und stürzte hart zu Boden. Als er wieder hochkam, war seine Brille zerschmettert, seine Leier verbogen und sein Gebiß von der wütenden See, die sich bekanntlich vor gar nichts ekelt, verschlungen.

»Merkwürdig ... Immer, wenn er deklamiert, gibt es ein Unheil«, äußerte kopfschüttelnd Madame Grollebier, während sie den undeutlich Stammelnden seitab ins Gebüsch führte; er glich jetzt einem verwunschenen Geist in Jägerwäsche mit zwei linken Füßen.

Auch der Prinz und Michelangelo entfernten sich.

»Ich bitte zu beachten«, nahm Michelangelo das Wort, »wie sich hier wieder das Gesetz der Polarisation bestätigt. Immer entwickeln Bresthafte den Gegenpol ihres Hemmungsmomentes zur höchsten Wunschform. Leute mit Fußübeln hoppeln den ganzen Tag auf der Gasse herum. Die scheußlichsten Weiber werden Modeschöpferinnen. Einarmige produzieren sich in Kraftakten. Die Tschechen, deren Sprache praktisch unverwendbar ist, erheben sie in den Himmel und verbieten, wo immer sie in größeren Gruppen auftreten, jedes andere Idiom. Und der bedauernswerte Grollebier hat, weil seine Frau ihn nicht zu Wort kommen läßt, eine eigene Sprache erfunden, die kein Mensch versteht. Ob man ihn nicht vielleicht mit Professor Tatterer zusammenbringen sollte?«

Ein lauter Krach ließ die nachdenklich dahinwandelnden Herren aufschrecken. Vor ihnen lag Bébé Klicpera, die soeben aus ihrer Hängematte gefallen war, und schlug weinend mit den Fäusten auf den Rasen. Die atemlos herbeieilende Mama beruhigte die beiden Erstarrten: wahrscheinlich hätte das Töchterchen sich wieder einmal einer allzu aufregenden Romanlektüre hingegeben. Und richtig! Schon zog sie unter der strampelnden Bébé ein blaugebundenes Büchlein hervor, das diese krampfhaft zu verstecken bemüht war.

»Gräßliche Geschichte«, las sie, »vom Notar Geron aus Paris, welcher nach 9 Jahren in der Brautnacht die Hundswut bekam und seine Braut nebst Schwiegereltern auf die schrecklichste Art ermordete. Wien 1848.« Dazu hatte jemand mit Bleistift notiert: »Sehr selten!«

In lautem Jammer machte sich die mütterliche Verzweiflung Luft:

»Das ist furchtbar mit dem Kind! Die ganzen Nerven ruiniert sie sich! Zuerst der verfluchte ›Tänzer von Scheisselhorst‹, und jetzt diese Schweinerei da ...«

Wie aus den unaufhaltsam hervorbrechenden Klagen der besorgten Mutter hervorging, pflegte das exaltierte Töchterchen sich auch zu Hause in Wien bei jeder Gelegenheit tränenüberströmt auf dem roten Plüschsofa der guten Stube herumzuwälzen, oft unter so hysterischem Gestrampel, daß das Muschelvertiko mit den vielen schönen Porzellan-Nippes stundenlang klirrte.

Der verbindliche Baron Zengg machte sich sogleich erbötig, die junge Dame zu kurieren und ihr eine gesunde Lektüre voll reiner, würziger Atmosphäre zu überreichen; es handle sich um ein Jugendwerk aus seiner eigenen Feder: »Der Fußfetzen Carls V.«, ein Sportroman aus dem sinkenden Mittelalter, in dem kein Wort von Liebe vorkäme.

Bébé durfte beim abendlichen Feuerwerk nicht erscheinen und wurde darob von ihrer Freundin Klärchen Tümpelfinke ausdauernd geneckt. Aber Madame Klicpera ließ sich nicht erweichen. Domartig aufgeschwollen saß sie in schneeweißer Nachtkleidung am Bette ihrer Tochter und hielt Wacht.

Im Kreise der Damen, unter denen sich, wie überall, auch auf Pomo alsbald eine fest umrissene und heftig umfehdete Hierarchie herausgebildet hatte, zählte Madame Klicpera indessen nur zum Fußvolk. Es war Madame Gakovac, die Gattin des blatternarbigen Skalp-Akademikers, die mit ihrer plumpberingten Kolatschenhand die Zügel hielt. Sie, eine geborene Gongović, hatte in jungen Jahren in Dalmatien einen fast schon abendländisch wirkenden Anstrich bekommen — teils in Krk bei den Sœurs de Sion, teils in Mostar, teils in der damals neuerbauten Lehrerinnenbildungsanstalt von Malibročanac bei Klissa, wo sogar die Pädagoginnen selber sich mit den schwarzen Tasten am Klavier und mit der Handhabung dieser verfluchten neumodischen Water-closets nie recht auskennen lernten und sich immer wieder in die scheußlichsten faux pas verhaspelten, besonders wenn sie sich vor einer strengen, eisig schweigenden Kommission zu produzieren hatten.

Madame Gakovac verfügte als einzige der Damen über genügend schöngeistige Schulung, um an den Gesprächen der Herren teilzunehmen, ja mehr noch, um die Konversation überhaupt an sich zu reißen. In ihrer Gegenwart war der verstaubte Gakovac, dieser Doyen der dinarischen Geistesriesen, durchaus zum Schweigen verurteilt. Wehe dem Blattersteppigen, wenn er auch nur gemuckst hätte! Seine Gattin hätte ihm den metallenen Ikon samt der ewigen Lampe, die davor brannte, mindestens aber das dicke »Leben der hl. Slawenapostel Cyrill und Method« um den kahlen, niedriggestirnten Affenschädel gehaut oder die russische Ehrennagaika um seine frostbeschädigten, souffleurkastenähnlichen Ohren tanzen lassen, von denen das eine, das Steuerbord-Ohrwaschel, im Verlaufe einer Polemik mit anderen führenden Wissenschaftlern des Balkans stark verunstaltet worden war. Nicht minder strenge Herrschaftsrechte machte Madame Gakovac gegen ihren Sohn Casparangelo geltend, den sie zum größten bildenden Künstler des geistig noch so unterdrückten Inselvolkes heranzuziehen gedachte. Daher auch sein venezianisierender Vorname; er sollte dem großohrigen, vogelstirnigen, zum Verzweifeln mageren Jüngling, der am ehesten wie die verfrühte Mumie eines an Hungerödem zugrundegegangenen ägyptischen Drehorgelmannes aussah, dereinst den Weg in die westlichen Salons bahnen. Schon im nächsten Jahr wollte ihn die sorgende Mutter zum Studium an die Kunstakademie von Temesvar schicken, also nach Ungarn hinüber, das ja von manchen Gelehrten schon zu Europa gerechnet wird.

Die ungemein füllige Frau war sehr eitel und behauptete, als verehelichte Gakovac und geborene Gongović mit den fünf feinsten Patrizierfamilien von Ragusa verwandt zu sein, den stolzen, ungekrönten Fürsten der agavenumsäumten Republik; ja sie liebte es, die Gongović schlechtweg als sechste dieser fünf Familien zu bezeichnen. Der vornehmen Abkunft ungeachtet, klang jedoch ihre Stimme wie ein gußeisernes Kochgeschirr beim

Abwaschen, etwa wenn sie sich einem ihrer Lieblingsthemen, der Entdeckung Amerikas, zuwandte:
»Wir Gongoviće«, sprach sie dann wohl zum Kreis der aufmerksam, obgleich mitunter etwas widerwillig Lauschenden, »wir Gongoviće, so wahr meinen Mann der nächste Haifisch fressen möge, waren Ihnen schon mit demenem Columbus dabei. Übrigens hätte derselbichte, wann er nur ein bißl slawisches Nationalgefühl in sich gehabt hätte, seinem Namen richtigerweise Golumbić schreiben müssen. Weil er nämlich ein durchgegangener Leichtmatrose aus Nevidanje war, Bezirk Zara. Ja. Also da sind s' Ihnen mit jenenem vulgo Columbus sieben Brüder Gongović mitgefahren, tollkühne, arbeitslose Ritter, und ham ihm einen kürzeren Weg nach Amerika zeigen wollen, wann er Ihnen Schnaps zahlt. No, derjenige Columbus hat sich denkt: spar ma Kohlen, spar ma Schmieröl, und hat s' mitgenummen. Alle sind s' verschollen. Nur damit er ihnen keinen Schnaps zahlen braucht. Man kennt das... Als einziger ist mein Urahnenvorfahr Ritter Pribičević zurückgekehrt, was nur ein Ohr gehabt hat. Wilde ham ihn stehenlassen, weil hat infolge Familienüberlieferung sehr nach Knofel geschmeckt. Grad wie mein Mann, der Gakovac, besonders an heiße Sommerabende. No, Ritter Pribičević hat dann in der Heimat, aus lauter Freude über seine Lebensrettung, einen Juden so lange gehauet, bis der alles auf echten Pergament niedergeschrieben hat. Noch heute kommen oftmalig die Ältesten zusammen, betrachten den Pergament, schmecken dazu, loben es, tanzen ein wenig um es herum, trinken Kaffee schwarzen, auch Raki, essen ein bißlein Konfitüre mit Hammelfett und gehen wieder, bevor man den Hund, den Bemborsch, losbindet.«
Alles staunte mit offenem Munde:
»Kürzerer Weg nach Amerika...? Zeigen...? Ein Dalmatiner...?«
»No freilich, no wie denn nicht?« sprach ernst die Plumpberingte. »Was die Dalmatiner sind, ham ja schon längst mit der dortigen Einbevölkerung Handel getrieben. Nur g'sagt ham s' es niemanden. Waren doch nicht auf Kopf, was oben haben, gefallen. Wo hätten denn Häuptlinge, drüben in Nevjork und so, ihren

Maraschino hergehabt und goldene Opanken, frag ich? Und die bosnischen Messer zum Ohrwaschelabschneiden? No? Und wer hat denn die böhmische Musikbanda hinüberg'führt, was den Golumbić bekanntlich empfangen hat mit Tschinderabum, auch wenn die Pseudowissenschaft es leugnet! Und die Namen, bitte? Glauben S', daß vielleicht Giumpana, da gleich vis-à-vis von Draschindol, oder Hvar, wie Insel Lesina richtig heißt, europäische Namen sind? Oder Babadol und Bodschani, wo jetzt die Franken große Papierfabrik gebaut haben? Und was sagen S' zum Kap Lew Lewkine? Und zu die Bunjevazen? Sind die vielleicht kein Indianerstamm? Oder wenn Ihnen das nicht genug ist, hätten wir noch die Ansiedlungen Mihanow, Igalo, Ston und Hadschitschi! Dort soll der Schnupfengott sein Heiligtum gehabt haben, und noch heut werden ihm im Geheimen verirrte Touristen geopfert . . .«

Die eindrucksvollen Mitteilungen lösten lebhaftes Geschnatter aus, bis plötzlich ein schriller Zuruf der Frau von Horsky hörbar wurde, deren Gatte soeben den Versuch unternahm, sich an einen andern, von reizvollerem Damenflor umgebenen Tisch heranzupirschen. »Komm her da, Horsky!« schnitt es durch die Luft, und der nach den höheren Delikatessen des Lebens süchtige Mann, der die Oberwelt wie ein Kanalräumer nur durch das Gitter betrachten durfte, folgte dem unwidersprechlichen Befehl so eilig, daß er unterwegs mit dem gerade heranschlenkernden Sohn Lord Earthquakes zusammenstieß, einem versoffenen, allseits mißliebigen Sportlümmel namens Vulcanus, den bei der geringsten Erschütterung geradezu explosionsartige Anfälle von Seekrankheit übermannten. Ein solcher Anfall erfolgte pünktlich auch jetzt, so daß die ohnehin nachlassende Jausenstimmung alsbald in einen allgemeinen Aufbruch überging.

Niemandem war es aufgefallen, daß ein prominentes Mitglied der Damenrunde auch heute wieder gefehlt hatte: die Gräfin Oilenhoy, die sich in der letzten Zeit immer häufiger absentierte. Und niemandem wäre es eingefallen, ihre Abwesenheit etwa mit Oberst Kwapil in Zusammenhang zu bringen.

Es war Prinz Max, der diesem überraschenden Kausalnexus völlig unbeabsichtigt auf die Spur kam. Seinerseits dem öffentlichen

Baden abhold, suchte er dennoch gerne — und, wie wir wissen, neuerdings auch aus anderen, verdeckt patriotischen Motiven — den Marmorteich auf, um dessen schwarz-gelben Hauptmieter kunstgerecht die Fluten durcheilen zu sehen. Und was sah er heute?

Er sah, vom üppigen Gesträuch zum Glück noch halb verdeckt, die Gräfin Oilenhoy am Bassinrand stehen, sah den gefälschten Fisch mit den Goldaufschlägen vor ihr im Wasser paradieren, und daran nicht genug: die vermeintlich so unnahbare Hofmarschallsgattin nützte den glutwarmen Nachmittag dazu aus, ihren Salonkarpfen — es läßt sich nicht anders sagen — zu füttern. Unter halblauten, hysterisch girrendem Lachen warf sie ihm, wenn er flossenwirbelnd innehielt, kleine Happen zu ... Kaviarsemmeln, wie Prinz Max feststellen konnte, als eine der knusprigen Venustauben sich in der Luft zerteilte und ihren verworfenen Inhalt sehen ließ.

Speichelnd, mit blutunterlaufenen Augen, verfolgten die Zwergbullys von der andern Seite des Bassins das befremdliche Schauspiel.

ZWÖLFTES KAPITEL

Seltsame Zwischenfälle mit seltsamen Gästen

»Stankowitsch«, sagte der Baron Zengg zu seinem Kammerdiener, der ihn gerade rasierte, »Stankowitsch, was gibt es Neues?«

»Belieben Herr Baron ... nur noch die paar Haar' aus der Nasen. So. Und was hammer denn da im Ohr? Wird gleich weg sein ... is schon weg. Ja, also was es Neies gibt. Sehr was Neies, Herr Baron. A kleiner Malteser lauft seit gestern herum. Nein, bitte, kein Pinscher nicht, sondern mehr a neier Kurgast in Uniform. Smrdal heißt er sich.«

»Ein Kurgast in Malteseruniform? Am hellichten Tag?«

»Jawohl, Eier Gnaden. Hab mich auch schon gewundert. Wo ich doch Kammerdiener war beim Erbgrafen Thursenheimb, fälschlich genannt Waldhengst, und wo wir das verbriefte Recht gehabt ham, daß wir so herumlaufen dürfen. Wär' uns aber nie eingefallen. Dazu waren Seine Erlaucht viel zu reserviert. Wir ham uns ieberhaupt nur selten gezeigt. Vielleicht weil wir von der Weiten wie a großes Nachtkastl ausg'schaut ham.«

»Ja, Stankowitsch, ich weiß. Seine Erlaucht waren ein bißchen viereckig.«

»Halten zu Gnaden, Herr Baron, das war ja auch der Grund, warum wir Malteser geworden sind. Denn zuerscht ham wir doch die Gräfin Paternion-Feistritz geliebt, sind aber nicht erhört worden. Und die Bauern, wo er mit ihnen getrunken hat, ham ihm immer nur ›Herr Graf‹ gesagt. Und da hat er ihnen bedeutet: ›Gute Möhnner, üch bün woit, woit möhr! Üch bün Örlaucht!‹ Von da an hams s' ihm nur noch ›Herr Lauch‹ gesagt. Und immer hat uns ein Zuckerspagat aus der Taschen zu hängen geruht, wie dem Herrn Erzherzog Salvator gottselig ...«

»Schon gut, Stankowitsch, schon gut. Was hat das mit dem Kurgast in Uniform zu tun? Man muß feststellen, ob das nicht vielleicht ein Schwindler ist.«

»No, da wern wir halt nach Venedig depeschieren, dort wär' ja unser nächstes Großpriorat. Oder glauben Herr Baron, er geheert zu die beiden Süzülien? Dann sollten wir uns an den Herrn Baron Gagliardi wenden, was dort Großmeister is. Grammaistro heißen s' ihn. Wann er aber zu die Behmen geheert, dann schreibet ich am Grafen Brandis. Wär vielleicht 's G'scheiteste. Damit wir wissen, ob wir ihn gegen den Howniak Charles in Schutz nehmen sollen.«

»Wieso? Was heißt das?«

»Weil der gewisse Smrdal sich schon bei mir beschwert hat. Der Howniak Charles, der was doch so auf die Blaublietigen ausgeht, tanzt herich die ganze Zeit um ihn herum. Und der fremde Ritter hat ihm bereits mit einer Watschen gedroht, wann er nicht bald aufhört.«

»Es wird nicht so schlimm sein, Stankowitsch. Lassen Sie nur. Ich bringe das bei Gelegenheit selbst in Ordnung.«

Michelangelo erhob sich und stäubte die letzten Tropfen Eau de Cologne, mit dem Stankowitsch ihn verschwenderisch besprengt hatte, aus seinem Bart. Er führte Verwegenes im Schilde. Das rotgelockte Edelfräulein Geraldine Montgomery hatte es ihm angetan. Denn auch er — obwohl man das von Persönlichkeiten in verantwortlichen Stellungen und vollends vom Administrator eines exklusiven Badeorts nicht recht wahrhaben will —, auch er war nur ein Mensch . . .

Die Rotgelockte sitzt, ihren Sherry schlürfend, im weißgeflochtenen Korbstuhl. Auf der oberen Café-Terrasse hat sie Platz genommen, indessen von der unteren her, aus notgedrungener Distanz, der unvermeidliche Sindelář zu ihr emporschmachtet.

Schon naht sich Michelangelo, wird freundlich begrüßt und läßt sich nieder. Und schon, den Bart graziös zum Fächer entfaltet, beginnt er Süßholz zu raspeln, wie man es einem Staatswürdenträger des ehemaligen Illyrischen Kreises niemals zugetraut hätte. Galanter Weihrauch wallt aus seinen Worten, denen das reizende Edelfräulein aufs liebenswürdigste ihr rotgelocktes Köpfchen neigt.

Jetzt glühen aus dem Pavillon des Kurorchesters die prachtvollen Klangwogen der »Königin von Saba« auf. In stillem Weh turnt Sindelářs Adamsapfel, denn Geraldine, feierlich-frivol, streut gelbe Rosenblätter über Bart und Haupthaar des Adorateurs, der spielerisch nach ihrer Zigarette hascht, um sie als sogenannter Tschick-Troubadour weiterzurauchen.

Die Feuerlockige blitzt ihr vollbärtiges Opfer mit schneeweißen Zähnen aus Korallenlippen an. Zu rauschender Wucht erhebt sich die »Königin von Saba«. Ein bleicher Sindelář schüttelt gequält das leidbeladene Haupt. Amor aber, über den Wolken die Pfeile im silbernen Köcher musternd, streicht sich eine Locke aus der Stirn.

Stöhnend steht Sindelář auf und fährt mit der Hand in den Kragen. In seinen Nasenlöchern bläht sich Verzweiflung.

Jetzt hebt Amor den Pfeil, buntbefiedert in den Farben der Montgomerys: ist doch Michelangelo mit einem gewagten Kompliment gleich um mehrere Felder vorgestoßen. Ein etwas verwahrloster, wenn auch noch halb verschleierter Blick der Montgomery zeigt an, daß sie den amourösen Vollbart unrettbar in ihre parfümierten Reize verstrickt weiß.

Am Herzen Sindelářs nagt der Wurm so heftig, daß des Wurmes bleicher Eigner in seinem Sitz zusammensackt.

Vereinzelte Töne schwirren fremdartig um das Liebespaar. Löffelklingen, Bewegung auf Korbsesseln, Fetzen von Worten.
Das erglühende Edelfräulein macht schlampige Augen.
Und da geschieht's. Da knarrt und wischt es durch die Menge, die nur noch für Michelangelos Werben ein Auge hat und starr die Tassen in der Hand hält. Da hastet Stankowitsch herbei, im Laufen hinter sich deutend. Auch Escamillo Sindelář, den Mund töricht geöffnet, sticht mit einem vibrierenden Finger in die gleiche Richtung.
»Herr Baron, Herr Baron!« röhrt der schweißgebadete Lakai. »Rufen S' die Feuerwehr!!«
Jäh fährt der balzende Freiherr herum.
»Jawohl bitte, Herr Baron! Mit der Dampfspritzen! Es is die einzige Rettung! Ojeh, ojeh, da kommen s' schon — der Herr Ehrenritter und der Howniak Charles — Marandjosef ...«
Zwei stumme, wie Blasbälge keuchende Männer kommen angesaust. Howniak ist flink hinter Geraldines Sessel gesprungen und glotzt wie ein übergroßer Hase rechts und links hinter den roten Locken hervor. Sein Aufzug ist unbeschreiblich, sein Odeur befremdlich. Indigniert starrt die Beauté den offensichtlich Tollgewordenen an, während der rasende Ritter Smrdal, des einen seiner zwei reichbestickten Frackschössel beraubt, hinter Michelangelos Sessel in der Hocke herumtanzt.
Mehrere Herren, die Zähne zusammengebissen und die Ärmel aufgekrempelt, haben die Gruppe umringt. Ihre durchwegs ehernen Blicke bezeugen, daß sie bereit sind, den Tobsüchtigen in der unbekannten Uniform mit eisernem Griff zu packen und notfalls zu knebeln.
Howniak, die Haare gesträubt, bewegt sich jetzt so niedrig am Boden, daß ein antiker Bildner — etwa Praxiteles — ihn ohneweiters als Schutzsuchenden im Banne der Venus Kallipygos dargestellt hätte.
Da aber bricht aufs neue Stankowitsch durch die Angestauten. Einen roten Minimax hält er in Händen und setzt ihn von hinten an das Genick des blutrünstigen Maltesers, der sich gerade in ungebärdiger Jagdlust die Lippen geleckt hat.
Das kalte Eisen im Nacken ernüchterte ihn jäh. Sein Mordblick

erlosch. Widerstandslos ließ er sich von zweien der Herren ins Hotel führen. Zengg stapfte ihm zornbebend nach. Hinter ihm schleppte Stankowitsch den wankenden Howniak und äußerte ununterbrochen Verzweifeltes:

»Marandjosef ... je, je, je ... wenn das Seine Exzellenz der Herr von Grammaistro in Trient erfährt, daß wir mit'n Feuerlöscher ham gegen einen Öhrenritter vorgehn missen ... Aber Sie reizen S' ihn ja auch bis aufs Blut«, tadelte er den stolpernden Jungdiplomaten. »No, jetzt freuen S' Ihnen!«

Damit schob er ihn in das Privatkontor des Freiherrn, den man gleich darauf dumpf aufschimpfen hörte. Lang, lang fluchte der wütende Illyrier auf die beiden ein, die nicht zu mucksen wagten. Auch die schadenfroh Lauschenden draußen vor der Bürotür schlichen auf Zehenspitzen.

Was zwischen Charles Borromé und dem mährischen Malteser eigentlich vorgefallen war, wurde niemals restlos geklärt. Desto klarer lagen die Gründe zutage, aus denen der junge, gesellschaftlich so überaus erfolglose Ehrgeizling seine unerwünschten Bemühungen um den exquisit uniformierten Ritter unternahm: offenbar hoffte er, als dessen Günstling endlich Eindruck auf die schöne Hortense zu machen. Denn er war der Königstochter seines Herzens noch um keinen Schritt nähergekommen, und Rabenseifner tat nichts dazu, sondern vertröstete ihn mit allerlei schönfärberischen Reden. Das scheinbar steife Wesen der beiden Herrschaften — so erklärte er dem gierig Lauschenden — dürfe ihn als Weltmann nicht überraschen. Abgesehen vom Inkognito, das es hier zu wahren galt, sei es in Holland bekanntlich Sitte, daß die wirklich wohlerzogenen jungen Mädchen erst am Morgen nach der Hochzeit das erste Wort zu ihrem Lebensgefährten sprächen, mögen sie vorher auch jahrelang verlobt gewesen sein. Natürlich gäbe es Ausnahmen, aber die nehme man gesellschaftlich nicht voll — und er, Charles Borromé de Howniak, würde doch ganz gewiß keinen Wert auf sie legen. Er möge sich also in Geduld fassen.

Kein Wunder, daß Borromé, von solcherlei Windbeuteleien abgespeist, wachsender Nervosität anheimfiel, deren triste Folgen sich bis in die harmlosen Erholungspausen hinein auswirkten, die sich der vielgeplagte Baron Zengg, ohnedies selten genug, vergönnte.

Ja, vielgeplagt: das war er. Kaum hatte er an jenem Nachmittag den beiden Störenfrieden die Leviten gelesen, als feuerrot vor Erregung Professor Tatterer von Tattertal ins Sprechzimmer gestürzt kam, den wachehaltenden Stankowitsch beiseite schob und dem ramponierten Baron — der noch damit beschäftigt war, sich den Schweiß der Erschöpfung von der edel geformten Stirne zu tupfen — durch beschwörende Gesten zu verstehen gab, daß er ihm etwas Wichtiges zu sagen hätte. Er brachte aber zunächst kein Wort hervor, sondern schluckte nur nach Luft und kritzelte schließlich mit fahrigem Bleistift auf einen kleinen Zettel: er habe keinen Atem. Leider blieb es nicht dabei. Er fand seinen Atem wieder und setzte den Freiherrn von einer telegrafischen Anfrage in Kenntnis, die er soeben erhalten hätte: der Generalausschuß der beeidigten Stotterlehrer plane einen Ferienausflug nach Scoglio Pomo, mit den bravsten Schülern und der Vereinsfahne, die das Porträt des bisher einzigen einwandfrei geheilten Patienten trage (in Wirklichkeit hatte es sich um einen Simulanten gehandelt). Wie Ohrenzeugen später berichteten, hörte man daraufhin aus dem Zenggschen Sprechzimmer ein einsturzähnliches Getöse, und tags darauf verließ Professor Tatterer von Tattertal unter Schielen, mühsam hervorgestoßenen Verwünschungen und ratternden Kehllauten die Insel. Seine sieben Töchter begleiteten ihn, gleichfalls wutschielend. Voran schritt die Mutter. Vier von den Töchtern trugen eine Hühnersteige mit dem tobenden Schnaxi darinnen.

Als hätten Professor Tatterers Verwünschungen das wohlgeneigte Ohr höherer Mächte gefunden und als wollten diese höheren Mächte demonstrieren, daß es noch weit Lästigeres gäbe als Vereinsausflüge beeidigter Stotterlehrer, lag am folgenden Morgen draußen auf See ein verschrammter, zerschundener Dampfer mit verbogenem Kamin und eingeschlagenen Salonfenstern, mastenlos, ohne Rettungsboote, ein wahres Jammerbild. Unter dem ursprünglichen Namen des Vehikels, der dick verschmiert war, stand in erbärmlicher, übergroßer Schrift LAZZARO CO-

LOMBO. Das Deck der schwimmenden Ruine wimmelte von verwildert aussehenden, heftig gestikulierenden Menschen.
Die Nachricht, daß draußen ein unvermutetes Schiff vor Anker liege, verbreitete sich auf Pomo mit der in solchen Fällen pünktlich eintretenden Windeseile. Auf den Terrassen drängten sich die Kurgäste und tauschten Vermutungen aus. Die Sportler ließen es damit nicht bewenden und setzten ihre Ruder- und Segelboote in Betrieb, von denen der verlotterte Dampfer binnen kurzem umringt war.
Bald kamen die ersten Geretteten an Land und stürzten sich in wilder Gier auf die Frühstückstische. Sitzen gebliebene Phlegmatiker, wie Rat Dodola, wurden einfach weggedrängt.
Aus den bampfenden Mündern war zunächst kein Wort herauszubekommen. Endlich erfuhr man, daß es sich um eine Gruppe von Vergnügungsreisenden handle. Sie seien in Triest von einem lustig zwinkernden alten Herrn, der sich als Kapitän des Schiffes vorgestellt hätte, zu einem Abstecher nach Pomo animiert worden — höchstens ein paar Stunden, äußerst sehenswert und noch dazu gratis. Der Kapitän habe sich sehr würdevoll betragen und die Ausfahrt aus dem Triester Hafen persönlich geleitet, an Hand eines Berges von Seekarten und unter Vornahme komplizierter astronomischer Beobachtungen und Messungen. Diese Übergewissenhaftigkeit gewann ihm das volle Vertrauen der Passagiere. Aber kaum auf hoher See, verwandelte er sich geradezu schreckhaft. Heftig strampelnd warf er die weiten Seemannskleider ab, präsentierte sich plötzlich in einer Art Harlekinstracht und erkletterte mit einem Kranz von Knackwürsten den nächsten Mastkorb, um dort gemütlich zu jausnen. Hernach ergriff er aufs neue das Kommando und ließ das Schiff stundenlang im Kreis herumfahren. Bei Einbruch der Dunkelheit nahm er in forcierter Geschwindigkeit Kurs nach Süden. Die Mannschaft, an die man mit immer dringlicheren Fragen herantrat, erklärte achselzuckend, blind gehorchen zu müssen. So seien die Kohlenvorräte aufgebraucht und allmählich alles Brennbare verheizt worden, die Salonmöbel, die Betten, sogar die Rettungsboote. Dann habe ein schwerer Sturm die Masten umgestürzt, die auf den Kamin gefallen seien. Aus ihren Trümmern habe man Ruder gefertigt, und

der plötzlich wie umgewandelte Kapitän habe in der Nacht auf heute, nach tagelangem Rudern, endlich Scoglio Pomo gefunden. Jetzt aber sei er spurlos verschwunden.

Dies der Bericht der glücklich Geretteten, deren schier unerschöpfliche Mengen — immer wieder verließen vollgestopfte Boote den havarierten Dampfer — zuerst auf neugieriges Staunen, dann auf Nasenrümpfen und schließlich auf wachsende Ablehnung stießen. Maurice Koritschoner, der Chef de Réception, war zum erstenmal in seinem Leben ratlos, und selbst Baron Zengg zerrte nervös an seinem schwarzen Vollbart.

Nach einigem Hin und Her gelang es, die Neuankömmlinge, die unablässig zu essen verlangten, in der Turnhalle, in Dienerschaftszimmern und ähnlichen Räumen zur Ruhe zu bringen. Der Kurort schien wieder sein gewohnt elegantes Aussehen anzunehmen.

Aber der Schein trog. Beim Nachmittagskonzert, mitten in ein Menuett Boccherinis, erklang auf einmal die ordinäre Blechmusik einer Dilettantenkapelle übelster Art, vermischt mit krähendem Gesang und taktmäßigem Marschieren. Entsetzt sahen die soignierten Sommergäste ums Eck einen Marschzug in Doppelreihen herannahen, Fahnen schwenkend, die mit fragwürdigen Emblemen und Wahlsprüchen bestickt waren und solcherart die Feststellung ermöglichten, daß dieser massive Vereinsausflug vom »Bund der konzessionierten Sargbegleiter« angeführt wurde. Ihm folgte der »Heiterkeitsklub pensionierter Leichdornätzer«, dessen Fahne einen großen, eingewachsenen Nagel zeigte. Dann kam der »Sängerbund der Krematoriumsheizer«, meist ehemalige Bäckergesellen mit dem Motto FLACKERE! am Banner, während der mit ihnen kartellierte »Gesangsverein der Hühnerbrutofenerzeuger« in regelmäßigen Intervallen seinen Wahlspruch GACKERE! zum blauen Äther schmetterte. Den Abschluß bildete der Verein »Clothilde«, bestehend, wie man einem zweiten Transparent entnahm, aus lauter »in Ausübung ihres Berufes invalid gewordenen Toilettefrauen«; noch im Gehen strickten und häkelten sie, bisweilen laut aufsingend, wollene Bidetmützen oder wattierte Gockelhauben für Kindernachttöpfe.

Es war, alles in allem, ein niederdrückendes Bild.

DREIZEHNTES KAPITEL

Blasius Großwachter, ein Privatgelehrter aus Linz

Dafür brachte der nächste fahrplanmäßige Dampfer einen lieben Gast (übrigens den letzten, der die Gestade Pomos in diesem letzten Sommer ... aber wir wollen nicht vorgreifen). Es war Rat Blasius Großwachter, der allseits geschätzte Linzer Privatgelehrte und Sammler. Schon als Michelangelo in der Réception die Zimmerbestellung liegen gesehen hatte, war ein Aufleuchten über seine bärtigen Züge gegangen:

»Der liebe alte Herr mit den vielseitigen Interessen!« rief er aus. »Was für goldene Worte danke ich ihm über meine Sammlung spätbyzantinischer Kupferprägungen! Und über die Geschichte der Schnellfotografie auf Wachsleinwand! Oder den Lebenslauf des Erfinders der sogenannten Bierschwaben, den man bisher immer im Kreise des Dichters Castelli gesucht hatte ...«

Der Chef de Réception bemerkte an Hand eines Briefes, daß Rat Großwachter seine Ankunft kurzfristig verschoben hatte, um den Salzburger Fetzenmarkt nicht zu versäumen.

»Daran erkenne ich den prächtigen Mann!« nickte Michelangelo. »Ein echter Folklorist, immer auf das Licht des Wissens bedacht!«

Und er ließ es sich nicht nehmen, den freudig erwarteten Ankömmling persönlich an der Landungsbrücke zu empfangen.

Wohl zwei Minuten lang schüttelte Großwachter, vor Rührung keines Wortes fähig, die Hand des Freundes, um ihn endlich stumm zu umarmen und auf beide Wangen zu küssen. Die Tränen der Wiedersehensfreude aus den guten, alten Augen wischend, ging er neben seinem Führer die Marmorstufen hinan, selber seine gestickte Reisetasche tragend, auf der Genoveva die Hirschkuh bat, ihre Kinder zu säugen.

»Net schimpfen«, sagte er beschwichtigend, als er Michelangelos Blick über die Tasche gleiten sah. »Net schimpfen. Ist die letzte Überraschung, die was die Kathi Fröhlich gottselig dem Grillparzer gestickt hat. Die dazu passenden Schlapfen hab ich auch. Gar kostbare Stückeln! Und wunderselten, daß man Paarln erwischt! Einschichtige Schlapfen — ja, die find'st in jedem Museum. Aber Weiberln und Mannderln — da mußt früh aufstehn, mein Lieber! Heut abend zieh ich's zur Tabletoh an, daß die Leut' was Schönes zum Sehen kriegen. Stell dir vor: am Mannderl, also am rechten Schlapfen, ist der böse Ritter Golo drauf ...«

Nach dem Souper ließ sich der liebenswerte Neuankömmling, der in Gehrock und Zylinder erschienen war und dessen ungewöhnliche Fußbekleidung riesiges Aufsehen gemacht hatte, an verschiedenen Tischen vorstellen, verbeugte sich zutraulich und gewährte vielen der Anwesenden einen Blick in seinen Zylinder, besonders den Damen, die dann meist mit einem Aufschrei zurückfuhren. Auch Michelangelo schaute hinein, zog die Augenbrauen hoch, schaute schärfer, holte die Brille hervor, schaute noch einmal, schüttelte den Kopf und wandte sich fragend an den stolzgeblähten Großwachter.

»Die Theres' Krones bei der Morgentoilette!« protzte dieser. »Ganz nach der Natur gemalen vom seligen Anreiter! Ein einmaliges Stück! Der Staat hat's seinerzeit nicht erwerben mögen, weil die dort oben halt kein patriotisches Gefühl nicht haben. Und wer hat's dann um seinen letzten blutigen Hunderter gekauft? Der gute alte Blasius Großwachter. Aber eins sag ich euch: wann mich einmal die Würmer fressen — den Hut kriegen die Preißen ...«

Schmunzelnd nahm er auf der Terrasse Platz und bekam sogar ein Schemerl für seine Gichtfüße. Dann bliesen ihm zu Ehren die zwei begabtesten Solisten der Kurkapelle eine neue Schöpfung von Melanchthon Obexer, dem allmählich berühmt werdenden steyrischen Komponisten, Moppelwutzlers vielversprechendem Schüler. Das stellenweise etwas hölzerne Musikstück hieß »Apollos und Daphnes Silberne Hochzeit. Ein Mysterium für zwei Querpfeifen und diskrete Trommelbegleitung«. Nur an einer einzigen Stelle griff ein schellenklingendes Tambourin ein, das die Auszahlung der verspäteten Mitgift untermalen sollte, und hernach noch ein Trumscheit (auch Nongeige genannt), das vereinzelte Liebesseufzer pikant kolorierte.

Großwachter fühlte sich sichtlich wohl, nickte zufrieden vor sich hin und streifte nur ab und zu mit besorgtem Blick den Zylinder,

der still neben ihm auf dem Boden stand, einem der mißverstandenen Spucknäpfe der Goethezeit nicht unähnlich, wie man sie damals, im Ausklang einer ehernen Epoche, bedauerlicherweise aus Gußeisen zu formen liebte. Auf Michelangelos Anraten verdeckte ein blaues Sacktuch die Mündung des ernsten Manneskopfschmuckes vollständig.
Als in dem animierten Gespräch, das sich hernach entwickelte, die Rede auf Leo Baliol kam, horchte Großwachter auf.
»Baliol?« murmelte er stirnrunzelnd. »A seltener Nam'. A sehr a seltener Nam'. In Linz woaß i amal koan anzigen, der was sich Baliol schreiben tät. Oder gar Belial.« Seine Stirne war jetzt in regenwurmfarbenen Falten hoch hinaufgeschürzt. »Solche Namen wären bei uns verboten. Der Herr Wischof« — er sprach das Wort vor lauter Devotion ganz weich aus — »erlaubert's net.«
»Wieso?« erklang von oben her die süffisante Frage des Prinzen Max.
»Deswegen, weil ... weil's ein Name aus'n Kalender von die Teifel is. Da ham S' das Verzeichnis ...«
Scheu um sich blickend, nestelte der Linzer Privatgelehrte aus seiner dicken Brieftasche einen verschwitzten, mehrfach gefalteten Zettel und reichte ihn abgewandten Antlitzes dem hinter ihm postierten Prinzen.
Die Worte, mit denen Prinz Max den Empfang quittierte, überraschten allseits:
»Exzellente Aktfotografie! Eine Nichte von Ihnen?«
»Geben S' es z'ruck, geben S' es z'ruck!« Entsetzt fuhr Großwachter herum. »Sie ham's ja auf der falschen Seiten aufg'macht. In Wirklichkeit — da schaun S' her — is es der Proportionskanon vom Pater Kilian selig. Am Totenbett hat er mir'n noch ans Herz gelegt und hat mit brechenden Augen und ersterbender Stimme g'sagt: Blasius, tragen S' ihn allweil bei Ihnen ... So. Da wär' jetzt das Richtige. Lesen S' es nur vor!«
Und Maximilian zu Eschenlohe las so laut, als seine näselnde Stimme es gestatten wollte:
»Geburtstäge der p. t. Teuffel, wo seinerzeit in Linz von der Schwarzen Loge, camouflirt unter dem Namen ›Die lustigen Kaas-Stecher‹ und von der k. k. Statthalterei als Heiterkeits-

Club genehmigt, verehrt wurden: Azazel, Apis, Belphregor, Boamnestra, Drufus, Gnupal, Grigri, Hahal, Hahem, Hülweles, Kaypura, Kubala, Kubub, Kustapiel —«

»Das ist doch mein Schuster in der Wasagasse!« schrie Baron Zengg erschrocken auf. »Der die vielen eingewachsenen Nägel aus Gips und die schrecklich deformierten Fußabgüsse in der Auslag' hat! Wenzel heißt er mit'n Vornamen...«

»Mekrikax, Nawratil, Nitigreindisch«, setzte der Prinz unbeirrt fort. »Nysrok, Omnibor, Papus, Pfarzup, Pickeles, Robelzark, Syreček...«

»Heißt auf böhmisch Quargel«, ließ Michelangelo sich abermals vernehmen.

»Tukkor, Venoth, Viboldanek, Wischerup...«

»Den kenn' ich auch! Er war bei der Tramway, die Frau hat eine Trafik, das Mädel ist beim Ballett... Also das hätt' ich den Wischerupischen nie zugetraut!«

»Wimlazer, Xaperlina, Xundelpatan, Zuypopo«, schloß Max von Eschenlohe ab und verlas auch noch die Schlußbemerkung: »Insonderheit und insgesamt ein Teil der 562 in Paris hochverehrten Feuergeister, die als Missions-Chefs qualifiziert sind.« Dann reichte er das schmierige Blatt angewidert seinem Eigentümer zurück.

»Jo, jo. Da hätten wir s' beisamm, die Abteilungsvorstände der Hölle.« Große Schweißperlen glitzerten dem düsteren Linzer in den Regenwurmfalten, die sich noch immer nicht geglättet hatten.

»Woher wissen Sie das?« erkundigte sich mit geheucheltem Interesse der Prinz. »Und warum sind auf dem Dokument so viele Fettflecke?«

»Das sind keine Fettflecke nicht, das sind Tränenspuren. Und wissen tu ich's daher, daß mir an kloan' Kreis von Freidenkern g'habt ham — nicht in der Stadt, naa, in Urfahr drüben! Wo auch sonst allerhand Glumpert z'sammhockt. Die ham's auf der Folter gestanden.«

»Unglaublich. Und so was hatte die Stirn, sich ›Die lustigen Kaasstecher‹ zu nennen?«

»Gelten S'? Net wahr? Das war's ja auch, was uns immer zu denken 'geben hat. Wie kann denn ein Kaasstecher überhaupt

lustig sein? Fragen S' umanand, wo S' wollen — jeder wird Ihnen sagen: 's gibt gar keine lustigen Kaasstecher nicht, und 's kann auch keine nicht geben! Kaasstechen ist sehr eine heikle, sehr eine örnste Beschöftigung, wo nur von beeidigte und gesetzte Männer ausgeübt werden kann, denen 's Ziddern fremd is. Man kennt s' schon von der Weiten, dieselben. Und in der Finster kann man dieselben schmecken. Sehr ein verantwortungsvoller Beruf is das. Weil nämlich, wenn amal a Kaas schief ang'stochen is — dann: pfiat di Gott, Kaas! Und der, wo schief gestochen hat, derf nie mehr ein öffentliches Öhrenamt bekloiden.«
Großwachter schüttelte ein paarmal nachdrücklich den Kopf, ehe er mit der Miene eines Konduktansagers fortfuhr:
»Jetzt stechen die nimmer Kaas... Jetzt hatschen s' alle krump daher, wann s' nicht überhaupt verzogen sind... nach Salzburg, nach Graz, nach Klagenfurt... wo s' dann in gewissen Mondnächten am Zollfeld tanzen. Und die meisten sein natürlich in d' Weanerstadt gegangen. Dorten soll's heut schon fünfzig bis achtzig Freidenker geben... Übrigens«, fügte er flüsternd hinzu, »hier is auch a Herr, der was mir gar net g'fallt. Rabenseifner schreibt sich derselbe...«
Der Rat aus Linz verstummte und sah starr vor sich hin. Das Licht des höhersteigenden Mondes, mit einer fernen Bogenlampe zu einem fast spätnachmittäglichen Dämmerschein gemischt, verhalf seiner schweigsamen Gestalt zu wahrhaft Lenbach'scher Größe. Wie weich wirkten mit einemmal seine Konturen! Wie nebensächlich waren die Hände behandelt, die aus kaum bemerkbaren Stützeln herauswuchsen! Wie wurden die Füße des Sinnenden fast zu gleichgültigen, nur oberflächlichen hingehauten Klumpen, an denen nicht einmal große Hahnensporne aufgefallen waren! Welch ein Geschummer erfüllte die gehöhten Partien des Gesichts! Und jetzt: in seiner Nähe fing jemand eine Zigarette zu paffen an. Da schien's, als wäre der kurzsichtige Meister selbst unsichtbar herangetreten, um mit raschem Geklecks, die Augen nervös verkniffen, ein paar Glanzlichter hinzuzaubern. Sogar die Tränensäcke und die feierlich verteilten Wimmerln bekamen ihr verschmiertes Gegenlicht.

VIERZEHNTES KAPITEL

Die Zwischenfälle häufen sich

Auf Pomo war einer jener Nachmittage angebrochen, an denen sich die Schönheit der Märcheninsel zu einem betörenden, fast schon schmerzlichen Glanz entfaltete, von dem man deutlich fühlte, daß er keine Steigerung mehr zuließ, nur noch Verdunkelung. Und sie hob an.

Ein animiert plauderndes Publikum hatte sich auf den Terrassen versammelt, lässig der vom azurnen Himmel niederglitzernden Sonne dargeboten oder unter bunten Schirmen an blendend weiß gedeckten Tischen der soignierten Beschäftigung des Jausnens hingegeben.

Es sollte eine furchtbare Vesper werden, an Entsetzen schier dem Mahle der Borgia zu vergleichen.

Die schöne Malfilatre, vom Hofstaat ihrer Bewunderer umringt, schien etwas nervös. Ihre verwöhnten Lieblinge, die Bullys, waren unauffindbar. Und dabei hatte die Post gerade heute prächtige Reiherkrausen für die Herren Hunde gebracht, von ihrer schönen Besitzerin eigens bei Italo Pimpinelli in Florenz bestellt. Nur in der Toscana könne man Hundegeschirre kaufen für diese Art Pfufferl, sagte sie und sprach das erlesene, lediglich im Tyroler Hochadel gebräuchliche Wort mit unnachahmlicher Grazie aus, den Rubinmund verheißungsvoll geschwungen.

Man beeilte sich, ihr einmütig beizustimmen. Besonders ein neuaufgetauchter, übereleganter Grieche mit zitronengelben Glacéhandschuhen und Ebenholzstock mit Goldknopf, Theophilaktes Simokatta, bemühte sich um die ohnedies Vielumschwärmte, um dieses »Fleuron d'or du jardin d'amour«, wie eine barocke Galanterie im orientalischen Exportfranzösisch der Levante sich ohne Zweifel ausgedrückt hätte.

Aber wo steckten die Hunde? Immer nervöser äugte ihre bezaubernde Herrin umher.

Das Geheimnis sollte alsbald schauerlich gelüftet werden, so schauerlich, daß neben zahllosen anderen Scherben eine geborstene

Hofmarschalls-Ehe und eine in den Grund getrampelte Oberstens-Karriere i. P. auf der Walstatt zurückblieben.
Schon seit einigen Tagen hatten sich die Edelmöpse, freundlich schnobernd, um Kwapils Bassin herumgetrieben und hatten den forsch herumschwimmenden Stabsoffizier durch ihr tadelloses Benehmen in Sicherheit gewiegt. Heute war es soweit. Plötzlich, nach einem blutunterlaufenen Blick der Verständigung, stürzten sie sich ins Wasser und enterten nach kurzer Verfolgung den künstlichen Riesenkarpfen mit Uhrwerk, der auf nichts dergleichen gefaßt war und völlig kopflos reagierte. Es kam zu einer wildschäumenden Balgerei, in deren Verlauf der undicht gewordene Oberst absackte und sich nur mit Mühe aus dem blödsinnigen Kunstschweif befreien konnte, in dem er, der Kühle halber, leider hosenlos zu hocken pflegte. Immer neu gezwackt und gebissen, sprang der bedauernswerte Salonfisch ans Ufer, wo ihn die tollgewordenen Unholde bellend und geifernd vor sich herhetzten, ihn, einen Generalstäbler im Ruhestande.
Nichts ahnte man von alledem auf der Terrasse. Niemand hätte dort zu prophezeien gewagt, daß die soignierte Jause sich binnen kurzem in eine Stellprobe der Apokalypse verwandeln würde.
Und schon geschieht's, schon ist der wüste Zerrtraum über die Ahnungslosen losgebrochen.
Mit haarigen Beinen purzelbaumt Oberst Kwapil einher, verzweifelt bestrebt, sein viel zu kurzes Ruderleiberl wenigstens bis zu den halben Schenkeln zu ziehen, und gleichzeitig seine grimmig lechzenden, froschmäuligen Verfolger abwehrend, die ihn rasend umschnappen, wilde chinesische Drachen in Taschenausgabe. Zum begehrtesten aller Tische stürzte er jetzt hin, zum Tisch der Malfilatre, schwingt strampelnd den einen, an seiner großen Zehe knurrend festgebissenen Blutegel in der Luft herum und wirft, sich unter den Tisch wälzend, die ganze Bescherung zu Scherben. Erbost drischt Simokatta mit seinem Ebenholzstock auf dieses Bild einer irreparablen Entblößung los, die so heillos ist, daß einzelne Damen, die Augen übergroß aufgerissen, gar nicht mehr aufhören, hysterisch zu schrillen — oft an wildfremde Herren geklammert, denen sich ruckweise die Haare sträuben. Aber keine der Schrillenden merkt das.

Gebannt, ja schier gelähmt dem furchtbaren Schauspiel zugewendet, sehen sie nichts als den durch die Luft geschwungenen Hund und den niedersausenden schwarzen Stock in zitronenfarbener Faust.

Doch es kommt noch furchtbarer. Während die spontan in Ohnmacht gefallene Frau Hofmarschall Oilenhoy vom ängstlich glotzenden Gatten mit Wasser besprengt wird, lallt sie, die Arme sehnsüchtig ausgebreitet: »Danubius ... süßer Danubius ... bist du gerettet, mein Geliebter?«

Was sich jetzt abspielt, ist ein tolles Karussell gesellschaftlichen Zusammenbruchs.

Der betrogene Gatte dreht sich krampfhaft wirbelnd um seine eigene Achse, bis eine ganze Schar »Äh-äh-äh« rufender Gentlemen mit Monokeln ihn zu stützen eilt. Andere führen die wankende Eulalia, in eine Wolke von Kölnischwasser gehüllt, von der Szene. Da und dort ringen schmerzverstummte Damen der Gesellschaft die Hände. Vereinzelte Herren, einander vis-à-vis Posten fassend, tippen sich zu zweit auf die Stirne und nicken einander bekümmert zu. Im Hintergrund der Terrasse ist man bemüht, den verzweifelten, seinem Fischschweif zur Unzeit entsprungenen Ehebrecher in ein Tischtuch zu hüllen, während der kernige Baron Eichfloh, mit hochgeschwollenen Stirnadern und zusammengebissenen Zähnen, die vor Wut kotzenden und grün leuchtenden Hunde zurückhält.

Bleich stiert, an die Balustrade gelehnt, der Hofmarschall in die Bucht hinab. Man hat ihn allein gelassen. Man weiß, daß der Schild der Oilenhoy unrettbar beschmutzt ist. Und Marschälle mit beschmutzten Schilden müssen sterben. Stirb, besudelter Marschall! Bitte den Ozean, daß er dich gnädig aufnimmt und die Schmach im Sterben von dir spült! Keine hundert Meter von dir tummelt sich der Nachmittagshai, der Fünfuhrfisch, der auf seine Schlagobers- und Tortelettenpapiere lauert. Von ihm laß dich verschlingen! Das ist das Beste, was du tun kannst. Aber vorher winke Skrabaln heran, dem Fisch zu pfeifen, sonst schwimmt er weg. Um diese Zeit mag er kein Fleisch. Wenn der nicht um fünf Uhr seine Melange kriegt, dann raunzt er. Das Österreichertum hat ihn entnervt. Und deshalb muß ihm Skrabal pfeifen, damit er komme und dich ausnahmsweise fresse.

Natürlich mußt du dich für diesen letzten Dienst Skrabaln gegenüber freigebig erweisen. Deine zitternde Hand bringt das Portemonnaie nicht auf? Laß nur! Prinz Max wird dir gerne mit ein paar Silberlingen aushelfen ...

Wenn es auch ganz so weit nicht kam: am nächsten Tag stand immerhin das Oilenhoy'sche Gepäck — geschmückt mit dem Hofmarschallswappen, dem man an dieser Stelle die Besudelung noch nicht anmerkte — abreisefertig am Pier; daneben, starr in verschiedene Richtungen blickend, das gräfliche Ehepaar, ein statueskes Memento vornehmer Selbstzerfleischung.

Wenzel Danubius Kwapil von Wasserwehr jedoch, Oberst i. P., hütete das Bett. Das in Fetzen gegangene schwarz-gelbe Ruderleiberl hätte er aus eigenen mitgebrachten Beständen mühelos zu ersetzen vermocht. Aber im Verlauf des wilden Scharmützels hatte auch die ebenso sinnreiche wie kostbare Uhrwerk-Konstruktion seines Fischschweifes dran glauben müssen, und für die gab es keinen Ersatz und keine Reparatur. Es war vorbei. Nie mehr würden aus dem Marmorteich die österreichischen Armeesignale ertönen, von einem schwarz-gelben Triton auf dem Muschelhorn geblasen. Nie mehr.

Ein ungutes Frohlocken zuckte über die blattersteppigen Züge des Geisteswojwoden aus Banjaluka, der diese Wendung der Dinge als einziger mit Befriedigung zur Kenntnis nahm. »Ein Kriegsmahnn«, sagte er, dumpf seinen Tschibuk ausklopfend, »ein Kriegsmahnn, welcher sich schmücket mit falschem Arsche, ist selber schuld an seinem Untergang. Ich spreche die Wahrheit.«

Wahrscheinlich weil er die am Pier stehenden Koffer sogleich mit dem Schaukeln des Schiffes assoziierte, hatte Master Vulcanus sie prompt angespien, ohne daß ihn irgend jemand, sei es auch nur mit stummen Gesten, dazu aufgefordert hätte. Baron Qualbrunn, ein steifer Formenmensch durch und durch, war vor allem darüber empört, daß der junge Brite kein Wort des Bedauerns oder der Entschuldigung äußerte, sondern, Hände in den Hosentaschen, einfach davonschlenderte.

Weil aber ein Unglück selten allein kommt, denn es ist paarig wie die Würstel und die Ohrfeigen, stürzte just um diese Zeit der so lange unsichtbar gewesene Malteserritter Smrdal auf Michelangelo zu, einen Brief in der zornzitternden Hand. Er sei, so schnaubte er, ein Großindustrieller aus Popowetz in Mähren und er ließe sich das nicht länger gefallen.
Michelangelos Bemühungen um nähere Auskünfte scheiterten an dem allerdings begreiflichen Umstand, daß sich das Wutgebell des Maltesers nun bereits auf böhmisch abspielte (in einer Sprache also, die zum Wüten bekanntlich ebenso hervorragend geeignet ist wie zum Bellen). Nur so viel wurde klar, daß es sich bei dem Gegenstand seines Zornes abermals um Charles Borromé Howniak handelte. Der Pursche — unvermittelt verfiel Smrdal wieder ins Deutsche und sagte tatsächlich »Pursche« — müsse ihm vor die Pischtole! Dann soff er eine vom nächsten Tisch gerissene Karaffe Wasser aus und brüllte tropfenden Mundes den zur Unterstützung seines Herrn herbeigeeilten Stankowitsch an, er möge ihm sofort den Howniaken zur Stelle schaffen, sonst würde er ihn unterm Bett hervorholen.
Stankowitsch kam unverrichteter Dinge zurück. Zwar habe er Herrn Scharl im Rokokoparterre lustwandeln und von Zeit zu Zeit an einer Glyzinie riechend angetroffen, doch als er ihm seinen Auftrag mitgeteilt und ihm vorgemacht habe, wie der fremde Ritter tobe und aus dem Munde tropfe, sei jener kurzerhand durchs Unterholz gebrochen und verschwunden.
Die gestickten Frackschössel steil abstehend, raste Ritter Smrdal in die angegebene Richtung, solcherart auf seine Weise an der bedrohlich näherkommenden Katastrophe mitwirkend, die düstersten Charakter annehmen sollte:
In der bleiernen Hitze saß Rat Dodola still an einem Marmortischchen und trank; in den Pausen, die er gelegentlich einlegte, wischte er sich geschlossenen Auges die Stirn trocken. Parallel dazu tanzte in der Ferne Escamillo Sindelář, die Hand zagend am Spitzenbärtchen. Wie gerne hätte er dem kaiserlichen Rat Gesellschaft geleistet! Um Dodola aber lag heute eine solche Wolke unwirschester Ablehnung, daß es dem hochsensitiven, zartbesaiteten Escamillo jedesmal förmlich einen Schlag versetzte, wenn er diesen

Bannkreis durchbrechen wollte. Und das war sein Glück. So blieb es ihm erspart, unmittelbar in die Katastrophe einbezogen zu werden.
Der kaiserliche Rat, der gerade wieder die Augen geschlossen hielt, fühlte sich nämlich auf einmal von irgend etwas irritiert. Widerwillig blickte er auf und sah, daß Master Vulcanus, der echte, unbekümmerte Sohn Albions, die Füße auf seinen, Dodolas, Tisch gelegt hatte. Große Füße in breitsohligen, absatzlosen Schuhen mit einer vielstelligen Nummer.
»Geben S' die Füß' weg, Sie Lackel Sie«, murrte kurzhalsig gepreßt Rat Dodola.
Nichts geschah.
»Werden S' stantepé Ihre verstunkenen Trittling' weggeben!« brüllte jetzt der siegellackfärbig angelaufene Armenvater aus der Siebensterngasse.
Und als auch diese Aufforderung resultatlos blieb, geschah das Furchtbare. Der Herr mit dem gedunsenen Gesicht, der plötzlich einer grauenhaft verzerrten Lackschnitzerei, etwa einem japanischen Gott des Schreckens, zum Verwechseln ähnlich sah, brüllte wutverschleimt nach dem Zigarrenmann, der, vor Eifer förmlich radschlagend, heraneilte.
»Nicht aufmachen . . . so hergeben, wie's ist!« kam es keuchend von den speichelnden Lippen des nun schon völlig halslos gewordenen Schreckensgottes. Dann, mit beiden Augen nach innen schielend, riß er den geschlossenen Zigarrenkasten an sich, hob ihn hoch und schmetterte ihn dem schläfrig glotzenden Tischgast über den Kopf, so daß nur das fahlhaarige Schädeldach des jungen Globetrotters hervorsah.
An den Nebentischen war man aufgesprungen. Zwei im Diskant bellende Staubknäuel rasten herbei: die Malfilatrische Meute, die den verwirrt tanzenden Vulcanus geiferspritzend umtobte.
Zwei bleiche Gräfinnen, die Lorgnons beschwörend zum Himmel gereckt, sanken in Ohnmacht. Baron Qualbrunn verkrampfte die Nase wellenförmig, während er seine großen gelben Schneidezähne schaurig entblößte, einem wetterleuchtenden, aber distinguierten Hund nicht unähnlich. Der ehrliche Großwachter machte blaue Spiegeleieraugen, wurde fast ein Lenbach'scher Bismarck und

murmelte halberstickt: so was könne er nicht sehen, b'sonderscht in die Ferien.

Auf der erhöhten, von Marmorbalustraden eingefaßten Terrasse entwickelte sich eine Art lebendes Tiziangemälde, noch dazu aus des Meisters bester Zeit. Das Zentrum: die in Ohnmacht gesunkene, gerade heute recht aufgedonnerte Gräfin Ségur née Rostopschin. Irgendeine rasch vorübergehende Hand hatte ihr, in Vorwegnahme einer originellen Überraschung, mit Hilfe eines grünen Stampiglienkissens einige verfrühte, aber höchst malerisch wirkende Totenflecke ganz leicht aufs fahle, verkrampfte Antlitz gedrückt. Das war die Hauptfigur.

Neben ihr, in prachtvoll tänzerischer Haltung erstarrt, die Malfilatre, ein Bild graziösen Niederbeugens, um die vornehme Greisin vor dem Umsinken nach rechts hinten zu bewahren. Das verführerisch schöne Mädchen hatte die vollen Lippen rosigverheißend geöffnet, als wollte sie die kraftlos Zusammengesunkene mit dem in diesem Fall völlig unangebrachten sinnlichen Fluidum ihres Kusses laben. Die leicht geschlitzten Mandelaugen, in den Winkeln pervers zwetschkenblau schattiert, waren nur halb geöffnet, was ihrer Anteilnahme ein bezauberndes und sehr bewußtes Desinteressement sicherte.

Zur andern Seite Prinz Max, auch er in eisig erlogener Bemühung, mit der Rechten gelangweilt auf das Häufchen Elend in Alençonspitzen deutend, mit der Linken einen im Laufschritt erstarrten Kellner heranwinkend, der diskret gebogenen Arms mehrere Mokkatassen auf silbernem Tablett schweben ließ.

Im Hintergrund blickte Dr. Lyon als neugieriger Faun durch leicht geöffneten Lorbeer, eine eben angerauchte Trabucco in der Hand. Daneben glotzte Bébé Klicpera, einen steckengebliebenen Bissen Crèmetorte zwischen den üppigen Lippen, mit sturem Blick in die Szene.

Rechts seitlich stellten die grauen Gelehrten Fehlwurst, Grollebier und Hühnervogt eine Disputation dar, Fehlwurst mit einer Hand, vom Röllchen behindert, auf den noch immer beklommen tanzenden Sohn Sr. Lordschaft deutend.

Ausnahmsweise war diesmal auch die uns schon angenehm aufgefallene Fragonard-Gruppe erschienen, noch dazu im reichen

Kostüm des venezianischen Cinquecento, was als ganz besonders glückliche Fügung bezeichnet werden muß. Sie bemühten sich im Vordergrund um die noch immer nicht ganz aus ihrer Ohnmacht erwachte Ségur née Rostopschin. Das Edelfräulein Montgomery, betörend schön in der Pracht ihres tizianroten Gelocks, hob eine ohne ersichtlichen Grund mitgebrachte Goldschale zu den Lippen der leise jappenden Greisin und blickte dabei über die opalisierende linke Schulter nach ihrem Galan. Im dargereichten Prunkgefäß befand sich ein ausgestopfter Kanari, von nebensächlichem Schminknecessaire umgeben. Sonst nichts.

Der Galan seinerseits, ein sonngebräunter Romeo, dessen scharfgeschnittenes Antlitz ein rabenschwarzes Lockenwirrsal krönte, sah in tiefem Sinnen auf die Bresthafte hinab. Erleichtert konnte man an seinem halb von der Scheide befreiten Dolch, dessen Griff er nervig umklammert hielt, einen Fieberthermometer bemerken, der sich infolge eines freundlichen Zufalls der Toledaner Klinge zugesellt hatte.

Unweit der rotgelockten Donzella mit der Goldschale war ihre Spielgefährtin postiert, ein Südtiroler Komtesserl in drachengelber Romainetoilette; die Saphiraugen dem Adriatischen Meer zugewendet, tändelte sie verträumt mit dem Hörrohr, das der distinguierten Kranken zum allgemeinen Bedauern entglitten war.

Als Gegenstück zu der tiefsinnigen Gruppe der drei disputierenden, durchaus mausfarbenen Gelehrten, sah man ganz links einen jungen Stutzer im Tennisanzug — jeder Zoll ein Groß-Meseritscher oder gar Brünner *craque-cœur* — mit beiden Händen auf den Zigarrenkastentänzer deuten. In seinem Monokel funkelte die Sonne, die sich schon gegen Italien neigte und deren Strahlen das ganze prunkhafte Bild da und dort mit warmen Goldlichtern konturierten. Etwas andres hatte sie vor dem Schlafengehen sowieso nicht zu tun.

Es fehlte nur noch, daß in kurzgehaltener Gloriole Baron Michelangelo Zengg als Vater der Götter erschienen wäre, neben ihm etwa Madame Gakovac als Juno, einen Pfau auf dem dicken Finger.

Den einzig unangenehmen Fleck bildete die schummerige Figur des höhnisch lächelnden Rabenseifner, der seine Arme so kunstvoll

zu verschränken wußte, daß alle zehn nikotingelben Finger sichtbar blieben.
Zwei große Falter gaukelten vorbei. Vielleicht hatten sie von den Regie führenden Genien des Ortes Befehl erhalten, das erstarrte Bild zu lösen. Vielleicht auch nicht. Jedenfalls begann sich die Terrasse allmählich zu entvölkern. Die Gräfin Ségur née Rostopschin wurde von zwei pompfunèbreähnlichen, bei jedem dritten Schritt mit den Federbüschen nickenden Figuren weggetragen, und zwar zum Klang eines fernen, gedämpften Bombardons.
»Ich weiß nicht, was das bei uns ist...«, äußerte pensiv Baron Leo Baliol. »Immer passiert was bei der Jausen. Grad bei der Jausen. Ich trau mich gar nicht mehr Kaffee trinken.« Und er starrte trüb vor sich hin.
Der alte Blasius Großwachter, der reglos neben ihm stand, nahm mit einem kaum merklichen Beben in der Stimme den Faden auf: »Ja? Haben S' es auch schon bemerkt? Spricht sehr für Ihre scheniale Beobachtungsgabe! Die Durchschnittlinge, die was den großen Haufen bilden und denen vielleicht auch schon auf-g'fallen is, daß bei uns mit der Jausenzeit was nicht stimmt — die können natürlich keinen logischen Schluß draus ziehen. Weil s' eben Viecher sind. Weil s' koane zwoa G'sichter nicht haben. Und mit dem einen, was s' haben, schaun s' allerweil in die falsche Richtung. Sonst wisserten dieselben, daß es Appakaliptische über Österreich einmal bei der Jausen hereinbröchen wird. Hereinbröchen *muß*. Das is ja das Öntsötzliche, was mich nimmer schlafen laßt.« Seine Stimme senkte sich zu beinahe angstvollem Flüstern, als er jetzt das Ohr des visionären Barons suchte. »A stoanalter Kappazinermönch in Salzburg hat's mir bestöttigt. Jo, jo. Für Österreich kommt's Jüngste Gericht zum Kaffee. Mir werden zur Jausenzeit untergehn. Jo, jo.«
Stumm nickte Leo Baliol und vermied es, seinen Gesprächspartner anzusehen, dessen Kopf in ein bedeutungsschweres Gewackel verfallen war.
Kaum aber hatte Leo sich entfernt, als vom entgegengesetzten Terrassenende Michelangelo auf ihn zukam, ihn sorgenvoll beiseite zog und in den blaßblau verdämmernden Himmel deutete: »Da muß ein Konstellationswechsel vorliegen«, murmelte er.

»Vielleicht ist die Venus mit ihrem Goldwagerl zu rasch gefahren ... oder sie ist der stinkerten Ziegenbock-Equipage vom Saturn zu weit ausgewichen ...«

Er starrte zum Zenith des Himmelsgewölbes, wo derlei Darstellungen auf den alten Bildwerken aufgemalt zu sein pflegen, und beugte sich dabei so angestrengt zurück, daß man an Stelle des Kopfes nur einen schwarzen, keilförmig nach oben gerichteten Vollbart sah.

»In diesem Sommer geschieht noch was«, murmelte er, indem er sich wieder seinem Vetter zuwandte. »Sicherlich haben wir irgendwo einen Fehler gemacht und damit das Schicksal herausgefordert. Wir hätten dem alten Onkel Lazzaro nicht das Kommando vom Salondampfer entziehen sollen — da ist immer ein bisserl was vorgekommen, so daß die bösen Mächte ihr Körberlgeld sicher hatten. Und das ist wichtig. Denn eines kannst du mir glauben, Leo: man muß dem Schicksal ein Ausschußgeschirr schön parat zum Zerhauen hinstellen. Sonst geht's über die feinsten Altwiener Schalen her ...«

Fad schlenkernd kam Prinz Max an ihnen vorbei, gefolgt von zwei kurzbeinigen Journalisten, die sich ihm gelegentlich attachierten, um für ihre Blätter »Neuigkeiten aus der Gesellschaft« zu ergattern. Von den beiden sorgenumwölkten Vettern nahmen sie keine Notiz.

Jetzt passierten die drei den immer noch an seinem Tisch sitzenden Baron Qualbrunn, dessen Nase sich beim Anblick der Herannahenden aufs neue wellenförmig verkrampfte; auch die gelben Schneidezähne traten in Aktion.

»Lassen S' 'n fletschen«, beruhigte der Prinz die beiden Kurzbeinigen, die nicht mit ihm Schritt halten konnten und als graue Schattenfiguren hinter ihm einherhüpften. »Besser er fletscht, wie wann er sich in die Politik mischen tät'. Er ist ein Trottel, glauben Sie mir. Das Gebiß wär' nicht schlecht, aber sonst ist er irgendwie *mauvais sang*. Übrigens ist das mit die Zähnd' ein ganz origineller Trick. Brauchen Sie nicht zu notieren, meine Herren. Beachten Sie lieber den alten Lord Earthquake, der nur zwei Resteln von der Times in den Händen hat. Liest in der Mitten, wo nix is. Gibt nicht nach. Typischer englischer Konservativer. Und dort —

schaun S' hin — dort kommt der wilde Böhm zurück, der Dodola. Ein unsoignierter Berserker. Ja, wenn so ein böhmischer Mestiz' wild wird, dann gibt's aus. Merken Sie, wie da sofort der nur schwach überweißte Mongole bei ihm durchbricht? Also wenn *der* nicht mit dem japanesischen Gott Svoboda oder seinem Kollegen Hrnčíř verwandt ist — dem Cousin von der Choleragöttin Kali —, will ich Feigelstock heißen... Was schreiben S' denn schon wieder?«

»Eschenlohe will Feigelstock heißen.«

»Streichen S' es aus.«

Um den lässig dozierenden Prinzen hatte sich eine kleine Gruppe angesammelt. Sogar ein schofarförmiges Hörrohr war auf ihn gerichtet.

»Daß er uns nur nicht anfangt, Amok zu laufen, der Powidlmarodeur«, murmelte besorgt Prinz Max.

»Amok?« fragte eine Stimme. »Ein Herr kaiserlicher Rat Amok?«

»Warum wundern Sie sich? Auch bei böhmischen Hofräten kann das vorkommen. So einer ist oft jahrelang ganz brav — man merkt kaum, was für ein Landsmann er ist. Höchstens daß er ab und zu ein Würstel in einem Akt liegenläßt, was man ja oben nicht grad gerne sieht — aber schließlich spielt so was keine Rolle. Und dann, auf einmal, bricht's aus. Vielleicht an einem heißen Tag mit viel sekkanten Fliegen. Wer weiß das denn. Kommt immer ganz plötzlich. Deshalb werden s' ja auch vom jeweiligen Präsidium wie die rohen Eier behandelt. Man hat dort geheime Instruktionen, das weiß ich vom Onkel Statthalter *und* vom Montschi. Der hat zwar an hoher Stelle das Ehrenwort geben müssen, daß er nix ausplauscht, aber wie er einmal im Jockeyclub wieder sternhagelvoll war, hat er alles haargenau erzählt. An und für sich wär' das noch nicht so schlimm gewesen, weil die paar Herren, die dabei waren, die Geschichte beim erstenmal Erzählen nicht verstanden haben. Und dann ist er eh gleich eing'schlafen, der Montschi. Nur hat er leider ein Dutzend Dienstmänner hinaufbestellt g'habt und jedem fünf Gulden gegeben. Schweigegeld? Oder damit sie's weitererzählen? Das weiß er heut nimmer. Und das quält ihn furchtbar. Fortwährend muß er drüber nachdenken...«

Man hörte einen Bleistift kritzeln, und dann eine Stimme: »Bitte, mit was laufen die Herren Hofräte Amok? Mit dem Kris, bitte, wie es Vorschrift ist?«

»Nein. Mit Gollaschsaft. Auch das ist schrecklich. In den Ministerien und in den Statthaltereien schreien s' ja bei uns nicht ›Amok, Amok‹, sondern ›Vomáčka, prosím!‹ Auf deutsch ›Sauce, biddeh!‹ So wie in den mehr ordinären Restaurants die Kellner, wann s' Eile haben und sich Platz schaffen wollen. Also wenn so was passiert, dann schaut man höherenorts, daß der Betreffende — nein, nicht der Kellner, der betreffende Böhm — g'schwind Sektionschef wird, weil man die Erfahrung gemacht hat, daß Sektionschefs nie Amok laufen. Vielleicht in der andern Reichshälfte, aber bei uns herüben nie. Deswegen sind bei uns ja auch so viele Böhm' in leitenden Staatsstellungen, wo sich kein Mensch erklären kann, wie s' da hinkommen. Zwei, drei solche Amokläufer geben der Weltgeschichte oft eine ganz andere Richtung. Wenn so einer den Montschi, wie er einmal grad zum Minister hat wollen, nicht zufällig von oben bis unten mit Gollaschsaft ang'schüttet hätt', würden die paar Leute, die's wissen, noch heute im dunkeln tappen.«

In das ehrfürchtige Schweigen ringsum klang Blasius Großwachters begeisterte Zustimmung:

»Sehr g'scheit. Wirklich sehr g'scheit. Merken S' Ihnen das, meine Herren! Vor allem die Herren Wissenschaftler! Es wurde, wie auch sonst das meiste, von den berufsmäßigen Geschichtskennern bisher übersehen.«

»Ja, ja«, nickte Prinz Max. »Die glauben immer, Österreich ist ein Gamsbart am Hut. Das ist ganz und gar oberflächlich beurteilt. Wir tragen den Gamsbart innen.«

»Innen, bitte?« hörte man die Stimme von vorhin. »Aber das geht doch nicht?«

Maximilian zu Eschenlohe sah den Fragesteller lange mitleidig an. »Bitt' Sie«, sagte er dann. »Wegen dem bisserl, was draußen ist . . .«

Und er entfernte sich achselzuckend.

FÜNFZEHNTES KAPITEL

Eine exzessive Kaiser-Geburtstagsfeier

Der 18. August, Kaisers Geburtstag, war gekommen. Michelangelo hatte seinen ganzen, verzweifelt aufbegehrenden Ehrgeiz daran gesetzt, daß dieser seit Dezennien traditionelle Festtag auf Pomo besonders prächtig begangen werde. Ein Abendprogramm mit üppigen künstlerischen Darbietungen war vorbereitet, und das distinguierte Kurpublikum fand sich vollzählig ein. Sogar die sonst so scheuen Vier Johannesse auf Patmos zeigten sich, ferner der faunische Dr. Lyon im Frack, die Fragonard-Gruppe (diesmal als patriotische Lithographie aus dem Biedermeier kostümiert) und nicht zuletzt die Ausseer Jagdherren, die mit Fahnen und waidmännischen Emblemen erschienen und sich schon am vorangegangenen Hochamt mit jener echten Frömmigkeit beteiligten, welche den Söhnen der Berge zu eigen ist.

Rechtzeitig war auch der illustre Gast eingetroffen, der dem Abend die wahre Weihe geben sollte, der göttliche Schrumpff. Dieser unerreichte Meister der Baßgeige trug zuerst die Volkshymne vor, die alle stehend anhörten. Dann kam das tiefernste, aber außerordentlich wirkungsvolle Tongedicht »Humberts und Umbertas Liebestod«, und als Krönung des Ganzen der »Stymphalische Frühling«, ausschließlich für Baßgeigen komponiert, die allenthalben geschickt verteilt waren und dem Meister von überallher antworteten: aus den Lorbeerbüschen, aus den von rotröckigen Lakaien plötzlich aufgerissenen Fenstern, ja selbst von den Wipfeln der Sykomoren herab erklangen überraschende Responsen, indessen Schrumpff seinem ungeschlachten Instrument ein dumpfes, galliges Zwitschern zu entlocken verstand, das in den Zuhörern die Vorstellung piepsender Drachenküken wachrief. Gegen Ende nahm ein schwermütiges, auf einer Felsenkuppe verborgenes Wurzhorn — ein altsteyrisches, nur noch ab und zu von Sonderlingen gespieltes Instrument — die Melodie auf und sorgte für den harmonischen Ausklang der Komposition, einer genialen Schöpfung des so lange verkannten Moppelwutzler.

Den geschickt gewählten Übergang zum minder offiziellen Teil

des Festprogramms machte Frl. Sommerauer, eine beachtliche Liedersängerin, deren starke Altstimme fast an einen Bariton gemahnte. Der Text ihrer Lieder war von Ludwig August Frankel und durchaus patriotischen Inhaltes. Die Musik klang so, als ob sie in anerkennenswerter Weise eine Schöpfung der Allgemeinen Österreichischen Transportgesellschaft wäre, ein Eindruck, der sich beim Anhören der schweren, getragenen Weisen selbst Nichtfachleuten aufdrängte.
Es folgte der dämonische Captain Hobbgobblin, der die »Halle des Bergkönigs« erschütternd vortrug. Die englische Kolonie tobte vor Begeisterung. Lord Earthquakes rollender Applaus wollte nicht zur Ruhe kommen und verstummte erst, als Master Vulcanus von einer besonders heftigen Nausea-Explosion übermannt wurde, die direkt zu Lasten seines Vaters ging. Mit Befriedigung sah es der kaiserliche Rat Dodola.
Ließ dieser Zwischenfall sich noch halbwegs bagatellisieren, so konnte man auf die Dauer doch nicht übersehen, daß das Programm — wie das bei derartigen Veranstaltungen leider die Regel ist — sich immer mehr in die Länge zog. Die erste Folge war ein Nachlassen der allgemeinen Aufmerksamkeit, die nächste eine unnatürlich übersteigerte Beifallsfreude nach Beendigung jeder Nummer; da und dort setzte schon während der Darbietungen Geflüster ein, da und dort wurde das verräterische Glucksen eines nur noch mühsam unterdrückten Gelächters hörbar . . . insgesamt steuerte die Entwicklung bedrohlich auf jenen würdelosen Zustand hin, der stets ein sicheres Zeichen für die Anwesenheit grundböser, moralisch verlotterter Menschen ist. Solche Menschen wissen sich mit bemerkenswertem Geschick in Leichenbegängnisse und Konzerte einzuschmuggeln, kurz, überall dort, wo der inneren Erbauung gedient werden soll. Wenn da ein salbungsvoller Redner aus einem bilderreichen, allzu kühn gebauten Satzgefüge nicht mehr herausfindet, ein gezierter Tenor in vorzugsschülerhafter Selbstgefälligkeit seinen Vortrag gestisch zu untermalen beginnt, eine hochbusige Sängerin nicht weiterweiß und in hilflos geschminkter Grimasse erstarrt — dann geht bei der geringsten Unachtsamkeit das Malheur los. Zumal in Konzertsälen beginnt es gerne damit, daß ein dicker Herr, der scheinbar unverfänglich

vor sich hin gedöst hat, plötzlich laut aufschnarcht und unter Gerumpel von seinem Sitz fällt, oder daß ein gleichfalls aus tiefem Schlaf jäh erwachter Bahnhofsportier gellend zum Einsteigen auffordert. Wer so was noch nie erlebt hat, weiß ja überhaupt nicht, was wahre Musik ist.

Dem vielerfahrenen Michelangelo war der prekäre Schwebezustand, in dem die Stimmung sich befand und aus dem sie jeden Augenblick katastrophal herauskippen konnte, natürlich nicht verborgen geblieben. Einer seiner genialen Eingebungen folgend, hielt er die voluminöse, in ihrer weißen Brokatrobe geradezu walkürenhaft drohende Dame, die jetzt, vor Lampenfieber und Tatendurst speichelnd, mit einem erschreckend dicken Notenkonvolut unterm Arm sich zum Auftreten anschickte, im letzten Moment zurück und betrat selbst das Podium, wo er sich gegen einige erwartungsfroh übertriebene »Hört, hört!«-Rufe alsbald die nötige Ruhe verschaffte, um seine eigene Mitwirkung am Programm anzukündigen. Er wolle, so sagte er augenzwinkernd, der gehobenen Stimmung durch den Vortrag einiger Guslarenlieder Rechnung tragen, die er in seinem einstigen illyrischen Wirkungskreis kennengelernt hätte. Und schon, nach einem raschen Griff unter den Gehrock, hielt er Gusla und Bogen in der Hand, ging in den Türkensitz und fiedelte kopfwackelnd drauflos.

Prasselnder Beifall lohnte ihn. Ein Teil des Publikums drängte Gakovac, der offensichtlich nicht gesonnen war, diesen Einbruch in sein folkloristisches Hoheitsgebiet tatenlos hinzunehmen. Mit überraschendem Schwung erkletterte er das Podium, holte seinerseits eine Gusla, klein wie ein Kochlöffel, aus seiner bauschigen Rocktasche hervor und begann sie mit einem Bogen, den er im Hosenbein geschickt verborgen gehalten hatte, fanatisch zu streichen. Auch über ihm schlugen donnernd die Wogen des Applauses zusammen.

Jedem Kenner der krowotischen Psyche mußte klar sein, daß die beiden Herren jetzt Heldenlied über Heldenlied anstimmen würden. Und richtig! Aus Michelangelos lieblich gebuschtem Vollbart erklang alsbald die Ballade von den Treos, wie sie mit ein paar Bekannten, die gerade auf ein Schnäpschen gekommen waren, sich in plötzlichem Entschluß aufmachten, um sich bei der Isole Spalmadore ganz allein einen Seesieg gegen die Republik Makarska zu erfechten, nachdem Fiametta Paker — eine Courtisane, die in der genannten Republik und einigen benachbarten Bergstädtchen ihren Dienst versah — alles ausgespäht hatte. Gianne Boccaccio, der damals als Briefträger dort wirkte, hat ihr später in seinen Gesammelten Werken ein liebenswürdiges Denkmal für Untergymnasien gesetzt. Boccaccio zu Ehren werden noch heute von verliebten Köchinnen die sogenannten Bogatschen gebacken, besonders gerne in der Form von Grammel-Bogatschen, die ein leider! sehr wirksames Aphrodisiakum sind.

Nachdem Michelangelo vorübergehend geendet hatte, begann der finstere Gakovac einen ostslawischen Heros im Liede zu feiern, den Großfürsten Krivoslav Krovočkraleković, jenen letzten Despoten von Almissa, der 1810, als die Franzosen nahten, das Staatsarchiv in einer Zigarrenkiste von Klisa nach St. Petersburg gerettet hatte. Verträumt seine Gusla liebkosend, sang Gakovac von der Ankunft des Großfürsten am Zarenhofe, und wie der Zar den Ankömmling auf die Stirne küßte und nach langem Sinnen sprach:

»Wisse, Bruder! Obgleich ich bin Alexej Romanow, möchte ich lieber heißen Krivoslav Krovočkraleković! Bei den Gebeinen Iwans des Schrecklichen — tute mir den Gefallen und gibbe mir deinen Namen!«

Lange bat er. Aber der weither Geflohene stellte sich taub. Endlich schüttelte er den Kopf und machte mit der Hand eine ablehnende Gebärde. Hierbei stieß er das Glas mit dem Wodka um.

»Dein Weib soll bringen neuen Wodka, Kaviar in Chonig, und Chummerfisch, roten!« grollte er.

Der Zar bedeutete ihm hochnäsig, daß die Zarewna dies niemals tun würde.

»Du schlägst das Mütterchen zu wenig mit dem Leibriemen!« tadelte der Despot. »Oder mit dem Chosenträger, wie Franken tun. Jedes Falles du mußt sie eifrig prügeln, damit sie trage die Last als Weib. Denn, sie ist die Schwächere.«

Der Selbstbeherrscher aller Reussen zerdrückte nachdenklich eine Wanze mit dem Zepter, tat jedoch im übrigen nichts dergleichen.

»Daß ich dir die Wahrheit sage, Bruder«, sprach nach einer Pause

der Großfürst. »Wie bin ich froh, daß ich dir nicht chabbe getutet Gefallen mit Namensgebung! Denn, du bist kein guter Slawe.«
Als der Zar sich daraufhin unwillig abwandte, benutzte das der Despot, um sich hinten in den Hermelin hineinzuschneuzen, was den Zaren später sehr gegiftet hat. In seiner Wut begann er noch am selben Tag, das Mütterchen Zarewna fleißig zu prügeln, und war fortan ein guter Slawe.
Nachdem Gakovac diese im Westen viel zuwenig bekannte Geschichte beendet hatte, tanzte er stumm weiter, indessen Michelangelo aufs neue in den Vordergrund trat. Mit süßlicher Stimme und den Bart anmutig streichend, pries er seinen Ahnen Alois Perikles II., der in der Not des Siebenjährigen Krieges der großen Maria Theresia zwei Fregatten schenken wollte, die er in seinem Schloßpark zu Stein in der Innerkrain bauen ließ, ganz aus Zirbelholz natürlich, die Marienglasfenster mit geöltem Buntpapier unterklebt, denn für seine Kaiserin war ihm nichts zu teuer. Im Winter plante er die beiden Schiffe auf Riesenschlitten ans Meer zu schaffen, doch blieben sie im Gebirge stecken, wo die Kanonen binnen kurzem von Wilddieben gestohlen wurden. Nach und nach wurde dann aus der einen Fregatte eine Wallfahrtskirche und aus der andern ein Gasthof, der noch heute, im Verfall, eines der wenigen halbwegs komfortablen Hotels in Österreich ist.
Immer toller und toller tanzten die beiden Herren. Plötzlich tauchte unter Zähnefletschen, über dem Kopf einen Säbel schwingend, ein gewisser Baron Morpurgo auf, ein Herr aus der großen Masse des Kurpublikums, und besang die gründende Generalversammlung des Österreichischen Lloyds von 1834. Nach ihm erschien, wild hupfend, ein alter österreichischer Beamter in schlechtsitzendem Frack; zwei mit langen schwarz-gelben Quasten versehene Tschinellen schlagend, feierte er die erste, leider mißlungene Eröffnung des Triester Südbahnhofes. Und dann besang ein Kurgast, der etwas von einem riesenhaften, fahlen Moskito an sich hatte, mit kläglicher Stimme und in grauenhaften Vierzeilern den abscheulichen Vorfall, wie die Engländer 1859 in Triest zwei Schiffsladungen Charpie, die den Verwundeten in der Lombardei zugedacht waren, für ihre Papierindustrie aufkauften, weshalb sich der Feldmarschalleutnant Baron Eynatten erschießen mußte.

»Tschinn!!« machte an dieser Stelle der Herr mit den schwarzgelb bequasteten Tschinellen und putzte sich dann besorgt die Brille. Der fahle Sänger aber knackte zum Abschluß ein furchtbares Fandango-Thema mit Totenbeinen, die er aus allen möglichen Taschen hervorholte.

Wohin man blickte, wimmelte es jetzt von niedrig herumhockenden, verloren fiedelnden Guslaren im Smoking.

Plötzlich, mitten hinein in das makabre Klagen, tauchte wie aus dem Boden emporgezüngelt die magische Figur der Malfilatre auf. Mit tollem Schwung begann sie ihren Tanz, entfesselt, hemmungslos, die Arme mit den klirrenden Braceletten hochgeworfen, immer wilder durch den Reigen der geigenden Männer wirbelnd, die sie mit glockenhellem Jauchzen zu immer rasenderem Tempo antrieb. In ein jähes, atemloses Verstummen klang von den Blumenparterren herüber gedämpftes Trappeln. Mondlicht brach durch das schwere, schwarze Gewölk, das sich gegen Venedig zu ballte, für ein paar Augenblicke wurde es heller, und man sah, daß der Pavillon Dandolo-Treo seine Mädchen und Buben entsandt hatte. Aus anderen Richtungen kamen Fackelträger und Musikanten gelaufen, Publikum in festlicher Kleidung drängte heran, wich zurück, die Dandolo-Mädchen, glitzernden Tropenvögeln gleich, schwirrten auf und nieder, umkreisten die Malfilatre, deren kostbares Brokatgewand immer tiefere Risse zeigte, während sie mit schlangenhaften Gebärden sich einherwand, zum Donner der dumpfen Pauken, zum Krachen der baskischen Trommel, zum Wimmern der Flöten und Fagotte, zum dunstigen Klang der Tromba marina. Bald flatterten nur noch blinkende Goldfetzen um ihren schmalen Leib, in wirbligen Drehungen brach sie durch die Angestauten, schmetterte Michelangelos Gusla um die Ohren des irre fiedelnden Gakovac, dem Triester Rhapsoden zerbrach sie den Säbel, mit einem phantastischen Ringergriff hob sie die schrill gackernde Horsky halbhoch und schleuderte das derangierte Paket unbeschreiblicher Dessous angewidert ins Staudenwerk. Dem Grafen Palaversich sprang die tollgewordene Ballerina mit dem Knie gegen den Rücken, packte ihn am Kragen und riß dem wildstrampelnden Herzensbrecher das Frackhemd über den Kopf. Wie ein Spitalsbajazzo, die Hose krampfhaft haltend, schwebte der fesche

Ungar hilflos durch die Nacht. Dann kam der fahle Sänger an die Reihe, der sich irgendwo abseits auf einem Fleck drehte und totenbeinknackend das Wirken der Cholera besang, die im Juli 1789 die Gebiete von Dreznica, Visoko und Prozor nahezu entvölkert hatte. Zum Glück war von seinem Lied nur wenig zu hören, denn tosende Becken und murrende Bässe übertönten den quäkenden Tenor des Unglücksvogels, den jetzt die Malfilatre, dicht neben ihm radschlagend, so treffsicher streifte, daß er, Knochen verstreuend, irgendwo in einem Blumenbeet endete.
Phosphoreszierendes Licht in den Mandelaugen, umschlich sie hierauf den Tisch, auf dem dionysisch verloren der würdige Großwachter jubilierte — denn auch ihn, den nachweisbar bedeutendsten Denker, den Linz jemals gebar, hatte der bacchantische Rausch ergriffen. Ein Paar weiße Zwirnhandschuhe mit schwarzen Raupen über seine stets »derfrörten Klebeln« gestreift (weil er das, was sich um ihn herum abspielte, für ein Ballfest hielt), war er auf den ersten freistehenden Tisch geklettert, patschte zuerst selig in die Hände und schwang sodann, verklärt gen Himmel blickend, seinen der Venus geweihten Zylinder durch die Luft. In der Linken aber hielt der immerhin ein wenig weltfremde Mann den verkehrt hochgereckten Schirm, auf dessen Spitze er vorher noch rasch und mit erregt zitternder Hand die unvermeidliche Knackwurst gespießt hatte, ein Labsal, das er gegen plötzliche Schwächeanfälle stets mit sich führte.
Und nun ereilte ihn ein Geschick, wie es ihn eben nur bei Luperkalien ereilen konnte. Gleißend aus dem Dunkel, die zauberhaften Brüste fast völlig entblößt, sauste die Malfilatre heran, schwang sich auf den Tisch, riß den Ahnungslosen nieder, setzte ihm triumphierend das Knie auf die Gummibrust und entriß ihm den in sittlicher Hinsicht leider nicht ganz einwandfreien Zylinder, mit dem sie aufjauchzend davonstob.
»Mei Huat, mei Huat!« jammerte der verzweifelte Linzer Privatgelehrte, »i verkühl' mi . . . i muß 'n haben . . . hübsch ein paar Tausender hätt i schon kriegen können für ihn . . . mei Huat, mei Huat!«
So durchdringend tönte sein Wehklagen durch die Nacht, daß das Toben ringsum tatsächlich für ein paar Augenblicke zum Stillstand

kam. Nur die noch übriggebliebenen Guslaspieler — die meisten waren ja von der verwilderten Ballerina längst außer Gefecht gesetzt — hörte man schrill auffiedeln. Und gleich darauf brach es schon wieder los, stürzte der wilde Reigen hinter der girrenden Malfilatre einher, die mit fremdartigen Sphinxrufen zwischen Blumenkaskaden und rauschendem Lorbeer verschwand, die schwüle Nacht erklang von Gekreisch und Gekicher und vom Brechen der Äste, alles war außer Rand und Band geraten — nur Großwachter schlurfte jammernd umher und suchte Trost selbst beim steifen Baron Qualbrunn, der ungeduldig des Gelehrten weißbezwirnte Hand von seinen Gehrockknöpfen losnestelte und den kläglich wimmernden, plötzlich um ein Jahrzehnt gealterten Mann mit eisiger Gebärde von sich wies. Auch bei den anderen noch halbwegs vernehmungsfähigen Festgästen erging es dem armen Großwachter nicht besser. Sogar nach Gakovac sah man ihn vergebens haschen.

Endlich brachte Grollebier dem Verzweifelten eine Fackel, mit der er die Nacht nach seinem Amorettenbijou durchstreifen konnte. Noch lange waren im allmählich verebbenden Lärm die Spuren des Linzers am hin und wieder aufglühenden Fackelschein zu verfolgen. Dann breitete sich Stille aus.

Abseits auf dem Marmorperron stand Geheimrat Harnapf, die Arme verschränkt, und sprach im wechselnden Licht eines fernen Wetterleuchtens halblaut vor sich hin:

»Wie stark ist allhier doch die Macht des genius loci geblieben! Eh man sich dessen versieht, regt sich Dionysos. Die Ballerina da, goldfetzig im Mondlicht entblößt: in ihr schlummert die Urwelt. Gut, heute zahlt sie Steuer, Pönale meinetwegen auch, wenn sie vertragsbrüchig wird. Dennoch sind's immer die gleichen Brandfackeljungfrauen, Nonnen der Venus und des Adonis, dennoch ist's immer das pfirsichflaumige Lager, in dem die Weltachse läuft, die Säule Babylons, um die sich siebenfach gewunden alles dreht. Nie lassen sie die Welt zur Ruhe kommen. Da streicht ein blatternnarbiger Tschibukraucher vom Balkan die Löffelgeige — ein österreichischer Staatsbeamter, auch er auf solch meskinem Insektencello, 's ist ja hanebüchen — fiedelt gegen jedes Reglement mit — und die Blutdünste steigen aus dem uralten Boden, diesem

Rest einer Vorwelt, wo Tausende Gepanzerte erschlagen wurden und phantastische Prunkbauten, Bildwerke aus Gold und Elfenbein, zu Schutt zerrauschten. Ein Gehopse hebt an und gibt sich fürs erste nur als Ringelreihen harmloser Gehröcke — aber das frißt weiter, das zwergfiedelt und tanzt — na, so sollten mal bei uns die Geheim- und Kommerzienräte Hand in Hand den Kurfürstendamm 'runterquadrillieren! Und zum Schluß schleicht dann noch ein alter Sonderling als jammernder Korybant mit einer Fackel durch die rosenduftende Nacht. Tja, tja. Wann wird denn wohl Licht in die Finsternis kommen?«
Steifbeinig stelzend verschwand auch er im Dunkel.
Und stärker werdendes Wetterleuchten zuckte um die Insel, daß die noch immer heißen Marmorsäulen und Bronzegötter in fahlem Licht erstrahlten.

SECHZEHNTES KAPITEL

Bordfest am Fliegenden Holländer

Daß unter solchen Umständen auch für die hochfliegenden Träume des heirats- und adelssüchtigen Charles Borromé Howniak die trübe Stunde der endgültigen Enttäuschung herankam, versteht sich nahezu von selbst. Als er, dem die schöne Hortense eine unverändert kalte Schulter zeigte, einmal besonders heftig in Rabenseifner drang, eröffnete ihm dieser, wie es um die erlauchte Herkunft der vermeintlichen Königstochter bestellt war: Mijnheer van den Quabbels führe zwar »mehr oder weniger offiziell« den Titel eines Eisenbahnkönigs von Borneo und eines Guanokönigs von Rotterdam; ein wirklicher König indessen sei er nicht. Wenn auch manch einem Blaublütigen vorzuziehen. Ungleich solider und kapitalskräftiger. Ganze Tankdampfer voll Vogelnestersuppe schiffe er bis nach China. Jedes Kind in Europa esse seine Kopra auf dem Butterbrot. Alle Amokläufer beziehen bei ihm ihre sportliche Ausrüstung. Kurzum, das Königreich seiner Geschäftsverbindungen sei unermeßlich.
Borromé hörte ihn gar nicht bis zu Ende an und entwankte gebrochen. Er hatte sich auf seinen ehrgeizigen Hochflügen schon

viele blaue Flecken zugezogen, aber noch nie so schmerzhafte wie jetzt, bei diesem Sturz aus allen Wolken. Das Königreich, in das er als Prinzgemahl einzuziehen gedachte — auf Vogelmist gegründet! Nein, er verwand es nicht ...

Um so schneller erholte sich Rabenseifner vom Schock der entgangenen Provision. Ohnedies hatte er an der Verwirklichung seines ursprünglichen Plans im Laufe der ergebnislosen Wochen auf Pomo immer mehr zu zweifeln begonnen. Denn nicht nur dem ungeschickten Pseudodiplomaten, auch der gesamten übrigen Männerwelt begegnete die schöne Hortense mit eisigem Desinteressement. Da hieß es selber zugreifen, sagte sich Rabenseifner. Natürlich durfte man ihr nicht auf den ausgetretenen Pfaden des Flirts und der Männchenhaftigkeit nahen. Nein, die bisher wohlweislich in Reserve gehaltenen magischen Gewalten galt es einzusetzen, wenn man es bei diesem transzendentalen Backfisch zu etwas bringen wollte.

Rabenseifner veranstaltete eine allgemein zugängliche Zauberséance, bei der er sich fast nur mit Hortense beschäftigte. Zu jedem zweiten Zauber- und Kartenkunststück zog er sie heran, zur Chiromantie, zur Nagel- und Irisdiagnose und ähnlichen Einführungsmätzchen. Sie ließ es kühl geschehen, womit sie den Ehrgeiz des uneleganten *Commis voyageur* aus der Magierbranche nur noch weiter anstachelte. Er war überzeugt, auf dem richtigen Wege zu sein. Bewerber aus ihren eigenen, langweiligen Kreisen hatte sie übergenug; fade Burschen, die zwischen jedem Gang der pompös überfetteten Mahlzeiten noch einen Liter Kakao austranken. Etwas andres mußte kommen, etwas aus einer ungewohnten Sphäre, das so überwältigend ans Herz der Holländerin griffe, mit so delikater und zugleich dämonischer Huldigung, daß ihr gar nichts übrigbliebe, als sich der mystisch beherrschten Naturgewalt zu beugen. In die Arme müßte sie ihm fliegen, die Holländerin ...

Über Rabenseifners vulgäre Mahatma-Züge ging ein infernalisches Grinsen. Er glaubte, die Lösung gefunden zu haben. (Wußte er, daß er damit zum Vollstrecker einer Konzeption geworden war, die weit über die seine hinausging? Wir werden es nie erfahren.) Mit gerunzelter Stirne und wiederholt befeuchteten

Fingern blätterte er in seinem »Grimoire«, der kleinen Taschenausgabe des »Höllenzwanges« von Nostradamus, der für reisende Schwarzmagier auch im Baedeker-Einband vorlag. Beigegeben war dem Werk ein »Verzeichnis der Erdnabel und der archimedischen Punkte, von denen aus die Erde aus den Angeln ...« etc. etc. Ja, nun wurde es Ernst.

Einem mit hochentwickeltem Geruchsinn Begabten wäre es nicht entgangen, daß Rabenseifner in diesen Augenblicken stärker als sonst nach Naphthalin roch. Schon dadurch dokumentierte er seine Bindung an die schofelste Kategorie der Höllenfürsten, nämlich an die Abteilung der »Bröselteufel«, die etwa dem »Neapolitanerabfall« des letzten Kleinhandels zu vergleichen sind. Er konnte bestenfalls den Rang eines Ausschußmagiers beanspruchen.

Anderseits: was sind selbst unsere anerkanntesten, höchstgraduierten Schwarzmagier mehr als rotzige Lehrbuben einer düsteren Spiegelwelt aller Ausschuß-Dämonie?!

Der Gluthauch, der sich von der jonischen See heranschob, trieb feinen Wüstensand hoch, legte sich lastend auf die Gemüter und ließ alle Widerstandskraft erlahmen. Am hohen Mittag schien die Sonne fahl durch die Schirokkonebel. Ein sonderbares, fisteldünnes Summen zitterte in den Lüften.

Fliegengefoltert hockte Escamillo Sindelář in einer Baumkrone und belauerte lechzend die Fragonard-Mädeln, die sich heute nur in weitmaschigen Goldnetzen und tief dekolletiert für wenige Augenblicke sehen ließen.

Am Scheidepunkt dieses Tages sollte sich das Unerhörte ereignen. In der schwülen Nacht saß tout Pomo lange auf den Terrassen. Kristallgläser funkelten auf blütenweißen Tischen, der Glanz der Bogenlampen brach sich im Geschmeide der Damen. Aber aus den Blumenbeeten duftete es viel zu schwer, und kein Getränk war kühlend genug. Man saß mit seltsam angespannten, fast hörbar vibrierenden Nerven. Durch den niedrig schwebenden Dunst halbgerauchter Zigaretten schleppten sich lahme Gespräche.

Auch sie verstummten jäh, als blechern die Schläge der Mitternacht erklangen. Zehn ... elf ... zwölf ...

Da — noch ein Ruck: Dreizehn. Und die Bogenlampen erloschen.

Alles war empört über die Schlamperei. Denn daß etwas Bedrohliches dahinterstecken könnte, kam vorerst niemandem in den Sinn. Im Gegenteil, man freute sich, endlich einen Anlaß zum Schimpfen zu haben.

Doch schon die ersten Ansätze blieben in den Kehlen stecken: über der dunklen Nacht schwoll ein unheimliches, langgezogenes Heulen auf, steigerte sich zu furchtbarer Höhe und mündete in einen dröhnenden Donnerschlag, wie ihn noch niemand vernommen. Er schien aus der tiefsten Tiefe des Meeres zu kommen.

Als er vergrollt war, wehte urplötzlich eisiger Moderhauch herüber, daß die entsetzten Damen fröstelnd ihre Schultern verhüllten und die Herren erbleichten.

Vereinzelte Schreie lenkten die allgemeine Aufmerksamkeit auf einen fetzigen, zackigen Riesenschatten, der sich langsam und dräuend, wie ein Spielwerk des Satans, von der See herüberschob und das marmorne Bad mit gespenstischem Formenwerk erfüllte. Ein dunkler, fremd und verhängnisvoll aussehender Dreimaster war es, mit getürmtem Heckaufbau und zerrissenen Segeln, die sich hoch oben im Dunkel verloren, und mit unübersehbarem Tauwerk, das wie schwarze Flammen züngelte.

Kein Zweifel — es war der Fliegende Holländer.

Totenstille lähmte alles. Nur die Gräfin Ségur née Rostopschin sprach weiter, ganz allein. Sie saß mit dem Rücken gegen das Meer und hatte nichts von dem grauenhaften Spukbild gesehen. Erst als sie merkte, daß alle Augen in eine Richtung starrten, drehte sie sich mit neugierigem Leppern um und fiel japsend in Ohnmacht. Kein Mensch rührte sich, um die unterm Tisch Verschwundene zu suchen.

Da, mitten in die reglose Stille hinein, in der man nur die Frackhemden der angstatmenden Herren knacksen hörte, erklang langsam und deutlich die näselnde Stimme des Prinzen Max:

»Kann man das Schiff nicht besichtigen?«

Wie auf Kommando löste sich die Spannung. Stimmen schwirrten durcheinander. »Lächerlich«, meinten die einen — »Warum denn nicht?« die anderen. »Haben S' Angst vor'm Wauwau ... Schwimmende Gespenster gibt's nicht ... Die sind wasserscheu ... Nur heraufspaziert, meine Herrschaften ...«

Zaghaft zuerst, dann immer kecker, turnte man durch das taifunzerfetzte Tauwerk, ließ sich auf brüchigen Planken nieder, stellte Verbindungen her, öffnete Kabinentüren, stolperte aus und ein, schon klang das erste Lachen aus dem Gewoge der Herren und Damen, schon erging man sich in eifrigen Kunstgesprächen:
»Ja, wenn ich an den seligen Reichmann denke ... So singt ihn keiner mehr ... Und an den Winkelmann! Dem seiner Stimme hat man förmlich die feuchten Füß' ankennt, die er vom bloßen Zuschaun g'habt hat ... Wo er doch nur der Jäger Erich war und gar nicht im Ozean gestanden ist ... Ja, das waren Künstler ... Trotzdem hat ihm der Wagner aus dem Orchester mit der Faust hinaufgedroht, weil er dem seligen Hanslick ähnlich gesehn hat ... Und als Lohengrin hat er ausg'schaut wie ein vernickelter Schneider ... Aber die Backfische sind seinetwegen dutzendweis' in die Donau gegangen ...«
Überall flogen jetzt Scherzworte und Gelächter hin und her, reizende Mädchenköpfe guckten aus den Stückpforten, hinter ihnen gezierte Gents, blasiert schnofelnd. Auf dem Hauptstück, dem *Canon royal,* saß rittlings die schöne Geraldine Montgomery und rougierte sich die Lippen. Zu ihren Füßen schmachtete der unselige Sindelář aus einer Art eisernen Kanalgitters, das er nicht aufbrachte, zu ihr empor, bis er schließlich unter lautem Gerumpel vollkommen verschwand, während Michelangelo Baron Zengg, einen an Deck gefundenen Schlapphut auf dem Kopf, hinter den schwarzen Fetzen eines Focksegels dem dämonisch beleuchteten Mädchen aus dem Dunkel hervor das erste Glas Champagner servierte. Damit gab er das Signal zu immer lebhafterem Treiben. Alsbald erklang aus einer ungarischen Csárda, die man im Handumdrehen aufgestellt hatte, das Schluchzen fiedelnder Zigeunergeigen, Paare drehten sich im Tanz, es wurde direkt gemütlich. Hatte man doch mittlerweile endgültig festgestellt, daß der bedenkliche Eigentümer des Schiffes sich nicht an Bord befand.
Das einzig wirklich Unheimliche waren die hier und dort blau aufzüngelnden Flämmlein, über die vor allem der kaiserliche Rat Dodola eine Viechswut hatte, weil er sich an keiner von ihnen die Zigarre anzünden konnte.
An den Vorgängen wurde jetzt auch vom Ufer her Anteil genom-

men, wo sich der Chef de Réception, Maurice Koritschoner, endlich der Situation gewachsen zeigte. Anfangs war er, wie er später gestand, völlig ratlos gewesen und im ersten Schreck hinter einen Geschirrschrank geflüchtet. Noch in keinem Hotelbetrieb auf der ganzen Welt hatte er jemals etwas Derartiges erlebt. Den Schah von Persien mit Gefolge, ja, den hatte er schon gehabt (und das war schlimm genug, wenn auch ehrenvoll). Oder einen zähnefletschenden Lustmörder. Oder die junge Dame mit zwei Köpfen, die gekommen war, um heimlich mit Mr. Barnum zu flirten, und sich weigerte, für zwei Menüs zu zahlen, da sie ja nur einen Magen hätte. Bei solchen Gelegenheiten verstand sich Maurice Koritschoner glatt zu behaupten. Aber für einen Ankömmling wie den heutigen brauchte er Zeit und Eingebung. Jetzt — spät genug — war es soweit. »Powondra!« rief er dem gleichfalls noch völlig erstarrt dasitzenden Kapellmeister zu. »Musik, gefälligst! Den Holländer!« Denn Maurice Koritschoner wußte, was sich gehört. Und schon erklang's: »Preis' deinen Engel und sein Gebot — Hier sieh mich treu bis in den Tod!« Fesche Tanzmusik folgte, auch die Zigeunerfiedeln schlossen sich an, auf Deck drehten sich die Paare in wahrhaft bodenlosem Leichtsinn, als Ballmütter saßen die älteren, mehr ungelenken Damen herum, und Mama Klicpera brachte es unter mühsamem Ächzen sogar zuwege, sich mitten in ein züngelndes blaues Feuer zu placieren, das daraufhin auf Professor Grollebiers Glatze übersprang, von wo er es ängstlich verscheuchte.

Und Rabenseifner? Er stand auf der obersten Marmorstufe der Seeterrasse, putzte mit einem Rehhäutel seinen Zauberstab und rieb sich die Hände, die in viel zu kurzen, mit Tinte nachgefärbten Trauerhandschuhen steckten. Das war ihm gelungen! So etwas von Massensuggestion sollte ihm einer nachmachen! Und nun, den Lohn zu kassieren, begab er sich an den einen der beiden einzig noch besetzten Terrassentische (am andern, blöde vor sich hin glotzend, hockte Charles Borromé).

Mijnheer van den Quabbels hatte, wie es dem Temperament des Niederländers entspricht, die immerhin ein wenig ungewöhnlichen Vorgänge überhaupt nicht zur Kenntnis genommen und schlürfte in regelmäßigen Intervallen seinen Kakao. Hortense blies gleichgültige Rauchwolken aus ihrer langen Zigarettenspitze. Dennoch glaubte der von leisem Naphthalingeruch umwölkte Ausschuß-Mahatma einen nicht ganz desinteressierten Blick auf sich gerichtet, als er sich jetzt vor ihr verneigte und sie mit schmierig gesenktem Blick zum Tanz bat.

Eine kurze Wechselrede in unverständlichem Guttural zwischen Vater und Tochter — ein knappes Kopfnicken Hortenses — und während der Rout auf Deck hörbar seinem Höhepunkt zustrebte, während Musik, Gesang und Lachen animiert herüberklangen, hatte Hortense sich wirklich und wahrhaftig erhoben, um den ölig dargebotenen Arm ihres Galans zu nehmen.

Aber gerade da, als er am Ziel seines gewiß nicht ohne Mühe inszenierten Wunschtraumes stand, gerade in diesem entscheidenden Augenblick sollte sich auf das entlarvendste erweisen, zu welch minderer Klasse von Bröselmagiern er gehörte: mitten in die allgemeine Duliöhstimmung dröhnte ein blecherner Schlag. Es war ein Uhr.

Blitzschnell versank das Spukschiff in den lauen Fluten.

Hortense, die Zigarettenspitze noch immer zwischen den Lippen, setzte sich gleichmütig wieder nieder. Mijnheer van den Quabbels sah den Zeitpunkt für einen Schluck Kakao gekommen. Charles Borromé merkte nichts. Rabenseifner jedoch drehte sich pirouettenartig mehrmals um seine eigene Achse und war im nächsten Moment verschwunden, als ob ihn die Erde verschluckt hätte, was sich tatsächlich nicht ganz ausschließen läßt. Eine weit über seine Verhältnisse kompakte Naphthalinwolke blieb zurück.

In der Bucht spielten sich nach einigen Sekunden lähmenden Entsetzens unbeschreibliche Szenen ab. Damen in kostbaren Abendtoiletten und bis vor kurzem noch hochelegante Herren lagen im Wasser und planschten hilflos hin und her, auch als sie schon längst wieder Grund unter den Füßen hatten. Rat Dodola verlor stets aufs neue das Gleichgewicht, schluckte literweise Seewasser und brüllte in den Pausen wie ein verendendes Walroß. Mit verbissener Ruhe strich der blatternnarbige Gakovac an Land, wo er sich sogleich seiner laut aufquatschenden Zugstiefel entledigte und keinerlei Anstalten traf, seiner Gattin, die ihre plumpberingten Hände hoch über den Wasserspiegel emporhielt, auch nur die geringste Hilfe zu leisten. Baron Zengg, auf seinen Schultern die schöne Geraldine Montgomery an Land tragend, mußte sich sogleich wieder den Bergungsarbeiten für einige dicke Damen zuwenden, die ins offene Meer abzutreiben drohten. Andere, darunter Frau von Horsky und Madame Klicpera, kamen aus eigener Kraft ans Ufer gewatschelt, keifend und keppelnd.

Als letzten fand man Rat Großwachter, der bis zum Hals im Wasser stand und trübsinnig vor sich hin stierte.

Michelangelo stürzte auf ihn zu: ob ihm vielleicht sein Zylinder fehle?

Nein, den habe er im Zimmer gelassen, antwortete tonlos der Gerettete. Es sei was andres. Sehr was Unheimliches. Vielleicht könne er morgen Genaueres sagen. Jetzt brauche er dringend einen Glühwein und ein Bügeleisen. Nein, keine Wärmflasche — ein heißes Bügeleisen, ins Bett. Und er blickte dankbar, als Michelangelo ihm die Erfüllung des eigensinnig vorgebrachten Wunsches versprach und sich sodann, in ständig waltender Obsorge, dem Häuflein klappriger Gestalten zuwandte, denen das Erlebnis noch zu sehr in den Knochen stak, als daß sie sich jetzt gleich in ihre Zimmer hätten zurückziehen mögen.

»Gräßlich, gräßlich, gräßlich«, stöhnte ein übers andere Mal Madame Klicpera. »Ich war in seiner Kabine — vom Unseligen, mein' ich — also *die* Wirtschaft! Man möcht's nicht glauben. No ja. Is ja halb und halb verständlich, wenn einen der Teufel holt. Das Bett — nix wie Zunder und Moder. Und das Potschamperl, mit Verlaub — ich hab extra nachgeschaut — richtig: echtes Delft. Aber seit Jahrhunderten nicht gesäubert. Gräßlich, gräßlich ...«

Alles schwieg betreten und zeichnete mit den Fußspitzen das Teppichmuster nach.

»Was, Kabine?!« ereiferte sich, empört böhmakelnd, Frau von Horsky, »in Kiche hätten S' gehn sollen! Das war mein erschter Gang, weil danach kann man ganzen Haushalt beurteilen. Also stellen S' Ihne vor: Herd is aus Kupferblech, mit heiligen Laurentius draufgehämmert, wie ihn grad so reemische Kanaillen auf gliehende Kohlen braten. No da *missen* einem ja alle Schnitzel anbrennen ... Und Abtritt hab ich ieberhaupt keinen gefunden ...«

»Für was e Abtritt?« ließ Dr. Lyon sich unter faunisch tadelndem Kopfgewackel vernehmen. »Für was brauchen Gespenster e Bedürfnisanstalt? Bleede Neierungen . . .«
Von der Drehtür her unterbrach eine gleichfalls in böhmischem Akzent empörte Stimme das Gespräch. Sie gehörte dem k. k. dislozierten Hafenkommissär Cervenka, der wütend herangestolpert kam, ein verhuzeltes Männchen mit feuriger Nase und einem einzigen grünlichen Auge (sein Anblick hätte jeden Seemann mit Befriedigung erfüllt, denn deutliche Positionslichter sieht diese Spezies gerne).
»Sauwirtschaft«, brüllte er. »Sauwirtschaft fliegete holländische . . . Glauben S', Lackel verdächtige hat Landemarke g'habt? Schmarrn hat er g'habt! Und keine Tiefgangsleiter auch nicht . . . Jetzt kann ich ganze Tag arbeiten aus Kopf, wie ich soll Tonnasch messen . . .«
»Aber ich bitte Sie!« fiel Michelangelo ein. »Bei einem Gespensterschiff nimmt man das doch nicht so genau!«
»Spensterschiff! Wos gehn mich Spenste an? Zahlen müssen s'!« Und er rieb sich den enormen Daumen mit dem knackwurstartigen Zeigefinger. »Schkelette hatschete verdächtige holländische . . .«, murrte er noch im Abgehen.
Michelangelo Freiherr von Zengg sah ihm kopfschüttelnd nach, wischte sich den Seetang aus dem Olympierbart und begab sich zur Ruhe. Auch den übrigen Anwesenden war nach diesem Einbruch eines durch nichts zu erschütternden Wirklichkeitssinnes die Lust am schürfenden Gespräch vergangen. Bedrückt ging man auseinander, und bald lag ganz Pomo in bleiernem Schlaf.
Nur vom Grunde der Marmorbucht her klang's wie verlorenes Zigeunerfiedeln, in dessen immer leiserem Takt die Leiche Rabenseifners auf den Wellen schaukelte und jetzt von der rückläufigen Flut langsam zur offenen See hinausgetragen wurde.

SIEBZEHNTES KAPITEL

Unheimliche Signale

Am nächsten Tag wollte das Leben und Treiben auf Pomo nicht so recht in Schwung kommen. Nur langsam bevölkerten sich die Promenadewege, noch langsamer die Café-Terrassen über der leer daliegenden Marmorbucht. An einem der Tische hockte brummig Rat Dodola und konnte nicht vergessen, wie übel ihm die Irrlichter mitgespielt hatten. Außerdem war ihm auf seinem kurzen Morgenspaziergang als einziger der kernige Eichfloh begegnet, und Dodola hatte sich verleiten lassen, ihm Einblick in seinen bedrückten Seelenzustand zu gewähren. Der unbekümmerte Baron, an dem die gestrige Nacht spurlos vorübergegangen war, klopfte ihm dröhnend auf die Schulter, so daß eine Wolke zahmer Kolibris und Zwergpapageien aus den benachbarten Büschen davonstob, und ließ ihn mit ein paar ahnungslos ermunternden Phrasen stehen. Jetzt saß der kaiserliche Rat doppelt vereinsamt vor seinem Bier, in das er — mißtrauisch, wie er nun einmal war — vorerst einen jähen Messerstich geführt hatte.

Tropfenden Schnurrbarts haute er auf den Tisch. Die Erscheinung von heute nacht ging ihm denn doch über die Hutschnur. So etwas durfte in einem soignierten Kurort nicht vorkommen — so wenig wie ein Hotel, das auf sich hält, Spukzimmer haben darf. Band XIII seiner geliebten »Bibliothek für Selbstquäler«, mit dem Kapitel »Ingrams Verzeichnis der Unglückshäuser, die bisher wegen Spuks verlassen werden mußten«, hatte ihn nie interessiert, weil keine Hotels in dieses Verzeichnis aufgenommen waren. Plötzlich empfand er das als klaffende Lücke, um so mehr, als auch der Baedeker nur an einer einzigen Stelle diesbezügliche Bedenken enthielt (sie bezogen sich auf das Vorkommen von Heinzelmännchen in minderklassigen Kölner Herbergen).

Dodola beschloß, bei Michelangelo vorzusprechen, und begab sich zum Verwaltungsgebäude, nicht ohne unterwegs grimmig mit dem Stock nach den Doktoren Schimpelzüchter und Lyon gedroht zu haben, die, mit weit zurückgeschobenen Zylindern und stechenden

Fingern wiederholt voreinander ausspuckend, am Fuße einer Laokoongruppe stritten.

Als jedoch der kaiserliche Rat dem bleich und übernächtig dreinschauenden Würdenträger aus Illyrien gegenübersaß, dessen Vollbart an mehreren Stellen befremdliche weiße Strähnen aufwies, brachte er es nicht über sich, die Vorfälle von gestern aufzugreifen, und begnügte sich mit einer beiläufigen Erwähnung des Ingram'schen Spukzimmer-Registers. Michelangelo zeigte sich, wie immer, bestens informiert und nickte bestätigend, ja, ja, das Buch habe ganz recht, und zumal in älteren Hotels treten dergleichen Phänomene gerne auf. Nur merke der Gast das schwer, da okkulte Geräusche fast stets dem Personal oder Nachbarn zur Last gelegt würden. Am häufigsten seien die sogenannten Schnarchhöhlen zu finden, in denen es bis zum Morgengrauen schnarcht, ohne daß jemand drin sei. Oder man höre die ganze Nacht aufs abscheulichste Hühneraugen schneiden. Solche Ubikationen weise man gewöhnlich Liebespaaren, Selbstmördern oder sonst Leuten mit benommenem Sensorium an. Aber wie wolle man eigentlich wissen, fragte Michelangelo abirrenden Blicks, wo das Sensorium aufhöre und die Benommenheit beginne ...

Er schwieg, und da auch Rat Dodola über ein beziehungsvolles Räuspern nicht hinauskam, schieden die beiden Herren nach einer Weile mit stummem Nicken, dem ein sonderbares gedrücktes Einvernehmen innezuwohnen schien.

Als etwa eine Stunde später der gute alte Großwachter eintrat, traf er den Düsterbebarteten in womöglich noch deprimierterer Stimmung an. Man konnte die Wolken, die das edel geschnittene Haupt umlagerten, förmlich greifen.

Auch Großwachter brachte ihrer etliche mit. Die Erscheinung von gestern nacht lag ihm dermaßen in den Knochen, daß er sogar versucht hatte, sie auf das Gebiet der Träume abzuschieben. Aber trotz eifrigem Nachblättern hatte er im »Privilegierten, zum Gebrauch in den inneren Stadtbezirken zugelassenen k., auch k. k., Normaltraumbuch für die Haupt- und Residenzstadt Wien« nichts Einschlägiges gefunden. Jetzt trug er seine Kümmernisse zum altbewährten Freund, nicht etwa in der Hoffnung, daß dieser sie zerstreuen würde — dazu achtete er ihn zu hoch —, sondern um eine gleichgestimmte Seele zu finden.

Wahrlich, er fand sie. Nachdem die beiden Herren einander minutenlang schweigend in die leidverhangenen Augen geblickt hatten, erhob sich Baron Zengg, faßte den besorgt mümmelnden Linzer Privatgelehrten unterm Arm und geleitete ihn hinaus, wo sie sich auf einer abseits gelegenen Marmorbank niederließen, das schönheitstrunkene Bild Scoglio Pomos vor Augen.

»Mir ist bang«, seufzte Michelangelo. »Bang um mein Lebenswerk. Pomo ist von etwas Fürchterlichem bedroht. Dieses Gespensterschiff war ja nur ein Aviso, vielleicht ein Signal. Die wirkliche Katastrophe kommt erst, ich fühle es . . .«

Den Vollbart seitlich abschirmend, beugte er sich ganz nah an das Ohr des angestrengt Lauschenden, dem in fast regelmäßigen Intervallen der Unterkiefer herabfiel, und fuhr mit unwillkürlich gedämpfter Stimme fort:

»Wissen Sie, was geschehen ist? Die beiden ungarischen Bitterwasserkönige sind spurlos verschwunden, und vor einer halben Stunde haben mich die Vier Johannes auf Patmos von ihrer sofortigen Abreise in Kenntnis gesetzt. Das ist das schlimmste aller Zeichen, glauben Sie mir. Denn diese Art Leute — das gehört ja zu ihrem Geschäft — lauschen direkt in die Erde hinein. Drei von den Vier Johannessen sind bekannte Amateurhellseher, alle aber tüchtige Börseaner. Die hören das Gras wachsen. Wenn ich an den verewigten Löbel Schottländer denke, der die Karlsbader Quellen betrieben hat! Wie oft konnte es geschehen, daß der elegante Herr sich mitten am Ringstraßenkorso plötzlich hinlegte, um das Ohr ans Pflaster zu drücken. Und nachher sagte er zum Beispiel: ›Paßts auf, Kinder — keine zwei-, dreihundert Jahr', und Wien hat eine Untergrundbahn!‹ Ja, manche Menschen vermögen Dinge vorauszuspüren, von denen sich unser Verstand nichts träumen läßt . . .«

»Wie hat er dös g'macht, wie hat er dös g'macht?« flüsterte Großwachter, vor jäh erwachtem Eifer geradezu leppernd. »Wissen S' es vielleicht? Tät mich interessieren!«

»Keine Ahnung. Ich nehme an, daß er einen Zauberstab hatte.«

»Zauberstab!« Großwachter schnaubte verächtlich durch die Nase.

»Am End' glauben S' noch, daß auch der gestrige ... der mit'n Schinakel ... i mag gar net reden davon.«

Jetzt war es an Michelangelo, beschwörend in den Gesprächspartner zu dringen:

»Reden Sie, Großwachter. Reden Sie. Auch mir will's ja nicht aus dem Kopf. Wie hat dieser schwarze Halunke das fertiggekriegt?«

»Alsdann — einen Zauberstab braucht so einer bestimmt nicht. Der braucht 'n Dreizack vom Paracelsus und für kleinere Beschwörungen vielleicht an Drudenfuß. Und wann er ein Hochgrad von der infernalischen Hierarchie is, noch einen Degen mit die vier Halbmonde beim Griff, damit die Ziefern, die verdächtigen, erschienen. Die Feuergeister. Sonst pfeifen s' ihm was. Da kann er beschwören und beschwören und vor Wut am Boden stampfen, bis er Plattfüß' kriegt. Jo, jo. Aber der da, der notige Beutel heut nacht — soll ich's Ihnen wirklich sagen? Der hat mit'n Quecksilberspiegel gearbeit' ... Wo's Mondlicht unterm Unglückswinkel reflektiert wird ... 57 Grad ...«

Er verstummte und schauderte leicht zusammen.

»Quecksilberspiegel«, murmelte Michelangelo. »Ich hätte — aber ich bin ja ein blutiger Laie — ich hätte eher auf Manipulationen mit einem von ihm angepeilten Erdnabel getippt.«

Großwachter schüttelte energisch den Kopf.

»Naa, naa. I schmeck bei dera G'schicht koan Nabel nit aussa. Dös kann man sozusagen mit der geistigen Nase schmecken. Naa, glauben S' mir: der hat's mit'n Mondschatten g'macht. Bei an schlechten Neptun-Aschpekt. Einen solchen braucht er. Da kann er 's Schiff packen. Auf eine Stund' borgen sie's her, die Hörndlziefer ...« (Er spuckte aus.) »Und g'lernt hat er g'wiß in der Schwarzschul' von Venedig, wo ja speziell die maritimen Infernaliker ausgebildet werden.«

»Schwarzschule in Venedig? Wo soll denn die sein?«

»Jo, Mannderl —« (so weit vergaß sich unser wackrer Linzer im frommen Eifer der Aufklärung) »— der Baedeker gibt's freilich nit an. Wo's is, wissen nur diejenigen, die schon ihre Seel' verspielt haben. Angeblich kennt man 's Haus daran, daß eine weiße Mäus'handlung drin is, ein Nebenpostamt und eine Filiale von die Singer-Nähmaschinen. Sonst soll's ganz öd und verlassen sein, und nur was der Wind is, pfeift durch die Fenster . . . ö . . . ö . . . ö . . . aber 's Grauslichste hab ich Ihnen noch gar nicht g'sagt. Zwischen der Singer-Filiale und 'n Postamt ist noch ein Gasthaus . . . also schon mehr eine Auskocherei . . . Trattoria heißen s' es . . . jo, und dort . . . dort kriegen S' . . . schwarze Spaghetti!«

»Schwarze . . .?!«

»Gelten S', dös schreckt. Und wissen S', mit was die abg'schmalzen sind?« Seine Stimme senkte sich zu einem merkwürdig krächzenden Flüstern. »Mit Öl, was aus die Ewigen Lichter g'stohlen is! Jawohl, Herr Baron! Und die Gäste, wo ihre arme Seel' dem Teufel verschrieben haben, kriegen fünfzig Prozent Ermäßigung auf die Collazioni, wie's den Fraß dorten nennen. Halb Pfenedig« — er sagte Pfenedig, damit es wegwerfend klänge — »bampft sich dort an. A Schand' is's. Und nicht einmal zeigen tun sie's einem, die Ludern, die neidigen. A Schand' is's . . .«

Er begann böse vor sich hinzumümmeln, wischte sich den Schweiß von der Stirn und stärkte sich gerade durch einen Blick in den Zylinder, als der treue Stankowitsch an die Tür klopfte, um seinen Herrn diskret hinauszubitten. Es war soweit. Die Vier heiligen Johannesse auf Patmos rüsteten zur Abfahrt, und etliches Publikum hatte sich eingefunden, um dem Schauspiel beizuwohnen.

Die exklusiven Anachoreten, deren weltliche Namen man von der diskret achselzuckenden Direktion nie erfahren hatte, überwachten persönlich das Zustreifen ihrer irdischen Güter auf dem Landungsplatz. Am Ufer standen hohe gotische Koffer aus Zedernholz mit spitzen Dächern, eisenbeschlagen und geschmückt mit wunderschönen Malereien aus den Heiligenlegenden. Da sah man den hl. Paulus bei Melita stranden, dort wurde Jonas gerade von Bord eines hohen Dreimasters geworfen; ein genießerisch blickender Walfisch, mit Messer und Gabel in den Vorderflossen und umgebundener Serviette, ließ auf einen sehr naiven Maler der Frühzeit schließen. An einem der Koffer lehnte ein Altsalzburger Regenschirm mit dem Doppelkreuz — es hieß, daß er dem hl. Rupert gehört hätte. Dr. Schimpelzüchter, den Zylinder weit in den Nacken geschoben, befühlte den Stoff, blickte rückwärts über den Zwicker und machte eine wegwerfende Geste. Empört über dieses freigeistige Vorgehen, klappten einige Damen, die

Ebenholzkreuze als Broschen trugen, demonstrativ ihre Lorgnons zu.

Die Johannesse selbst trugen gelbe Wachstuchmäntel, klirrten ungeduldig mit den goldenen Heiligenscheinen und ließen durch einen Lakai Tetradrachmen und andere kostbare Münzen als Trinkgelder an das Personal verteilen.

Allgemeine Ausrufe des Staunens erklangen, als unvermutet ein bizarres, malerisches Schiff um die Ecke kam, ein Zweimaster mit wappengeschmückten, braunroten Segeln, von stilvollem Schiffsvolk bemannt. Ein alter Graubart mit flammender Lunte brannte eine Kartaune ab, deren Donner noch minutenlang durch die Schluchten von Pomo rollte. Dann brachte ein Boot die distinguierten Country-Asketen an Bord, und unter abermaligem Donner steuerte das Schiff südwärts.

Zu Michelangelo, der den Davonfahrenden bekümmert nachblickte, trat ahnungsvoll Prinz Max und behauptete, es sei gar nicht das Gespensterschiff gewesen, das sie verscheucht hätte, sondern ein Mänadeneinbruch bei einer ihrer Tarockpartien. Er besäße ganz konkrete Anhaltspunkte dafür, und er persönlich könne sich das auch sehr gut vorstellen:

»Wenn man sich nur ein bisserl in ihre Lage einfühlt... Da sitzen die Herren also nichtsahnend beim Tarock, einer hat grad einen Pagat ultimo angesagt, ein andrer die Trull, ein dritter gibt Kontra, man ist taub für die Umwelt. Auf einmal rast es heran, Mädel mit Pantherfellen stürzen in die vornehm eingerichtete Felsenhöhle, der Kartentisch fallt um, das Likörflascherl ditto, und auf ja und nein ist die eiskalte Tarockpartie mit schlanken glühenden Mädchenkörpern unentwirrbar vermischt. Nur eine Hand mit einem Sküs erscheint immer wieder aus dem Knäuel. Der Eigner der kostbaren Karte hält sie auch im bittern Verzweiflungskampf um seine Junggesellenehre hoch, wie der Fähnrich die Standarte. Versuch dir das vorzustellen, Mischi. Es muß furchtbar sein. Mänadenbesuche gehören einfach nicht in eine Tarockpartie. Alles können Tarockspieler vertragen, alles, aber keine Mänaden. Frag nur herum. Und noch dazu wenn s' fromme Einsiedler sind ...«

»Fromme Einsiedler. Junggesellenehre. Tut sich.« Es war Dr.

Lyon, der diese Worte giftig hervorstieß. »Den einen kenn' ich persönlich, jetzt kann ich's ja sagen. Ein gewisser Taussig aus Mährisch-Trübau. Bernhard Taussig. Von Johannes keine Spur. Die drei anderen heißen alle Pollak, sind aber nicht verwandt miteinander. Einsiedler. Bleede Witze.«
Und er entfernte sich unter Kopfgewackel, um, wie er sagte, wenigstens die letzten Tage auf Pomo noch in Ruhe als Faun zu genießen.

ACHTZEHNTES KAPITEL

Das Ende

Am folgenden Nachmittag, während die Kurkapelle einen recht oberflächlichen Walzer aus einer Modeoperette spielte, sah man am untern Ende der Terrasse einen hageren, dunkelblau uniformierten Boten auftauchen, über dessen Provenienz auch die ein wenig zu große Lackschildkappe keinen Aufschluß gab. Erst als er die Kappe abnahm, wollten ihn manche Gäste an seiner fahlgelben Glatze als einen der sonst zumeist unsichtbaren Vorstandsbeamten des Telegrafenamtes erkennen, was mangels einer besseren Erklärung allgemein akzeptiert wurde.
Unterdessen sah man ihn bereits auf einen an der Balustrade gelegenen Tisch zusteuern, an dem Michelangelo Freiherr von Zengg, wie es um diese gleichgültige Nachmittagsstunde seine Gepflogenheit war, leutseliges Interesse für das Wohlbefinden einer eher mediokren Jausengesellschaft heuchelte. Die Kappe merkwürdig steif von sich abstreckend, beugte sich der ungerufene Ankömmling zum Ohr des Freiherrn nieder und flüsterte ihm etwas zu, wobei es auffallen mußte, daß ein direkt auf seine Glatze auftreffender Sonnenstrahl dort keinerlei Reflexe hervorrief; vielmehr wirkte die gelblich angespannte Kopfhaut mit einemmal so pergamenten durchscheinend, daß schärfere Beobachter für einige Augenblicke das darunter liegende Knochengerüst bis zur grotesk vorspringenden Kinnlade zu sehen glaubten. Doch hatte der hagere Bote sich da schon wieder aufgerichtet und dem Ausgang zugewandt, indessen Michelangelo ruhig sitzen blieb

und durch nichts erkennen ließ, ob das eben Gehörte ihn gleichgültig gelassen oder in eine Art Erstarrung versetzt hätte.

Als nach einer Weile auch er seinen Abgang vollzog, verbreitete sich, unbekannt woher und wieso, das Gerücht von ernsten politischen Verwicklungen zwischen England und den Niederlanden, was es bekanntlich seit Cromwells Tagen nicht mehr gegeben hatte. Angesichts der souveränen Entschlossenheit, mit der das britische Imperium seither gegen schwächere Partner vorzugehen pflegte, ließ sich eine solche Möglichkeit jedoch nicht gänzlich von der Hand weisen, zumal da jene mitternächtige Erscheinung, über die man so ungern sprach, dem tatendurstigen Albion einen schwer. widerlegbaren Vorwand für ein maritimes Eingreifen geliefert haben mochte. Jedenfalls verdichteten sich die Gerüchte immer mehr, die erst noch verschämte Unruhe nahm immer unverhohlenere Formen an, bald lagen die Terrassen leer, Koffer wurden gepackt, das Telegrafenamt wurde belagert, und die Plätze für den nächsten Morgen abgehenden Dampfer waren im Handumdrehn ausverkauft.

Gegen Abend, als Hotelhallen und Terrassen sich wieder unrastig zu füllen begannen, hieß es bereits, daß die englische Mittelmeerflotte mit unbekannter Ordre aus Malta ausgelaufen sei. Aber damit hatten die vier großen Ozeandampfer, die im Laufe der Nacht wie strahlende Wunderbauten einige Seemeilen südlich von Pomo vorbeizogen, wohl nichts zu tun. Dann geisterten in weiter Ferne blasse Lichtkegel von Scheinwerfern durch die schwüle Nacht, und jemand wollte über den schwarzen Wolkenbänken sogar das Rattern eines Aeroplans gehört haben, das in der Richtung gegen Griechenland verklang. Nur wenige schliefen. Überall im Dunkeln sah man flüsternde Gruppen, aus denen da und dort, wenn für kurze Sekunden der Mond durch die Wolken brach, ein weißes Hemd oder ein plötzlich aufwärtsgekehrtes Gesicht grünlich hervorleuchtete. Auch klang manchmal verhaltenes Mädchenlachen auf und brach sofort wieder ab, was die makabre Stimmung, die über dem Ganzen lag, nur noch unterstrich.

In tiefer Nacht erschien der Faun mit seinem Töchterchen. Das junge Mädchen war mit einem flattrigen Gewand bekleidet und

hatte überm Arm ein Körbchen mit bunten Seidenbändern hängen. Dr. Lyon selbst trug auf dem Kopf eine schottische Mütze und in der Hand einen alten Postkarton, aus dem schmutzige, abgegriffene Karten und Blätter hervorlugten. Er bot, wenn es so etwas heute geben könnte, den fatalen Anblick eines wandernden Totentanz-Arrangeurs. Böse Ahnungen hätten ihn aus seiner Klausnerei weggetrieben, murmelte er und klimperte mit Kleingeld einen Kellner heran, bei dem er einen Mokka bestellte. Neben ihm am Boden kauerte das schöne Kind und starrte aus weitgeöffneten Augen reglos in die Nacht.
»Mignon und der Harfner«, sagte jemand, der sich dazu bemüßigt fand.
Das konnte Dr. Lyon, der sich beim Kaffeeschlürfen doch ein wenig beruhigt hatte, nicht unwidersprochen hinnehmen:
»Ihnen werden diese Biedermeierbleedsinne schon vergehen, wenn Sie morgen den Kurszettel zu Gesicht bekommen ... vorausgesetzt, daß wir morgen überhaupt noch etwas zu Gesicht bekommen ... Das hat man von die Modekurorte.« Und das Gemurmel des greisen Waldgottes ging in ein mißmutiges Kopfwackeln über. Man hörte nur noch die mehrmals wiederholte Wendung: »Nötig gehabt.«
Plötzlich erklangen aus der Schlucht links unten vom Marmorpavillon die ergreifenden Klänge des »De profundis«, von ernsten Männerstimmen gesungen. Alles schob sich zur Balustrade, um in die Tiefe zu blicken. Mit einiger Mühe vermochte man im nächtlichen Dunkel die Gestalten des Chors wahrzunehmen: es waren zwanzig feierlich befrackte Kellner unter der Leitung des Dunkelblauen mit der Schilderkappe. Kein Laut entrang sich den erschütterten Zuhörern, auch nachher nicht, als der Gesang beendet war und als aus dem Gesträuch eine klapprige alte Dame in Trauerkleidung hervortrat, um den sonderbaren Dirigenten an der Hand wegzuführen, was er willenlos geschehen ließ.
Gleich darauf hüllte sich alles fröstelnd in Mäntel, Capes und Spitzenshawls: über das Marmorgetürm der Insel glitt der kalte Todeshauch, der dem sieghaften, von Iriswolken umwobenen Fest der holden Tagesgeburt vorangeht. Die Vigilie, die von den Seeleuten »Diana« genannt wird, war beendet. Weit draußen

im Bleifarbenen, wo Meer und Horizont verschwammen, lichtete sich's zum ersten Morgendämmer.
Ein Teil der Terrassenbesucher erhob sich, andere waren ohnedies schon in kleinen Gruppen herumgestanden, andere blieben sitzen. Offensichtlich wußte man nicht, ob man jetzt noch schlafen gehen sollte oder ob das nicht mehr der Mühe wert war.
In diesen zähen Sekunden der Unschlüssigkeit geschah es. Vom Hafenplatz drangen plötzlich erregte Rufe herüber, und als man seewärts drängte, um Ausschau zu halten, sah man am Horizont einen weitgedehnten Zug gewaltiger Eisenkolosse, von dichten, abwehenden Rauchfahnen gekrönt. Gleich darauf zuckte aus einem der Schiffe ein roter Blitz, und ein unheimliches, immer höher ansteigendes Heulen durchschnitt die Luft. Dann, ein paar Augenblicke lang, herrschte Totenstille.
Die erste Granate barst mit ohrenbetäubendem Krachen und ließ eine Fontäne von Steinsplittern, Sand und Geländerstangen aus dem Boden aufsteigen. In die folgenden Einschläge mischte sich bereits das irre Schreien der sinnlos Durcheinanderrennenden, Schuß folgte auf Schuß, von den Felszinnen herniedersausende Steinlawinen rissen rötliche Wunden durch den brennenden Lorbeerwald, aus den vergoldeten Lukarnen der Pavillons loderten grellgelbe Flammen, mit Marmorbrocken und Stukkaturtrümmern und brennendem Gebälk dazwischen.
Michelangelo Freiherr von Zengg kam als einer der letzten aus dem prasselnden Hotelportal hervorgestürzt und stieß so heftig mit dem in entgegengesetzter Richtung flüchtenden Großwachter zusammen, daß es sie beide zu Boden riß. Das war ihr Glück, denn dicht vor ihnen zerbarst im nächsten Moment die unglückliche Madame Klicpera zu einem traurigen Gewirr von schwarzseidenden Mantillefetzen und bläulichen Eingeweiden.
Dem nächsten Volltreffer fiel der mit offen wegstehendem Kragen herankeuchende Rat Dodola zum Opfer: gerade als er in den Hotelmagazinen mit ihren großen Kellern Schutz suchen wollte, sauste ein Geschoß in eine der Inventarkammern, aus der gleich schimmernden, todbringenden Tauben eine ganze Wolke eiserner Reservenachttöpfe aufstieg und den bejammernswerten kaiserlichen Rat mit Getöse unter sich begrub.

Wie lange die letzte Detonation bereits verrollt war, als die beiden Freunde sich endlich zu erheben wagten, hätte keiner von ihnen zu sagen vermocht.
Tonlos mümmelnd wies Großwachter mit einem einzigen zitternden Finger auf die Schrecknisse ringsum.
Dort lag der kernige Eichfloh, das Monokel hoffnungslos festgeklemmt und die eine Hand am Aufschlag seines tadellos sitzenden Salonrocks; unweit von ihm Geheimrat Harnapf, offenbar von der gleichen Granate zur Strecke gebracht und noch im Tode mit dem fürstlich Reuß-Schleitz-Lobensteinischen Verdienstkreuz II. Klasse geschmückt. Dort der Hühneraugenoperateur Skrabal nebst Stankowitsch, dem Kammerdiener, beide kopflos und nur an den Livreen zu erkennen. Und dort bot Aladar Graf Palaversich ein wahrhaft skurriles Bild, das eines Holbein würdig gewesen wäre: sein linker Arm mit dem Silbershawl, den er so gern getragen, hing in einem Rosengeranke, und ein indiskreter Granatsplitter ließ erkennen, daß der selige Feschak sich eines Mieders bedient hatte; ihm zunächst Theophilaktes Simokatta, der vorbildlich elegante Grieche, dem ein Cœur-As aus der Manschette ragte.
Immer wieder mußte Großwachter den völlig gebrochenen Michelangelo — der seine bebende Hand, als suchte er Stütze an sich selbst, in den Vollbart krampfte — zum Weitergehen mahnen und mußte ihn manchmal sogar mit Gewalt fortzerren.
Nach einer geraumen Weile des Umherirrens unter den Trümmern und Toten fiel ihr Blick auf die ersten Überlebenden: steif und formvollendet wie immer standen Baron Qualbrunn und Gemahlin an der Balustrade. Großwachter trat bewegt auf sie zu und konnte seine freudige Erregung so wenig bemeistern, daß er beim Grüßen mit dem Zylinder an das Paar anstreifte, das plötzlich vornüberstürzte. Erst jetzt merkten die beiden Freunde, daß sie Tote vor sich gehabt hatten.
Aber dort, an der Wegbiegung — kein Zweifel, das waren Lebende: die schöne Malfilatre und Prinz Max, der eine Zigarette von allen Seiten betrachtete.
Da schlug, während die beiden Freunde sich näherten, von nirgendher und beinahe lautlos eine Granate ein. Die Bullys sausten

bellend hin und her und begannen wie toll zu graben. Vergebens. Der gute, alte Großwachter, einer grausig sich aufbäumenden Kleiderpuppe mit Zylinderhut vergleichbar, war kerzengerade gen Himmel geschleudert worden und in einem der vielen Schlünde, die sich ringsum auftaten, verschwunden. Nur die bestickte Reisetasche, die der unglückliche Gelehrte als Grillparzer-Reliquie so über alles geliebt und die ganze Zeit krampfhaft umklammert gehalten hatte, lag aufgebrochen da und streute einen unglaublichen Reichtum von grünpatinierten Rosenkranzmedaillen, Venuspfennigen, uralten Eisenbahnbilletten und Wallfahrtsbildchen aus.
»Gnadenreiches Bildnuss der hl. Kummernus, wie sie die hl. Windlein unsres Herrn und Heilands ausbögelt, so mit sonderbarem Fleiß verehrt wird zu Langenlois im niederösterreichischen Waldviertel«, las Michelangelo mit tränenumflorten Augen auf einem der Blättchen, das er mechanisch aufgehoben hatte. Dann brach er zusammen. Ihm, dem starken Manne und Würdenträger aus Illyrien, schwanden zum erstenmal im Leben die Sinne ...

Als er erwachte, lag er auf den Steinplatten dicht am Meer, ohne zu wissen, wie er dorthin gekommen war. Um ihn herum herrschte der fetzige Dämmer einer von Rauchschwaden und Staubwolken erfüllten Atmosphäre. Dann und wann züngelten noch Flammen aus den wüsten Schutthalden, in die sich Pomos üppige Lorbeerwälder verwandelt hatten.
Michelangelo stützte sich halb hoch. Unweit zu seiner Linken, wo der Rauch sich allmählich lichtete, hatte er die Umrisse eines Menschenwesens zu erspähen geglaubt, einer stehenden Frauengestalt, nein, einer langsam sich niederneigenden. Es war die stolze Hortense, die sich über die Leiche ihres Vaters beugte und sich alsbald in starrem Schmerz wieder aufrichtete. Diese statuenhafte Reglosigkeit und die im Winde flatternden Locken ließen ihre jetzt wieder von Rauchschleiern umzogene Erscheinung in überirdischer Schönheit aus dem Grauen emporragen.
Und da — war es Täuschung? Waren es seine immer noch benommenen Sinne? Von der einen Seite, in lehmbeschmutzter Festkleidung, brach plötzlich Charles Borromé Howniak durch die

Schwaden und ließ sich mit lächerlich pathetischer Gebärde vor ihr auf ein Knie nieder, die rechte Hand wie zum Schwur gereckt, die linke auf die zerfetzte Hemdbrust gelegt — indessen zur andern Seite aus nebligem Qualm sich immer deutlicher eine männliche Gestalt heranformte, in schwarzem, viel zu kurzem Gehrock, mit Trauerhandschuhen und einem dünnen Stab in der Hand: Rabenseifner. Langsam, ruckweise, wie eine aufgezogene Spielzeugfigur, drang er gegen die jetzt von schwefligem Gelb umwitterte Gruppe vor, hob eckig und grotesk den dünnen Stab zu einer beschwörenden Geste, die stärker und stärker wurde und das offenbar willenlos gewordene Mädchen schließlich ganz an seine Seite zwang. Dann wandte er sich brüsk gegen den knienden Howniak, schien ihn mit einer langsam aufwärtsschöpfenden Bewegung der linken Hand ins Stehen emporzuziehen und berührte den völlig Gebannten kurz mit seinem Stab. Während das unsäglich dumme Glotzen im Antlitz des Pseudodiplomaten langsam versteinte, schlang Rabenseifner einen schwarzen Radmantel um sich und das Mädchen, und Michelangelo glaubte noch ganz deutlich zu sehen, wie das Liebespaar vom Nebel verschluckt wurde, in den der Magier mit großer Gebärde gedeutet. Im gleichen Moment zerriß ein Donnerschlag die Luft, und der ohnehin seiner Sinne nicht mehr ganz mächtige Freiherr wurde von einem so fürchterlichen grünen Blitz geblendet, daß es minutenlang dauerte, ehe das Augenlicht ihm voll zurückkehrte. Ungläubig blickte er um sich. Wo vorher Howniak gestanden, stand jetzt ein seltsam menschenähnliches Felsgebilde mit schmerzlich verzerrtem Ausdruck in jenem Teil, den man als Gesicht ansprechen konnte. Aus seinen Augen floß, gleich einem Tränenstrom, unaufhaltsam ein Salzquell, der sich nach einer kleinen Strecke Weges plätschernd mit dem Meer vermählte. Rechts und links aber hatten zwei österreichische Finanzer mit kühner Feder am Hut Posten gefaßt, damit kein Unbefugter aus der Quelle schöpfe und so das Salzgefälle übertrete.

Am nächsten Morgen erschien ein Torpedojäger der k. u. k. Kriegsmarine, um die kaum erkennbaren Überreste der Insel ab-

zusuchen. Als einziger mit dem Leben Davongekommener wurde Michelangelo Freiherr von Zengg eingebracht.
Gespannt lauschte man höheren Orts seinem fabelhaft interessanten Bericht, den man sorgfältig zu Protokoll nahm. Als er dann aufgefordert wurde, das nunmehr amtlich gewordene Schriftstück zu unterfertigen, kamen ihm erst wieder Zweifel, ob das Ganze nicht doch ein lebhafter Traum gewesen sei.
Und um den einstmals so klarsichtigen, jetzt schwer verstörten Michelangelo, dessen Vollbart zu Eis ergraut war, schlossen sich alsbald die gnädigen Pforten einer bekannten Nervenheilanstalt.

Der Kaiser Franz Joseph saß in seinem Arbeitszimmer. Gedämpfte Militärmusik war vernehmbar. Gedankenschwer betrachtete der gütige Monarch sein gewohntes Gabelfrühstück, das historische Paar Würstel. Der Leibkammerdiener stand habtacht.
»Sie, Loschek. Schaun S' das linke Würstel da an, das sattlige. Das ist . . . gute zwei Millimeter . . . zu kurz.«
»Ja, wirklich, Majestät. Mir scheint auch. Soll ich ein andres Paar servieren?«
»Lassen S' nur, lassen S' nur«, wehrte der bescheidene Landesvater ab und führte das appetitlich knackende Zehn-Uhr-Labsal zum Mund, um es Stück für Stück im soignierten Bartgehege verschwinden zu lassen.
»Muß mich aber schon wundern, Majestät«, wagte der Leibkammerdiener respektvoll zu bemerken. »Wo doch der junge Weißhappel die allerhöchsten Frühstückswürstel eigenhändig spritzt. Natürlich in Uniform.«
»Waas? In Uniform?« Der Kaiser erhob sich vom Schreibtisch und zitterte mit dem Rest des Frühstücks.
»Zu Befehl, Majestät, jawohl. Er ist Reserveleutnant bei die Sechser-Ulanen.«
»Trotzdem, trotzdem«, grollte der ehrwürdige alte Herr. »In Uniform hat er keine Würstel zu spritzen! Nicht einmal der Radetzky hätt' sich das erlauben dürfen. Unerhört, sowas . . .«
Im Burghof brummte die Militärmusik.
»Majestät . . . er macht's ja aus Reschpekt für das allerhöchste Gabelfrühstück! Oje, oje . . . jetzten hab i was ang'stellt . . . bitte verzeihn wir ihm, Majestät . . . i bitt' gar schön!«
»Stehen Sie auf, Loschek! So knien S' mir doch nicht vor'm Schreibtisch herum! Immer diese Schlamperei . . .«
Ein plötzliches Klopfen an der Tür machte der Situation ein Ende. Der Ministerpräsident Graf Paar trat ein und hielt dem Kaiser in mühsam beherrschter Haltung einen sichtlich soeben eingelaufenen Akt hin.
»Ja was ist denn los, lieber Paar? Aha, lesen soll ich. No geben S' her . . . ja was denn . . . ja wieso . . . waas?! Pomo ham s'

z'sammg'schossen? Weil s' es für eine Marinescheibe gehalten haben? Und jetzt ...«

»Jetzt verlangen s' Ersatz für die verschossene Munition«, ergänzte Graf Paar.

Der sonst so zurückhaltende Monarch zertrat aus Zorn das auf den Teppich gefallene Würstel, womit er schwer gegen das spanische Hofzeremoniell verstieß. (Ein solches Würstelzertreten kam nicht einmal vor, als der oberste Kriegsherr feststellen mußte, daß die im Sommer 1914 von ihm unterschriebene Kriegserklärung sich nicht gegen die Preußen, sondern gegen die Serben gerichtet hatte.)

»Ja was machen wir denn da, lieber Paar?«

Die Burgmusik in ihrem Leichtsinn spielte Kleinigkeiten aus der »Puppenfee«. Der Ministerpräsident drehte, ohne daß er sich darüber Rechenschaft gab, den Federhut im Takte der Musik nach allen Seiten, bimbimbim, bumbumbum, hopsasa.

»Sie, Loschek«, ließ sich der Kaiser vernehmen. »Laufen S' g'schwind um den Tegetthoff — ah was red ich — den Kropatschek holen S', den Kropatschek. Und schaun S' auf jeden Fall nach, ob der Conrad im Café sitzt. Den brauchert' ich auch.«

»Majestät«, stotterte Graf Paar, nachdem der Kammerdiener sich entfernt hatte. »Nämlich ... da hätten wir noch eine Geheimdepesche ... es ist nämlich gar nicht für ein Manöverziel gehalten worden, sondern ... in Wirklichkeit ... wenn dieser Ausdruck hier gestattet ist ...«

»Reden S' nur, lieber Paar. Mir bleibt doch nichts erspart.«

»Also die Unsrigen haben den Engländern zuvorkommen wollen, weil die sonst zu diesbezüglichen Maßnahmen gegriffen hätten ... gegen die Niederlande ... aber in unsern eigenen Hoheitsgewässern ... und das hätt' immense Verwicklungen abg'setzt.«

»Ja wieso denn, wieso denn? Was haben denn wir jemals mit den Niederlanden zu tun g'habt?«

»No ja, schon, Majestät. Grad deshalb. Die haben nämlich eine Nachricht 'kriegt, die Engländer, daß in Pomo ... bitte tausendmal um Vergebung ... der Fliegende Holländer vor Anker gegangen ist. Unter Verletzung des Abkommens von Campoformio ... 1797 ... Majestät erinnern sich ...«

Resigniert ließ der Kaiser sich in den Fauteuil zurücksinken.
»Ich hab allerweil g'sagt, der Richard Wagner g'hört ein-g'sperrt«, murmelte er. »Da haben wir's wieder ... Aber wenigstens ausweisen. Sofort ausweisen!«
»Was der Wagner ist, Majestät, der ist anno 83 gestorben«, gab der in Jahreszahlen vorzüglich bewanderte Ministerpräsident zu bedenken.
Die Burgmusik machte eine Pause.
»Also heut geht mir wieder *alles* gegen den Strich!« Unwillig und wohl auch ein wenig hungrig geworden, betrachtete der Monarch den Rest des Gabelfrühstücks, der nur noch aus einem angebissenen Salzstangerl bestand.
»Eigentlich können wir froh sein, Majestät, daß dieses Scoglio Pomo, dieser historische Nonsens — halten zu Gnaden — endlich aus der Welt g'schafft ist. Wem hat's eigentlich g'hört, das Zeug? Vielleicht der Republik Venedig? Als Lehen aus dem vierten Kreuzzug? Da lach' ich untertänigst. Und außerdem hat Eurer Majestät hochseliger Herr Urgroßonkel bekanntlich anno 15 beim Wiener Kongreß auf den gesamten venezianischen Auslandsbesitz verzichtet ... auf Kreta, Cypern und gleich die anderen Inseln mit dazu ... nicht einmal eine Ahnung haben damals die Herren vom Außenamt gehabt, wo das alles liegt. Sollen wir uns da jetzten vielleicht exponieren? Für ein gewesenes Erbmassenbrösel, das auch nicht die Knochen eines einzigen Gefreiten von den Achtundzwanzigern wert ist? Und Majestät wissen, was das heißt ...«
»Alsdann lassen wir's halt«, entschied seufzend der greise Monarch. »Is schon recht, lieber Paar, is schon recht ... Und halten S' den Loschek auf, wann S' ihn noch sehn. Sitzt wahrscheinlich unten in der Portiersloge und bampft meine Ersatzwürstel ...«
Unhörbar, nach drei Verbeugungen, entfernte sich der Höfling.

Kein Mensch weiß heute noch etwas von Scoglio Pomo. Und die Welt, die über so manchen schweren Verlust überhaupt nur deshalb hinwegkommen kann, weil er ihr nicht bewußt wird, dreht sich ruhig weiter.

NACHWORT DES HERAUSGEBERS

Dies ist der Abschlußteil der aus dem Nachlaß Fritz von Herzmanovsky-Orlandos gesammelten Werke — von denen sich im Verlauf der Sammlung und Sichtung erwiesen hat, daß sie dem Publikum besser als »Ausgewählte Werke« präsentiert worden wären. Denn das vorgefundene Material hat sich der Bearbeitung (und vollends der Veröffentlichung) aus so vielen Gründen und zu so großen Teilen widersetzt, daß auch wirklich oder vermeintlich Abgeschlossenes oft genug nur in Bruchstücken herausgegeben werden konnte, fragmentarisch Erhaltenes oft genug nur in Auszügen.

Leicht war das alles nicht, und die wenigen Kenner der Sachlage — jene nämlich, die sowohl über Herzmanovsky wie über seine Produktion wie über deren ursprüngliche Ergebnisse aus eigener Kenntnis urteilen können — sind sich mit dem Herausgeber zumindest darin einig, daß er da eine sogenannte »Viechsarbeit« zu leisten hatte. Der Herausgeber versteht und akzeptiert das nicht nur als Kompliment, sondern, wo es mit Fug so gemeint ist, auch als Kritik. Er sieht sich indessen außerstande, auf Kritik etwa von Seiten derer einzugehen, denen es an den oben umrissenen Kenntnissen und Vergleichsmöglichkeiten mangelt. Im übrigen ist er der Meinung, mit dem ihm unterbreiteten Material nicht mehr (und freilich auch nicht weniger) getan zu haben, als was in den lang vergangenen Zeiten einer literaturbewußten Autorenbetreuung — ältere Forscher erinnern sich vielleicht noch, daß es so etwas einmal gab — ein geduldiger Verleger und ein kompetenter Lektor getan hätten, um die ungefügen Hervorbringungen eines genialisch verkauzten Amateurs druckreif zu machen. Schade, daß die Zeit, da Herzmanovsky noch lebte, nicht mehr danach war. Ein Glück, daß heutzutage ein geduldiger Verleger sich fand, der das Risiko dieser Edition einging. Und soweit der Herausgeber sich auf seine eigenen editorischen Erfahrungen mit dem noch lebenden Dichter berufen kann, darf er sich zugleich auf dessen Einverständnis berufen — das ihm späterhin auch Frau Carmen Maria von Herzmanovsky-Orlando, die 1962 verstorbene

Witwe des von ihm Betreuten, entgegengebracht hat (vgl. ihr Nachwort zum »Maskenspiel der Genien«).
Nunmehr, mit dem insgesamt vierten Band, ist die literarische Hinterlassenschaft Herzmanovskys in allen Teilen, die dem Herausgeber zugänglich wurden und die sich nach gründlich erwogenen und sorgfältig praktizierten Gesichtspunkten zur Veröffentlichung auswerten ließen, veröffentlicht. Ob sie jemals in *allen* Teilen, also in einer kritisch-historischen *Gesamt*ausgabe zur Veröffentlichung gelangen wird, kann nur die Zukunft zeigen. Der Herausgeber würde es innig wünschen und versichert den mit solcher Arbeit Befaßten schon jetzt seiner aufrichtigen Anteilnahme und Bewunderung. Was ihn selbst betrifft, so betrachtet er die herausgeberische Arbeit, die er nach Herzmanovskys Hinscheiden im Jahre 1954 übernommen hat, hiermit als beendet.

Die hier zusammengestellten Erzählungen enthalten auch die Novelle *»Cavaliere Huscher oder Die sonderbare Meerfahrt des Herrn von Yb«*, eine der wenigen völlig ausgerundeten, ja ausgefeilten Arbeiten, die sich im Nachlaß des Dichters vorfanden; sie stellt eine literarische Kostbarkeit ersten Ranges dar und scheint besonders geeignet, jene Formulierung zu stützen, die in Herzmanovsky-Orlando einen »ins Groteske umgekippten Kafka« sehen wollte.
Den weitaus umfänglichsten Bestandteil dieses Teils bildet eine in Auszügen zusammengefügte Fassung des Romans *»Scoglio Pomo«*, der in den Briefen Herzmanovskys erstmals zu Beginn der dreißiger Jahre erwähnt wird, als das *»Maskenspiel der Genien«* bereits beendet war. Dennoch läßt sich angesichts der saloppen, ja diffusen Arbeitsweise des Dichters, der sich oft mit drei oder vier Stoffen gleichzeitig beschäftigte (und mit keinem von ihnen systematisch), die Möglichkeit nicht ausschließen, daß die Entwürfe der beiden Romane, vielleicht auch einzelne Phasen der Niederschrift, zeitlich ineinandergegriffen haben. Ein thematisches Ineinandergreifen war jedenfalls beabsichtigt: »Scoglio Pomo«, auch *»Bordfest* (ursprünglich ›Rout‹) *am Fliegenden Holländer«* — die beiden Titel wurden abwechselnd als Haupttitel oder zusammen als Haupt- und Untertitel genannt — sollte

mit dem »Gaulschreck im Rosennetz« und dem »Maskenspiel der Genien« jene »österreichische Trilogie« bilden, von der Herzmanovsky immer wieder erzählte, so intensiv erzählte, daß der zwingende, von einigen seiner Freunde im besten Glauben erhärtete Eindruck entstand, als ob diese »Trilogie« wohlgegliedert und abgeschlossen vorläge. Das ist nun leider nicht der Fall, oder höchstens insoweit, als schließlich alles, was Herzmanovsky geschrieben hat, sich thematisch und atmosphärisch um die bizarren Aspekte des alten Österreich dreht. Schon ein handlungs- oder strukturbedingter Zusammenhang zwischen dem »Gaulschreck« und dem »Maskenspiel« wird wohl nur jenen Lesern auffallen, die vom Autor oder seinen Freunden mit entsprechenden Hinweisen bedacht wurden. Die anderen werden allenfalls ein paar äußerliche Überschneidungen feststellen oder gewisse Ähnlichkeiten zwischen einzelnen Figuren und Schauplätzen.[1] Aber mit solcherlei hat es zumeist sein Bewenden, und von irgendwelcher wechselseitigen Durchdringung der Stoff- oder Themenkreise kann nicht die Rede sein.

Gegen die beiden anderen Teile der fiktiven Trilogie ist »Scoglio Pomo« in vieler Hinsicht zu kurz gekommen. Der Überfülle des Materials, mit dem das »Maskenspiel« den Herausgeber konfrontiert hatte, der wuchernden Vielfalt, die es dort zu sichten und zu ordnen galt, steht hier ein verhältnismäßig leicht überschaubares und in allen Fassungen ungefähr gleichlautendes Manuskript gegenüber, das in noch höherem Maß als der übrige Nachlaß die Merkmale des Fragmentarischen trägt. Noch stärker als sonst bei Herzmanovsky drängt sich hier das Gefühl auf, daß es dem Autor um eine planmäßige Ausarbeitung seines Stoffes kaum zu tun war, noch früher als sonst scheint er hier die Lust am eigenen Einfall verloren zu haben. Die höchst reizvollen und vielversprechenden Ausgangspositionen der Handlung verkümmern fast schon im Ansatz, die angebahnten »Konflikte« finden weder Fortsetzung noch Lösung, minuziös eingeführte Figuren verschwinden alsbald auf Nimmerwiedersehen, und die ganze, weit ausladende Exposition verengt sich zu einer Reihe von Szenen und

[1] Vgl. Fußnote auf Seite 614.

Anekdoten, die mit dem anfänglichen Konzept — soweit Herzmanovsky es gegen Schluß wieder sichtbar werden läßt — nur notdürftig zusammenhängen. Wie sehr er diesen Entwurf selbst noch im losen Rahmen seines Gesamtwerks vernachlässigt und geradezu verschleudert hat, scheint auch daraus hervorzugehen, daß das »Bordfest« am Fliegenden Holländer trotz der ihm zugedachten Titelfunktion (die in der »Vorbemerkung des Autors« noch eigens unterstrichen wird) beinahe nebenher abläuft und keinen größeren Umfang beansprucht als andere Episoden — deren manche ebensogut als selbständige Geschichten zu Buch gehen könnten.

Mußte dies alles um der herausgeberischen Ordnung und Verantwortung willen gesagt sein, so darf nun erst recht und mit um so besserem Gewissen hinzugefügt werden, daß sich auch hier wieder Köstlichkeiten von jener einmaligen Prägung angesammelt haben, die heute bereits zu einem unverwechselbaren, durchaus an den Namen Herzmanovsky gebundenen Begriff geworden sind; daß jener »letzte unwirkliche Goldhauch über dem Aspekt eines versunkenen Österreich«, den uns die schon zitierte Vorbemerkung ankündigt, in den halbwegs zu Ende gediehenen Teilen des Romanfragments immer noch stärker spürbar wird als in manch einem formal abgeschlossenen Literaturdokument, dem es um ähnliche Wirkung zu tun war; daß in »Scoglio Pomo« Landschaftsschilderungen von bezwingender Eindringlichkeit, Bilder und Visionen von betörender Farbe, Charaktere und Atmosphären von einer Originalität und Dichte zu finden sind, für die man in der zeitgenössischen Literatur sehr, sehr lange nach Gegenstücken suchen muß. Von den unvergleichlichen und ganz gewiß nur bei Herzmanovsky auffindbaren Effekten eines untergründig skurrilen Humors gar nicht zu reden. Von denen redet schon das Personenverzeichnis, dessen erfüllte Verheißungen der Herausgeber nach besten Kräften zu bergen bemüht war.

Wie weit und wozu seine Kräfte insgesamt getaugt haben: dies festzustellen, wird jetzt — auf Grund der vorliegenden Edition — des Lesers leichte und hoffentlich vergnügliche Aufgabe sein.

Wien—München 1962/63 *Friedrich Torberg*